“城市轨道交通控制专业”教材编写委员会

国家骨干高职院校建设
郑州铁路职业技术学院项目化教学规划教材建设委员会

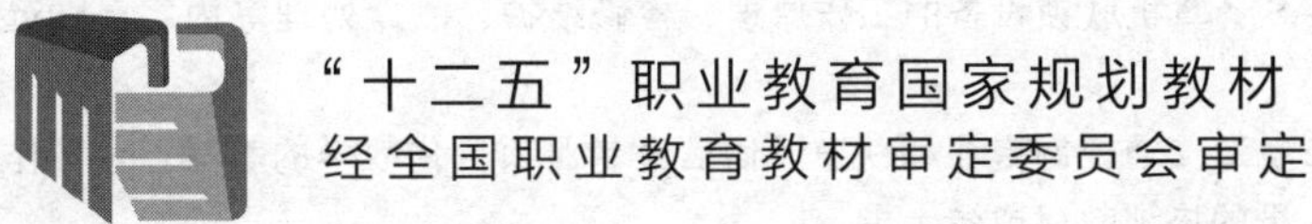

"十二五"职业教育国家规划教材
经全国职业教育教材审定委员会审定

信号联锁设备维护

李丽兰　主编
张云凤　主审

化学工业出版社
·北京·

本书采用项目引领、任务驱动的编写方式，全面系统地阐述 6502 电气集中联锁设备、EI32－JD 型计算机联锁设备、SICAS 计算机联锁设备的工作原理、检修维护、故障处理等内容，贴近现场实际，符合项目化教学需求。

本书可作为城市轨道交通控制专业和铁道通信信号专业项目化教学的教材，也可作为信号现场工程技术人员和信号维护人员的培训教材或参考书。

图书在版编目（CIP）数据

信号联锁设备维护/李丽兰主编．—北京：化学工业出版社，2014.2（2019.2重印）
“十二五”职业教育国家规划教材
ISBN 978-7-122-19569-2

Ⅰ.①信…　Ⅱ.①李…　Ⅲ.①铁路信号-联锁设备-维修-高等职业教育-教材　Ⅳ.①U284.3

中国版本图书馆 CIP 数据核字（2014）第 008598 号

责任编辑：张建茹　　　　装帧设计：尹琳琳
责任校对：宋　玮

出版发行：化学工业出版社（北京市东城区青年湖南街 13 号　邮政编码 100011）
印　　装：大厂聚鑫印刷有限责任公司
787mm×1092mm　1/16　印张 22　插页 1　字数 559 千字　　2019 年 2 月北京第 1 版第 2 次印刷

购书咨询：010-64518888　　　　售后服务：010-64518899
网　　址：http://www.cip.com.cn
凡购买本书，如有缺损质量问题，本社销售中心负责调换。

定　　价：44.00 元

序

“城市轨道交通控制专业”是伴随城市快速发展、交通运输运能需求快速增长而发展起来的新兴专业，是城轨交通运输调度指挥系统核心设备运营维护的关键岗位。城市轨道交通控制系统是城轨交通系统运输调度指挥的灵魂，其全自动行车调度指挥控制模式，向传统的以轨道电路作为信息传输媒介的列车运行控制系统提出了新的挑战。随着3C技术［即：控制技术（Control）、通信技术（Communication）和计算机技术（Computer）］的飞跃发展，城轨交通控制专业岗位内涵和从业标准也随着技术和装备的升级不断发生变化，对岗位能力的需求向集信号控制、通信、计算机网络于一体的复合人才转化。

本套教材以职业岗位能力为依据，形成以城市轨道交通控制专业为核心、由铁道通信信号、铁道通信技术、电子信息工程技术等专业组成的专业群，搭建了专业群课程技术平台并形成各专业课程体系，教材开发全过程体现了校企合作，由铁路及城市轨道交通等运维企业、产品制造及系统集成企业、全国铁道行业教学指导委员会铁道通信信号专业教学指导委员会和部分相关院校合作完成。

本套教材在内容上，以检修过程型、操作程序型、故障检测型、工艺型项目为主体，紧密结合职业技能鉴定标准，涵盖现场的检修作业流程、常见故障处理；在形式上，以实际岗位工作项目为编写单元，设置包括学习提示、工艺（操作或检修）流程、工艺（操作或检修）标准、课堂组织、自我评价、非专业能力拓展等内容，强调教学过程的设计；在场景设计上，要求课堂环境模拟现场的岗位情境、模拟具体工作过程，方便学生自我学习、自我训练、自我评价，实现“做中学”（learning by doing），融“学习过程”与“工作过程”为一体。

本套教材兼顾国铁与地铁领域信号设备制式等方面的不同需求，求同存异。整体采用模块化结构，使用时，可有针对性地灵活选择所需要的模块，并结合各自的优势和特色，使教学内容和形式不断丰富和完善，共同为“城市轨道交通控制专业”的发展作出更大贡献。

“城市轨道交通控制专业”教材编委会

2013年7月

前言

信号联锁设备是实现道岔、进路和信号机之间联锁关系的技术装备，用来指挥站内列车运行，保证行车安全，提高运输效率。本书密切结合轨道交通现场，地铁正线选择 SICAS 计算机联锁设备、车辆段、高铁、客专选择 EI32-JD 型计算机联锁设备、既有线选择 6502 电气集中联锁设备进行详细介绍。

随着高速铁路的迅速发展，6502 电气集中联锁设备将逐步被淘汰，学生毕业后可能不再维护 6502 电气集中联锁设备，但它是计算机联锁系统的基础，只有打好基础，才能更好地维护计算机联锁设备。

本书适用于城市轨道交通控制和铁道通信信号两个专业，为满足现场信号工的岗位需求，将教学项目分成若干个工作任务，按照认知规律，先认识设备，再操作使用设备，再学习设备原理，然后会维护设备，最后上升到处理设备故障。

本书为国家骨干院校建设项目中央财政重点支持城市轨道交通控制专业及专业群建设项目之一，项目标号 11-18-04。

本书由郑州铁路职业技术学院李丽兰主编， 并编写模块一，模块三项目四任务一；郑州铁路职业技术学院李珊珊编写模块二项目一、项目二、项目三任务一至任务三；郑州铁路职业技术学院梁宏伟编写模块二项目三任务四至任务七；郑州铁路职业技术学院占雪梅编写模块二中项目四任务一至任务三；郑州铁路职业技术学院韦成杰编写模块二项目四任务四至任务十；郑州铁路职业技术学院曹丽新编写模块二项目五；郑州铁路职业技术学院穆中华编写模块三项目一和项目四任务三；郑州铁路局郑州电务段胡国才编写模块三项目二任务一和任务二；郑州铁路局郑州电务段李涌霞编写模块三项目二任务三和任务四；深圳地铁集团有限公司杨震编写模块三项目三；中国铁道科学研究院通信信号研究所管伟军编写模块三项目四任务二；本书由郑州轨道交通有限公司张云凤主审。

本书在编写过程中，参考大量专家及学者的研究成果。郑州铁路局郑州电务段高级工程师李芳毅、郑州电务段教育科高级工程师燕燕，河南辉煌科技股份有限公司高级工程师杨艳芳、工程师程建兵提供了技术支持，在此一并表示最诚挚的感谢！

因编者水平有限，书中难免有疏漏和不足之处，恳请读者批评指正。

编者

2013 年 12 月

目录

课程整体设计

1. 课程内容设计

信号联锁设备是实现道岔、进路和信号机间联锁关系的技术设备，目前地铁、高铁、客专及站场改建均采用计算机联锁，但在铁路支线、地方铁路、企业专用线仍有6502电气集中联锁大量运用，而且计算机联锁是基于6502电气集中联锁的逻辑关系研发的，不学习6502电气集中联锁难以理解计算机联锁。

6502电气集中联锁设备和计算机联锁设备由现场信号车间负责维护，要求信号工懂设备原理、技术标准，会操作使用，能维护设备及处理常见故障。因此，《信号联锁设备维护》教材编写思路：模块一联锁系统初步认知——提取6502电气集中联锁设备和计算机联锁设备共性；模块二6502电气集中联锁设备维护及故障处理；模块三计算机联锁设备维护及故障处理。模块三选取地铁正线典型设备SICAS计算机联锁、地铁车辆段和铁路典型设备EI32-JD计算机联锁，按照设备认知、设备操作、设备维护和设备故障处理作为教学任务。

2. 教学目标

课程采用“教学做”一体化教学模式，教学过程突出教师引导、学生自主学习，要求学生能够按照现场作业程序，完成信号联锁设备的操作、检修维护和常见故障处理。教学设计总体思路先认识设备、再学习设备原理、然后进行设备检修维护、最后上升到常见故障处理。教学目标如下表。

模　块	项　目	任　务	教学目标
模块一　联锁系统初步认知	项目一　联锁关系认知	任务一　联锁基本概念认知	•理解联锁关系 •能够读懂平面布置图 •能够编制联锁表
		任务二　平面布置图识读	
		任务三　联锁表识读	
	项目二　联锁设备认知	任务一　联锁系统层次结构认知	•理解联锁设备的功能及层次结构 •熟悉6502电气集中联锁室内外设备及功能 •熟悉计算机联锁室内外设备及功能
		任务二　6502电气集中联锁设备认知	
		任务三　计算机联锁设备认知	
模块二　6502电气集中联锁系统维护及故障分析处理	项目一　控制台操作维护	任务一　控制台认识	•能够操作控制台 •能够进行控制台的检修维护
		任务二　控制台操作练习	
		任务三　控制台(人工解锁按钮盘)维护	
	项目二　组合架维护	任务一　继电器组合选用	•理解继电器组合选用原则 •能够进行组合架的检修维护
		任务二　组合架维护	
	项目三　选择组电路识读及故障分析处理	任务一　方向继电器电路识读及故障分析处理	•能够熟练识读选择组电路 •能够分析选择组电路的动作程序及送电规律 •能够结合控制台现象及继电器的状态处理选择组电路的断线故障
		任务二　按钮继电器电路识读及故障分析处理	
		任务三　选岔电路识读及故障分析处理	
		任务四　辅助开始继电器和终端继电器电路识读及故障分析处理	
		任务五　开始继电器电路识读及故障分析处理	
		任务六　选择组表示灯电路识读	
		任务七　选择组电路动作程序分析	

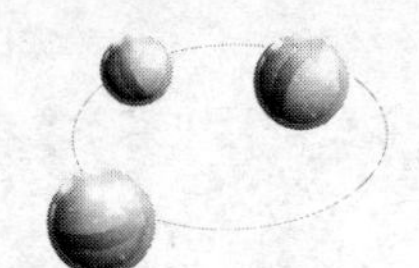

续表

模块	项目	任务	教学目标
模块二 6502电气集中联锁系统维护及故障分析处理	项目四 6502执行组电路识读及分析	任务一 信号检查继电器电路识读及故障分析处理	•能够熟练识读执行组电路； •能够分析执行组电路的动作程序及送电规律； •能够结合控制台现象及继电器的状态处理执行组电路的断线故障
		任务二 区段检查及股道继电器电路识读及故障分析处理	
		任务三 QJ、JYJ、ZCJ电路识读及故障分析处理	
		任务四 信号继电器电路识读及故障分析处理	
		任务五 信号辅助继电器电路识读及故障分析处理	
		任务六 进路锁闭及解锁继电器电路识读及故障分析处理	
		任务七 进路解锁电路分析	
		任务八 引导信号继电器电路识读及故障分析处理	
		任务九 执行组表示灯电路识读及故障分析处理	
		任务十 执行组电路动作程序分析	
	项目五 接口设备维护及故障分析处理	任务一 ZD6型道岔控制电路维护及故障分析处理	•熟练识读ZD6道岔控制电路、信号机点灯电路； •能够检修维护ZD6道岔控制设备、信号机点灯设备； •能够处理ZD6道岔控制电路、信号机点灯电路断线故障
		任务二 信号机点灯电路维护及故障分析处理	
模块三 计算机联锁系统维护及故障分析处理	项目一 城轨联锁系统认知	任务一 城轨联锁关系认知	•与铁路比较，理解城轨联锁关系； •理解计算机联锁系统功能、发展； •掌握计算机联锁系统基本原理
		任务二 计算机联锁系统发展认知	
		任务三 计算机联锁基本原理认知	
	项目二 EI32-JD计算机联锁设备维护及故障分析处理	任务一 EI32-JD型计算机联锁设备认知	•熟悉EI32-JD型计算机联锁设备； •能够操作控显机，会调看维修机数据； •能够按照标准检修维护EI32-JD计算机联锁设备； •能够处理EI32-JD计算机联锁设备的常见故障
		任务二 EI32-JD型计算机联锁设备操作使用	
		任务三 EI32-JD型计算机联锁设备检修维护	
		任务四 EI32-JD型计算机联锁设备故障分析处理	
	项目三 SICAS计算机联锁设备维护及故障分析处理	任务一 SICAS计算机联锁设备认知	•熟悉SICAS计算机联锁设备； •能够操作LOW工作站； •能够按照标准检修维护SICAS联锁设备； •能够处理SICAS联锁设备的常见故障
		任务二 LOW工作站操作使用	
		任务三 SICAS计算机联锁设备检修维护	
		任务四 SICAS计算机联锁设备常见故障分析分析处理	
	项目四 接口设备维护及故障分析处理	任务一 ZDJ9道岔控制电路维护及故障分析处理	•熟练识读ZDJ9道岔控制电路、信号机点灯电路； •能够检修维护ZDJ9道岔控制设备、信号机点灯设备、记轴设备； •能够处理ZDJ9道岔控制电路、信号机点灯电路断线故障
		任务二 信号机点灯电路维护及故障分析处理	
		任务三 计轴设备维护及故障分析处理	

3. 课程教学资源要求

（1）自主学习平台　课程同步配有资源库学习平台，包括基本教学资源和拓展资源，基本教学资源针对每个任务的教学课件、讲课录像、电子文档，并配有大量选择题、判断题，可以进行在线测试。拓展资源主要有仿真软件、企业培训课件和视频、规章与标准、故障案例库、职业技能鉴定题库、企业联锁设备资料等。

（2）实训条件　要求具备6502电气集中联锁实验室、计算机联锁实验室，配备万用表等常用工具，满足一体化教学要求。

（3）师资要求　具备信号联锁设备的理论知识，熟悉技规、维规等技术标准，熟悉现场作业程序，具备信号设备维护经验。

4. 课程实作技能考核项目

本课程是学年课，第四学期《信号联锁设备Ⅰ》学习模块一和模块二，第五学期《信号联锁设备Ⅱ》学习模块三，课程采用平时考核（30分）、理论考核（30分）和实作技能考核（40分）。理论考核包括每个教学任务的应知应会理论知识；实作技能包括基本操作技能、图纸识读技能、设备检修技能、故障处理技能等，按照企业岗位技能要求，制定考核内容和考核标准如下表。

考核项目	信号联锁设备Ⅰ	信号联锁设备Ⅱ	考核要求
基本操作（10分）	①控制台设备操作； ②组合架检修测试； ③分线盘检修测试	①控显机操作； ②维修机操作	①采用抽签方式，随机抽取1项作为考核内容，考核时间10min； ②考核方式采用笔试加操作；操作注意事项、关键点等按照教师要求填写在表格空白处
图纸识读（15分）	①6502网络电路识读； ②ZD6道岔控制电路识读； ③信号机点灯电路识读		①随机抽取1项作为考核内容，考核时间10min，要求做到图纸与实物对照； ②考核方式采用口试加笔试：继电器动作程序、送电规律等按照教师要求填写在表格空白处
设备检修（15分）		①电源柜检修； ②联锁柜检修； ③控显柜检修； ④接口柜检修	①随机抽取1项作为考核内容，考核时间10min； ②考核方式采用笔试加操作：检修作业程序、技术标准、注意事项等按照教师要求填写在表格空白处
故障处理（15分）	①6502网络线开路故障处理； ②ZD6道岔控制电路断线故障处理； ③信号机点灯电路断线故障处理	①计算机联锁系统采集、驱动电路开路故障处理； ②S700K道岔控制电路开路故障处理	①随机抽取1项作为考核内容； ②设置1个开路故障点，限定15min对故障进行分析、处理； ③考核方式采用笔试加操作：故障分析判断、处理思路按照教师要求填写在表格空白处

模块一

联锁系统初步认知

车站联锁设备可保证站内运输作业安全、提高作业效率，其控制对象是道岔、进路和信号机。将道岔、进路和信号机用继电电路的方式集中控制与监督，并实现之间联锁关系的技术方法和设备称继电式电气集中联锁；用计算机技术、通信技术、可靠性与容错技术以及“故障一安全”技术实现联锁关系的技术方法和设备称计算机联锁。

项目一 联锁关系认知

项目导引 ▶▶▶

联锁是保证行车安全的重要技术措施，指的是信号设备与相关因素的制约关系。广义的联锁泛指各种信号设备所存在的互相制约关系。狭义的联锁，即一般所说的联锁，专指车站信号设备之间的制约关系。为保证行车安全，联锁关系必须十分严密。

任务一 ●●● 联锁基本概念认知

任务目标 ▶▶▶

1. 理解联锁的概念。
2. 掌握道岔和进路的种类及划分。
3. 掌握联锁的基本内容及技术条件。

任务实施 ▶▶▶

一、联锁概念

进路由道岔的位置所决定，在进路的入口处设有信号机进行防护。所谓建立进路，就是把进路上的道岔扳到进路所要求的位置上，然后再将该进路的防护信号机开放。若道岔的位置不正确，则不准信号机开放。但一旦信号机开放后就不准许进路上的道岔再变换位置，直至信号机关闭或列车、车列越过道岔为止。

联锁：为了保证列车在车站范围内的运行安全，进路、道岔和信号机之间存在的这种互相制约的关系称为联锁。

二、道岔

1. 道岔的定反位

每组道岔都有两个位置：定位和反位。

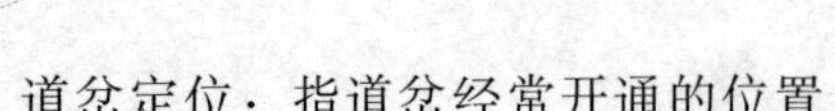

道岔定位：指道岔经常开通的位置。

道岔反位：指排列进路时临时改变的位置。

2. 联动道岔

联动道岔：排列进路时，几组道岔要定位都要在定位，要反位则都要在反位。

渡线两端的道岔，例如举例站场（附图 1）的 1 号和 3 号道岔，1 号定位时 3 号必须在定位，1 号反位时 3 号也必须在反位，即 1 号道岔和 3 号道岔是联动道岔，记为 1/3 号，它们必须同时转换，否则不能保证安全。

3. 防护道岔和带动道岔

防护道岔：为了防止侧面冲突，有时需要将不在所排进路上的道岔处于防护位置并予以锁闭。

如图 1-1 所示，排列 D4 至 D8 的进路，虽然 2 号道岔不在该进路上，仍要求 2 号道岔锁闭在反位。目的是防止 2 号道岔在定位时，一旦上行列车在长大下坡道运行失控冒进下行进站信号机，在 6 号道岔处造成侧面冲突。将 2 号道岔锁闭在反位，使失控列车进入 2 号道岔侧向，不会造成侧面冲突。

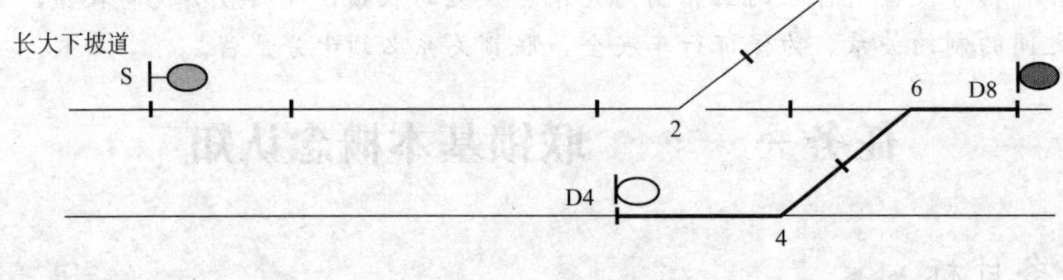

图 1-1　防护道岔

带动道岔：为了提高作业效率，排列进路时把某些不在进路上的道岔带动至规定位置，并对其锁闭。

如图 1-2 所示，排列 X 行至ⅡG 的接车进路，如果把 5/7 号道岔处于定位，X_D 至 3G 可以平行作业。所以，为了提高行车效率，排列经 1/3 号道岔反位进路时，要求 5/7 号道岔被带动到定位；如果 5/7 号道岔不能被带动到定位，即 5/7 号道岔反位锁闭，也不影响 X 行至ⅡG 的接车进路。

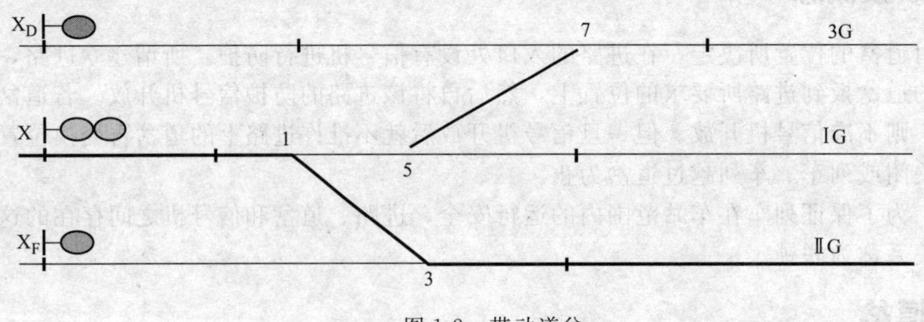

图 1-2　带动道岔

防护道岔和带动道岔两者的共同点是，①两种道岔都不在所选的进路上。②选路时两种道岔都是被带动到规定的位置；两者的区别是防护道岔必须进行联锁条件的检查，如果不在防护位置，进路不能建立。带动道岔则无需进行联锁条件检查，能带动到规定位置就带动，带动不到也不影响进路的建立，不涉及行车安全，只影响行车效率。

三、进路

进路：车站内列车或调车车列由一点运行至另一点的全部径路。其中列车用的称为列车进路，调车用的称为调车进路。

1. 列车进路和调车进路

列车进路分为接车进路、发车进路和通过进路。

• 接车进路：列车进入车站所经过的进路，始于进站信号机、终于另一端咽喉的出站信号机。如举例站场（附图 1）的下行Ⅰ道接车进路，由下行进站信号机 X 至下行Ⅰ道出站信号机 X_{I}。

• 发车进路：指列车由车站驶出所经过的进路，起于出站信号机，止于发车口。如举例站场的下行Ⅰ道发车进路，由下行Ⅰ道出站信号机 X_{I} 至下行发车口处。

• 通过进路：指列车经正线不停车通过车站的进路。如下行通过进路，由下行进站信号机 X 至下行发车口，包括下行Ⅰ道接车进路和下行Ⅰ道发车进路。

调车进路包括短调车进路和长调车进路。

• 短调车进路：指从起始调车信号机开始，到次架阻挡信号机为止的一个调车进路，进路中只有一架调车信号机开放信号。如举例站场中的 D_3 至 D_9。

• 长调车进路：由两个或两个以上的短调车进路组成的进路，进路中有两架或以上的调车信号机开放信号。如 D_3 至ⅠG 的调车进路，是由 D_{13} 至ⅠG、D_9 至 D_{13}、D_3 至 D_9 三个短调车进路构成的长调车进路。

2. 基本进路和变通进路

• 基本进路：站内由一点向另一点运行有几条径路时，规定常用的一条径路为基本进路。基本进路一般是两点间最近的、对其他进路作业影响最小的进路。

• 变通进路：又称迂回进路，基本进路以外的其余进路。例如举例站场下行Ⅲ道接车进路有 3 条。把 23/25 号道岔在反位，其他各道岔定位的进路定为基本进路，则其余两条进路（即 5/7 号道岔反位，其他定位；9/11 号道岔反位，其他定位）就是变通进路。

设计变通进路的目的是为了有效地利用车站线路，提高作业效率，增加列车或调车车列运行的灵活性。当正常行车线路上的道岔发生故障、轨道电路被占用或故障等原因不能开通基本进路时，可以开通变通进路，使列车或调车车列迂回前进而不致受阻。

3. 敌对进路

敌对进路：同时行车会危及行车安全的任意两条进路。常见的敌对进路如下。

① 同一到发线上对向的列车进路与列车进路。如举例站场下行Ⅰ道接车进路和上行Ⅰ道接车进路。

② 同一到发线上对向的列车进路与调车进路。如上行Ⅱ道接车进路和 D_{15} 至ⅡG 的调车进路。

③ 同一咽喉区内对向重叠或顺向重叠的列车进路与调车进路。重叠进路指两条有部分或全部重合的进路。如下行Ⅰ道接车进路和 S_{I} 至 D_7 调车进路。

同一到发线上对向的调车进路允许同时建立，如举例站场 D_{13} 至ⅠG 调车进路与 D_{12} 至ⅠG 调

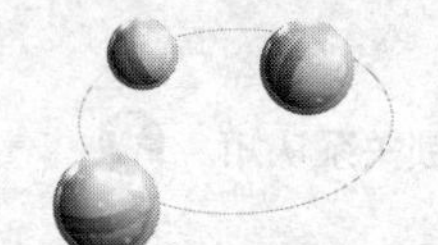

车进路。这样对调车作业较多的车站可提高作业效率。但对于调车作业较少的中间站，当同一到发线上对向的调车进路无必要同时开通时，也可作为敌对进路。股道、无岔区段有车占用时允许向其排列调车进路，便于取车。但不允许两端同时向无岔区段办理调车进路。

敌对进路必须互相照查，不得同时建立。

四、联锁的内容

联锁的基本内容包括防止建立会导致机车车辆相冲突的进路；必须使列车或调车车列经过的所有道岔均锁闭在与进路开通方向相符合的位置；必须使信号机的显示与所建立的进路相符。

• 联锁最基本的技术条件之一：进路上各区段空闲时才能开放信号。如果进路上有车占用，却能开放信号，则会引起列车、调车车列与原停留车冲突。

• 联锁最基本的技术条件之二：进路上有关道岔在规定位置且被锁闭才能开放信号。如果进路上有关道岔开通位置不对却能开放信号，则会引起列车、调车车列进入异线或挤坏道岔。信号开放后，其防护的进路上的有关道岔必须被锁闭在规定位置，不能转换。

• 联锁最基本的技术条件之三：敌对进路已建立时，防护该进路的信号机不能开放。否则列车或调车车列可能造成正面冲突。信号开放后，敌对进路必须被锁闭，防护敌对进路的信号不能开放。

1. 道岔、进路间联锁

道岔有定位和反位两个工作位置，进路则有锁闭和解锁两个状态。道岔位置正确，进路才能锁闭，进路解锁后，道岔才能改变其工作位置。这就是存在于道岔和进路之间的基本联锁关系，如图 1-3 所示。

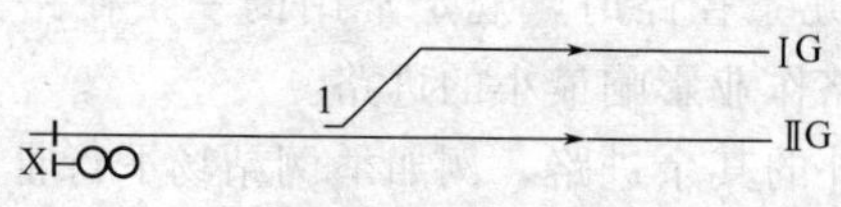

进路号	进路名称	道岔
1	Ⅰ道下行接车	(1)
2	Ⅱ道下行接车	1

图 1-3　道岔、进路间联锁关系

图 1-3 中进路 1 是Ⅰ下行道接车进路，进路 2 为Ⅱ道下行接车进路。进路 1 要求道岔 1 在反位；进路 2 要求道岔 1 在定位。从图中看出带括号的，代表道岔在反位，不带括号的则表示道岔在定位。图中的意义是，进路 1 与道岔 1 之间有反位联锁关系，即道岔 1 不在反位，进路 1 就不能锁闭，反过来进路 1 锁闭后，把道岔 1 锁在反位位置上，不准许道岔 1 再变位。进路 2 与道岔 1 存在着定位锁闭关系，即道岔 1 不在定位，进路 2 就不能锁闭，反之当进路 2 锁闭以后，把道岔 1 锁在定位位置上，不准许道岔 1 再变位。

如图 1-4 所示，在下行Ⅰ道接车进路的延续进路中有一条安全线。该安全线是为接Ⅰ道下行接车进路设置的，因 X 进站信号机前方制动距离内有较大的下坡道（6‰以上），列车进站后可能停不住车，防止与上行Ⅱ股道接车进路上的列车发生侧撞事故而考虑的。

当建立 3 道上行的接车进路时，需要把 4/6 号道岔防护到定位，避免Ⅰ道下行的列车停不住车经 4/6 反位与 3 道上行的列车相撞。防护道岔与进路的联锁关系，图中用中括号表示，[4/6] 表示将道岔防护到定位，若防护到反位，则用[(4/6)] 表示。

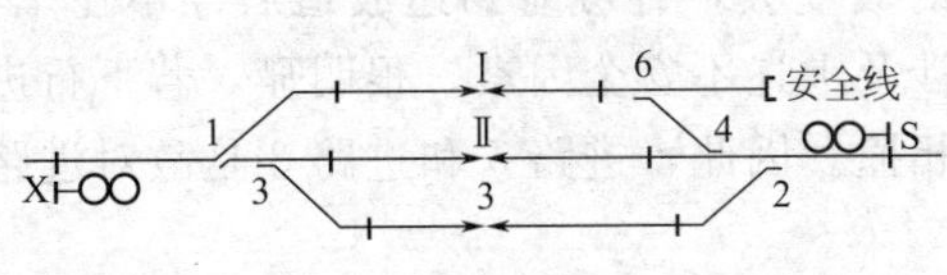

进路号	进路名称	道岔
1	Ⅰ道上行接车	2,(4/6)
2	Ⅱ道上行接车	2,4/6
3	3道上行接车	2,[4/6]

图 1-4　防护道岔与进路的联锁关系

2. 道岔与信号机之间的联锁

因为进路是由信号机防护的，故道岔与进路之间的联锁，也可以用道岔与信号机之间的联锁来描述。

如图 1-5 所示，信号机 X 防护着两条进路。一条是Ⅰ道下行接车进路，要求 1 号道岔在反位；另一条是Ⅱ道下行接车进路，要求 1 号道岔在定位。因此信号机 X 与道岔 1 之间的联锁关系，既有定位锁闭关系，又有反位锁闭关系，称为定、反位锁闭应记作"1，(1)"。

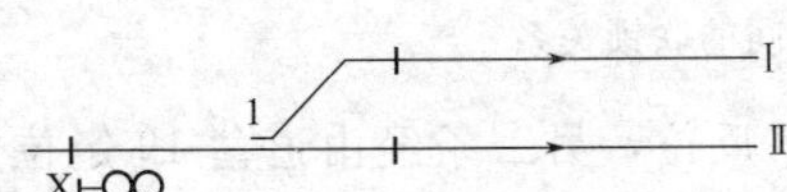

信号机	信号机名称	道岔
X	下行进站信号机	1,(1)

图 1-5　道岔与信号机的联锁关系

定、反位锁闭就意味着道岔 1 在定位时，允许信号机 X 开放，在反位时也允许信号机 X 开放，那么可否不采取锁闭措施呢？不是的，因为道岔除定位和反位以外，还有一种非工作状态，即不在定位又不在反位的状态，如道岔不密贴或被挤等。也就是说，道岔在不正常状态，是不允许信号机开放的。

3. 进路与进路间的联锁

进路与进路之间存在着两种不同性质的联锁关系：一个是抵触进路，另一个是敌对进路。

（1）抵触进路　抵触进路如图 1-6 所示，下行接车进路有三条，即进路 1，进路 2 和进路 3。这三条进路因为要求道岔位置各不相同，且在同一时间只能建立起一条进路。一条进路锁闭以后，有关的道岔锁住，不可能再建立其他两条进路，把这样互相抵触的进路称为抵触进路。

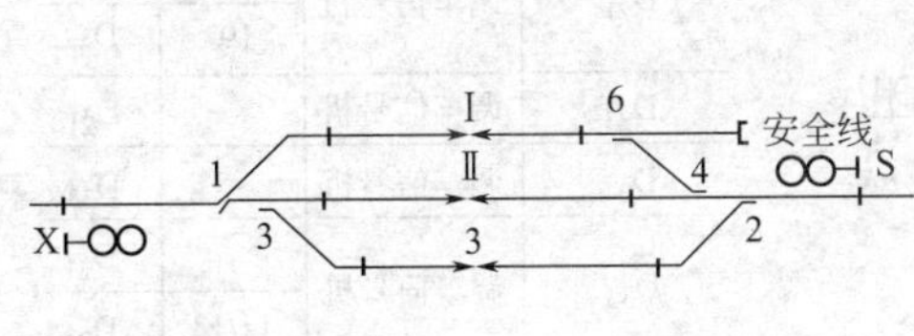

进路号	进路名称	敌对进路	抵触进路
1	Ⅰ道下行接车	6	2,3
2	Ⅱ道下行接车	4,5,6	1,3
3	3道下行接车	4,5,6	1,2
4	3道上行接车	2,3	5,6
5	Ⅱ道上行接车	2,3	4,6
6	Ⅰ道上行接车	1,2,3	4,5

图 1-6　进路与进路间的联锁关系

（2）敌对进路　用道岔位置不能间接控制的两条进路，这两条进路又存在着抵触或敌对关系，称为敌对进路，如图 1-6 所示，进路 5 和进路 2 是敌对进路，进路 5 和进路 3 也是敌对进路。进路 5 是Ⅱ道上行接车进路，进路 2 是Ⅱ道下行接车进路，它们是同一股道不同方向的接车进路，不能用道岔位置间接控制，允许同时接车有危险，所以这两条进路为敌对进路是很明显的。

进路 5 和进路 3 虽不属于同一股道的接车进路。但从Ⅰ股道的上行端设有安全线这一点上来看，可知下行列车进站后，因为下坡道的坡度大，有可能到达股道后停不住车，因此，当考虑进路 5 与进路 3 是否是敌对进路时应涉及上述不安全因素。很明显，若下行进 3 道的列车停不住车，势必与进入Ⅱ道的上行列车相撞。因此，进路 5 和进路 3 是敌对进路。

4. 进路与信号机之间的联锁

进路与进路之间的联锁关系，可用进路与信号机之间的联锁关系来描述。因为进路较多时，这样描述较明显，不需要从进路号码中查找进路名称。如图 1-7 所示，进路 1 是从 D_{21} 信号机至无岔区段 WG 的调车进路，D_{23} 信号机所防护的进路与进路 1 是对向重叠的敌对进路，所以把 D_{23} 为进路 1 的敌对信号，在联锁表进路 1 的敌对信号栏内记作“D_{23}”。

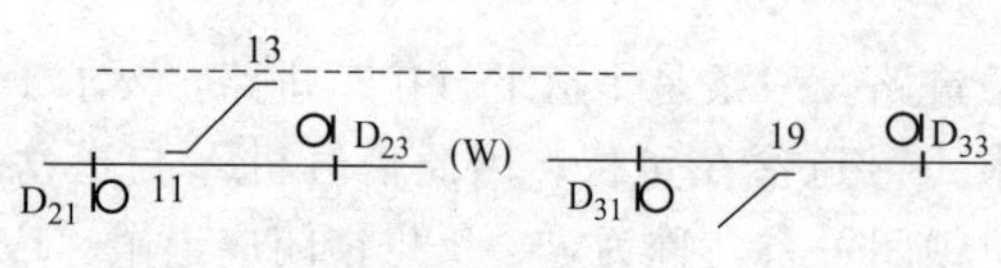

进路号	进路名称	敌对信号
1	D_{21}至W	D_{23}，〈19〉D_{33}
2	D_{33}至W	D_{31}，〈11/13〉D_{21}

图 1-7　进路与信号机间的联锁关系

D_{33} 信号机防护着两条进路：一条经由道岔 19 反位，另一条经由道岔 19 定位至无岔区段 W，由于无岔区段一般较短，故禁止同时由两个方向向该无岔区段内调车，即 D_{21} 至 WG 的调车进路，与 D_{33} 至 WG 的调车进路是敌对进路。但这两条敌对进路，只是在道岔 19 在定位时，才能构成，反之则构不成。这种有条件的敌对进路，在进路 1 的敌对信号栏中记作“〈19〉D_{33}”，同理，进路 2 与调车信号机 D_{21} 也存在着条件敌对关系，故在进路 2 的敌对信号栏内，记有“〈11/13〉D_{21}”。凡是两对象间存在着一个或几个条件才构成锁闭关系，就是条件锁闭，而这里的条件一般是指道岔位置。

既然进路与进路之间联锁，可以用进路与信号机间的联锁关系来描述。当然也可以用信号机与信号机间的联锁关系来描述。如图 1-8 所示，以四架调车信号机为例，则这四架信号机之间的联锁关系可这样描述：D_{21} 与 D_{33} 之间的关系是条件联锁，条件是道岔 11/13 定位和道岔 19 定位。

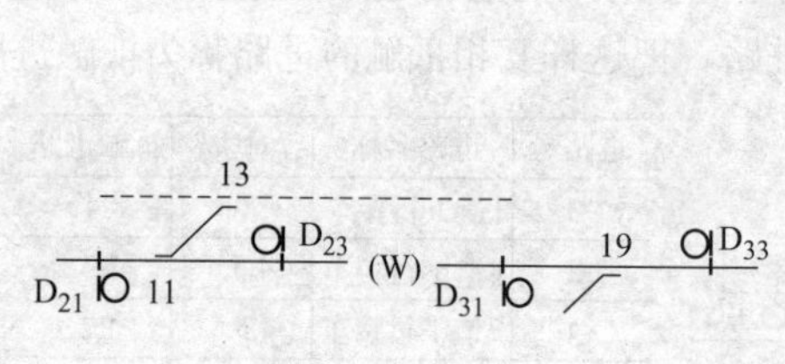

信号机编号	信号机名称	敌对信号	
		条件	锁闭
D_{21}	调车信号机		D_{23}
		19	D_{33}
D_{23}	调车信号机		D_{21}
D_{31}	调车信号机		D_{33}
D_{33}	调车信号机		D_{31}
		11/13	D_{21}

图 1-8　信号机与信号机间联锁关系

任务二 ●●● 平面布置图识读

任务目标 ▶▶▶

1. 看懂平面布置图中站场线路的布置和接发车方向；

2. 看懂平面布置图中道岔、信号机、信号表示器、轨道电路区段（含侵限绝缘区段）等设备的编号及图形符号；

3. 看懂平面布置图中信号楼中心公里标，联锁道岔和信号机距信号楼中心的距离。

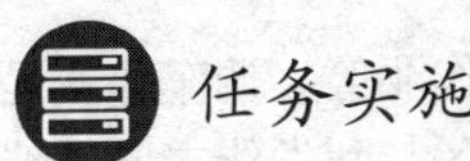

车站信号平面布置图根据站场线路绘制，反映站场线路的布置和接发车方向；确定信号楼的位置和集中联锁区的范围；标明信号机、道岔的名称编号和设备位置，划分轨道电路区段。车站信号平面布置图是设计车站联锁电路的基础，是进行车站信号工程设计与施工的重要依据。

一、信号机的布置及命名

在车站上设置信号机的主要目的有两个。一是按行车计划和调车计划指挥车站的技术作业，即信号机开放时机应符合计划要求，信号每开放一次仅对一次作业有效；二是提供行车安全信息，即在进路的入口处设置信号机对进路进行防护，并为列车和车列驶入进路提供安全信息。

举例站场是一个双线双方向自动闭塞区段的车站，并有单线区段在下行咽喉与车站接轨。Ⅰ股道和Ⅱ股道分别为双线区段上行和下行的正线，Ⅲ股道为单线区段的正线，其余股道为站线。附图 1 中接、发车口和股道上均以箭头表示出接车和发车方向。其中，实心箭头表示正方向，空心箭头表示反方向。

1. 列车信号机

列车信号机用表达运行方向的大写拼音字头 X（下行）和 S（上行）命名。当有多架进站信号机时，则用下标予以区分，例如 X_A、X_B 等。对下行咽喉的出站信号机以 S 命名，用下标（股道号）区分不同的出站信号机，例如 $S_Ⅰ$、$S_Ⅱ$ 和 $S_Ⅲ$ 等。

（1）进站信号机　进站信号机是为列车接车进路而设的，在车站每一个接车口都需设置一架进站信号机。附图 1 中车站的下行咽喉有 3 个接车口，在双线区段北京方面的正向接车口处设有进站信号机“X”，反向接车口设有进站信号机“X_F”。在单线区段东郊方面的接车口设有进站信号机“X_D”。车站的上行咽喉有两个接车口，正向接车口设有进站信号机“S”，反向接车口设有进站信号机“S_F”。进路应有明确的始、终端。例如，下行至Ⅰ股道接车，以 X 进站信号机为始端，Ⅰ股道另一端的 $X_Ⅰ$ 出站信号机为终端。由北京方面进站的正向接车进路共有 5 条基本进路，因其始端在一起，可用同一架 X 进站信号机进行防护。X_F、X_D、S 和 S_F，进站信号机也分别防护着 5 条接车进路。

注意：正向进站信号机设在列车运行方向线路左侧，反向进站信号机可设在右侧。

（2）出站信号机　凡是具有发车作业的股道均应在发车进路的始端设一架出站信号机。附图 1 中站场每一股道均能分别向北京方面、东郊方面和天津方面发车，向北京方面和东郊方面发车设有 $S_Ⅰ$、$S_Ⅱ$、$S_Ⅲ$、S_4、S_5 出站信号机，向天津方面发车设有 $X_Ⅰ$、$X_Ⅱ$、$X_Ⅲ$、X_4、X_5 出站信号机。发车进路始端为设在股道上的出站信号机，终端为站界。站界是区间和车站的分界点，图中站界均为进站信号机。有两个或两个以上发车方向时，出站信号机应配置进路表示器，用以区分发车方向。向北京方面和东郊方面发车的上行出站信号机用进路表示器的 3 个白灯区分 3 个发车方向。出站信号机开放，对应方向的白灯亮灯。向天津方面

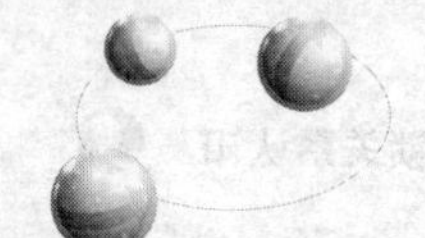

发车的下行出站信号机用进路表示器的 1 个白灯区分 2 个发车方向。正向发车时，出站信号机开放，白灯不亮灯；反向发车时，出站信号机开放，同时白灯亮灯。

2. 调车信号机

调车作业包括车辆的摘挂、转线、机车出入库、平面非溜放的整编作业等。调车作业是在机车连挂的情况下牵出或推送的，一般是利用牵出线与到发线或咽喉区与到发线之间的线路进行。为了防止调车车列和列车发生冲撞事故，进行调车作业时必须由调车信号机指挥和防护。调车信号机是从提高线路利用率和调车作业效率的角度出发，根据站场线路的结构和调车作业需要而布置的。

按照调车信号机的位置不同，可分为尽头式调车信号机、单置调车信号机、并置调车信号机、差置调车信号机、出站兼调车信号机和进站内方带调车信号机。其中单置、并置、差置调车信号机均设在咽喉区，统称咽喉区调车信号机。

调车信号机以字母 D 命名，对于下行咽喉的各个调车信号机，以信号楼为参考点由远而近地分别以奇数做下标，例如 D_1、D_3、D_5 等，对上行咽喉的调车信号以偶数做下标。

(1) 尽头式调车信号机　尽头式调车信号机是设在牵出线、专用线、编组线、机务段等向咽喉区入口处的信号机。其特点是信号机内方为道岔区段，外方是无岔区段（接近区段），且同一坐标位置只有一架信号机，如附图 1 中 D_2、D_{18} 等。

(2) 咽喉区调车信号机　咽喉区调车信号机的相邻内方和外方均为道岔区段。

• 单置调车信号机：同一坐标处仅布置一架信号机，如 D_{11}、D_{13}、D_8 等。

• 并置调车信号机：同一坐标处布置两架背向的调车信号机，如 D_7 和 D_9。

• 差置调车信号机：在咽喉区中间不在同一坐标的两架背向调车信号机，信号机之间有一个无岔区段，而信号机内方则是道岔区段，如 D_5 和 D_{15}。

(3) 出站兼调车信号机　出站兼调车信号机设在股道头部，并且与出站信号机设在同一坐标的调车信号机，如 $S_{Ⅱ}$、S_4、S_5 等。

(4) 进站内方带调车信号机　进站内方带调车信号机是设在进站信号机内方的调车信号机。此调车信号机与进站信号机不在同一坐标，其间有一个不小于 50m 的无岔区段。之所以不设在同一坐标是避免占用区间调车，如 D_3、D_1 和 D_6 等。

按照用途，调车信号机又可分为折返调车信号机、阻拦调车信号机。

(1) 折返调车信号机　折返调车信号机是为满足转线作业的需要，在有关道岔岔尖前布置起折返作用的调车信号机，如 D_{11}、D_{13} 等。

(2) 阻拦调车信号机　阻拦调车信号机是防止调车车列越过该信号机，以便让该信号机后方的线路供其他列车或调车作业使用，这是提高线路利用率的措施。如附图 1：当ⅡG 与 4G 之间利用 D_{15} 进行转线调车作业时，设置起阻拦作用的调车信号机 D_5 后，可同时建立经由 1/3 道岔反位的进路。

当按照用途设置调车信号机时，并非一架信号机只能起一种作用，实际上，一架调车信号机对于某一调车作业来说起折返作用，而对另一调车作业而言可能又起到阻拦作用。如 D_7 信号机，当办理ⅠAG 向ⅡAG 转线调车时，D_7 信号机起折返作用；当办理ⅠG 向ⅡG 转线调车时，在牵出车列较短，以 D_{13} 为折返信号的条件下，则 D_7 可起阻拦作用。

在信号平面布置图中所标的信号机状态规定为关闭状态，也就是定位状态。

二、轨道电路区段的命名

在采用继电联锁或计算机联锁的车站，凡是由信号机防护的进路，原则上均需设轨道电路。设置轨道电路的目的一是检查进路是否空闲，二是利用它向车载设备（例如机车信号）传送信息。在平面图中，轨道电路区段的划分表现为轨道电路绝缘节的布置。

对于道岔（D）轨道（G）区段以DG命名，在DG前面冠以该区段内的道岔编号，例如17-23DG，9-15DG。当区段内有3组道岔时，例如有7#、8#、和9#，则取最小号和最大号构成命名元素，即7-9DG。

对于无岔（W）轨道（G）区段，以WG命名，并冠以该区段两端最近的道岔号，例如1/19WG。

在信号平面图中，所有轨道电路区段都处于空闲状态，也就是定位状态。轨道继电器的常态应反映轨道区段的空闲状态，即为励磁状态。

三、转辙机的使用及命名

在车站信号平面布置图中，凡是在信号机指挥下的列车和调车作业所经由的道岔，都与信号机有联锁关系，所以称这类道岔为联锁道岔。联锁道岔有两个位置状态：一个是定位状态，一个是反位状态。为了管理和使用的方便，规定在平面图中所画的道岔状态为定位状态，为了取得认识上的一致，必须按统一的原则确定定位状态，这个原则就是安全与效率原则。

根据安全原则，凡是连接安全线和避难线的道岔，以开通安全线和避难线为定位。凡是根据安全原则规定其定位的道岔，在没有经由这类道岔的反位排列进路期间，这类道岔就应处于定位。若不在定位，值班人员需及时将它操纵到定位。这样一来，当机车因失控而停不住时，闯入安全线、避难线或进入异线的可能性较大，提高了车站的安全性。

根据效率原则，道岔应开向线路使用率高的一侧为定位。例如正线上的道岔均以开通正线的位置为定位，这样可以减少道岔的操纵次数。

道岔是用编号命名的。对于下行咽喉区的道岔，以信号楼为参考点由远而近地用奇数（对上行咽喉用偶数）进行编号。例如1，3，……当渡线两端的道岔是受一组控制电路控制的双动道岔，这两个道岔的编号应用相邻的数，例如1和3，并以1/3表示为双动道岔。

对应每组道岔均设转辙机，侧线上的道岔为普通单开型道岔，一般选用ZD6型直流电动转辙机，单动道岔设一台转辙机，双动道岔设两台转辙机。正线上道岔为提速道岔，提速道岔分为固定辙叉和可动心轨两种。

站场正线上道岔均采用12号提速道岔，采用钩式外锁闭装置。12号提速道岔尖轨必须有两个牵引点，可动心轨也应该有两个牵引点。这样，一组12号固定辙叉的提速道岔有两个牵引点，而一组可动心轨的道岔共有四个牵引点。当提速道岔选用S700K型交流电动转辙机时，每个牵引点需设一台转辙机。为固定辙叉时，每组道岔应设2台转辙机；为可动心轨时，每组道岔应设4台转辙机。

任务三 ●●● 联锁表识读

任务目标 ▸▸▸

1. 理解联锁表的编制内容。
2. 掌握信号机开放的技术条件。
3. 能够根据信号平面布置图编制联锁表。

任务实施 ▶▶▶

联锁表是说明车站信号设备联锁关系的图表，表达整个车站内的进路、道岔、信号机之间的基本联锁内容，按规定的原则和格式编制。联锁表以进路为主体，逐条把排列进路需顺序按压的按钮、防护该进路的信号机名称和显示、进路要求检查并锁闭的道岔编号和位置、进路应检查的股道电路区段名称，以及与所排进路敌对的信号填写清楚。联锁表是设计信号电路的依据，且在设备开通试验时，也要以联锁表作为检查车站联锁设备之间联锁关系的主要依据。

一、联锁表的编制内容

联锁表由以下内容组成。

① 方向栏。填写进路性质（通过、接车、发车、转场、调车或延续进路）和运行方向。

② 进路号码栏。按全站列车进路和调车进路顺序编号，亦可按咽喉区、场分别编号。通过进路由正线接、发车进路组成，不另编号，仅将接、发车进路号码以分数形式填写。例如，接车进路号码为 2，发车进路号码为 8，通过进路就写作“2/8”。

③ 进路栏。逐条列出列车及调车的基本进路。在较大的车站，列车进路同时存在两种以上方式时，除列出基本进路外，还需推荐一条变通进路作为第二种进路方式。

列车进路：如将列车接至某股道时记作“至×股道”。列车由某股道发车时记作“由×股道”。由某信号机发车时记作“由×信号机”。通过进路应记作“经×股道向××方向通过。”

调车进路：如由 $D_{××}$ 信号机调车时记作“由 $D_{××}$”。调车至另一顺向调车信号机时记作“至 $D_{××}$”。调车至股道记作“至×股道”。向尽头线、专用线、机务段、双线单方向运行区段出站口等处调车时分别填记由各该线向集中区调车的调车信号机名称，记作“向 $D_{××}$”。当进站信号机内方仅能作调车终端时，应记作“至×进站信号机”。

延续进路：区间接近车站一端接车方向有超过 6‰的下坡道而接车线末端又无隔开设备时，有下坡道的一端向某股道接车进路的延续进路应列出，并按接车进路方式检查延续进路上的全部道岔位置、轨道电路区段和敌对信号。

当向某股道接车进路末端有多条延续进路时应列出其推荐的进路。

延续进路编号由接车进路号码和接车进路的第×条延续进路号码组成。

④ 排列进路按下按钮栏。填写排列该进路时需按下的按钮名称。

⑤ 确定运行方向道岔栏。当有两种以上方式运行时，为了区别开通的进路，填写关键对向道岔位置。

⑥ 信号机栏。填写排列该进路时开放的信号机名称及其显示。色灯信号机按显示颜色表示，进路表示器一般以左、中、右区分，如超过三个方向以两组进路表示器组合后的灯位分别表示。

⑦ 道岔栏。顺序填写进路中所包括的全部道岔及防护和带动道岔的编号和位置。其填写方式为 1/3，表示将 1/3 号道岔锁在定位；(5/7)，表示将 5/7 号道岔锁在反位；[9/11]，表示将 9/11 号道岔防护在定位；[(9/11)]，表示将 9/11 号道岔防护在反位；{23/25}，表示将 23/25 号道岔带动到定位；{(27)}，表示将 27 号道岔带动到反位。

⑧ 敌对信号栏。填写排列该进路的全部敌对信号。

其填写方式举例如下。

列车兼调车信号机的填写方式为 S_5，S_5 信号机的列车和调车信号均为所排进路的敌对信号；S_5L，S_5 信号机的列车信号为所排进路的敌对信号；S_5D，S_5 信号机的调车信号为所排进路的敌对信号。

调车信号机的填写方式为 D_1，D_1 信号机为所排进路的敌对信号。

有条件敌对时的填写方式为〈1〉D_1，经 1 号道岔定位的 D_1 信号机为所排进路的敌对信号；〈(3)〉S_5L，经 3 号道岔反位的 S_5 信号机的列车信号为所排进路的敌对信号。

⑨ 轨道电路区段栏。顺序填写排列进路时须检查空闲的轨道电路区段名称。

其填写方式举例如下：5DG，表示排列进路时须检查 5DG 区段的空闲，〈21〉21DG，表示当 21 号道岔在定位时排列进路须检查侵限绝缘区段 21DG 空闲；〈(25)〉25DG，表示当 25 号道岔在反位时排列进路须检查侵限绝缘区段 25DG 空闲。

⑩ 迎面进路栏。填写同一到发线（或场间联络线）上对向列车、调车进路的敌对关系，以线路区段名称表示。

⑪ 其他联锁栏。

非进路调车：F，表示所排进路与非进路调车为敌对。当有多处非进路调车时，以 F_1、F_2……表示。

得到同意：T，表示由本联锁区向其他区域排列进路需要取得对方同意。

延续进路：Y，表示所排接车进路延续至另一咽喉线路末端。

闭塞：BS，表示所排发车进路与邻站间的闭塞关系（含各种闭塞）。

⑫ 非进路联锁的联系关系应单独列表，包括非进路调车的线路、非进路调车按下的按钮、进路上应锁闭的道岔编号及位置、进路上应开放的信号机、检查侵限绝缘区段及照查关系（敌对信号）。

二、车站联锁表

车站联锁表如表 1-1。

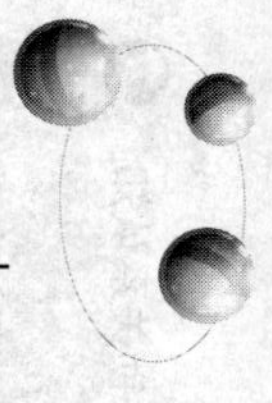

表 1-1 附图 1 站场联锁表（部分）

方向			进路	进路方式	排列进路按下按钮	确定运行方向道岔	信号机 名称	信号机 显示	表示器	道岔	敌对信号	轨道区段	迎面进路 列车	迎面进路 调车	其他联锁	进路号码
列车进路	东郊方面	接车	至 5 股道		X_DLA、S_5LA		X_D	UU		5/7、9/11、13/15、(21)	D_{11}、S_5	7DG、11-13DG、21DG、〈23/25〉25DG、5G	5G	5G		1
			至Ⅲ股道	1	X_DLA、$S_Ⅲ$LA	13	X_D	U		5/7、9/11、13/15、21、23/25	D_{11}、$S_Ⅲ$	7DG、11-13DG、21DG、25DG、ⅢG	ⅢG	ⅢG		2
			至Ⅲ股道	2	X_DLA、D_{13}、$S_Ⅲ$LA	(13)	X_D	U		5/7、(13/15)、[9/11]、17/19、(23/25)	D_{11}、D_{13}、$S_Ⅲ$	7DG、11-13DG、9-15DG、17-23DG、25DG、〈21〉21DG、ⅢG	ⅢG	ⅢG		3
			至Ⅰ股道		X_DLA、$S_Ⅰ$LA		X_D	UU		5/7、(13/15)、[9/11]、17/19、23/25	D_{11}、D_{13}、$S_Ⅰ$	7DG、11-13DG、9-15DG、17-23DG、ⅠG	ⅠG	ⅠG		4
			至Ⅱ股道		X_DLA、$S_Ⅱ$LA		X_D	UU		5/7、(13/15)、[9/11]、(17/19)、{23/25}、27	D_{11}、D_{13}、$S_Ⅱ$	7DG、11-13DG、9-15DG、17-23DG、19-27DG、ⅡG	ⅡG	ⅡG		5
			至 4 股道		X_DLA、S_4LA		X_D	UU		5/7、(13/15)、[9/11]、(17/19)、{23/25}、(27)	D_{11}、D_{13}、S_4	7DG、11-13DG、9-15DG、17-23DG、19-27DG、4G	4G	4G		6
		发车	由 5 股道		S_5LA、X_DLA		S_5	L	B-C	(21)、13/15、9/11、5/7	D_{11}、X_D、S_5D	21DG、〈23/25〉25DG、11-13DG、7DG			BS	7
			由Ⅲ股道	1	$S_Ⅲ$LA、X_DLA	25	$S_Ⅲ$	L	B-C	23/25、21、13/15、9/11、5/7	D_{11}、X_D、$S_Ⅲ$D	25DG、21DG、11-13DG、7DG			BS	8
			由Ⅲ股道	2	$S_Ⅲ$LA、D_{13}A、X_DLA	(25)	$S_Ⅲ$	L	B-C	(23/25)、17/19、(13/15)、[9/11]、5/7	D_{11}、D_{13}、X_D、$S_Ⅲ$D	25DG、〈21〉21DG、17-23DG、9-15DC、11-13DG、7DG			BS	9
			由Ⅰ股道		$S_Ⅰ$LA、X_DLA		$S_Ⅰ$	L	B-C	23/25、17/19、(13/15)、[9/11]、5/7	D_{13}、D_{11}、X_D、$S_Ⅰ$D	17-23DG、9-15DG、11-13DG、7DG			BS	10
			由Ⅱ股道		$S_Ⅱ$LA、X_DLA		$S_Ⅱ$	L	B-C	27、(17/19)、{23/25}、(13/15)、[9/11]、5/7	D_{13}、D_{11}、X_D、$S_Ⅱ$D	19-27DG、17-23DG、9-15DG、11-13DG、7DG			BS	11
			由 4 股道		S_4LA、X_DLA		S_4	L	B-C	(27)、(17/19)、{23/25}、(13/15)、[9/11]、5/7	D_{13}、D_{11}、X_D、S_4D	19-27DG、17-23DG、9-15DC、11-13DG、7DG			BS	12
	北京方面	正方向发车	由 5 股道		S_5LA、X_FLA		S_5	L 或 LU 或 U	B-A	(21)、(9/11)、[13/15]、(1/3)	D_9、D_7、D_1、X_F、S_5D	21DG、〈23/25〉25DG、11-13DG、9-15DG、3DG、〈5/7〉5DG、1DG、ⅡAG			BS	13
			由Ⅲ股道	1	$S_Ⅲ$LA、X_FLA	(25)	$S_Ⅲ$	L 或 LU 或 U	B-A	(23/25)、17/19、13/15、9/11、(1/3)	D_{13}、D_9、D_7、D_1、X_F、$S_Ⅲ$D	25DG、〈21〉21DG、17-23DG、9-15DG、3DG、〈5/7〉5DG、1DG、ⅡAG			BS	14

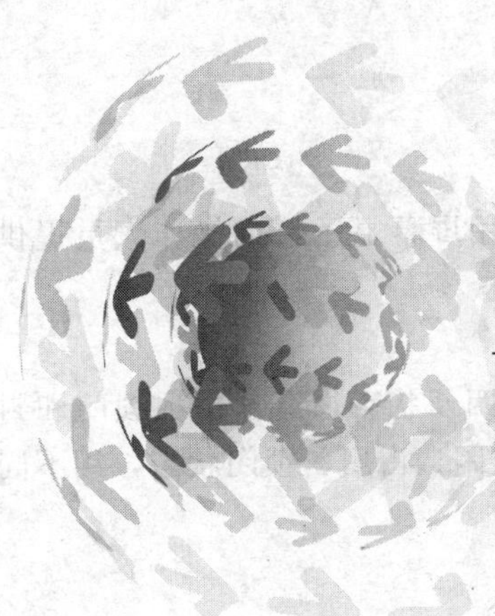

项目二

联锁设备认知

项目导引 ▶▶▶

车站信号自动控制设备主要是继电集中联锁和计算机联锁，其控制和监督对象是道岔、进路和信号机。两种联锁系统采用不同的技术手段实现联锁关系，但采用的联锁逻辑思想一致。

任务一 ●●● 联锁系统层次结构认知

任务目标 ▶▶▶

1. 掌握联锁系统功能、系统层次结构及各层相互传递信息。
2. 理解计算机联锁设备如何提高其可靠性、安全性。

任务实施 ▶▶▶

一、联锁系统功能认知

6502 电气集中联锁系统和计算机联锁系统根据车站行车安全的需要，在规定的联锁条件和规定的时序下对进路、信号和道岔实行控制，并显示现场信号设备状态。

1. 联锁控制功能

6502 电气集中联锁采用继电电路实现联锁控制功能，而计算机联锁采用联锁软件实现联锁控制功能，具体功能包括以下几种。

（1）进路的控制。包括列车进路和调车进路的选排、锁闭和解锁；引导进路的控制等。进路的办理均采用按压双按钮才形成操作命令的规定，这样可避免因误动一个按钮而产生错误操作命令。

（2）信号的正常开放、关闭、人工重复开放以及防止自动重复开放。

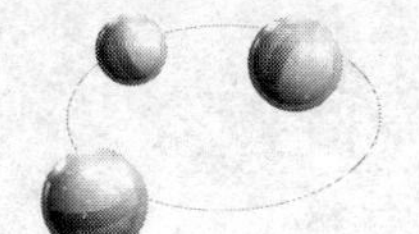

(3) 道岔的单独操纵、锁闭和解锁。

2. 显示功能

6502 电气集中联锁系统采用控制台，计算机联锁系统采用屏幕显示器向操作人员提供丰富、直观的显示信息。

① 站场的基本图形显示。

② 现场信号设备的状态显示。主要有道岔的定、反位和四开状态，道岔单独锁闭和封闭状态；信号机的开放和关闭状态，灯丝断丝；轨道区段的空闲、占用、锁闭状态，用不同颜色表示不同含义。

二、联锁系统层次结构认知

6502 电气集中联锁系统和计算机联锁系统使用不同的技术方法实现联锁功能，硬件设备差异较大，但系统从操作到监控对象的进路控制大体上可分为人机对话层、联锁层、执行层（监控层），如图 1-9 所示。

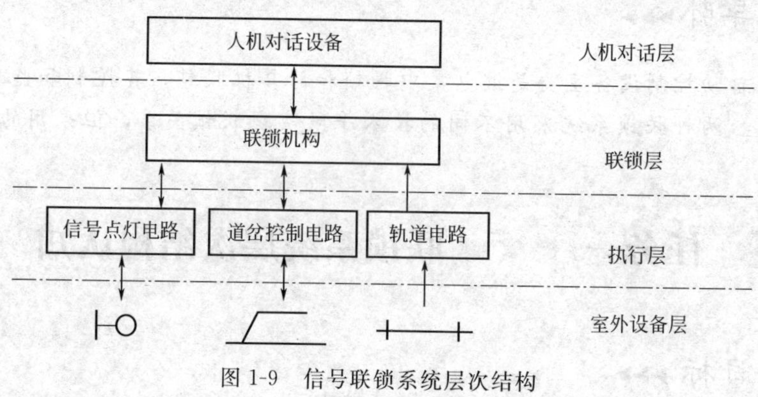

图 1-9　信号联锁系统层次结构

1. 人机对话层

人机对话层的功能是操作人员通过操作向联锁机构输入操作信息和接收联锁机构输出的反映信号设备工作状态和行车作业情况的表示信息。人机对话层的设备设于车站值班室。

6502 电气集中联锁系统人机对话层的设备主要是专用控制台，在控制台的盘面上标有站场布置图。在图的相应位置设有操作按钮和表示灯或光带，供车站值班人员进行操作和了解设备运用和现场行车的情况。

计算机联锁系统中的人机对话层的设备采用通用的计算机人机接口设备，如鼠标、键盘以及显示器等，而这类设备由于是通用产品，产量很大，价格便宜，便于与计算机结合，且使用灵活。

2. 联锁层

联锁层是联锁系统的核心，联锁机构必须具有故障—安全性能。联锁机构除了接收人机对话层的操作信息外，还接收来自监控层的反映信号机、转辙机和轨道电路状态的信息。联锁机构的功能就是根据联锁条件，对输入的操作信息和状态信息，以及联锁机构的当前内部信息进行处理，改变内部信息，产生相应的输出信息，即信号控制命令和道岔控制命令，并交付执行层的控制电路执行。联锁层设备一般设在车站信号楼的机械室内。

6502 电气集中联锁系统的联锁机构由继电电路构成。继电电路能够很好地实现联锁逻辑运算，但联锁机构必须具有故障—安全性能，为此，由具有故障不对称性的安全性继电器和其电路构成。由于混线故障的情况非常复杂，利用继电电路进行防护也极其复杂，而且难以做到完善的防护，所以在采取一些非常必要的防护措施外，再采用工艺措施保证继电电路尽可能少发生混线故障的情况下，继电电路所考虑的主要故障是断线，这种故障导致继电器失磁，从而使继电器前接点断开和后接点闭合的概率极大。于是以继电器失磁或后接点闭合来表达安全侧信息，就容易使联锁机构（即联锁电路），具有故障—安全性能。

计算机联锁系统采用的工业控制计算机，其质量水平尚不能满足联锁系统的高可靠性要求，更不具备故障—安全性能。这需要从软、硬件方面对联锁系统各层组成模块采取冗余技术，构成多重化的冗余结构来确保整个系统的高可靠性和高安全性。

3. 执行层

执行层的主要功能是接受来自联锁层的控制命令，经过信号机控制电路，改变信号显示；接受来自联锁层的道岔控制命令，经过道岔控制电路，驱动道岔转换；向联锁机构传输信号状态信息、道岔状态信息，以及轨道电路状态信息。联锁层的信号控制电路和道岔控制电路必须是故障—安全的。

目前，就现场应用来看，6502 电气集中联锁系统和计算机联锁系统完成信号设备控制、采集信号设备状态信息均采用继电电路的方式。

三、计算机联锁系统冗余结构知识

计算机联锁系统需采用多重化的冗余结构来保证整个系统的可靠性和安全性。冗余结构的实质在于增加相同性能的模块来换取整体系统的可靠性和安全性，增加的模块，从完成系统的功能角度是多余的，但从提高系统的可靠性和安全性角度来看，却是必要的。

1. 系统的可靠性冗余结构

计算机联锁系统的可靠性定义是：该系统在规定的时间内、在规定的条件下完成规定功能的能力。度量可靠性的定量标准是可靠度，计算机联锁系统的可靠度往往用其自身的平均故障间隔时间 MTBF 来表征。对于一般的电子产品，其 OEM 板级产品的 MTBF 约为 10^5 h，而计算机联锁系统由若干块的 OME 板级产品组成，其 MTBF 约为 10^4 h。根据铁道部的技术标准，要求计算机联锁系统的 MTBF 达到 10^6 h，亦即要求至少在系统进行技术改造前（一般可以按 15 年计算）不出现故障。显然，只依靠单个计算机构成的单机系统是不能达到该目标值的，必须采用冗余结构使系统的可靠性达到或超过该目标值。

计算机联锁系统的可靠性冗余结构，就是指为了使系统的可靠性指标达到或超过目标值而采取的冗余结构。系统的可靠性冗余结构，往往采用双机热备二重系统，如图 1-10 所示。

2. 系统的安全性冗余结构

计算机联锁系统的安全性定义是：当系统的任何部分发生故障时，其后果不会导致人身伤亡或者财产的重大损失。度量系统安全性的技术指标是系统产生不安全性输出的平均间隔时间。根据铁道部的技术标准，要求产生不安全性输出的平均间隔时间为 10^{11} h 以上，显然，对于平均间隔时间为 10^6 h 的可靠性冗余系统而言，如果不采用必要的安全性技术措施，是不能达到安全性要求的。

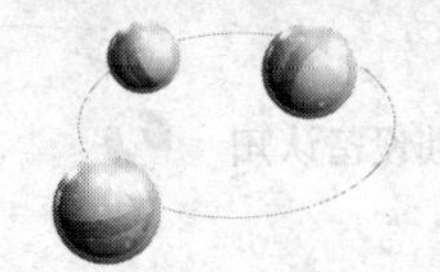

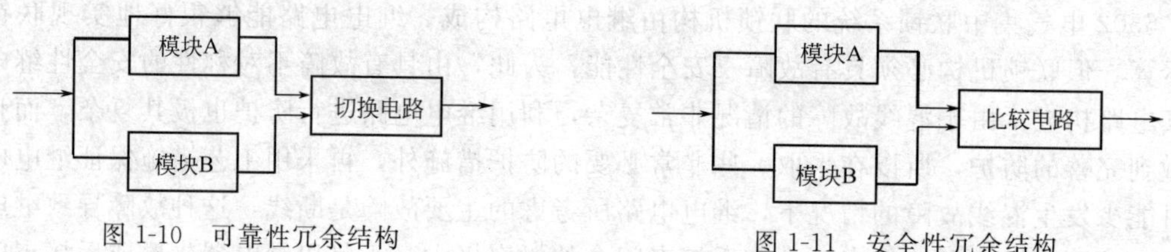

图 1-10　可靠性冗余结构　　　　图 1-11　安全性冗余结构

计算机联锁系统的安全性冗余结构，就是指为了使系统的安全性指标达到或超过目标值而采取的冗余结构。系统的安全性冗余结构，往往采用双机同时工作并彼此间频繁比较的二取二二重结构，如图 1-11 所示。

3. 系统冗余结构的应用

计算机联锁系统既要求较高的可靠性指标，又要求比较高的安全性指标，因此，计算机联锁系统的可靠性和安全性的系统结构就是将图 1-10 和图 1-11 结合在一起，就形成了如图 1-12 所示的冗余结构，即二乘二取二结构。

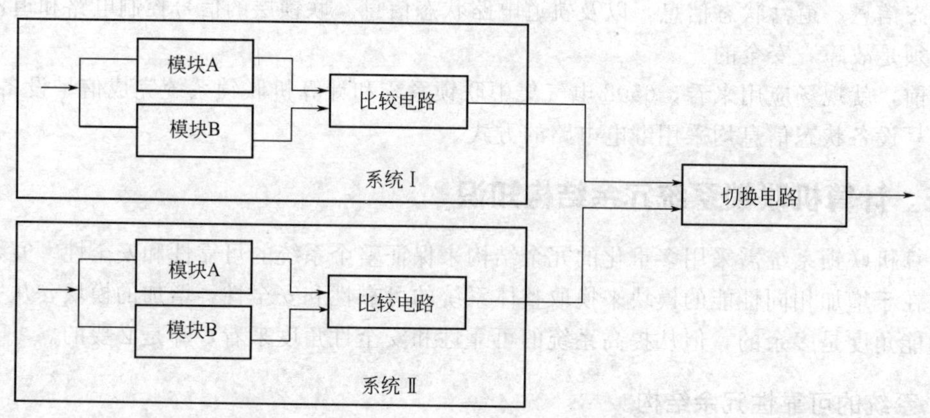

图 1-12　二乘二取二冗余结构

“二取二”指一套系统上有两套 CPU，两套 CPU 严格同步，实时比较，只有双机运行结果一致时，才对外输出运算结果。

“二乘二”指用两套完全相同的二取二子系统构成双机热备系统。

每一套子系统内部为安全性冗余结构，两套子系统形成可靠性冗余结构，这样，即提高了系统的可靠性，又提高系统的安全性。

还有一种三取二结构，由图 1-10 和图 1-11 变化而来，如图 1-13 所示。

三套系统完全相同，输出经表决器表决，只要三套系统中的任何两套的输出是相同的，则表决器就有正确的输出。这种结构提高可靠性的基本思想是把一个已发生故障的系统屏蔽起来，使其不影响整个系统的正常工作。即当三套系统中的任意一套系统发生故障时，对整个系统来说，仍能正常工作。从故障—安全的角度来看，这种结构的表决器具有对三套系统两两比较的功能，只有当两套系统同时发生相同的故障，并产生同样的输出信息时，表决器就无法检出这种错误信息，如果这种错误信息又恰巧是危险侧信息，则整个系统的输出也就是危险的了。然而，出现这种情况的概率是极其微小的，所以这种结构是安全的。

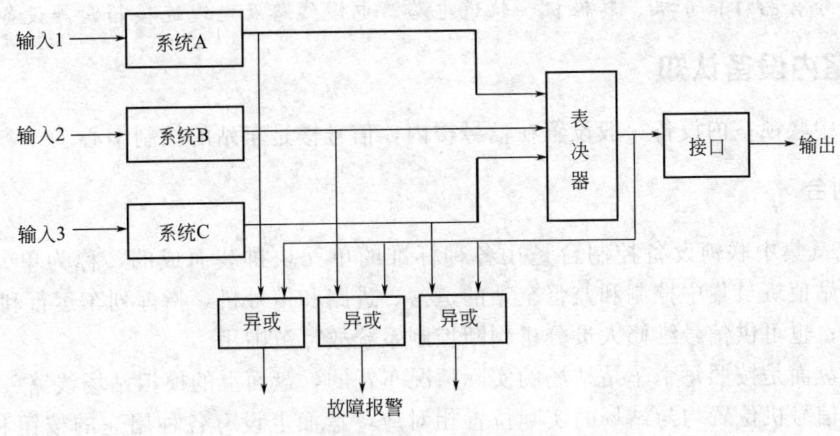

图 1-13 三取二冗余结构

任务二 6502电气集中联锁设备认知

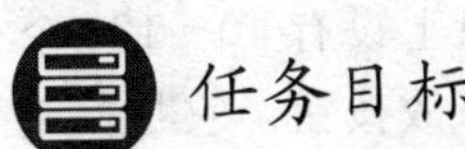

任务目标 ▶▶▶

1. 掌握6502电气集中联锁系统室内外设备的组成、作用及工作原理。

2. 熟悉6502电气集中联锁系统的技术要求。

3. 能够将联锁设备层次结构与6502电气集中联锁设备一一对应，并理解设备层次间信息传递的过程。

4. 了解6502电气集中联锁系统的电路结构及功能。

任务实施 ▶▶▶

6502电气集中联锁设备分为室内和室外两大部分，如图1-14所示。

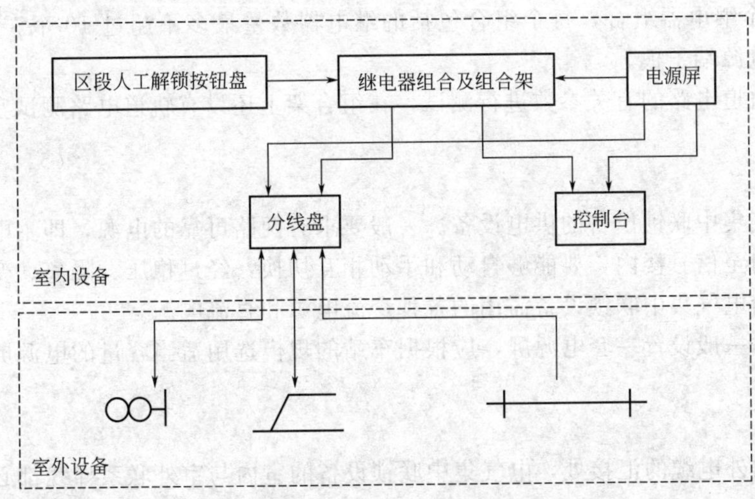

图 1-14 6502电气集中联锁设备

室内部分有控制台、区段人工解锁按钮盘、继电器组合及组合架、电源屏、分线盘等设

备。室外部分有色灯信号机、转辙机、轨道电路、电缆线路及电缆连接箱盒等设备。

一、室内设备认知

电气集中联锁室内设备一般设置在信号楼内，信号楼是车站的控制中心。

1. 控制台

6502 电气集中联锁设备控制台是用各种标准的单元块拼装而成的，称为单元控制台。控制台是车站值班员集中控制和监督全站的道岔、进路和信号机，指挥列车运行和调车作业的控制设备；也可供信号维修人员分析判断控制系统故障范围用。

控制台盘面是按照每个车站站场的实际情况布置的，盘面上的模拟站场线路、接发车方向、道岔和信号机位置均与站场的实际位置相对应，盘面上设有各种用途的按钮和表示灯，以及电流表。在控制台中部设有供车站值班员使用的工作台，背面下部设有配线端子板、熔断器及报警电铃。

2. 区段人工解锁按钮盘

在离开控制台一定距离的室内，装设区段人工解锁按钮盘，该按钮盘上设有 40～120 个带铅封的事故按钮，每个道岔区段和设置区段组合的无岔区段均设一个事故按钮。它是控制台操作时的辅助设备，当轨道电路区段因故障不能正常解锁时，用它办理故障解锁；在更换继电器或停电后恢复时，用来使设备恢复正常状态；在用取消进路办法不能关闭信号时，可用它关闭信号。

3. 继电器组合及组合架

继电器组合是把具有相同控制对象的继电器按照定型电路环节组合在一起，是实现电气集中联锁的设备。

电气集中联锁设备的定型组合是根据车站信号平面布置图上的道岔、信号机和轨道电路区段设计的，共有 12 种定型组合。继电器按组合放置在组合架上，组合架分 11 层，第 1～10 层每层安装一个继电器组合，每个组合包括的继电器数量最多不超过 10 个。第 11 层为零层，安装各种电源端子板。

为了集中对轨道电路的有关参数进行测试，在组合架上还设有轨道电路测试盘。

4. 电源屏

电源屏是电气集中联锁设备的供电设备。一般要求有两路可靠的电源，即主电源和副电源。主、副电源引至信号楼内，要能够自动和手动相互切换，经过稳压、隔离、变压或整流后，不间断地供给电气集中联锁设备需用的各种交流电源和直流电源。

电气集中车站一般设置一套电源屏，应根据车站的规模选用适当容量的电源屏。

5. 分线盘

分线盘是室内外电缆的汇接处，电气集中联锁设备的室内与室外联系导线都必须经过分线盘端子。

此外，在车站继电器室内还设有区间闭塞设备、车站电码化设备、信号微机监测系统和 TDCS 分机等设备，在 CTC 区段设有车站自律机，在 200km/h 提速区段设有车站列控中心。

二、室外设备认知

电气集中联锁设备的室外部分主要有色灯信号机、转辙机、轨道电路以及电缆和电缆连接箱盒。

1. 信号机

信号机用来防护进路，给出各种信号显示，指示列车运行及调车作业。6502 电气集中联锁设备采用透镜式色灯信号机或组合式信号机、LED 式信号机。

电气集中车站按用途设有进站信号机、进路信号机、出站信号机、预告信号机、复示信号机和调车信号机等。为使信号机有足够的显示距离，进站信号机、接车进路信号机、预告信号机、正线出站信号机及专用线和牵出线的调车信号机一般采用高柱信号机，其他的一般采用矮型信号机。

信号机有关闭和开放两种状态，开放和关闭时机由 6502 电气集中联锁电路控制，其控制用继电器应遵循安全对应原则，用继电器落下反映信号关闭，用吸起反映信号开放。信号机的关闭显示禁止信号，如进站信号机亮红灯，调车信号机亮蓝灯。

2. 转辙机

在电气集中车站的集中区内，对应每组道岔，都要设转辙机，用以转换和锁闭道岔，反映道岔的位置和动作状态。

目前，在一般车站使用 ZD6 型直流电动转辙机，提速区段的车站正线使用 S700K 型交流电动转辙机、ZYJ7 型电液转辙机或 ZDJ9 型电动转辙机。

转辙机应能按列车进路或调车进路的要求转换道岔并将其锁闭在需要的位置，进路锁闭时不能转换。转辙机应能正确地提供道岔所在位置的表示，在挤岔时给出报警。

3. 轨道电路

轨道电路用来监督进路和接近区段是否空闲，检查钢轨线路的完整性，也是向机车信号设备传递信息的通道。在电气集中车站，凡是由信号机防护的进路，以及信号机的接近区段均要装设轨道电路。

在进路锁闭和防护该进路的信号机开放过程中，必须连续检查有关轨道电路区段在空闲状态。当列车或调车车列在进路上运行时，轨道电路要监督其运行状态。信号关闭后，需证明列车或调车车列出清轨道电路区段后，才准许进路逐段解锁。

4. 电缆和箱盒设备

在电气集中车站，信号机、转辙机和轨道电路与室内设备之间的连接导线一般采用电缆，按控制对象的不同可分为信号电缆、道岔电缆和轨道电路电缆。这些电缆敷设在地下电缆沟槽内。按照电缆径路和设备连接顺序，室外电缆分为干线电缆和分支电缆。

在干线电缆与干线电缆或干线电缆与分支电缆的接续处设有电缆盒，分支电缆与设备的连接处设有各种变压器箱和电缆盒，这些箱、盒主要供放置变压器和电缆连接用。

使用 6502 电气集中联锁设备的车站，全站的道岔、进路和信号机都由信号楼集中控制

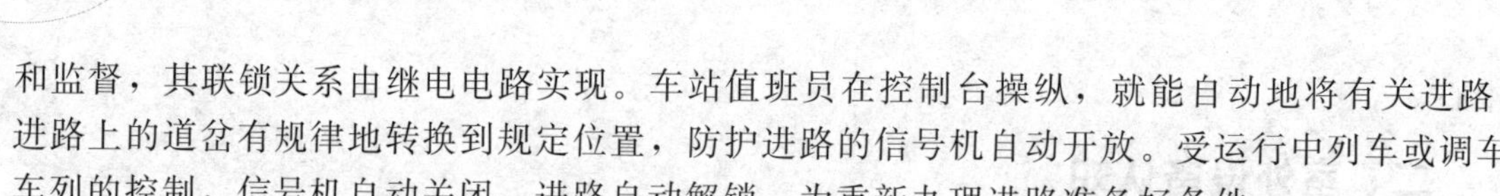

和监督，其联锁关系由继电电路实现。车站值班员在控制台操纵，就能自动地将有关进路，进路上的道岔有规律地转换到规定位置，防护进路的信号机自动开放。受运行中列车或调车车列的控制，信号机自动关闭，进路自动解锁，为重新办理进路准备好条件。

三、6502电气集中电路的结构认知

6502电气集中电路的结构采用站场型网络式结构。所谓站场型网络式结构是指电路的图形结构形状模拟于站场线路和道岔位置的形状。这种电路结构具有以下优点。

① 电路图形与站场形状相似（交叉渡线和复式交分道岔两种情况除外），信号机、道岔和轨道电路区段可选用相应的组合类型图，只需按照站场形状拼贴起来即可。每张组合类型图相当于一个模块，即电路采用模块化设计，使设计过程比较容易。

② 相同用途的继电器可以接在同一条网络线上，不需要反复检查同样的条件，这样既简化了电路，又减少了继电器的接点；使电路动作清晰、规律性强、安全程度高。

6502电气集中电路主要由选择组电路和执行组电路两部分组成，共15条网络线。此外，还有道岔控制电路和信号机点灯电路等单元电路。

1. 选择组电路

选择组电路分为记录电路、选岔电路和开始继电器电路三部分。

（1）记录电路　记录电路由按钮继电器电路和方向继电器电路组成。其作用是记录车站值班员按下按钮的动作，记录进路的性质和运行方向。

由于进路按钮采用二位自复式按钮，当按下按钮时按钮接点接通，松开后自动断开，为了使车站值班员下达的操纵命令不随进路按钮的复原而消失，因此需要把按下按钮的动作记录下来。其方法是对应每一个进路按钮设有按钮继电器，按下进路按钮使该按钮继电器励磁并自闭。当进路按钮复原后，按钮继电器就以其吸起状态记录下控制命令。

进路的性质（列车进路和调车进路）和运行方向（接车方向和发车方向），是根据首先按压的进路按钮来确定的，利用按钮继电器和方向继电器共同完成这一任务。

（2）选岔电路　选岔电路由6条网络线组成，所以又称为六线制选岔网络。其作用是按照车站值班员的意图，经操纵后选出道岔的位置。

选岔电路六条网络线的用途如下所示。

① 第1、2线为“八”字形第一笔双动道岔反位操纵继电器FCJ的网络线。

② 第3、4线为“八”字形第二笔双动道岔反位操纵继电器FCJ的网络线。

③ 第5、6线为双动道岔定位操纵继电器DCJ、单动道岔定位操纵继电器DCJ和反位操纵继电器FCJ，以及选信号点的进路选择继电器JXJ用的网络线。

当车站值班员按下进路始、终端按钮，相应的按钮继电器均已动作后，能自动使道岔定位操纵继电器DCJ或反位操纵继电器FCJ动作；通过道岔操纵继电器的前接点接通道岔启动电路，自动转换道岔。道岔转换完毕，接通道岔表示电路，给出道岔位置的正确表示。

进路上所有的道岔操作继电器吸起时，称进路选出。当进路上所有道岔都转换到规定位置并给出表示后，称进路排通。

为了缩短选路时间，进路选出后，用进路选择继电器JXJ的吸起，及时使按钮继电器和方向继电器复原，为继续选出另外的进路准备好条件。但这时先选的进路还没有排通，信号还没有开放。当记录电路复原后，进路的始端和终端的条件要由辅助开始继电器FKJ和终端继电器ZJ来记录。FKJ和ZJ不占用网络线，由于列车进路的终端在网络线的两端，一般

不设 ZJ。

(3) 开始继电器电路　第 7 线是开始继电器 KJ 的励磁网络。凡是做进路始端的信号机，在其信号组合里的开始继电器都接在 7 线网络上，检查进路的选排一致性。检查进路的选排一致性涉及到进路上的每组道岔，这些联锁条件都接在 7 线网络上。当进路上道岔操纵继电器全部吸起（DCJ 或 FCJ），并且当进路上的道岔都转换到规定位置，并给出相应的表示后（DBJ 或 FBJ 吸起），即进路选出与进路排通一致（DCJ 与 DBJ、FCJ 与 FBJ 动作一致），接在 7 线网络上的开始继电器 KJ 方能吸起。进路的选排一致性是很重要的联锁条件，锁闭进路、开放信号前要进行这项检查，这是保障行车安全的关键措施之一。

当信号开放后 FKJ 落下，用 KJ 的前接点继续记录进路的始端，一直到进路解锁后为止。进路要有明确的始、终端，从确定按下进路始、终端按钮开始，到进路使用完毕。虽然进路始、终端的记录条件，随着电路的动作过程是变化的，但却是一直保持着的。

2. 执行组电路

在选择组电路完成工作后，将选择组电路所确定的进路始端和终端，转入执行组电路。执行组电路的主要作用是：检查进路中的道岔位置是否正确、进路是否空闲、未建立敌对进路，实现进路锁闭；检查开放信号联锁条件后，开放信号；完成进路的正常解锁、取消、人工解锁、调车中途返回解锁、引导进路解锁等任务。

执行组电路共有 8 条网络线，各网络线的主要用途如下所示。

① 第 8 线为信号检查继电器 XJJ 的励磁网络线。用来预先检查信号开放的可能性，当进路道岔的位置正确、进路空闲、没有建立敌对进路，只有满足上述基本联锁条件，才能锁闭进路和开放信号。

② 第 9 线为区段检查继电器 QJJ 和股道检查继电器 GJJ 的励磁网络线。设有 Q 组合的轨道电路区段，均设有一个区段检查继电器 QJJ。当检查了本区段空闲后，本区段的 QJJ 方能吸起，实现区段锁闭。向股道建立进路时，GJJ 吸起，用它锁闭另一咽喉的迎面敌对进路。

③ 第 10 线是 QJJ 的自闭网络线。通过信号继电器 XJ 的励磁条件，使 QJJ 自闭，用来防止进路迎面错误解锁。

④ 第 11 线为信号继电器 XJ 的励磁电路。当全面检查了开放信号的联锁条件后，使 XJ 吸起。接通信号机点灯电路，开放信号。

⑤ 第 12、13 线为解锁网络，对称地接有两个进路继电器 1LJ 和 2LJ，用来实现进路锁闭，完成进路的正常解锁、取消、人工解锁、调车中途返回解锁、引导进路解锁等任务。

⑥ 第 14、15 线是控制台光带表示灯用的网络线。14 线用于控制白光带，15 线用于控制红光带。

在执行组电路中，除上述 8 条网络线外，还有道岔控制电路、信号机点灯电路、取消继电器电路、接近预告继电器电路、照查继电器电路、锁闭继电器电路以及各种表示灯电路、报警电路等。

3. 6502 电气集中电路动作程序

6502 电气集中电路是由上述 15 条网络线和一些不接在网络线上的单元电路构成的。这些电路基本上是以继电器为负载的，虽然室外电路、表示灯电路不是以继电器为负载，但都是由继电器控制和监督的，是可以用继电器的吸起和落下两种状态来判断负载的好坏的。因此，区分电路是否工作正常，设备是否有故障，都可根据继电器的状态进行分析。6502电气集中电路中，无论哪个电路环节发生故障，最终都会造成该吸起的继电器不能吸起，该落下的继电器不能落下。在学习电路原理和分析电路故障时，应牢牢把握住各个继电器的动作时机，即该继电器在什么条件下吸起，在什么条件下落下。继电器的励磁时机应在继电器励磁电路中分析，当励磁条件有几个时，应看哪个是最先构成的。继电器释放时机应在继电器自闭电路中分析，当使继电器释放的条件有几个时，应看哪个是最后构成的。

6502电气集中电路结构严密，虽然电路复杂，但电路动作层次分明、清晰、规律性很强。电路动作应遵循以下步骤。

办理进路→进路选出→道岔转换→进路锁闭→开放信号→列车或调车车列进入→进路解锁。

对于上述动作程序，6502电气集中电路都有相应的电路环节与其对应。办理进路与记录电路对应；进路选出与选岔网络对应；道岔转换是从选岔网络得到指令，道岔控制电路动作并经KJ检查选排一致；进路锁闭与XJJ、QJJ、LJ等锁闭进路用电路相对应；开放信号与XJ及信号机点灯电路相对应；车进入与轨道电路有关电路环节对应；进路解锁与解锁网络相对应等。在电路动作步骤变换时，应特别对承上启下的继电器动作时机予以关注，这是掌握6502电气集中电路动作规律的关键。

任务三 ●●● 计算机联锁设备认知

 任务目标 ▸▸▸

1. 掌握计算机联锁系统组成、作用。

2. 能够将联锁设备层次结构与计算机联锁设备一一对应，并理解设备层次间信息传递的过程。

3. 能够比较6502电气集中联锁系统与计算机联锁系统的异同。

 任务实施 ▸▸▸

6502电气集中联锁系统和计算机联锁系统都属于集中控制方式，即在车站上一般仅设一个控制中心—信号楼，由信号楼集中控制道岔、进路和信号。下面以实验室LSh-2计算机联锁系统为例进行介绍。

一、控显机

人机对话层的功能由控显机完成。控显机也称上位机，是联锁机的通信前置机，是一种信息管理机。该机主要完成人机对话功能，一方面接收来自控制台的车站值班员操作输入的信息，判明能否构成有效的操作命令，并将操作命令转换成约定的格式送给联锁机；另一方面，接收联锁机提供的监控对象状态和列车运行情况的表示信息，把它们转换成屏幕显示器能够接收的格式。

控显机处理的信息主要是操作信息和表示信息，均属于非涉安信息，不要求该机具有故障—安全特性，只考虑该机的可靠性即可，所以双机热备、三取二、二乘二取二的计算机联锁系统在人机对话层均采用双机热备冗余结构。

如图 1-15 所示，控显机 A 和控显机 B 以双机热备方式运行，只有主机的控制信号有效。控显机 A、控显机 B、鼠标、网络、USB、串口、并口等双套信息与控显机切换控制单元相连，从控显机切换单元只接出一套显示设备供操作员使用。当切换控制单元检测到上位主机故障时，可将显示信息和鼠标控制信息自动切换到备机运行，备机切换为主机，原主机自动失去控制权。

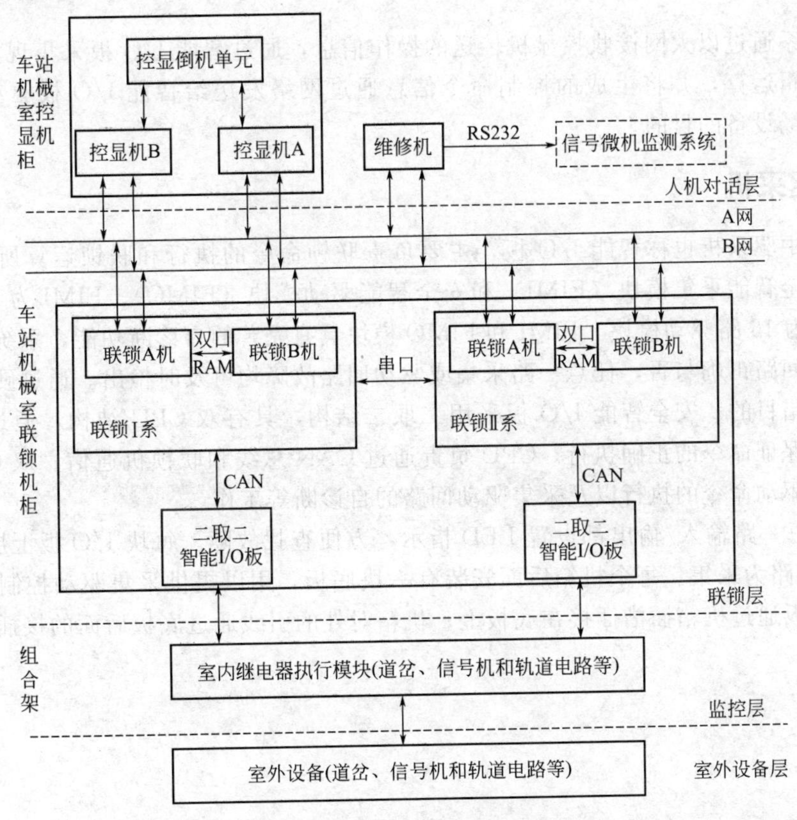

图 1-15　LSh-2 计算机联锁系统结构

启动时，首先给出控制信号的判为主机，后给出者作为备机。主机正常运行时，备机的投入运行与否，不对主机通道控制产生影响。

二、维修机

人机对话层中的维修机是计算机联锁系统的重要组成部分，可实现站场信息的记录、存储、回放，以状态图的形式显示实时站场图、机箱板卡状态和联锁设备当前状态，并能以表格的形式显示按钮日志、板卡日志、系统运行日志和系统操作报警信息，为电务维修人员提供准确可靠的系统历史数据。

维修机通过以太网接收上位机传来的操作员的操作信息、站场状态信息以及故障信息；通过以太网接口实现与调度监督系统和远程监视系统联机通信，在调度中心实现各站计算机联锁系统的运行状况监视。

维修机在硬件上采用标准工业控制计算机，核心处理器选用当前主流的工业专用主板及 CPU，配有视频显示卡、图形显示设备、以太网网卡和打印设备等。维修机子系统一般放置在机械室，便于电务维修人员随时监视和查询系统的运行状况。

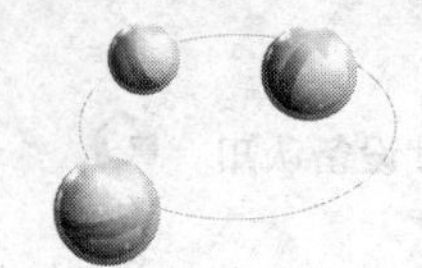

三、联锁机

联锁层中的联锁机又称下位机，是整个计算机联锁控制系统的核心，实现信号设备的联锁逻辑运算，处理的信息均为涉及安全的信息，所以要求联锁层具有高可靠性、高安全性，目前广泛采用二乘二取二的冗余结构：二乘二即联锁双系，二取二即每系内两套 CPU，实时比较输出。

联锁双系通过以太网接收控显机传送的操作信息，通过智能 I/O 板采集现场设备状态，进行联锁逻辑运算，并将生成的控制命令信息通过网络发送给智能 I/O 板驱动现场设备，达到控制现场设备的目的。

四、驱采机

联锁层中驱采机也称智能 I/O 板，主要负责联锁命令的执行和联锁运算所需的信息采集，包括安全智能采集模块（FIMI）和安全智能驱动模块（FIMO）。FIMI 为 32 路采集模块，FIMO 为 16 路驱动模块。FIMI 和 FIMO 模块具有完善的自诊断功能，系统周期性检测采集、驱动回路正确与否，任意一路采集或驱动回路故障均可及时检出。通过硬件冗余的方法，实现容错目的。安全智能 I/O 板采用二取二结构，具有双 CPU 结构，通过双 CPU 间比较校验，保证命令的正确执行。CPU 负责通过 CAN 总线和联锁机通信、双 CPU 之间的通信、采集驱动命令的执行以及采集驱动回路的自诊断等工作。

I/O 板每一路输入/输出都设置 LED 指示，方便查找故障。每块 I/O 板上层 16 路为驱动，下层 32 路为采集。每个机箱后面安装有一块底板，用以提供采集驱动控制总线；采集或驱动电路板通过机箱插槽插接在底板上；机箱对外的引线通过底板后面的接插件与组合架相连。

模块二

6502电气集中联锁系统维护及故障分析处理

6502电气集中联锁系统具有电路定型化程度高、逻辑性强，操纵方法简便灵活、不易出错，维修、施工比较方便，符合故障-安全原则，易与区间闭塞设备及其他信号设备结合等优点；又可作为调度集中和TDCS的基础设备。目前主要应用于铁路支线、地方铁路及专用线。

项目一 控制台操作维护

项目导引 ▸▸▸

控制台是6502电气集中联锁系统的操作和显示设备，也是信号工需要维护的设备。通过本项目的学习，要认识控制台，会操作控制台，能够检修维护控制台，对出现的故障能够处理。

任务一 ●●● 控制台认识

任务目标 ▸▸▸

1. 了解控制台的类型。
2. 掌握控制台各种按钮的设置、作用。
3. 掌握控制台表示灯类型及显示意义。
4. 掌握报警电铃、电流表的使用。

任务实施 ▸▸▸

6502电气集中联锁系统的控制台主要有两种类型，一种是西安信号工厂生产的TD5型控制台；另一种是沈阳信号工厂生产的TD4型控制台，这两类控制台都是用各种定型的标准单元块拼装而成的，也称单元式控制台。因为标准单元块的生产不受具体站场的限制，有利于工厂预制生产。在站场变更时，只需在原来的控制台上增减相应的单元块即可。控制台盘面上的站场模拟线路、信号机、道岔定位位置，轨道电路区段划分，是依据车站信号设备平面布置图，选用标准单元块拼装而成的。在控制台盘面上设有以下各种用途的按钮和表示灯，如图2-1所示。

一、按钮认知

1. 进路按钮

在控制台的站场模拟线路上，相当于进路始端和进路终端的位置上均设有按钮，这些按

图 2-1　6502 电气集中联锁系统的控制台

钮称为进路按钮。进路按钮又分为列车进路按钮和调车进路按钮，分别用于办理列车进路和调车进路。为了防止在办理进路时按下错误的进路按钮，列车进路按钮一般采用绿色，装设在线路上；调车进路按钮一般采用白色，装设在线路旁。

6502 电气集中联锁系统采用双按钮进路式选路法。在排列进路时，顺序按下进路的始端和终端按钮，就可以使有关进路上的道岔转换并锁闭，信号自动开放，按操纵者的意图排出进路。这样设置进路按钮，可以使选排进路的操作形象、简便，不易出错。

进路始端按钮除用来排列进路外，还可实现重复开放信号，与其他按钮配合完成取消进路和人工解锁进路的操纵。进路按钮均采用二位自复式按钮。

2. 道岔单独操作按钮

当办理引导接车、清扫和试验道岔，以及检修转辙机等作业时，需要对道岔进行单独操作。不论单动道岔或双动道岔，均要设一个道岔单独操纵按钮。将这些按钮都集中配置在控制台上部相应的咽喉区处。为了避免因误碰一个按钮，造成道岔错误转换，单独操纵道岔也采用双按钮制，即除了按下每组道岔的单独操纵按钮外，还要同时按下本咽喉的道岔总定位按钮或道岔总反位按钮。道岔总定位按钮和道岔总反位按钮在每个咽喉区各设一个，均采用二位自复式按钮。

若需要单独操纵某组道岔时，必须同时按下该咽喉区的道岔总定位按钮 ZDA 和该组道岔单独操纵按钮，使该道岔转向定位；当同时按下该咽喉区的道岔总反位按钮 ZFA 和该组道岔单独操纵按钮，可使该道岔转向反位。单独锁闭道岔时，将该组道岔的单独操纵按钮向外拉出，按钮点亮红灯，此时该组道岔处于锁闭状态，不能发生转换。

3. 总取消按钮和总人工解锁按钮

在控制台每个咽喉区的下部各设有一个总取消按钮和总人工解锁按钮，用来办理取消进路和人工解锁进路。取消进路时，同时按下进路始端按钮和本咽喉的总取消按钮；人工解锁进路时，要同时按下进路始端按钮和本咽喉的总人工解锁按钮。

总取消按钮 ZQA 和总人工解锁按钮 ZRA 都是二位自复式按钮。总人工解锁按钮带有铅封，使用时要破铅封，并且要在《行车设备检查登记簿》上进行登记。

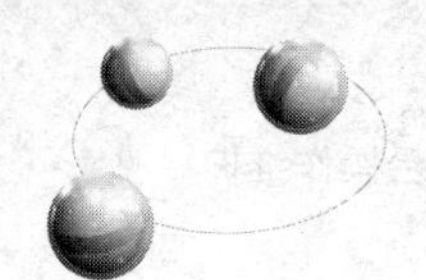

4. 引导按钮和引导总锁闭按钮

为了办理引导接车进路和开放引导信号，在控制台下部对应每架进站信号机均设有一个带铅封的二位自复式引导按钮，对应每个咽喉区设有一个带铅封的二位非自复式引导总锁闭按钮。当需要采用引导进路锁闭方式接车，开放引导信号时，要按下引导按钮。在不能按照引导进路锁闭方式开放引导信号时，要实行全咽喉道岔总锁闭方式引导接车，这时，应先按下引导总锁闭按钮，后按下引导按钮。

5. 其他按钮

在控制台上还设有接通光带按钮、接通道岔表示按钮、切断挤岔电铃按钮、表示灯调压按钮、信号灯调压按钮、电源切换按钮等其他用途的按钮。前两种为每个咽喉区分别设置一个，后四种为全站共用，每站分别设一个。除接通光带按钮为二位自复式按钮外，其他按钮均为二位非自复式按钮。

若区间采用半自动闭塞设备时，在控制台的相应位置还设有闭塞按钮、复原按钮和事故按钮。若区间采用自动闭塞设备时，在控制台下部的相应位置还应设切断区间报警按钮，双向自动闭塞需设改变运行方向用的按钮。为站内轨道电路电码化设有切断电码化报警按钮。为监督列车信号机各灯泡主灯丝的完整性，按咽喉区分别设有一个切断断丝报警按钮。为对进站信号机和正线出站信号机非正常关闭进行报警，按咽喉区分别设一个切断跳信号报警按钮。当站内设有联系电路或结合电路时，控制台相应还要增设有关的按钮，例如非进路调车按钮、机务段同意按钮等。

二、表示灯认知

控制台作为监督设备，装有各种用途的表示灯。表示灯的用途大致可分为三个方面：一是用来反映进路、道岔和信号机的状态，以及设备的运用情况；二是可以反映操纵手续是否完成；三是反映电路的动作程序，以便发生故障时能及时发现，并用来分析、判断故障的范围。

进路表示灯以光带形式设在站场模型上；信号复示器设在站场模型相当于信号机的地方；道岔位置表示灯设在道岔单独操纵按钮的上方，道岔单独锁闭表示灯设在带灯按钮内；提速道岔用尖轨和心轨表示灯设在按钮的下方；进路按钮表示灯设在按钮内或按钮的上方或近旁。此外还设有进路排列表示灯、列车接近和离去表示灯、主灯丝断丝表示灯；如区间采用半自动闭塞，还设有半自动闭塞用表示灯；如区间采用自动闭塞，设有接近、离去表示灯；如区间采用双向自动闭塞，设有改变运行方向的表示灯。

三、报警电铃和电流表认知

表示灯只能在值班人员注视控制台的情况下才起作用。有些情况，如道岔被挤、列车接近等，除用表示灯反映外，还采用了电铃报警，以引起车站值班人员的注意，并方便电务维修人员分析判断故障。

在控制台背面下方的配线端子板上设有以下报警电铃：对应每个咽喉区各设置一个主灯丝断丝报警电铃和列车接近电铃；全站设置一个挤岔电铃和一个主副电源切换电铃；若区间采用半自动闭塞设备，还需设置半自动闭塞电铃。这些报警电铃的鸣响主要是引起车站值班人员的注意，必须结合相应的表示灯亮灭的情况一起分析，才能准确地反应出信号设备的状态。

在控制台面板的右上方或中上方设有一块电流表，全站共用。电流表指针的读数反映室外非提速电动道岔的动作，在正常情况下，单动道岔动作一次，电流表指针摆动一次；双动道岔动作一次，电流表指针摆动两次。提速道岔用转辙机动作电源为三相交流电源，不经过电流表，需增加每个咽喉区的心轨动作表示灯和尖轨动作表示灯。

任务二 ●●● 控制台操作练习

任务目标 ▶▶▶

1. 熟练办理各种进路。
2. 熟练操纵道岔。

任务实施 ▶▶▶

列车或调车车列在站内线路上运行时，首先要确定其运行范围和运行方向。相应地，在控制台模拟站场上，车站值班人员要确定进路的范围和进路的始端与终端。6502 电气集中联锁系统均采用双按钮进路式选路法，先后按下进路始端按钮和终端按钮，就可把进路上所有的道岔位置选出来，并使防护这条进路的信号机开放。

一、办理基本进路

办理进路的操作采用双按钮进路式选路法，在排列进路时，顺序按下进路的始端和终端按钮。

1. 办理列车进路

列车进路分为接车进路、发车进路和变通进路。列车进路的操作按列车的运行方向，先后按下进路的始端按钮和终端按钮，即双按钮进路式选路法。

例如选 X_D 进站信号机至ⅢG 的下行接车进路，应先按下 X_DLA 按钮，后按下 $S_{Ⅲ}$ LA 按钮。选由ⅢG 向东郊方面的上行发车进路，应先按下 $S_{Ⅲ}$ LA 按钮，后按下 X_DLA 按钮。

办理列车通过进路有一次办理和分段办理两种操作方法，例如办理下行由ⅠG 通过进路。

一次办理方法是：顺序按下 XTA 按钮和 S_FLA 按钮。

分段办理的方法是：先选下行ⅠG 发车进路，即顺序按下 $X_Ⅰ$ LA 按钮和 S_FLA 按钮。然后办理下行ⅠG 接车进路，即顺序按下 XLA 按钮和 $S_Ⅰ$ LA 按钮。

2. 办理调车进路

(1) 选择以并置（或差置）调车信号机为阻拦信号的调车进路

选择 D_3 至 D_9 的调车进路，需要顺序按下 D_3A 按钮和 D_7A 按钮。选ⅠG 至 D_7 的调车进路时，需要顺序按下 $S_Ⅰ$ DA 按钮和 D_9A 按钮。

注意：选排以并置（或差置）调车车信号机为阻拦信号的调车进路，它的进路终端按钮不是起阻拦信号的调车按钮，而是另一架背向调车信号机的调车进路按钮，这样操作是由电路结构所决定的。

(2) 选择以单置调车信号机为阻拦信号的调车进路

选排以 D_3 至 D_{11} 的调车进路时，需顺序按下 D_3A 按钮和 D_{11}A 按钮。选 D_9 至 D_{13} 的调车进路时，应顺序按 D_9A 按钮和 D_{13}A 按钮。

注意：当选以单置调车信号机为阻拦信号的调车进路时，起阻拦信号的调车进路按钮即可作为终端按钮。但是，单置调车进路按钮不能作反向调车进路的终端按钮使用。例如由ⅢG向X_D内方调车，应顺序按下$S_{Ⅲ}$DA按钮和S_DDZA按钮，因为D_{11}信号机与该进路反向，故D_{11}A不能作该进路的终端按钮，而只能以专设的S_DDZA作终端按钮使用。

（3）选以股道、牵出线、专用线等为进路终端的调车进路

当选由咽喉区调车信号机为始端，以股道、牵出线、专用线、接发车口处为进路终端的调车进路时，应以咽喉区调车信号机的调车进路按钮为始端按钮，以该咽喉区股道头部的出站兼调车信号机的调车进路按钮为终端，或以牵出线、专用线、接发车口处的尽头式调车信号机的调车进路按钮为终端。如选D_5向ⅡAG调车，应顺序按下D_5A按钮和D_1A按钮；选D_{15}至4G调车时，应应顺序按下D_{15}A按钮和S_4DA按钮。

（4）选长调车进路

所谓长调车进路，是指一条进路上需要开放两架或两架以上的调车信号机的调车进路。而单元调车进路（称短调车进路），是指一条进路上仅需开放一架调车信号机的调车进路。长调车进路是由两条以上单元调车进路组成的。这里的“长”与“短”绝不是路径的长短。

长调车进路有一次办理和分段办理两种操作方法。一次办理就是先后按下长调车进路的始、终端按钮；分段办理就是分别办理长调车进路中的各条单元调车进路。例如，办理D_3至ⅠG长调车进路，一次办理的操作方法是顺序按下D_3A按钮和$S_Ⅰ$DA按钮，即可选出进路，而分段办理的方法是分别选D_{13}至ⅠG、D_9至D_{13}、D_3至D_9三条单元调车进路。显然，一次办理的操作方法简便，但是当分析电路故障范围时，需将长调车进路分段办理。

二、办理变通进路

变通进路是指在进路的始、终端之间有几条径路时，通常把一条路径最短、经过道岔数量少或影响其他作业较小的进路规定为基本进路，而其余的进路称为变通进路。平时正常使用基本进路，只有当基本进路有车占用，或进路发生故障时，才使用变通进路。例如由ⅡG向北京方面发车时，就有两条进路：一条经由27、17/19、1/3号道岔定位，而另一条经由27、13/15、9/11号道岔定位，17/19、1/3号道岔反位，前者为基本进路，后者为变通进路。因为后一条进路影响X进站信号机向ⅠG的接车进路等。

根据双按钮进路式选路法的基本原则，顺序按下进路始端和终端按钮，只准许选出基本进路。即使基本进路因故选不出来，也不准自动改选变通进路。这是因为若准许自动改选变通进路，将会背离车站值班员的意图，就可能打乱作业计划。若想要选排变通进路，就必须有意识地附加一个操作。6502电气集中规定：在按下始端按钮后，再按一下变通按钮，最后再按终端按钮，才准许选出变通进路来。在选变通进路时，因故选不出，也绝不允许自动选出基本进路。

1. 办理列车变通进路

办理列车变通进路时，按列车运行方向的顺序，先后按下进路始端按钮、变通按钮和进路终端按钮。例如选由$S_{Ⅱ}$经由17/19、1/3号道岔反位向北京方面的发车变通进路，需先后按下$S_{Ⅱ}$LA、D_7A（或D_9A、或D_{13}A）、X_FLA三个按钮。选X经5/7号道岔反位至ⅢG的接车变通进路，应顺序按下XLA按钮、D_{11}A按钮和$S_{Ⅲ}$LA按钮。多数情况下，列车变通进路上都有调车按钮可兼作变通按钮用。

2. 办理调车变通进路

选调车变通进路时，不能采用差置、并置或同方向单置调车进路按钮作为调车变通按钮

使用。调车进路的性质，已由按下的始端按钮确定了。例如选由 D_1 至ⅡG 经由 1/3、17/19 号道岔反位的变通进路时，如将 D_{13}A 作变通按钮使用时，那么就应顺序按下 D_1A 按钮、D_{13}A 按钮和 S_1DA 按钮。但按下 D_1A 按钮和 D_{13}A 按钮后尚未按下 S_{II}DA 按钮前，D_1 至 D_{13} 的单元调车进路就选出来了。当最后按下 S_{II}DA 按钮时，相当于选 S_{II} 信号机作其他进路的始端使用。这样 D_{13} 至ⅡG 这段调车进路就选不出来。因此上述调车变通进路只能按长调车进路分段办理方法操作。

当调车变通进路上有反向的单置调车进路按钮时，可按照变通进路的操作方法进行。如选由 4G 经 17/19、1/3 号道岔反位至 D_1 的变通进路时，可顺序按下 S_4DA、D_{13}A 和 D_1A 三个按钮，该调车变通进路便可选出。这是因为 D_{13} 是变通进路上的反向单置调车信号机，当附加操作按下 D_{13}A 按钮时，D_{13}A 按钮既不是该进路的始端、也不是终端，而只能作为变通按钮用。

当变通进路上有专设的 BA 时，可顺序按下进路始端、BA 和进路终端按钮，变通进路便可选出。如选 D_9 至ⅢG 经 9/11 号道岔反位的调车变通进路时，需顺序按下 D_9A、BA 和 S_{III}DA，该调车变通进路便可选出。

由此可知，只有单置调车进路按钮能兼作相反方向的调车进路的变通按钮，其他调车进路按钮不能作调车进路的变通按钮。任何调车进路按钮都可作列车变通进路的变通按钮。专设的变通按钮 BA，既可作列车变通进路，又可作调车变通进路的变通按钮使用。

三、重复开放信号

信号开放后因瞬间故障关闭，在故障恢复后，进路联锁条件满足，进路中的信号可以重新手动开放。操作方法是单击防护进路的始端信号机按钮。办理此操作后，相应信号机重新开放信号。

四、解锁进路

6502 电气集中联锁系统的进路解锁，按照解锁方式的不同可分为正常解锁、取消进路、人工解锁、引导解锁以及故障解锁。正常解锁是信号开放后，随着车列驶入进路，信号机自动关闭，在顺序占用和出清进路上的轨道电路区段后，各区段自动解锁，不需要操作。

1. 取消进路

当进路处于预先锁闭阶段（信号开放后，接近区段无车），进路中无车，股道电路、道岔无故障，可以取消进路。操作方法是同时按下对应咽喉区的“总取消按钮”和“进路始端信号按钮”。办理此操作后，信号关闭，进路白色光带消失。

2. 人工解锁

当进路处于接近锁闭阶段（信号开放后，接近区段有车），进路中无车，轨道电路、道岔无故障，此时要取消进路只能人工解锁延时取消进路。正常情况能总取消的进路也可以总人解，但不建议此种操作。

人工延时解锁进路的操作方法是同时按压对应咽喉的“总人解按钮”和“进路始端信号按钮”。办理此操作时，在接近锁闭情况下，信号关闭后，在车列未冒进信号的情况下，列车进路延时 180s 自动解锁，调车进路和侧线发车进路延时 30s 后自动解锁。

3. 故障解锁

当进路因轨道电路故障而不能自动解锁，此时可以区故解未解锁的区段。要用此按钮，

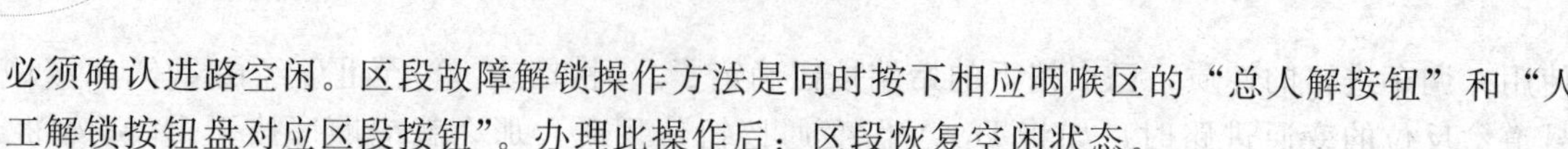

必须确认进路空闲。区段故障解锁操作方法是同时按下相应咽喉区的“总人解按钮”和“人工解锁按钮盘对应区段按钮”。办理此操作后：区段恢复空闲状态。

注：对于无岔区段，操作与该无岔区段相邻的道岔区段。

五、单独操纵道岔

1. 道岔总定位/总反位操作方法

除了办理进路转换道岔外，还可以单独操纵使其转换到定位或反位。操作方法是同时按下相应咽喉区的“总定位”/“总反位”按钮和道岔按钮。

2. 单锁/单解

在特殊情况下（例如特种列车通过道岔时）将道岔单独锁闭/解锁。操作方法是将对应的道岔按钮拉出/按下，按钮表示灯点亮红色/灭灯。

任务三 ●●● 控制台（人工解锁按钮盘）维护

任务目标 ▶▶▶

1. 熟悉控制台（人工解锁按钮盘）日常养护工作步骤。
2. 掌握控制台（人工解锁按钮盘）日常养护工作内容及质量标准。
3. 熟悉控制台（人工解锁按钮盘）集中检修工作步骤。
4. 掌握控制台（人工解锁按钮盘）集中检修工作内容及质量标准。

任务实施 ▶▶▶

一、控制台(人工解锁按钮盘)检修作业程序框图(图 2-2)

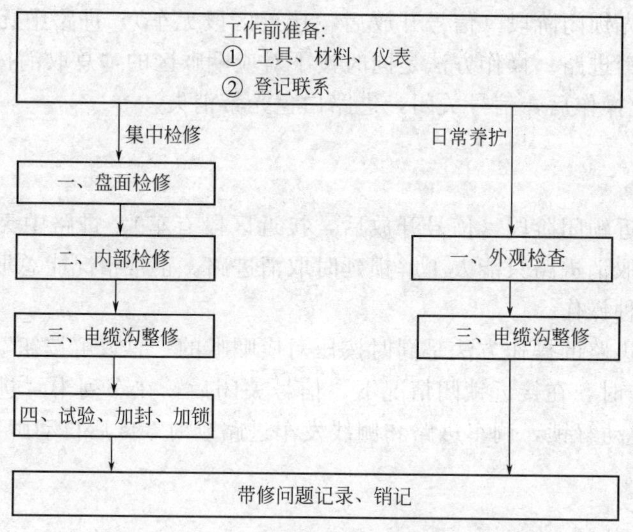

图 2-2　控制台（人工解锁按钮盘）检修作业程序框图

二、控制台(人工解锁按钮盘)检修作业程序及质量标准(表 2-1)

表 2-1　控制台（人工解锁按钮盘）检修作用程序及标准

<table>
<tr><th>项目</th><th>修程</th><th>工作步骤</th><th>工作内容及质量标准</th><th>周　期</th></tr>
<tr><td rowspan="6">控制台人工解锁按钮盘</td><td rowspan="2">日常养护</td><td>一、外观检查</td><td>① 外部无灰尘,无杂物;
② 安装牢固、不倾斜,表面平整,不脱漆,加封加锁完好;
③ 电缆沟无异状,盖板完好;
④ 访问车务值班人员,了解使用情况,观察外界施工或其他可能对信号设备造成的妨害,查阅运统—46 登记情况</td><td rowspan="2">日
(注:无人值班的车站每月 2 次)</td></tr>
<tr><td>二、盘面检查</td><td>① 盘面清洁、无灰尘;
② 各种文字标识齐全、正确、字迹清楚;
③ 铅封良好,计数器号码无变化,检查破封登记情况,及时补封;
④ 表示灯泡及按钮帽完好,表示灯颜色正确,光节无串光现象;
⑤ 盘面仪表正常</td></tr>
<tr><td rowspan="4">集中检修</td><td>一、盘面检修</td><td>① 盘面平整清洁,单元安装牢固,单元块间疏密均匀,前后不透光,防尘良好;
② 按钮使用灵活,灯光表示齐全,颜色正确;
③ 计数器正确计数,不跳码、不漏码、数码字迹清晰</td><td rowspan="4">年</td></tr>
<tr><td>二、内部检修</td><td>① 按压、拉出各种按钮(扳动手柄)试验,按钮动作灵活,其接点片不松动,不氧化;
② 各种按钮手柄应安装牢固,无松动及旋转,按钮在受到振动时,接点不得错接或错断。各种按钮手柄接点的接通和断开与按钮的按压、停留、复位的关系正确。自复式按钮按压后能自动恢复到定位,非自复式按钮按压后应可靠地保持;
③ 表示灯泡、发光二极管安装正确、牢固,接触可靠;
④ 配线整齐清洁,无破皮,无接地,焊接良好;
⑤ 各部螺丝紧固,螺帽垫片齐全;
⑥ 熔断器容量与图纸相符。有试验标记,不超期,并接触良好;
⑦ 各种音响报警正确。电铃电路加装 0.5A 的熔丝;
⑧ 铭牌齐全、正确,字迹清楚;
⑨ 引入电缆固定良好,引入口密封良好。地线整治检查;
⑩ 防尘、防鼠良好</td></tr>
<tr><td>三、电缆沟整修</td><td>① 电缆沟盖板齐全,地沟清洁,防鼠、防火设施完善;
② 电缆沟内电缆、配线整齐,无破皮,放置妥善,防护良好</td></tr>
<tr><td>四、试验、加封、加锁</td><td>① 对检修的设备进行有针对性的试验工作;
② 加封、加锁。带铅封按钮的加封线采用 3～5A 熔丝,并加装 ϕ3mm×15mm 的套管;
③ 销记</td></tr>
</table>

项目二 组合架维护

项目导引 ▶▶▶

组合及组合架是信号工室内维护的主要设备。通过本项目的学习，要会选用继电器组合，能够根据检修标准和作业程序维护组合架。

任务一 ●●● 继电器组合的选用

任务目标 ▶▶▶

1. 理解组合的概念。
2. 掌握组合的类型。
3. 会选用继电器组合。
4. 熟悉继电器组合架结构。

任务实施 ▶▶▶

6502 电气集中联锁系统需要大量的继电器，这些继电器以组合的形式放置在组合架上，组合架设置在继电器室内，如图 2-3 所示。

将具有相同控制对象的一些继电器组合在一起，构成定型电路环节，这些定型电路环节称为继电器组合，简称组合。6502 电气集中联锁系统的组合，是对应车站信号平面布置图上的道岔、信号机和轨道电路区段设计的。每个组合包括的继电器数量应相差不多，最多不超过 10 个，以使装在组合架上比较匀称、有规律，并有效地利用组合架的空间，减少组合架上的空位。

采用继电器定型组合的形式设计电路，不仅简化了设计，加快了设计过程，而且组合可以在工厂预制，这样就极大地缩短了施工工期。

因为 6502 电气集中联锁系统的定型组合是根据道岔、信号机和轨道电路区段设计的，所以道岔组合、信号组合和区段组合，是 6502 电气集中联锁系统中的三种基本组合类型。

图 2-3　继电器的组合和组合架

为了使不同类型的继电器定型组合在各种车站通用，根据站场线路可拼贴站场型网络图，由这三种基本组合类型又可分为 10 种参与拼贴站场型网络图的定型组合。另外还有两种不参与拼贴的定型组合，因此，6502 电气集中联锁系统中的定型组合共有 12 种，如表 2-2。表中列出每组组合的继电器数量及类型，继电器在组合内的排列位置和其他附属元件的规格型号等。

表 2-2　继电器组合类型

组合类型	0		1	2	3	4	5	6	7	8	9	10
F	R_1、R_2 RX20-25 −51−±5%	C_1、C_2： CD-200-50	LJJ	LFJ	DJJ	DFJ	ZQJ	ZRJ	ZDJ	ZFJ	GDJ	GDJF
			JWXC −H340	JWXC −H340	JWXC −H340	JWXC −H340	JWXC −1700	JWXC −1700	JWXC −1700	JWXC −1700	JWXC −1700	JWXC −H340
YX	R:RX20-25 −51−±5% C:CD-100-50	RD(0.5A)	AJ	XJ	JJ	1DJF	2DJ	ZXJ	LXJF	TXJ	LUXJ	LAJ
			JWXC −1700	JWXC −H340	JWXC −1700	JWXC −1700	JZXC −H18	JWXC −1700	JWXC −1700	JWXC −1700	JWXC −1700	JWXC −H340
1LXF			DAJ	LAJ	ZJ	GJJ	ZCJ	GJ	GJF			
			JWXC −H340	JWXC −H340	JWXC −H340	JWXC −1700	JWXC −1700	JZXC −480	JWXC −1700			
2LXF			DAJ	LAJ	ZJ	GJJ	ZCJ	LXJF	ZXJ	2DJ		
			JWXC −H340	JWXC −H340	JWXC −H340	JWXC −1700	JWXC −1700	JWXC −1700	JWXC −H340	JZXC −H18		
LXZ	R:RX20-25 −51−±5% C:CD-500-50	RD(0.5A) RD(0.5A)	LKJ	JXJ	FKJ	KJ	LXJ	XJJ	DXJ	DJ	QJ	JYJ
			JWXC −H340	JWXC −1700	JWXC −H340	JWXC −H340	JWXC −1700	JWXC −1700	JWXC −H340	JZXC −H18	JWXC −1700	JWXC −1700
DX		0.5A 0.5A	AJ	JXJ	FKJ	KJ	ZJ	XJJ	XJ	DJ	QJ	JYJ
			JWXC −H340	JWXC −1700	JWXC −H340	JWXC −1700	JWXC −H340	JWXC −1700	JWXC −H340	JZXC −H18	JWXC −1700	JWXC −1700

续表

组合类型	0		1	2	3	4	5	6	7	8	9	10
DXF或B			1AJ	2AJ	JXJ	1AJ	2AJ	JXJ				
			JWXC －1700	JWXC －H340	JWXC －1700	JWXC －1700	JWXC －H340	JWXC －1700				
SDF	D_1-D_4： 2CP21		1DCJ	1FCJ	2DCJ	2FCJ	1DCJ	1FCJ	2DCJ	2FCJ		
			JWXC －1700	JWXC －1700	JWXC －1700	JWXC －1700	JWXC －1700	JWXC －1700	JWXC －1700	JWXC －1700		
SDZ	R：RX20-10 －750－±5% C：CZM-L －4-400	RD(3A) RD(3A) RD(5A) RD(0.5A)	BB	1DQJ	1SJ	2DQJ	AJ	2SJ	DBJF	DBJ	FBJ	FBJF
			BD_1-7	JWJXC －H125 /0.44	JWXC －1700	JYJXC －135 /220	JWXC －1700	JWXC －1700	JWXC －1700	JPXC －1000	JPXC －1000	JWXC －1700
DD	D_1-D_4：2CP21 R：RX20-10 －750－±5% C：CZM-L －4-400	RD(3A) RD(3A) RD(5A) RD(0.5A)	BB	1DQJ	SJ	2DQJ	AJ	DCJ	FCJ	DBJ	FBJ	
			BD_1-7	JWJXC －H125 /0.44	JWXC －1700	JYJXC －135 /220	JWXC －1700	JWXC －1700	JWXC －1700	JPXC －1000	JPXC －1000	
Q	R：RX20-25 －51－±5% C：CD-1000-50		DGJ	DGJF	FDGJ	1LJ	2LJ	QJJ	CJ	FDGJF		
			JZXC －480	JWXC －1700	JWXC －1700	JWXC －1700	JWXC －1700	JWXC －1700	JWXC －1700	JWXC －1700		
DY			1RJJ	2RJJ	1XCJ	2XCJ	TGJ	JCJ	YZSJ	JCAJ 或 (ZFDJ)	JCJ_1	JCJ_2
			JWXC －1700	JWXC －1700	JSBC －850	JSBXC －850	JWJXC －480	JWXC －1700	JWXC －1700	JWXC －1700	JZXC －480	JSBXC －850

一、信号组合类型及选用

由于不同类型的信号机信号显示不同，控制电路的联锁条件不同，构成组合的电路环节有明显差异，因此，信号组合分为6种定型组合。其中，列车信号组合4种分别为LXZ、1LXF、2LXF、YX组合，调车信号组合2种分别为DX和DXF组合。

1. 进站信号机组合类型选用

进站信号机选用三种组合，列车信号主组合LXZ、列车信号辅助组合1LXF和引导信号组合YX。如图2-4所示，在双线单向运行区段，每架进站信号机相应选用YX和LXZ两个组合；在单线双向运行区段和双线双向运行区段，每架进站信号机应选择1LXF、YX、和LXZ三个组合；当进站信号机内方有一无岔区段和同方向的调车信号机时，因为进站与调车信号机之间没有道岔，可作为一个信号点看待，一般称为进站内方带调车，可不设DX

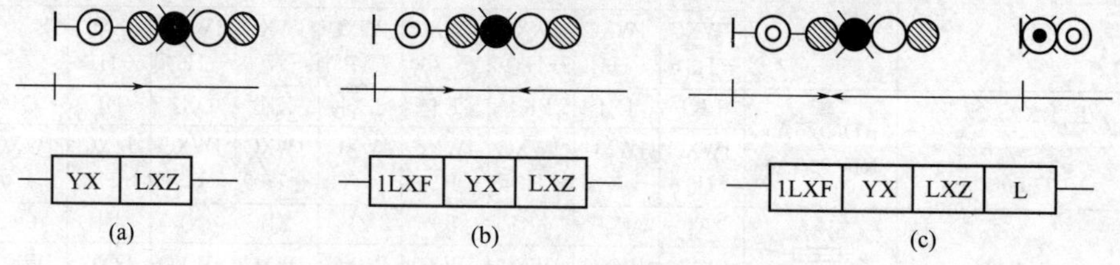

图2-4　进站信号机组合的选用

组合，仅选用 1LXF、YX、和 LXZ 三个定型组合，再增选一个零散组合。对于接车进路信号机，选用的组合和进站信号机完全相同。

2. 出站信号机组合类型选用

出站信号机选用三种组合，列车信号主组合 LXZ，一方向列车信号辅助组合 1LXF 和二方向列车信号辅助组合 2LXF。如图 2-5 所示，当只有一个发车方向时，每架出站兼调车信号机应选用 LXZ 和 1LXF 两个组合；若有两个或两个以上发车方向时，则对每架出站兼调车信号机应选用 LXZ 和 2LXF 两个组合；发车进路信号机与只有一个发车方向的出站兼调车信号机一样，也选用 LXZ 和 1LXF 两个组合。

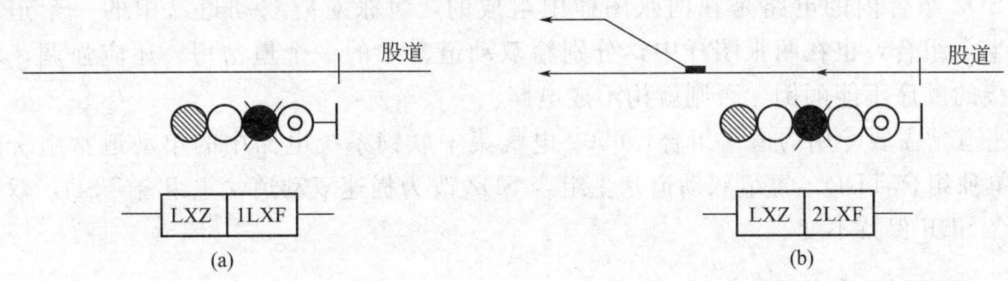

图 2-5　出站兼调车信号机选用的组合

3. 调车信号机组合类型选用

调车信号选用两种组合，调车信号组合 DX 和调车信号辅助组合 DXF。

如图 2-6 所示，调车信号机按位置分为尽头式、并置、差置和单置调车信号机，它们应各选用一个调车信号组合 DX；对应每架单置调车信号机，除选用一个 DX 组合外，还应选用半个调车信号辅助组合 DXF。所谓半个组合，是指一个 DXF 组合，可供两架单置调车信号机使用。对应于变通按钮，也需要选用半个 DXF 组合。对应于没有信号机处的列车终端按钮及调车终端按钮，则可根据需要，选用半个 DXF 组合或设零散组合。

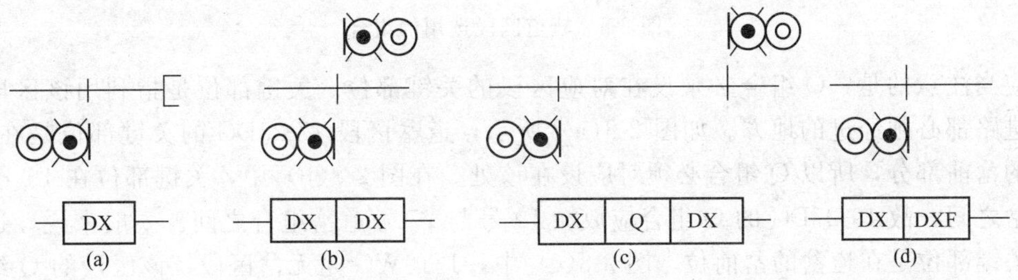

图 2-6　调车信号机选用的组合

综上所述：信号组合共有六种定型组合类型，即列车信号主组合 LXZ、引导信号组合 YX、一方向列车信号辅助组合 1LXF、二方向列车信号辅助组合 2LXF、调车信号组合 DX 和调车信号辅助组合 DXF。

二、道岔组合类型及选用

道岔组合分为单动道岔组 DD、双动道岔主组合 SDZ 和双动道岔辅助组合 SDF 三种定型组合，如图 2-7 所示。每组单动道岔选用一个 DD 组合；每组双动道岔应选用一个 SDZ 和半个 SDF 组合。

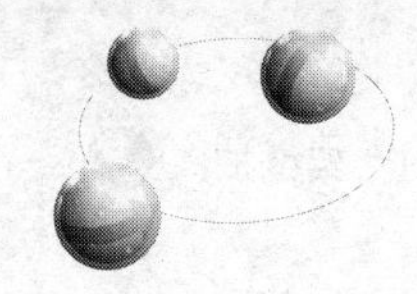

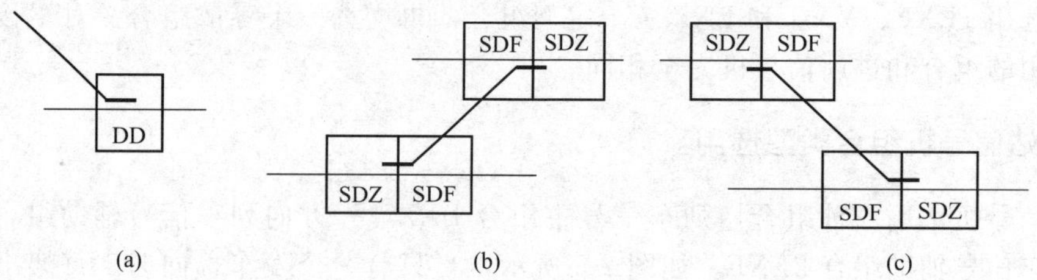

图 2-7　道岔选用的组合

应当注意的是，SDZ 和 SDF 各有两个框，这两个框并不是两个组合，SDZ 的两个框表示一个 SDZ 组合内的电路是在两张图样中组成的，每张对应双动道岔中的一个道岔。而 SDF 是半个组合，也在两张图样中，分别给双动道岔中的一个道岔用。还应强调，SDZ 和 SDF 连接的顺序不能颠倒，否则就构不成电路。

提速道岔需要专用的道岔组合，6502 电气集中联锁系统电路中的单动道岔组合改用提速道岔单独组合 TDD，每组双动道岔主组合 SDZ 改为提速双动道岔主组合 TSD，双动道岔辅助组合 SDF 保持不变。

三、区段组合类型及选用

区段组合 Q 只有一种基本类型。

站内轨道电路有道岔区段和无岔区段之分，对应每一道岔区段和列车进路上的差置调车信号机之间的无岔区段，都要选用一个 Q 组合，如图 2-8 所示。

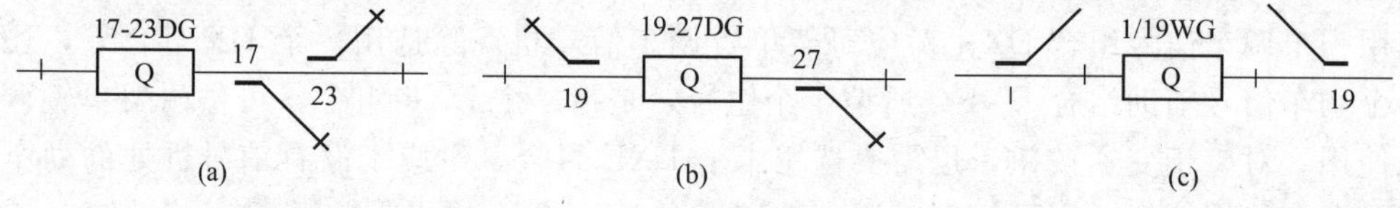

图 2-8　轨道区段选用的组合

应当注意的是，Q 组合必须设在对应区段的关键部位。关键部位是指利用该区段排列任何进路都必须经过的地方。如图 2-8(a) 所示，道岔区段 17-23DG 的关键部位是在 17 号道岔的岔前部分，所以 Q 组合必须对应设在该处。在图 2-8(b) 中，关键部位在 19 号和 27 号道岔之间，故 19-27DG 的 Q 组合应放在 19 号与 27 号道岔组合之间。一般来说，道岔区段的关键部位是在道岔的岔前位。图 2-8(c) 中，1/19WG 是无岔区段，该区段的 Q 组合对应设在无岔区段上。

对应图 2-9(a) 中的交叉渡线来说，例如对其中的 11-13DG，能放置区段组合的部位有三处：13 号道岔岔前，11 号道岔岔前，11 号与 13 号道岔之间。但这三处都不是关键部位。因为按这三处中任何一种设置 Q 组合，经由 11-13DG 中的道岔排列进路时，总有一条或两条进路不经过 Q 组合。对于交叉渡线为了能够将 Q 组合设在关键部位，必须采用道岔换位法，即在电路图上将 11 号和 13 号道岔互换位置，9 号与 15 号道岔互换位置。如图 2-9(b) 所示，换位时，岔尖的开向不变，换位后，将原来双动的两个道岔，再用线连接起来。换位后，11 号与 13 号道岔之间就形成了关键部位。11-13DG 的 Q 组合可放在换位后的 11 号与 13 号道岔组合之间的关键部位。

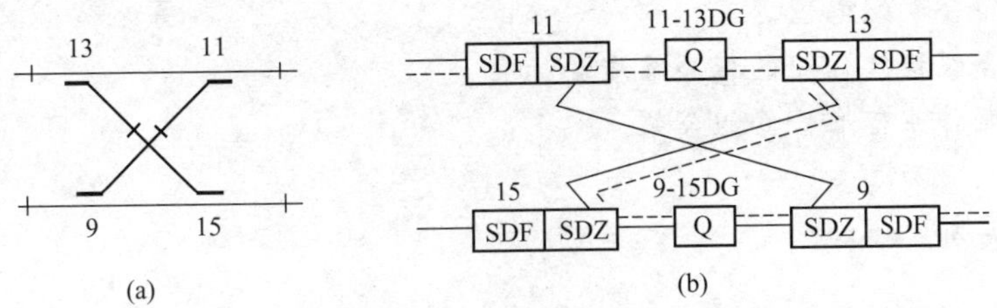

图 2-9　交叉渡线选用的组合

对于如图 2-10(a) 所示的交叉渡线，因为 9 号和 15 号道岔之间设有一组钢轨绝缘，分别划在两个道岔区段中，9DG 的关键部位在 9 号道岔岔前，15DG 的关键部位在 9 号道岔岔前，不需要换位。但对 11-13DG 仍需换位，如图 2-10(b) 所示。

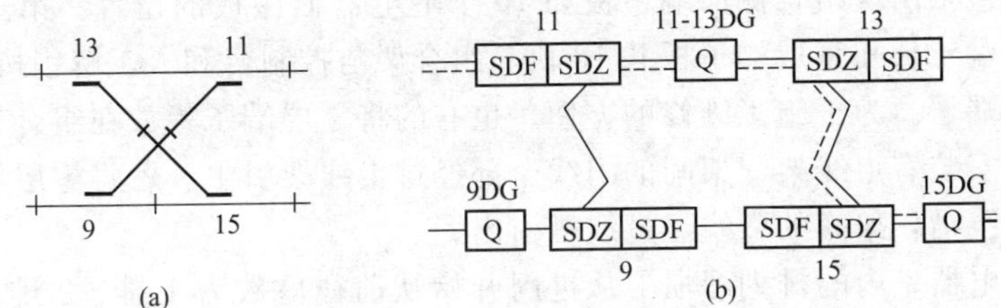

图 2-10　交叉渡线选用的组合

值得注意的是，对于交叉渡线的换位是为了将 Q 组合设置在关键部位，便于用定型组合拼贴成站场型网络图。而实际的站场上的道岔和控制台上的模拟站场的道岔是不能换位也不能移位的。

四、其他组合类型及选用

上述信号组合、道岔组合和区段组合分成 10 种定型组合类型，可根据室外信号设备的布置拼贴成站场型网络图。另外，还有方向组合 F 和电源组合 DY。每个咽喉区应选用一个方向组合 F 和一个电源组合 DY。F 和 DY 组合不参加站场型网络图的拼贴，与车站信号设备平面布置图无关。

在采用双按钮进路式选路方法时，要用方向继电器区分进路的性质和方向，方向组合 F 主要是为方向继电器而设置的。F 组合内共插入 10 个继电器，可引出 10 种方向电源。

在一个咽喉区的 DY 组合内插入 10 个继电器，在另一个咽喉区的 DY 组合中，因 JCAJ、JCJ_1、JCJ_2 三个继电器为全站共用而不必再插入，而应插入全站共用的 ZFDJ，因此另一咽喉区的 DY 组合插入 8 个继电器，其中的第 9、10 个继电器位置为空位。DY 组合内，可引出 6 种条件电源。

6502 电气集中电路主要由上述 12 种定型组合里的继电器构成。但也有少量继电器不包括在定型组合内，将这些根据具体情况而需要增设的继电器设计成零散组合，零散组合里的继电器数量也不能超过 10 个，其构成的电路环节根据需要而设计。

任务二 ●●● 组合架维护

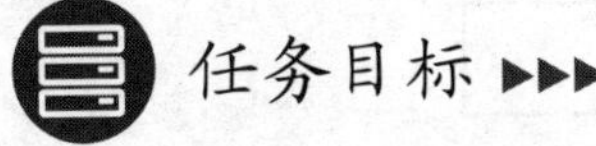

任务目标 ▶▶▶

1. 掌握组合架零层端子、组合架侧面端子的作用及电源分配。

2. 会插拔组合架继电器。

3. 熟悉组合架检修作业的程序及质量标准。

4. 能够按照作业标准检修组合架。

任务实施 ▶▶▶

一、组合架认知

6502 电气集中联锁系统采用通用的电气集中组合架。组合架上下分为 10 层，一般从下至上顺序编号为 1、2、3……10、0，1 至 10 层安装继电器组合，每层安装一个继电器组合。每个继电器组合包括两块组合侧面端子板和 10 个继电器插座板的位置。第 11 层称为零层，安装有各种电源端子板和零层端子板共 13 块。组合架与控制台和人工解锁按钮盘间的连线，都必须经由零层端子。为了施工维修的方便，也有的将零层端子板放在组合架的最下层。

组合架上部安装有走线架，架间的引线全部经过走线架引出。若将零层放在组合架最底层时，下部应设线槽，架间的引线经过线槽引出。

组合架在继电器室内的排列习惯上从进门开始从前往后数为 1 排、2 排、3 排…，从左至右数为 1 架、2 架、3 架…，如某个继电器组合处在第二排第三架第六层位置时，表示为 23-6。

二、组合架(分线盘)检修作业程序

组合架（分线盘）检修作业程序框图如图 2-11 所示。

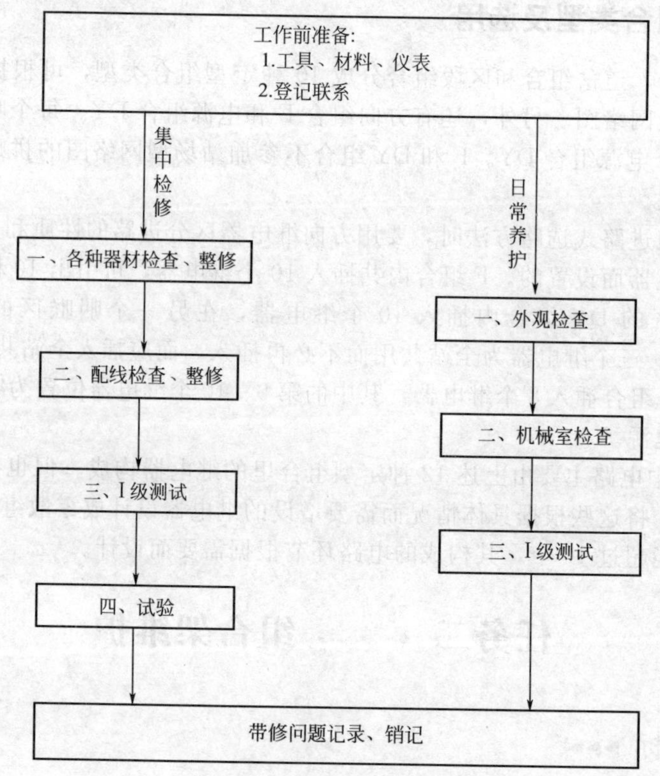

图 2-11　组合架（分线盘）检修作业程序框图

三、组合架（分线盘）检修作业程序及质量标准（表 2-3）

表 2-3　组合架（分线盘）检修作业程序及质量标准

项目	修程	工作步骤	工作内容及质量标准	周期
控制台人工解锁盘	日常养护	一、外观检查	①各种器材安装牢固，插接良好，防脱措施作用良好； ②继电器、变压器、熔断器、报警装置、阻容元件、防雷元件等各种器材无过热及其他异常现象； ③配线干净、整齐，绑扎良好； ④铭牌齐全、正确，字迹清楚	日 （注：无人值班的车站每日 3 次）
		二、机械室检查	①图纸完好，摆放整齐； ②电缆沟、走线架无异状，盖板完好； ③防尘、防鼠良好； ④机械室卫生清洁，照明各类报警设施齐全良好	
		60分、Ⅰ级测试	①查看微机监测设备测试数据符合标准要求； ②进行Ⅰ级测试并记录	
	集中检修	一、各种器材检查、整修	①逐台检查继电器类型正确，不超期，内部无异物，接点状态良好； ②逐台检查语音报警、缺口报警，各种器材插接良好，安装牢固； ③熔断器容量与图纸相符，有试验标记，不超期，并接触良好 ④检查防雷元件	年
		二、配线检查、整修	①走线架整理、清扫，引线口防护良好； ②配线整齐、清洁，无破皮、无接地，焊接良好，套管不脱落； ③各部螺钉紧固，螺帽垫片齐全	
		三、Ⅰ级测试	进行Ⅰ级测试并记录	
		四、试验	①报警设备试验正确、清晰、直观； ②对检修的设备进行有针对性的试验工作； ②销记	

项目三 选择组电路识读及故障分析处理

项目导引 ▶▶▶

选择组电路包括记录电路、选岔电路和开始继电器电路。其作用是确定进路的范围、进路的性质和运行方向，选出进路中道岔位置和信号点的位置，检查进路选排一致，同时，在控制台上给出选择组电路动作时的相应表示。

任务一 ●●● 方向继电器电路识读及故障分析处理

任务目标 ▶▶▶

1. 掌握方向继电器的作用与设置。
2. 了解方向继电器的技术要求。
3. 跑通方向继电器电路图，熟记方向继电器的励磁和复原时机。
4. 能够按照故障处理程序，结合控制台表示灯和继电器状态，在20min内找出方向继电器电路断线故障点。

任务实施 ▶▶▶

方向继电器和按钮继电器电路组成了6502电气集中联锁系统的记录电路。

一、方向继电器的作用与设置

方向继电器的作用：一是记录哪一个按钮在办理进路时是先被按下的，以区别按下按钮的顺序，即区别运行方向；二是记录按下的是列车进路按钮，还是调车进路按钮，以区别进路的性质。

进路的运行方向分为接车方向和发车方向，进路的性质分为列车进路和调车进路。经组合后每个咽喉的进路可分为四类：即列车接车方向进路、列车发车方向进路、调车接车方向进路和调车发车方向进路。对于一个咽喉区，可设置四个方向继电器与四种类型的进路相对应，便能完成记录进路运行方向和记录进路性质的任务。这四个方向继电器分别是：列车接车方向继电器 LJJ，列车发车方向继电器 LFJ，调车接车方向继电器 DJJ，调车发车方向继电器 DFJ。这四个方向继电器设在方向组合 F 内。

二、对方向继电器电路的技术要求

① 为了区别运行方向，用始端按钮继电器前接点接通对应的方向继电器的励磁电路。若是接车方向，就接通接车方向的方向继电器励磁电路；若是发车方向，就接通发车方向的方向继电器励磁电路。用吸起的方向继电器来确定所选进路的运行方向。

② 为区别进路的性质，列车进路要用列车进路始端按钮继电器前接点接通列车方向继电器励磁电路，调车进路要用调车进路始端按钮继电器前接点接通调车方向继电器励磁电路。

③ 方向继电器在选路全过程都要参与工作，在进路还没有全部选出之前，应使方向继电器保持在吸起状态。四个方向继电器同时只准许一个吸起，即同一时间只能选出一条记录（同性质、同方向进路能同时选出的情况除外）。

④ 为了不影响选其他进路，在所要选的进路全部选出后，应及时使方向继电器自动复原；如果因故在一定时间内进路不能选出时，则应能够使其手动复原。

⑤ 在办理取消进路和人工解锁进路，也要按压进路始端按钮。因为这时不是选路，所以不应使方向继电器动作。在重复开放信号时，按压进路始端按钮时，也不属于选路，不应使方向继电器动作。

三、方向继电器电路识读

方向继电器的电路如图 2-12 所示。

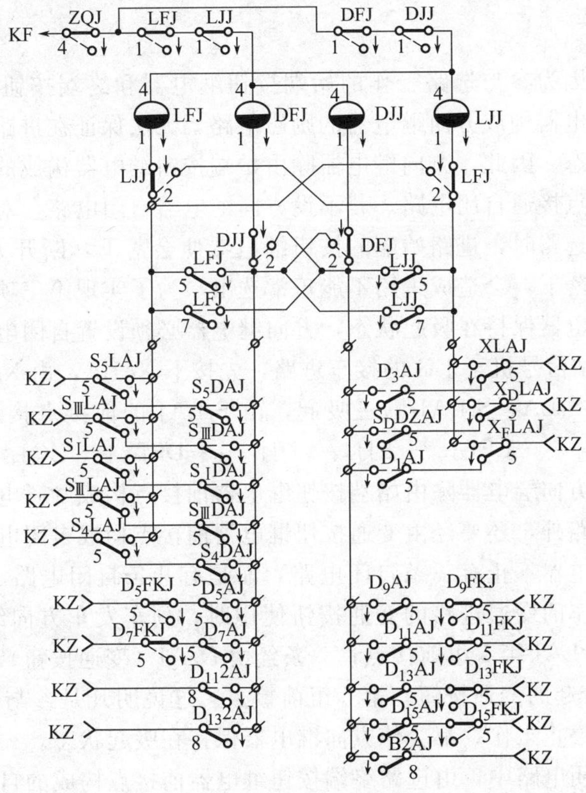

图 2-12　方向继电器的电路

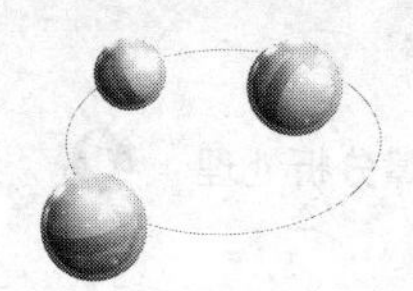

1. 励磁电路识读

为了使方向继电器电路实现上述前两项技术要求，应将同一咽喉区的始端按钮，按进路性质和运行方向分成四组。

列车接车方向始端按钮：XLA、X_DLA、X_FLA。

列车发车方向始端按钮：S_I LA、S_{II} LA、S_{III} LA、S_4LA、S_5LA。

调车接车方向始端按钮：D_1A、D_3A、D_9A、D_{11}A、D_{13}A、D_{15}A。

调车发车方向始端按钮：D_5A、D_7A、S_I DA、S_{II} DA、S_{III} DA、S_4DA、S_5DA。

将上述每组始端按钮继电器的前接点并联后，分别接入该组所属的方向继电器励磁电路，作为方向继电器的励磁条件。平时所有方向继电器都处在落下状态，选排进路时，哪一个按钮先被按下，哪个按钮所属方向继电器就随着吸起。一个方向继电器吸起后，用其后接点断开其他三个方向继电器的励磁电路，使后按下的按钮所属的方向继电器不能再励磁。这样某个方向继电器吸起后，就记录了所选进路的性质，又记录了所选进路的方向。

例如，选 X_D 进站信号机至ⅠG 的接车进路，先按下 X_DLA 按钮，其按钮继电器 X_DLAJ 吸起，接通 LJJ 励磁电路。其电路是 KZ—X_DLAJ$_{51\text{-}52}$—LFJ$_{21\text{-}23}$—LJJ$_{1\text{-}4}$—DJJ$_{13\text{-}11}$—DFJ$_{13\text{-}11}$—ZQJ$_{43\text{-}41}$—KF。

因为 X_DLA 按钮是先被按下的，平时四个方向继电器都处于落下状态，所以这时接通了 LJJ 的励磁电路，使 LJJ 吸起。再按下 S_ILA，S_ILAJ 吸起，因为这时 LFJ 的励磁电路已被 LJJ 第 2 组后接点断开，所以 LFJ 不能励磁。LJJ 吸起说明所选进路是列车接车方向的进路。

2. 自闭电路识读

在选路过程中，因为参与选路工作的始端按钮继电器和终端按钮继电器的复原时机不同，仅由始端按钮继电器构成方向继电器的励磁电路，无法保证在进路全部选出前，使方向继电器保持在吸起状态。因此，方向继电器除由始端按钮继电器构成的励磁电路外，还必须有经过终端按钮前接点接通自闭电路。若不设方向继电器自闭电路，对于选排由左向右运行方向的进路，刚开始选路时，进路始端的按钮继电器便会落下，断开方向继电器励磁电路。由于方向继电器提前落下，会造成进路不能正常选出。为了实现第三项技术要求，在整个选路过程中，使方向继电器保持在吸起状态，方向继电器必须设置自闭电路。

例如，选 X_D 进站信号机至ⅠG 的接车进路，先按下 X_DLA，由 X_DLAJ 前接点构成 LJJ 的励磁电路，后按下 S_ILA，S_ILAJ 励磁吸起，由 S_ILAJ 的前接点接通 LJJ 的自闭电路为 KZ—S_ILAJ$_{51\text{-}52}$—LJJ$_{21\text{-}22}$—LFJ$_{21\text{-}23}$—LJJ$_{1\text{-}4}$—DJJ$_{13\text{-}11}$—DFJ$_{13\text{-}11}$—ZQJ$_{43\text{-}41}$—KF。

对于变通进路，方向继电器除由始端按钮继电器前接点构成励磁电路，由终端按钮继电器前接点构成自闭电路外，还要经由变通按钮继电器前接点构成自闭电路。因此，变通进路中参与选路的方向继电器不止有一条自闭电路，而是有几条自闭电路。例如，以 D_7A 兼作由ⅡG 向北京方面发车的变通进路的变通按钮使用时，列车发车方向继电器 LFJ 有三条自闭电路，一条经由 X_FLAJ 第 5 组前接点；一条经由 D_7AJ（变通按钮）第 5 组前接点；另一条则经由 D_9AJ（被带起的变通按钮）第 5 组前接点。这说明凡是参与选路工作的按钮继电器，如果其中一个不停止工作，都会使方向继电器保持在吸起状态。

在方向继电器自闭电路中，由进路终端按钮继电器前接点构成的自闭电路，自闭接点是该方向继电器第 2 组前接点；由进路变通按钮继电器前接点构成的自闭电路，自闭接点是该方向继电器第 5 组或第 7 组前接点。

为了保证同一咽喉同时只准许一个方向继电器吸起，每个方向继电器的励磁电路和自闭电路均要检查其他三个方向继电器的后接点，即四个方向继电器相互之间存在“互切”关系。某个方向继电器吸起后，即切断其他三个方向继电器的电路。

在下述情况下，方向继电器自闭电路将不起作用。若办理从右向左运行方向的进路时，由于进路左端（终端）的按钮继电器总是先于右端（始端）的按钮继电器复原落下，也就是说方向继电器的自闭电路比励磁电路先断开，在这种情况下，方向继电器自闭电路不起作用。

3. 自动复原和手动复原

6502 电气集中联锁系统是用参与选路的所有按钮继电器都落下来反映出进路已全部选出。为了实现方向继电器电路第四项技术要求，在电路中不需要加另外的任何条件，只要这些按钮继电器都落下，便切断了方向继电器的励磁电路和自闭电路。达到了使方向继电器在进路选出后自动复原的目的。

若因故使进路不能选出时，可按一下“总取消”按钮，使总取消继电器 ZQJ 吸起，用 ZQJ 第 4 组后接点断开方向继电器的 KF 电源，方向继电器便可复原，也就是说，方向继电器可随时手动复原。

实现方向继电器电路第五项技术要求是比较容易的。在取消进路时，ZQJ 吸起，用其第 4 组后接点切断方向继电器的 KF 电源，使方向继电器不会动作。在人工解锁进路时，要按下“总人工解锁”按钮和“进路始端”按钮，这时总人工解锁继电器 ZRJ 吸起，当 ZRJ 吸起后会使 ZQJ 吸起，仍可断开方向继电器的 KF 电源，防止方向继电器动作。

重复开放信号时只需按下进路始端按钮，为了防止方向继电器空动，在接入 DJJ 和 DFJ 电路的 DAJ 支路中串接有辅助开始继电器 FKJ 的后接点。当重复开放信号时，FKJ 要吸起，断开 KZ 电源，起到了防止继电器空动的作用。对于列车或列车兼调车来说，因 FKJ 接点无空余，故未接 FKJ 后接点，重复开放信号时无法防止方向继电器空动。

四、方向电源

把经由方向继电器接点控制的电源，称为方向电源。在 6502 电气集中联锁系统的电路中，许多继电器要用到方向继电器的接点作为控制条件。用方向电源的方式设计电路，能简化电路，减少配线，节省方向继电器接点。各种方向电源如图 2-13 所示。

方向电源共有 10 种，其名称和作用如下。

（1）KF-共用-Q　经任一方向继电器的前接点构成的负电源。用于 JXJ 和 DXF 组合中 1AJ、2AJ 自闭电路。

（2）KF-共用-H　经由四个方向继电器后接点供出的负电源。用于单置调车信号机的 FKJ 在重复开放信号时的励磁电路和 TAJ 励磁电路。

（3）KF-LJJ-Q　经由 LJJ 的前接点供出的负电源。用于列车接车方向 LKJ 的励磁电路和 TAJ 自闭电路。

（4）KF-LFJ-Q　经由 LFJ 的前接点供出的负电源。用于列车发车方向的 LKJ 励磁电路和 LZAJ 励磁电路。

（5）KF-DJJ-Q　经由 DJJ 的前接点供出的负电源。用于调车接车方向的 FKJ 励磁电路，以及接车方向的单置调车信号机 ZJ 的励磁电路，发车方向的并置、差置和尽头式调车

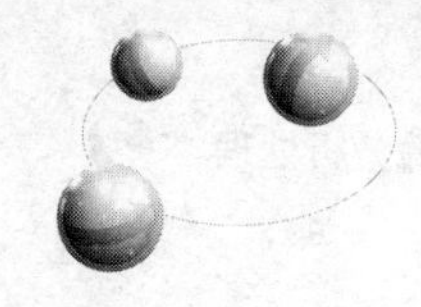

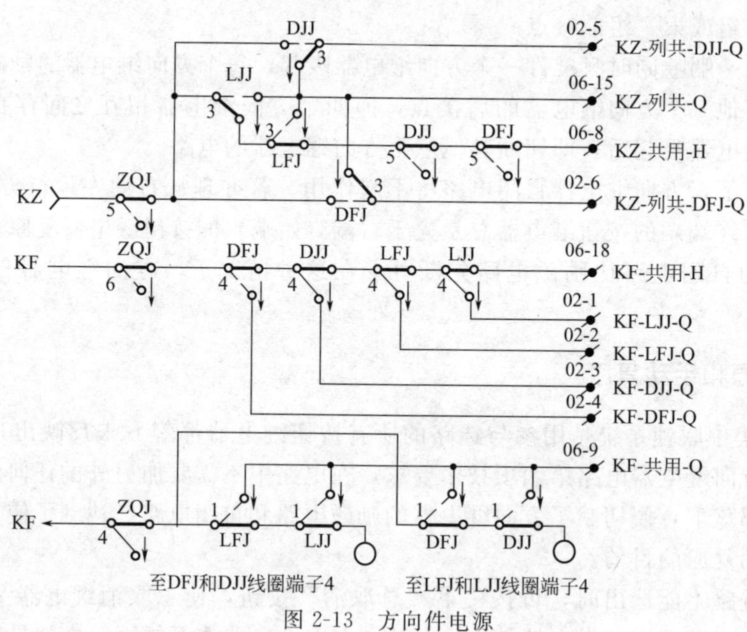

图 2-13　方向件电源

信号机的 ZJ 励磁电路。

（6）KF-DFJ-Q　经由 DFJ 的前接点供出的负电源。用于调车发车方向的 FKJ 励磁电路，以及发车方向的单置调车信号机 ZJ 的励磁电路，接车方向的并置、差置和尽头式调车信号机的 ZJ 励磁电路。

（7）KZ-列共-Q　经由 LJJ 或 LFJ 的前接点供出的正电源。用于并置、差置调车信号机的 AJ 的互相带动的励磁电路。

（8）KZ-共用-H　经由四个方向继电器的后接点供出的正电源。用于单置调车信号机始端 AJ 的励磁电路。

（9）KZ-列共-DFJ-Q　经由 LJJ、LFJ 或 DFJ 的前接点供出的正电源。用于调车接车方向单置调车信号机 AJ 的励磁电路。

（10）KZ-列共-DJJ-Q　经由 LJJ、LFJ 或 DJJ 的前接点供出的正电源。用于调车发车方向单置调车信号机 AJ 的励磁电路。

五、方向继电器动作时机与故障分析处理

每个咽喉区设置了四个方向继电器，即 LJJ、LFJ、DJJ、DFJ。它们平时处在落下状态。

1. 电路动作时机

始端 AJ 吸起，用其前接点接通方向继电器励磁电路；终端 AJ 吸起，用其前接点接通方向继电器的自闭电路。当排列从左至右的进路时，由于始端 AJ 先落下，终端 AJ 后落下，因此，先切断方向继电器的励磁电路，后切断其自闭电路，使之缓放落下。当排列从右至左的进路时，由于终端 AJ 先落下，始端 AJ 后落下，因此，先切断其自闭电路，后切断其励磁电路，使之缓放落下。另外，当按压变通按钮办理变通进路时，用变通 AJ 吸起接点给方向继电器再加一条自闭电路；当按压有关调车进路按钮办理变通进路时，经有关 AJ 前接点为方向继电器再加两条自闭电路。

2. 故障分析

（1）不能励磁 按压始端按钮，按钮闪光后，进路排列表示灯不亮。且在按压终端按钮后，进路也不能正常排列。

（2）不能自闭 不影响排列从右至左的进路。因为其励磁电路最先接通又最后断开。在排列从左至右的进路时，导致选岔电路不能动作完毕，且出现排列灯瞬间灭一下的现象。因为始端 AJ 落下后，方向继电器因不能自闭而缓放落下，在缓放时间内，能使一部分电路顺序动作，一旦其前接点断开，造成有关 JXJ 不能自闭，后续电路无法动作；同时原先吸起的方向继电器落下后又与终端 AJ 的吸起条件相配合，使另一个相同性质的反方向的方向继电器动作，于是，就出现排列灯瞬间灭一下的现象。如先吸起的是 LJJ，当 LJJ 落下后，LFJ 经 LJJ 落下条件和终端 AJ 吸起条件而励磁。

（3）不能缓放 会出现 ZJ 或 FKJ 不能可靠吸起的现象。一般情况下，不影响电路的正常动作。

任务二 ●●● 按钮继电器电路识读及故障分析处理

任务目标 ▶▶▶

1. 掌握按钮继电器的作用与设置。
2. 跑通按钮继电器的电路图，熟记按钮继电器的励磁和复原时机。
3. 能够按照故障处理程序，结合控制台表示灯和继电器状态，在 20min 内找出按钮继电器电路断线的故障点。

任务实施 ▶▶▶

一、按钮继电器的作用和设置

按钮继电器的作用：一是用来记录按下按钮的动作；二是在选路时接通方向继电器的励磁电路和自闭电路，并向选岔网络供电；三是当取消进路和人工解锁进路时，用始端按钮继电器总取消继电器配合，完成进路的取消和人工解锁。

对应每一个进路按钮，究竟要设几个按钮继电器，取决于下述两种情况：第一种情况是列车进路按钮和除单置外的调车进路按钮，可用方向电源配合区分它作始端按钮用、还是作终端按钮用，所以可设一个按钮继电器 AJ。第二种情况是单置调车信号的按钮，因为其在运行方向不变的情况下，有时作始端按钮使用，有时又作终端按钮使用，它不能用方向电源去区分作始端还是作终端用，所以对应单置调车按钮设有三个按钮继电器。

此外，对于专设的变通按钮 BA 也设置了两个按钮继电器。

二、按钮继电器电路识读

1. 尽头线调车按钮继电器电路识读

如图 2-14 所示是尽头线调车按钮继电器电路。为了记录按下按钮的动作，在 AJ 的励磁

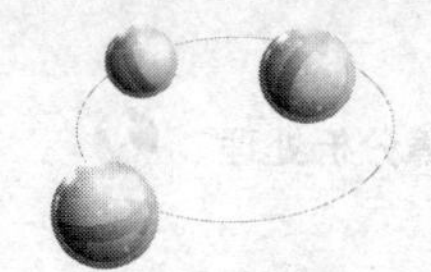

电路中接入按钮的按下接通接点，作为电路的励磁条件。由于进路按钮采用二位自复式按钮，松开该按钮时会切断其励磁电路。为此，AJ 必须在吸起后经由其本身的前接点构成自闭电路，以满足记录电路在选路过程对工作时机的要求。

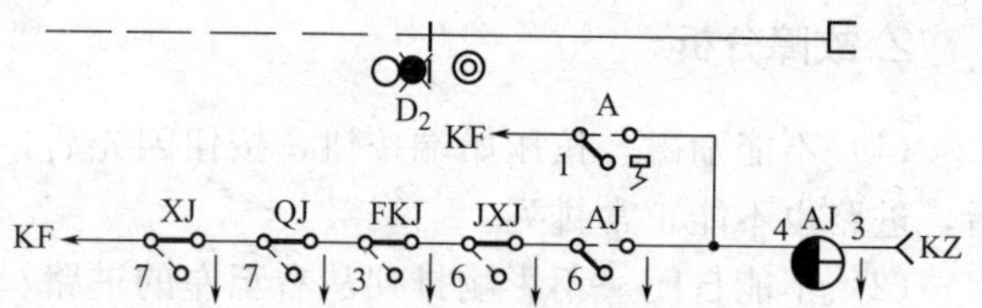

图 2-14　尽头线调车按钮继电器电路

有记录就要考虑如何取消记录。根据按钮的不同用途，其取消记录的条件也不同。将取消记录的复原条件串接在 AJ 的自闭电路中，以便在必要的时机使其复原，从而取消记录。

在选路时，信号点（信号机位置）选出就应使按钮继电器释放。6502 电气集中联锁系统是用进路选择继电器 JXJ 的吸起来反映信号点已被选出，因此在 AJ 的自闭电路中接入 JXJ 后接点，作为自动复原的条件。当该信号点 JXJ 吸起后，自动取消记录。

在重复开放信号时，因进路在锁闭状态，不需要将进路取消而重选，这时 JXJ 不会吸起，只需再次按下进路始端按钮，使辅助开始继电器 FKJ 吸起而重新开放信号。在 AJ 的自闭电路中，用 FKJ 吸起取消记录。

当进路因故不能选出，即 JXJ 没有吸起或取消误碰的按钮时，按下总取消按钮 ZQA 和进路始端按钮，使取消继电器 QJ 吸起，用接在 AJ 自闭电路中的 QJ 后接点切断电路，人工取消记录。

当进路已经选出，因故要取消进路或人工解锁进路时，经办理使本进路的 QJ 吸起，切断 AJ 的自闭电路，亦可取消记录。

在 AJ 的自闭电路中接入了信号继电器 XJ 后接点，其作用是在信号开放过程中，用 XJ 的后接点断开 AJ 的自闭电路，使 AJ 在信号开放过程中不作记录。否则，若在信号开放过程中误碰了按钮，当要取消 AJ 的记录时，因 QJ 要吸起，就会关闭正在开放中的信号，这是不允许的。

因为按钮继电器和进路选择继电器的逻辑关系是：AJ↑→JXJ↑，JXJ↑→AJ↓，所以，为了使 JXJ 可靠地吸起，AJ 要采用缓放型继电器。缓放还能延长方向继电器工作时间，保证后续的辅助开始继电器 FKJ 和终端继电器 ZJ 可靠吸起。

2. 出站兼调车按钮继电器电路识读

如图 2-15 所示，对应出站兼调车信号机设有列车进路按钮和调车进路按钮。由于进路性质不同，对应的列车进路按钮设有一个列车按钮继电器 LAJ，对应调车进路按钮设有一个调车按钮继电器 DAJ。因为这两个按钮继电器属于同一个信号点，因此放在同一个组合内。它们取消记录的条件相同，自闭电路中的条件可以共用。电路结构虽作了适当变动，但其电路原理与尽头线调车按钮继电器电路完全相同。它们的两个线圈分开使用，3—4 线圈为励磁电路，1—2 线圈为自闭电路。两个线圈分开使用的原因是：一方面使自闭电路能共用，另一方面，能防止共用自闭电路后产生迂回电路。

在进站信号机内方设有无岔区段和同方向的调车信号机时（简称进站内方带调车），对应此处也设有两个不同性质的进路按钮，例如举例站场的 XLA 和 D_3A 以及 X_FLA 和 D_1A，它们对应的 XLAJ 和 D_3AJ 电路、X_FLA 以和 D_1 电路，与出站兼调车按钮继电器电路相同。

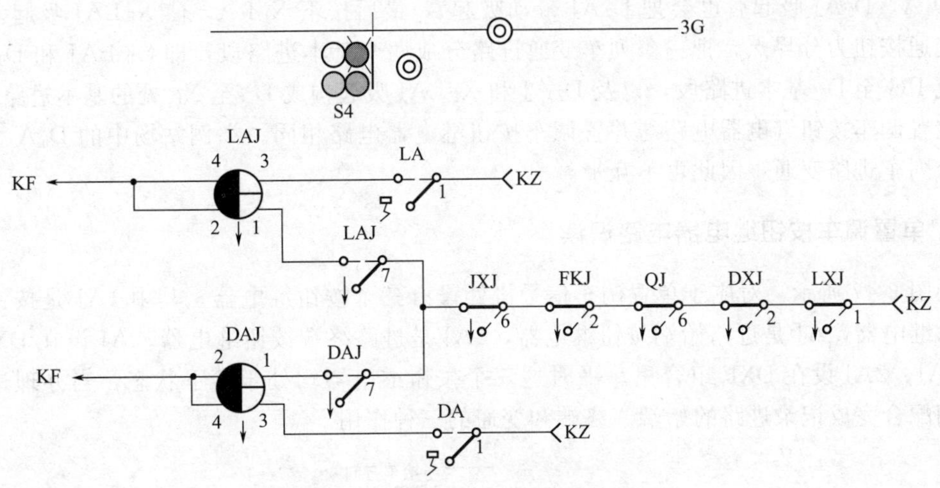

图 2-15 出站兼调车按钮继电器电路

3. 并置和差置调车按钮继电器电路识读

如图 2-16 所示，从按钮继电器 3-4 线圈的电路看，完全与尽头线调车按钮继电器电路相同，只是增加了1-2 线圈电路。并置和差置调车信号机的两个进路按钮中的任何一个都可兼作列车进路变通按钮。因此，在选列车变通进路时，要求按压其中任何一个按钮时都要把另外一个 AJ 带动起来，以便使两个按钮继电器都吸起，参与选路工作。1-2 线圈电路就是为此目的设计的。

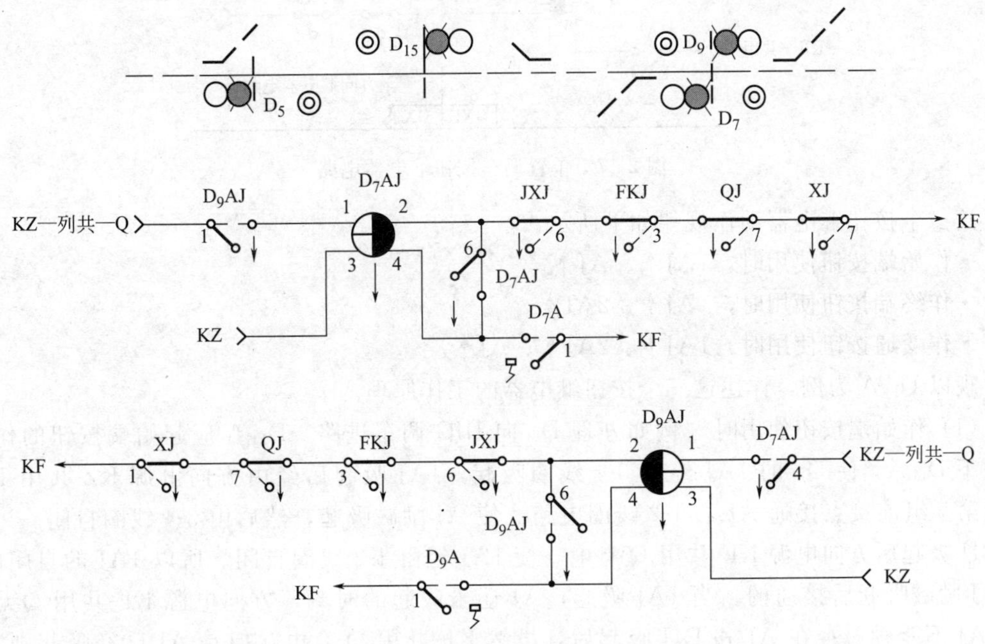

图 2-16 并置调车按钮继电器电路

例如，办理由ⅡG 向北京方面发车的变通进路（经 17/19 和 1/3 号道岔反位），先按下 $S_Ⅱ$ LA 使 $S_Ⅱ$ LAJ 和 LFJ 相继吸起，方向电源 KZ—列共-Q 有电。接着按下变通按钮 D_7A，使 D_7AJ 吸起且自闭，这时经由方向电源 KZ—列共-Q 和 D_7AJ 的前接点使 D_9AJ 吸起（若

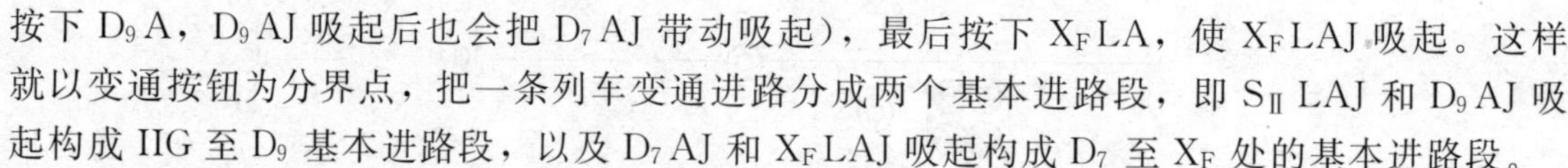

按下 D_9 A，D_9 AJ 吸起后也会把 D_7 AJ 带动吸起），最后按下 X_F LA，使 X_F LAJ 吸起。这样就以变通按钮为分界点，把一条列车变通进路分成两个基本进路段，即 S_{II} LAJ 和 D_9 AJ 吸起构成 IIG 至 D_9 基本进路段，以及 D_7 AJ 和 X_F LAJ 吸起构成 D_7 至 X_F 处的基本进路段。

差置调车按钮继电器电路与并置调车按钮继电器电路相同。举例站场中的 D_5 A、D_{15} A 不能作列车进路变通，因此可不互带。

4. 单置调车按钮继电器电路识读

如图 2-17 所示，对应于单置调车信号机处设有三个按钮继电器。其中 1AJ 是按钮接点的复示继电器，AJ 是进路始端按钮继电器，2AJ 是进路终端按钮继电器。AJ 设在 DX 组合里，1AJ、2AJ 设在 DXF 组合里。平时这三个按钮继电器均处于落下状态，当办理进路时则互相配合完成记录进路的始端、终端和变通的三种作用。

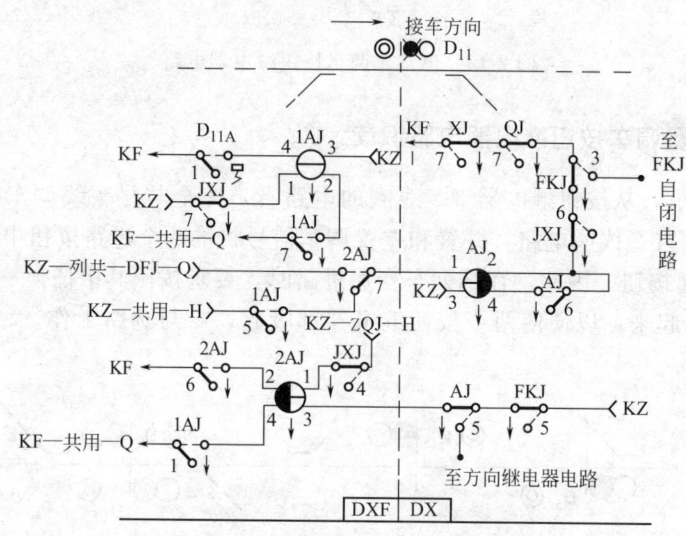

图 2-17 单置调车按钮继电器电路

这三个按钮继电器动作规律如下所示。

- 作始端按钮使用时，1AJ↑、AJ↑。
- 作终端按钮使用时，1AJ↑、2AJ↑。
- 作变通按钮使用时，1AJ↑、2AJ↑、AJ↑。

现以 D_{11} A 为例，详述这三个按钮继电器的工作原理。

（1）作始端按钮使用时　例如办理 D_{11} 向 IIIG 调车进路，D_{11} A 应起始端按钮的作用，先按下 D_{11} A，使 D_{11} 的 1AJ 经由 3-4 线圈吸起，1AJ 吸起后经由方向电源 KZ-共用-H 和 1AJ 第 5 组前接点接通 AJ 的 1-2 线圈电路，使 AJ 励磁吸起，然后由 3-4 线圈自闭。当 AJ 和 DJJ 吸起后方向电源 KF-共用-Q 有电，使 1AJ 经由 1-2 线圈自闭。所以 1AJ 的自闭电路是 AJ 励磁吸起后接通的。当 1AJ 吸起，AJ 还未吸起的时刻，方向电源 KF-共用-Q无电，则 2AJ 不能励磁；在 AJ 和 DJJ 吸起后，虽然 KF-共用-Q 有电，但是 AJ 已经吸起则断开 2AJ 的 3-4 线圈电路，故 2AJ 不能励磁。

当按下进路终端 S_{III} DA 时，S_{III} DAJ 吸起，这时该进路开始选路。当 D_{11} 信号点选出后，D_{11} 的 DX 组合中的 JXJ 吸起，从而使 D_{11} AJ 复原。当 S_{III} 信号点选出后，S_{III} JXJ 吸起，又使 S_{III} DAJ 复原。随着 DJJ 复原后切断方向电源 KF-共用-Q，从而使 D_{11} 1AJ 复原。应当指

出，D_{11}A 作始端按钮使用时，D_{11}的 DXF 组合中的 JXJ 是不会吸起的。因此，D_{11}1AJ 的复原条件只能是方向电源 KF-共用-Q 断电。

在重复开放信号时，按下 D_{11}A 后，D_{11}FKJ 会随着 1AJ 吸起而励磁，因此 AJ 就不能励磁了。AJ 不励磁，不但能防止方向继电器空动，而且因方向电源 KF-共用-Q 无电，2AJ 也不会励磁。

在 2AJ 的 3-4 线圈电路中接有 FKJ 第 5 组后接点的作用，是在单置调车进路按钮被当作始端按钮使用时，防止 2AJ 错误吸起。这是因为以 D_{11}为始端排列进路时，D_{11}信号点先被选出，D_{11}AJ 先复原落下，而终端信号点尚未选出，方向电源 KF-共用-Q 还在接通，D_{11} 1AJ 仍在吸起，若不接人 FKJ 第 5 组后接点，有可能使 D_{11}2AJ 错误吸起。

在 AJ 电路中的 JXJ、FKJ、QJ、XJ 后接点的作用与尽头线调车 AJ 电路相同。

（2）作终端按钮使用时　例如办理 D_3 至 D_{11}调车进路，D_{11}A 是后被按下的，作终端按钮使用。因为此时方向电源 KZ-共用-H 已断电，所以 D_{11}AJ 是不能励磁的。这时，方向电源 KF-共用-Q 已有电，因此，D_{11}2AJ 吸起后，由 1-2 线圈构成自闭电路。当进路选出时，D_{11}的 DXF 组合内 JXJ 会吸起，用 JXJ 的后接点分别断开 1AJ 和 2AJ 的自闭电路，从而使它们自动复原而取消记录。

若因故进路不能选出，DXF 组合内的 JXJ 不会励磁，1AJ 和 2AJ 也不会自动复原。这时可按下总取消按钮 ZQA，使总取消继电器 ZQJ 吸起，断开条件电源 KZ-ZQJ-H，使 2AJ 人工复原，1AJ 是随着方向继电器落下而复原的。

（3）作变通按钮使用时　例如办理 X 至 IIIG 接车的变通进路（经 5/7 号道岔反位），首先按下 XLA，使 XLAJ 和 LJJ 相继吸起。此时，方向电源 KZ-共用-H 断电，方向电源 KF-共用-Q 和 KZ-列共-DFJ-Q 均有电。当按下 D_{11}A 时，D_{11}A 是作为变通按钮使用的。D_{11}1AJ 先吸起且自闭，然后 D_{11}2AJ 经 1AJ 前接点和方向电源 KF—共用—Q 而吸起且自闭，最后是 D_{11}AJ 的 1-2 线圈经由方向电源 KZ-列共-DFJ-Q 和 2AJ 第 7 组前接点而吸起，由它的 3-4 线圈构成自闭。最后按下 $S_{Ⅲ}$LA，使 $S_{Ⅲ}$LAJ 吸起，选路工作正常进行。当进路选出，D_{11}的 DX 组合和 DXF 组合的 JXJ 吸起后，D_{11}的 1AJ、2AJ、AJ 自动复原。

单置调车进路按钮可作反向调车进路的变通按钮使用，其电路原理与上述作列车进路变通按钮时相同。其 AJ 的 1-2 线圈所接方向电源是根据单置调车信号机防护方向而改变的。若是接车方向的单置调车信号机应接入方向电源 KZ-列共-DFJ-Q；若是发车方向的单置调车信号机，则应接入方向电源 KZ-列共-DJJ-Q。

在 AJ 的 1-2 线圈电路和 2AJ 的 3-4 线圈电路中，都接入了 1AJ 的前接点。因为这两个电路的方向电源不同，所以 1AJ 前接点不能共用。正因为如此，使用单组接点的按钮必须设按钮接点的复示继电器 1AJ，否则按钮接点不够用。

5. 变通按钮继电器电路识读

如图 2-18 所示，专设的变通按钮选用的是 DXF 组合，设有两个按钮继电器：1AJ 和 2AJ。1AJ 是 BA 的复示继电器。当选变通进路按压变通按钮时，1AJ 便吸起并自闭。因为无论进路方向和进路性质如何，都可用 BA，所以这里用方向电源 KF-共用-Q。只要按下始端按钮，任何一个方向继电器励磁后，方向电源 KF-共用-Q 就有电。1AJ 吸起后通过方向电源 KF-共用-Q 使 2AJ 吸起并自闭。当 DXF 内的 JXJ 吸起后，1AJ 和 2AJ 便自动复原。2AJ 自闭电路中的条件电源 KF-共用-H 是专为取消时设的人工复原条件，其作用同前述单置调车信号机的 2AJ。1AJ 随方向继电器释放而复原。

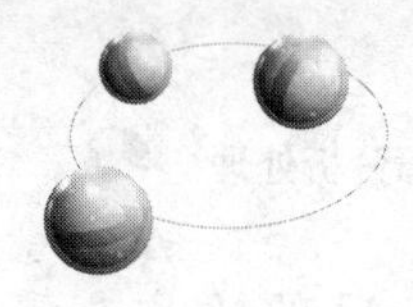

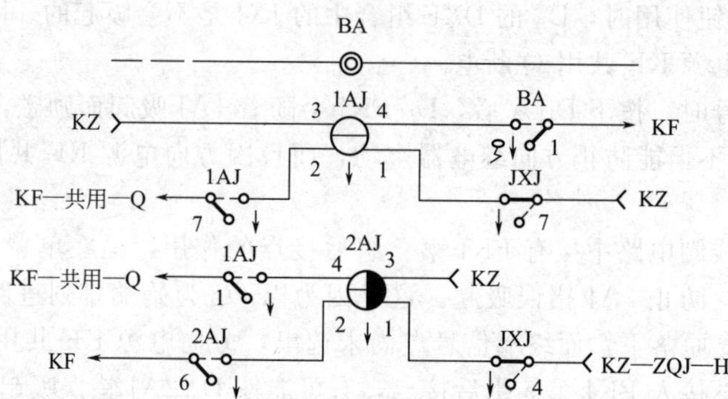

图 2-18 变通按钮继电器电路

三、按钮继电器动作时机与故障分析处理

(一) 单置调车进路按钮继电器电路

每个单置点设有三个按钮继电器，分别是 1AJ、2AJ 和 AJ。它们平时处于落下状态。

1. 电路动作时机

① 作进路始端时，1AJ 和 AJ 参与选路。

按压单置点的按钮后，1AJ 励磁并用前接点接通 AJ 励磁电路，使 AJ 励磁并自闭。

当有关方向继电器吸起时，KF-共用-Q 有电，1AJ 构成自闭。

松开按钮，断开 1AJ 励磁电路。

当始端（即 DX 组合）的 JXJ 吸起时，JXJ 用后接点切断 AJ 励磁和自闭电路，使 AJ 缓放落下。当方向继电器复原后，KF-共用-Q 断电，使 1AJ 失磁落下。

② 作进路的终端时，1AJ 和 2AJ 参与选路。

按压单置点的按钮，1AJ 励磁并自闭，用其前接点接通 2AJ 的励磁电路，使 2AJ 励磁并自闭。

松开按钮，切断 1AJ 励磁电路。

当终端（即 DXF 组合）的 JXJ 吸起时，同时切断 1AJ 和 2AJ 的自闭电路，1AJ 失磁落下并用前接点断开 2AJ 励磁电路，使 2AJ 缓放落下。

③ 作变通按钮使用时，这三个继电器均要参与选路。

按压单置点的按钮，1AJ 励磁并自闭，2AJ 随之励磁并自闭；2AJ 用前接点接通 AJ 励磁电路，使 AJ 励磁并自闭。松开按钮，切断 1AJ 励磁电路。AJ 吸起时用其后接点切断 2AJ 励磁电路。

DXF 组合 JXJ 吸起时，同时切断 1AJ 和 2AJ 自闭电路，使它们均复原。DX 组合 JXJ 吸起时，同时切断 AJ 的励磁和自闭电路，使 AJ 复原。

2. 故障分析处理

① 1AJ 不能励磁。无论作始端、终端或变通按钮使用，按压按钮后，总是出现按钮表示灯不闪亮且进路不能排出的现象。

② 1AJ 不能自闭。作终端时，按压按钮后按钮只闪一下就熄灭。不影响进路排列，因

2AJ 能吸起并自闭。对 AJ 无影响，因 1AJ 自闭在 AJ 吸起后才构成。

③ AJ 不能励磁。作始端使用时，按压按钮后按钮表示灯闪（因 1AJ 能励磁），但进路排列灯不亮（方向继电器因 AJ 不励磁而不能吸起）。松开按钮，闪光熄灭，1AJ 因不能构成自闭而复原。作变通按钮使用时，因 2AJ 能吸起，出现整条进路只有以该信号点为分界点的一部分能选路，另一部分进路因 AJ 不励磁而不能选路。

④ AJ 不能自闭。作始端时，按压按钮，按钮表示灯闪光，排列灯点亮。一旦方向继电器吸起，KZ-共用-H 断电，AJ 因不能自闭而复原，就在 AJ 落下，方向继电器缓放一瞬间，接通了 2AJ 励磁电路，2AJ 吸起，为方向继电器提供一条自闭电路，排列灯一直不灭。按压终端后，进路始终端一直闪光。

⑤ AJ 不能缓放。将使 DX 组合的 JXJ 不能可靠吸起。因为 AJ 吸起后，用其前接点接通 JXJ 的励磁电路，但 JXJ 后接点刚一离开，就切断了 AJ 自闭电路，AJ 因不能缓放而落下，又断开了 JXJ 的励磁电路，使 JXJ 失磁落下，其接点只能在落下位置跳动一下。

⑥ 2AJ 不能励磁。作终端时，进路始终端一直闪光，因为选岔网络不能工作；作变通按钮使用时，因 2AJ 不励磁 AJ 也不励磁，出现进路不能正常选出的现象。

⑦ 2AJ 不能自闭。作终端时不会造成故障现象，因为其励磁电路能保持到选岔电路动作完毕；作变通按钮使用时，会出现一部分进路能选出，一部分进路不能选出的现象，因为 2AJ 吸起后，AJ 跟着吸起，但只要 AJ 后接点一离开就切断 2AJ 励磁电路，2AJ 因不能自闭而缓放落下，在 2AJ 缓放的时间内，可动作一部分选岔电路。

⑧ 2AJ 不能缓放。将使 DXF 组合的 JXJ 不能可靠吸起，其接点只能在落下位置跳动一下。

（二） 其他按钮继电器电路动作时机及故障分析处理

其他按钮继电器平时处于落下状态。

1. 电路动作时机

按压按钮，使 AJ 励磁并自闭。松开按钮，切断 AJ 的励磁电路。当该信号点的 JXJ 吸起时，JXJ 用后接点切断 AJ 自闭电路，使 AJ 缓放落下。

对于差置或并置调车信号机的两个进路按钮继电器，利用 1-2 线圈分别设置了一条连带电路。当以差置或并置点的进路按钮作列车进路的变通按钮使用时，只要按压其中任何一个按钮，就可将另一个按钮的按钮继电器连带起来，参与选岔电路工作。

2. 故障分析处理

(1) AJ 不能励磁　按压按钮时，按钮表示灯不闪光且进路排列表示灯不亮。

(2) AJ 不能自闭　按压按钮，按钮表示灯闪光，但松开按钮后，闪光自动熄灭。

(3) AJ 不能缓放　使该信号点的 JXJ 不能可靠吸起，其接点只能在落下位置跳动一下。当不缓放的 AJ 处于进路上的不同位置时，会发生如下现象。

① 排列从左至右的进路，若始端 AJ 不缓放，会出现始端灭光，终端闪光的现象。因为始端 JXJ 只能在落下位置跳动一下，一方面使 AJ 复原，始端按钮闪光熄灭，另一方面因其前接点不能闭合，始端 FKJ 不能吸起，稳光不能点亮，同时 5、6 线也不能向右传递动作，终端就一直闪光。

② 排列从左至右的进路，终端 AJ 不缓放，如果是以单置、差置、并置或尽头线信号点

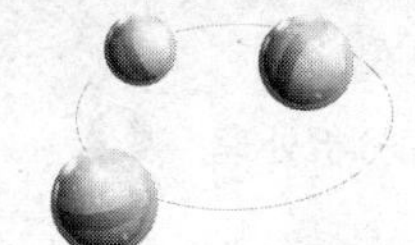

为终端的调车进路，会出现始端稳光，终端灭光的现象。因为终端JXJ不能可靠吸起，使ZJ不能吸起，7线不能沟通，后续电路无法动作；如果是以股道或单线区段接车口处为终端的调车进路，则出现始端稳光、终端灭光、进路有白光带的现象。因为虽然ZJ不能吸起，但7、8、9线无论是ZJ在吸起或落下状态均能接通，使电路一直动作到进路锁闭；信号不能开放的原因是因为DXJ励磁需要从11线得到KZ，而ZJ落下经后接点只能向11线供KF。

③ 排列从右至左的进路，若始端AJ不缓放，会出现终端按钮表示灯闪光后均熄灭的现象。因为进路终端（即网络左端）的JXJ能正常吸起，且能正常复原，终端按钮闪光熄灭；由于进路始端（即网络右端）的JXJ不能可靠吸起，FKJ不能励磁，故按钮闪光后不能点亮稳光。

④ 排列从右至左的进路，若终端AJ不缓放，会出现始端闪光，终端灭光的现象。因为进路终端（即网络左端）的JXJ不能可靠吸起，5、6线不能向右顺序传递动作，始端就一直闪光。

⑤ 差置和并置AJ的联带电路故障：在办理变通进路过程中，会出现按压其中一个按钮时，该按钮闪光，但另一按钮不闪光且进路也不能正常排列的现象。

任务三 ●●● 选岔电路识读及故障分析处理

任务目标 ▶▶▶

1. 掌握1—6线选岔电路的作用。
2. 跑通选岔电路图，熟记操纵继电器、进路选择继电器的励磁和复原时机。
3. 掌握选岔电路继电器动作规律。
4. 能够按照故障处理程序，结合控制台表示灯和继电器状态，在20min内找出1-6线选岔电路断线故障点。

任务实施 ▶▶▶

办理进路时当按下进路始端和终端按钮后，按照操作人员的意图自动选出进路上有关道岔位置的电路，称为选岔电路。选岔电路采用站场型网络。

在比较复杂的站场，由于进路、道岔、信号机和股道都很多，进路的路径可能有若干条，每条进路的开通去向都是由道岔位置确定的。正常工作状态的道岔有定位和反位两个位置，因此对于每组道岔的两个位置设有两个操纵继电器，即定位操纵继电器DCJ和反位操纵继电器FCJ。选岔电路的任务就是按照操作人员的意图，选出需要的操纵继电器，使其吸起。用操纵继电器的励磁条件，接通道岔控制电路，使道岔转换到规定位置，从而排通进路。

一、选岔电路识读

六线并联传递选岔电路规定，用1、2线选八字第一笔双动道岔反位，接有FCJ；用3、4线选八字第二笔双动道岔反位，也接有FCJ；用5、6线选双动道岔定位、单动道岔定位和反位，接有双动道岔DCJ和单动道岔DCJ及FCJ。并且还规定：先选双动道岔反位，即

1、2 线或 3、4 线先动作，后选单、双动道岔定位及单动道岔反位，即 5、6 线后动作。

（一） 1、2 网络线识读

如图 2-19 所示是 1、2 线上接有八字第一笔双动道岔反位操纵继电器 FCJ 的实例。

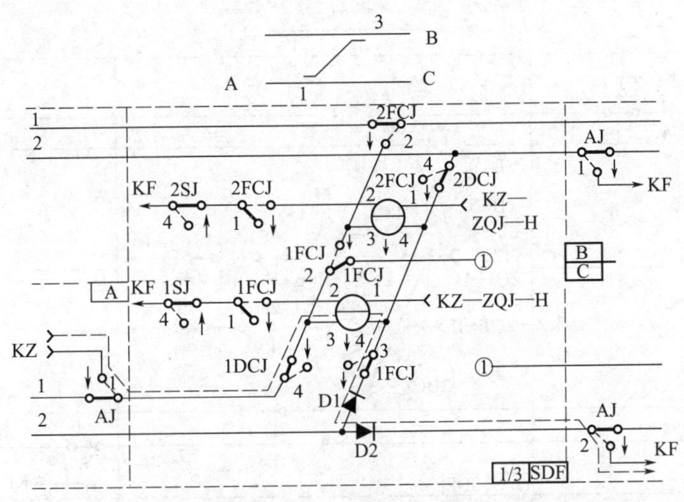

图 2-19　1、2 线网络实例

因为双动道岔的 FCJ 接点不够用，又增加了 2FCJ。实际上，2FCJ 相当于 1FCJ 的复示继电器，1FCJ 先动作，2FCJ 后动作。因为双动道岔分别连接在两条平行的线路上，每个道岔对应设有一个 DCJ。这样一来，双动道岔设两个 DCJ 和两个 FCJ。它们的编号方法是，左边道岔为“1”，右边道岔为“2”。每个道岔还有一个锁闭继电器 SJ，其编号方法也相同。

选路时，按下进路始端、终端按钮端，只有当进路始端、终端 AJ 吸起后，才能向选岔网络供电，使选岔电路开始工作。如图 2-19 所示，顺序按压 A、B 两个按钮后，A 处的 AJ 吸起，向 1 线网络接入 KZ；B 处的 AJ 吸起，向 2 线网络接入 KF，选岔电路工作，选 1/3 道岔反位。1/3 1FCJ 的励磁电路为 KZ—（A） $AJ_{12\text{-}11}$—$1DCJ_{41\text{-}43}$—$1FCJ_{3\text{-}4}$—$2DCJ_{43\text{-}41}$—2 线—（B） $AJ_{11\text{-}12}$—KF。当 $1FCJ_{3\text{-}4}$ 线圈励磁后，经条件电源 KZ-ZQJ-H 由 $1FCJ_{1\text{-}2}$ 线圈构成自闭电路。1FCJ 吸起后用其第 2 组前接点接通 $2FCJ_{3\text{-}4}$ 线圈，使 2FCJ 吸起并自闭。两个反位操纵继电器从左至右顺序励磁，用后吸起的 2FCJ 前接点接通道岔启动电路。

图中 1FCJ 第 2 组前接点和 2FCJ 第 2 组前接点是由左向右顺序传递 1 线 KZ 电源的条件。而 1FCJ 第 3 组后接点是当 1FCJ 吸起后断开由右至左送的 KF 电源的条件。上述接点都是并联传递中网络必不可少的措施。

为了防止同时选出道岔定位和反位两条互相抵触的进路，同一组道岔的 DCJ 和 FCJ 应互相检查，即在 FCJ 的励磁电路中接入两个 DCJ 的第 4 组后接点，同样在 DCJ 的励磁电路中也接入 FCJ 的后接点。

道岔操作继电器吸起，说明道岔位置已被选出。从道岔位置选出到道岔转换完毕，直至进路锁闭这段时间里，由于信号点选出后 AJ 会很快复原而断开选岔电路的电源，为了保证道岔操作继电器不提前落下，故 FCJ 和 DCJ 都设有经由 1-2 线圈的自闭电路。只有当检查进路选排一致，并且进路锁闭后，锁闭继电器 SJ 落下才断开道岔操作继电器的自闭电路使之自动复原。在自闭电路中接入条件电源 KZ-ZQJ-H 的作用是，当进路因故不能锁闭时，使道岔操作继电器人工复原。

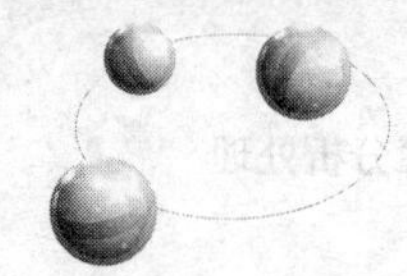

（二） 3、4网线识读

如图 2-20 所示是 3、4 线上接有八字第二笔双动道岔反位操纵继电器 FCJ 的电路实例。

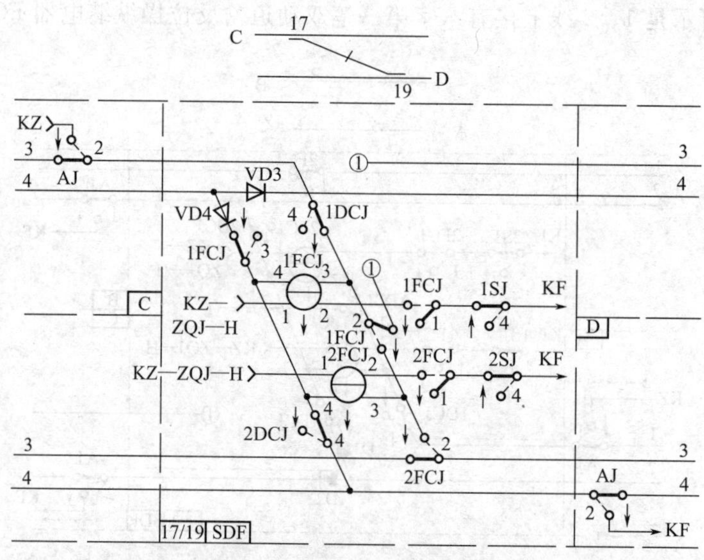

图 2-20 3、4 网络线实例

由图 2-20 中可看出，八字第二笔双动道岔反位操纵继电器 FCJ 励磁电路接在 3、4 网络线上，其电路结构和接入的控制条件与 1、2 线完全相同。只不过是由 3 线从左向右顺序传递 KZ 电源，由 4 线从右向左接通 KF 电源。选路时，先吸起的仍是道岔左边的 1FCJ，后吸起的是右边的 2FCJ。

（三） 5、6网络线识读

双动道岔的定位操纵继电器 1DCJ 和 2DCJ，单动道岔的定位操纵继电器 DCJ 和反位操纵继电器 FCJ 都接在 5、6 网络线上。还有信号点的进路选择继电器 JXJ 也接在 5、6 网络线上。如图 2-21 所示是 5、6 网络线实例。

例如办理 A 点至 D 点的进路时，这条进路要求 1/3 号道岔定位、17/19 号道岔反位、27 号道岔定位。选岔电路动作是，按下进路始端和终端按钮，A 处的始端 AJ 和 D 处的终端 AJ 吸起，先接通 3、4 线，使 17/19 号道岔的 1FCJ 和 2FCJ 吸起，经 17/19 号道岔的 1FCJ 和 2FCJ 的前接点接通 5、6 线，构成 1/3 号道岔的 2DCJ 和 27 号道岔的 DCJ 励磁电路。

1/3 2DCJ 的励磁电路是 KZ—（A） $AJ_{32\text{-}31}$—1/3 $2DCJ_{3\text{-}4}$—1/3 $2FCJ_{43\text{-}41}$—17/19 $1FCJ_{61\text{-}62}$—17/19 $2FCJ_{42\text{-}41}$—D_1—$27DCJ_{33\text{-}31}$—$27FCJ_{43\text{-}41}$—（D） $AJ_{31\text{-}32}$—KF。

1/3 2DCJ 吸起后用其第 2 组前接点将 KZ 电源由 5 线顺序向右传递，接通 27DCJ 励磁电路，其电路是 KZ—（A） $AJ_{32\text{-}31}$—1/3 $2DCJ_{22\text{-}21}$—17/19 $1FCJ_{41\text{-}42}$—17/19 $2DCJ_{23\text{-}21}$—$27DCJ_{3\text{-}4}$—$27FCJ_{43\text{-}41}$—（D） $AJ_{31\text{-}32}$—KF。

如果办理由 B 点至 C 点之间的进路时，进路需要 17/19 号道岔定位，1/3 号道岔反位，选岔电路动作如下：按下 B 处和 C 处按钮，使始端和终端 AJ 吸起，先接通 1、2 线使 1/3 号道岔的 1FCJ 和 2FCJ 顺序吸起，由 1/3 号道岔的 1FCJ 和 2FCJ 的前接点接通 5、6 线，使 5、6 线工作，接通 17/19 号道岔的 1DCJ 励磁电路，其电路为 KZ—（C） $AJ_{32\text{-}31}$—1/3 $1FCJ_{41\text{-}42}$—

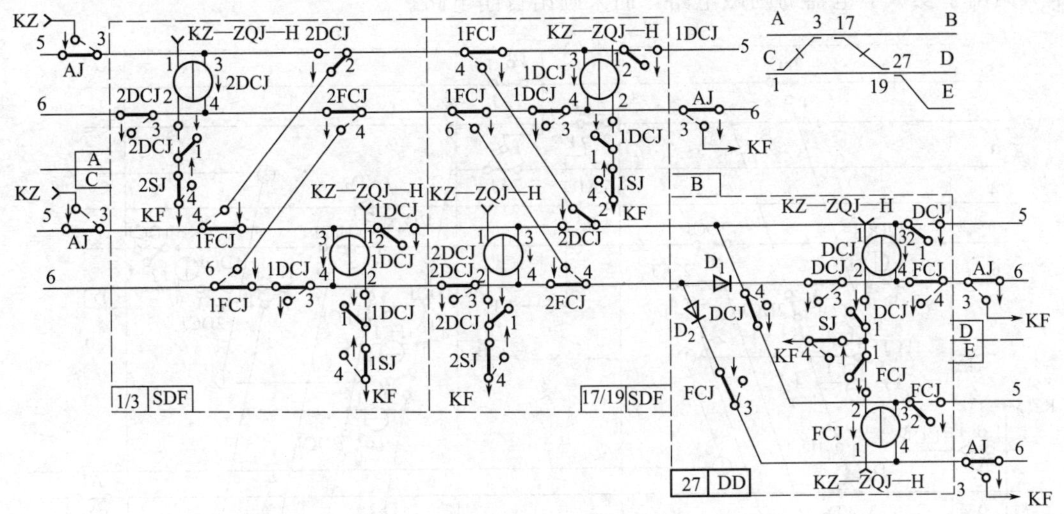

图 2-21　5、6 网络线实例

1/3 2DCJ$_{23-21}$—17/19 1FCJ$_{41-43}$—17/19 1DCJ$_{3-4}$—(B) AJ$_{31-32}$—KF。

上述操纵继电器吸起后由其 1-2 线圈构成自闭电路。当进路锁闭，锁闭继电器 SJ 落下或办理取消进路条件电源 KZ—ZQJ—H 断电，操纵继电器复原。

在 5、6 网络线相当于双动道岔渡线部位的锐角处，都接有反位操纵继电器接点作为电路区分条件，以防止产生迂回电流。但这样一来，若选的进路包括双动道岔反位时，必须先选出双动道岔反位后，方能接通 5、6 网络线，顺序由左至右选出所有道岔定位或单动道岔反位。

在 5 线上 DCJ 和单动道岔的 FCJ 的第 2 组前接点都是作为顺序接通 KZ 电源用的，在 6 线上用 DCJ 和单动道岔的 FCJ 第 3 组的后接点断开先吸起的操纵继电器励磁电路。这样在从左向右顺序传递励磁过程中，就能使 5、6 网络线上始终保持只有两个继电器。另外在 5 线和 6 线上所有操纵继电器的第 4 组的后接点都起到了互切作用，即反位选出后禁止再选定位，定位选出后禁止再选反位。

根据以上讨论，可归纳六线制选岔电路的规律如下。

① 各网络线的用途。1、2 线选八字第一笔双动道岔反位；3、4 线选八字第二笔双动道岔反位；5、6 线选双动道岔定位、单动道岔定位和反位，以及进路中所有信号点位置。

② 各网络线送电规律。1、3、5 线从左向右顺序传递 KZ，一直传递到所选进路的右端；2、4、6 线从右向左送 KF，一开始直接送到进路的左端，然后由左向右依次断开 KF。电源传递与所选进路始、终端无关，而与左、右方向有关。

③ 道岔选出顺序。无论进路的方向如何，总是由左向右依次选出道岔位置和信号点位置。在进路中有双动道岔反位时，首先由左向右选出双动道岔反位，然后由左向右选出双动道岔定位、单动道岔定位和反位，以及进路中信号点位置。

二、选八字变通进路

八字变通进路中既有八字第一笔双动道岔，又有八字第二笔双动道岔，在电路上有它的特殊性。如图 2-22 所示是八字变通进路的电路实例。图中包括八字第一笔双动道岔和八字第二笔双动道岔的所有操纵继电器以及始、终端和变通按钮继电器，画出了六条网络线。图

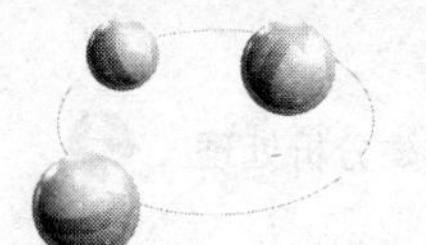

中只画出了操纵继电器的励磁电路，而未画出自闭电路。

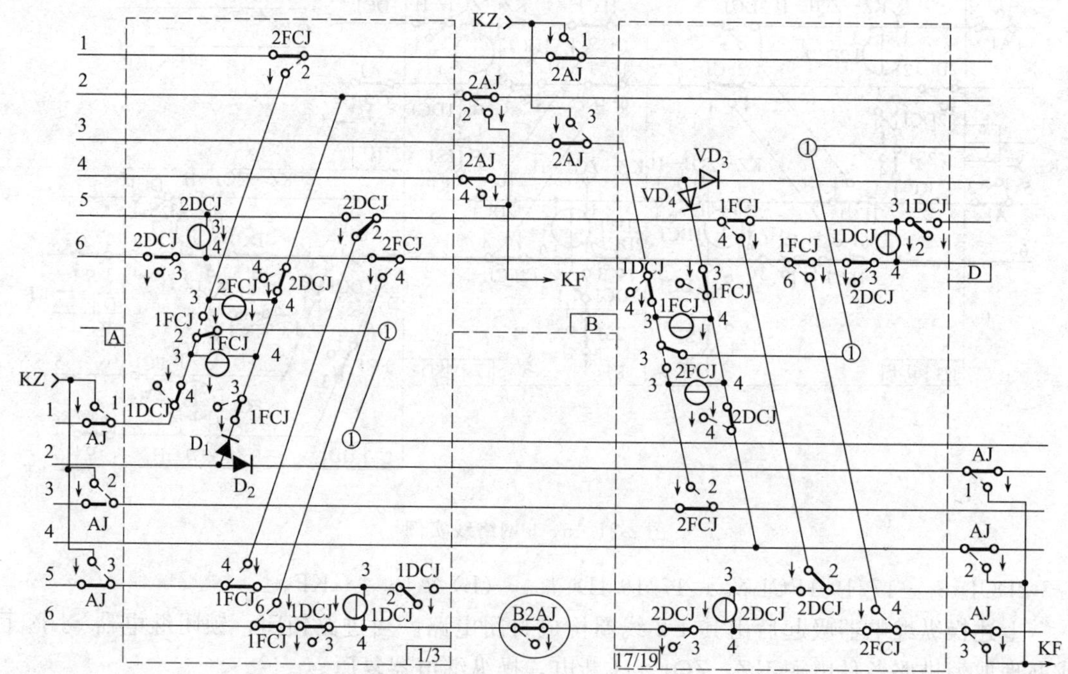

图 2-22 选八字变通进路电路

如选 A、D 两点之间的基本进路时，要经 1/3 和 17/19 号道岔定位，按下 A、D 处的按钮后，始端、终端按钮继电器 AJ 吸起，接通 5、6 网络线，这时，1/3 号 1DCJ 和 17/19 号道岔 2DCJ 吸起。于是选出经由 1/3 和 17/19 号道岔定位的基本进路。

如选 A、D 两点之间的变通进路时，要经 1/3 和 17/19 号道岔反位，因此 1、2 线和 3、4 线均要参加工作。当按下 A、B 和 D 处的按钮后，始端、变通和终端按钮继电器均吸起。在 B 处变通按钮的 2AJ 吸起，由其 2、4 两组前接点分别将 KF 电源接人 2、4 线；由其 1、3 两组前接点分别将 KZ 电源接入 1、3 线。这样，就由 B 点的变通按钮将 A、D 两点间的变通进路分为两个进路段。

对于八字第一笔双动道岔 1/3 来说，由 A 点 1 线供 KZ，B 点 2 线供 KF，使 1/3 1FCJ、2FCJ 首先吸起；对于八字第二笔双动道岔 17/19 来说，由 B 点 3 线供 KZ，D 点 4 线供 KF，使 17/19 1FCJ、2FCJ 随后吸起，选出了经由 1/3 和 17/19 号道岔反位的八字变通进路。

为了防止选变通进路时，错误地选出基本进路，用 1/3 道岔的 1FCJ 第 4 组后接点断开 5 线，用 17/19 道岔的 2FCJ 第 4 组后接点断开 6 线。假设 1/3 1FCJ 或 17/19 2FCJ 其中一个继电器因故不能吸起时，变通进路选不出来。而只要有一个反位操纵继电器吸起，仍能断开选基本进路的电源，也就不会自动改选基本进路。

综上所述，基本进路与八字变通进路对双动道岔位置的要求不同，选基本进路时要求两组双动道岔应处在定位状态，选路时用选岔电路 5、6 线即可；选变通进路时要求两组双动道岔应处在反位状态，用 1、2 线选八字第一笔双动道岔反位，用 3、4 线选八字第二笔双动道岔反位。选八字基本进路与变通进路时采用不同网络线的选路方法称为分线法。

三、进路选择继电器电路识读

进路选择继电器 JXJ 是选路电路的组成部分。JXJ 的励磁电路不单独占用网线，它与选岔网络的第 5、6 线合用，其电路动作与选岔电路相似。

对应每一架信号机处（包括不设信号机，只设变通按钮或终端按钮处）的信号组合内均设一个 JXJ。对应单置调车信号机处设两个 JXJ，这两个 JXJ 分别在 DX 组合和 DXF 组合内。

进路选择继电器 JXJ 吸起后，用其前接点与方向电源相配合，使有关的辅助开始继电器 FKJ 和终端继电器 ZJ 吸起，确定了进路的始端和终端，为进路锁闭、开放信号创造了条件。如果办理长调车进路时，为了简化办理手续，可以只按下进路始端和终端两个按钮。选岔网络从左至右顺序传递动作并带起中间信号点的进路选择继电器 JXJ，使长调车进路中有关信号机能由远及近自动开放。为了缩短选路时间，用 JXJ 前接点断开相应按钮继电器 AJ 的自闭电路，使记录电路及时复原。

1. 列车兼调车信号机进路选择继电器电路识读

如图 2-23 所示，进路选择继电器 X/D_3JXJ 和 $S_Ⅰ$JXJ 都并接在 5、6 网络线上，前者接在网络线左端，后者接在网络线右端。连接方法与定位操纵继电器 DCJ 的接法相同。都是用 3-4 线圈接入 5、6 网络作为励磁电路，1-2 线圈为自闭电路。JXJ 和 DCJ 的复原时间不同，JXJ 自闭电路接有方向电源 KF-共用-Q，因而会随着方向继电器的释放而自动复原，而 DCJ 要等到进路锁闭，锁闭继电器 SJ 落下后才能自动复原。

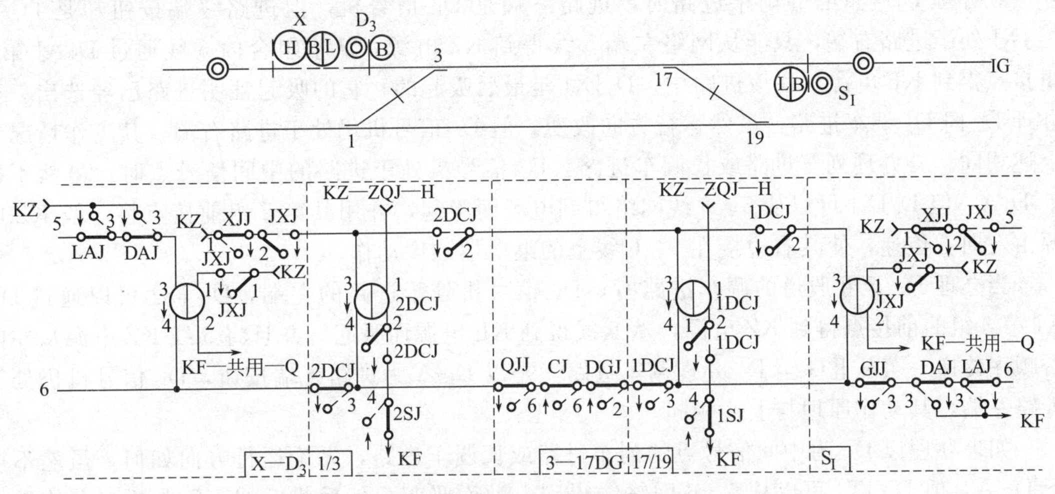

图 2-23　列车兼调车信号机处的 JXJ 励磁电路

例如办理 X 至ⅠG 的接车进路，按下 XLA 和 $S_Ⅰ$LA，XLAJ 和 $S_Ⅰ$LAJ 吸起。5、6 网络线被接通后，由左向右顺序传递吸起的继电器是 X/D_3JXJ、1/3 2DCJ、17/19 1DCJ 和 $S_Ⅰ$JXJ。用 X/D_3JXJ 第 6 组的后接点，断开 XLAJ 自闭电路，使 XLAJ 自动复原。经由 X/D_3JXJ 第 2 组的前接点，将 KZ 电源接向 5 线，使 1/3 2DCJ、17/19 1DCJ 相继吸起，最后 $S_Ⅰ$JXJ 才会吸起。$S_Ⅰ$JXJ 的吸起说明进路已全部被选出。用 $S_Ⅰ$JXJ 第 6 组的后接点断开 $S_Ⅰ$LAJ 的自闭电路，使 $S_Ⅰ$LAJ 复原。由于 XLAJ 和 $S_Ⅰ$LAJ 都落下，断开了方向继电器的励磁电路和自闭电路，使方向继电器复原。因方向电源 KF-共用-Q 断电，X/D_3JXJ 和 $S_Ⅰ$JXJ 也随之复原。

如果所选进路中包括有双动道岔反位时，因为必须先选双动道岔反位，才能接通 5、6 网络线，所以用进路最左端的 JXJ 吸起可以证明 1～4 线工作完毕，5、6 线开始工作。用进

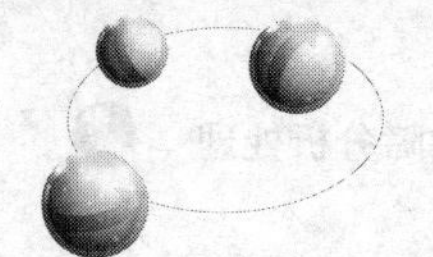
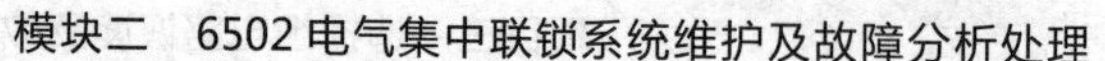

路最右端的JXJ吸起证明进路选出。当JXJ全部落下说明选岔电路工作完毕。

2. 差置、并置调车信号机进路选择继电器电路

如图2-24所示是差置调车信号机处的JXJ电路（并置调车信号机处的JXJ电路与此相同），由于差置调车信号机 D_5 和 D_{15} 所防护的进路方向不同，其电路结构也略有差异。

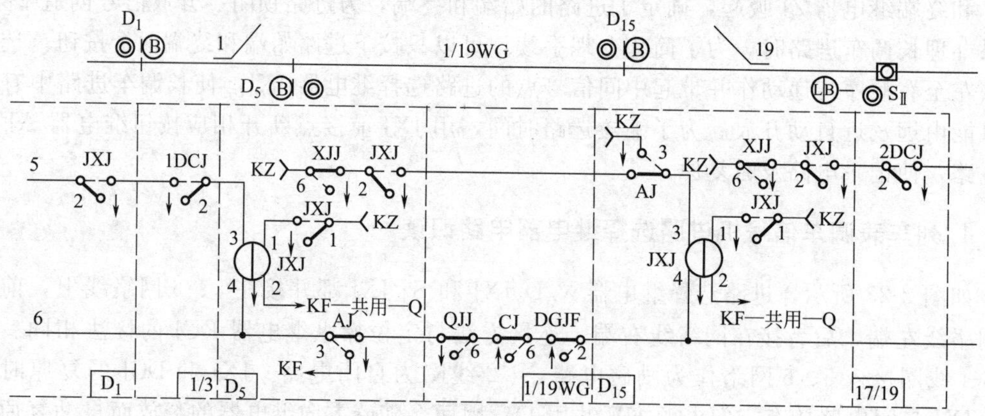

图2-24 差、并置调车信号机JXJ电路

在办理 D_1 至 D_{15} 的调车进路时，进路终端是 D_{15} 信号机，但进路终端按钮却是 D_5A。D_5JXJ处于进路右端，只能从网络左端5线得到KZ电源，从本组合内6线通过 D_5AJ第3组接点得到KF电源。在该进路中，D_5JXJ是最后吸起的，它的吸起证明进路已经选出。若办理 D_5 向 D_1 调车进路，虽然运行方向改变，但 D_5 信号机仍处于进路右端，其工作情况与上述相同。若办理列车进路或长调车进路，D_5 信号机处于进路的中间信号点时；虽然不按下 D_5A，但 D_5JXJ可以从5、6线网络得到电源而吸起，并用其第2组前接点将5线KZ电源由左向右传递，使其右边接在5、6线上的继电器顺序动作。

当办理 D_{15} 至Ⅱ股道的调车进路时，D_{15} 信号机处于进路的左端，D_{15}JXJ可以通过 D_{15}AJ第3组的前接点得到KZ电源，从6线得到KF电源而吸起，并且将5线KZ电源从左向右顺序传递。若从ⅡG至 D_5 办理调车进路，是以 D_{15}A为进路终端按钮，D_{15} 信号机仍处于进路左端，其动作原理与上述相同。

如果办理以 D_{15} 为中间信号点的列车进路或长调车进路，无论运行方向如何，虽然不按下 D_{15}A，但 D_{15}JXJ可以从5、6网络线得到电源而吸起。然后将5线KZ电源向右传递而动作右边的继电器。

从上述分析可知：对于差置（并置）调车信号机，无论是作调车进路始端、终端，还是作为列车进路或长调车进路的中间信号点，也不管运行方向如何，它的JXJ总能够从5、6网络线得到电源而吸起，并且将5线的KZ电源从左向右传递。

3. 单置调车信号机的进路选择继电器电路识读

单置调车信号机设有两个JXJ，一个设在DX组合内，另一个设在DXF组合内。单置调车信号机为什么要设置两个JXJ呢？这是因为单置调车信号机在不改变进路方向的情况下既可能作调车进路始端，又可能作调车进路终端。只有用两个JXJ与其所设的1AJ、2AJ和AJ相互配合，才能从电路上区分其进路始端和终端。现以如图2-25所示的 D_{13} 单置调车信号机为例，分析其两个JXJ励磁电路的动作原理。

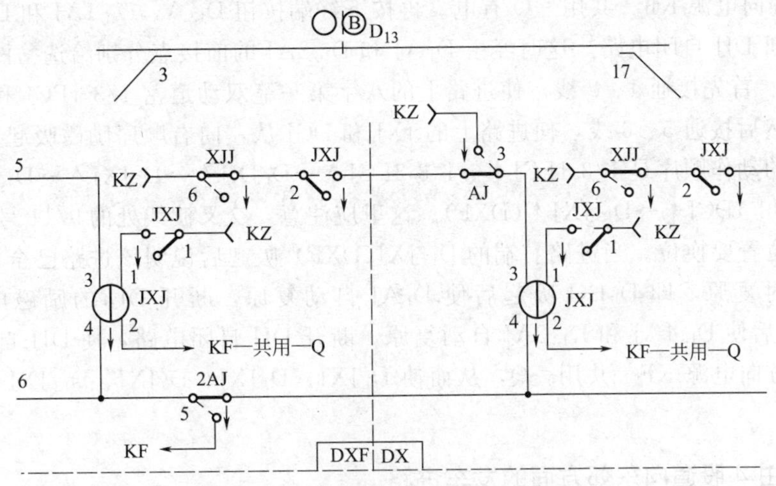

图 2-25 单置调车信号机 JXJ 电路

（1）作进路始端时 当以 D_{13} 信号机作为调车进路始端时，它处在进路的左端。当按下进路始端按钮 D_{13}A 后，D_{13}AJ 吸起，D_{13} 信号机 DX 组合内的 D_{13}JXJ，通过 D_{13}AJ 第 3 组前接点得到 KZ 电源，从 6 线网络得到 KF 电源而吸起。并经由 D_{13}JXJ 第 2 组前接点向 5 线网络供给 KZ 电源。这时 DXF 组合内的 JXJ 因得不到 KZ 电源而不能吸起。

（2）作进路终端时 当以 D_{13} 信号机作调车进路终端时，它处在进路右端。D_{13}A 作为进路终端按钮是后按下的，所以 DXF 组合的 D_{13}JXJ 只能从左端 5 线网络得到 KZ 电源，经在本组合内 D_{13}2AJ 第 5 组的前接点得到 KF 电源而吸起。它的吸起证明进路已全部选出。此时，由于 DX 组合内的 JXJ 得不到 KF 电源而不能励磁。

（3）作进路中间信号点时 当经由 D_{13} 信号机办理列车进路或长调车进路时，因为不按 D_{13}A 按钮，所以 D_{13}AJ 和 D_{13}2AJ 不励磁。这时 D_{13} 信号机的 DXF 和 DX 组合内的两个 JXJ 都可以从 5、6 网络线得到电源而顺序吸起，并将 5 线 KZ 电源继续由左向右传递。

（4）作变通按钮使用时 当以 D_{13}A 作调车进路或列车进路的变通按钮使用时，它的 1AJ、2AJ 和 AJ 三个按钮均要吸起。DXF 组合内的 JXJ 从左端 5 线得到 KZ 电源，由本组合内 D_{13}2AJ 第 5 组的前接点得到 KF 电源而吸起。DX 组合内的 JXJ 经本组合内的 D_{13}AJ 第 3 组的前接点得到 KZ 电源，从 6 线网络右端得到 KF 电源也吸起。当 DX 组合内 JXJ 吸起后，将 5 线网络 KZ 电源继续由左向右传递。

上述各种信号机处的进路选择继电器电路，因所处位置不同励磁条件有些差异，但自闭电路完全相同。JXJ 的 1—2 线圈为自闭电路，当方向继电器复原后，因 KF—共用—Q 断电，JXJ 自闭电路被断开而自动复原。

四、选岔网络继电器动作规律

为了加深理解选岔网络继电器动作规律，通过举例说明选岔网络动作程序和选岔网络继电器规律。

1. 办理 D_1 至 D_{13} 长调车进路

为简化操作手续，当办理 D_1 至 D_{13} 长调车进路时，只需按压长调车进路的始端、终端进路按钮。先按压始端按钮 D_1A，D_1AJ 吸起且自闭，并接通 DJJ 励磁电路，使 DJJ 吸起，

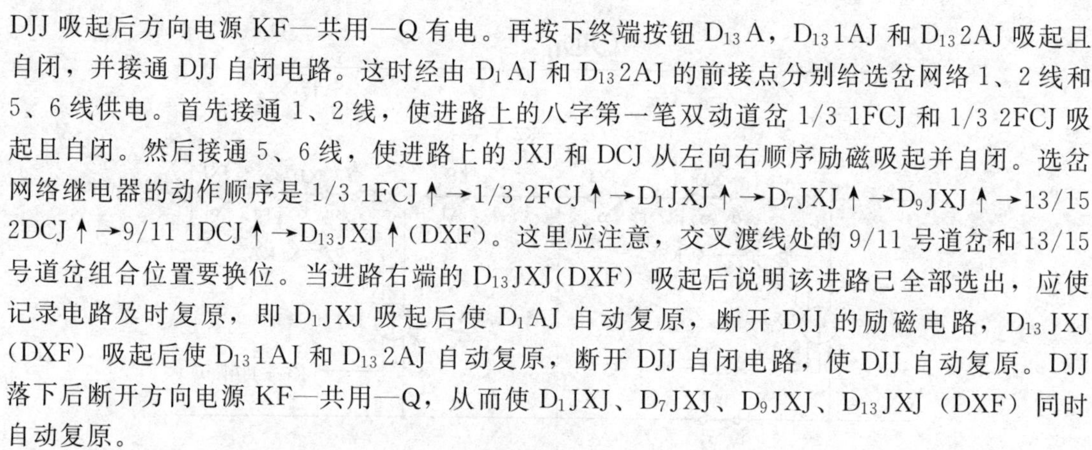

DJJ 吸起后方向电源 KF—共用—Q 有电。再按下终端按钮 D_{13}A，D_{13}1AJ 和 D_{13}2AJ 吸起且自闭，并接通 DJJ 自闭电路。这时经由 D_1AJ 和 D_{13}2AJ 的前接点分别给选岔网络 1、2 线和 5、6 线供电。首先接通 1、2 线，使进路上的八字第一笔双动道岔 1/3 1FCJ 和 1/3 2FCJ 吸起且自闭。然后接通 5、6 线，使进路上的 JXJ 和 DCJ 从左向右顺序励磁吸起并自闭。选岔网络继电器的动作顺序是 1/3 1FCJ↑→1/3 2FCJ↑→D_1JXJ↑→D_7JXJ↑→D_9JXJ↑→13/15 2DCJ↑→9/11 1DCJ↑→D_{13}JXJ↑(DXF)。这里应注意，交叉渡线处的 9/11 号道岔和 13/15 号道岔组合位置要换位。当进路右端的 D_{13}JXJ(DXF) 吸起后说明该进路已全部选出，应使记录电路及时复原，即 D_1JXJ 吸起后使 D_1AJ 自动复原，断开 DJJ 的励磁电路，D_{13}JXJ (DXF) 吸起后使 D_{13}1AJ 和 D_{13}2AJ 自动复原，断开 DJJ 自闭电路，使 DJJ 自动复原。DJJ 落下后断开方向电源 KF—共用—Q，从而使 D_1JXJ、D_7JXJ、D_9JXJ、D_{13}JXJ（DXF）同时自动复原。

2. 办理由 4 股道向东郊方面的发车进路

办理该进路时，先按下进路始端按钮 S_4LA，S_4LAJ 吸起且自闭，并接通 LFJ 励磁电路，LFJ 吸起。后按下进路终端按钮 X_DLA，使 X_DLAJ 吸起并自闭，同时接通 LFJ 自闭电路。这时经由 S_4LAJ 和 X_DLAJ 的前接点给选岔网络 3、4 线和 5、6 线分别供电；LFJ 吸起后接通方向电源 KF—共用—Q，为进路中 JXJ 自闭电路提供电源。选路时，首先接通 3、4 线，使进路中 13/15 和 17/19 这两组八字第二笔双动道岔的 FCJ 从左向右顺序吸起并自闭。其动作顺序是 13/15　1FCJ↑→13/15　2FCJ↑→17/19　1FCJ↑→17/19　2FCJ↑。然后接通 5、6 线，使进路上的 JXJ、双动道岔的 DCJ 和单动道岔的 FCJ 从左向右顺序吸起且自闭。它们的动作顺序是 X_DJXJ↑→5/7　2DCJ↑→D_{11}JXJ↑(DXF)→D_{11}JXJ↑(DX)→9/11 2DCJ↑→9/11　1DCJ↑→D_{13}JXJ↑(DXF)→D_{13}JXJ↑(DX)→27FCJ↑→S_4JXJ↑。进路右端的 S_4JXJ 吸起证明进路全部选出，应使记录电路及时复原。当 X_DJXJ 吸起后使 X_DLAJ 自动复原，从而断开上 LFJ 自闭电路，当 S_4JXJ 吸起后使 S_4LAJ 自动复原，断开 LFJ 励磁电路，使 LFJ 自动复原，LFJ 落下后使方向电源 KF-共用-Q 断电，使得 X_DJXJ、D_{11}JXJ (DXF、DX)、D_{13}JXJ（DXF、DX）和 S_4JXJ 自动复原。

3. 办理X至Ⅲ股道接车的变通进路

当办理 X 至Ⅲ股道接车，经由 5/7 号道岔反位的变通进路时，应顺序按下进路始端按钮 XLA、变通按钮 D_{11}A、终端按钮 $S_{Ⅲ}$LA。按下 XLA，使 XLAJ 吸起且自闭，并使 LJJ 励磁电路接通，LJJ 吸起后方向电源 KF—共用—Q 和 KZ—列共—DJJ—Q 有电。按下 D_{11}A 后，D_{11}1AJ、D_{11}2AJ、D_{11}AJ 先后顺序吸起且自闭，并接通 LJJ 自闭电路。按下 $S_{Ⅲ}$LA 后，$S_{Ⅲ}$LAJ 吸起且自闭，并接通 LJJ 又一条自闭电路。

X 至Ⅲ股道接车进路由 X—D_{11} 和 D_{11}—$S_{Ⅲ}$ 两个进路段组成，由 XLAJ 和 D_{11}2AJ 的前接点给 X—D_{11} 进路段的选岔网络供电；由 D_{11}AJ 和 $S_{Ⅲ}$LAJ 的前接点给 D_{11}—$S_{Ⅲ}$ 进路段的选岔网络供电。因为 XLA 和 D_{11}A 按钮是先被按下的，$S_{Ⅲ}$LA 按钮是最后被按下的，所以应首先选 X — D_{11} 路段，这个进路段选岔网络继电器的动作顺序是 5/7 1FCJ↑→5/7 2FCJ↑→X-D_3 JXJ ↑→D_{11}JXJ ↑(DXF)。然后再选出 D_{11}—$S_{Ⅲ}$ 进路段，这个进路段选岔网络继电器的动作顺序是 D_{11}JXJ↑(DX)→9/11 2DCJ↑→13/15 1DCJ↑→BAJXJ↑→21DCJ ↑→23/25 2DCJ↑→$S_{Ⅲ}$JXJ↑。D_{11}JXJ(DXF) 的吸起说明 X—D_{11} 进路段选出，$S_{Ⅲ}$JXJ 的吸起说明 D_{11}—$S_{Ⅲ}$ 进路段选出。进路全部选出后应使记录电路及时复原，为办理其他进路准备好

条件。

通过上述分析，可以看出选岔网络继电器动作具有以下规律。

① 接在选岔网络 1、2 线或 3、4 线上的双动道岔的 FCJ 优先于接在 5、6 线上 DCJ、单动道岔 FCJ 和 JXJ 而动作。

② 六线制选岔网络每对网络线上的继电器总是从左向右顺序动作的，与所选进路的始、终端方向无关。

③ 当进路中有单置调车信号机时，5、6 网络线上接有两个 JXJ，一个设在 DX 组合内，另一个设在 DXF 组合内。当该信号机作进路始端时，DX 组合内的 JXJ 动作；作进路终端时，DXF 组合内的 JXJ 动作；作列车进路、变通进路或长调车进路的中间信号点时，两个 JXJ 都动作。

④ 所办理的进路经过双动道岔反位时，双动道岔的两个 FCJ 都动作。进路经过双动道岔定位时，一般只有进路经过的那一个道岔的 DCJ 才动作。

⑤ 办理的进路经由交叉渡线组合换位后的一组双动道岔反位时，虽然另一组双动道岔不在进路上，但它的两个 DCJ 都要吸起。

⑥ 办理变通进路时，以变通按钮所在组合处为分界点，将变通进路分为两个进路段，每个进路段分别使接在选岔网络的继电器由左向右动作，而且进路始端所在进路段继电器先动作。

五、选岔电路动作时机及故障分析处理

（一） 1-4 线双动道岔反操继电器电路动作时机及故障分析处理

每组双动道岔设有两个 FCJ，分别为 1FCJ 和 2FCJ。八字第一笔的 FCJ 并接在 1、2 线上，八字第二笔的 FCJ 并接在 3、4 线上。

1. 电路动作时机

当按压始端、终端按钮后，始端、终端 AJ 均吸起，1FCJ 随终端 AJ 吸起而励磁并自闭；2FCJ 随 1FCJ 吸起而励磁并自闭；进路左端的 AJ 落下后，同时切断 1FCJ 和 2FCJ 励磁电路；当进路锁闭后，有关 SJ 落下切断其自闭电路，使之复原。

2. 故障分析处理

当两个 FCJ 有一个不能励磁时，该双动道岔不能转换，且 5、6 线不能沟通，排列进路时。出现始端、终端按钮表示灯一直闪光的现象。

1FCJ 不自闭，在排列以道岔左端处信号点为终端的调车进路，且进路上有道岔转换的情况下，造成 ZJ 不能自闭。

2FCJ 不自闭。道岔可以正常转换，但不能接通 7 线，KJ 不励磁，出现始端稳光，终端灭光的现象。另外，排长进路时影响 5、6 线工作。

（二） 5、6 线网络电路动作时机及故障分析处理

各信号点的 JXJ 和单动道岔 DCJ、FCJ 以及双动道岔的 1DCJ、2DCJ 均并在 5、6 线上，它们平时处在落下状态。

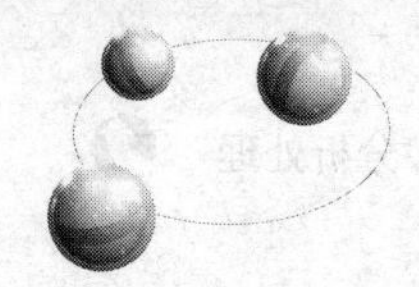

1. 电路动作时机

排列进路时，如果有双动道岔反位，则用该道岔 2FCJ 前接点最后接通 5、6 线，使网络最左端的 JXJ 励磁并自闭；如果无双动道岔反位，只要终端 AJ 吸起就直接接通 5、6 线。

站场平面图如图 2-26 所示，排列 X 到 $S_{Ⅱ}$ 的接车进路，5、6 线接通后，网络左端即下行进站的 JXJ 最先励磁并自闭，接着顺序使 1/3 1DCJ、D_5 两个 JXJ、5DCJ 和 $S_{Ⅱ}$ JXJ 励磁并自闭。

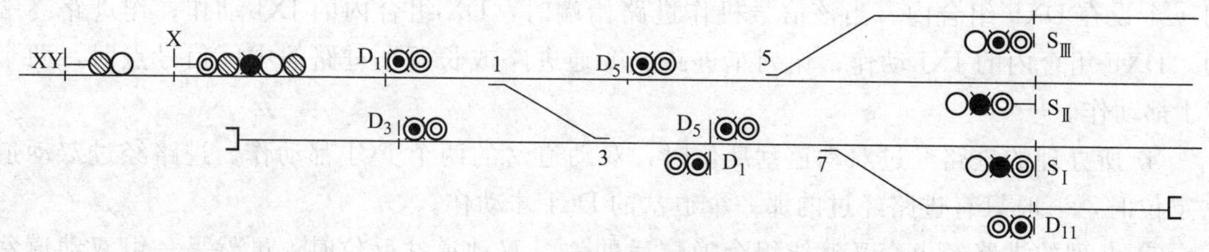

图 2-26 举例站场平面图

下行进站的 JXJ 励磁电路是 1/3 1DCJ 吸起时切断的；1/3 1DCJ、D_5 两个 JXJ 的励磁电路是 5DCJ 吸起时切断的；5DCJ 和 $S_{Ⅱ}$ 的 JXJ 励磁电路是 $S_{Ⅱ}$AJ 落下时切断的；进路上所有 JXJ 的自闭电路是方向继电器落下时切断的；进路上所有 DCJ 的自闭电路是相关的 SJ 落下时切断的。

2. 故障分析处理

① 网络左端的 JXJ 不能励磁。无论排何种进路，均出现始、终端按钮表示灯一直闪烁的现象。

② 网络左端 JXJ 不能自闭。其现象与相关继电器特性有关，也与电源电压的高低有关。

继电器特性一般表现在接点压力的大小和缓放继电器缓放时间的长短等方面；电源电压的高低决定继电器接点动作的快慢，同时也对继电器缓放或缓吸的时间有影响。因此，上述两种因素的不同组合，导致网络左端 JXJ 不能自闭时在不同的情况下，形成不同的现象。

网络左端 JXJ 不能自闭会与 5、6 线上跟随动作的 DCJ 或 FCJ 相继跳动。按压始端、终端按钮后 5、6 线接通，左端 JXJ 励磁吸起，JXJ 前接点闭合，接通跟随动作的 DCJ 或 FCJ 励磁电路，DCJ 或 FCJ 有吸起的可能，就在后接点离开的瞬间，断开 6 线（JXJ 励磁电路），JXJ 因不能自闭而落下，只要 JXJ 前接点离开，又切断 DCJ 或 FCJ 励磁电路，DCJ 或 FCJ 在前接点尚未闭合时失磁落下，重新接通 6 线，JXJ 再度励磁。这样，就形成两个继电器相继跳动的现象。在此分以下三种情况进行讨论。

• 网络左端为进路的始端时。因 JXJ 能瞬间吸起，FKJ 励磁电路被瞬间接通，会跟着 JXJ 跳动。如果 5、6 线上跟随动作的 DCJ 或 FCJ 在跳动中的前接点不闭合且在始端 AJ 缓放时间稍长时，FKJ（LKJ）跳动几下能可靠吸起，反过来切断 AJ 自闭电路，使 AJ 复原，始端会点稳光；若始端 AJ 缓放时间稍短，JXJ 跳动几下，AJ 便复原，此时 FKJ（LKJ）不能可靠吸起，则始端灭光。如果 DCJ 或 FCJ 在跳动中自闭接点能闭合而自闭，则断开 6 线使 JXJ 复原，而 AJ 因有缓放没有复原且在 FKJ（LKJ）不能可靠吸起的情况下，始端按钮就一直闪烁。

• 单置调车作始端时，其现象又与按压按钮时间长短有关。当按压时间较短，即在 1AJ 励磁，AJ 励磁，方向继电器尚未励磁时松开按钮，1AJ 因未接通自闭而复原，那么，形成的现象与第①点所讨论的结果相同。当按压按钮时间较长，AJ 能自闭，那么，无论在何种情况下，只要 JXJ 不自闭，始端按钮总是闪烁。

• 网络左端为进路终端时。5、6 线跟随动作的 DCJ 或 FCJ 前接点不闭合 JXJ 跳动几次后使 AJ 复原，JXJ 跟着复原，那么，终端按钮停止闪烁。如果 DCJ 或 FCJ 前接点能闭合自闭且在 AJ 缓放时间稍长时在 JXJ 跳动中未复原，则终端按钮一直闪烁；若 AJ 缓放时间稍短 JXJ 跳动几次使 AJ 复原，则终端按钮停止闪烁。

③ 1/3 道岔 1DCJ 不励磁。当 1/3 道岔在反位时，不能用进路操纵的方式操纵到定位来，且 5、6 线不能工作完毕。

④ 1/3　1DCJ 不自闭。排列进路时，5、6 线能动作完毕，但 7 线不能接通。

⑤ D_5DXF 组合 JXJ 不励磁。D_5 按钮不闪烁，且 5、6 线不能顺序动作完毕。D_5DX 组合 JXJ 不励磁，按钮能闪烁，但 5、6 线不能动作完毕。DXF 组合 JXJ 不自闭，不影响该进路正常排列。DX 组合 JXJ 不自闭，使 5DCJ 不能可靠吸起。

⑥ 5DCJ 不励磁与不自闭与 1/3 道岔的情况相似。

⑦ $S_{Ⅱ}$ 的 JXJ 不能励磁。无论以该点作始端还是作终端，因为 AJ 不能复原该点的按钮表示灯一直闪烁。

⑧ $S_{Ⅱ}$ 的 JXJ 不能自闭。因其励磁电路一直保持到 AJ 落下，排列进路时，一般不会影响电路的正常动作。

任务四　辅助开始继电器和终端继电器电路识读及故障分析处理

任务目标

1. 掌握 LKJ、FKJ、ZJ 作用与设置。

2. 跑通 LKJ、FKJ、ZJ 电路图，熟记 LKJ、FKJ、ZJ 的励磁和复原时机。

3. 能够按照故障处理程序，结合控制台表示灯和继电器状态，在 20min 内找出 LKJ、FKJ、ZJ 电路断线故障点。

任务实施

当进路选出后，记录电路会立即复原。但这时道岔还没有转完，进路还未锁闭，信号也没有开放，为了达到选路的最终目的，必须继续记录进路始端和终端。因此，在记录电路复原以前，在进路始端要用辅助开始继电器 FKJ 和开始继电器 KJ，在进路终端要用终端继电器 ZJ 继续记录电路而工作，它们将在整个执行组电路中起作用。

一、辅助开始继电器电路识读

在 6502 电气集中联锁系统的 LXZ 和 DX 组合内各设有一个辅助开始继电器 FKJ。当作进路始端时，FKJ 参与工作。其作用，一是在始端信号点被选出后至信号开放前这段时间内继续记录进路的始端，二是防止自动重复开放信号。所谓防止自动重复开放信号，是指办理进路信号开放后，因故而自动关闭，当故障恢复后，未经再次办理不得自动重复开放。为了实现上述两个作用，FKJ 电路必须满足以下技术条件。

① 为了继续记录进路始端，必须使 FKJ 在进路始端的进路选择继电器和与所选进路的

性质及方向相符合的方向继电器吸起后接通励磁电路，以便反映所选进路的始端。

② 为了防止信号自动重复开放，必须用 FKJ 的前接点作为开放信号的必要条件，在信号未开放前它应保持吸起状态，在信号开放后它应及时自动复原。若信号因故不能开放，应能使它手动复原。

③ 重复开放信号时，只要进路处于锁闭状态，按下进路始端按钮，就应使 FKJ 吸起。

1. 列车和调车共用的辅助开始继电器电路识读

对于出站兼调车信号机和进站信号机内方带调车信号机时，列车和调车可以共用一个 FKJ，设在 LXZ 组合内。如图 2-27 所示是列车和调车共用的 FKJ 电路。

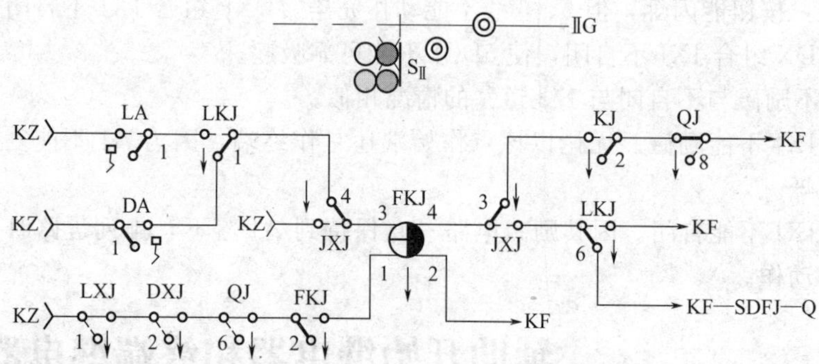

图 2-27 列车和调车共用的 FKJ 电路

辅助开始继电器 FKJ 的两个线圈分开使用，其 3—4 线圈为励磁电路，1—2 线圈为自闭电路。励磁电路由进路始端的进路选择继电器控制，JXJ 的第 3 组和第 4 组的前接点接通，说明是在选路。如果所选的是发车方向的调车进路，则方向电源 KF—DFJ—Q 有电，使 FKJ 经由 3—4 线圈而吸起。如果所选的是列车进路，列车开始继电器 LKJ 先吸起，用 LKJ 第 6 组的前接点接通 FKJ 的 3—4 线圈电路，使 FKJ 吸起。LKJ 第 6 组的前接点在这里是作为电路区分条件，用来区分进路的性质。

在进路选出 JXJ 落下后励磁电路就被断开，这时 FKJ 经由本身的第 2 组前接点接通的 1—2 线圈自闭电路仍保持吸起。信号开放后，用列车信号继电器 LXJ 第 1 组的后接点或调车信号继电器 DXJ 第 2 组的后接点断开 FKJ 自闭电路，使 FKJ 自动复原。如果 FKJ 吸起后，信号因故不能开放，可按下总取消按钮和进路始端按钮，使取消继电器 QJ 吸起，用 QJ 第 6 组的后接点断开 FKJ 自闭电路，以达到手动复原的目的。

当信号开放后因故关闭，进路在锁闭状态，需要办理重复开放信号时，只需按下进路始端按钮，FKJ 可由 3—4 线圈重新励磁，使信号重复开放。重复开放信号时与选路时的 FKJ 励磁电路检查的条件是不同的。办理重复开放信号时，因为进路已经选出且在锁闭状态，开始继电器 KJ 吸起，虽然按下始端按钮，但不是选路，JXJ 也不会重新励磁。此时电路是经由 JXJ 第 3 组和第 4 组的后接点，KJ 第 2 组的前接点接通励磁电路的。电路中的 LKJ 第 1 组接点作为电路的区分条件，办理调车进路时，经 LKJ 第 1 组的后接点和 DA 接点接入 KZ 电源；办理列车进路的，经 LKJ 第 1 组的前接点和 LA 接点接入 KZ 电源。重复开放信号时松开始端按钮后，LKJ 的励磁电路即被断开，靠其 1—2 线圈自闭，直到信号开放后复原。QJ 第 8 组的后接点在电路中的作用是防止办理取消进路或人工解锁时，不因按下进路始端按钮而使 FKJ 通过上述励磁电路被错误吸起。

2. 调车专用的辅助开始继电器电路识读

尽头线、差置和并置等调车信号机，要各设一个调车专用的辅助开始继电器。调车用的FKJ设在DX组合内。其电路如图2-28所示，与列车和调车共用的FKJ电路基本相同，只是接点使用的组数不同。单置调车信号机与尽头线、差置和并置调车信号机的FKJ电路有所不同。这是因为单置调车信号机的调车进路按钮既可作始端按钮用，又可作终端按钮用。只有当其作始端按钮使用时，FKJ才参与工作。

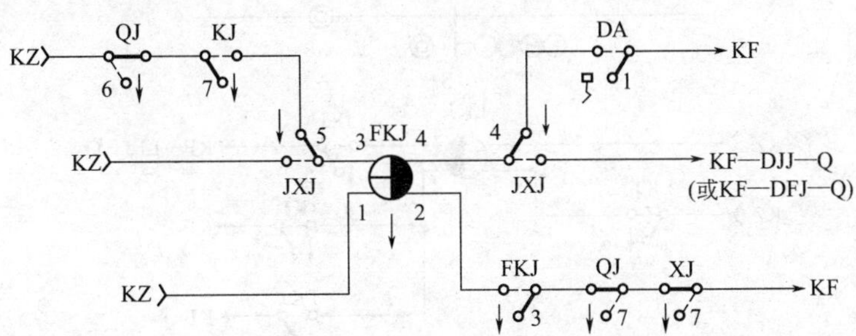

图2-28　尽头线、差置、并置调车信号机用FKJ电路

单置调车信号机的FKJ电路如图2-29所示。在单置调车信号机的FKJ电路中用1AJ第2组的前接点代替了按钮接点，这是因为采用单组接点按钮，其按钮接点不够用。经由1AJ第2组的前接点接入的是方向电源KF-共用-H，而不是普通的KF电源。这是因为在分段办理长调车进路时要防止单置调车信号机的FKJ错误动作。例如当分段办理经由D_{13}的长调车进路时，先办理以D_{13}为始端的进路，后办理以D_{13}为终端的进路。如果不接入方向电源KF—共用—H，当后办理的进路以D_{13}A作终端按钮时，D_{13}的1AJ吸起，此时因先办理以D_{13}为始端的进路时，D_{13}信号机已经开放，开始继电器KJ在吸起状态，FKJ将会错误吸起。后办理以D_{13}为终端的进路，D_{13} FKJ是不应该吸起的。因为D_{13} FKJ一旦吸起，D_{13} 2AJ就不能励磁，后办理的以D_{13}为终端的进路将排不出来。接入了方向电源KF—共用—H后，由于后办理以D_{13}为终端的进路时，D_{13}A是后按下的，KF-共用-H早已无电，就防止了上述情况下FKJ的错误励磁。

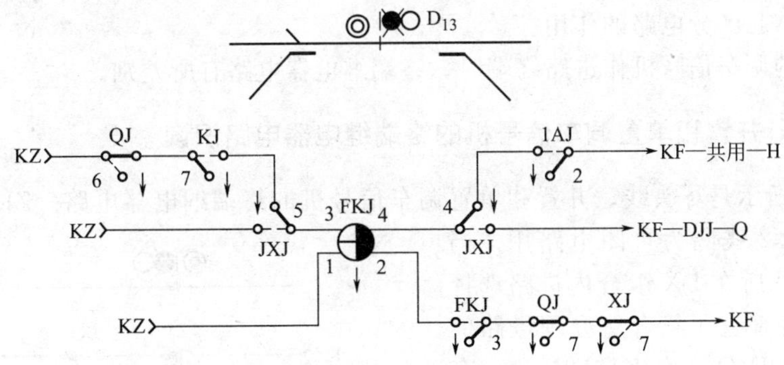

图2-29　单置调车信号机用FKJ电路

二、列车开始继电器电路识读

当列车与调车共用一个FKJ电路时，应增设一个列车开始继电器LKJ，用来作为电路区分条件，以便区分列车进路和调车进路。选调车进路时LKJ不吸起，选列车进路时LKJ

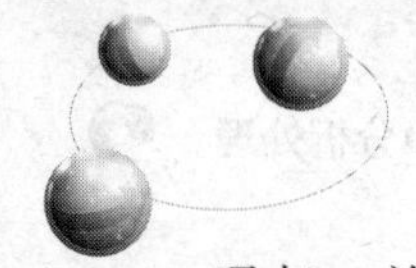

吸起，并一直保持吸起状态到该进路解锁。

如图 2-30 所示是列车开始继电器 LKJ 电路。其 3-4 线圈为励磁电路，1-2 线圈为自闭电路。当以 S_{II} 为始端办理发车进路时，S_{II} LKJ 经由 JXJ 第 5 组的前接点和方向电源 KF-LFJ-Q 而吸起。当记录电路复原后，3-4 线圈励磁电路断开，由 FKJ 和 KJ 的前接点构成两条经由 1-2 线圈的自闭电路。FKJ 吸起，KJ 的前接点尚未闭合前，先经由 FKJ 的前接点接通短时间自闭电路。信号开放后，FKJ 落下，再由早已接通的 KJ 的前接点构成长时间自闭电路保持到进路解锁。LKJ 随着 KJ 的落下而自动复原。

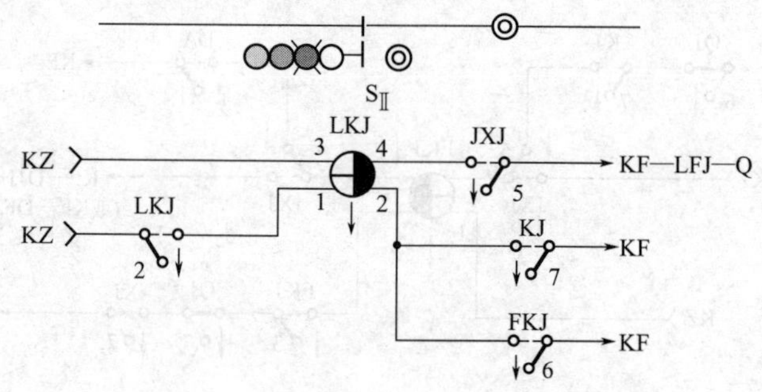

图 2-30 LKJ 电路

当以 S_{II} 为始端办理调车进路时，由于方向电源 KF-LFJ-Q 无电，S_{II} LKJ 不会吸起。LKJ 采用缓放型继电器的原因是，保证列车信号在电源屏的主、副电源切换过程中不致关闭，以免造成机外停车。

三、终端继电器电路识读

进路应有明确的始端、终端。调车进路的终端，有的在咽喉区的中间，有的在咽喉区的两端，不同的调车进路其终端的位置也不同。为了记录调车进路的终端，因此在对应的每条调车进路的终端处应设一个终端继电器。由于列车进路的终端是固定在咽喉区的两端，对于列车进路一般不必设终端继电器。但是对于双线单方向运行区段，在车站的发车口处应设一个列车终端继电器 LZJ。

终端继电器的作用，一是继续记录调车进路的终端，一直保持到进路解锁为止。二是在执行组网络中，起区分电路的作用。

对于不同的调车信号机作进路终端时，终端继电器电路有所差别。

1. 尽头线、并置和单置调车信号机的终端继电器电路识读

如图 2-31 所示是尽头线、并置和单置调车信号机的终端继电器电路。ZJ 的 3-4 线圈为励磁电路用，1-2 线圈为自闭电路用。当办理进路时，ZJ 所在 DX 组合内进路选择继电器吸起，并检查了符合所办理进路的方向电源 KF-DJJ-Q（或 KF-DFJ-Q）有电，则 ZJ 由 3-4 线圈吸起。ZJ 吸起后由其 1-2 线圈构成自闭电路，一直保持到进路解锁。ZJ 的自闭电路是经本身第 8 组的前接点和 SJ 第 4 组的后接点沟通的。在进路选出，方向电源断电至 SJ 落下，在 SJ

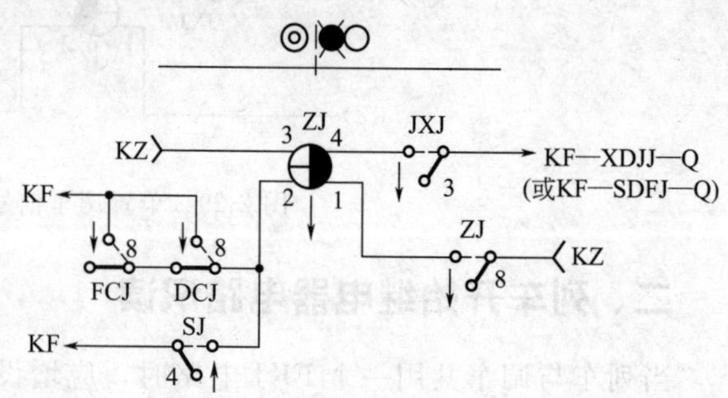

图 2-31 尽头线、并置和单置调车信号机 ZJ 电路

后接点没有接通前，先由 DCJ 和 FCJ 的前接点接通 ZJ 自闭电路。进路锁闭后，由于 SJ 落下，这时 DCJ 或 FCJ 也随着落下。在这以后，ZJ 是靠 SJ 第 4 组的后接点构成的自闭电路保持吸起，一直到进路解锁为止，当 SJ 吸起后使 ZJ 复原。因为 DCJ 或 FCJ 是随着 SJ 的落下而落下的，DCJ 或 FCJ 都不是缓放型继电器，在 SJ 的前、后接点转换时有瞬间断电，为保证 ZJ 被可靠吸起，它必须采用缓放型继电器。

2. 差置调车信号机的终端继电器电路识读

为了禁止由两个方向同时向差置调车信号机间的无岔区段调车和防止调车尾追列车事故，在差置调车信号机的终端继电器 ZJ 励磁电路中增加了需检查的联锁条件。差置信号机的 ZJ 电路如图 2-32 所示。

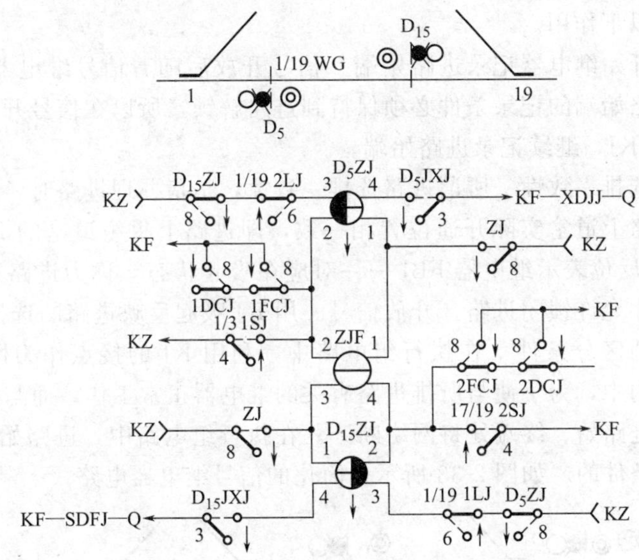

图 2-32　差置调车信号机的 ZJ 电路

在励磁电路中的 KZ 电源侧，要用 ZJ 的后接点实行互切，即在 D$_5$ ZJ 的励磁电路中接入 D$_{15}$ ZJ 的后接点，而在 D$_{15}$ ZJ 励磁电路中接入 D$_5$ ZJ 的后接点，这样同时只允许其中的一个 ZJ 吸起。为防止发生列车追尾事故，在 ZJ 励磁电路中接有进路继电器 1LJ 或 2LJ 的前接点。

该 LJ 是两架差置调车信号之间有列车经过的 1/19WG 区段的。进路继电器 1LJ 和 2LJ 是在列车驶过无岔区段时，一个先吸起，另一个后吸起，1LJ 和 2LJ 哪个先吸起，取决于列车的运行方向。在 D$_5$ ZJ 励磁电路中用 1/19　2LJ 的前接点，D$_{15}$ ZJ 励磁电路中用 1/19　1LJ 的前接点。如果列车运行方向由右向左时，列车进入无岔区段 1/19　2LJ 先吸起，列车出清无岔区段时 1/19　1LJ 才吸起。列车未出清无岔区段时 1/191LJ 还处于落下状态，此时后办理同方向调车进路 D$_{15}$ ZJ 是不能吸起的，这就防止了调车追尾列车的可能性。

任务五 ●●● 开始继电器电路识读及故障分析处理

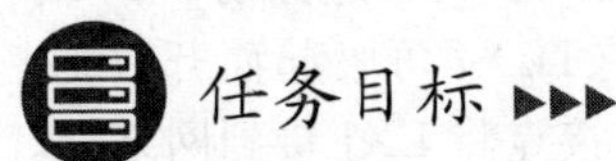

任务目标 ▸▸▸

1. 掌握开始继电器的作用与设置。

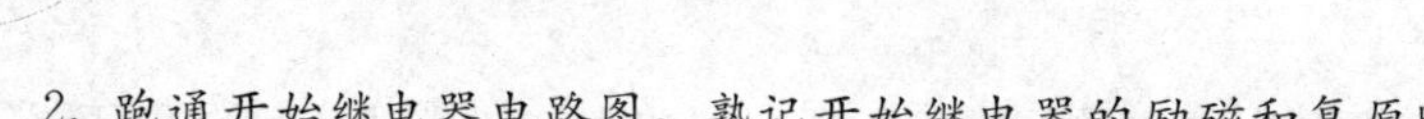

2. 跑通开始继电器电路图，熟记开始继电器的励磁和复原时机。

3. 能够按照故障处理程序，结合控制台表示灯和继电器状态，在20min内找出开始继电器电路断线故障点。

任务实施 ▸▸▸

一、开始继电器的设置与作用

凡是进路的始端部位都应在信号组合内设置一个开始继电器KJ，进路性质不同而始端相同的列车进路和调车进路可共设一个KJ。如出站兼调车信号机、进站内方带调车信号机，可在LXZ组合内共设一个KJ。

开始继电器有以下作用。

（1）接续辅助开始继电器记录进路始端　信号开放后随着信号继电器XJ的吸起，FKJ会自动复原，而进路始端的记录条件必须保持到进路解锁，所以在信号开放后至进路解锁这段时间由KJ接续FKJ，继续记录进路始端。

（2）检查进路选排一致性　所谓进路选排一致性，是指办理进路时，选岔网络所选出的道岔位置必须与进路上道岔实际开通位置相一致，即进路上每组道岔的DCJ与定位表示继电器DBJ或FCJ与反位表示继电器FBJ一一对应在吸起状态，称为进路选排一致。只有检查进路选排一致，才允许锁闭进路，开放信号。用KJ吸起反映进路的选排一致性。

（3）作为电路的区分条件　在执行组电路中，利用KJ的接点作为网络的电路区分条件。站场型网络结构中，为了使与所排进路有关的继电器正常工作，而与进路无关的继电器不错误动作，应在进路始、终端处将网络断开。在执行组电路中，进路始端就是利用KJ的接点作为电路区分条件的。如图2-33所示是简化的信号继电器电路。

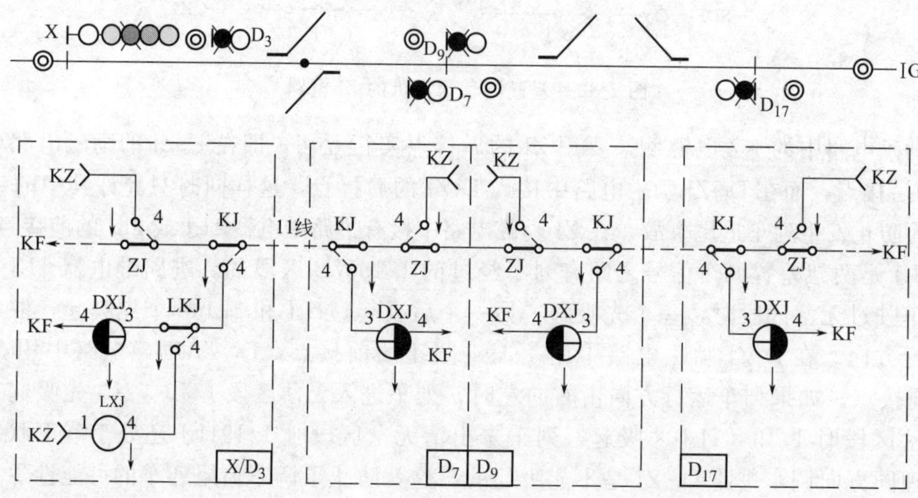

图2-33　KJ的电路区分条件示意图

在未建立进路时，各信号机的XJ被进路始端部位的KJ前接点从网络线上断开。只有在建立进路时，XJ经由KJ的前接点被接到网络上。例如办理D_7至D_3调车进路时，D_7KJ吸起后将D_7XJ接到网络上，D_3ZJ吸起后把KZ电源送到网络，使D_7XJ可吸起而开放D_7信号机。再如办理下行Ⅰ道接车进路时，经由X/D_3KJ和LKJ的前接点将LXJ接到网络上，从进路终端经由D_7KJ、D_9KJ、D_{19}KJ的后接点及D_{17}ZJ的后接点接入KF电源，从而使

LXJ 吸起而开放 X 进站信号机。

由上述可知，办理不同进路，要求吸起的 XJ 不同，要用 KJ 接点加以区分，这就是 KJ 在电路中的区分作用。

二、7 线网络线的结构和检查的联锁条件

因为 KJ 电路要完成检查进路选排一致性的任务，涉及到进路中的道岔位置，所以 KJ 电路用的 7 线网络采用站场型网络结构。如图 2-34 所示，同一个咽喉所有的 KJ 都由各自的 FKJ 前接点接到 7 线网络上。在网络中，进路始端的电路区分条件是 FKJ 接点，进路终端的电路区分条件是 ZJ 接点。

在 7 线网络中应检查以下联锁条件。

① 检查进路选排一致性。进路选排一致性检查是用进路上各组道岔的 DCJ 与 DBJ 或 FCJ 与 FBJ 的前接点串联在 7 线网络来实现的。当进路选出时 DCJ 或 FCJ 吸起且自闭，直到进路锁闭后才自动复原，而 DBJ 或 FBJ 是在道岔转换完毕后吸起的。这样，在进路锁闭之前，道岔操纵继电器和道岔表示继电器有一段时间均在吸起状态，因此，使 KJ 能够从 7 线网络得到电源而吸起。

② 检查进路在解锁状态。进路解锁的检查是用接在 7 线网络上各组道岔的 SJ 前接点来证明的。由于 7 线与 11 网络共用道岔表示继电器和锁闭继电器接点，为了防止 7 线与 11 线网络互相干扰，同时作为网络线的区分条件，每组道岔接入了两组 SJ 的接点。SJ 吸起接通 7 线网络，反映进路在解锁状态；SJ 落下接通 11 线网络，反映进路在锁闭状态。

③ 继续记录进路始端。用每一进路始端的 FKJ 前接点来继续记录进路始端。因为 KJ 是经由 FKJ 前接点接到 7 线上，所以 KJ 的吸起能接续 FKJ，继续记录进路始端。

三、开始继电器电路识读

开始继电器 KJ 电路如图 2-34 所示。调车专用和列车与调车共用 KJ 电路有所差异。

1. 调车专用的开始继电器电路识读

调车专用的 KJ 由 3-4 线圈经 7 线网络构成励磁电路，由 1-2 线圈构成两条并联的自闭电路。励磁电路从本组得到 KF 电源，从调车进路终端处接在 7 线网络的 ZJ 前接点得到 KZ 电源。自闭电路接入相并联的 FKJ 和 XJJ 前接点串接支路与 SJ 后接点支路。

在图 2-34 中，例如办理 D_5 至 IG 的调车进路，当 D_5 FKJ 吸起后将 D_5 KJ 的 3-4 线圈接至 7 线网络上，从进路的终端处经 S_I ZJ 前接点得到 KZ 电源，通过 7 线检查进路选排一致性和证明进路在解锁状态，使 D_5 KJ 吸起。然后构成自闭电路，以保证在进路锁闭后至进路解锁前的这段时间内使 KJ 可靠吸起。首先经由 FKJ 和 XJJ 的前接点构成一条短时间自闭电路。当进路锁闭 SJ 落下时又构成一条长时间自闭电路。信号开放后，FKJ 落下断开短时间自闭电路，待进路解锁 SJ 吸起后断开其长时间自闭电路，从而使 D_5 KJ 自动复原。

KJ 的 1-2 线圈为什么要有两条自闭电路呢？这是因为 SJ 的接点转换过程中 KJ 有一瞬间断电，为使 KJ 可靠吸起，除由 SJ 的后接点构成自闭电路外，在 SJ 转换过程中又由 FKJ 和 XJJ 的前接点构成短时间自闭电路。另外，在电源屏主、副电源切换过程中虽有瞬间断电，但不要求调车信号机不关闭，因此调车专用的 KJ 可不采用缓放型继电器。

在调车专用的 KJ 短时自闭电路中还串接有 XJJ 的前接点，其作用是防止车列驶入调车信号机内方，进路还未解锁时误碰进路始端按钮使 FKJ 吸起自闭，从而使 KJ 重新经由 FKJ

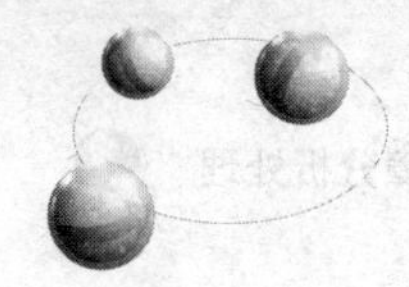

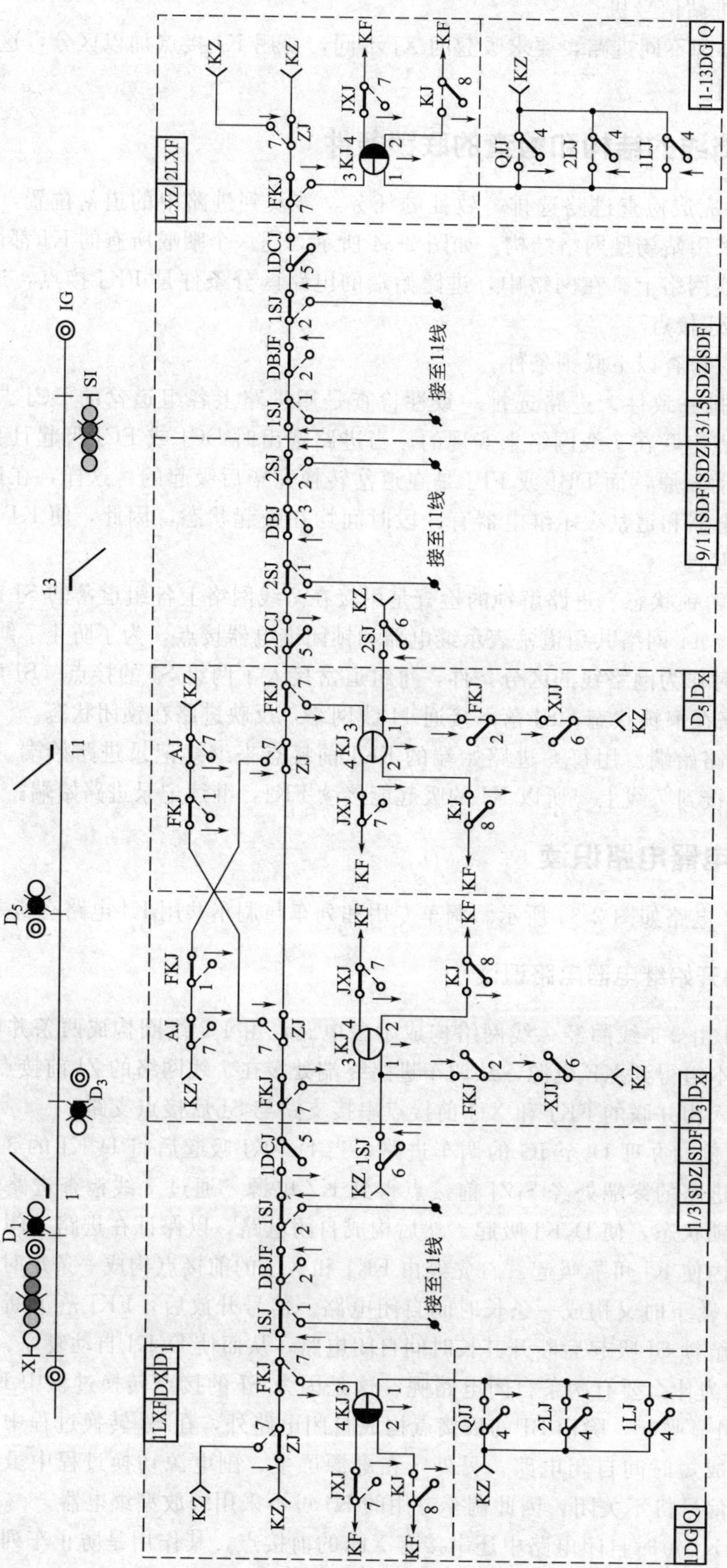

图 2-34　7线网络结构及开始继电器电路

的前接点构成自闭，造成进路解锁后 KJ 不能自动复原。接入 XJJ 的前接点后则可防止这种情况的发生。

2. 列车与调车共用的 KJ 电路识读

在图 2-34 中，进站内方带调车或出站兼调车信号机的 1LXF 或 2LXF 组合内所设的 KJ 为列车与调车共用的 KJ。例如，办理下行至 IG 接车进路时，当 X/D_1FKJ 吸起后将 X/D_1 KJ 的 3-4 线圈接到 7 线网络上，从进路终端的 7 线网络得到 KZ 电源，若 7 线网络所检查的联锁条件满足要求便使 X/D_1KJ 吸起。KJ 的吸起既能继续记录进路始端，又能检查进路选排一致性和进路的解锁状态。

在列车与调车共用的 KJ 电路中，其 1-2 线圈的自闭电路与调车专用的 KJ 自闭电路是不同的，它是用 QJJ 的前接点和 1LJ、2LJ 的后接点并联电路代替 SJ 的后接点而构成自闭电路的。KJ 采用缓放型继电器，在 SJ 与 1LJ、2LJ 的接点转换的过程中，KJ 不会落下。从进路锁闭到进路解锁这段时间内，KJ 一直由 1-2 线圈保持在吸起状态。进路解锁时，首先是 QJJ 落下，然后 1LJ 和 2LJ 吸起，断开 KJ 的 1-2 线圈自闭电路，使其自动复原。

为了保证电源屏的主、副电源转换过程中，不使 KJ 落下而将已开放的列车信号关闭，所以列车与调车共用的 KJ 必须采用缓放型继电器。

四、长调车进路中信号机由远及近顺序开放的措施

为了保证行车安全，提高调车作业效率，在办理长调车进路时要求调车进路中与始端信号机同方向的各架调车信号机，要按调车车列的运行方向由远及近顺序开放。这是因为，其一，若离调车车列最近的第一架调车信号机开放，而第二或第三架调车信号机因故不能开放，会造成车列时开时停，堵塞咽喉区，影响其他作业。其二，若第一架和第三架调车信号机都已开放，而处于弯道上的第二架调车信号机因道岔故障不能开放，当车列越过第一架调车信号机后，司机可能错误地把第三架调车信号机误以为是第二架调车信号机开放，因而冒进第二架调车信号机后会造成挤岔或脱轨事故，影响行车安全。调车信号机由远及近顺序开放，则可防止上述情况的发生。

为实现长调车进路中信号机由远及近顺序开放，6502 电气集中联锁系统在 KJ 电路中采取了以下措施。

① 每架调车信号机 KJ 的 3-4 线圈励磁电路中经由本架信号机的 JXJ 第 7 组后接点接入 KF 电源。这样，在长调车进路未全部选出前，由于 JXJ 不会落下，KJ 也不会吸起，因而能控制调车信号的开放。

如图 2-35 所示，办理 D_3 至 IG 的长调车进路。当按下 D_3 A 和 S_I DA 按钮后，各 JXJ 和 DCJ 是从左向右顺序吸起的。在 D_3JXJ 已经吸起而 D_9 和 D_{13} 的 JXJ 尚未吸起时，如果 D_3KJ 励磁电路未接入 JXJ 的后接点，则 D_3KJ 会经 D_3FKJ 的前接点和 D_9ZJ 的后接点从终端得到 KZ 而吸起，D_3KJ 先吸起就会导致 D_3 信号机先开放，这就不满足调车信号机由远及近地开放顺序的要求。接入 JXJ 的后接点，当进路未选完时 JXJ 是不会落下的，利用 JXJ 第 7 组的后接点断开 KJ 的 3—4 线圈励磁电路，防止 D_3KJ 提前励磁吸起而开放 D_3。

② 在每架调车信号机的 KJ 的 3-4 线圈励磁电路中接入前一架调车信号机的 FKJ 的后接点，通过 FKJ 的后接点再接通 KZ 电源。如当办理 D_3 至 IG 长调车进路时，进路全部选出虽然 JXJ 落下，接通每个 KJ 的 3-4 线圈的 KF 电源，但是由于此时各架信号机的 FKJ 和 ZJ 已经吸起，KJ 的 3-4 线圈 KZ 电源被前一架信号机的 FKJ 的后接点断开，所以此时

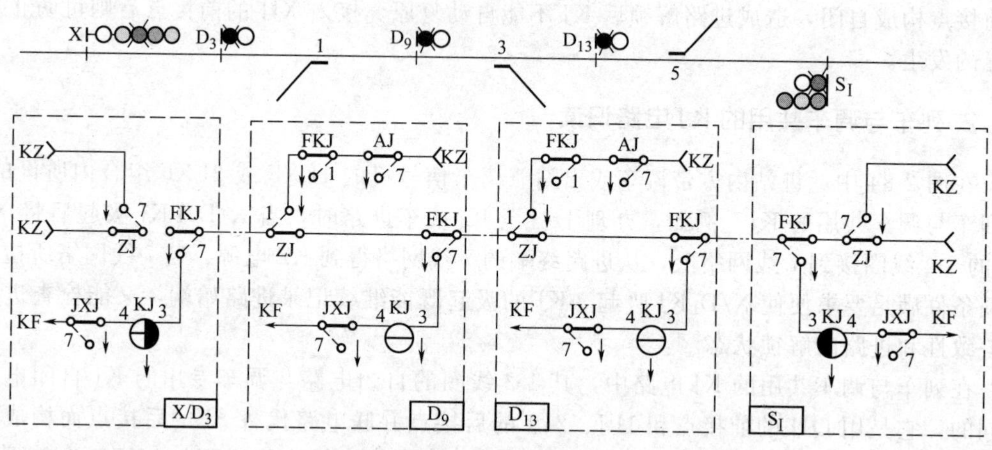

图 2-35　长调车进路由远及近顺序开放信号的措施

KJ 仍不能励磁。只有当长调车进路中最远的 D_{13} 信号机开放后，D_{13} FKJ 就会落下，于是经 D_{13} FKJ 的后接点给 D_9 KJ 供 KZ 电源，使 D_9 KJ 吸起。同理，D_9 开放后，D_9 KJ 落下，又给 D_3 KJ 供 KZ 电源，使 D_3 KJ 吸起，最后开放 D_3 信号机。

由于采取了以上措施，使得长调车进路中的各个 KJ 由远及近顺序吸起，从而实现调车信号机由远及近地顺序开放。在这个措施中，用前一架的 FKJ 来反映前一架信号机已开放，这是不严密的，如果长调车进路中间某架信号机的 FKJ 因故不能励磁，会造成漏开信号，达不到信号机由远及近顺序开放的目的。

在 KJ 励磁电路中接入的 AJ 第 7 组的后接点，是由于 KJ 和 XJJ 电路共用 FKJ 接点带来的，在此不起作用。

五、KJ 动作时机及故障分析处理

1. 电路动作时机

开始继电器平时处于落下状态。

进路无道岔转换，利用始端 JXJ 的后接点接通其励磁电路；进路有道岔转换，则利用后到位的道岔 DBJ 或 FBJ 的前接点接通其励磁电路。

进路锁闭后，SJ 落下，断开其励磁电路。

LXZ 组合的 KJ 为 JWXC—H340 型继电器，进路内方第一个道岔区段的 QJJ 吸起后，接通其第一条自闭电路；1LJ 和 2LJ 均落下后，接通另两条自闭电路；列车进入第一个道岔区段时，因 QJJ 落下，断开了第一条自闭电路，同时，QJJ 落下后，使其中的一个 LJ 吸起，又断开了一条自闭电路，列车出清该区段后，另一个 LJ 吸起，断开了最后一条自闭电路，使 KJ 缓放落下。

DX 组合的 KJ 为 JWXC—1700 型继电器，当 XJJ 吸起时，接通 KJ 的第一条自闭电路，进路内方第一个道岔的 SJ 落下时，接通 KJ 的第二条自闭电路。信号开放后，FKJ 复原，切断了 KJ 第一条自闭电路，第一个道岔区段解锁后，该道岔的 SJ 吸起，又断开 KJ 的第二条自闭电路，使 KJ 复原。

2. 故障分析处理

① 不能励磁。排列进路时，出现始端稳光，终端灭光且进路无白光带的现象。因为

FKJ 吸起点稳光，而 KJ 不能励磁，进路不能锁闭，也就无白光带出现。

② LXZ 组合的 KJ 不能自闭。排列进路时，信号开放后自动关闭，不能重复开放，且按压始端按钮，始端按钮只能闪光，不亮稳光，进路也不能正常取消。因为 KJ 的励磁电路能保持到进路锁闭，且又有缓放作用，所以 KJ 吸起，可以保持到信号开放，由于 KJ 中途落下后，同时切断 11 线、12 线、13 线以及 FKJ 重复开放信号的励磁电路，因此就出现了上述现象。

③ LXZ 组合的 KJ 不能缓放。由于 KJ 由励磁转入自闭时有瞬间断电现象，故需要 KJ 缓放保证其可靠自闭，一旦 KJ 不能缓放，则其自闭电路不能构成，只要励磁电路一断开，它就马上落下，将会出现始端稳光，进路有白光带，但信号不能开放，进路也不能正常取消的现象。因为 KJ 励磁电路能维持到进路锁闭，因而进路有白光带，但只要 SJ 落下就断开了 KJ 的励磁电路，KJ 立即落下，使 11 线不能沟通。

④ DX 组合的 KJ 第一条自闭电路不能沟通。排列进路时，出现与 LXZ 组合的 KJ 不能缓放时相同的现象。

⑤ 第二条自闭电路不能沟通。排列进路时，出现与 LXZ 组合的 KJ 不能自闭时相同的现象。

⑥ DX 组合的 KJ 完全不能自闭。出现进路能锁闭、信号不开放的现象。

任务六 ●●● 选择组表示灯电路识读

任务目标 ▶▶▶

1. 跑通选择组表示灯电路。
2. 理解选择组电路的动作程序，并能够根据指定的进路写出动作程序。
3. 掌握选择组电路的供电规律。
4. 能够根据选择组表示灯的状态确定电路工作到了哪一步。

任务实施 ▶▶▶

排列进路表示灯电路包括排列进路表示灯电路和进路按钮表示灯电路。用选择组表示灯的显示及变化来反映和监督选择组电路动作是否正常，并可分析判断选择组电路的故障范围。

一、排列进路表示灯电路识读

排列进路表示灯对应每个咽喉区设一个，红色，装设在控制台相应咽喉区上方。排列进路表示灯用来反映方向继电器工作是否正常，进路是否全部选出。

如图 2-36 所示是排列进路表示灯电路。该电路由一个咽喉区的四个方向继电器前接点并联后控制排列进路表示灯。在选路过程中，任何一个方向继电器吸起，排列进路表示灯即点亮红灯。当进路全部选出后，随方向继电器的自动复原，排列进路表示灯熄灭。因为规定在同一咽喉区内同时只准许选一条进路，所以正在选路的过程中，即排列进路表示灯亮灯期间不准许再选其他进路。

二、进路按钮表示灯电路识读

在控制台盘面上对应每个进路按钮设一个进路按钮表示灯。为了区分进路的性质，防止

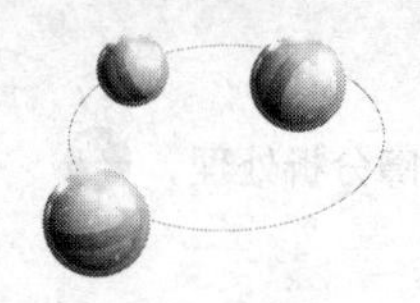

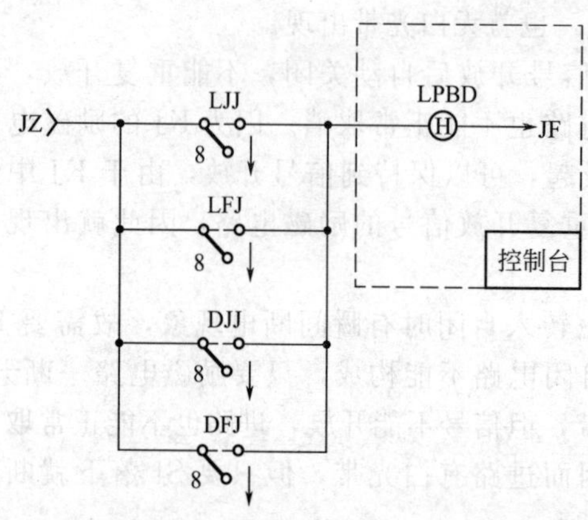

图 2-36　排列进路表示灯电路

错误按压按钮，列车进路按钮（包括变通按钮）的表示灯为绿色，用L表示；调车进路按钮表示灯为白色，用B表示。

进路按钮表示灯的作用主要是反映车站值班员在办理进路时的操纵情况，并反映AJ、FKJ、LKJ等电路的工作是否正常。

1. 列车与调车共用的进路按钮表示灯电路

如图 2-37 所示是列车与调车共用的进路按钮表示灯电路。当办理列车进路时，无论该按钮是做始端进路按钮用，还是作进路终端按钮用，只要按压LA，LAJ吸起，闪光电源SJZ便经LAJ的前接点接至按钮表示灯绿灯，则该列车进路按钮表示灯立即闪绿灯，表示该LA已被按过或正在选路的过程中。

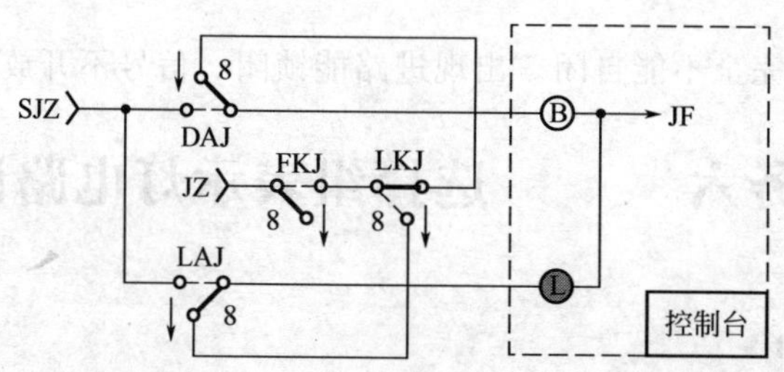

图 2-37　列车与调车共用的进路按钮表示灯电路

若该按钮作始端按钮使用时，当该信号点选出后，由于该信号机的JXJ、LKJ和FKJ相继吸起，LAJ落下，这时经FKJ和LKJ的前接点以及LAJ的后接点接通表示电源JZ，使列车进路按钮表示灯改为稳定绿灯，表示该信号点已经选出。当信号开放后FKJ落下，这个稳定绿灯才熄灭。

若该按钮作终端按钮使用时，当该信号点选出后，由于JXJ吸起，LAJ落下，断开列车按钮表示灯的闪光电源SJZ，作终端时FKJ和LKJ不会吸起，也不可能接通JZ，因此该按钮表示灯由闪绿灯变为灭灯，表示该信号点作进路终端并已选出。

当办理调车进路时，按的是DA，DAJ吸起后给调车按钮表示灯接通闪光电源SJZ，使该表示灯闪白色灯光。若该按钮作始端按钮用时，该信号点选出后，由于FKJ吸起，DAJ落下，从而使调车进路按钮表示灯改点稳定白灯，直至信号开放后FKJ落下时灭灯。若该按钮作终端按钮用时，当该信号点选出后，DAJ落下，FKJ不会吸起，则该表示灯由闪白灯变为灭灯。

在进站信号机内方设有调车终端按钮时，例如S_DDZA，其按钮表示灯电路也与上述出站兼调车、进站内方带调车的列车与调车共用进路按钮表示灯电路基本相同。所不同的是，因为S_DDZA不能作进路始端按钮用，这个按钮没有稳定灯光的表示。

2. 单置调车进路按钮表示灯电路识读

如图 2-38 所示是单置调车进路按钮表灯电路。

单置调车进路按钮作始端按钮用时，只要按压DA，AJ吸起，接通电源SJZ，则该按钮

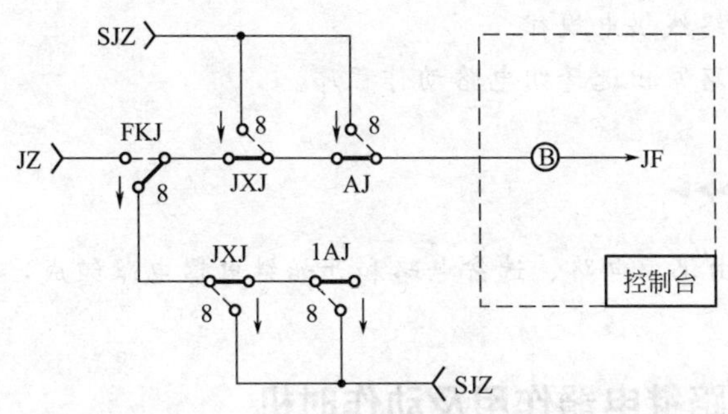

图 2-38 单置调车进路按钮表示灯电路

表示灯闪白灯；当进路选出后，始端信号机的 FKJ 吸起，AJ 和 JXJ 落下时，按钮表示灯改点稳定白灯，表示进路全部选出；当信号开放后，FKJ 落下，该按钮表示灯由亮稳定白灯变为熄灭。

单置调车进路按钮作终端按钮用时，由于 AJ 不励磁，而它的 1AJ 和 2AJ 吸起，这时用 1AJ 前接点接通闪光电源 SJZ，使按钮表示灯闪白灯；进路选出后，DXF 组合内的 1AJ、2AJ 和 JXJ 相继落下后，该按钮表示灯由闪白灯变为熄灭。

单置调车进路按钮作变通按钮用时，由于 1AJ、AJ 和 2AJ 都吸起，则经 1AJ 或 AJ 的前接点接通闪光电源，使该按钮表示灯闪白灯。作变通按钮使用时，由于 FKJ 不励磁，按钮表示灯不会显示稳定白灯。当进路选出后，由于 1AJ、2AJ、AJ 和 JXJ 均落下，则按钮表示灯由闪白灯变为熄灭。

经单置调车信号机办理列车进路或长调车进路时，单置调车信号机作为进路中间的信号点要参与选路工作，但按钮继电器不励磁，而是用 JXJ 的吸起来证明中间信号点已选出。因此，在单置调车进路按钮表示灯电路中，AJ 和 1AJ 的前接点并联有 JXJ 的前接点，用 JXJ 的前接点带动中间信号点的按钮表示灯，使之闪白灯。进路选出后，JXJ 落下时灭灯。

3. 其他进路按钮表示灯电路识读

如图 2-39 所示是尽头式、并置与差置调车进路按钮表示灯电路。如图 2-40 所示为专设的变通按钮表示灯电路。这两种电路与单置调车进路按钮表示灯电路原理基本相同。

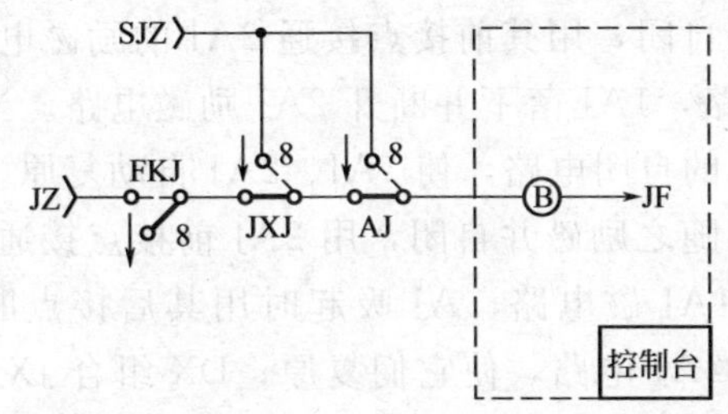

图 2-39 尽头、并置、差置调车进路按钮表示电路

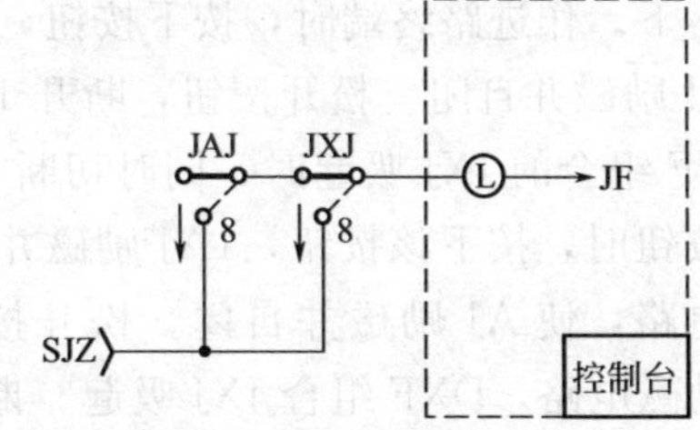

图 2-40 变通按钮表示灯电路

任务七 ●●● 选择组电路动作程序分析

任务目标 ▶▶▶

1. 掌握选择组继电器的作用及动作时机。

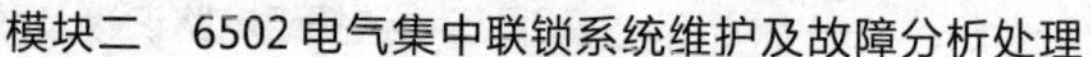

2. 掌握选择组网络线供电规律。

3. 能根据所给进路写出选择组电路动作程序。

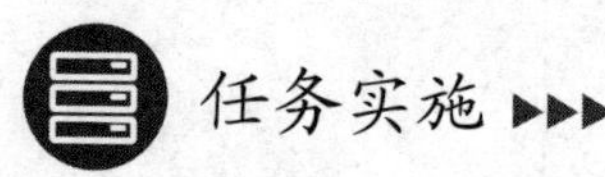
任务实施 ▶▶▶

选择组电路主要由记录电路、选岔电路和开始继电器电路组成，涉及到1线至7线共七条网络线。

一、选择组电路继电器作用及动作时机

(一) 记录电路

记录电路由按钮继电器、方向继电器和FKJ、ZJ电路组成。其作用是用来记录按压按钮的动作和进路的性质与方向，并且确定进路的始端和终端。

1. 按钮继电器电路

按钮继电器平时为落下状态。按下按钮，使按钮继电器励磁并自闭。松开按钮，断开按钮继电器励磁电路。当该信号点的JXJ吸起时，JXJ的后接点断开按钮继电器自闭电路，使按钮继电器缓放落下。

对于并置和差置调车信号机的按钮继电器，在其1—2线圈设有一条互为带动的励磁电路，当以并置或差置信号机的进路按钮作为列车进路的变通按钮使用时，只要按下其中的任一个按钮，就将另一个按钮继电器带起来，参与选岔电路的工作。

对于单置调车信号机设有三个按钮继电器，分别是1AJ、2AJ和AJ。它们平时都处于落下状态。作进路始端时，1AJ和AJ参与选路；作进路终端时，1AJ和2AJ参与选路；作变通按钮使用时，1AJ、2AJ和AJ都参与选路。作进路始端时，按下按钮，1AJ励磁并接通AJ励磁电路，使AJ励磁并自闭。当方向继电器吸起，KF—共用—Q有电，1AJ构成自闭。松开按钮，断开1AJ励磁电路。当始端DX组合内的JXJ吸起时，用JXJ后接点断开AJ的励磁和自闭电路，使AJ缓放落下。当方向继电器复原后，KF—共用—Q断电，使1AJ落下。作进路终端时，按下按钮，1AJ励磁并自闭，用其前接点接通2AJ的励磁电路，使2AJ励磁并自闭。松开按钮，断开1AJ励磁电路，1AJ落下并断开2AJ励磁电路。当终端DXF组合的JXJ吸起时，同时切断1AJ和2AJ的自闭电路，使1AJ、2AJ自动复原。作变通按钮时，按下该按钮，1AJ励磁并自闭，2AJ随之励磁并自闭，用2AJ前接点接通AJ励磁电路，使AJ励磁并自闭。松开按钮，断开1AJ磁电路，AJ吸起时用其后接点断开2AJ励磁电路。DXF组合JXJ吸起，断开1AJ和2AJ电路，使它们复原；DX组合JXJ吸起，断开AJ的励磁电路和自闭电路，使其复原。

2. 方向继电器电路

每个咽喉区设置有LJJ、LFJ、DJJ、DFJ四个方向继电器，它们平时均落下。当办理进路，始端AJ吸起，用其前接点接通方向继电器励磁电路，终端AJ吸起，用其前接点接通方向继电器自闭电路。

当办理由左向右的进路时，由于始端AJ先落下，终端AJ后落下，所以先断开方向继电器励磁电路，后断开方向继电器自闭电路，使方向继电器缓放落下。当办理由右向左的进

路时，由于终端 AJ 先落下，始端 AJ 后落下，因此先断开方向继电器自闭电路，后断开其励磁电路，使方向继电器缓放落下。

当办理变通进路时，由变通 AJ 的吸起给方向继电器再增加一条自闭电路。

(二) 选岔电路

选岔电路由接在 1～6 网络上的 FCJ 和 DCJ 及 JXJ 组成。其作用是按照操作人员的意图自动选出进路上各道岔的位置和各信号点的位置。

1. 双动道岔的反位操纵继电器电路

每组双动道岔设有两个 FCJ，分别为 1FCJ 和 2FCJ。八字第一笔双动道岔的 1FCJ 和 2FCJ 并接在 1、2 网络线上，八字第二笔双动道岔的 1FCJ 和 2FCJ 并接在 3、4 网络线上。

按下进路始、终端按钮后，始、终端 AJ 吸起，1FCJ 随终端 AJ 吸起而励磁并自闭，2FCJ 随 1FCJ 吸起而励磁并自闭。当进路左端的 AJ 落下后，同时断开 1FCJ 和 2FCJ 励磁电路。当进路锁闭后，有关 SJ 落下断开其自闭电路，使 1FCJ 和 2FCJ 复原。

2. JXJ 和双动道岔的 1DCJ、2DCJ 及单动道岔的 DCJ、FCJ 电路

各信号点的 JXJ、双动道岔的 1DCJ 和 2DCJ 以及单动道岔的 DCJ 和 FCJ 都并接在 5、6 网络线上，它们平时均为落下状态。

办理进路时，如果进路中有双动道岔反位，由该道岔 2FCJ 前接点最后接通 5、6 网络线，使选岔电路最左端的 JXJ 励磁并自闭。如果进路中没有双动道岔反位，只要进路终端 AJ 吸起就直接接通 5、6 网络线。使接在 5、6 网络线的上述继电器由左向右顺序吸起并自闭。

进路上所有 JXJ 在方向继电器复原，KF—共用—Q 无电而落下。进路上所有 DCJ 和 FCJ 是由有关的 SJ 落下而使其复原。

对于单置调车信号机，在 5、6 网络线并接有两个 JXJ，一个在 DXF 组合内，另一个在 DX 组合内。当单置信号机作调车进路终端时，DXF 组合里的 JXJ 参与选路。当作调车进路始端时，DX 组合里的 JXJ 参与选路。当作长调车进路或列车进路的中间信号点时，两个 JXJ 都要参与选路。

(三) 辅助开始继电器电路

辅助开始继电器 FKJ 平时落下。办理进路时，始端 JXJ 吸起后使 FKJ 励磁并自闭，重复开放信号时，按下进路始端按钮，也使其励磁并自闭。

正常办理进路时，始端 JXJ 复原断开 FKJ 励磁电路；重复开放信号时，只要松开始端按钮，就断开励磁电路。当信号开放后，XJ 吸起断开 FKJ 自闭电路，使其缓放落下。

(四) 终端继电器电路

终端继电器 ZJ 平时落下。当办理调车进路，终端的 JXJ 吸起使 ZJ 励磁，方向继电器落下，断开 ZJ 的励磁电路。

进路最末端的道岔区段锁闭后，因 SJ 落下，断开 DCJ 或 FCJ 的自闭电路，使 DCJ 或 FCJ 落下，从而切断 ZJ 的第一条自闭电路，但 SJ 又用其后接点接通了 ZJ 第二条自闭电路。进路最末道岔区段解锁后，SJ 吸起断开 ZJ 的第二条自闭电路，使 ZJ 缓放落下。

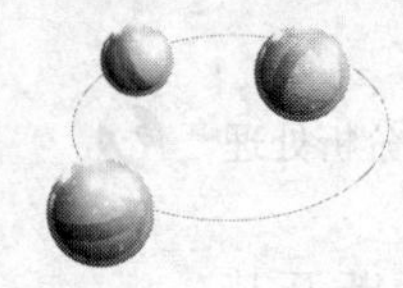

(五) 开始继电器电路

开始继电器 KJ 接在 7 线网络上。其作用是检查进路选排一致性；继续记录进路始端；同时起到承上启下作用，使执行组电路开始工作。

开始继电器平时落下。当进路上无道岔转换时，利用始端 JXJ 的后接点接通 KJ 励磁电路；当进路上有道岔转换，则用最后转换到位的道岔 DBJ 或 FBJ 的前接点接通其励磁电路。进路锁闭后，因 SJ 落下，断开 KJ 的励磁电路。

在 LXZ 组合内的 KJ 为 JWXC—H340 型继电器，进路内方第一个道岔区段的 QJJ 吸起后，接通 KJ 第一条自闭电路；当 1LJ 和 2LJ 都落下后接通另外两条自闭电路。当列车进入第一个道岔区段时，因 QJJ 落下断开第一条自闭电路；同时由于其中的一个 LJ 吸起，又断开了一条自闭电路；列车出清该区段时，另一个 LJ 吸起，断开了最后一条自闭电路，使 KJ 缓放落下。

在 DX 组合内的 KJ 为 JWXC—1700 型继电器，当 XJJ 吸起时接通 KJ 的第一条自闭电路；进路内方第一个道岔的 SJ 落下时，接通 KJ 的第二条自闭电路。在防护进路的信号机开放后，FKJ 复原，切断了 KJ 第一条自闭电路；进路内方第一个道岔区段解锁后，该道岔的 SJ 吸起，断开 KJ 的第二条自闭电路，使 KJ 自动复原。

二、选择组网络线供电规律

当 6502 电气集中联锁系统的室内电路发生故障，特别是涉及到网络发生断线、混线故障时，总是要通过对网络线的测试进行分析判断，以缩小故障范围，尽快排除故障。掌握网络线供电规律，对于分析处理故障是十分有益的。

选岔网络供电规律是：无论选排进路的性质和方向如何，总是由进路左端经 AJ 的吸起向 1、3、5 线供 KZ，从左向右顺序传递直至进路右端；由进路右端经 AJ 吸起向 2、4、6 线供 KF，一直送至进路最左端。

随着进路由左向右逐段选出，1、3、5 线 KZ 电源由左向右逐段传递，而 2、4、6 线 KF 电源由左向右逐段断开。

7 线网络供电规律是：当进路始端 FKJ 和进路终端 ZJ 均吸起（列车进路 ZJ 落下），在检查进路选排一致后，由进路终端向 7 线供 KZ。7 线 KZ 电源是由进路终端一直送至进路始端，构成 KJ 励磁电路。

三、选择组电路动作程序

选择组电路从办理进路开始，直至进路选出，列车电路和调车进路电路动作过程可用以下两例动作程序表示（参见附图 1）。

1. X至Ⅲ接车进路电路动作程序

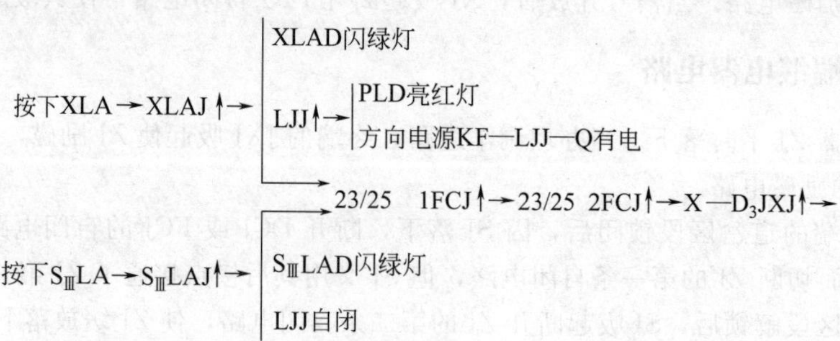

→ | XLKJ↑→X—D_3FKJ↑→XLAD亮稳定绿灯
| 5/7 1DCJ↑→1/3 2DCJ↑→D_7JXJ↑→ | D_9JXJ↑→ / D_7AD闪白灯
| XLAJ↓→断开LJJ的励磁电路

→ | 13/15 2DCJ↑→9/11 1DCJ↑→D_{13}JXJ↑(DXF)→D_{13}JXJ↑(DX)→
| D_9AD闪白灯

→ | 17/19 1DCJ↑→$S_Ⅲ$JXJ↑→$S_Ⅲ$LAJ↓→LJJ↓→ | 方向电源KF—共用—Q无电→ / PLD红灯灭
| D_{13}AD闪白灯

→ | X—D_3JXJ↓→XLAD绿灯灭
| D_7JXJ↓→D_7AD 白灯灭
| D_9JXJ↓→D_9AD 白灯灭
| D_{13}JXJ↓→(DXF、DX)→D_{13}AD白灯灭
| $S_Ⅲ$JXJ↓→$S_Ⅲ$LAD绿灯灭

2. D_7 至 D_3 至调车进路动作程序

先按下D_7A→D_7AJ↑→ | D_9AJ↑
| D_7AD闪白灯
| DFJ↑→ | PLD亮红灯 / 方向电源KF—DFJ—Q有电
→ D_3JXJ↑→

后按下D_3A→D_3AJ↑→ | D_3AD闪白灯
| DFJ自闭

→ | 5/7 1DCJ↑→1/3 2DCJ↑→D_7JXJ↑→ | D_7FKJ↑→D_7AD亮稳定白灯 / D_7AJ↓→断开DFJ的励磁电路→ / D_9AJ↓
| D_3AJ↓→断开DFJ的自闭电路——→ | →DFJ↓→

→ | 方向电源KF—共用—Q无电→D_3JXJ↓→D_3AD 白灯灭
| PLD红灯灭

项目四

执行组电路识读及故障分析处理

项目导引 ▶▶▶

选择组电路完成选路任务后，由执行组电路完成开通进路、锁闭进路、开放信号和解锁进路的任务。执行组电路共有八条网络线，编号为8～15线。8线网络是控制XJJ用的网络线；9线是QJJ和GJJ的励磁网络；10线是QJJ的自闭网络；11线网络是信号继电器XJ的网络；12、13线网络通常称为解锁网络；14、15线网络是控制进路光带的网络，14线控制白光带，15线控制红光带。

任务一 ●●● 信号检查继电器电路识读及故障分析处理

任务目标 ▶▶▶

1. 掌握信号检查继电器的作用与设置。
2. 跑通信号检查继电器电路图，熟记信号检查继电器的励磁和复原时机。
3. 能够按照故障处理程序，结合控制台表示灯和继电器状态，在20min内找出信号检查继电器电路断线故障点。

任务实施 ▶▶▶

一、8线网络的结构和检查的联锁条件

8线网络是用来检查有无开放信号的可能性。检查的结果在进路始端用信号检查继电器XJJ的状态反映出来。

如图2-41所示是控制XJJ的8线网络。信号检查继电器XJJ设在进路始端部位。当列车进路和调车进路始端在一起时，可合用一个XJJ。从图中可看出，进站内方带调车信号机X和D_3共用一个XJJ，出站兼调车信号机S_{II}也共用一个XJJ，而调车信号机各设一个专用的XJJ，这些XJJ都设置在信号组合里。

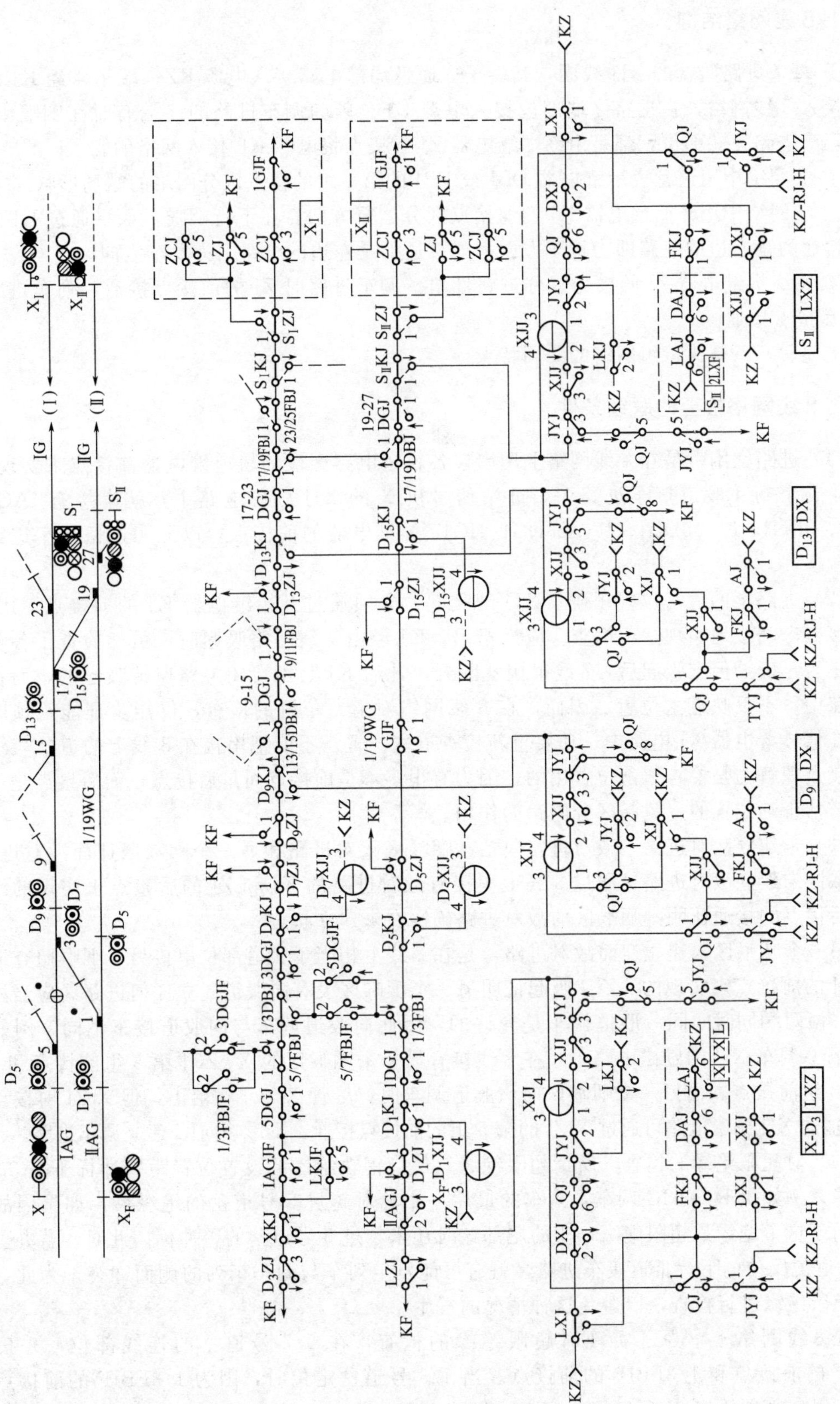

图 2-41 信号检查继电器电路

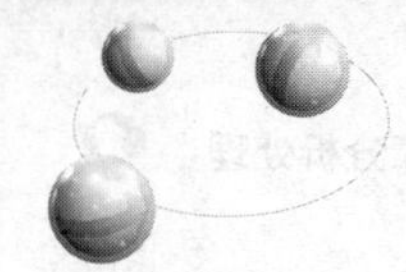

1.8线网络结构

① 每条进路始端的 XJJ 线圈，其端子 3 通过局部电路接入电源 KZ；端子 4 经 KJ 的前接点接入 8 线网络，在进路终端部位接入电源 KF。因为调车进路的终端有时在咽喉中间，所以调车进路终端部位，都是由终端继电器 ZJ 前接点将电源 KF 接入网络的。

② 在网络中用道岔表示继电器 DBJ 或 FBJ 的第 1 组的接点区分网络的站场形状。

③ 在网络中用开始继电器 KJ 的前接点区分运行方向。在下行咽喉，如果通过 KJ 的前接点接通的是右边的电路即为接车方向；如接通的是左边的电路则为发车方向。

④ 用终端继电器 ZJ 的接点区分进路性质。调车进路时 ZJ 的前接点接通，列车进路时 ZJ 的后接点接通。

上述后三条是执行组网络的共同特点。

2.8线网络检查的联锁条件

(1) 进路空闲　是在 8 线网络上用串接各轨道电路区段的轨道继电器前接点来实现的。例如，在下行 I 股道接车进路中，进站信号机 X 的 XJJ 励磁电路中，就串接有 IAGJF、5DGJ、3DGJ、9—15DGJ、17—23DGJ、IGJF 等继电器的前接点，以证明这条接车进路确实空闲。

(2) 进路上的道岔位置正确　XJJ 的吸起，必须通过开始继电器 KJ 的前接点，用 KJ 的前接点来间接地实现这项检查。应当指出，KJ 经由 7 线网络吸起时，虽然检查了各道岔位置是否正确，但它吸起后，7 线很快就断开，此后 KJ 是由自闭电路保持吸起的，而在自闭电路中，不反映道岔位置。因而，在 8 线网络对道岔位置的检查，仅能验证能否锁闭进路。在信号继电器 XJ 电路中，还要重新检查道岔位置。不能把串接在 8 线上的道岔表示继电器接点理解为是检查道岔位置用的，因为有很多不是前接点而是后接点，而后接点是不能证明道岔正确位置的，只起区分电路的作用。

(3) 未建立敌对进路　敌对进路包括本咽喉区敌对进路和另一个咽喉区迎面敌对进路。本咽喉区未建立敌对进路是通过 8 线上串接有敌对进路的 KJ 和 ZJ 的后接点来实现的。用这些后接点的接通证明本咽喉区的敌对进路确实在未建立状态。

另一个咽喉区未建立迎面敌对进路，是在 8 线上相当于股道部位串接另一咽喉照查继电器 ZCJ 的前接点来实现的。ZCJ 吸起证明另一个咽喉区没有向股道建立任何进路。应当注意的是，由两端同时向同一股道调车是允许的，因此向股道调车与向股道接车不同。例如在 D_{13} 向 I G调车 XJJ 的励磁电路中，在 8 线接有另一个咽喉区的 X_{I} ZCJ 第 5 组前接点和 X_{I} ZJ 第 5 组前接点。当另一个咽喉区向该股道调车时，尽管 X_{I}ZCJ 将落下，但 X_{I}ZJ 前接点接通，D_{13} 的 XJJ 励磁电路可通过 X_{I}ZJ 的第 5 组的前接点接通，不影响向IG 建立调车进路。

(4) 对超限绝缘的检查　所谓超限绝缘，是指钢轨绝缘的设置位置距警冲标不足 3.5m 的绝缘。例如由 D_3 向 IG 调车，当车的最后一个轮对越过 5 号道岔的绝缘后，如果因故停车，由于这个绝缘是超限绝缘，车的尾部这时还未越过 5 号道岔的警冲标。此时，若办理经 5/7 号道岔反位的下行Ⅲ道接车进路，就有可能发生列车与调车车列的侧面冲突。为此，必须对超限绝缘进行检查，以避免这种情况的发生。

在 8 线网络上，为了实现对超限绝缘的检查，在 5/7 号道岔的连线部位，并接有 3DGJF 的前接点和 1/3FBJF 的前接点。当 1/3 号道岔定位时，因为 1/3FBJF 的前接点断开，所以，必须检查 3DG 区段空闲，才能建立起经由 5/7 号道岔反位的进路。但是 1/3 号道岔反位时，可以不检查。因为这时经由 1/3 号道岔反位的进路，与经由 5/7 号道岔反位的进路是两条平行进路。同理，在 1/3 号道岔连线部位也并接有 5DGJF 前接点和 5/7FBJF 前接点，办理经由 1/3 号道岔反位的进路时，在 5/7 号道岔定位的情况下，也要检查 5DG 区段空闲。而在 5/7 号道岔反位的情况下，则不必检查。

二、信号检查继电器局部电路识读

信号检查继电器的主要作用有以下几种。

① 信号开放前，必须检查进路是否满足开放信号的基本条件，即进路空闲、道岔位置正确、未建立敌对进路。满足上述条件，XJJ 就吸起，为锁闭进路创造条件。

② 在取消进路、人工解锁时，通过 XJJ 的吸起反映进路空闲或车未冒进信号；并在人工解锁前检查没有办理其他进路的人工解锁，以保证人工解锁所规定的延时时间。

③ 对调车作业，当接近区段无车的情况下，防止进路内轨道电路区段人工短路使进路错误解锁。

下面以出站兼调车信号机为例按不同情况对信号检查继电器 XJJ 的局部电路进行介绍。

(一) 建立进路时 XJJ 局部电路识读

当建立进路时，XJJ 需要吸起，经 8 线网络检查开放信号的可能性，为锁闭进路准备条件。因为所要检查的联锁条件从信号开放前至信号开放后的全过程中要连续进行，所以 XJJ 应当吸起至列车驶入进路时为止。

1. 信号开放前的 XJJ 励磁电路识读

如图 2-42 所示是信号检查继电器局部电路。

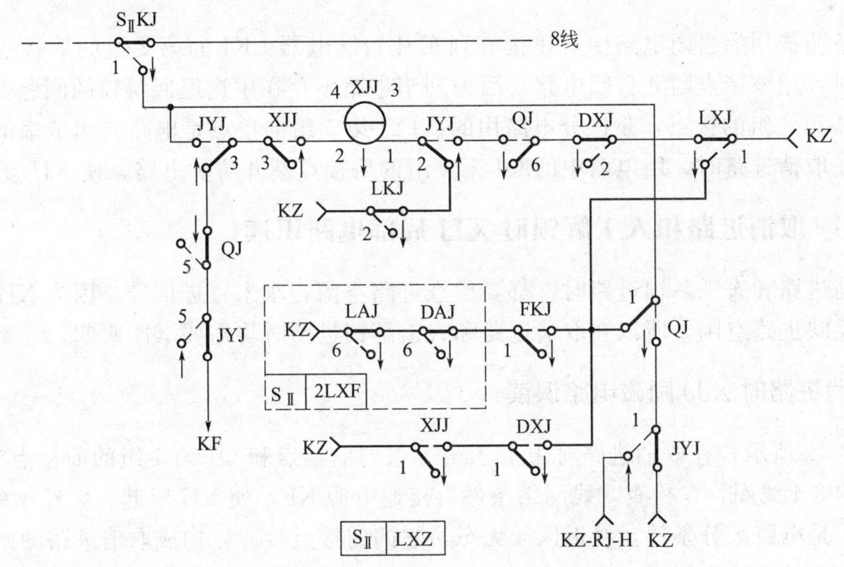

图 2-42　信号检查继电器局部电路

在信号开放前，XJJ 的 3—4 线圈经 FKJ 第 1 组的前接点接通电源 KZ，通过 8 线网络检查开放信号的基本联锁条件后吸起。它的吸起说明有开放信号的可能性，并为锁闭进路准备好条件。信号开放以后由于 FKJ 落下，此电路便被断开，但信号检查继电器的任务还未

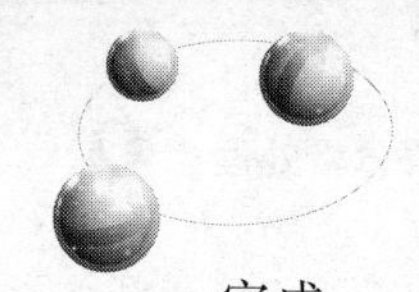

完成。

2. 信号开放后的XJJ励磁电路识读

在信号开放后的整个过程中，需要连续检查进路空闲的条件，所以在信号开放后，列车进路是经LXJ第1组的前接点，调车进路是经DXJ第1组的前接点接通XJJ励磁电路。继续利用8线网络检查进路是否空闲。当机车车辆驶入进路后，8线网络被断开，XJJ便停止工作。

3. 重复开放信号时的XJJ励磁电路识读

当信号开放后，进路内因轨道电路故障，使XJJ和XJ先后落下而关闭信号。故障消失后可办理重复开放信号手续，此时XJJ需要重新吸起，以证明进路空闲。当重复开放信号时，FKJ要重新吸起，XJJ励磁电路如前所述，仍按信号开放前和信号开放后的励磁电路接通。

4. 调车时XJJ的防护电路识读

在办理调车进路时，要考虑到调车车列驶入进路后保持信号继续开放的问题和调车中途返回解锁问题。所以，对于调车为XJJ专设了不受8线网络控制的自闭电路，这条电路是防护用的。在调车作业中，用它防护轨道电路发生人工短路时，由调车中途返回解锁电路使进路错误解锁。如图2-42所示，建立调车进路时，XJJ吸起后，在接近区段无车的情况下，经接近预告继电器JYJ第2组的前接点和XJJ本身第3组的前接点沟通XJJ的1-2线圈自闭电路。在XJJ接通自闭电路后就不受8线网络控制，此时即使进路内某一轨道电路发生瞬间人工短路，仍将使其保持吸起，以防止调车中途返回解锁电路起作用，而使进路错误解锁。

在这条防护用的自闭电路中，还接有列车开始继电器LKJ的第2组的后接点，当办理列车进路时，用该接点断开自闭电路，因为列车进路不存在中途返回解锁的问题。在该电路中接有JYJ第3组的接点，是区分电路用的。JYJ第5组的接点是电路共用带来的，在此不起作用。在取消进路时，用电路中的QJ第5组的后接点断开防护电路，使XJJ复原。

（二） 取消进路和人工解锁时XJJ局部电路识读

在取消进路和人工解锁进路时，都要检查进路空闲，车未冒进信号。因为XJJ经8线网络吸起能反映进路空闲，所以在取消进路和人工解锁进路时均需要XJJ吸起。

1. 取消进路时XJJ励磁电路识读

如图2-42所示，在取消进路时由JYJ第1组的前接点和QJ第1组的前接点将电源KZ接向XJJ的3-4线圈，在检查8线网络条件后接通电源KF，使XJJ吸起。电路中的JYJ第1组的接点，是电路区分条件，接近区段无车，它的前接点接通，构成取消进路的条件；接近区段有车，它的后接点接通，构成人工解锁进路的条件。电路中QJ第1组的接点是用来证明办理了取消进路的手续，取消进路时QJ必须吸起。

2. 人工解锁时XJJ励磁电路识读

人工解锁进路时，XJJ吸起要检查条件电源KZ-RJ-H是否有电，有电才能说明人工解锁的延时计时是从零开始，对延时的要求方能得到保证。接近区段有车，JYJ 第 1 组后接点接通，办理人工解锁 QJ 第 1 组前接点接通后，XJJ 的 3-4 线圈励磁电路便经 8 线网络检查机车车辆没有冒进信号而接通。

条件电源 KZ-RJ-H 是瞬间有电的，然后很快就断电。接入条件电源 KZ-RJ-H 的目的，是证明其他进路没有办理人工解锁。因为延时解锁电路用的继电器，一个咽喉区共用一套，如果本咽喉区其他进路正在延时解锁，对后办的进路来说，延时计时就不是从零开始，就不能保证规定的延时时间了。因此 6502 电气集中联锁系统规定，在一个咽喉区，同时只准有一条进路在人工解锁。

3. 人工解锁时 XJJ 的自闭电路识读

在人工解锁进路时，因为上述励磁电路在延时计时开始后，条件电源 KZ-RJ-H 就断电了，为了在延时的过程中利用 8 线网络检查机车车辆自始至终没有驶入进路，所以为人工解锁时的 XJJ 设自闭电路。

如图 2-42 所示，自闭电路是由 XJJ 的 1-2 线圈构成的，由 LXJ 第 1 组的后接点和 DXJ 第 2 组的后接点串联后接入电源 KZ，以证明办理人工解锁手续后信号确实已经关闭。在这条自闭电路中，接有 XJJ 本身的第 3 组的前接点和证明人工解锁必要条件的 QJ 第 6 组的前接点和 JYJ 第 2 组的后接点。JYJ 第 3 组的后接点是作为电路区分条件而接入的，并接向 8 线网络。

对于调车专用的 XJJ 局部电路，电路结构与列调共用的 XJJ 局部电路相同，只是在接点的运用上作了一些变动，并且去掉了与列车进路有关的接点。

三、XJJ 动作时机及故障分析

1. 电路动作时机

信号检查继电器平时处于落下状态。

正常排列进路时，KJ 吸起使之励磁；对于调车进路来说，只要接近区段无车，其 1—2 线圈构成自闭。

信号开放后，XJ 吸起使 FKJ 落下切断其励磁电路；若是列车进路，LXJ 用其前接点为 XJJ 线圈接通一条吸起保持电路（因该电路没有 XJJ 自闭接点，所以只能称为吸起保持电路）；若是调车进路，DXJ 用其前接点为 $XJJ_{3\text{-}4}$ 线圈接通一条自闭电路。

当列车进入接近区段时，JYJ 落下，切断 $XJJ_{1\text{-}2}$ 线圈专供调车进路用的自闭电路。

当列车进入信号机内方时，第一个区段的轨道继电器落下，断开 8 线，即切断 $XJJ_{3\text{-}4}$ 线圈的吸起保持电路或自闭，使 XJJ 复原。

信号开放后，办理取消进路时，QJ 吸起，一方面用后接点断开 $XJJ_{3\text{-}4}$ 线圈的吸起保持电路或自闭电路以及 1-2 线圈供调车进路用的自闭电路，另一方面用前接点接通 3-4 线圈另一条励磁电路，XJJ 瞬间落下又吸起；当进路解锁后，因 KJ 或 ZJ 落下使 XJJ 复原。

信号开放后，办理人工解锁时，QJ 吸起，在切断 $XJJ_{3\text{-}4}$ 线圈原先的吸起保持或自闭电路的同时，又用前接点经该线圈接通一条瞬间励磁电路（因电源 KZ-RJ-H 是瞬间通电的），XJJ 瞬间落下又励磁并经 1-2 线圈保持自闭；进路解锁后，KJ 或 ZJ 落下使 XJJ 复原。

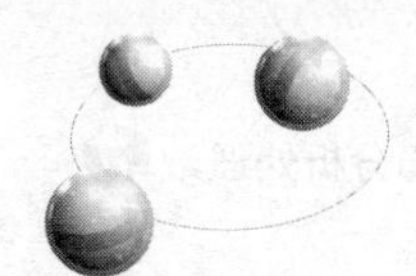

2. 故障分析

① 正常排列进路不能励磁。出现始端稳光，终端灭光、进路无白光带的现象。

② 取消进路时不能励磁。信号关闭后，进路不解锁。

③ 人工解锁时不能励磁。信号关闭后，3min 或 30s 表示灯不亮，进路也不能延时解锁，因为 1RJJ 或 2RJJ 励磁需 XJJ 吸起作为条件。

④ 3-4 线圈供列车进路用的吸起保持电路不能沟通，出现信号开放后自动关闭的现象。因为 XJJ 吸起，用其前接点接通 XJ 的励磁和自闭电路，但 XJ 吸起，又使 FKJ 复原，断开了 XJJ 的励磁电路，XJJ 因不能保持而落下，反过来切断 XJ 自闭电路使信号关闭。

⑤ 3-4 线圈供调车进路用的自闭电路不能沟通，只要列车进入接近区段，就会出现信号自动关闭的现象。因为列车未接近时，即使 XJJ 励磁电路断开，但 XJJ_{3-4} 线圈还有一条自闭电路，XJJ 能保持吸起，一旦列车接近，XJJ 随 JYJ 落下而复原使 XJ 落下，信号关闭。

⑥ 专供调车进路用的 1-2 线圈自闭电路不能沟通。当列车未进入接近区段时，进路内方轨道区段有瞬间短路现象，将使信号自动关闭后，进路自动解锁（按调车中途返回解锁方式）。

⑦ 专供人工解锁用的 1-2 线圈自闭电路不能沟通。在办理人工解锁的过程中，出现 XJJ 与 1RJJ 或 2RJJ 相继跳动的现象。其中后者只能在落下位置跳动，3min 或 30s 表示灯不亮，且进路也不解锁。

任务二 ●●● 区段检查及股道继电器电路识读及故障分析处理

任务目标 ▶▶▶

1. 掌握区段检查及股道检查继电器的作用与设置。

2. 跑通区段检查及股道检查继电器电路，熟记区段检查及股道检查继电器的励磁和复原时机。

3. 能够按照故障处理程序，结合控制台表示灯和继电器状态，在 20min 内找出区段检查及股道检查继电器的电路断线故障点。

任务实施 ▶▶▶

一、区段检查继电器 QJJ 电路识读

（一）区段检查继电器的设置和作用

在 6502 电气集中联锁系统的车站，对应每一个道岔区段和列车进路中两个差置调车信号机之间的无岔区段，都应设一个区段检查继电器 QJJ，该继电器应设在区段组合里。

区段检查继电器 QJJ 的作用是为锁闭进路准备条件。6502 电气集中联锁系统采用逐段解锁，而逐段解锁的对象是道岔区段，所以锁闭的对象也是进路中的各道岔区段。QJJ 受 XJJ 的控制，用其前接点直接断开进路继电器电路，从而达到锁闭进路的目的。而且 QJJ 是随着列车或调车车列对进路的占用逐个落下，因此用 QJJ 直接控制进路继电器，还可以防止进路迎面错误解锁。

另外，当轨道电路发生故障，需要办理引导接车时，也要由 QJJ 实现对引导接车进路的锁闭。

因为实行进路锁闭涉及到进路中各道岔区段，所以 QJJ 用网络线进行控制。9 线网络是 QJJ 的励磁网络线，10 线网络是 QJJ 的自闭网络线。

（二） 9 线网络与 QJJ 励磁电路识读

如图 2-43 所示是 QJJ 和股道检查继电器 GJJ 电路。9 线网络结构具有以下特点。

① 用 DBJ 和 FBJ 的第 2 组接点区分网络的站场形状。在这里，DBJ 或 FBJ 的接点不起检查道岔位置的作用。

② 9 线网络的电源 KZ，是从进路始端部位经信号检查继电器 XJJ 第 2 组的前接点接入的，并从进路始端送至进路终端。电源 KF 由各轨道电路区段经轨道继电器 DGJ 第 2 组的前接点接入。

③ 同一咽喉区各道岔区段的 QJJ 的 3—4 线圈，都并接在 9 线网络上。若网络线接通电源 KZ，则进路上各区段的 QJJ 都会吸起。

④ 9 线网络上的终端继电路 ZJ 第 2 组的接点是确定调车进路终端的。办理调车进路时，用 ZJ 第 2 组的后接点断开 9 线网络，防止进路外的道岔错误锁闭。

掌握了 9 线网络的结构后，在建立进路时，就可知道哪些 QJJ 能吸起。例如，当建立下行 IG 的接车进路时，当 X 进站信号机的 XJJ 吸起后，9 线网络就接入电源 KZ，这时能吸起的继电器有 5QJJ、3QJJ、9—15QJJ 等。又如，在建立由 D_3 至 D_9 的调车进路时，当 X-D_3/XJJ 吸起后，9 线网络接入电源 KZ，能吸起的继电器是 5QJJ 和 3QJJ。而 9-15QJJ 就不能励磁，因为 D_7ZJ 已经吸起，在调车进路终端部位将 9 线网络断开。显然，这时如果使 9—15QJJ 吸起，将会造成 9/11 和 13/15 号道岔的错误锁闭。

在向 9 线接入电源 KZ 时，还串接有取消继电器 QJ 第 2 组的后接点，当取消进路或人工解锁时用来断开电源 KZ，使 QJJ 和 GJJ 复原，为进路解锁准备条件。

在 9 线网络中还接有引导按钮继电器 YAJ 第 2 组的接点，这是锁闭引导接车进路时用的。

（三） 10 线网络和 QJJ 自闭电路识读

对于 QJJ 仅有 9 线网络的励磁电路是不安全的。当车进入信号机内方时 XJJ 将随着 DGJ 的失磁而落下，于是进路中所有的 QJJ 都将一起落下。对车还未到达的运行前方各道岔区段来说，这些区段的 QJJ 落下，就意味着会提前解锁，这是十分危险的。例如由 X 进站信号机向 IG 接车，当列车进入信号机内方并在 5DG 区段运行时，如果车站值班员在办理个别区段的故障解锁，错误地按下了 3DG 区段的事故按钮 SGA，则 3DG 区段会立即解锁，这种情况称为列车迎面错误解锁。这样，很有可能 1/3 号道岔正在转换时，列车开过来就造成重大事故。如果在电路上采取措施，禁止提前作解锁准备，列车不到达该区段，该区段的 QJJ 继续保持吸起，那么就能够防止上述危险。利用 10 线网络构成 QJJ 自闭电路，就可以达到防止列车迎面错误解锁的目的。

10 线网络的结构如下。

① 用 DBJF 或 FBJF 的接点区分网络的站场形状。

② 本咽喉区的 $QJJ_{1\text{-}2}$ 线圈都并接在 10 线网络上。

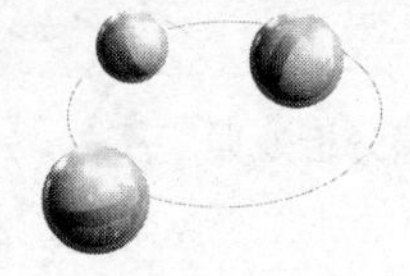

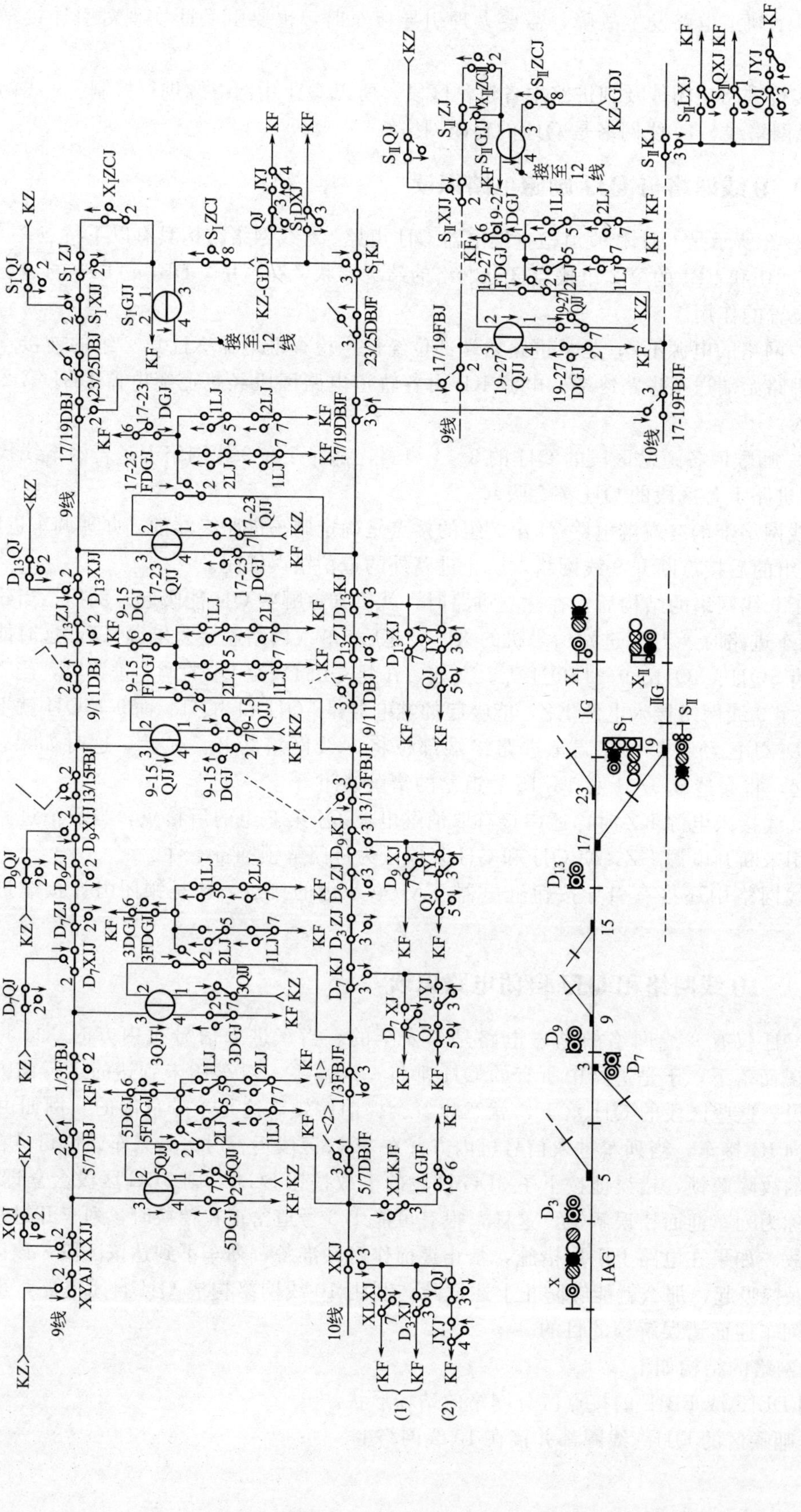

图 2-43　QJJ 和 GJJ 电路

③ 由10线网络的进路始端部位经KJ第3组的前接点接入KF电源，一直供电至进路终端。如果调车进路终端在咽喉中间，用ZJ第3组后接点断开网络。

④ 为防止迎面错误解锁，由车占用区段的轨道反复示继电器FDGJ前接点向10线网络分别接入电源KF。

因为并接在10线网络上的$QJJ_{1\text{-}2}$线圈是由本身的第7组的前接点接通电路的，所以把10线称为QJJ自闭用的网络线。QJJ能否自闭，关键在于10线网络是否有电和车是否占用该区段。

现以X进站信号机向IG接车为例，对10线网络接入KF电源的条件及其接通和断开的先后顺序进行分析。

1. 在进路始端由KJ前接点接入KF电源的支路

其一是，KF—$LXJ_{71\text{-}72}$（或$D_3XJ_{31\text{-}32}$）—$KJ_{32\text{-}31}$—10线；

其二是，KF—$JYJ_{41\text{-}43}$—$QJ_{31\text{-}33}$—$KJ_{32\text{-}31}$—10线。

经由LXJ或D_3XJ前接点，向10线送出KF电源，是在进路处于预先锁闭时，使QJJ构成自闭电路，而在取消进路或人工解锁时，用LXJ或DXJ的缓放给车未占用区段的QJJ供KF电源，以满足先关闭信号，后解锁进路的要求。

经接近预告继电器JYJ后接点向10线供KF电源支路的作用是：当进路处于接近锁闭时，若用正常办法（例如办理取消进路）不能关闭信号，须采用特殊情况关闭信号（按下区段事故按钮），但只准许使信号关闭，不准许使该区段不延时就解锁。有了这条供电支路，则在按下区段事故按钮时，11线网络被断开，信号随之关闭。但经由JYJ后接点继续向10线送出KF，使进路上的QJJ均保持吸起，防止不延时解锁。在办理人工解锁时用QJ第3组后接点断开此支路，使进路中的QJJ都落下，作好延时解锁准备。该支路中JYJ第4组后接点还在调车中途返回解锁电路中起作用，因为在调车中途返回时，调车车列退出原牵出进路的接近区段后，才能进行中途返回解锁，这时JYJ吸起，断开向10线网络所供KF电源，所以能使中途返回解锁电路正常工作。

2. 有车在IAG区段运行经IAGJF后接点接入KF电源的支路

为保证列车运行过程中，不间断地向10线网络供电，必须由此支路先接通KF电源，后断开由KJ前接点接入的KF电源。为了先接通下一区段经FDGJ供出的KF电源，后断开本支路电源，所以对于IAG区段，必须使用IAGJF继电器接点，而不能使用IAGJ的接点，从而使断电时间延迟一步。

3. 在每个道岔区段经FDGJ的前接点接入KF的电源支路

其一是，KF—$2LJ_{71\text{-}72}$—$1LJ_{51\text{-}53}$—$FDGJ_{22\text{-}21}$—10线；

其二是，KF—$1LJ_{71\text{-}72}$—$2LJ_{51\text{-}53}$—$FDGJ_{22\text{-}21}$—10线；

其三是，KF—$DGJ_{61\text{-}62}$—$FDGJ_{21\text{-}22}$—10线。

上述前两条支路的作用相同，是用以区分列车或调车车列占用还是轨道电路区段故障的。如果是列车占用，即车在进路上运行，那么支路1或支路2给10线网络送出KF电源，使车运行前方区段的QJJ都吸起，防止迎面提前错误解锁。由于车运行方向不同，每个区段的两个进路继电器吸起的顺序也不同，所以需两条支路的条件才能完成任务。车从左向右运行时，进路继电器动作顺序是1LJ先吸起，2LJ后吸起。车从右向左运行时，进路继电器

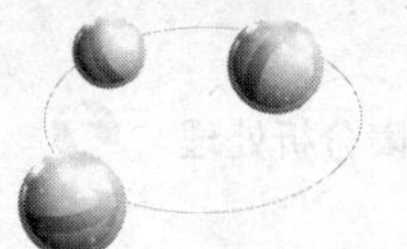

动作顺序是2LJ先吸起，1LJ后吸起。为此，在前两条支路中接有1LJ和2LJ的条件，当车驶入该区段时，一个LJ吸起，另一个LJ落下，以区别车的运行方向。如果是轨道电路故障时，前两条支路不能向10线网络供电，使其运行前方区段的QJJ都落下，进路无法正常解锁。

上述第三条支路作用是保证列车运行时向10线网络连续供电。因为当车在进路上运行，出清本区段进入下一个区段时，从本区段后吸起的2LJ（或1LJ），到下一个区段先吸起的1LJ（或2LJ）这段时间内，10线网络有瞬间断电，为了保证列车运行前方区段的QJJ能可靠自闭。所以在车刚出清本区段时，通过DGJ前接点给10线网络接入供电支路。

由上述分析可知，10线网络是作为防护电路用的，车占用哪个区段，哪个区段才有解锁的可能，防止列车运行前方区段提前错误解锁的危险。这个防护电路在正常办理列车进路和调车进路的过程中应该得到检查，检查有无断线故障，因断线后就起不到防护作用了。

二、股道检查继电器GJJ电路识读

1. 股道检查继电器的设置和作用

在9线网络上除设有区段检查继电器QJJ外，还设有股道检查继电器GJJ。GJJ的设置和作用有以下几种情况。

① 具有接发车作业的股道都需要设置两个GJJ，分别设在股道两端的信号辅助组合里。其作用是与照查继电器ZCJ配合，锁闭另一个咽喉区的敌对进路。另外，还参与取消进路解锁和人工解锁电路的工作。

② 在单线区段以及双线双向运行区段的进站信号机处需设一个GJJ，设在信号辅助组合1LXF里。其作用是锁闭迎面敌对进路；并且在取消进路解锁和人工解锁进路时，通过12线网络吸起，向13线网络接通KF解锁电源。

③ 在双线单向运行区段有两个及以上发车方向的车站，在对应主要发车方向的发车口处需设一个GJJ，放在零散组合里。它的作用是接通信号辅助继电器XFJ电路。

2. 股道检查继电器GJJ电路识读

如图2-43所示，股道检查继电器GJJ的1—2线圈经终端继电器ZJ接点接在9线网络上。同QJJ一样，当9线网络接通KZ电源时，GJJ吸起，但断开9线KZ电源时，因GJJ没有自闭电路就落下。

接在9线网络上的QJJ和GJJ吸起的作用可以用逻辑关系式表示如下。

```
XJJ↑ ┬→ QJJ↑ → ┬ 1LJ↓ → ┬ SJ↓ → ┬
     │         └ 2LJ↓ → ┘       │ ZCJ↓
     └→ GJJ↑ ─────────────────→ ┘
```

SJ落下，说明进路上的道岔已经锁闭，同时将本咽喉区中的敌对进路也锁闭，由以上逻辑关系不难看出，如8线网络所检查的联锁条件得不到满足，那么XJJ就不能励磁，因而QJJ和GJJ也不能励磁。QJJ和GJJ不励磁，就不会实现进路锁闭，信号也就不能开放。由8线网络检查锁闭进路的条件，由9线网络执行锁闭进路的命令，这样就能防止道岔和敌对进路的错误锁闭。

股道检查继电器GJJ的3—4线圈是参与进路解锁工作的，因而它接在12线网络上。当取消进路或人工解锁时，用其吸起表明12线网络工作正常，用GJJ的前接点给13线供KF

解锁电源。

有两个发车方向的主要发车口处 GJJ 的 1—2 线圈也接在 9 线网络上，办理发车进路时经 XJJ 的前接点给 9 线网络送出 KZ 电源，使 GJJ 吸起并用其前接点接通信号辅助继电器 XFJ 电路，为开放主要方向的出站信号作好准备。此处 GJJ 的 3-4 线圈不参与解锁电路工作。

三、QJJ、GJJ 动作时机及故障分析

（一） 区段检查继电器

1. 电路动作时机

区段检查继电器平时处于落下状态。

正常排列进路时，XJJ 吸起，接通 9 线的电源 KZ，QJJ 励磁。

信号开放后，XJ 吸起，向 10 线供 KF，接通 QJJ 第一条自闭电路。

列车接近，JYJ 落下，经其后接点向 10 线供 KF，接通 QJJ 第二条自闭电路。

列车进入信号机内方，因 XJJ 落下，切断了 9 线的电源 KZ，即断开了 QJJ 励磁电路，同时也切断了 LXJ 的自闭电路，使 LXJ 落下，断开第一条自闭电路；对于调车进路来说，要等 DXJ 白灯保留电路断开使 DXJ 落下，方能切断第一条自闭电路。

列车进入前一区段时，前一区段的 FDGJ 落下，接通第三条自闭电路。

列车出清接近区段，JYJ 吸起，切断第二条自闭电路。

列车进入本区段，FDGJ 吸起，切断了 QJJ 所有自闭电路，使 QJJ 复原。

办理引导进路锁闭时，YAJ 吸起，向 9 线供 KZ 电源，使 QJJ 励磁：办理引导解锁时，YAJ 落下，切断 9 线的 KZ 电源，使 QJJ 落下。

2. 故障分析

① 不能励磁。本区段 1LJ 和 2LJ 均不落下，区段不显示白光带。

② 不能自闭。由于 QJJ 随励磁电路断开而落下，将使本区段 FDGJ 不能吸起（因 FDGJ 吸起需要 DGJ 落下条件和 QJJ 吸起条件配合），导致进路不能正常解锁。

(二) 股道检查继电器

1. 电路动作时机

股道检查继电器平时处于落下状态。

正常排列进路时，始端 XJJ 吸起，向 9 线供 KZ，GJJ 经 1-2 线圈励磁；当列车进入信号机内方时，XJJ 落下，GJJ 也随之落下。

办理引导进路锁闭时，YAJ 吸起，向 9 线供 KZ 使 GJJ 经 1-2 线圈励磁；办理引导解锁时，YAJ 落下，GJJ 随之落下。

办理取消进路或人工解锁及引导解锁时，GJJ 随最终端道岔区段 CJ 吸起而经 3-4 线圈励磁。该道岔区段解锁后，因 SJ 吸起切断 12 线，即 GJJ_{1-2} 线圈励磁电路，使 GJJ 落下。

2. 故障分析

① 1-2 线圈不能励磁。排列进路时，ZCJ 自闭电路不能及时断开，而始终保持吸起，股

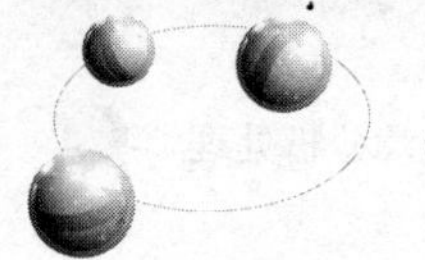
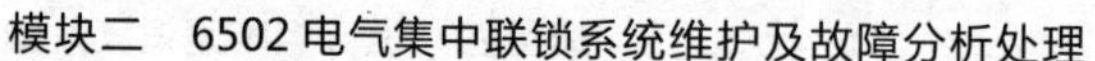

道不显示白光带，信号不能开放。

② 3-4 线圈不能励磁。办理取消进路、人工解锁时，进路白光带不消失。由于 GJJ 不励磁不能将解锁电源转接至 13 线，因此各区段只能吸起一个进路继电器，另一个进路继电器，即经 13 线取得解锁电源的 LJ 不能吸起，进路不解锁。

任务三 ●●● QJ、JYJ、ZCJ 电路识读及故障分析处理

任务目标 ▶▶▶

1. 掌握 QJ、JYJ、ZCJ 作用与设置。
2. 跑通 QJ、JYJ、ZCJ 电路图，熟记按钮 QJ、JYJ、ZCJ 的励磁和复原时机。
3. 能够按照故障处理程序，结合控制台表示灯和继电器状态，在 20min 内找出 QJ、JYJ、ZCJ 电路断线故障点。

任务实施 ▶▶▶

一、进路锁闭的概念

将道岔固定在进路所要求的位置，使它不能任意转换，称为道岔锁闭。6502 电气集中联锁系统对道岔的电气锁闭分为单独锁闭、全咽喉总锁闭、区段锁闭和进路锁闭四种方式。

① 单独锁闭。按下道岔单独锁闭按钮 CA，切断道岔启动电路的 $1DQJ_{3\text{-}4}$ 线圈励磁电路，使道岔不能转换。

② 全咽喉总锁闭。按下引导总锁闭按钮 YZSA，引导总锁闭继电器 YZSJ 吸起，用它的后接点断开本咽喉区所有锁闭继电器 SJ 的条件电源 KZ-YZSJ-H，使全咽喉区的联锁道岔都被锁住而不能转换。

③ 区段锁闭。当道岔所在轨道区段有车占用时，使道岔不能转换，称为道岔的区段锁闭。它是由区段的 DGJ 落下断开 SJ 电路来实现的。

④ 进路锁闭。当办理进路后，将进路上各区段的道岔锁在规定位置，并使敌对进路不能建立，称为进路锁闭。进路锁闭是由各区段的进路继电器 1LJ 和 2LJ 控制锁闭继电器 SJ 落下来实现的。电气集中联锁系统的进路锁闭以道岔区段为锁闭对象，进路的锁闭是由该进路中各个道岔区段的锁闭实现的，进路锁闭后，信号才能开放，列车驶入进路，使信号关闭，如果列车或调车车列不出清进路，进路不能解锁。根据对行车安全的影响，进路锁闭分为预先锁闭和接近锁闭。

预先锁闭是指在信号开放后，其接近区段没有车占用时的锁闭。进路锁闭设置预先锁闭是为了提高行车效率。当进路锁闭，信号开放后，在车未驶入接近区段时，因故要取消已建立的进路，可按取消进路方式办理，关闭信号，进路立即解锁，为建立新的进路准备条件。

接近锁闭是指在信号开放后，其接近区段已经有车占用时的锁闭。此时不能用办理取消进路的手续使进路解锁，只有等列车或调车车列通过后使进路逐段解锁，或者用人工解锁的方法使进路延时解锁。接车进路和正线发车进路的人工解锁从信号关闭时起延时 3min 站线发车进路和调车进路延时 30s。

进路锁闭设置接近锁闭，是为了保证行车安全。这是因为当信号开放后接近区段有车占用，如果取消进路，使信号机由允许灯光突然变为禁止灯光，车很有可能冒进信号。如果这时准许进路在信号关闭时立即解锁，将会发生行车事故。设置接近锁闭，按人工解锁方式，信号关闭后进路延时解锁，以保证进路解锁时车已停住。

进路的预先锁闭和接近锁闭是在信号开放后，由接近区段是否有车来区分的。接近区段一般是指信号机前方的区段，接近区段的长度是由列车或调车车列的运行速度决定的。

二、取消继电器电路识读

对应每个咽喉区在相应的方向组合内设一个总取消继电器 ZQJ 和一个总人工解锁继电器 ZRJ。对应每一架信号机各设一个取消继电器 QJ，列车信号机的 QJ 在 LXZ 组合内，调车信号机的 QJ 在 DX 组合内。对于出站兼调车、进站内方带调车的情况，列车信号和调车信号可合用一个 QJ。

在取消进路或人工解锁时，由 ZQJ、ZRJ 与 QJ 相互配合，可取消已经记录的操作命令，使有关继电器人工复原；还可关闭信号，完成进路的取消解锁和人工解锁。

1. 总取消及总人工解锁继电器电路

如图 2-44 所示为总取消及总人工解锁继电器电路。当按下按钮 ZQA 时，使总取消继电器 ZQJ 吸起，条件电源 KF-ZQJ-Q 有电，使后续的 QJ 吸起；条件电源 KZ-ZQJ-H 无电，使有关的方向继电器和 DCJ 或 FCJ 等继电器人工复原。松开按钮 ZQA 后，ZQJ 缓放落下。

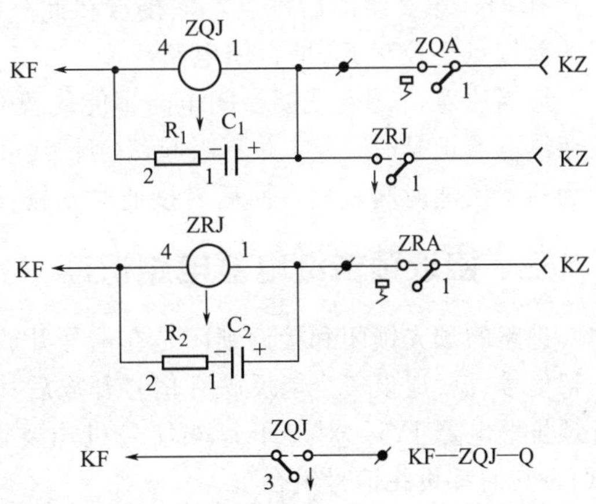

图 2-44　总取消继电器及总人工解锁继电器电路

按下按钮 ZRA 时，总人工解锁继电器 ZRJ 吸起，以接通后续的人工解锁延时电路。此时 ZQJ 被 ZRJ 带动吸起，条件电源 KF-ZQJ-Q 有电，而条件电源 KZ-ZQJ-H 无电。松开按钮 ZRA 后，ZRJ 和 ZQJ 先后落下。

在 ZQJ 和 ZRJ 的线圈上，都并联有电容器 C 和电阻 R，其作用是为了使继电器有 1s 左右的缓放时间。这样，当办理取消或人工解锁进路时，按下按钮 ZQA（或 ZRA）和进路始端按钮的时间，即使稍有先后，也能保证电路正常工作。

2. 取消继电器电路

取消继电器 QJ 电路按照信号机设置分为调车专用的取消继电器电路和列车与调车共用的取消继电器电路。

如图 2-45 所示是调车专用的取消继电器电路。当按下总取消按钮和该调车进路始端按钮后，因 DAJ 的前接点闭合，条件电源 KF-ZQJ-Q 有电，所以接通 $QJ_{3\text{-}4}$ 线圈的励磁电路，使 QJ 吸起。QJ 吸起后经本身第 6 组的前接点接通 3—4 线圈自闭电路，直至条件电源 KF-ZQJ-Q 无电时，这条自闭电路才被断开。

在办理取消进路和人工解锁时，要求 QJ 在进路未解锁前，一直保持吸起状态，而对于接车和正线发车进路的人工解锁要保持 3min，站线发车和调车进路的人工解锁要保持 30s，

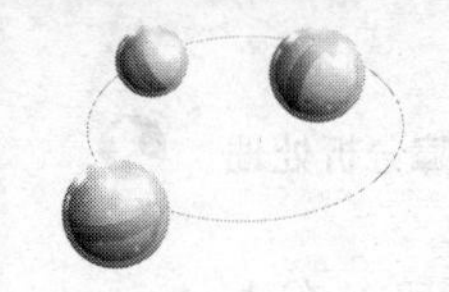

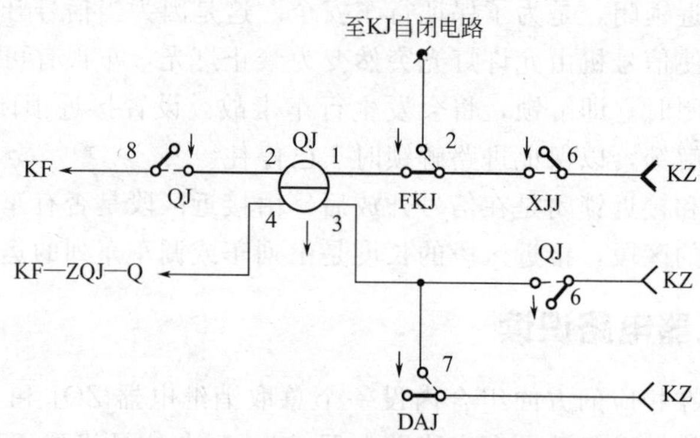

图 2-45 调车用取消继电器电路

显然，靠 QJ 的 3-4 线圈自闭电路是不行的，所以又设计了经 1-2 线圈的自闭电路。在这条自闭电路中，除有本身第 8 组的前接点外，还接有信号检查继电器 XJJ 的第 6 组的前接点。只有证明解锁电路工作正常，XJJ 已经落下，才准许断开这条自闭电路，使 QJ 自动复原。还接有 FKJ 第 2 组的后接点，该接点在此只起电路区分作用，通过它的前接点与 XJJ 第 6 组的前接点还控制 KJ 的自闭电路。

应当注意，QJ_{1-2}线圈自闭电路不能代替 QJ_{3-4}线圈自闭电路，因为在取消误碰或误按的按钮继电器记录时，XJJ 并不吸起。QJ_{3-4}线圈的自闭电路也不能代替 QJ_{1-2}线圈的自闭电路，因为前者接通时间较短，而后者接通时间较长。

三、接近预告继电器电路识读

进路的预先锁闭和接近锁闭是在信号开放后由接近区段是否有车来区分的，那么对应每一架信号机就应设一个能反映在信号开放后其接近区段有无车的继电器，这个继电器就是接近预告继电器 JYJ。对应于每架信号机均要设一个 JYJ，出站兼调车信号机可以合用一个 JYJ，它们都设在信号组合里。

接近预告继电器的作用是：在信号开放后，用来区分进路的状态，即车未驶入接近区段时，JYJ 吸起，进路处于预先锁闭状态；当车驶入接近区段后，JYJ 落下，进路处于接近锁闭状态。

因为各种信号机的接近区段不同，所以 JYJ 的电路也不同。JYJ 的电路有以下三种类型。

1. 调车信号机专用的 JYJ 电路识读

如图 2-46 所示，接近预告继电器有两条电路，JYJ 的 3-4 线圈在励磁电路中，JYJ 的 1-2 线圈在自闭电路中。励磁电路反映接近区段的状况，如果 D_{11} 的接近区段无车，则 7DG 区段的 DGJF 吸起，用其第 4 组的前接点接通 JYJ 的 3-4 线圈的励磁电路；如果接近区段有车，DGJF 落下，断开励磁电路。在信

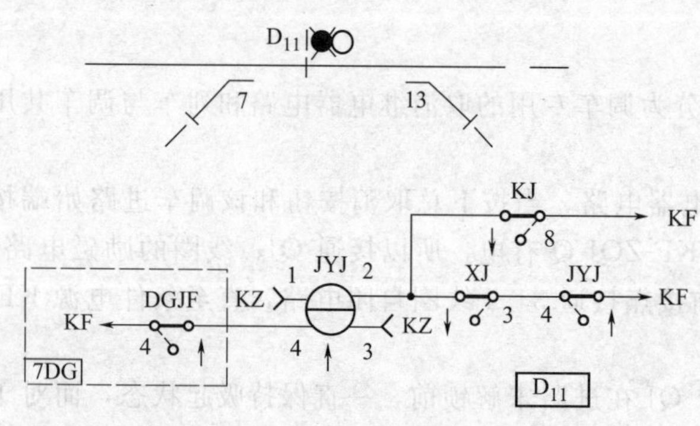

图 2-46 调车信号机专用 JYJ 电路

号未开放时，虽然接近区段有车使 JYJ 的 3-4 线圈断电，但仍可由 1-2 线圈经 XJ 的第 3 组的后接点和 JYJ 本身的第 4 组的前接点保持吸起。只有当信号开放（KJ 第 8 组的后接点和 XJ 第 3 组的后接点均断开），并且接近区段有车时，JYJ 的 1-2 线圈和 3-4 线圈电路都被断开，JYJ 才落下，说明进路处在接近锁闭状态。

当车进入信号机内方并出清接近区段后，JYJ 的 3-4 线圈随 7DG 区段的 DGJF 第 4 组的前接点闭合而吸起，通过本身第 4 组的前接点及 XJ 第 3 组的后接点经 JYJ 的 1-2 线圈而自闭。JYJ 不能由其 1-2 线圈电路励磁，因为在电路中接有本身的前接点。在正常情况下，车不出清接近区段，进路内方的第一个道岔区段不会解锁，KJ 不可能落下，所以 JYJ 也不能通过 KJ 后接点吸起。

当进路锁闭、信号开放、接近区段无车的情况下，此时 JYJ 的 1-2 线圈断电，而经 $JYJ_{3\text{-}4}$ 线圈吸起。这时进路处于预先锁闭，如果因故需要将进路取消，可采用取消进路的方法。

在 JYJ 的 1-2 线圈电路中，为什么并接有 KJ 第 8 组的后接点呢？这是因为当信号开放后，车已进入接近区段，进路处于接近锁闭，若因故取消进路，只能采取人工解锁的方法。此时，由于 JYJ 落下，在人工解锁进路后，准许经由 KJ 第 8 组的后接点使 JYJ 重新吸起。这样在第二次办理进路时，进路锁闭后，由于某种原因不能开放信号，则可用取消进路的方法使进路解锁，否则将由于 JYJ 不吸起，势必采取人工延时解锁，而影响作业效率。

2. 进站内方带调车和站线出站兼调车用的 JYJ 电路识读

如图 2-47 所示是进站内方带调车用的接近预告继电器 JYJ 电路。提速区段进站信号机 X 的接近区段为 2JG 和 3JG（在非提速区段为进站信号机前方的第一个接近区段），调车信号机 D_3 的接近区段为 IAG，在 $JYJ_{1\text{-}2}$ 线圈电路中用列车开始复示继电器 LKJF 的第 4 组的接点把这两者区分开来。当进站信号机开放，建立接车进路，LKJF 的前接点接通，用 JYJ 反映 2JG 和 3JG 区段的情况；当调车信号机开放，建立调车进路，LKJF 的后接点接通，用 JYJ 反映 IAG 区段的情况。

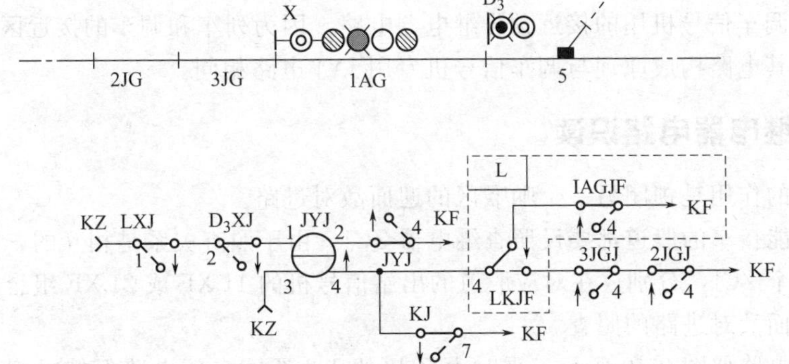

图 2-47　进站内方带调车共用的 JYJ 电路

3. 正线出站兼调车信号机用的 JYJ 电路

自动闭塞区段正线出站信号机在办理列车通过进路时，在提速区段其接近区段由同方向的进站信号机的 3JG 区段开始至该出站信号机为止，但对始发列车或停站后再发的列车来说，其接近区段是股道。其电路如图 2-48 所示。

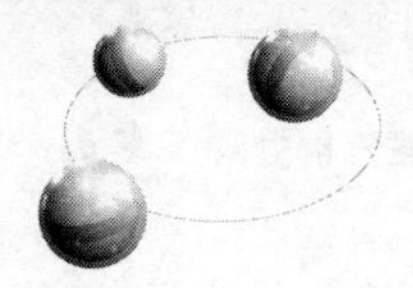

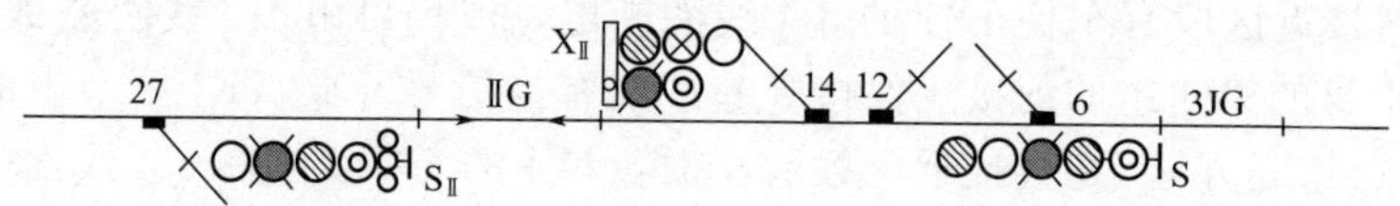

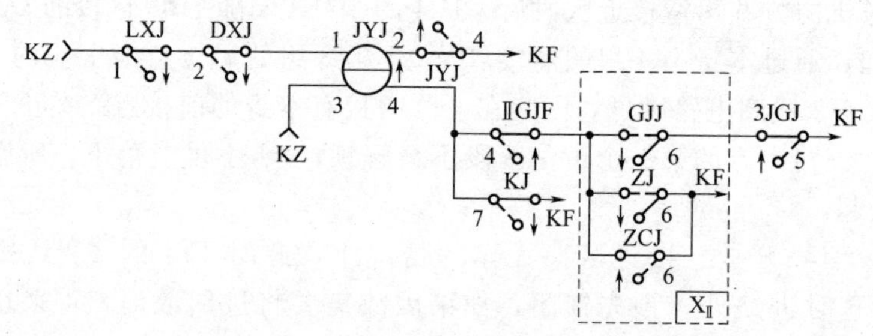

图 2-48　正线出站兼调车用 JYJ 电路

正线出站兼调车信号机用的 JYJ 的 3-4 线圈励磁电路中串接有ⅡGJF 和 3JGJ 的前接点，用它反映股道上和 3JG 区段是否有车。在非提速区段，JYJ 电路不需接入 3JGJ 的前接点。无论办理通过、发车或调车进路，它们的接近区段都包括股道。

在 JYJ 的 3—4 线圈的励磁电路中，还并接有 GJJ、ZJ 和 ZCJ 三组接点。其中 $X_{Ⅱ}$ 的 GJJ 前接点反映进站信号机 S 至出站信号机 $X_{Ⅱ}$ 之间无车。因为信号机 S 的 XJJ 吸起后，$X_{Ⅱ}$ 的 GJJ 才能吸起，而 XJJ 吸起时，通过 8 线网络检查了上行正线接车进路处于空闲状态。在办理通过进路时，由于 $X_{Ⅱ}$ 的 GJJ 吸起，并使 $X_{Ⅱ}$ ZCJ 落下，而 $X_{Ⅱ}$ ZJ 落下，所以此时 $S_{Ⅱ}$ JYJ 能吸起，反映出进站信号机 S 至出站信号机 $S_{Ⅱ}$ 之间空闲，即办理通过进路时，正线出站作号机的接近区段是空闲的。

当办理由 IIG 向上行方面的发车进路或调车进路时，假如此时另一咽喉未办理向ⅡG 的调车进路，则这时 $X_{Ⅱ}$ ZCJ 是吸起的，而 $X_{Ⅱ}$ GJJ 和 $D_{Ⅱ}$ ZJ 均落下，所以此时 $S_{Ⅱ}$ JYJ 吸起仅反映股道空闲。假如此时另一咽喉办理向 IIG 的调车进路，那么 $X_{Ⅱ}$ GJJ 将吸起，而 $X_{Ⅱ}$ ZCJ 落下，但此时 $X_{Ⅱ}$ ZJ 吸起，所以 $S_{Ⅱ}$ JYJ 吸起仍只反映出股道空闲。

站线出站兼调车信号机用的接近预告继电器电路，因为列车和调车的接近区段相同，都是股道，所以，其电路构成原理与调车信号机专用 JYJ 电路相同。

四、照查继电器电路识读

照查继电器的作用是锁闭另一个咽喉区的迎面敌对进路。

对应每一条能接车的股道都要设照查继电器 ZCJ，由于照查关系是相互的，所以对应每一股道应设置两个 ZCJ，分别放在对应股道的出站信号机的 1LXF 或 2LXF 组合里，用来实现对同一股道迎面敌对进路的照查。

照查继电器电路如图 2-49 所示，平时由 ZCJ 的 1-2 线圈自闭电路保持吸起，反映本咽喉区未向股道接车或调车。用 ZCJ 的落下反映已向股道建立接车或调车进路，同时使另一个咽喉区的迎面敌对进路不能建立。

ZCJ 有两条电路，3-4 线圈在励磁电路中，1-2 线圈在自闭电路中。当向ⅡG 建立接车或调车进路时，由于 $S_{Ⅱ}$ GJJ 吸起和进路最末一个道岔的 SJ 落下，分别断开 ZCJ 的 1-2 线圈的自闭电路和 ZCJ 的 3-4 线圈的励磁电路，使 ZCJ 落下。

在 ZCJ 电路中只用 GJJ 的后接点而不用 SJ 的前接点控制是不行的，因为 GJJ 吸起并不足以说明已建立向股道的接车进路或调车进路，只有再用 SJ 落下证明进路已经锁闭，才能说明建立了进路。而只用 SJ 的前接点不用 GJJ 的后接点控制也不行，因为 SJ 落下有可能是由股道向区间发车或向咽喉区调车。因此 ZCJ 电路中 GJJ 的后接点和 SJ 的前接点都是不可缺少的。

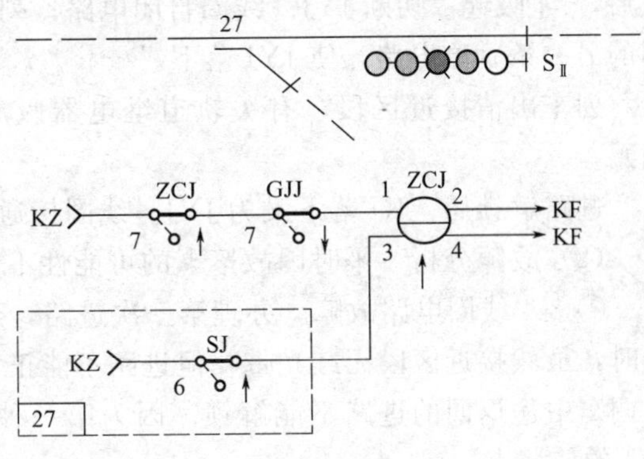

图 2-49　照查继电器电路

照查继电器 ZCJ 落下后，只有当进路中最末一个区段的道岔解锁，即 SJ 吸起，才能使 ZCJ 经由其 3-4 线圈重新吸起，而后又能由其 1-2 线圈自闭，使它保持在吸起状态。当 ZCJ 由落下又重新吸起，说明向股道办理的接车或调车进路已全部解锁，可以解除对另一咽喉迎面敌对进路的锁闭。

五、QJ、JYJ、ZCJ 动作时机及故障分析

1. 总取消继电器和总人工解锁继电器电路动作时机及故障分析

（1）电路动作时机　按压总取消按钮，ZQJ 吸起，松开总取消按钮，ZQJ 落下。按压总人工解锁按钮，ZRJ 吸起、ZQJ 随之吸起，松开总人工解锁按钮，ZRJ 落下，ZQJ 随之落下。

（2）故障分析　ZQJ 不能励磁，办理取消进路手续时，总取消表示灯不亮，且信号不能取消。ZRJ 不能励磁，总取消和总人解按钮表示灯均不亮。

2. 取消继电器电路动作时机及故障分析

（1）电路动作时机　取消继电器平时处于落下状态。办理取消进路时，始端 AJ 吸起与 ZQJ 吸起相配合，QJ 经 3-4 线圈的励磁电路并经该线圈自闭，松开总取消按钮，ZQJ 落下、切断 QJ_{3-4} 线圈的自闭电路，QJ 复原。办理人工解锁时，ZQJ 吸起和始端 AJ 吸起使 QJ 励磁并经 3-4 线圈自闭，当 XJJ 吸起后，又接通 QJ_{1-2} 线圈的自闭电路。

ZQJ 落下后，切断 1-2 线圈自闭电路。

进路解锁后，KJ 落下→XJJ 落下→QJ 落下。

（2）故障分析

① 3-4 线圈励磁电路故障。在办理取消进路或人工解锁进路时，信号不能关闭，进路也不能解锁。

② 3-4 线圈自闭电路故障，在一般情况下，不会影响电路动作。

③ 1-2 线圈电路故障。在办理人工解锁时，能点亮延时表示灯，但该灯随总取消表示灯熄灭而熄灭，进路不能解锁。因为 ZQJ 落下→QJ 落下→IRJJ 或 2RJJ 落下→3min 或 30s 人工解锁表示灯熄灭。

3. 接近预告继电器电路动作时机及故障分析

接近预告继电器平时经 1-2 线圈和 3-4 线圈的励磁和自闭电路保持吸起状态。

（1）电路动作时机　排列进路时，KJ 吸起，断开 JYJ_{3-4} 线圈第一条励磁电路；信号开

放后，XJ 吸起，切断 JYJ_{1-2} 线圈自闭电路；列车接近时，有关轨道继电器落下，切断 3-4 线圈的另一条励磁电路，使 JYJ 落下。

列车出清接近区段，有关轨道继电器吸起，使 JYJ 励磁并自闭（因此时信号已经关闭）。

进路解锁后，KJ 落下又为 JYJ_{1-2} 线圈接通一条励磁电路。

（2）故障分析　平时因故落下的可能性不大，因为 JYJ 的励磁和自闭电路同时接通。

① 3-4 线圈电路故障。办理第一次进路，列车通过后，JYJ 不能吸起；当办理第二次进路时，虽然接近区段无红光带，但进路不能正常取消，只能人工解锁。供调车进路用的 JYJ 使调车中途返回的进路不能解锁。因为第一种调车中途返回解锁方式，其解锁电路检查了 JYJ 的前接点。

② 1-2 线圈电路故障。属潜伏性故障，只有在 3-4 线圈同时故障时，才造成 JYJ 平时落下的现象。

4. 照查继电器动作时机及故障分析

照查继电器平时经励磁和自闭电路处于吸起状态。

（1）电路动作时机　正常排列进路时，GJJ 吸起，切断 ZCJ 的自闭电路；当最终端的道岔区段锁闭时，因 SJ 落下，切断 ZCJ 的励磁电路，使 ZCJ 落下。

最终端的道岔区段解锁时，SJ 吸起，ZCJ 励磁并自闭。

（2）故障分析　平时因故落下的可能性不大，因为其励磁和自闭同时沟通。

① 励磁电路故障。取消进路时，股道的白光带不消失；正常解锁时，列车进入股道后，整个股道仍然亮红光带。

② 自闭电路故障。办理发车进路时，整个股道均亮红光带。如果股道无车占用，则点亮整个股道上的白光带。因为只要进路锁闭，ZCJ 随 SJ 落下而落下，点亮股道上的光带。

③ 错误保留吸起。正常排列进路时，股道不亮白光带且信号不能开放。

任务四　●●●　信号继电器电路识读及故障分析处理

任务目标 ▶▶▶

1. 掌握信号继电器的作用与设置。

2. 跑通信号继电器电路图，熟记信号继电器的励磁和复原时机。

3. 能够按照故障处理程序，结合控制台表示灯和继电器状态，在 20min 内找出信号继电器电路断线故障点。

任务实施 ▶▶▶

信号继电器电路是控制信号的主要电路。对应每架信号机设置一个信号继电器，对应进站内方带调车、出站兼调车信号机处应设两个信号继电器，即一个列车信号继电器 LXJ 和一个调车信号继电器 DXJ。信号继电器设在信号组合里，信号继电器电路如附图 2 所示。

信号继电器电路因为要检查道岔位置及进路锁闭情况，涉及到进路中各道岔，所以要采用站场型网络，11 线就是信号继电器用的网络线。因为进站、出站、调车信号机显示不同，自动关闭信号的时机不同，所以它们的局部电路也各不相同。对于信号继电器检查的联锁条件，一般共同的在11线网络上检查，个别的在局部电路中检查。

一、开放信号的基本联锁条件

根据《铁路技术管理规程》的有关规定，以及长期运用实践的经验，开放信号时应检查以下联锁条件。

（1）进路必须在空闲状态　在开放信号时及在信号开放过程中，必须连续检查进路在空闲状态。

（2）未建立敌对进路　开放信号时及在信号开放过程中，必须连续检查敌对进路在未建立状态，并且确实被锁在未建立状态。

（3）进路上道岔位置正确　在开放信号时及在信号开放过程中，必须连续检查进路上的道岔（包括防护道岔）位置正确，并且确实被锁在规定位置。

（4）信号机必须手动开放，自动关闭，应能防止自动重复开放　信号机必须是在办理进路时经车站值班员的操纵才能开放。信号关闭以后，不得自动重复开放。但在通过列车较多的车站，允许进站信号机和正线上的出站信号机，在车站值班员的操纵下，改为自动重复开放方式。

（5）列车信号和调车信号自动关闭时机不同　列车信号应在列车第一轮对驶入进路后立即自动关闭。调车信号自动关闭分为两种情况：一是调车车列驶入进路完全出清接近区段后，调车信号自动关闭；二是当接近区段留有部分车辆，调车车列驶入进路出清进路内方第一个轨道电路区段后才能自动关闭。调车信号自动关闭时机滞后，是因为进行调车作业时，有时机车在后面推送，避免车列在蓝灯下运行。

（6）列车信号和调车信号应能随时手动关闭　在取消进路和人工解锁时，经操纵信号机应先关闭，然后才准许进路解锁。在特殊情况下，即信号机不能自动关闭，按取消进路方式也不能手动关闭时，应能采用按下区段事故按钮的办法关闭信号，以应急需。

（7）进站信号机的允许灯光因故障熄灭时应自动改点禁止灯光　例如进站信号机的允许灯光——黄灯或绿灯熄灭，没有任何显示，虽然按行车规则规定：色灯信号机灭灯应作为禁止信号，但是考虑到灭灯若发生在夜间，司机在远处看不见进站信号机，等司机驶近发现灭灯时，为了不冒进信号，势必要采取紧急制动。紧急制动可能会造成严重后果。为避免上述行车事故的发生，进站信号机的允许灯光因故障熄灭时，要保证能自动改点禁止灯光——红灯。

（8）进站信号机和正线上的出站信号机开放时应先检查红灯灯丝的完整性，当红灯断丝时不准许开放允许灯光。假如红灯灯泡断丝又开放了允许灯光，而恰巧此时允许灯泡也断丝，那就无法改点红灯。又如，若允许灯丝是完好的，红灯灯丝断了，在此情况下，如果夜间给出允许灯光，并且司机已经看到，随后因某种原因关闭了信号，这时司机因看不见红灯，可能误认为已经看到的允许灯光（绿灯或黄灯）被其他障碍物遮住了，因而没有及时采取制动措施。等到车驶近，才突然发现信号机灭灯，采取紧急制动。因此，开放允许灯光时，先要检查红灯灯丝完整。红灯断丝不准许开放信号，将影响效率。因此，对速度较低的站线上的出站信号机和调车信号机，准许不检查此项联锁条件。

二、11线网络结构和所检查的联锁条件

11线是信号继电器用的网络线。信号继电器电路既涉及到11线，又涉及到7线和8

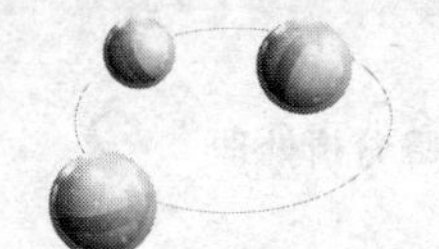

线。一个咽喉区所有信号继电器都并接在11线网络上，构成信号继电器的励磁电路。涉及到7线的原因是，7线和11线共用道岔表示继电器DBJ和FBJ的接点，以及道岔锁闭继电器SJ的接点。涉及到8线，是因为调车时在接近区段无车的情况下，XJJ有一条经1-2线圈的自闭电路，在此自闭电路中不检查进路空闲，所以要借用8线检查进路空闲，而不能像列车进路那样可以用XJJ前接点间接反映进路空闲。

1. 11线网络结构

11线网络结构具有以下特点。

① 用DBJ和FBJ接点区分网络的站场形状。因为在电路中道岔表示继电器用的是前接点，所以在区分网络站场形状的同时又起到检查道岔位置的作用。为了节省接点，11线和7线共用道岔表示继电器接点。如附图2中虚线表示7线网络。

② 同一个咽喉区所有的信号继电器都并接在11线网络上。用KJ第4组的前接点区分运行方向，运行方向不同，接点的接法也不同，用ZJ第4组的接点区分进路性质，用ZJ的前接点接通的是调车信号继电器电路，用ZJ的后接点接通的是列车信号继电器电路。在同一部位接有列车和调车信号继电器时，要用列车开始继电器LKJ的接点进行区分，用LKJ第4组的前接点接通LXJ电路，用LKJ第4组后接点接通DXJ电路。

③ 在11线网络上既接有电源KZ，又接有电源KF。KZ是给调车信号继电器电路用的，KF是给列车信号继电器电路用的。

每一个信号继电器都接在进路始端部位，用KJ的前接点接向网络，列车信号继电器LXJ由局部电路接入电源KZ，由进路终端部位11线网络上接入电源KF。调车信号继电器DXJ由调车进路终端部位11线网络经ZJ的前接点接入KZ，而由调车进路终端部位8线网络经ZJ的前接点接入KF。这样，LXJ只受11线控制，涉及到7线；DXJ受8线和11线控制，涉及到7线。

上述供电方法，对LXJ来说，由于局部电路接入的是电源KZ，11线网络供DXJ用的KZ电源不会造成LXJ错误吸起，因为KZ对KZ无效。对DXJ来说，由于经8线接入KF，11线网络供LXJ用的电源KF不会造成DXJ错误吸起，因为KF对KF也无效。这种供电方法称为电路极性防护法。

2. 11线网络检查的联锁条件

在11线网络中检查了下列联锁条件。

① 进路空闲。对列车进路，由于XJJ的吸起在8线网络上检查了进路空闲，所以通过XJJ第4组的前接点（接在LXJ局部电路中）可间接证明进路空闲。对调车进路是经8线网络上的DGJ第1组的前接点来实现的。

② 敌对进路未建立并被锁在未建立状态。本咽喉区的敌对进路未建立是用KJ和ZJ的第4组的后接点串接在网络中来证明的；锁在未建立状态，是用SJ第1组和第2组的后接点证明的。用SJ两组的后接点，是因为要用它们区分7线和11线网络，SJ的前接点是7线检查条件，SJ的后接点是11线检查条件。

另一个咽喉区迎面敌对进路未建立并锁在未建立状态，是用另一个咽喉区GJJ第2组后接点和接在LXJ局部电路中的XJJ第4组的前接点来证明的。前者直接证明没有同时建立迎面敌对进路；后者间接证明迎面敌对进路在未建立状态，因为在XJJ电路中，接有另一咽喉的ZCJ第3组的前接点或ZCJ第5组的前接点。

③ 道岔位置正确并被锁在规定位置。用 7 线和 11 线共用的 DBJ 或 FBJ 的前接点证明道岔位置正确，用 SJ 的第 1 组和第 2 组的后接点证明道岔被锁在规定位置。

④ 车站值班员随时能手动关闭信号。信号开放后，如果需要关闭信号，在一般情况下，车站值班员应按取消进路方法关闭信号，但如果此时由于 AJ 或 QJ 因故不能吸起时，用取消进路方法不能关闭信号，则可采用特殊情况下关闭信号的办法，即采用按下区段人工解锁按钮盘上 SGA 的方法关闭信号。为此，在 11 线网络上对应每个区段都接有传递继电器 CJ 第 4 组的后接点，在信号开放过程中 CJ 后接点是闭合的，当因故障需关闭信号时，一个人在控制台上按下相应咽喉区的总人工解锁按钮，另一个人在人工解锁按钮盘上按下进路中任一区段的 SGA，使该区段的 CJ 吸起，即可断开 11 线网络，以达到手动关闭信号的目的。

还应当指出：在 11 线网络上没有检查进路空闲，检查进路空闲的条件是在局部电路中通过 XJJ 前接点间接反映的。这样，11 线网络还可以兼作引导信号用的网络线。因为办理引导接车往往是在轨道电路故障情况下使用的，开放引导信号就不检查进路空闲了。在 11 线上经 CJ 第 4 组的前接点串接 DGJF 第 1 组后接点，是为了当轨道电路发生故障时，用此条件接通 11 线，构成引导信号控制电路。

⑤ 改变运行方向和区间自动闭塞结合的电路条件。在双线双向运行的四显示自动闭塞区段，在 11 线网络端部应接入改变运行方向和区间自动闭塞结合的电路条件。

正向发车口（X_F 进站信号机处）11 线接入改变运行方向用的方向继电器 FJ_1 和 FJ_2 的 131—133 反位接点，如图 2-50(a) 所示，用以证明本站是发车站。正常办理时，经短路继电器 DJ 第 8 组的后接点、发车辅助继电器 FFJ 第 8 组的后接点和总辅助办理继电器 ZFAJ 第 2 组的后接点接通 11 线网络的 LXJ 电路。辅助办理时，用短路继电器 DJ 第 8 组的前接点和控制继电器 KJ 第 8 组的前接点接通 11 线 LXJ。电路中的 1LQJF 第 6 组的前接点用来证明一离去区段空闲，若 1LQ 有车占用，出站信号机不能开放，改变运行方向后，本站为接车站，FJ_1 和 FJ_2 反位接点 131—133 断开，转极至定位接点。发车进路从 11 线得不到电源 KF，LXJ 不能励磁吸起，出站信号不会开放。

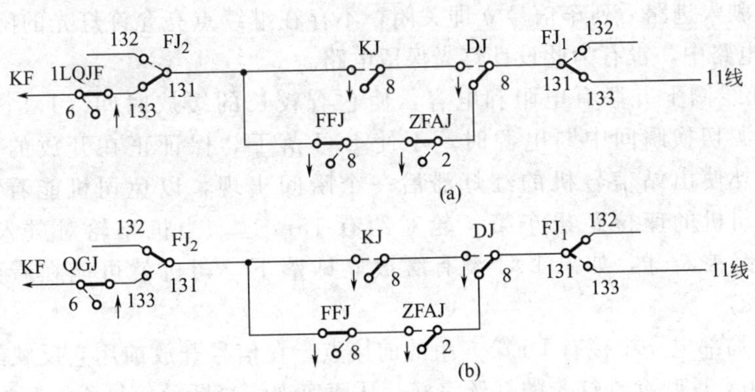

图 2-50　出站 LXJ 结合电路

在反向发车口（X 进站信号机处）11 线网络接入 FJ_1 和 FJ_2 的 131—133 反位接点，如图 2-50(b) 所示，未改变运行方向时，本站为接车站不能发车，反位接点 131—133 断开。只有改变运行方向后，FJ_1 和 FJ_2 转极，反位接点接通，11 线的 LXJ 吸起，才能开放出站信号机。在图中接入区间轨道继电器 QGJ 第 6 组前接点是为了检查反向发车时自动站间闭塞的条件，只有整个区间空闲才能开放出站信号机。

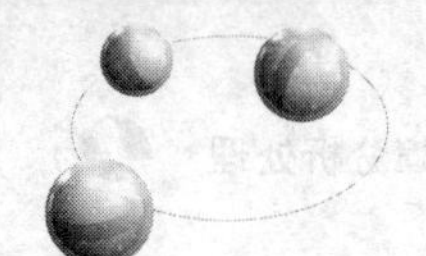

此外，在半自动闭塞区间发车口（X_D 进站信号机处）11 线网络应接入开通继电器 KTJ 的前接点和选择继电器 XZJ 的后接点，证明已经办理好闭塞。

开放信号的联锁条件，在 11 线网络中检查了四项，其中前三项是开放信号必须检查的最基本的联锁条件。其余联锁条件在各信号继电器局部电路中检查。

三、列车信号继电器电路识读

列车信号继电器电路包括出站兼调车和进站内方带调车两种情况。如附图 2 所示，列车信号继电器电路与调车信号继电器电路，是用 LKJ 前后接点来区分的。办理列车进路时，通过 KJ 和 LKJ 的吸起将 $LXJ_{1\text{-}4}$ 线圈接向 11 线网络。办理调车进路时，通过 KJ 吸起和 LKJ 的落下将 $DXJ_{3\text{-}4}$ 线圈接向 11 线网络。

例如办理 IIG 向北京方面发车进路时，$S_{Ⅱ}$ LXJ 励磁电路如下所示。

KZ—$S_{Ⅱ}DJ_{11\text{-}12}$—$S_{Ⅱ}FKJ_{31\text{-}32}$—$S_{Ⅱ}LXJ_{1\text{-}4}$—$S_{Ⅱ}XJJ_{42\text{-}41}$—$S_{Ⅱ}LKJ_{42\text{-}41}$—$S_{Ⅱ}QJ_{43\text{-}41}$—$S_{Ⅱ}KJ_{42\text{-}41}$—19-27$CJ_{41\text{-}43}$—17/19 2$SJ_{23\text{-}21}$—17/19$DBJ_{31\text{-}32}$—17/19 2$SJ_{11\text{-}13}$—D_{15} $KJ_{41\text{-}43}$—D_{15} $ZJ_{41\text{-}43}$—1/19$CJ_{41\text{-}43}$—D_5 $ZJ_{41\text{-}43}$—D_5 $KJ_{41\text{-}43}$—1/3 1$SJ_{23\text{-}21}$—1/3$DBJF_{22\text{-}21}$—1/3 1$SJ_{11\text{-}13}$—1$CJ_{41\text{-}43}$—X_F $YAJ_{31\text{-}33}$—X_F–D_1 $KJ_{41\text{-}43}$—X_F–D_1 $ZCJ_{41\text{-}43}$—X_F–D_1 $ZJ_{41\text{-}43}$—X_F–D_1 $GJJ_{42\text{-}41}$—$XFJ_{11\text{-}12}$—$FJ_{133\text{-}131}$—$DJ_{81\text{-}83}$—X_F $ZFAJ_{21\text{-}22}$—$FFJ_{81\text{-}83}$—$FJ_{2\ 131\text{-}133}$—X1$LQJ_{62\text{-}61}$—KF

上述励磁电路中，列车信号继电器主要是经 11 线网络励磁的，KZ 电源由局部电路供给，KF 电源由进路终端 11 线网络供给。列车驶入信号机内方时，19-27DGJF 落下，$S_{Ⅱ}$ XJJ 和 $S_{Ⅱ}$ LXJ 均落下，信号自动关闭。

LXJ 电路与 DXJ 电路的不同之处表现在以下几个方面。

① 列车信号继电器 LXJ 仅受 11 线网络控制，而不受 8 线网络控制。对于进路空闲的检查是由局部电路中的 XJJ 第 4 组的前接点间接实现的。但是在自动闭塞区段发车进路要由 1LQJ 的前接点检查第一离去区段空闲。在半自动闭塞区段要用选择继电器 XZJ 的后接点和开通继电器 KTJ 的前接点证明已办好闭塞，取得了发车权。发车进路的此种检查是通过 11 线网络完成的。

② 当列车驶入进路后列车信号立即关闭，不存在继续点亮允许灯光的问题。在列车信号继电器局部电路中，没有为此设计灯光保留电路。

③ 在 LXJ 线圈上并联有电阻和电容，使它有较长的缓放时间（1.5～2s）。这是为了在主、副电源切换瞬间中断电源时，不使 LXJ 落下，保证正在开放的列车信号机不至于关闭。另外使出站信号机的红灯滞后一个瞬间出现，以免司机能看到红灯。这是因为蒸汽机车司机的座位距机车第一轮对约有 15m 远，当机车轮对进入信号机内方，信号继电器电路被断开，如果 LXJ 没有缓放立即落下，司机就可能在看到红灯的情况下运行。

④ 在 LXJ 局部电路中接有 DJ 第 6 组的前接点，在信号开放前用它反映红灯灯丝完好，在信号开放后用它反映允许灯光的灯丝完好。从而实现红灯断丝信号不能开放；信号开放后允许灯光的灯丝断丝，信号能自动关闭，并改点红灯。

信号开放前检查红灯的完整性，只对进站信号机和正线上出站信号机有要求，而对站线出站信号机没有要求。正因为如此，在进站信号机和站线出站信号机的 LXJ 电路中，DJ 的接点接入的部位不同。

⑤ 在进站内方带调车 LXJ 的局部电路中，还接有列车开始复示继电器 LKJF 第 2 组的前接点，即只有 LKJF 吸起，才能使 LXJ 吸起而开放信号。这是因 X 进站信号机内方设有

无岔区段IAG，在8线网络上接有IAGJF第5组的前接点的缘故。如果LKJ励磁时而LKJF因故没有励磁，会造成在8线网络上使应检查的IAGJF第5组的前接点被LKJF第5组的后接点短路掉的危险。因此，用LKJF第2组的前接点来防止在进站内方无岔区段有车的情况下，也可开放进站信号机的错误。另外，在进站信号机用的JYJ电路中接有LKJF第4组的接点。当办理列车进路时，X进站信号机的接近区段是2JG而不是IAG，若此时LKJF因故未吸起还允许开放信号，当列车进入接近区段，此时JYJ仍然可以通过IAGJF的前接点而吸起。JYJ不落下，进路不能实现接近锁闭。

以上两种情况都是危险的，必须加以防止，在LXJ电路中接入LKJF第2组的前接点，当LKJF与LKJ动作不一致时断开LXJ的电路使信号不能开放。

四、调车信号继电器电路识读

调车信号继电器XJ的3—4线圈既作为励磁电路又作为自闭电路用，而XJ的1—2线圈在非进路调车电路中用。这里所说自闭电路是指办理进路调车信号开放后，调车车列未驶入进路前的自闭电路和调车车列驶入进路后的白灯保留电路。

下面以办理D_{13}至IG的调车进路为例，介绍D_{13}调车信号继电器电路及局部电路。

办理D_{13}至IG的调车进路，则$D_{13}XJ_{3\text{-}4}$线圈励磁电路如下所示。

KZ—$S_IZJ_{42\text{-}41}$—$S_IZCJ_{43\text{-}41}$—$S_IKJ_{43\text{-}41}$—23/25 $1SJ_{23\text{-}21}$—23/25$DBJF_{22\text{-}21}$—23/25 $1SJ_{11\text{-}13}$—17/19 $1SJ_{23\text{-}21}$—17/19$DBJF_{22\text{-}21}$—17/19 $1SJ_{11\text{-}13}$—17-23$CJ_{41\text{-}43}$—$D_{13}KJ_{41\text{-}42}$—$D_{13}QJ_{41\text{-}43}$—$D_{13}XJ_{3\text{-}4}$—$D_{13}FKJ_{42\text{-}41}$—$D_{13}XJJ_{41\text{-}42}$—$D_{13}KJ_{12\text{-}11}$—17-23$DGJ_{12\text{-}11}$—17/19$FBJ_{11\text{-}13}$—23/25$FBJ_{11\text{-}13}$—$S_IKJ_{11\text{-}13}$—$S_IZJ_{11\text{-}12}$—$X_IZCJ_{52\text{-}51}$—KF（或$XZJ_{52\text{-}51}$—KF）。$D_{13}XJ$吸起后，断开的$D_{13}FKJ$自闭电路，所以$D_{13}XJ$的励磁电路被断开，经$D_{13}DJ_{11\text{-}12}$和$D_{13}XJ_{41\text{-}42}$转入自闭电路。当调车车列驶入信号机内方时，D_{13}信号并不关闭，而是通过$D_{13}XJJ$的落下，使$D_{13}XJ_{3\text{-}4}$线圈转入到脱离8线网络的白灯保留电路。其电路为：

KZ—$S_IZJ_{42\text{-}41}$—$S_IZCJ_{43\text{-}41}$—$S_IKJ_{43\text{-}41}$—23/25 $1SJ_{23\text{-}21}$—23/25$DBJF_{22\text{-}21}$—23/25 $1SJ_{11\text{-}13}$—17/19 $1SJ_{23\text{-}21}$—17/19$DBJF_{22\text{-}21}$—17/19 $1SJ_{11\text{-}13}$—17-23$CJ_{41\text{-}43}$—$D_{13}KJ_{41\text{-}42}$—$D_{13}QJ_{41\text{-}43}$—$D_{13}XJ_{3\text{-}4}$—$D_{13}DJ_{11\text{-}12}$—$D_{13}XJ_{41\text{-}42}$—$D_{13}XJJ_{41\text{-}43}$—$D_{13}JYJ_{41\text{-}43}$—$D_{13}XJ_{31\text{-}32}$—17-23$DGJ_{63\text{-}61}$—KF。

当调车车列完全进入信号机内方，出清接近区段时，由于JYJ吸起断开白灯保留电路，使DXJ落下而关闭信号。但当接近区段有车辆或调车车列进行转线作业时，只有调车车列出清进路内方第一个道岔区段DGJ吸起断开白灯保留电路，才使DXJ落下而关闭信号。调车信号继电器XJ的3-4线圈转入白灯保留电路，它从11线网络进路终端部位仍可得到KZ，而从进路始端局部电路得到KF。

在局部电路中，调车信号继电器检查了以下联锁条件。

① FKJ第4组的前接点。信号开放前，用它接通励磁电路，未办理进路或重复开放信号手续，FKJ不励磁，即不经车站值班员操纵，信号不能自动开放和自动重复开放。

② 信号继电器XJ第4组的接点和灯丝继电器DJ第1组前接点。用XJ第4组前接点接通自闭电路。在自闭电路中接入DJ第1组的前接点，其作用是当白灯断丝时，断开这条自闭电路，迫使XJ落下，实现信号自动关闭，改点禁止灯光——蓝灯。

③ 信号检查继电器XJJ第4组的接点。在车没有进入进路前，经其前接点，把$XJ_{3\text{-}4}$线圈接向8线网络，车进入进路后，经其后接点，把$XJ_{3\text{-}4}$线圈接至白灯保留电路，使信号机能继续点亮白灯。

④ 接近预告继电器 JYJ 第 4 组的接点。当调车车列完全进入调车信号机内方时，用 JYJ 吸起断开调车信号继电器的白灯保留电路，达到关闭信号的目的。

⑤ DGJF 的第 6 组的后接点。在接近区段停有车辆或调车车列进行折返作业时，当车列驶入进路且出清进路内方第一个道岔区段，因 DGJF 吸起，它的第 6 组的后接点断开调车信号继电器的白灯保留电路并关闭调车信号。

⑥ XJ 第 3 组前接点。在白灯保留电路中，如果不接有 XJ 第 3 组前接点，在 11 线网络上又不检查 DGJ 的前接点，那么 XJ_{3-4} 线圈的励磁电路有可能经 DGJF 第 6 组和 JYJ 第 4 组后接点接通，这是不允许的。有了 XJ 第 3 组的前接点，能防止 XJ 不通过 8 线网络，而仅由 11 线网络错误励磁。

⑦ 取消继电器 QJ 第 4 组的后接点。在取消进路和人工解锁进路时，用这个接点断开 XJ_{3-4} 线圈电路，达到关闭信号的目的。当发现紧急情况，需要手动关闭信号时，也靠这个接点起作用。

调车信号继电器采用缓放型继电器，其主要原因是，在 XJJ 第 4 组的接点转换过程中，不因瞬间断电而使 XJ 落下；在调车进路人工解锁时，QJ 吸起后，利用 XJ 缓放性能，用仍在接通的第 2 组前接点断开 XJJ_{1-2} 线圈电路（假定 QJ 接点转换中，XJJ 未来得及落下），迫使 XJJ 必须通过条件电源 KZ-RJ-H 重新励磁，以保证规定的人工解锁延时时间；依靠 XJ 的缓放，用其前接点接通正常解锁电路。

五、信号继电器动作时机及故障分析

对于列车进路设置了 LXJ；对于调车进路设置了 DXJ；它们平时处于落下状态。

1. 电路动作时机

正常排列进路时，11 线网络沟通，XJ 励磁并自闭，FKJ 落下切断励磁电路。

当列车进入信号机内方时，XJJ 落下，LXJ 随之缓放落下，但 DXJ 经 XJJ 的后接点又沟通一条白灯保留电路。

当列车或车列出清接近区段时，JYJ 吸起，用后接点切断白灯保留电路，使 DXJ 缓放落下；若接近区段留有车辆，则要待列车或车列出清第一个区段，即 DGJF 吸起时，用后接点切断白灯保留电路，使 DXJ 缓放落下。

2. 故障分析

① XJ 不能励磁。会出现始端稳光，终端灭光，进路有白光带，但复示器不亮绿灯或白灯的现象。

② XJ 不能自闭。排列进路时，信号开放后自动关闭，因 XJ 吸起→FKJ 落下→切断 XJ 励磁电路→XJ 因不能自闭而落下。

DXJ 白灯保留电路故障：调车信号开放后，只要车列进入信号机内方就关闭信号。

③ LXJ 不能缓放。当列车进入信号机内方，信号迅速关闭且进路不能正常解锁。因为解锁电路是需要 LXJ 在缓放时间内传送解锁电源。

④ DXJ 不能缓放。调车信号开放后，只要车列进入信号机内方就关闭信号。因为 XJJ 在接点转换过程中，DXJ 自闭电路有瞬间断电的过程。一旦 DXJ 无缓放，则 XJ 随 XJJ 的前接点的断开而落下。

任务五 ●●● 信号辅助继电器电路识读及故障分析处理

任务目标 ▶▶▶

1. 了解进站信号机使用信号辅助继电器的作用及电路。
2. 了解出站信号机使用信号辅助继电器的作用及电路。

对于进站信号机和具有两个及以上发车方向的出站信号机有多种显示，需要增设辅助信号显示用继电器，以便对允许灯光进行选择。

任务实施 ▶▶▶

一、进站信号机用信号辅助继电器电路识读

进站信号机有 5 个灯：黄、绿、红、黄、白。要用 5 个灯组成 6 种显示，即绿、绿黄、黄、黄黄、红白、红。在有 18 号及其以上道岔的车站还有黄闪黄显示。要用一个具有两种状态的继电器 LXJ 是无法实现这些显示要求的，必须增设一些信号辅助继电器来控制进站信号机的这些显示。

当进站信号机有 7 种显示时，要设置列车信号继电器 LXJ、正线信号继电器 ZXJ、通过信号继电器 TXJ、绿黄信号继电器 LUXJ、引导信号继电器 YXJ、侧线通过信号继电器 CTXJ 和闪光继电器 SNJ。用这些继电器的动作相互配合可控制进站信号机的七种显示。其动作关系如下所示。

LXJ↓→
YXJ↓→ ｜ H

LXJ↓→
YXJ↑→ ｜ H、YB

LXJ↑→
ZXJ↓→ ｜ U、U

LXJ↑→
ZXJ↑→
LUXJ↓→
TXJ↓→ ｜ U

LXJ↑→
ZXJ↑→
LUXJ↑→
TXJ↓→ ｜ L、U

LXJ↑→
ZXJ↑→
LUXJ↓→
TXJ↑→ ｜ L

LXJ↑→
ZXJ↓→
CTXJ↑→
SNJ↑→ ｜ US、U

进站信号机用信号辅助继电器电路如图 2-51 所示。

正线信号继电器 ZXJ 是用来区分进站信号机的黄与双黄显示的，当 ZXJ 吸起反映开通的是正线，ZXJ 落下反映开通的是站线。向正线接车还是向站线接车，取决于站内正线上对向道岔的位置。例如 5/7、9/11、17/19 和 23/25 号对向道岔都在定位，即是向正线接车，只要其中有一个对向道岔在反位，则是向站线接车，因此，正线上对向道岔都在定位时，ZXJ 就吸起，否则就落下。ZXJ 电路是由正线上对向道岔的 DBJ 或 DBJF 的前接点串接在电路中构成的。

LXJ 吸起和 ZXJ 落下是向站线接车，给出双黄显示；LXJ 吸起和 ZXJ 吸起，是向正线接车，能给出黄、绿黄或绿灯显示，究竟显示哪一种，决定于 LUXJ 和 TXJ 的状态，这两个继电器都落下时，就给出一个黄色灯光。

通过信号继电器 TXJ 是用来区分绿与黄、绿黄显示的。当 TXJ 吸起，反映办理的是通过进路，它落下说明不是通过进路（在四显示自动闭塞区段，显示绿灯不一定通过车站）。只有正线的接车进路排好，X 进站信号机的 LXJ 和 ZXJ 均吸起，并且该正线同方向的发车进路也排好，检查了发车进路中关键的对向道岔 6/8 在定位，6/8DBJF 吸起，2LQ 区段空

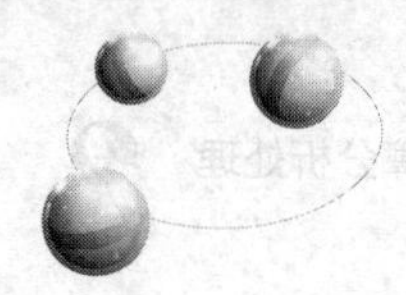

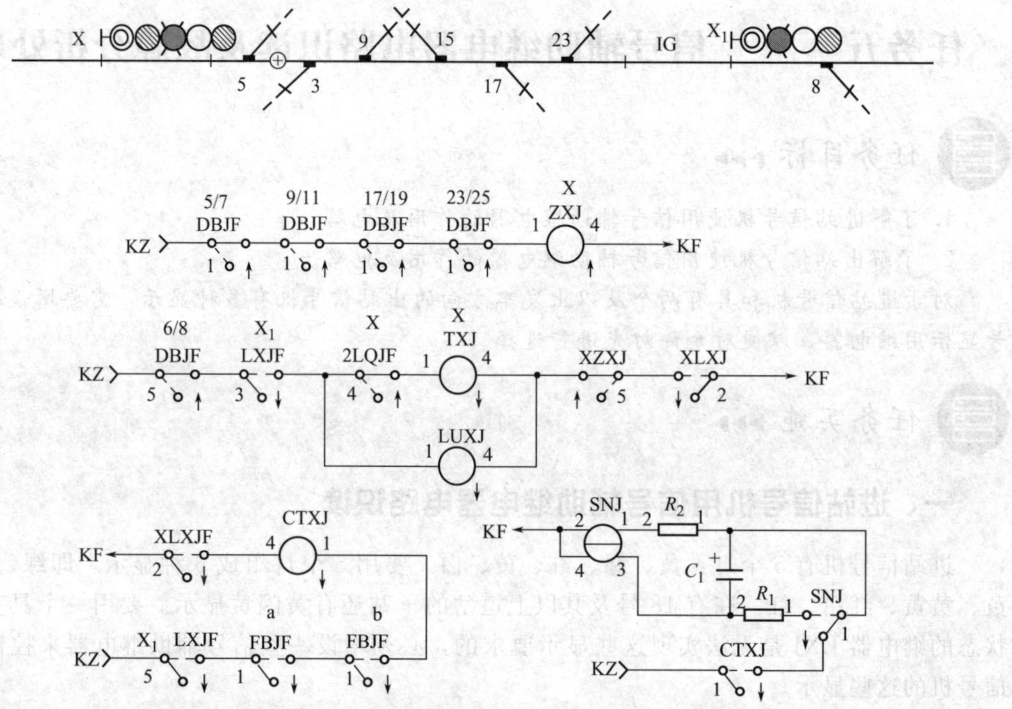

图 2-51　进站信号机用辅助继电器电路

闲，X2LQJF 吸起，是直向发车进路，X_1LXJF 吸起时，才说明办理的是通过进路。TXJ 吸起，给出一个绿色灯光。

在四显示自动闭塞区段或设有接车进路信号机的情况下，在进站信号机上要显示绿黄灯，这时排好的是正线接车进路，并且在这条进路终端处的出站信号机或接车进路信号机也在开放。LUXJ 电路受 X 进站信号机的 LXJ 的前接点和 ZXJ 的前接点，以及出站信号机或接车进路信号机的 LXJF 的前接点控制。当 TXJ 落下，而 LUXJ 吸起时，进站信号机显示一个绿灯和一个黄灯。在四显示自动闭塞区段，根据通过列车驶离同方向 2LQ 区段的情况，分别有绿黄显示和绿灯显示。

当接车进路经过 18 号及以上道岔侧向位置时，进站信号机显示黄闪和黄色灯光。为了实现黄灯闪光，进站信号机应增设侧向通过继电器 CTXJ 和闪光继电器 SNJ。其电路如图 2-51 所示。

在 CTXJ 电路中，XLXJF 第 2 组的前接点和 X_1LXJF 第 5 组的前接点证明进站信号机和同方向出站信号机开放。aFBJF 和 bFBJF 的第 1 组的前接点分别说明接车进路和发车进路经过 18 号及其以上道岔的侧向位置，这些条件使 CTXJ 励磁吸起。

在闪光继电器 SNJ 电路中，经由 CTXJ 第 1 组的前接点接通 SNJ 励磁电路，由于电路接有 C_1 和 R_2，使 SNJ 缓吸。当 SNJ 吸起后，其第 1 组的后接点断开 SNJ 励磁电路，但由于 C_1 放电而使其缓放。当 SNJ 落下后，其第 1 组的后接点再次接通其励磁电路，因此在 CTXJ 吸起的时间内，SNJ 脉动。

二、两个发车方向的出站信号机用的信号辅助继电器电路识读

在具有两个发车方向出站信号机设有两个绿灯时（在双线单方向运行三显示自动闭塞区

段，次要方向为半自动闭塞），有 4 种显示，即绿、黄、绿绿、红。在具有两个发车方向，出站信号机设有进路表示器时，出站信号无双绿灯显示，向哪个线路方向发车，除出站信号机开放外，对应进路表示器应亮白灯，以区分不同发车方向。在双线双向自动闭塞区段，出站信号机上设一个进路表示器。正方向发车时，进路表示器不亮。反方向发车时，进路表示器点亮。

在设有两个绿灯时，出站信号机的 4 种信号显示可用 3 个继电器相互配合进行控制，但是由于要满足故障—安全要求和 LXJ 接点不够用，因此有两个发车方向时，为了对一个绿灯和两个绿灯进行选择，要增设了 4 个继电器。这 4 个继电器是列车信号复示继电器 LXJF、主信号继电器 ZXJ、第二灯丝继电器 2DJ 和信号辅助继电器 XFJ。前 3 个继电器在 2LXF 组合里，XFJ 在零散组合里。

上述增设 4 个继电器作用是，因为 LXJ 接点不够用，设了 LXJF。用 ZXJ 选择点一个绿灯还是两个绿灯，当向主要干线方向发车点亮一个绿灯（或黄灯）；向次要线路方向发车点亮两个绿灯。XFJ 是作为 ZXJ 继电器断线防护用的。2DJ 用来监督第二绿灯灯丝的完整性。

在有两个发车方向的出站信号机的四种信号显示，用三个继电器控制时的动作关系如下所示。

LXJ↓→H

LXJ↑→
ZXJ↑→
2LQJ↓→ | U

LXJ↑→
ZXJ↓→ | L、L

LXJ↑→
ZXJ↑→
2LQJ↑→ | L

二离去继电器 2LQJ 吸起反映第二离去区段空闲，落下反映该区段有车，是控制出站信号机开放的区间自动闭塞条件。

如图 2-52 所示为 ZXJ 和 XFJ 电路。ZXJ 和 XFJ 是串接在 13 线网络上的。在出站信号机显示绿或黄色灯光时，如果因电路故障使 ZXJ 错误落下，则出站信号机不但不能自动关闭，并且还将自动地改点两个绿灯，这是不允许的。因此要增设一个继电器进行检查，信号辅助继电器 XFJ 就是为此而设置的。为了节省继电器，将 XFJ 设在主要方向发车口部位用的零散组合内，使 XFJ 的线圈通过 13 线网络，与本咽喉区所有出站信号机用的 ZXJ 线圈相

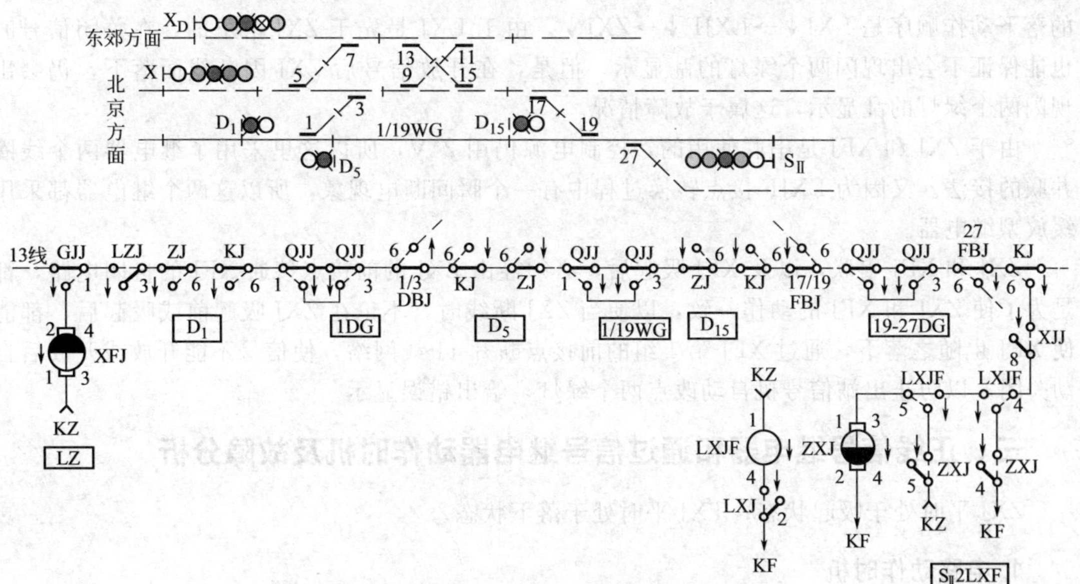

图 2-52 主信号及辅助继电器电路

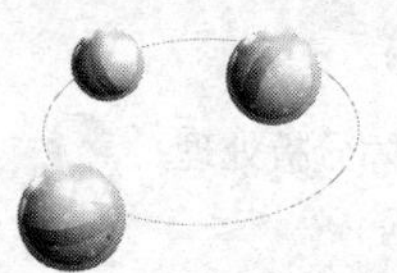

串联，这样就可以用一个 XFJ 监督各个 ZXJ。当 ZXJ 因电路故障落下时，XFJ 也随之落下，用 XFJ 的前接点断开 11 线，使 LXJ 落下，以达到 ZXJ 故障时出站信号机自动关闭的目的。

13 线网络是解锁进路用的，在进路处于锁闭状态下，列车还未驶入进路前，这条网络不起作用，正好用来兼作 ZXJ 和 XFJ 电路。在进路锁闭过程中，利用两个 QJJ 的前接点把网络线在断开处连起来。在进路始端，经 KJ 第 6 组的前接点和 XJJ 第 8 组的前接点将 ZXJ 线圈接向网络。在进路终端，通过 GJJ 第 1 组的接点将 XFJ 线圈接向网络。这样，当向主要方向发车时，ZXJ 和 XFJ 便会同时吸起，使出站信号机显示绿灯或黄灯。

为了防止出站信号机在开放信号和关闭信号时，出现闪两个绿灯的情况，在电路中必须解决 LXJ 和 ZXJ 的吸起和落下的时间关系。从继电器控制 4 种信号显示的动作关系中可看出，在开放信号时，如果 LXJ 先于 ZXJ 吸起，就要在显示一个绿灯（或一个黄灯）前，先闪一下两个绿灯；在关闭信号时，如果 ZXJ 先于 LXJ 落下，那么，也将在改点红灯前，先闪一下两个绿灯。在电路中必须要求 ZXJ 先于 LXJ 吸起，LXJ 先于 ZXJ 落下，这样，才会防止上述闪两个绿灯情况的发生。

当向主要方向发车时，在进路锁闭后 13 线网络被接通，有关继电器动作的顺序如下所示。

KJ↑→XJJ↑→QJJ↑ → ZXJ↑
　　　　　　　　　　 XFJ↑ ——————→ LXJ↑
　　　　　　　　 → 1LJ↓→ SJ↓→ LXJ↑
　　　　　　　　 → 2LJ↓→

可见，ZXJ 是先于 LXJ 吸起的。并且在 11 线网络上还接有 XFJ 的前接点，这就保证了如果 ZXJ 不吸起，LXJ 是不会吸起的，在开放信号时，不会出现闪两个绿灯的乱显示。

当 LXJ 吸起后，LXJF 也随着吸起，这时 ZXJ 经由 LXJF 第 5 组的前接点接通自闭电路。而 XFJ 经由 LXJF 第 4 组的前接点和 ZXJ 第 4 组的前接点通过 13 线网络继续接通励磁（因 XFJ 和 ZXJ 串联，经由 ZXJ 前接点构成的 XFJ 电路，也可称为自闭电路）。ZXJ 一直到 LXJF 随着 LXJ 落下断开自闭电路后才复原，而 XFJ 是随着 XJJ 或 GJJ 的失磁而复原的。

在 ZXJ 的自闭电路中，因为接有 LXJF 的前接点，所以在关闭信号过程中，LXJ 和 ZXJ 的落下动作顺序是 LXJ↓→LXJF↓→ZXJ↓。由于 LXJ 是先于 ZXJ 落下的，在关闭信号时也能保证不会出现闪两个绿灯的乱显示。但是，在开放信号后 ZXJ 因断线而落下，仍会出现闪两个绿灯的乱显示，这属于故障情况。

由于 ZXJ 和 XFJ 是串联使用的，控制电源仍用 24V，所以这里采用了继电器两个线圈并联的接法。又因为 LXJF 接点转换过程中有一个瞬间断电现象，所以这两个继电器都采用缓放型继电器。

ZXJ 和 XFJ 串联，以及 XFJ 吸起后，必须经由 ZXJ 的前接点接通 XFJ 的自闭电路，都是为了使 ZXJ 和 XFJ 的动作一致，以便当 ZXJ 断线时，不论在 ZXJ 吸起前或吸起后，都能使 XFJ 也随之落下，通过 XFJ 第 1 组的前接点断开 11 线网络，使信号不能开放或开放后自动关闭，以防止出站信号机自动改点两个绿灯，给出错误显示。

三、正线信号继电器和通过信号继电器动作时机及故障分析

ZXJ 平时处于吸起状态；TXJ 平时处于落下状态。

1. 电路动作时机

- 当正线上某组对向道岔开通侧线时，ZXJ 落下。

• 当进站 LXJF 和出站 LXJ 吸起，且列车进路开通正线，即 ZXJ 吸起时，TXJ 吸起。

• 当进站信号关闭后，LXJF 落下，使 TXJ 落下。

2. 故障分析

① ZXJ 平时因故落下。当开放正线和通过信号时，进站只能显示侧线接车信号，即点亮两个黄灯。

② TXJ 不能吸起。开放通过信号时，进站信号机只能显示正线接车信号，即点亮一个黄灯。

任务六 ●●● 进路锁闭及解锁继电器电路识读及故障分析处理

任务目标 ▶▶▶

1. 了解锁闭继电器的作用并熟悉电路。
2. 了解轨道反复示继电器的作用并熟悉电路。
3. 了解传递继电器的作用并熟悉电路。
4. 了解进路继电器的作用并熟悉电路。

任务实施 ▶▶▶

6502 电气集中联锁系统的进路解锁，按照解锁方式分为正常解锁、取消进路、人工解锁、调车中途返回解锁、引导解锁以及故障解锁。进路解锁是有条件的，满足解锁的条件进路才会解锁。为实现进路的锁闭与解锁，在区段组合里设有锁闭继电器 SJ、轨道反复示继电器 FDGJ、传递继电器 CJ、进路继电器 1LJ 和 2LJ，以及在 F 组合供出的条件电源 KZ—GDJ。这些继电器是实现进路锁闭与解锁的必要条件。

一、锁闭继电器电路识读

对应每组单动道岔设一个锁闭继电器。双动道岔因在不同的两个道岔区段，必须设两个锁闭继电器，双动道岔左边的为 1SJ，右边的为 2SJ。

锁闭继电器的作用是锁闭道岔和敌对进路。

锁闭道岔是由接在道岔启动电路中的 SJ 前接点实现的。当 SJ 落下，断开 1DQJ 的励磁电路，从而达到锁闭道岔的目的。

锁闭敌对进路是通过接在 KJ 和 ZCJ 励磁电路中的 SJ 前接点实现的。进路锁闭后，SJ 落下断开本咽喉的敌对进路；用 SJ 前接点与 GJJ 后接点配合，使 ZCJ 落下，锁闭另一咽喉迎面的敌对进路。

如图 2-53 所示是锁闭继电器电路。平时 SJ 吸起，道岔处于解锁状态，可对道岔进行单独操纵或经该道岔办理进路。

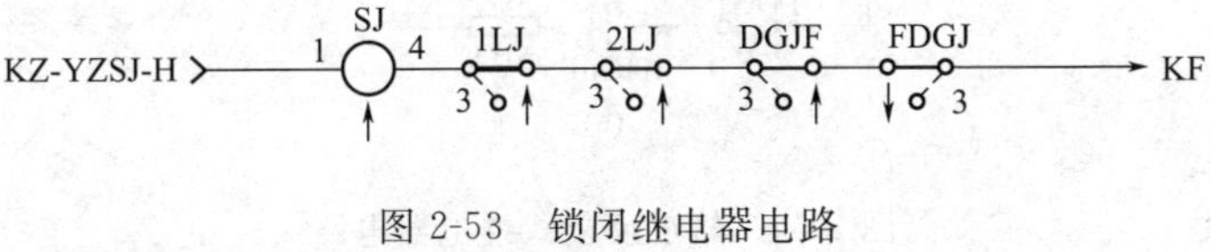

KZ-YZSJ-H　1 SJ 4　1LJ 3　2LJ 3　DGJF 3　FDGJ 3　KF

图 2-53　锁闭继电器电路

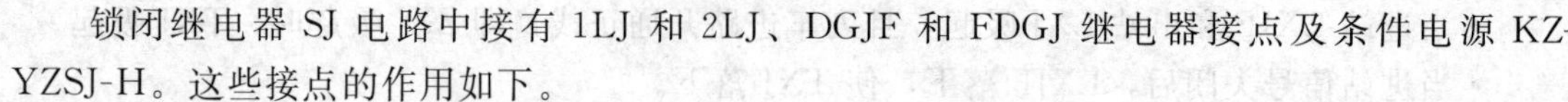

锁闭继电器 SJ 电路中接有 1LJ 和 2LJ、DGJF 和 FDGJ 继电器接点及条件电源 KZ-YZSJ-H。这些接点的作用如下。

（1）1LJ 和 2LJ 前接点　当进路建立后，由于进路继电器落下，断开 SJ 电路，使 SJ 落下，实现进路锁闭。

（2）DGJF 前接点　当道岔区段有车占用或轨道电路发生故障时，由于 DGJF 落下断开 SJ 电路，使 SJ 落下，实现区段锁闭。

（3）FDGJ 后接点　防止轻车跳动或轨道电路瞬间分路不良而使 SJ 吸起，造成进路提前错误解锁。

有时会出现这样的情况，当列车高速运行快要离开道岔区段时，由于轻车的跳动引起轨道电路瞬间分路不良，使 DGJ 瞬间吸起。因为此时车尚未出清道岔区段，SJ 的提前错误吸起可能会造成道岔中途转换。由于 FDGJ 有 3～4s 的缓放时间，将其第 3 组的后接点串在 SJ 电路中，当轻车跳动时，由于 FDGJ 的缓放，经 3～4s 后才能吸起，此时车已出清道岔区段，不会危及行车安全。

电路中接入 FDGJ 也不能将 DGJF 接点取消，因为仅有 FDGJ 的后接点，当道岔区段有车占用时，不能反映区段有车占用。用 FDGJ 落下反映区段空闲，这不符合故障—安全原则。

（4）条件电源 KZ-YZSJ-H　平时 KZ-YZSJ-H 有电，当需要办理全咽喉道岔总锁闭方式引导接车时，按下引导总锁闭按钮 YZSA，引导总锁闭继电器 YZSJ 吸起，断开条件电源 KZ-YZSJ-H，使全咽喉 SJ 都落下，实现全咽喉道岔总锁闭。

二、轨道反复示继电器电路识读

轨道反复示继电器 FDGJ 与轨道继电器 DGJ 相对应，设在同一个区段组合内。

轨道反复示继电器的作用是：

① 利用 FDGJ 的缓放特性防止轻车跳动或轨道电路瞬间分路不良引起 SJ 错误吸起，造成道岔提前解锁；

② 控制传递继电器 CJ，使其具有及时励磁特性和滞后励磁特性，使进路解锁具有不同的动作规律；

③ 检查 10 线网络是否断线及 FDGJ 线圈并联 RC 支路的完整性；

④ 利用 FDGJ 的缓放，实现对解锁电路的瞬间供电，提高解锁电路的可靠性。

FDGJ 电路如图 2-54(a) 所示。平时 DGJ 吸起，FDGJ 落下。建立进路后 QJJ 吸起，当有车占用时 DGJ 落下使 FDGJ 励磁，同时接通 RC 充电回路。在刚接通的瞬间，RC 的充电

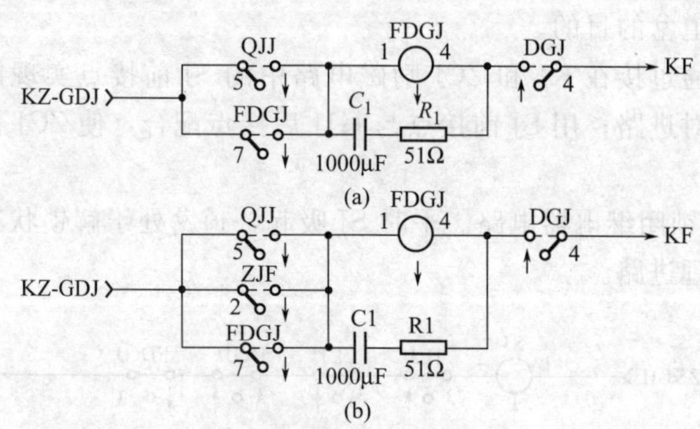

图 2-54　轨道反复式继电器电路

电流大，FDGJ 的励磁电流小，FDGJ 还不能立即吸起。当充电到一定时间，*RC* 的充电电流越来越小，而 FDGJ 的励磁电流越来越大，达到工作值时使 FDGJ 吸起。由于 FDGJ 吸起使 QJJ 落下，FDGJ 的励磁电路又被 QJJ 前接点断开，这时 FDGJ 要依靠电容 C 的放电电流才能可靠吸起，然后自闭。车出清轨道区段，DGJ 吸起后，FDGJ 自闭电路被断开，经 3～4s 缓放后落下。

合理选择 *RC* 数值，使 FDGJ 具有 3～4s 缓放时间，当轻车跳动或轨道电路瞬间分路不良时，由于 FDGJ 的缓放时间较长，虽然 DGJ 曾一度吸起又落下，但是 FDGJ 不会落下。从而防止轻车跳动使 SJ 提前吸起而造成道岔提前解锁。

在 FDGJ 的励磁电路中接入 QJJ 第 5 组的前接点，是用来检查 10 线网络及 FDGJ 线圈并联 *RC* 支路完整性的。QJJ 的自闭电路是在车未驶入本区段时是依靠 FDGJ 第 2 组的后接点从 10 线网络获得 KF 电源的，如果 10 线网络断线，列车或调车车列运行前方各区段的 $QJJ_{1\text{-}2}$ 线圈因得不到 10 线网络 KF 电源而提前落下，当车进入本区段时该区段的 FDGJ 将因 QJJ 的落下而不能励磁。FDGJ 不吸起，进路就不能正常解锁，从而能及时发现 10 线网络的断线故障。若 FDGJ 线圈上并联的 *RC* 支路断线或电容器 C 被击穿时，因 FDGJ 电路失去了所需的充放电过程，当车进入本区段时不能构成 FDGJ 线圈的缓吸电路，使 FDGJ 不能吸起，进路不能正常解锁，也可以及时发现 *RC* 支路断线或电容器被击穿。

对于 FDGJ 作用②、④的实现，将分别在传递继电器电路和正常解锁电路予以说明。图 2-55 是无岔区段的 FDGJ 电路，它与道岔区段的 FDGJ 电路有所不同。因为向无岔区段调车时，无岔区段的 QJJ 不会吸起。因此在无岔区段 FDGJ 电路中的 QJJ 第 5 组的前接点上并联终端复示继电器 ZJF 的前接点，ZJF 是无岔区段两端差置调车信号机 ZJ 的总复示继电器。凡是办理以差置调车信号机为终端的调车进路，或是经无岔区段的长调车进路时，其终端继电器 ZJ 必定吸起，使得 ZJF 也吸起。这样，当调车车列占用无岔区段时，ZJF 吸起，构成了 FDGJ 的励磁电路，以满足调车中途返回解锁电路的需要。

当 FDGJ 接点不够用时，在区段组合 Q 里要增设 FDGJF。一般情况下，FDGJF 不起作用，可以不插入，只有在下述两种情况下需插入 FDGJF。

第一种情况，与两条及其以上股道连接的道岔区段应增设 FDGJF，如举例站场的 19-27DG 区段。因为连接股道的 13 线网络需接入相邻道岔区段的 FDGJ 前接点，用于向股道建立进路的正常解锁。连接两条股道，需要 2 组 FDGJ 接点，而 FDGJ 只有一组备用接点，所以要在 Q 组合里增设 FDGJF。

第二种情况，一个道岔区段既能作为两架调车信号机的接近区段，又能作为两条调车进路的最末道岔区段时，例如 9-15DG 区段，则必须设 FDGJF。因为调车中途返回解锁电路要用接近区段的 FDGJ 第 6 组的接点，该区段作为两架信号机 D_7 和 D_{13} 的接近区段则需 2 组 FDGJ 接点，该区段作为两条进路最末道岔区段又需 2 组 FDGJ 接点。这样，上述 9-15DG 共需 4 组 FDGJ 接点，因接点不够用，应增设 FDGJF。

三、传递继电器电路识读

传递继电器的作用主要是传递解锁电源，另外用于实现故障解锁和特殊情况下关闭信号。

如图 2-55 所示是 CJ 电路，平时 CJ 经其 3-4 线圈保持吸起，建立进路后由 1LJ 和 2LJ 的落下使 CJ 落下。CJ 的 1-2 线圈是供故障解锁和特殊情况下关闭信号用。

在 CJ 的 3-4 线圈励磁电路中接有 FDGJ 第 1 组后接点，它控制 CJ 的励磁时间，使 CJ

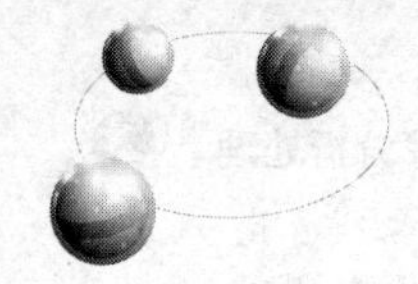

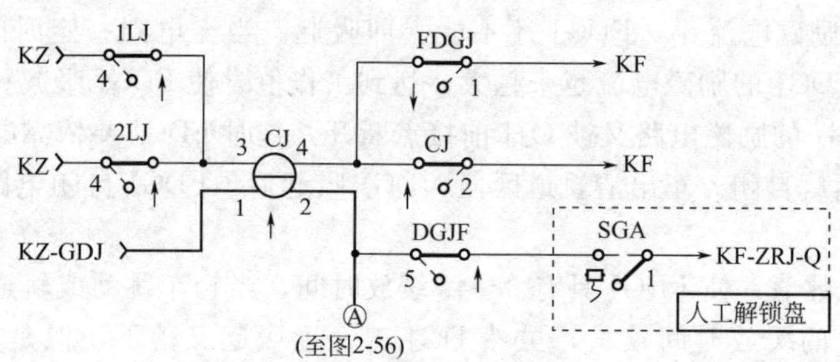

图 2-55　传递继电器电路

具有两个特性。CJ 具有以下两个特性。

(1) 滞后励磁特性　由于进路上有车，当 1LJ 和 2LJ 都吸起，CJ 滞后 3～4s 吸起的特性称为 CJ 的滞后励磁特性，也称慢动特性。

在正常解锁时，由于进路上有车，当车占用本区段时，虽然两个 LJ 中有一个会吸起，但因此时 FDGJ 吸起，所以 CJ 的 3-4 线圈电路不通。当车出清该区段后，两个 LJ 都吸起，FDGJ 经 3～4s 缓放落下。由 FDGJ 第 1 组的后接点接通 $CJ_{3\text{-}4}$ 线圈电路，使 CJ 吸起。CJ 的滞后励磁特性，用于进路的正常解锁。

(2) 及时励磁特性　由于进路上无车，只要有一个 LJ 吸起，CJ 会立即吸起的特性称为 CJ 的及时励磁特性，也称快动特性。

在人工解锁、取消进路和调车中途返回解锁时，因为进路上无车，FDGJ 在落下状态，当两个 LJ 中的任何一个吸起，就能立即接通 CJ 的 3—4 线圈电路，使 CJ 立即吸起。CJ 的及时励磁特性用于人工解锁、取消进路和调车中途返回解锁。

传递继电器 CJ 的 1-2 线圈电路在故障解锁及特殊情况下关闭信号时起作用。

四、进路继电器电路识读

进路继电器的作用是参与进路的锁闭与解锁，同时控制进路光带表示灯。

对应每个道岔区段和设有区段组合的无岔区段均设两个进路继电器 1LJ 和 2LJ。在一个组合中之所以设两个进路继电器，主要是为了正常解锁时实现三点检查。

如图 2-56 是进路继电器的局部电路。两个进路继电器 1LJ 和 2LJ 平时都是由 3-4 线圈

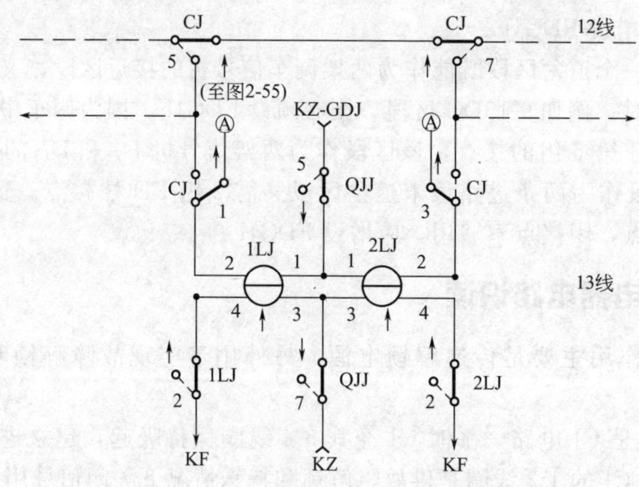

图 2-56　进路继电器局部电路

接通自闭电路而保持吸起的，由它们的前接点接通锁闭继电器 SJ 励磁电路，使 SJ 吸起，表明该区段处于解锁状态。当利用该区段建立进路时，在 QJJ 吸起后断开 1LJ 和 2LJ 的自闭电路，使两个进路继电器都落下，并断开 SJ 电路，使 SJ 也落下，该区段处于进路锁闭状态。上述继电器动作的逻辑关系为 XJJ↑→QJJ↑→1LJ↓→2LJ↓→SJ↓。同时两个 LJ 的落下也断开了 CJ 的 3-4 线圈自闭电路，使 CJ 落下。CJ 的落下也可以反映区段处于锁闭状态，这就是为什么在选岔电路的 6 线网络中用 CJ 后接点表示区段处于锁闭状态的原因。

进路继电器的 1-2 线圈在励磁电路中，平时断开。当进路锁闭后，通过 CJ 的后接点接入 12 线网络。各种解锁的主要条件及解锁电源 KF 经 12 线网络检查满足要求后，使 LJ 的 1-2 线圈吸起。同样 LJ 的 3-4 线圈是从 13 线网络上得到解锁电源 KF 而吸起，LJ 的 1-2 线圈接入条件电源 KZ-GDJ，用来防止轨道电源停电后恢复供电时，造成进路继电器错误吸起。

进路继电器的电路结构，左右完全对称。左边为 1LJ，右边为 2LJ，1LJ 的 1-2 线圈经 CJ 后接点从左侧接向 12 线网络；2LJ 的 1-2 线圈经 CJ 的后接点从右侧接向 12 线网络。1LJ 的 3-4 线圈从左侧直接与 13 线网络连接；2LJ 的 3-4 线圈从右侧直接与 13 线网络连接。这种左右完全对称的电路结构是为了适应两个不同方向进路的解锁，可以使进路的各种解锁方式具有规律性。

五、故障解锁电路识读

故障解锁电路是由 CJ 和 1LJ、2LJ 的局部电路构成，不涉及 12、13 线解锁网络。

故障解锁主要用于下列情况。

① 在办理进路时，因电路故障使有些道岔区段未锁闭，信号不能开放，需要将已锁闭的区段实行故障解锁。

② 在正常解锁、取消进路、人工解锁、调车中途返回解锁或引导进路解锁时，由于轨道电路故障造成某些道岔区段未解锁，对于未解锁区段需进行故障解锁。

③ 在轨道电源停电恢复供电、维修换线或更换继电器等引起个别区段的锁闭，应对已锁闭的区段实行故障解锁。

④ 电源停电后恢复供电引起全站所有区段的锁闭。要使设备恢复正常，要进行故障解锁。

故障解锁的条件是：必须检查故障解锁的区段空闲，必须检查故障解锁的手续已办好。故障解锁要由两个人协同操作，一个人按下控制台上本咽喉的总人工解锁按钮 ZRA，另一个人按下区段人工解锁按钮盘上相应区段的事故按钮 SGA。在破铅封按下 SGA 前要确认列车的动态。

在故障锁闭时，两个 LJ 一般都在落下状态，CJ 的自闭电路被断开，它也在落下状态。按下 ZRA 后，条件电源 KF-ZRJ-Q 有电。按下故障区段的 SGA，使 CJ 的 1-2 线圈电路接通其励磁电路为 KZ-GDJ—$CJ_{1\text{-}2}$—$DGJF_{51\text{-}52}$—$SGA_{12\text{-}11}$—KF-ZRJ-Q。

该励磁电路中，由 SGA 的 11-12 接点和条件电源 KF-ZRJ-Q 检查办理了故障解锁手续，由 DGJF 第 5 组的前接点检查了区段空闲。CJ 吸起后，经 CJ 第 1、3 两组前接点使 1LJ 和 2LJ 励磁，其励磁电路为 KZ-GDJ—$QJJ_{51\text{-}53}$—$1LJ_{1\text{-}2}$—$CJ_{11\text{-}12}$—$2LJ_{1\text{-}2}$—$CJ_{31\text{-}32}$—$DGJF_{51\text{-}52}$—$SGA_{12\text{-}11}$—KF-ZRJ-Q。

故障区段的 1LJ 和 2LJ 吸起后经其 3-4 线圈自闭，继而使锁闭继电器 SJ 吸起，故障区

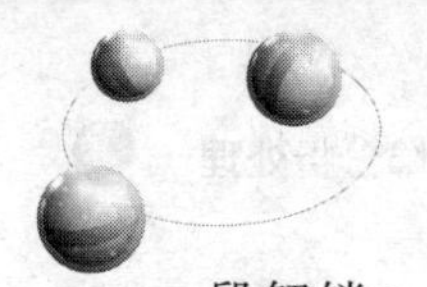

段解锁。

应注意的是，在办理进路过程中有些区段未锁闭，进路建立后接近区段故障或接近区段有车占用等情况下，在办理故障解锁时，必须首先取消原办理的进路，使进路始端的取消继电器 QJ 吸起，使已锁闭区段的 QJJ 落下，然后办理故障解锁。

在特殊情况下关闭信号的方法，也和上述故障解锁的手续相同，只不过按下的是进路中任意一个区段的 SGA。当 CJ 经 1-2 线圈吸起后，用 CJ 的第 4 组的后接点断开 11 线网络，使信号继电器落下，从而达到关闭信号的目的。

为了防止当进路建立车正在接近区段上运行时，错误按下该进路上某一区段的 SGA 和 ZRA 造成迎面错误解锁。在 10 线网络 QJJ 自闭电路的始端信号机处接入 JYJ 的后接点进行防护。接近区段有车，JYJ 落下，QJ 因故障不能吸起时，10 线网络供出的 KF 电源使进路上各区段的 QJJ 可靠自闭。这样在车已驶入接近区段时，即使错误按下进路上某区段 SGA 和 ZRA，关闭信号，也不会使 LJ 吸起而错误解锁。

六、条件电源 KZ-GDJ

在进路锁闭与解锁用 1LJ 和 2LJ、CJ、FDGJ 及 GJJ 电路中之所以都采用条件电源 KZ—GDJ，是因为，正常解锁和调车中途返回解锁是受运行中的列车或调车车列的控制而自动进行的，是用组成进路的各个轨道电路区段的轨道继电器 DGJ 顺序落下和吸起来验证的。如果当轨道电源停电后又恢复供电时，进路上各区段的 DGJ 由于参数差异，其落下和吸起顺序恰好与车占用与出清轨道区段的顺序一致，那么已锁闭的进路会在轨道电源停电恢复时自动错误解锁，这是十分危险的。为了防止这种情况的发生，6502 电气集中联锁系统采取了两项措施，一是对轨道电路供电设置监督设备，二是在进路锁闭与解锁用的继电器电路中采用了条件电源 KZ-GDJ，从电路上进行防护。

1. 轨道供电监督设备

为缩小轨道电路停电的影响范围，轨道电路区段较多的电气集中车站一般采用四束干线供电，每个咽喉区两束。每束供电干线在电源屏内各设一个轨道供电监督继电器 1GDJ～4GDJ，用来监督供电情况。每个咽喉区在方向组合 F 内设一个轨道停电继电器 GDJ 和一个轨道停电复示继电器 GDJF，用这两个继电器的前接点构成条件电源 KZ-GDJ。其电路如图 2-57 所示。

在轨道电路供电正常时，GDJ 和 GDJF 均吸起，条件电源 KZ-GDJ 有电。当轨道电路电源发生故障（如电源停电、熔丝熔断、断线等）时，GDJ 和 GDJF 相继落下，条件电源 KZ-GDJ 无电。当轨道电源停电后，控制台上各区段点亮红光带，以引起车站值班人员的注意。

2. 条件电源 KZ-GDJ

条件电源 KZ-GDJ 是由 GDJ 和 GDJF 两组前接点分别并联后串接形成的。它具有两个显著的特点。

(1) 断电快　只要轨道电源停电，条件电源 KZ-GDJ 立即断电，有关继电器动作程序如下所示。

断电→ | DGJ↓
　　　 | 电源屏 GDJ↓→GDJF↓→KZ-GDJ 无电

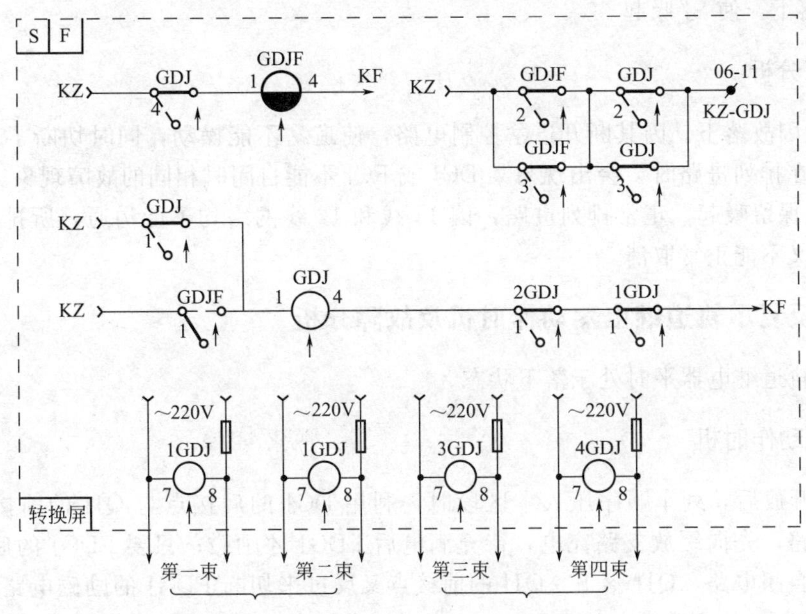

图 2-57 GDJ 电路和条件电源 KZ-GDJ 电路

（2）来电慢 轨道电源恢复供电时，条件电源 KZ-GDJ 需经 3 个继电器的动作时间才会有电，有关继电器动作程序如下所示。

通电→ | DGJ↓
电源屏 GDJ↑→GDJ↑→GDJF↑→KZ-GDJ 有电

从以上动作程序可以看出：当轨道电源供电干线断电时，DGJ 立即落下，由于条件电源 KZ—GDJ 断电快，防止 FDGJ 吸起。在停电后又恢复供电时，电源屏内轨道供电监督继电器 GDJ 先吸起，F 组合内 GDJ 和 GDJF 随后相继吸起，并且由于 GDJF 选用 JWXC-H340 型缓放继电器，它具有缓吸性能，所以经 GDJ 和 GDJF 前接点接通的条件电源 KZ-GDJ 要比 DGJ 吸起时间滞后很多，这样就能保证进路中各区段轨道继电器 DGJ 全部吸起后，条件电源 KZ-GDJ 才会接通有电。进路解锁要通过条件电源 KZ-GDJ 才能使进路继电器 1LJ 和 2LJ 吸起。所以，对已锁闭的进路不会因轨道电源停电恢复而产生错误解锁。

对已锁闭的进路，如果在停电期间车尚未驶入进路，则可重复开放信号，等车经过进路后，使进路正常解锁。如果车已经在停电过程中驶过，那么可按故障解锁方法，使进路中各区段解锁。

七、SJ、FGDJ、CJ、LJ 动作时机及故障分析

（一）锁闭继电器动作时机及故障分析

锁闭继电器平时处于吸起状态。

1. 电路动作时机

排列进路，因 1LJ 或 2LJ 落下，使 SJ 落下；进路解锁，因 1LJ 和 2LJ 均吸起，SJ 吸起（在正常解锁时，SJ 实际是随 FDGJ 落下而吸起的）。

区段有车，DGJF 落下，使 SJ 落下。

办理引导总锁闭时，按下引导总锁闭按钮，YZSJ 吸起，使 SJ 落下，拉出引导总锁闭按

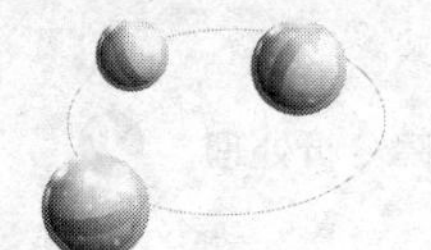

钮，YZSJ 落下，使 SJ 吸起。

2. 故障分析

① 平时因故落下。因其断开道岔控制电路，使道岔不能操动，同时切断了 DCJ 或 FCJ 自闭电路，在排列进路时，会出现与某 DCJ 或 FCJ 不能自闭时相同的故障现象。

② 错误保留吸起。正常排列进路，因 11 线和 12 线网络均不能沟通，所排进路即不能开放信号，又不能正常取消。

（二）反复示轨道继电器动作时机及故障分析

反复示轨道继电器平时处于落下状态。

1. 电路动作时机

当信号开放后，列车顺序压入本区段时，利用 DGJ 的后接点与 QJJ 的前接点相配合，接通励磁电路，先向缓放支路充电，待充满电后 FDGJ 才励磁；只要 FDGJ 的后接点断开，就切断 QJJ 自闭电路，QJJ 落下，QJJ 的前接点又反过来切断 FDGJ 的励磁电路，于是，缓放支路向 $FDGJ_{1\text{-}4}$ 线圈放电，维持 FDGJ 前接点闭合而接通自闭电路。

当列车出清本区段时，DGJ 吸起，切断 FDGJ 自闭电路，FDGJ 缓放 3～4s 后落下。

2. 故障分析

不能励磁，自闭或缓放时均导致进路不能正常解锁。励磁电路故障，FDGJ 根本不能吸起；缓放支路故障，FDGJ 在落下位置跳动一下。因为 FDGJ 与 QJJ 有互切关系，即 QJJ 吸起时前接点接通 FDGJ 励磁电路，但只要 FDGJ 后接点离开就切断 QJJ 自闭电路，使 QJJ 落下，只要 QJJ 前接点离开、又切断 FDGJ 励磁电路，FDGJ 因不能构成自闭而失磁落下。自闭电路故障，FDGJ 吸起后自动落下。

需要说明的是，若 10 线网络断路，由于 QJJ 自闭电路不能构成，即列车还未进入本区段，QJJ 早已落下，故不能与 DGJ 落下条件相配合使 FDGJ 励磁，最终导致进路不能正常解锁。

（三）传递继电器动作时机及故障分析

传递继电器平时经 3-4 线圈的励磁和自闭电路保持吸起状态。

1. 电路动作时机

正常排列进路时，当 1LJ 和 2LJ 均落下后，切断 $CJ_{3\text{-}4}$ 线圈的励磁和自闭电路，使 CJ 落下。

正常解锁时，FDGJ 落下，用其后接点接通 CJ 励磁电路，使 CJ 励磁并自闭。

故障解锁时，经 1-2 线圈励磁；1LJ 或 2LJ 吸起后，用其前接点接通 3-4 线圈自闭电路。

用其他方式解锁进路，只要 1LJ 或 2LJ 吸起，CJ 便经 3-4 线圈励磁并自闭。

2. 故障分析

① 平时因故落下。正常排列进路时，出现始终端一直闪光的现象。因为 CJ 落下后切断

了 6 线网络。

② 错误保留吸起。会出现信号不能开放，进路又不能正常取消的现象。因为 CJ 不落下，11 线和 12 线网络均不能沟通。

③ 1-2 线圈励磁电路故障。相应区段锁闭后不能实现故障解锁。因 CJ 不能吸起，1LJ 和 2LJ 无法吸起。

（四）进路继电器动作时机及故障分析

每个区段设有两个 LJ，分别为 1LJ 和 2LJ。它们平时经 3-4 线圈自闭电路保持吸起状态。

1. 电路动作时机

锁闭进路时，QJJ 吸起，切断两个 LJ 的自闭电路，使它们均落下，点亮该区段的白光带。

故障解锁时，1LJ 和 2LJ 同时随 CJ 吸起而励磁并自闭。

其他方式解锁时，从左至右的进路总是 1LJ 先吸起，2LJ 后吸起；从右至左的进路总是 2LJ 先吸起，1LJ 后吸起。先吸起的 LJ 总是经 1-2 线圈从 12 线网络上的始端方向取得解锁电源而励磁，并经 3-4 线圈自闭；后吸起的 LJ 总是经 3-4 线圈从 13 线网络上的终端方向取得解锁电源而励磁，并经该线圈直接自闭。

2. 故障分析

① 1LJ 和 2LJ 错误保留吸起，正常排列进路时，本区段不显示白光带，信号不能开放。

② 1LJ 和 2LJ 因故落下，直接点亮本区段的白光带。

③ 励磁电路和自闭电路故障。参看解锁网络的故障分析。

任务七　●●●　进路解锁电路分析

任务目标 ▶▶▶

1. 了解进路解锁的类型。
2. 理解正常解锁的概念、满足的条件及三点检查。
3. 了解取消进路和人工解锁的条件。
4. 了解调车中途返回解锁方式。

任务实施 ▶▶▶

6502 电气集中联锁系统的进路解锁分为正常解锁、取消进路、人工解锁、调车中途返回解锁、引导解锁以及故障解锁。

一、正常解锁电路分析

6502 电气集中联锁系统进路解锁采用逐段解锁方式。当进路锁闭后，防护进路的信号机开放，列车或调车车列驶入进路使信号机自动关闭，在顺序占用和出清进路上的轨道电路区段后，各区段自动解锁，这种解锁称为进路的正常解锁。

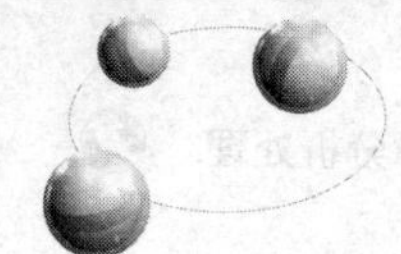

正常解锁电路条件有两个。

① 防护进路的信号机关闭。

② 必须满足三点检查。

进路锁闭后，列车或调车车列驶入进路，进路在正常解锁前首先应关闭信号，以防止后续列车或调车车列驶入正在解锁的进路，危及行车安全。

采用逐段解锁方式时，解锁的对象是进路上的轨道电路区段。因此，可以用轨道电路区段的 DGJ 一度落下后又吸起作为车顺序占用和出清区段的证明。

用一段轨道电路的 DGJ 落下后又吸起证明车曾占用并已出清区段的方法，称为一点检查。用一点检查作为轨道区段解锁的条件是不安全的。因为轨道电路故障后又恢复正常，或轨道电路人工短路时，也会使该区段 DGJ 一度落下后又吸起，而无法与一点检查相区别。用相邻的两个轨道区段的 DGJ 落下后又吸起证明车占用过进路的方法称为两点检查。用两点检查作为轨道区段解锁的条件也存在问题，因为轨道电路采用极性交叉来防护绝缘破损，当相邻轨道电路之间的绝缘破损时，使得两个 DGJ 同时落下，此后因邻线行车震动可能使破损的绝缘恢复正常，又会使两个 DGJ 重新吸起，从而造成区段错误解锁。显然，两点检查的方法不安全，一般也不采用。

采用三点检查使轨道区段解锁，是安全有效的方法。所谓三点检查就是用相邻的三个轨道区段作为解锁的检查条件。一个区段的解锁不仅要检查车占用过并且已出清本区段，还要检查车占用过并且已出清前一区段，而且已进入后一区段。

如图 2-58 所示，以 3DG 区段为解锁对象，必须检查调车车列占用并出清 1DG 区段，占用并出清 3DG 区段，且占用 5DG 区段，此时 3DG 区段才能解锁。

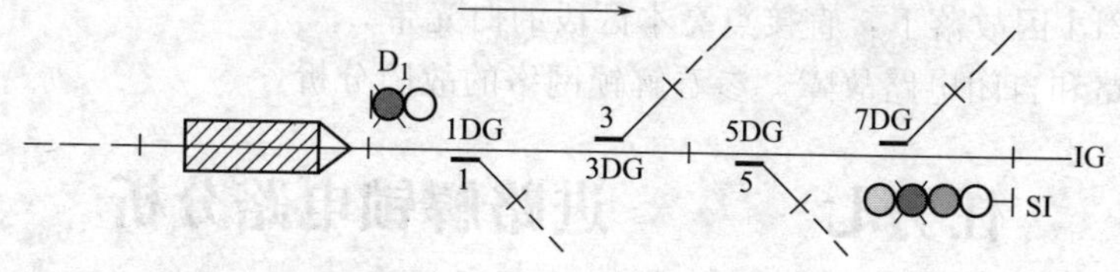

图 2-58 三点检查示意图

用两个进路继电器来进行正常解锁三点检查。例如从左向右解锁进路，当车占用过并已出清前一区段且占用本区段时，1LJ 吸起，作好检查第一点的占用和出清以及第二点占用的记录；当车出清本区段并占用后一个区段时，2LJ 吸起，作好第二点出清和第三点被占用的记录。这样 1LJ 和 2LJ 都吸起，就完成了被解锁区段的三点检查。反之，从右向左解锁进路时，用 2LJ 先吸起作为车曾占用并已出清前一区段且占用本区段的记录，用 1LJ 后吸起作为车出清本区段并占用后一区段的记录。

在进路的正常解锁中，也存在着两点检查和一点检查后轨道区段就解锁的情况。例如，对于由股道办理的调车进路和列车进路，以及由尽头线或无岔区段办理的调车进路，由于股道、尽头线及无岔区段都允许停有车辆，所以进路内方第一个轨道区段的解锁不能检查其前一区段的车辆出清情况，此时只能实现两点检查。

对于调车进路中仅有一个道岔区段，其接近区段是股道或尽头线，最后一个区段是无岔区段的情况时，该道岔区段的解锁只能实现一点检查。

二、取消进路电路分析

当进路建立，信号开放，在接近区段无车的情况下，想要取消或改变进路，这时就要办理取消进路手续，使欲取消的进路按取消进路方式解锁。

取消进路解锁条件有三个。

① 进路的接近区段确实无车，进路处于预先锁闭状态；

② 防护进路的信号机随办理取消进路的手续而关闭；

③ 进路处于空闲状态。

作为取消进路的先决条件，必须证实进路的接近区段确实无车，进路处于预先锁闭状态。这可以用信号开放后，其接近预告继电器 JYJ 吸起来证明。

办理取消进路的手续是：同时按下本咽喉区的总取消按钮 ZQA 和所要取消进路的始端按钮。办理取消进路手续后，取消继电器 QJ 吸起，断开信号继电器电路，信号机随之关闭。同时断开信号检查继电器的自闭电路，使 XJJ 落下。再通过 8 线网络证明进路确实空闲后使 XJJ 重新吸起。由于区段检查继电器 QJJ 和信号继电器 XJ 落下表明已具备取消进路的解锁条件，此时将解锁电源 KF 接入解锁网络，使进路中各区段的进路继电器 1LJ 和 2LJ 吸起，进路中各轨道区段由终端向始端逐段解锁。

三、人工解锁电路

在进路建立，信号开放，列车或调车车列驶入接近区段，进路处于接近锁闭状态时，若要关闭信号、解锁进路，就不能用取消进路的方法，而必须办理人工解锁。在人工解锁进路时，应检查人工解锁的条件，防护进路的信号机随办理手续而立即关闭，为防止列车或调车车列冒进信号而进入解锁的道岔区段，进路必须延时解锁。

人工解锁的解锁条件有三个。

① 信号开放后，列车或调车车列已驶入接近区段，进路处于接近锁闭状态。

② 防护进路的信号机随办理人工解锁的手续而关闭。从关闭信号时起，接车进路和正线发车进路要延时 3min 方允许解锁；站线发车进路和调车进路要延时 30s 才允许解锁。

③ 应检查进路空闲并在延时过程中车未冒进信号。

四、调车中途返回解锁电路

调车中途返回解锁是调车进路的一种自动解锁方式。通常在转线调车作业时涉及到这种解锁。

1. 转线调车作业过程

转线调车作业时，整个调车作业过程包括牵出作业和返回作业两个阶段。为牵出作业建立的进路称为牵出进路，为返回作业建立的进路称为返回进路，也称折返进路。牵出进路可能是一条短调车进路，也可能是一条长调车进路。当转线的调车车列被牵出时，往往走不完牵出进路的全程，就根据反向的调车信号折返了。例如由 IG 转线到ⅡG 去的调车作业，因为调车车列较长，牵出时开放了出站信号机 S_ID 和 D_7 调车车列牵出越过反向的调车信号机 D_{13} 后停车，其占用了 3DG 区段，但没有占用 5DG 区段。停车后，根据 D_{13} 的白灯显示，车转到ⅡG 去。在牵出作业过程中，无论牵出进路是短调车进路还是长调车进路，只要被调车车列占用过而又没有沿牵出方向通过，就不符合正常解锁的条件，不能按照正常解锁方式解锁，需要采取特殊解锁方式，这种特殊解锁方式称作调车中途返回解锁。而返回进路是能够正常解锁的。

牵出进路不能正常解锁时可能有两种情况。一是牵出进路全部区段都没有解锁；二是牵出进路有一部分区段已经解锁，还留有一部分区段没有解锁。在上例中，由IG牵出作业时，办理的牵出进路是一条长调车进路，包括 S_I 至 D_7 和 D_7 向 D_3 的两条短调车进路。中途返回解锁的两种情况是按短调车进路进行分析的。由ⅠG向ⅡG的转线调车作业中，S_ID 所防护的牵出进路有两个区段，17-23DG和9-15DG。只有17-23DG区段解锁，以 D_{13} 为折返信号的返回进路才能建立。而9-15DG区段就不同了，虽然车牵出时顺序占用过17-23DG、9-15DG和3DG，但并没有出清9-15DG区段，当调车车列折返时，先出清3DG区段，后出清9-15DG区段，这不符合正常解锁的条件，所以，9-15DG区段不能正常解锁。这是牵出进路不能正常解锁的第二种情况，即牵出进路一部分区段解锁，一部分区段没有解锁。D_7 所防护的牵出进路也有两个区段，3DG和5DG区段。对3DG区段来说，因为车没有占有过5DG区段，缺少第三点检查，当车退出后不能正常解锁。就5DG区段而言，车根本就没有占用过，第二点和第三点检查都没有，更不能正常解锁。这就是牵出进路不能正常解锁的第一种情况，即牵出进路全部区段都没有解锁。

2. 第一种情况的调车中途返回解锁电路

上述的第一种情况，即 D_7 所防护的牵出进路在调车车列按照 D_{13} 的信号显示折返后，进路的全部区段都不能正常解锁，需要由调车中途返回解锁电路使其解锁。凡是咽喉区的单置、并置或差置调车信号机，都有可能遇到这种情况。在有到发线中间出岔的情况下，该股道上的出站兼调车信号机也有中途返回解锁的需要。

第一种情况调车中途返回解锁的条件有三个。

① 证明牵出进路在调车车列折返后，全部区段都没有解锁；

② 牵出调车车列曾占用过进路并确实已退出了牵出进路；

③ 防护牵出进路的信号机已经关闭。

3. 第二种情况调车中途返回解锁电路

以上述 S_ID 防护的牵出进路为例，因为在调车车列牵出时越过了17-23DG区段，17-23DG区段已经正常解锁。当车按照 D_{13} 的允许信号折返时，9-15DG区段不能正常解锁，需要按第二种情况下的调车中途返回解锁电路解锁。第二种情况只有在牵出进路上设有反向的单置调车信号机时才有可能，而反向的并置或差置调车信号机都不会使牵出进路一部分区段正常解锁，一部分区段不能正常解锁。

第二种情况调车中途返回解锁的条件有两个。

① 应证明牵出进路部分区段已解锁，部分区段未解锁；

② 应证明车列已进入折返进路，退出原牵出进路。

对于第二种情况的调车中途返回解锁，因为牵出进路部分区段已解锁，牵出进路始端KJ已落下，防护进路的信号机已关闭。对牵出进路未解锁的部分区段实施中途返回解锁时，不再需要检查信号关闭的条件。

任务八 ●●● 引导信号继电器电路识读及故障分析处理

任务目标 ▶▶▶

1. 掌握引导信号检查继电器的作用与设置。

2. 跑通引导信号检查继电器电路图，熟记引导信号继电器的励磁和复原时机。

3. 能够按照故障处理程序，结合控制台表示灯和继电器状态，在20min内找出引导信号继电器电路断线故障点。

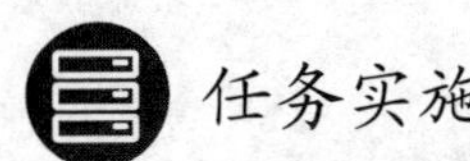

当进站信号机故障或轨道电路故障，以及在道岔失去表示或向非接车线路接车时，因不能正常办理接车进路开放进站信号，可采用开放引导信号的方式，实行引导接车。当进站信号机显示一个红灯和一个月白色灯光时，称为引导信号。在进站信号机开放引导信号时，准许列车在该信号机前不停车，以不超过20km/h的速度进站，并随时准备停车。

引导接车时，为确保行车安全，对引导接车进路也要实行锁闭，这种锁闭称为引导锁闭。

6502电气集中联锁系统将引导锁闭分为两种：一种是按进路锁闭进行，称为引导进路锁闭；另一种是将全咽喉道岔都锁闭，称为引导总锁闭。为实现引导进路锁闭和开放引导信号，对应每架进站信号机或接车进路信号机都应设一个引导信号组合YX。在YX组合里设有引导按钮继电器YAJ、引导信号继电器YXJ和引导解锁继电器YJJ。在电源组合DY里，设有引导总锁闭继电器YZSJ。

一、引导进路电路识读

当信号机故障或轨道电路故障，不能开放进站信号机或接车进路信号机时，应采取引导进路锁闭的方式开放引导信号，实行引导接车。

办理手续是，先单独操纵道岔，把进路开通好；如果因轨道电路故障，还要按下发生故障区段的道岔单独锁闭按钮，对道岔实行单独锁闭，以防止故障修复（或自然恢复）后该区段的道岔解锁；然后破铅封按下引导按钮，开放引导信号。如果确认是信号机灯泡断丝而不能正常开放进站信号时，先按下该接车进路的始、终端按钮，排通进路，然后将进路取消，破铅封按下引导按钮，开放引导信号。引导进路的解锁是人工确认列车全部进入股道后，由车站值班人员按下本咽喉区的总人工解锁按钮ZRA和该进站信号机或接车进路信号机的列车按钮以后，不限时解锁。

引导信号电路如图2-59所示。在控制台上设有带铅封的引导按钮。按下引导按钮YA，引导按钮继电器YAJ经3-4线圈吸起，其励磁电路为KZ—$YA_{11\text{-}12}$—$LXJF_{31\text{-}33}$—$YXJ_{51\text{-}53}$—$YAJ_{3\text{-}4}$—$YZSJ7_{1\text{-}73}$—$ZCJ_{33\text{-}31}$—KF。

YAJ吸起后，经1—2线圈自闭。其自闭电路为KZ—$YAJ_{11\text{-}12}$—$YAJ_{1\text{-}2}$—$YJJ_{13\text{-}11}$—$D_3ZCJ_{33\text{-}31}$—KF。

在YAJ的3-4线圈励磁电路中检查了LXJF、YXJ、YZSJ和D_3ZJ等联锁条件。这些接点在电路中的作用是，LXJF第3组的后接点能防止在进站信号机开放后，错误按下引导按钮YA，使YAJ和YXJ吸起将已开放的进站信号机关闭。YXJ第5组的后接点是为了防止YAJ的3-4线圈和YXJ的4-3线圈相串联产生迂回电路，使YXJ错误吸起（例如开放D_3后，又错误地按下按钮YA，这时就由11线网络的D_3进路终端处送来KZ，构成迂回电路）。YZSJ第7组的后接点是为了在办理引导总锁闭时，不使YAJ参与工作，区分引导锁闭方式。

在YAJ的1-2线圈自闭电路中，串接有引导解锁继电器YJJ第1组的后接点，办理引

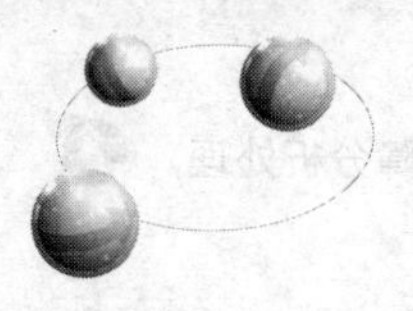

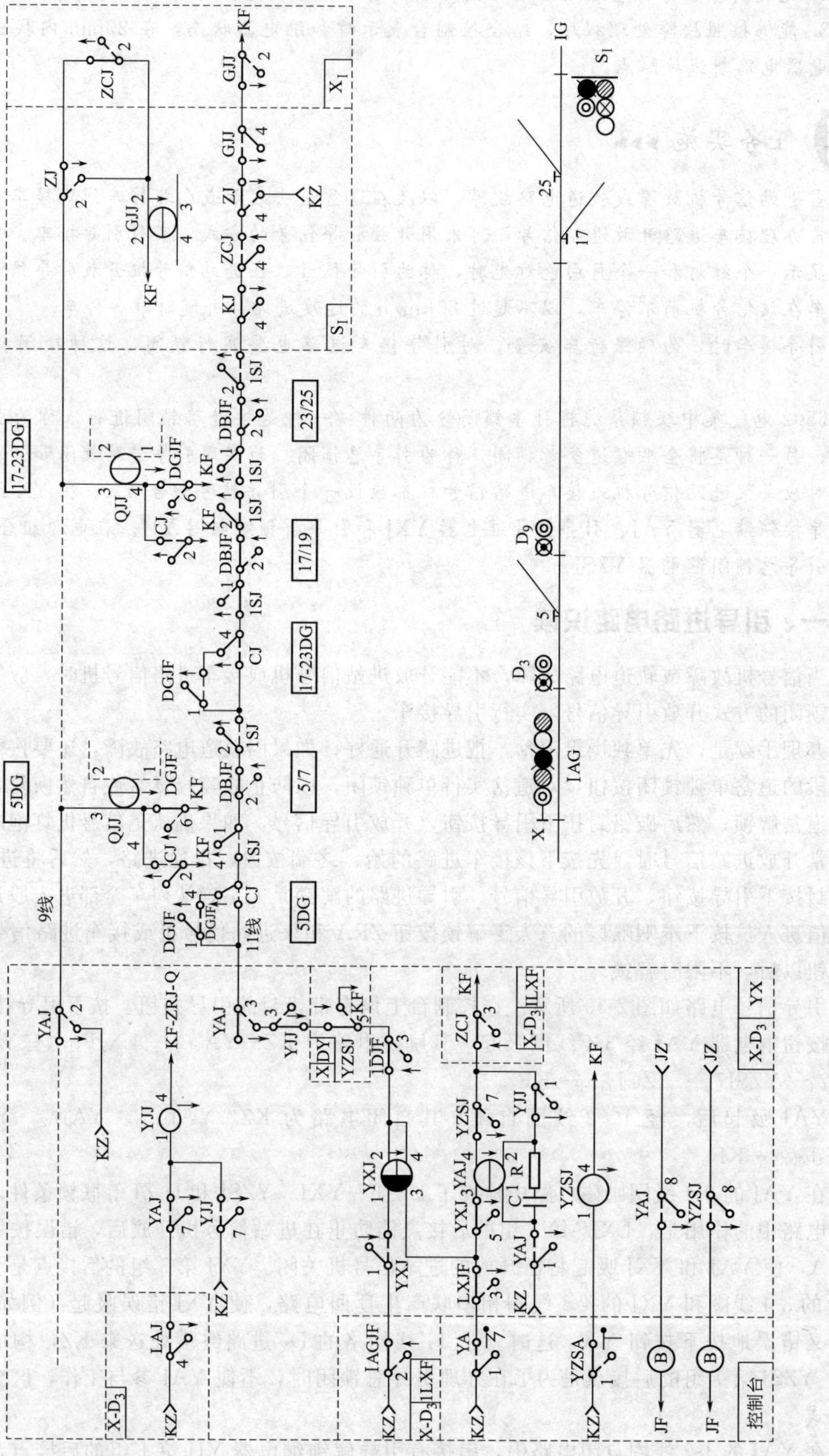

图 2-59 引导信号电路

导进路解锁时，YJJ 吸起后断开自闭电路，使 YAJ 自动复原。在 YAJ 的 1-2 线圈上，并接有 RC 串联支路。这是因为 YAJ 吸起后，YXJ 随之立即吸起，而在 YAJ 的励磁电路中又接有 YXJ 的后接点，所以为了使 YAJ 吸起后可靠自闭，使其在接点转换过程中保持励磁状态。在 YAJ 吸起过程中，引导按钮表示灯亮白灯，以引起车站值班人员的注意。

引导进路锁闭电路没有专设网络，而是用 9 线网络锁闭进路，11 线网络开放引导信号，12、13 线网络进行引导进路解锁。

YAJ 励磁后，用其第 2 组的前接点将电源 KZ 接入 9 线网络，使接在 9 线网络上的各区段的区段检查电器 QJJ 励磁，断开了各区段进路继电器的自闭电路，使进路继电器、锁闭继电器相继落下，锁闭了引导接车进路。在引导接车进路终端 S_I 处，由于 GJJ 励磁使 ZCJ 落下，锁闭了另一咽喉的迎面敌对进路。在发生故障的区段，因在 QJJ 的 3-4 线圈电路中串接有 DGJF 第 6 组的前接点，所以故障区段的 QJJ 不能吸起。故障区段道岔的 SJ 也因轨道继电器失磁而落下。当轨道电路区段故障时，因对该区段中的道岔实行了单独锁闭，拉出了道岔单独锁闭按钮，断开了 1DQJ 励磁电路，所以即使道岔故障修复，故障区段的道岔也不会随之解锁。不使故障区段的区段检查继电器 QJJ 励磁，是为了不让该区段的进路继电器 1LJ 和 2LJ 以及传递继电器 CJ 落下，以便解锁时即使是故障还没有修复，也能够利用解锁网络使引导接车进路按进路方式解锁。

YAJ 励磁后，其第 3 组的前接点将引导信号继电器 YXJ 接入 11 线网络。引导接车进路上各区段的 QJJ 吸起，使相应各区段的 CJ、SJ 及 ZCJ 相继落下而接通 11 线网络。在故障区段则经 CJ 的前接点和 DGJF 的后接点接通 11 线网络，使 YXJ 吸起。

YXJ 励磁后，经下行进站信号机的第一个轨道电路区段的轨道复示继电器 IAGJF 的第 2 组的前接点自闭，于是引导信号开放。列车第一轮对进入进站信号机内方，IAGJF 失磁，断开 YXJ 自闭电路，使引导信号关闭。

若进站信号机内方第一个轨道电路区段发生故障，IAGJF 处于落下状态，YXJ 的自闭电路不能构成，在此种情况下要求车站值班人员一直按下引导按钮，直至车驶入信号机内方时才可以松手。

YXJ 在 11 线网络上检查的联锁条件与正常开放信号时所检查的联锁条件一样。在局部电路中，还接有 1DJF 第 3 组的前接点，用以证明红灯点亮。因为开放引导信号，必须是在红灯亮灯的情况下点亮白灯。

在车站值班人员确认列车全部进入股道后，可办理引导进路解锁。按下总人工解锁按钮 ZRA 和进站信号机的始端按钮 LA，由于 LAJ 和 ZRJ 吸起，接通条件电源 KF-ZRJ-Q 构成引导解锁继电器 YJJ 的励磁条件，使 YJJ 励磁。

在引导接车的整个过程中，YAJ 由其 1-2 线圈自闭电路保持吸起，9 线网络一直有电，所以列车虽驶过进路，但各区段的 QJJ 和股道的 GJJ 也一直吸起，进路并不解锁。当办理引导进路解锁手续后，YJJ 励磁，其电路是 KZ — $XLAJ_{41-42}$—$XYAJ_{71-72}$—YJJ_{1-4}—KF-ZRJ-Q。

YJJ 励磁后，经本身第 7 组的前接点自闭。用其第 1 组的前接点断开 YAJ 的自闭电路，使其复原。用 YAJ 的第 2 组的前接点断开送向 9 线网络的电源 KZ。在引导进路锁闭时，因为 10 线网络不工作，当 9 线网络断电后，引导接车进路上的 QJJ 和 GJJ 都落下，为解锁作好准备。同时，YJJ 的第 3 组的前接点断开 YXJ 接向 11 线网络的励磁电路（此前自闭电路已被 IAGJF 断开），使 YXJ 不再励磁。若引导接车进路上某一轨道电路区段故障，例如 5DG 故障，由于 5DGJF 落下，使 5QJJ 不能励磁。此时，5DG 区段的传递继电器 CJ 和进路

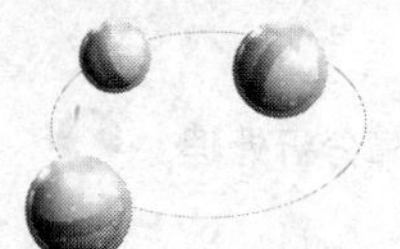

继电器 1LJ、2LJ 均不失磁。这样，在解锁引导进路时，即使故障区段尚未修复，也能利用 12、13 线网络来进行解锁。但是，故障区段轨道电路未修复前，故障区段的道岔是不会解锁的，因为此时还处在区段锁闭状态。当故障修复后，解除对故障区段道岔的单独锁闭，故障区段的道岔即解锁。

由于 YJJ 励磁，YAJ 和 YXJ 落下，接通了送向 12 线网络的 KF 解锁电源，引导解锁电路开始工作。电路如图 2-59 所示。引导进路解锁时 1LJ 和 2LJ 的动作程序与取消进路时相同。例如办理 X 至 IG 的引导进路解锁，假设 5DG 故障，则 3DG 的 1LJ 首先励磁，3/1LJ 的励磁电路为 KZ—GDJ—3QJJ$_{51-53}$—3/1LJ$_{1\text{-}2}$ — 3CJ$_{11\text{-}13}$—3CJ$_{53\text{-}51}$—1/3 2SJ$_{51\text{-}53}$—1/3DBJ$_{51\text{-}52}$—5/7FBJ$_{53\text{-}51}$—5/7 1SJ$_{51\text{-}53}$—5QJJ$_{21\text{-}23}$—5CJ$_{71\text{-}72}$—5CJ$_{52\text{-}51}$—XKJ$_{51\text{-}53}$—XYJJ$_{41\text{-}42}$—XYXJ$_{43\text{-}41}$—XYAJ$_{43\text{-}41}$—KF。

当 3/1LJ 励磁后，3CJ 立即吸起，将电源 KF 传向 9-15DG 区段，使 9-15/1LJ 励磁，再传至 17-23DG 区段，使 17-23/1LJ 吸起，最后传至进路终端，使 S$_{\rm I}$GJJ 励磁。由 S$_{\rm I}$GJJ 第 5 组的前接点将解锁电源 KF 接入 13 线网络，使 17-23/2LJ 励磁，然后使 9-15/2LJ、3/2LJ 先后顺序励磁，进路从终端向始端依次解锁。当电源 KF 传至发生故障区段 5DG 时，经 5DGJ 的第 3、5 两组的后接点的短路线，传至始端。这样，除 5DG 区段外，引导进路的其余区段均解锁。当 5DG 区段故障修复后，按下拉出的 5/7 号道岔按钮，使 5DG 区段道岔解锁。

引导解锁电路中有关接点的作用如下所示。

YJJ 励磁电路中的 YAJ 第 7 组的前接点用以区分是接车进路的人工解锁还是引导进路解锁，因为两者办理方法相同。办理引导接车进路时要按下按钮 YA，只有在 YAJ 励磁的情况下 YJJ 才能吸起；而在进行接车进路的人工解锁时，由于 YAJ 落下，不会使 YJJ 吸起。

在 12 线网络始端接入的 YAJ 第 4 组的后接点用来证明引导按钮已经复原，9 线网络的电源 KZ 确已断开。QJJ 落下，为解锁作好准备。

在 12 线网络始端还接有 YXJ 第 4 组的后接点，用以证明引导信号确已关闭，向 12 线网络送入解锁电源 KF 是安全的。

在试验引导信号时，试验完毕后也要按引导进路解锁手续办理，使引导信号关闭，引导进路解锁。这时 YXJ 励磁电路由 YJJ 第 3 组前接点断开，而不是由 YAJ 第 3 组后接点断开的。因为 YAJ 线圈并有 RC 支路，有较长的缓放时间。

当故障区段的道岔位置需改变时，只能手摇，道岔将失去表示，此时即不能办理引导进路锁闭，而只能用引导总锁闭方式接车。

二、引导总锁闭电路识读

当道岔失去表示或向非接车线路上接车时，只能用引导总锁闭方式引导接车。

办理引导总锁闭，开放引导信号的手续是，对于道岔失去表示的引导接车，除故障道岔需用手摇把将该道岔摇至所需位置外，可先将各道岔单独操纵至所需位置；确认引导进路正确后，破铅封按下引导总锁闭按钮 YZSA，对全咽喉道岔实行锁闭；然后按压引导按钮 YA，开放引导信号。此时，进路不亮白光带，信号复示器亮红灯和白灯，表示引导信号开放。向非接车线路上引导接车，可单独操纵道岔至所需位置。对于单方向运行的正线股道的反向接车，也可以用按下进路始、终端按钮，以进路方式选出进路，再按下接通光带按钮 TGA，确认引导进路正确；然后破铅封按下 YZSA，将全咽喉道岔锁闭；当引导总锁闭表示灯亮白灯后，再按下 YA，开放引导信号。此时，进路白光带也不会点亮。

引导总锁闭电路如图 2-60 所示。在控制台上设有带铅封的引导总锁闭按钮 YZSA，该按钮是二位非自复式的。当按下 YZSA 后，YZSJ 吸起，断开本咽喉区所有的条件电源 KZ-YZSJ-H，使全咽喉道岔的 SJ 都落下，对全咽喉道岔实行总锁闭。

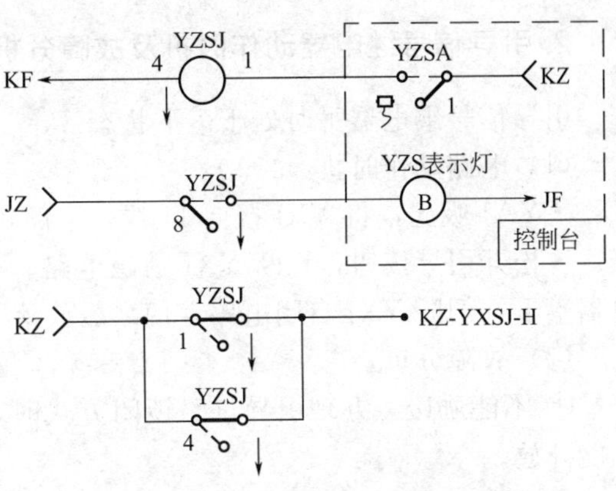

图 2-60　引导总锁闭电路

YZSJ 吸起后，按下 YA，接通引导信号继电器电路，使引导信号开放。YXJ 的励磁电路为 KZ—$YA_{11\text{-}12}$—$LXJF_{31\text{-}33}$—$YXJ_{3\text{-}4}$—$IDJF_{32\text{-}31}$—$YZSJ_{51\text{-}52}$—KF。

YXJ 自闭电路为 KZ—$IAGJF_{21\text{-}22}$—$YXJ_{11\text{-}12}$—$YXJ_{1\text{-}2}$—$IDJF_{32\text{-}31}$—$YZSJ_{51\text{-}52}$—KF。

在用引导总锁闭方式接车时，电路既不检查道岔位置正确、进路空闲，也不检查是否建立敌对进路，此时，任何网络线不参与工作。此时联锁关系由车站值班员确认，安全完全由人工保证。

YZSJ 吸起后，用其第 7 组的后接点断开 YAJ 励磁电路，使 YAJ 不能吸起。9 线网络和 11 线网络不参与工作。在办理引导总锁闭过程中，控制台上由 YZSJ 第 8 组的前接点点亮白色的引导总锁闭表示灯，引起车站值班员注意。列车进入进站信号机内方后，由 IAGJF 的前接点断开 YXJ 自闭电路，引导信号自动关闭。

当列车全部进入股道，经确认后车站值班员拉出 YZSA，使 YZSJ 落下，于是条件电源 KZ-YZSJ-H 有电，全咽喉 SJ 均吸起，道岔全部解锁。至此，电路复原。

三、YAJ、YXJ 动作时机及故障分析

1. 引导按钮继电器动作时机及故障分析

（1）电路动作时机　按压引导按钮，YAJ 励磁并自闭。

松开引导按钮，切断 YAJ 励磁电路。

办理引导解锁时，YJJ 吸起，用后接点切断 YAJ 自闭电路，使 YAJ 缓放落下。

（2）故障分析

① 不能励磁。引导按钮表示灯不亮白灯，进路也无白光带。

② 不能自闭。按压引导按钮过程中，出现进路有白光带，但引导按钮表示灯与复示器引导白灯相继闪光的现象。因为 YAJ 吸起使进路锁闭，YXJ 经 11 线励磁并自闭，由于 YXJ 用后接点切断 YAJ 励磁电路；YAJ 因不能自闭而落下，使 YXJ 落下，YXJ 用其后接点又接通 YAJ 励磁电路，YAJ 重新吸起，这样形成了一个循环往复的互切过程。

③ 不能缓放，办理引导解锁时，只能取消复示器白灯和引导按钮表示灯，但进路不解锁。因为 YJJ 励磁电路接有 YAJ 前接点，只要 YJJ 吸起，其后接点刚一离开，就切断了 YAJ 自闭电路，YAJ 因无缓放而立即落下，反过来又切断了 YJJ 的励磁电路，使 YJJ 不能可靠吸起。进路不能解锁。YAJ 落下的同时，切断 YXJ 的自闭电路，YXJ 落下，复示器白灯熄灭。

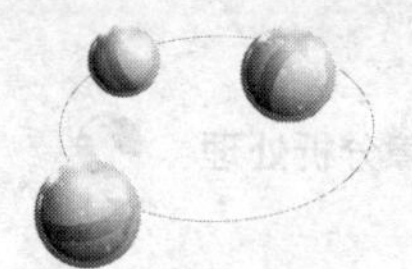

2. 引导信号继电器动作时机及故障分析

引导信号继电器平时处于落下状态。

（1）电路动作时机

• YAJ 吸起，将 YXJ 接向 11 线，进路锁闭后，YXJ 经 11 线励磁并自闭。

• 松开引导按钮，切断 YXJ 励磁电路。列车压入信号机内方第一个区段时，因轨道继电器落下，切断 YXJ 自闭电路，使之缓放落下。

（2）故障分析

① 不能励磁。办理引导进路锁闭方式时，进站复示器引导白灯不亮且室外引导信号也不能开放。

② 不能自闭。按压引导按钮时，进路复示器能点亮引导白灯，但松开引导按钮后，引导白灯熄灭，因为松开按钮切断 YXJ 励磁电路，YXJ 不能自闭而落下。

3. 引导解锁继电器动作时机及故障分析

引导解锁继电器平时处于落下状态。

（1）电路动作时机

• 办理引导解锁手续时，始端 LAJ 吸起与 ZRJ 吸起条件相配合使 YJJ 励磁并自闭。

• YAJ 落下，切断 YJJ 的励磁电路。

• 松开总人工解锁按钮，ZRJ 落下，切断 YJJ 自闭电路 YJJ 复原。

（2）故障分析

① 不能励磁。办理引导解锁手续时，取消不了引导按钮表示灯和进站复示器的白灯以及进路白光带。

② 不能自闭。引导解锁时，能取消按钮表示灯，且能关闭引导信号、但不能使进路解锁。因为只要 YJJ 吸起，使 YAJ 缓放落下，又切断 YJJ 励磁电路、YJJ 不能自闭落下，而向解锁网络供解锁电源需要 YAJ 落下与 YJJ 吸起条件相配合。

任务九 ●●● 执行组表示灯电路识读及分析

任务目标 ▶▶▶

1. 跑通执行组表示灯电路。
2. 理解执行组电路动作程序，并能够根据指定的进路写出动作程序。
3. 掌握执行组电路的供电规律。
4. 能够根据执行组表示灯的状态确定电路工作到哪一步。

任务实施 ▶▶▶

执行组表示灯电路包括信号复示器电路、轨道表示灯电路、解锁表示灯及电源表示灯电路。

一、信号复示器电路识读

信号复示器设于控制台盘面的模拟站场线路旁对应于每架信号机的位置。信号复示器用来反映信号机的显示，监督信号机各灯泡灯丝的完整性，同时在建立进路时还可反映信号继电器 XJ 的工作是否正常。

信号复示器分为进站信号复示器、出站兼调车信号复示器及调车信号复示器。

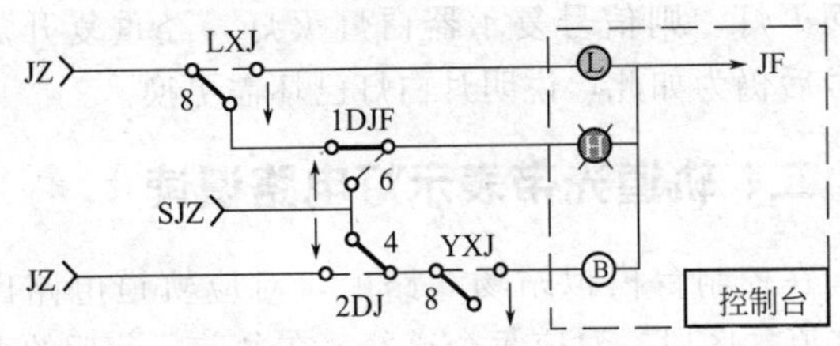

图 2-61 进站信号复示器电路

1. 进站信号复示器电路识读

如图 2-61 所示是进站信号复示器电路。平时，由于进站信号机的 LXJ 落下，1DJF 吸起，进站信号复示器亮红灯，表示进站信号机关闭。

当进站信号机的红灯主副灯丝都断丝或红灯点灯回路断线时，由于 DJ 落下，1DJF 也落下，将电源 SJZ 接入进站信号复示器的红灯电路中，使进站信号复示器闪红灯，引起车站值班人员的注意，以通知信号维修人员及时更换灯泡或进行维修。

当办理进路使 LXJ 吸起后，该复示器点亮绿灯，表示进站信号机已经开放。这时，若进站信号机的绿灯或黄灯主副灯丝断丝，由于 LXJ 失磁和 1DJF 吸起，使进站信号复示器由亮绿灯改点红灯。

办理引导接车开放引导信号时，由于引导信号继电器 YXJ 和监督引导白灯的两个灯丝继电器 2DJ 都吸起，使进站信号复示器的红灯和白灯同时点亮，表示进站信号机引导信号开放。如果发生引导信号白灯灯丝断丝时，则 2DJ 将落下，而 YXJ 仍在吸起，将使进站信号复示器白灯闪光而红灯亮灯，反映引导信号的月白灯灯丝断丝，应通知维修人员更换。

2. 出站兼调车信号复示器电路识读

出站兼调车信号复示器如图 2-62 所示。平时，出站兼调车信号机关闭，其信号复示器不亮灯。

办理发车进路，列车信号继电器 LXJ 励磁，使信号复示器点亮绿灯，表示出站信号机已开放。出站信号机开放可能亮绿灯，也可能亮黄灯或绿黄灯或双绿灯，但信号复示器仅反映其是否开放，使车站值班员确认信号已开放即达到目的。已开放的列车信号若发生允许信号灯丝断丝，将使 LXJ 落下，信号复示器点亮的绿灯熄灭。

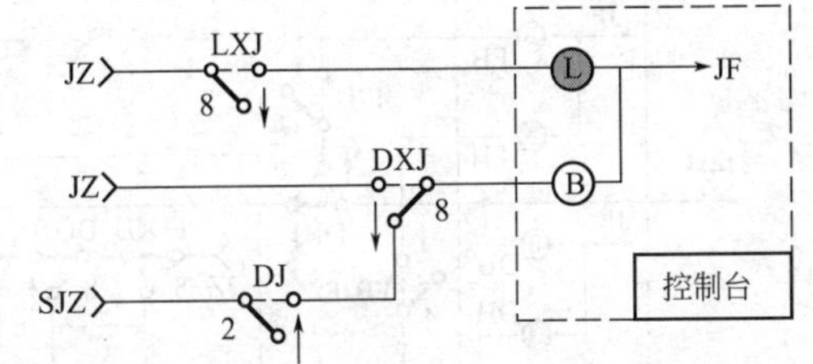

图 2-62 出站兼调车信号复示器电路

办理调车进路，调车信号继电器 DXJ 励磁，使信号复示器亮白灯，反映出站兼调车信号机已开放调车信号。若调车信号白灯灯丝断丝，则信号复示器白灯灭灯。

当出站兼调车信号机的红灯主副灯丝断丝或红灯回路断线而灭灯时，由于灯丝继电器 DJ 落下，将交流闪光电源 SJZ 接入信号复示器白灯，使该复示器闪白灯，表示信号机红灯灯丝或电路故障。

3. 调车信号复示器电路

如图 2-63 所示是调车信号复示器电路。平时调车信号复示器不亮灯，表示调车信号机关闭。办理调车进路，DXJ 励磁，使调车信号复示器亮白灯，表示调车信号已经开放。若

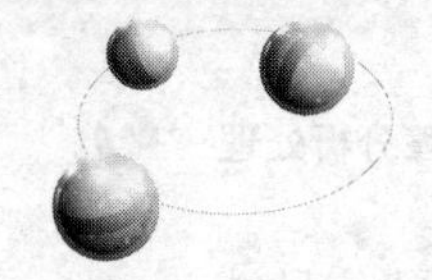

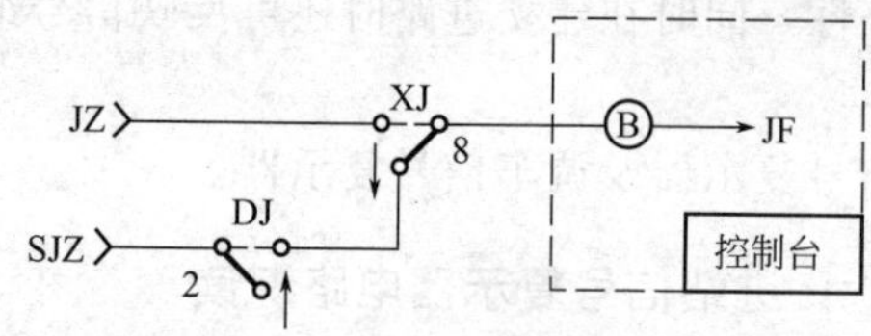

图 2-63 调车信号机复示器电路

调车信号机蓝灯灯丝断丝时，由于 DJ 落下，将电源 SJZ 接入信号复示器白灯，使其从不亮灯变为闪白灯。若在开放调车信号时发生月白灯灯丝断丝而灭灯，则信号复示器白灯灭灯，经重复开放信号后仍为如此，说明月白灯已坏需更换。

二、轨道光带表示灯电路识读

在控制台模拟站场线路上，对应轨道电路区段设有与站场形状相似的轨道光带表示灯。在道岔区段，对应每个道岔，在岔前、岔后的直股和弯股部位都设有白色和红色表示灯。直股部位的分别用定位白灯 DB 和定位红灯 DH 表示；弯股部位的分别用反位白灯 FB 和反位红灯 FH 表示；岔前部位的用岔前白灯 QB 和岔前红灯 QH 表示。在无岔区段和股道设有固定的直光带，分别用区段白灯和区段红灯表示。每一类型的表示灯由若干节光管组成。

每条进路的光带，是由进路中各轨道电路区段的光带组成。在进路锁闭后，控制台盘面点亮一条与所排进路相一致的白光带。车驶入进路后，随着车的运行，车进入哪个区段，则哪个区段白光带改点红光带。车出清哪个区段，随着区段的解锁，红光带也随之熄灭。

轨道光带表示灯可以直观地反映出所办理进路上道岔的开通位置、进路锁闭、监督列车或调车车列在进路上的运行及进路解锁情况。

6502 电气集中联锁系统用 14 线网络和 15 线网络控制轨道光带表示灯。

1. 道岔区段轨道光带表示灯电路

如图 2-64 所示是 19-27DG 区段的道岔区段轨道光带表示灯电路。

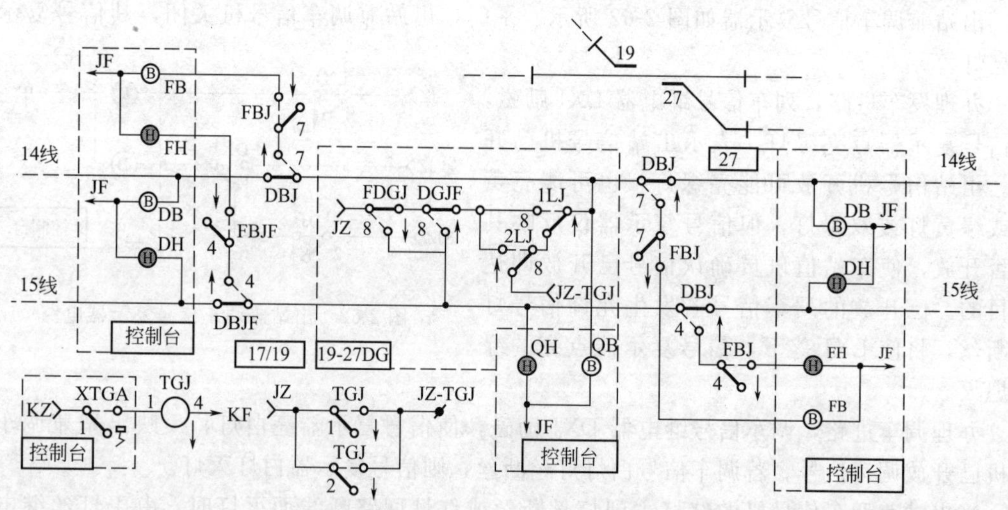

图 2-64 道岔区段光带表示灯电路

平时光带不亮灯。进路锁闭时，在车尚未驶入道岔区段前，经 1LJ 或 2LJ 的第 8 组后接点，以及 FDGJ 第 8 组的后接点和 DGJF 第 8 组的前接点，把电源 JZ 接到 14 线网络上。这时，如果道岔都在定位时，19DB、QB 和 27DB 都亮灯，形成一条直的白光带。

车驶入 19-27DG 区段时，轨道复示继电器 DGJF 落下，轨道反复示继电器 FDGJ 吸起，用 DGJF 第 8 组的后接点断开向 14 线网络供出的电源 JZ，白光带熄灭。但经 FDGJ 第 8 组的前接点把电源 JZ 接到 15 线网络上。这时，19DH、QH 和 27DH 又亮灯，形成一条红光带。

车出清区段后，DGJF 吸起，FDGJ 落下，断开 15 线网络上的电源 JZ，于是红光带熄灭。由于车出清区段后，1LJ 和 2LJ 早已吸起，因此白光带不会再点亮。若车出清该区段后，该区段重新点亮白光带，则说明该区段没有解锁。

红光带熄灭后不准许出现闪白光带，因此只接入 DGJF 的接点而不接 FDGJ 的接点是不行的。因为 DGJF 吸起后，1LJ 或 2LJ 中尚未吸起的那个进路继电器会向 15 线网络瞬间送出电源 JZ，造成白光带错误闪光。接入 FDGJ 后，在它的缓放时间里 1LJ 和 2LJ 都已经吸起，就不会出现闪白光带。但 FDGJ 又不能代替 DGJF，否则在 FDGJ 电路发生断线时，不能反映区段有车占用，影响行车安全。

点亮的光带必须与开通的进路相一致，不允许给出错误表示。因为即使进路开通正确，如果光带表示不对，车站值班人员也必将采取措施，例如关闭信号，由此可能造成不必要的损失。因此，决定光带形状的条件，必须用道岔表示继电器的前接点，而不准用道岔表示继电器的后接点来代替。只有两个进路继电器 1LJ 和 2LJ 都吸起才能说明该区段解锁，因此电路中也不能用一个进路继电器接点代替两个并联的进路继电器接点。

为了方便车站值班人员了解进路的开通情况，每个咽喉区设了一个接通光带表示按钮 TGA，按下 TGA 可使接通光带继电器 TGJ 吸起，条件电源 JZ-TGJ 有电，并经 1LJ 和 2LJ 的第 8 组的前接点接到 14 线网络上，根据道岔的开通位置点亮白光带，从而可了解整个咽喉区的道岔实际位置和所开通的进路。

在引导接车时，若按进路锁闭方式办理，除故障区段外，进路上其他区段由于 LJ 落下，仍能在进路锁闭后点亮白光带。当列车驶入进路顺序占用各区段时，各区段依次点亮红光带。当列车顺序出清各区段时，则各区段依次由红光带变为白光带。待办理引导进路解锁手续后，因为进路继电器 LJ 励磁断开 14 线网络的 JZ，进路上的白光带才能从终端向始端方向逐段熄灭。若按总锁闭方式办理引导接车时，由于进路上各区段的 LJ 不会落下，进路不会亮白光带。只有在列车顺序占用各区段时，由于 DGJF 落下，各区段显示红光带。列车出清各区段时，各区段红光带依次熄灭。

当轨道电路故障时，若是已建立好的进路上的区段，则经由 FDGJ 的前接点给 15 线网络送入电源 JZ，使该故障区段亮红光带；若是已解锁的区段，则经由 DGJF 的后接点向 15 线网络送入电源 JZ，使该区段点亮红光带。这样便于在控制台上直接观察到故障区段，及时进行维修。

2. 无岔区段轨道光带表示灯电路识读

如图 2-65 所示是 1/19WG 区段的无岔区段轨道光带表示灯电路。因该区段设有 Q 组合，光带表示灯电路具有以下两个特点：一是建立经过无岔区段的列车进路时，1LJ 和 2LJ 均需落下，由其后接点构成无岔区段的白光带；二是建立向无岔区段的调车进路时，1LJ 和 2LJ 又不会落下，而由调车终端复示继电器 ZJF 的前接点构成无岔区段的白光带。

无岔区段光带是固定的直光带，光带的白灯直接接在 14 线网络上，用 14 线网络和 a 线上的条件控制白光带的点灯。直接用 DGJF 和 FDGJ 的接点控制红光带，而不使用网络线。

建立经过无岔区段的列车进路时，进路锁闭，无岔区段的 1LJ 和 2LJ 都落下，将 JZ 电源接入 14 线网络，使无岔区段点亮白光带。当列车进入无岔区段后，用 DGJF 的后接点和 FDGJ 的前接点使白光带改为点红光带。当列车出清无岔区段，3～4s 后红光带熄灭。

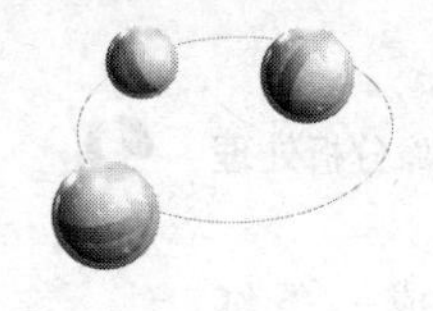

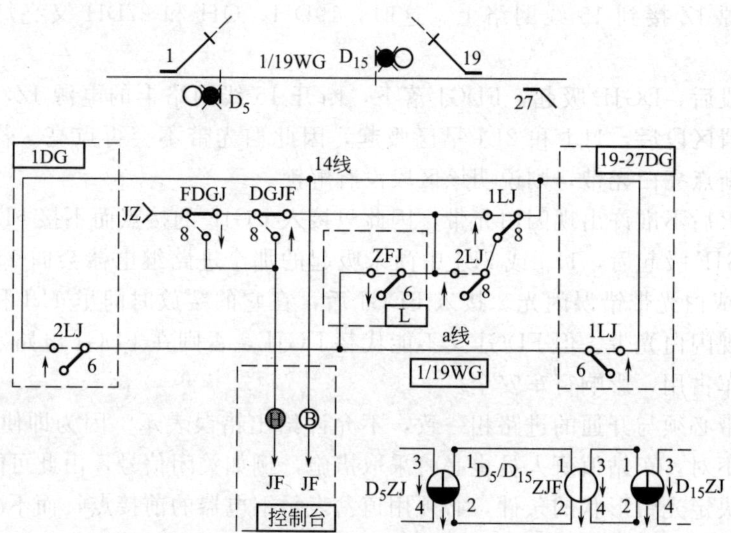

图 2-65 无岔区段轨道光带表示灯电路（一）

向无岔区段建立调车进路时，例如办理 D_1 至 D_{15} 的调车进路，D_{15} 是进路终端的阻拦信号，进路的终端按钮是 D_5A，由于 D_5ZJ 的吸起，1/19WG 的 QJJ 不能励磁，使无岔区段的 1LJ 和 2LJ 都不落下，而无法点亮无岔区段白光带。为此设有一个终端复示继电器 ZJF。当向无岔区段调车或经无岔区段办理长调车进路时，由于 D_5ZJ 或 D_{15}ZJ 的励磁，均会带动 ZJF 励磁。这时，JZ 经 FDGJ 的第 8 组的后接点、DGJF 第 8 组的前接点和 ZJF 的第 6 组的前接点向 a 线送入交流表示电源，再经 a 线上 1DG 区段的 2LJ 第 6 组后接点将 JZ 接入 14 线网络，使白光带点亮。

为了防止调车车列进入道岔区段尚未进入无岔区段时，无岔区段的白光带先灭掉，当车进入无岔区段时，又从灭灯状态转为亮红光带，对从左向右运行的调车进路，1DG 区段在 a 线上使用 2LJ 的后接点；对从右向左运行的调车进路，19-27DG 区段在 a 线上必须用 1LJ 的后接点。因为无岔区段没有道岔，不检查道岔开通位置，故不需要接入条件电源 JZ-TGJ。当按下接通光带表示按钮 TGA 时，这段光带不亮灯。对于没有列车通过的无岔区段、进站内方带调车的无岔区段，发车口处尽头式调车信号机的接近区段、牵出线上的无岔区段及股道等处均不设区段组合 Q。这类无岔区段轨道表示灯电路均无 1LJ 和 2LJ，光带表示灯要靠相邻道岔区段的 1LJ 和 2LJ 的后接点和 ZJ 的前接点来控制。

如图 2-66 所示是无列车通过的无岔区段光带表示灯电路。该电路中 D_4/D_{14}ZJF 是 D_4ZJ 和 D_{14}ZJ 的复示继电器。在调车进路锁闭时，无岔区段的白光带点亮，其锁闭条件是靠邻近道岔区段的进路继电器后接点。办理由右向左运行的调车进路时，用 2DG 区段 1LJ 的后接点；办理由左向右运行的调车进路时，用 20DG 区段 2LJ 的后接点接通无岔区段的白光带。当调车车列进入 2/20WG 区段时，用 2/20WGJ 后接点和 2/20FDGJ 前接点点亮红光带。

如图 2-67 所示是进站内方带调车的无岔区段光带表示灯电路。

办理接车进路时，由于 X 进站信号机的 LKJF 励磁和 5DG 区段 1LJ 落下将 JZ 电源接入白灯电路，使 IAG 区段点亮白光带。在按进路锁闭方式办理引导接车时，由 YXJ 的前接点和 5DG 区段 1LJ 的后接点接通 IAG 的白光带。以 X 进站信号机为终端建立调车进路时，D_3ZJ 吸起和 5DG 区段 1LJ 落下也同样接通 IAG 白光带电路。当开放 D_3 信号机时，IAG 区段作为接近区段不应点亮白光带。当列车或调车车列进入 IAG 区段时，由于 IAGJ 落下，点亮 IAG 区段的红光带。电路中接入 5/1LJ 后接点是用来证明进路锁闭后才允许点亮白光带。

如图 2-68 所示是双线单向运行区段发车口的尽头式调车信号机的接近区段的光带表示灯电路。向上行方面办理发车进路时，经 IIAGJ 和 LZJ 的前接点以及 1DG 区段 1LJ 的后接

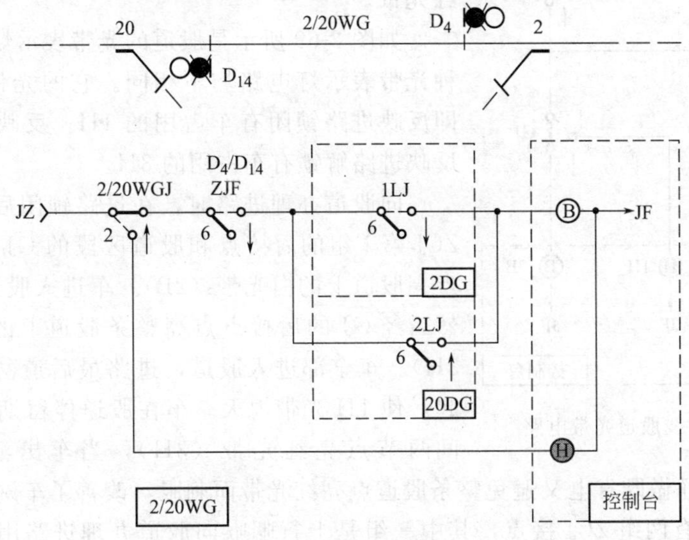

图 2-66 无岔区段轨道光带表示灯电路（二）

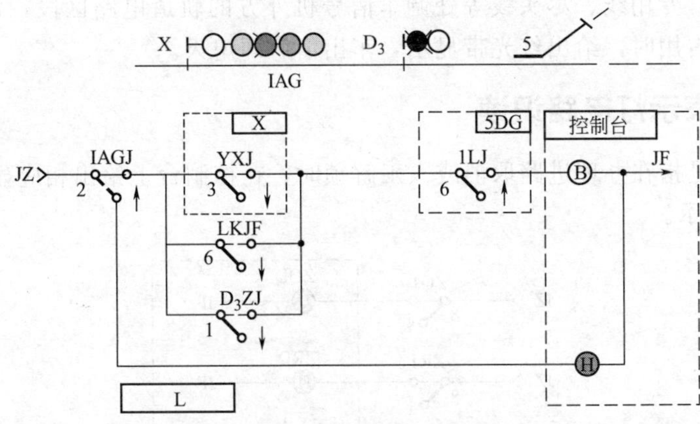

图 2-67 无岔区段光带表示灯电路（三）

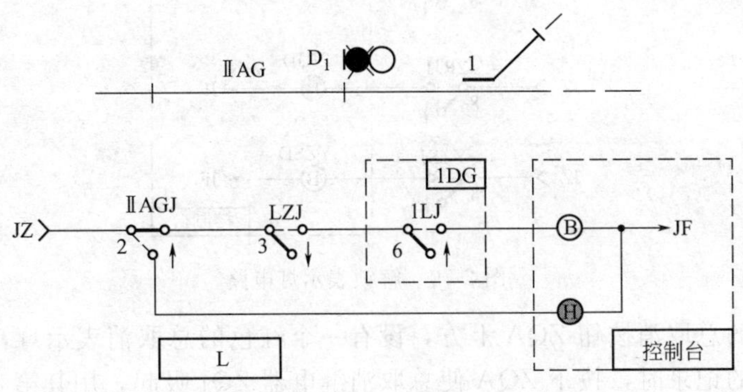

图 2-68 无岔区段光带表示灯电路（四）

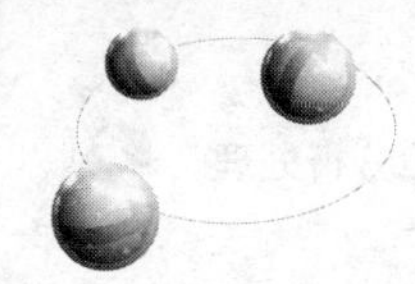

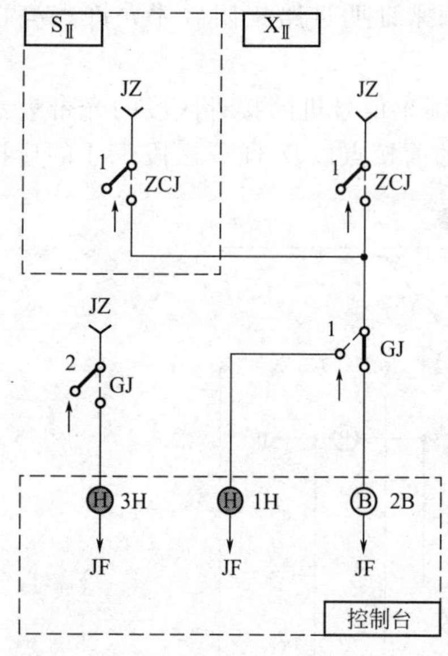

图 2-69　到发线股道光带电路

点条件点亮白光带。在电路中接入 1/1LJ 的后接点是证明进路锁闭后才能显示白光带。当向 IIAG 区段排列调车进路时，因列车终端继电器 LZJ 不吸起，故 IIAG 区段不会亮白光带。有车进入 IIAG 区段，Ⅱ AGJ 落下亮红光带。

如图 2-69 所示是股道的光带表示灯电路，与上述几种光带表示灯电路均不相同。它的光带表示灯有 3 种，即反映进路锁闭有车占用的 1H；反映进路锁闭的 2B；反映进路解锁有车占用的 3H。

向股道办理进路时，在进路锁闭后，ZCJ 落下，经 ZCJ 第 1 组的后接点和股道区段的 GJ 第 1 组的前接点点亮股道上的白光带（2B）。车进入股道，白光带熄灭，然后经 GJ 的后接点点亮整条股道上的红光带（1H 和 3H）。车全部进入股道，进路最后道岔解锁时，ZCJ 吸起，使 1H 光带熄灭。车在股道停留期间，只有股道中间两节点亮红光带（3H），当车出清股道后红光带（3H）熄灭。这样做既省电又避免整条股道点亮红光带而刺眼，改善了车站值班人员的工作环境。电路中接有两组 ZCJ 接点，其中一组是上行咽喉向股道办理进路用的，另一组是下行咽喉向股道办理进路用的。

对于牵出线、专用线、尽头线等处调车信号机外方的轨道电路区段，没有白光带显示，在这些区段有车占用时，给出红光带显示，车出清后即熄灭。

三、解锁表示灯电路识读

解锁表示灯是指在办理进路取消或人工解锁时，在控制台上给出相应显示的表示灯。其电路如图 2-70 所示。

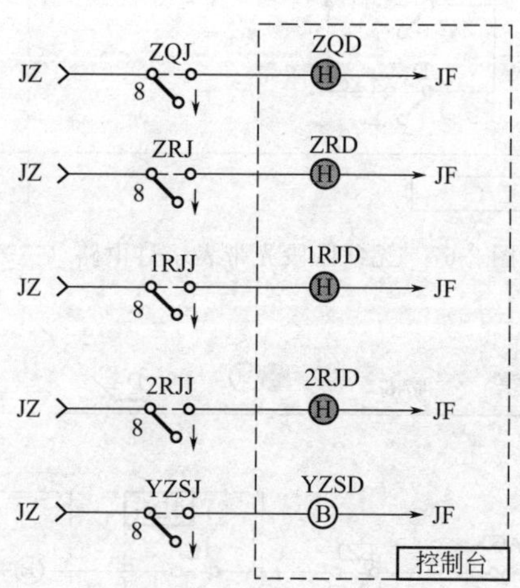

图 2-70　解锁表示灯电路

在每个咽喉的总取消按钮 ZQA 上方，设有一个红色的总取消表示灯，在办理取消进路或取消误碰按钮的记录时，按下 ZQA 使总取消继电器 ZQJ 吸起，用其第 8 组前接点使总取消表示灯红灯亮灯，表示正在办理取消手续。

在每个咽喉的总人工解锁按钮 ZRA 上方，有一个红色的总人工解锁表示灯，左边有一个 30s 延时的人工解锁表示红灯，右边有一个 3min 延时的人工解锁表示红灯。办理人工解锁进路时，按下 ZRA，使总人工解锁继电器 ZRJ 吸起，用 ZRJ 第 8 组的前接点点亮总人工解锁红灯，松开 ZRA 后，ZRJ 落下使红灯熄灭。在进路延时解锁过程中，要有正在解锁过程中的表示，办理接车或正线发车进路人工解锁时，1RJJ 励磁吸起，用其第 8 组的前接点接通 3min 人工解锁表示灯。当办理调车或站线发车进路人工解锁时，2RJJ 吸起，用其第 8 组的前接点接通 30s 人工解锁表示灯。当进路延时解锁完毕，1RJJ 和 2RJJ 落下，表示灯熄灭。

办理全咽喉总锁闭方式引导接车时，要破铅封按下按钮 YZSA，使 YZSJ 吸起，用 YZSJ 第 8 组前接点接通引导总锁闭白色表示灯。当拉出 YZSA 后，YZSJ 落下，引导总锁闭白色表示灯熄灭。

四、电源表示灯电路识读

在控制台中部上方设有电源表示灯和电源有关的按钮，控制台内部还设有一个电源切换电铃。电源表示灯分别是主电源表示灯、副电源表示灯、昼间表示灯和夜间表示灯。按钮分别是主副电源切换按钮 ZFDA、信号调压按钮 XTA、表示灯调压按钮 BTA。这三个按钮均为二位非自复式按钮。其电路如图 2-71 所示。

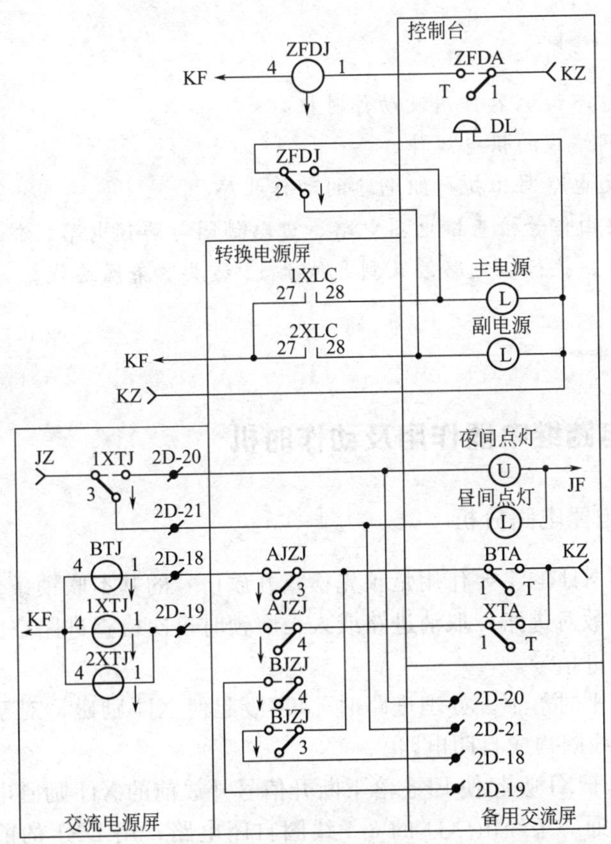

图 2-71　电源表示灯电路

电源表示灯反映电源的供电情况，按钮用来进行必要的操作。电源供电情况是用线路接触器 XLC 的状态来反映的。主电源供电时，1XLC 励磁，其常开触点 27—28 闭合，点亮主

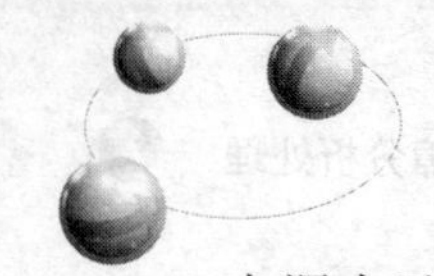

电源表示灯。副电源供电时，2XLC 励磁，其常开触点 27—28 闭合，点亮副电源表示灯。当主电源切换到副电源供电时，1XLC 失磁使副电源表示灯亮灯，同时电铃电路经主副电源继电器 ZFDJ 的后接点和 2XLC 的常开触点接通，使电铃鸣响。此时车站值班人员按下主副电源切换按钮 ZFDA，使 ZFDJ 励磁，电铃停响，并使电铃电路处于监督副电源供电状态。当副电源转换至主电源供电时，电铃再次鸣响，拉出 ZFDA，使 ZFDJ 落下，电铃停止鸣响。

用信号调压按钮 XTA 来控制信号机点灯电压，昼间用 220V 供电，为了省电及延长灯泡的使用寿命，在保证信号显示距离的前提下夜间可用 180V 电压供电。白天未按下按钮 XTA，交流屏的信号调压继电器 1XTJ 落下，用其第 3 组的后接点点亮白天表示灯，表示信号点灯用 220V 供电。夜间按下 XTA，使 1XTJ 吸起，用其第 3 组的前接点点亮夜间表示灯，表示信号点灯由 180V 供电。

用表示调压按钮 BTA 对控制台表示灯的亮度进行控制。白天未按下按钮 BTA，表示灯调压继电器 BTJ 落下，控制台表示灯用交流 24V 供电。夜间按下 BTA，使 BTJ 励磁，供出 19.6V 交流电，使表示灯亮度减弱，以减少对车站值班人员的眼睛的刺激。

任务十 ●●● 执行组电路动作程序分析

任务目标 ▸▸▸

1. 熟悉执行组电路继电器作用及动作时机。
2. 掌握执行组网络线的供电规律。
3. 能够根据给定电路写出执行组电路的动作程序。

执行组电路主要由信号检查继电器电路、进路锁闭与解锁电路、信号控制电路及光带表示灯电路等电路组成。执行组电路涉及到 8 线至 15 线共 8 条网络线。

任务实施 ▸▸▸

一、执行组电路继电器作用及动作时机

1. 信号检查继电器电路分析

信号检查继电器 XJJ 的主要作用是预先检查开放信号的基本联锁条件，即进路空闲、道岔位置正确、未建立敌对进路；取消进路或人工解锁时再次检查进路空闲，在人工解锁的延时时间内检查车未冒进信号。

信号检查继电器平时落下。办理进路时，KJ 吸起使 XJJ 励磁；对于调车进路只要接近区段无车，由其 1-2 线圈构成自闭电路。

信号开放后，由于 XJ 吸起使 FKJ 落下断开信号开放前的 XJJ 励磁电路。同时用 LXJ 的前接点为列车进路接通一条经由 XJJ 的 3-4 线圈自闭电路；用 DXJ 的前接点为调车进路接通又一条经由 XJJ 的 3-4 线圈自闭电路。

当列车进入进路内方时，由于进路内方第一个区段的轨道继电器 DGJ 落下，断开 8 线网络，使 XJJ 复原。调车车列进入接近区段时，JYJ 落下断开 XJJ 的 1-2 线圈自闭电路。办理取消进路时，QJ 吸起，用其后接点断开 XJJ 的 3-4 线圈及 1-2 线圈自闭电路，并用 QJ 前接点接通 3-4 线圈另一条励磁电路，使 XJJ 落下又吸起；当进路解锁后，KJ 或 ZJ 落下使 XJJ 复原。

办理人工解锁时 QJ 吸起，在断开 XJJ 的 3-4 线圈自闭电路的同时，用 QJ 的前接点接通经条件电源 KZ-RJ-H 的瞬间励磁电路，使 XJJ 瞬间落下又励磁，并经 XJJ 的 1-2 线圈保持自闭；进路解锁后，KJ 或 ZJ 落下使 XJJ 复原。

2. 进路锁闭与解锁电路分析

进路锁闭与解锁电路主要由 QJJ、GJJ、ZCJ、1LJ、2LJ、SJ、CJ、FDGJ 等继电器组成。其作用是实现进路的锁闭和解锁。

（1）区段检查继电器电路　区段检查继电器平时落下。办理进路时 XJJ 吸起，接通 9 线网络的电源 KZ，使 QJJ 励磁。信号开放后，由 XJ 的前接点向 10 线送电源 KF，接通 QJJ 的第一条自闭电路。当车进入接近区段，JYJ 落下后经其后接点又接通 QJJ 的第二条自闭电路。

对于列车，车进入信号机内方，因 XJJ 落下断开 9 线网络的电源 KZ，断开了 QJJ 的励磁电路，同时由于 LXJ 落下，断开第一条自闭电路。对于调车，必须等 DXJ 白灯保留电路断开，才能使 DXJ 落下而断开第一条自闭电路。车出清接近区段使 JYJ 吸起，断开第二条自闭电路。

为防止进路迎面错误解锁，列车驶入哪个区段，哪个区段的 FDGJ 吸起，并使那个区段的 QJJ 复原。但车未驶入区段，由于 FDGJ 落下，接通运行前方区段的 QJJ 第三条自闭电路，当车驶入时，使 QJJ 复原。

在办理引导进路锁闭时，按下 YA，使 YAJ 吸起，向 9 线网络供出电源 KZ，使进路中 QJJ 励磁。办理引导解锁时，YAJ 落下断开 9 线网络电源 KZ，使 QJJ 落下。

（2）股道检查继电器电路　股道检查继电器 GJJ 平时落下。办理进路时，始端 XJJ 吸起向 9 线网络供 KZ，使 GJJ 经 1-2 线圈励磁。当列车进入信号机内方时，XJJ 落下，GJJ 也随之落下。

办理引导进路锁闭时，YAJ 吸起向 9 线网络供 KZ，使 GJJ 吸起。办理引导解锁时，YAJ 落下使 GJJ 随之落下。

办理取消进路解锁、人工解锁或引导进路解锁时 GJJ 经 3-4 线圈励磁，将 KF 解锁电源由 12 线网络转 13 线网络。当进路最末道岔区段解锁后，因 SJ 吸起断开 12 线网络使 GJJ 落下。

（3）进路继电器电路　进路继电器 1LJ 和 2LJ 平时都吸起。锁闭进路时，QJJ 吸起断开两个 LJ 的自闭电路，使之落下，点亮该区段的白光带。

当列车或调车车列经过进路，是正常解锁。从左至右的进路总是 1LJ 先吸起，2LJ 后吸起；从右至左的进路总是 2LJ 先吸起，1LJ 后吸起。先吸起的 LJ 总是经 1-2 线圈从 12 线网络上的始端方向得到 KF 解锁电源而励磁，并经 3-4 线圈自闭；后吸起的 LJ 总是经 3-4 线圈从 13 线网络上的终端方向得到 KF 解锁电源而励磁，并经 3-4 线圈自闭。

（4）锁闭继电器电路　锁闭继电器 SJ 平时吸起。办理进路 1LJ 和 2LJ 落下使 SJ 落下，实现进路锁闭。

进路解锁时，当 1LJ 和 2LJ 均吸起使 SJ 吸起。

区段有车 DGJF 落下，使 SJ 落下，实现区段锁闭。

办理引导总锁闭接车，按下 YZSA 使 YZSJ 吸起，条件电源 KZ-YZSJ-H 断电，SJ 落下，实现全咽喉道岔总锁闭。拉出 YZSA 使 YZSJ 落下，SJ 吸起。

(5) 传递继电器电路　传递继电器 CJ 平时吸起。办理进路时，当 1LJ 和 2LJ 都落下断开 CJ 的 3-4 线圈励磁电路和自闭电路，使 CJ 落下。

故障解锁时，随办理手续 CJ 经 1-2 线圈励磁，1LJ 或 2LJ 吸起后接通其 3-4 线圈自闭电路。

正常解锁时，利用 FDGJ 缓放，用其后接点接通 CJ 的 3-4 线圈励磁电路并自闭，使其具有滞后励磁特性。

取消进路、人工解锁、调车中途返回解锁或引导进路解锁时，因 FDGJ 一直落下，只要 1LJ 或 2LJ 吸起，CJ 便经 3-4 线圈励磁并自闭，使其具有及时励磁特性。

(6) 轨道反复示继电器电路　轨道反复示继电器 FDGJ 平时为落下状态。信号开放后，列车顺序进入轨道区段，利用 DGJ 的后接点与 QJJ 的前接点相配合接通 FDGJ 励磁电路，首先向 RC 支路充电，而后 FDGJ 才励磁。FDGJ 吸起断开 QJJ 自闭电路，使 QJJ 落下，反过来 QJJ 前接点又断开 FDGJ 励磁电路，此时 RC 支路又向 FDGJ 的 1-4 线圈放电，使 FDGJ 维持接通自闭电路。

当车出清轨道区段时，DGJ 吸起，切断 FDGJ 自闭电路，使 FDGJ 缓放 3～4s 后落下。

(7) 照查继电器电路　照查继电器平时吸起。办理进路时 GJJ 吸起，断开 ZCJ 自闭电路，当进路最末道岔区段的 SJ 落下，断开 ZCJ 励磁电路，使 ZCJ 落下。当进路最末道岔区段解锁时，SJ 吸起使 ZCJ 励磁并自闭。

3. 信号控制电路

信号控制电路主要包括 XJ、ZXJ 电路，引导接车用的 YAJ 和 YXJ 电路，信号机点灯电路等，其作用是开放信号。

(1) 信号继电器电路　对于列车进路设有 LXJ，对于调车进路设有 DXJ，它们平时落下。办理进路时，11 线网络接通，XJ 励磁并自闭，FKJ 落下断开 XJ 励磁电路。

对于列车进路，当列车进入信号机内方时，由于 XJJ 落下，断开 11 线网络，LXJ 随之缓放落下。

对于调车进路，因 DXJ 有一条经 XJJ 的后接点接通的白灯保留电路，当调车车列出清接近区段时，因 JYJ 吸起，用其后接点切断白灯保留电路，使 DXJ 缓放落下；若接近区段留有车辆，则要待调车车列出清进路内方第一个轨道区段后，用 DGJF 的后接点断开白灯保留电路，使 DXJ 缓放落下。

(2) 正线信号继电器电路　正线信号继电器 ZXJ 平时吸起，开通正线的对向道岔处于定位时吸起；当正线上某组对向道岔开通侧线时 ZXJ 落下。用以区分进站信号机点亮一个黄灯还是点亮两个黄灯。

(3) 通过信号继电器电路　通过信号继电器 TXJ 平时落下。当办理正线通过进路时，进站信号机的 LXJ 和正线出站信号机的 LXJ 吸起，接车进路开通正线 ZXJ 吸起，使 TXJ 吸起。

进站信号机关闭时，LXJ 落下使 TXJ 落下。

(4) 引导按钮继电器电路　引导按钮继电器 YAJ 平时落下。办理引导接车时，按下 YA 使 YAJ 励磁并自闭。松开 YA 即断开 YAJ 励磁电路。

办理引导进路解锁，引导解锁继电器 YJJ 吸起，用其后接点断开 YAJ 自闭电路，使

YAJ 缓放落下。

(5) 引导信号继电器电路 引导信号继电器 YXJ 平时落下。办理引导接车，按下 YA 使 YAJ 吸起，将 YXJ 接向 11 线网络，进路锁闭后，YXJ 经 11 线网络励磁并自闭。

松开 YA，断开 YXJ 励磁电路，列车进入进站信号机内方第一个轨道区段时，因 DGJ 落下断开 YXJ 自闭电路，使其缓放落下。当进路内方第一个区段故障，办理引导接车时，需长时间按下引导按钮 YA，保证 YXJ 吸起开放引导信号。

二、执行组网络线供电规律

执行组涉及到 8～15 线共 8 条网络线，各网络线供电规律如下。

(1) 8 线 XJJ 网络 由进路终端向 8 线接入电源 KF，列车进路 KF 由网络线终端接入，调车进路 KF 由进路终端经 ZJ 前接点接入。8 线的 KF 由进路终端一直送至进路始端的 XJJ 线圈上。

(2) 9 线和 10 线的 QJJ 网络 9 线是 QJJ 和 GJJ 励磁网络，当 XJJ 吸起时，由进路始端向 9 线接入电源 KZ，送至进路各区段的 QJJ 的 3—4 线圈及 GJJ 的 1—2 线圈。

10 线是 QJJ 自闭网络，10 线网络的电源 KF 先后从进路始端 XJ 的前接点、由进路始端 JYJ 的后接点、各区段 FDGJ 的前接点接入。

(3) 11 线 XJ 网络 在 11 线网络上既有电源 KZ 又有 KF。对于列车进路，由网络线终端接入 KF，经 7 线和 11 线网络将 KF 送至进路始端 LXJ 线圈，由始端局部电路送 KZ 使 LXJ 励磁。对于调车进路，由进路终端经 ZJ 前接点向 11 线供 KZ 电源，经 7 线和 11 线网络将 KZ 送至进路始端 DXJ 线圈，由进路终端 8 线经 ZJ 前接点送 KF，使 DXJ 励磁。

(4) 12 线和 13 线解锁网络 12 线和 13 线解锁网络传递的是解锁电源 KF。由于进路解锁方式不同电源 KF 的传递规律也不同。正常解锁采用逐段解锁，12 线和 13 线解锁电源 KF 交替瞬间有电，利用 CJ 滞后励磁特性进行传递。当进路第一个区段正常解锁时，12 线 KF 由本区段 13 线经 FDGJ 缓放条件接入；其后各区段 12 线 KF 是由前一区段 1LJ 和 2LJ 前接点接入；13 线 KF 是由后一区段 FDGJ 缓放条件接入。

取消进路或人工解锁时，12 线先有 KF，13 线后有 KF，利用 CJ 及时励磁特性传递。当办理取消或人工解锁手续后，由进路始端经 QJ 的前接点向 12 线接入 KF 解锁电源（或 KF3min 或 KF30s），利用 CJ 及时励磁特性由进路始端向终端方向传递，使 12 线上各区段的 1LJ 或 2LJ 吸起。在进路终端，列车进路经 GJJ 前接点调车进路经 ZJ 前接点，（若为股道或单线区段发车口部位时经 GJJ 前接点，若为双线区段发车口部位时经 FDGJ 前接点），将 12 线 KF 电源转接至 13 线，由进路终端向始端传递，使 13 线上各区段的 2LJ 或 1LJ 吸起。

调车中途返回解锁时，KF 解锁电源由牵出进路终端 8 线经 ZJ 的前接点接入，送至牵出进路始端（第二种情况送至折返进路始端），经 KJ 前接点由 8 线转接至 12 线，利用 CJ 及时励磁特性，在 12 线上从进路始端向终端方向传递，使 12 线上的 1LJ 或 2LJ 吸起。在牵出进路终端经 ZJ 前接点将 12 线 KF 转接至 13 线，并向牵出进路始端（第二种情况为折返进路始端）方向传递，使 13 线上 2LJ 或 1LJ 吸起。

引导进路解锁时，办好解锁手续，KF 电源在进路始端经 YJJ 的前接点接入 12 线，按照取消进路的供电规律传递。对于故障区段在 13 线上将由 DGJ 第 3 组和第 5 组的后接点短路线将其 LJ 线圈短路掉，待其故障修复后，对该区段实行故障解锁。

(5) 14 和 15 线光带表示灯网络 14 线和 15 线为光带表示灯网络线，网络线上接入的是电源 JZ。14 线供白光带 JZ，15 线供红光带 JZ。

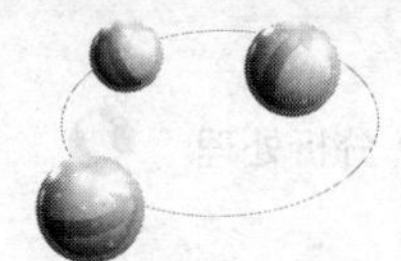

三、执行组电路动作程序

以X至4G接车进路为例，介绍进路锁闭和信号开放的电路动作程序。

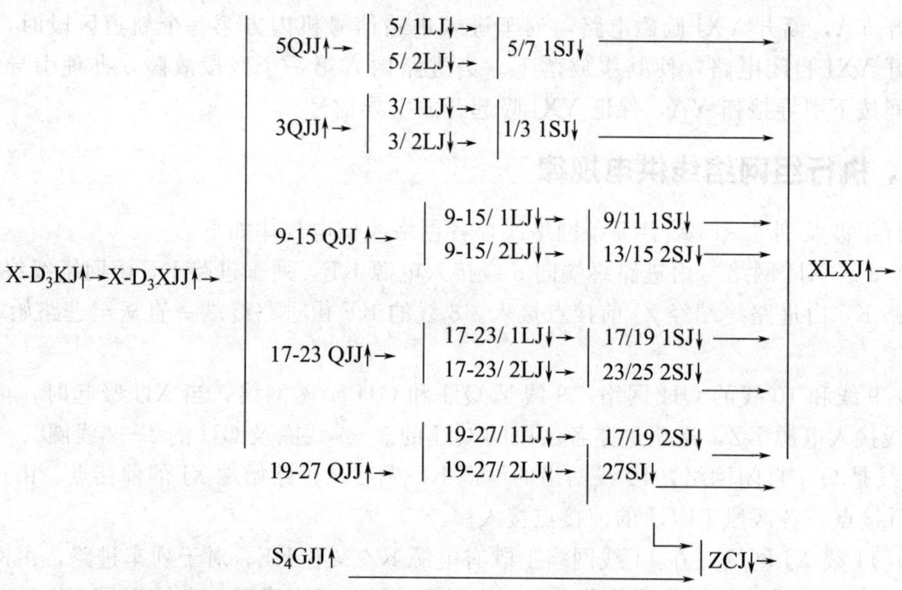

→ X进站信号机点亮两个黄灯
X信号复示器点亮绿灯
X-D_3/FKJ↓→XLAD 绿灯灭

执行组电路是在通过KJ励磁经7线检查选排进路一致性的基础上，由8线检查开放信号的基本联锁条件后XJJ吸起，使进路上各区段的QJJ吸起，股道端GJJ吸起和ZCJ落下，将进路锁闭好，排除本咽喉和另一咽喉敌对进路后，才使LXJ励磁开放进站信号机。其电路动作满足以下逻辑关系：

KJ↑→XJJ↑→ | QJJ↑→1/2LJ↓→SJ↓→
GJJ↑ | ZCJ↓→LXJ↑

项目五 接口设备维护及故障分析处理

项目导引 ▶▶▶

6502电气集中联锁系统室外设备的接口电路，包括道岔控制电路、信号机点灯电路以及轨道电路。对于道岔控制电路主要介绍直流电动转辙机—ZD6型单动道岔控制电路，交流转辙机—S700K电动液压转辙机控制电路在模块三中讲解；轨道电路的原理在《信号基础设备》课程已经详细介绍过，这部分内容不再叙述。

任务一 ●●● ZD6型道岔控制电路维护及故障分析处理

任务目标 ▶▶▶

1. 熟悉ZD6型道岔控制电路技术要求。
2. 跑通ZD6型道岔控制电路。
3. 会按照作业标准检修ZD6型道岔设备。
4. 会测试ZD6型道岔技术参数。
5. 能够按照故障处理程序，结合控制台表示灯和继电器状态，在20min内找出道岔控制电路断线故障点。

任务实施 ▶▶▶

道岔控制电路分为启动电路和表示电路两部分。道岔启动电路作用是根据操作意图接通电机电路，带动尖轨转换至规定位置；道岔表示电路是在道岔转换完毕并锁闭后给出道岔的实际位置表示。现以四线制单动道岔控制电路为例进行介绍。

一、道岔控制电路技术条件

1. 启动电路技术条件

为了保证行车安全，道岔启动电路必须满足以下技术要求。

① 道岔区段有车占用，或道岔区段轨道电路发生故障时，该区段内道岔不能转换，对道岔此种锁闭称为区段锁闭。

② 进路在锁闭状态时，进路上的道岔不能再转换，对道岔的此种锁闭称为进路锁闭。

③ 道岔一经启动，就应转换到底，不受车辆进入的影响，也不受车站值班人员的控制。否则，车辆进入道岔区段时，若道岔停转或受车站值班人员的控制而回转，都可能造成脱轨或挤岔事故。

④ 道岔启动电路接通后，由于电路故障（如自动开闭器接点、电动机炭刷接触不良）使道岔未转动，应能自动断开启动电路，以免由于邻线列车震动等原因使故障消除后造成道岔自行转换。

⑤ 道岔转换途中受阻（如尖轨与基本轨的轨缝夹有道砟等）使道岔不能转换到底时，应保证经车站值班人员的操纵能使道岔转回原位。

⑥ 道岔转换完毕应能自动断开启动电路。

上述的技术条件可以简单概括为：有车不能转、解锁才能转、要转转到底、不转就别转、遇阻向回转、转完切电源。

2. 表示电路技术条件

道岔表示电路必须是故障—安全电路，应满足以下技术要求。

① 用道岔表示继电器的吸起状态和道岔的正确位置相对应，不准用一个继电器的吸起和落下表示道岔的两种位置。即只能用 DBJ 的吸起表示道岔在定位，用 FBJ 的吸起表示道岔在反位。

② 当电路发生混线或混入其他电源时，必须保证不使 DBJ 和 FBJ 错误励磁。

③ 当道岔在转换过程中，或发生挤岔、停电、断线等故障时，应保证 DBJ 和 FBJ 落下。

二、道岔控制电路设备认知

道岔控制电路设备按位置分为室内设备和室外设备。室内电路设备只有一个 DD 组合，即单动道岔组合；室外设备主要有转辙机自动开闭器接点组、安全接点、移位接触器、接线端子、二极管、电缆盒等组成。

1. 室内电路设备认知

ZD6 型道岔控制电路室内设备采用 DD 组合，组合设备排列及名称规格如表 2-4。

表 2-4　DD 组合设备排列及规格

<table>
<tr><td>组合类型</td><td colspan="2">0</td><td>1</td><td>2</td><td>3</td><td>4</td><td>5</td><td>6</td><td>7</td><td>8</td><td>9</td><td>10</td></tr>
<tr><td rowspan="2">DD</td><td rowspan="2">$\frac{D_1D_2R}{2CP_{21}RX}$
YC-40-1000-1
$\frac{D_2D_4R}{2CP_{21}CZ}$
M-L-4-400</td><td rowspan="2">3A　5A
3A　0.5A</td><td>BB</td><td>1DQJ</td><td>SJ</td><td>2DQJ</td><td>AJ</td><td>DCJ</td><td>FCJ</td><td>DBJ</td><td>FBJ</td><td></td></tr>
<tr><td>BD-10</td><td>JWJXC
-H125
/0.44</td><td>JWXC
-1700</td><td>JYJX
C-135
220</td><td>JWXC
-1700</td><td>JWXC
-1700</td><td>JWXC
-1700</td><td>JPXC
-1000</td><td>JPXC
-1000</td><td></td></tr>
</table>

DD 单动道岔组合设备名称如表 2-5。

表 2-5 DD 单动道岔组合设备名称

序号	缩写	名称	序号	缩写	名称
1	BB	表示变压器	6	DCJ	定位操纵继电器
2	1DQJ	第一启动继电器	7	FCJ	反位操纵继电器
3	SJ	锁闭继电器	8	DBJ	定位表示继电器
4	2DQJ	第二启动继电器	9	FBJ	反位表示继电器
5	AJ	单独操纵按钮继电器			

2. 室外电路设备认知

（1）道岔电缆盒 如图 2-72 所示，道岔电缆盒内部配线和接点排列规则：从基础侧开始按顺时针方向开始数端 1、端 2，一直到端 24。

如图 2-73 所示为 ZD6 转辙机箱盒内部结构图。

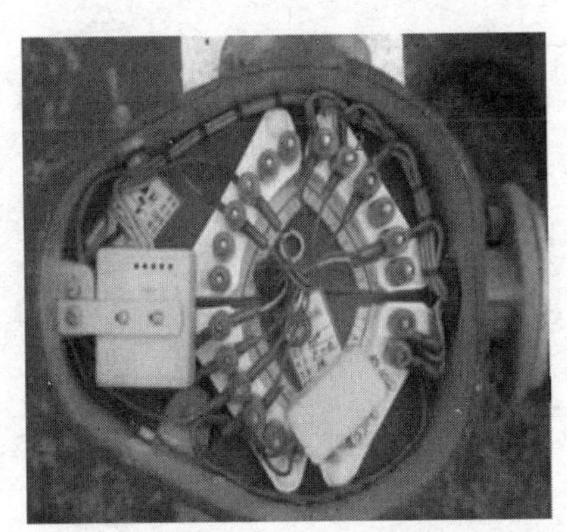

图 2-72 道岔电缆盒

图 2-73 ZD6 箱盒内部

（2）转辙机自动开闭器接点组 ZD6 型转辙机自动开闭器接点组构通道岔的启动和表示电路，内部配线和接点排列规则（图 2-73）：站在转辙机开盖方向，从右至左为第 1 排、第 2 排、第 3 排、第 4 排，每排接点编号从上往下数，如第 1 排从上往下为 11、12、13、14、15、16。

（3）安全接点组 安全接点主要用于维护人员检修作业、行车人员手摇转换道岔时切断道岔启动电路，保障人身安全，即串接在启动电路中的 05-06 接点组。

（4）移位接触器 道岔发生挤岔时，将移位接触器的顶销顶起，断开它的接点 01—02 或者 03—04，从而断开道岔表示电路，控制台给出报警提示。

三、道岔控制电路识读及分析

1. 道岔控制电路识读

四线制单动道岔控制电路（定位一、三排接点闭合，2DQJ 吸起；反位二、四排接点闭合，2DQJ 落下）如图 2-74 所示。启动电路采用分级控制方式，首先由第一道岔启动继电器

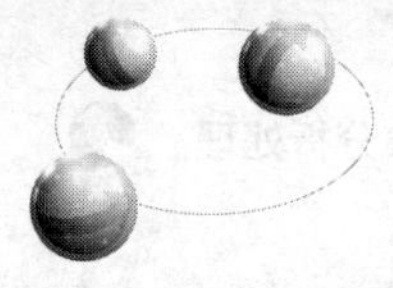

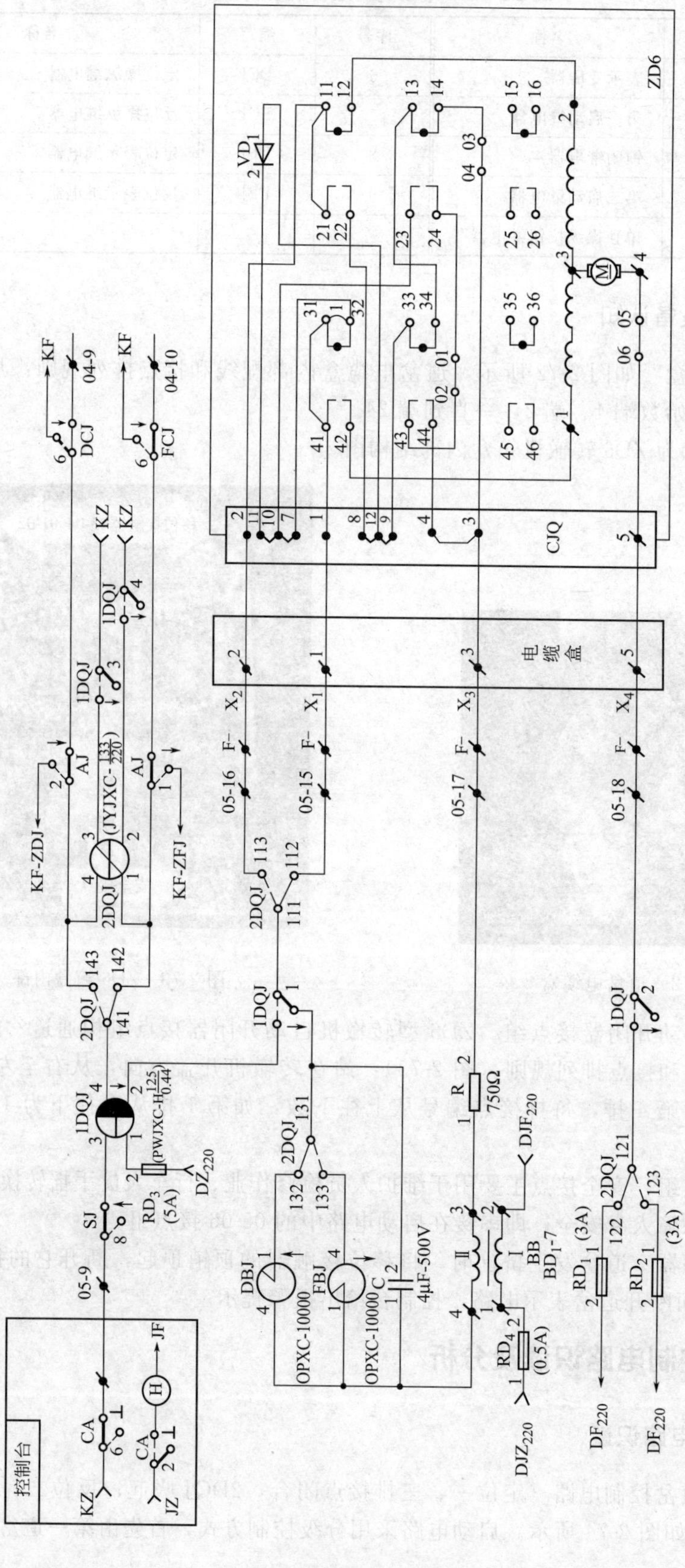

图 2-74　四线制单动道岔控制电路

1DQJ 检查联锁条件，然后由第二道岔启动继电器 2DQJ 控制电动机的旋转方向，最后由直流电动机转换道岔。

(1) 道岔启动电路识读　道岔控制分为进路操纵和单独操纵两种方式。

① 进路操纵　进路操纵通过办理进路，使选岔网络中 DCJ 或 FCJ 吸起，接通道岔启动电路，转换道岔至规定位置。图 2-74 的道岔处于定位状态，按进路操纵使道岔由定位向反位转换时，道岔启动电路的第一阶段即 1DQJ 的励磁电路为 KZ-CA_{61-62}-SJ_{81-82}-$1DQJ_{3-4}$-$2DQJ_{141-142}$-AJ_{11-13}-FCJ_{61-62}-KF。

第二阶段 2DQJ 转极电路为 KZ—$1DQJ_{41-42}$—$2DQJ_{2-1}$—AJ_{11-13}—FCJ_{61-62}—KF。

第三阶段 1DQJ 自闭电路即电动机电路为 DZ_{220}—RD_3—$1DQJ_{1-2}$—$1DQJ_{12-11}$—$2DQJ_{111-113}$—自动开闭器 11-12—电动机定子绕组 2-3—电动机转子绕组 3-4—安全接点 05-06—$1DQJ_{21-22}$—$2DQJ_{121-123}$—RD_2—DF_{220}。

当道岔转至反位后，自动开闭器 11-12 接点断开，使电动机停转。同时断开 1DQJ 的 1-2 线圈自闭电路，使 1DQJ 缓放落下，接通道岔表示电路。若要再将道岔转回定位，办理进路后 DCJ 吸起，重新接通道岔启动电路。

② 单独操纵　单独操纵道岔使其从定位转向反位，按下道岔按钮，同时按下本咽喉道岔总反位按钮 ZFA，道岔按钮继电器 AJ 和道岔总反位继电器 ZFJ 吸起，条件电源 KF-ZFJ 有电，接通道岔启动电路的第一阶段即 1DQJ 的励磁电路为 KZ—CA_{61-62}—SJ_{81-82}—$1DQJ_{3-4}$—$2DQJ_{141-142}$—AJ_{11-12}—KF-ZFJ。

第二阶段 2DQJ 转极电路为 KZ—$1DQJ_{41-42}$—$2DQJ_{2-1}$—AJ_{11-12}—KF-ZFJ。

第三阶段 1DQJ 自闭电路即电动机电路为 DZ_{220}—RD_3—$1DQJ_{1-2}$—$1DQJ_{12-11}$—$2DQJ_{111-113}$—自动开闭器 11-12—电动机定子绕组 2-3—电动机转子绕组 3-4—安全接点 05-06—$1DQJ_{21-22}$—$2DQJ_{121-123}$—RD_2—DF_{220}。

单独操纵道岔时启动电路动作和进路操纵动作基本相同，只不过负电源是条件电源 KF-ZFJ 或 KF-ZDJ，并由 AJ 的前接点将其接入 1DQJ 或 2DQJ 的电路中。

(2) 道岔表示电路识读

在道岔控制电路中，当道岔启动电路动作完毕，应接通道岔表示电路，将道岔的实际位置反映到信号楼内，以便于车站值班人员对信号设备进行控制和监督。由电动转辙机的自动开闭器接点接通道岔表示电路，用定位表示接点接通道岔定位表示继电器 DBJ 电路，用反位表示接点接通道岔反位表示继电器 FBJ 电路。DBJ 和 FBJ 不仅是道岔位置表示灯的控制条件，而且是执行组电路的重要联锁条件。

道岔表示电路（定位一、三排接点闭合，2DQJ 吸起；反位二、四排接点闭合，2DQJ 落下）如图 2-74 所示。DBJ 和 FBJ 均采用 JPXC-1000 型偏极继电器。道岔表示电路所用电源由变压器 BB 供给，该变压器是变压比为 2∶1 的 BD_1-7 型道岔表示变压器。其初级输入电压为交流 220V，次级输出电压为 110V。DBJ 和 FBJ 线圈并联有 4μF 500V 的电容器 C。电路中还串接有二极管 VD。

当道岔转换到定位或反位后，自动开闭器动作接点断开 $1DQJ_{1-2}$ 线圈自闭电路，使 1DQJ 失磁，用 1DQJ 第 1 组后接点接通道岔表示电路。

当道岔在定位时，DBJ 的励磁电路为 BB_3—R_{1-2}—移位接触器 04-03—自动开闭器 14-13—自动开闭器 34-33—二极管 VD_{1-2}—自动开闭器 32-31—自动开闭器 41—$2DQJ_{112-111}$—$1DQJ_{11-13}$—$2DQJ_{131-132}$—DBJ_{1-4}—BB_4。

从上述单独道岔表示电路中可以看出，通过电动转辙机自动开闭器的定位表示接点接通电路，经二极管VD将交流电进行半波整流，整流后的正向电路方向正好与DBJ的励磁方向一致，使DBJ吸起。在交流电负半周，由于电容器C的放电作用，使DBJ保持可靠吸起。

当道岔转换到反位后，自动开闭器反位表示接点接通，二极管反接在表示电路中，改变了半波整流后电流的方向，使FBJ吸起。

当道岔在反位时，FBJ的励磁电路为

BB_3—$R_{1\text{-}2}$—自动开闭器44-43—移位接触器02-01—自动开闭器24-23—二极管$VD_{2\text{-}1}$—自动开闭器22-21—自动开闭器11—$2DQJ_{113\text{-}111}$—$1DQJ_{11\text{-}13}$—$2DQJ_{131\text{-}133}$—$FBJ_{4\text{-}1}$—BB_4。

2. 道岔控制电路分析

（1）道岔控制电路各线及转辙机接点作用

① 各线在启动和表示电路中用途如表2-6。

表2-6 道岔控制电路各线用途

线序	启动电路中用途	表示电路中用途
X1	反→定启动线	定位表示线
X2	定→反启动线	反位表示线
X3		表示电路公共线
X4	启动电路公共线	

② 启动电路使用线序及转辙机内接点。定位→反位使用X2-X4，以及转辙机内自动开闭器11-12接点、定子绕组2-3、转子绕组3-4、安全接点05-06。

反位→定位使用X1-X4，以及转辙机内自动开闭器41-42接点、定子绕组1-3、转子绕组3-4、安全接点05-06。

③ 表示电路使用线序及转辙机内接点。定位表示使用X1-X3，以及转辙机内自动开闭器41-31-32、33-34、13-14接点，移位接触器03-04。

反位表示使用X2-X3，以及转辙机内自动开闭器11-21-22、23-24、43-44接点，移位接触器01-02。

（2）道岔控制电路中设备作用分析

① SJ采用JWXC-1700无极继电器，主要作用是检查区段空闲，起防护作用。

② 1DQJ选用JWJXC-H125/0.44型，其3-4线圈的电阻值较大，用于检查联锁条件，其1-2线圈的电阻值很小，与电动机串联，监督电动机的动作。1DQJ从励磁电路转换为自闭电路过程中有瞬间断电，为保证1DQJ可靠自闭，故选用缓放型。

③ 2DQJ选用JYJXC-135/220型有极继电器。其两线圈分开使用，有利于构成接收道岔转换的两种控制命令，3-4线圈接通正向电流，接收向定位转换的命令，1-2线圈接通反向电流，接收向反位转换的命令；在表示电路中DBJ串接2DQJ的前接点，FBJ串接2DQJ的后接点，检查了启动电路与表示电路动作的一致性。2DQJ接在电动机电路中的两组接点之所以采用带有灭弧装置的加强接点，是因为电路中电流较大，防止接通或断开电路时产生电弧和火花。

④ DBJ、FBJ采用JPXC-1000偏极继电器，主要作用是给出正确位置的表示；同时检查电机绕组，起到监督电动机的作用；鉴别极性，确保二极管未接反。

⑤ 在电动机电路中接入遮断接点（安全接点）有利于维修人员的安全。当维修人员打

开转辙机机盖时，遮断接点 05—06 断开电动机电路，防止维修、清扫转辙机时电动机转动。

⑥ 在 DF_{220} 电源处分别设有定位熔丝 RD1（3A）和反位熔丝 RD2（3A）。一旦道岔转换途中遇有障碍物受阻，电动机空转熔断一处熔丝，仍能保证电动机转回原位。

⑦ 单独操纵道岔按钮 CA_{61-62} 接点。在维修电动转辙机或轨道电路区段故障时，拉出该按钮，断开道岔启动电路，对道岔实行单独锁闭。

⑧ 室外二极管，用于表示电路半波整流，与表示继电器各自分担交流一个周期的半周。电路中 R 为限流电阻，阻值为 750Ω。

⑨ 自动开闭器及接点实现对道岔位置的检测，反映尖轨密贴情况。启动过程中沟通启动电路及回转电路，转换到位后沟通道岔表示电路，道岔尖轨被挤切断道岔表示电路。

⑩ ZD6 型电动转辙机是直流串激电动机，采用激磁线圈（定子线圈）分开使用方式。四线制道岔控制电路室内外四根连线，X1 线和 X2 线为道岔启动电路和道岔表示电路共用线，X3 线为表示电路专用线，X4 线为启动电路专用线。为了方便维修，减少故障，转辙机采用配线定型化、连接插接化。

（3）道岔技术条件实现分析

启动电路部分

① $1DQJ_{3-4}$的励磁电路中检查了 SJ↑吸起条件，通过 SJ 第 8 组前接点证明道岔既未被区段锁闭又未被进路锁闭，实现技术条件①“有车不能转”和技术条件②“解锁才能转”。

② $1DQJ_{1-2}$线圈与电动机绕组串联构成电动机电路，使道岔启动后不受区段锁闭、进路锁闭及车站值班员控制，使电动机转动时脱离 SJ 和 CA 的控制条件，保证道岔启动后能转换到底，实现技术条件③“要转转到底”；$1DQJ_{1-2}$线圈有较大电流流经时才能保持自闭，若启动后电路某处接触不良使电流减小，1DQJ 即落下断开电动机电路，实现技术条件④“不转就别转”。

③ 在 $1DQJ_{3-4}$线圈励磁电路和 2DQJ 转极电路中，道岔按钮继电器 AJ 的接点在 DCJ 或 FCJ 的接点的前面，这样当进路操纵遇到道岔不能转换到底时，可及时采用单独操纵方式使道岔转回原位，即对道岔的单独操纵优先于进路操纵。但操纵时应注意，应首先按下按钮 ZQA，使电源 KZ-ZQJ-H 无电，将进路上的道岔操纵继电器复原，然后再单独操纵道岔，使道岔转回原位，实现技术条件⑤“遇阻往回转”。

④ 当道岔转换完毕（如定位向反位转换），道岔尖轨与基本轨密贴后，自动开闭器 11-12 接点断开，自动切断电动机电路，使电动机停转，同时使线圈 $1DQJ_{1-2}$断电，1DQJ 落下接通道岔表示电路，实现技术要求⑥“转完切电源”。自动开闭器的两组动接点动作时机受表示杆密贴检查缺口的控制。当道岔由定位向反位转换，电动机启动时自动开闭器第三排接点先打入第四排，41-42 首先接通反转电路，为车站值班人员随时单独操纵道岔，使道岔返回原位准备好条件；道岔转换到底后，自动开闭器 11-12 接点断开，切断电动机电路。

表示电路部分

①在道岔表示电路中，DBJ 吸起是由自动开闭器定位表示接点接通的，FBJ 吸起是由自动开闭器反位表示接点接通的。这就使 DBJ 和 FBJ 的吸起和道岔的位置相对应，从而实现了表示电路技术要求①。为了确切反映道岔位置，对一、三排接点定位闭合的转辙机而言，DBJ 励磁电路中不仅检查了自动开闭器第一排定位表示接点 13-14 的接通，而且检查了第三排定位表示接点 31-32、33-34 的接通，确认接点接触良好及定位表示接点的动作一致后

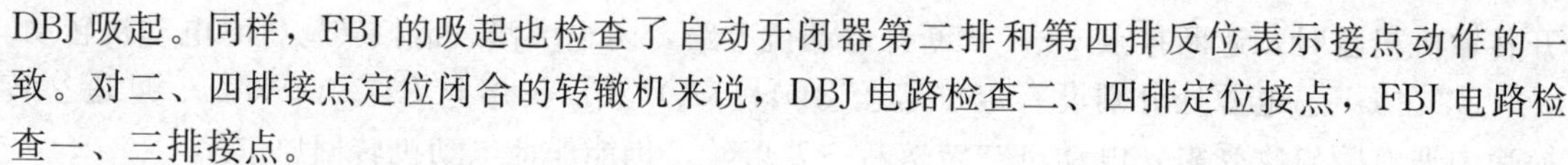

DBJ 吸起。同样，FBJ 的吸起也检查了自动开闭器第二排和第四排反位表示接点动作的一致。对二、四排接点定位闭合的转辙机来说，DBJ 电路检查二、四排定位接点，FBJ 电路检查一、三排接点。

② 当电动转辙机外线混线时，设在室外的二极管 VD 被短路而失去作用，线圈 DBJ 或 FBJ 只有交流电流通过，不会励磁。对每组道岔还设置了表示变压器 BB，用以降低电源电压，并对电路起到隔离作用。当混入其他电源时，因不能构成闭合回路，DBJ 或 FBJ 也不会错误吸起，这就实现了技术要求②。

③ 当道岔在转换过程中，由于 1DQJ 第 1 组的前接点断开表示电路，会使 DBJ 或 FBJ 落下。由于在表示电路中串接有移位接触器接点，当发生挤岔时，移位接触器接点被动作杆向上顶住而断开，使 DBJ 或 FBJ 均落下，挤岔报警电路被接通而发出报警。当电容器 C 被击穿时，线圈 DBJ 和 FBJ 被短路而不会吸起；当电容器引接线断线时，失去滤波作用，DBJ 或 FBJ 将会颤动而不能可靠吸起。当自动开闭器接点发生断裂或松脱时，也会将表示电路断开，及时发现故障。上述防护措施实现了技术要求③。

四、日常维护及故障处理

道岔控制电路采用了成熟稳定的继电接口，在运用中维护少、故障率低。

1. 日常维护要点

(1) 室内部分　关键点是加强接点继电器检查测试，如 1DQJ（JWJXC-H125/80）、2DQJ（JYJXC-135/220 或 JYJXC-160/260），这些继电器加强接点直接接通或断开电动机电路，流经的电流较大，接通或断开容易产生火花或电弧烧损接点，久而久之会造成接触不良。因此加强接点继电器更易产生故障。

为了降低故障发生的概率，一方面需要进行巡视检查，发现加强接点继电器接点火花或电弧严重时及时测试、更换，另一方面应适当缩短加强接点继电器轮修周期。不论轮换周期如何，维护人员在日常运用中需要特别注意加强接点继电器的使用状况，它是道岔控制电路室内部分的薄弱环节，建议每个月对接点进行观察记录，发现拉弧较大时应进行检查排除。

(2) 室外部分　在道岔电路的室外部分维护中，重点关注转辙机接点（含安全器）、二极管和电阻组合。

① 转辙机接点维护　主要标准：动接点打入静接点的深度不小于 4mm，距离静接点座不小于 2mm，用手扳动静接点，其旷动量不大于 3mm；静接点的磨耗不大于其厚度的 1/2；动接点环与静接点片间无间隙，呈面接触状态；动接点与静接点无锈蚀或氧化层，清除接点上磨损的金属粉末和油污。

② 二极管维护　二极管属于易损件。正常情况表示电压为交流 70V 左右、直流 60V 左右。由于二极管对过电流过电压敏感（如道岔控制线混线造成动作电源长时间流经二极管、雷电影响等），所以在维护中可做以下工作。

• 测量表示电压，与正常值比较，如有偏差应进一步查找原因直至排除。

• 测量二极管两端压降，正常二极管的压降应为 0.6～0.8V，如有异常则需进一步测试，确定性能不良后应予更换。

• 由于容易受雷击，但二极管可能处于半击穿或“软击穿”状态，并不马上表现出故障，所以在维护中可适当缩短检查测试周期，尽早发现隐患。

• 有微机监测设备的，通过查看曲线和报表数据，判断表示电路工作状态，及时处理不良部件。

2. 故障分析处理

要快速准确处理好道岔控制电路故障，需要熟悉室内外电路的工作原理，设备运用特点，懂得道岔机械特性等，掌握正常使用和故障时的现象和参数，才能在故障发生后快速、稳妥、有效地处理好故障。

道岔故障按类型分启动电路故障和表示电路故障，按位置分室内故障和室外故障。在故障分析判断中，不论是启动电路还是表示电路故障，正确判断故障点在室内还是室外至关重要，一旦错误判断，处理时间将大幅延误。因此，维护人员平时应多思考、多动手练习，并在此过程中不断总结巩固，提高故障分析处理能力。

（1）道岔控制电路故障判断分析　道岔控制电路动作程序：按下单操和 ZDA（ZFA）→1DQJ↑励磁→2DQJ 转极→1DQJ 自闭，构通道岔动作电路。电机转换完毕后，自动开闭器接点变位，之后 1DQJ↓、2DQJ 保持在转极后的状态，DBJ（FBJ）↑。

① 通过观察控制台电流表和道岔表示灯的变化来区分是控制、启动还是表示电路故障（表 2-7）。

表 2-7　控制、启动、表示电路故障判断分析表

控制台电流表	道岔定、反表示灯	1DQJ 状态	2DQJ 状态	故障判断
不摆动	绿灯不灭	未吸起	未转极	室内控制电路故障
不摆动	绿灯灭后又点亮	吸起	未转极	室内控制电路故障
不摆动	绿灯灭灯	吸起	转极	启动电路断线
摆动很大后回零	绿灯灭灯	吸起	转极	启动电路混线
正常摆动	绿灯灭灯	吸起	转极	表示电路故障

② 区分室内外故障。

• 启动电路室内外故障的判断分析。

方法一，测电压。操纵道岔时用万用表直流电压档（高于 220V 挡位）测分线盘处瞬间电压（定位转反位测 X2 和 X4 即 F606-2 和 F606-4），反位转定位测 X1 和 X4 即 F606-1 和 F606-4，正常值为 220V 左右，若测得分线盘处两线间电压几乎为 0V，则说明为室内故障。若在分线盘处测得正常值电压，说明室内电源送至分线盘，室内无故障，应属于室外故障。到室外电缆盒测量（定位转反位测电缆盒端 2 和端 5，反位转定位测电缆盒端 1 和端 5），如果测得正常电压 220V 左右，则室内到室外电缆盒送电正常，如果无电压，则为分线盘到电缆盒电缆断线。

方法二，测电阻。定位转反位测 X2 和 X4 即 F606-2 和 F606-4，反位转定位测 X1 和 X4 即 F606-1 和 F606-4，有十几欧姆电阻（电缆电阻和电动机线圈电阻），说明室内故障，电阻无穷大说明室外故障。

• 表示电路室内外故障分析判断

表示电路故障处理利用电压法：定位无表示在分线盘测 X3 和 X1、反位测 X3 和 X2，有交流 110V 左右电压，室外断线故障；无电压或电压很小说明是室内断线故障。

③ 通过测试数据进行判断分析（表 2-8）。

表 2-8 表示电路故障判断分析表

故障类别	表示继电器电压		分线盘电压		备 注
	交流/V	直流/V	交流/V	直流/V	
正常电压	40	32	70	60	定:X3 和 X1 反:X3 和 X2
室外断线	0	0	110	0	
室内与电容并联电路断线	155	145	155	145	定:DBJ_{1-4} 和 $2DQJ_{132-131}$ 反:FBJ_{1-4} 和 $2DQJ_{133-131}$
室内与电容串联电路断线			5-15	5-15	定:$1DQJ_{13-11}$ 和 $2DQJ_{111-112}$ 反:$1DQJ_{13-11}$ 和 $2DQJ_{111-113}$
电容击穿	0	0	55	45	
电容断路	80	7	10	8	电压表指针颤动

(2) ZD6 道岔控制电路断线故障处理

① 道岔启动电路故障处理

• 控制电路故障处理（定→反）。

1DQJ 不励磁：

$KZ \rightarrow CA_{61-62} \rightarrow SJ_{81-82} \rightarrow 1DQJ_{3-4} \rightarrow 2DQJ_{141-142} \rightarrow AJ_{11-12} \rightarrow KF\text{-}ZFJ/AJ_{11-13} \rightarrow FCJ_{61-62} \rightarrow KF$

根据电路，平时线圈 $1DQJ_3$ 一直有电源 KZ，借助 KF，可测得 KZ 是否正常；送到 $1DQJ_4$ 线圈的 KF 电源可以通过办理以 15# 道岔为反位的进路，这样 FCJ 吸起，电源 KF 应该一直送到线圈 $1DQJ_4$，这时进行测量不需要一直单操道岔。

2DQJ 不转极：

$KZ \rightarrow 1DQJ_{41-42} \rightarrow 2DQJ_{2-1} \rightarrow AJ_{11-12} \rightarrow KF\text{-}ZFJ/AJ_{11-13} \rightarrow FCJ_{61-62} \rightarrow KF$

因 1DQJ 已经励磁，故线圈 $2DQJ_1$ 的电源 KF 正常，故障点只有 $2DQJ_{2-1}$ 和 $1DQJ_{41-42}$。

• 启动电路断线分析及处理（定位→反位）。

注意：首先测最薄弱环节即启动保险。

如图 2-75 所示，以道岔定位→反位道岔启动电路断线为例。

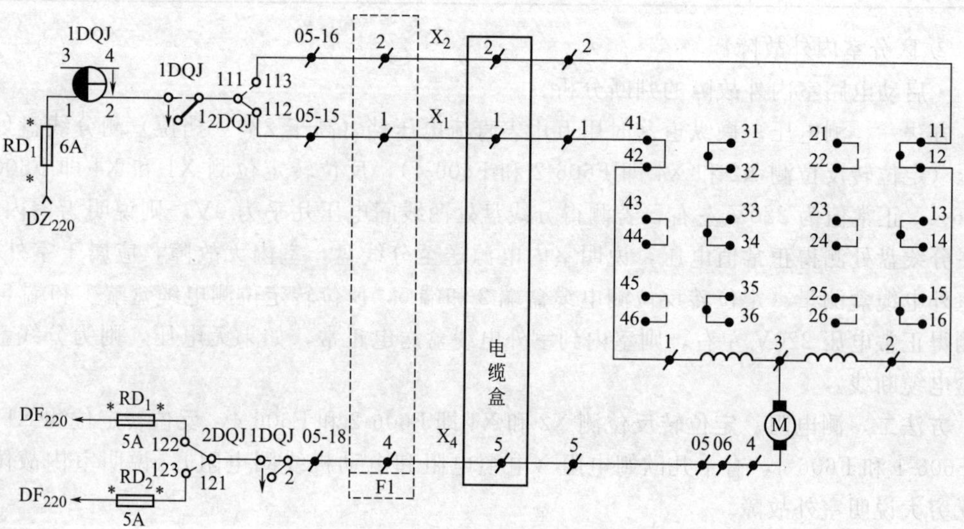

图 2-75 道岔启动电路原理示意图

通过对控制台现象的总结分析，可以准确地判断道岔定位→反位启动电路断线，并且在分线盘判断故障点在室内，此时应用万用表的直流 250V 挡测 $1DQJ_{12-22}$ 间是否有-220V 电压，此时应用万用表的直流 250V 档测 $1DQJ_{12\text{-}22}$ 间是否有 −220V 电压，此后按表 2-9 的方法判断查找室内断线故障。

表 2-9 启动电路室内断线查找方法

$1DQJ_{12\text{-}22}$ 间电压	故障查找方法
0V	黑(红)表笔不动，红(黑)表笔向 DZ(DF) 端进一步查找，直到找出直流电压从无到有的故障点
220V	应使用万用表电阻档，测 $1DQJ_{11\text{-}21}$ 间电阻，电阻为 12 欧姆左右，则是 1DQJ 的 1、2 组前接点故障(操纵时逐一判断)；电阻无穷大，则是 $1DQJ_{11\text{-}21}$ 到分线盘 1、4 间断线，继续移动表笔直到找出故障点

如果判断为启动电路室外断线后，应按如图 2-76 所示的流程进行处理（以定位到反位操纵道岔为例）。

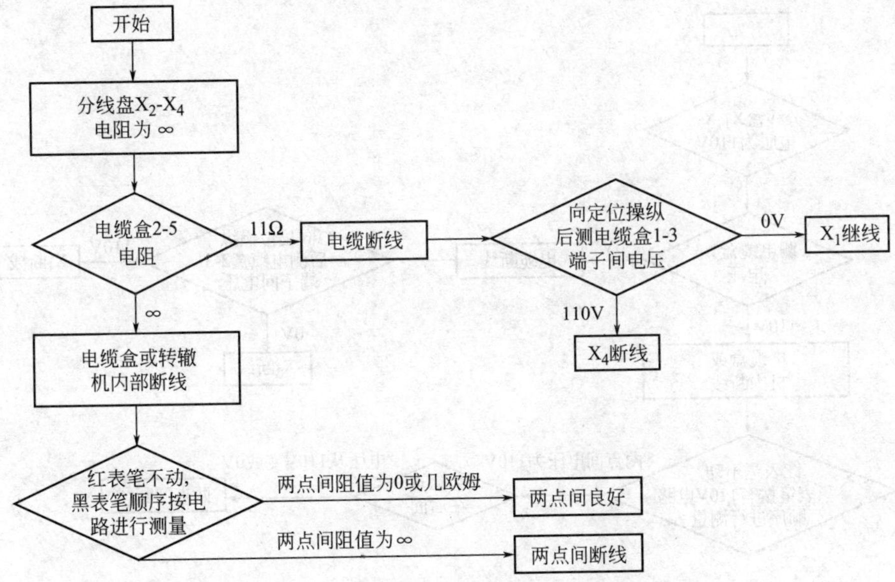

图 2-76 启动电路室外故障处理流程

② 道岔表示电路断线故障处理

道岔表示电路原理如图 2-77 所示。

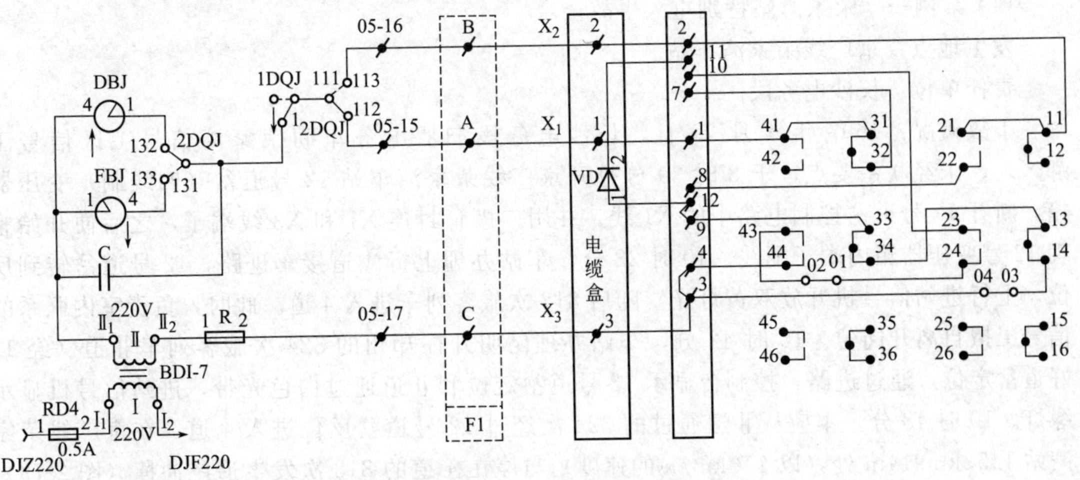

图 2-77 道岔表示电路原理示意图

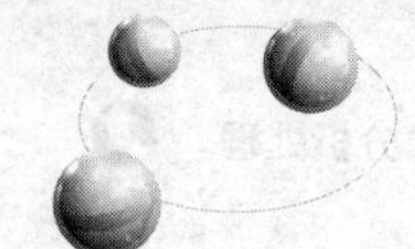

通过在分线盘的测量可以准备地判断出表示电路的断线点在室内还是室外。如果在室内，则应测量 BD_1-7 型表示变压器Ⅱ次侧是否有 110V 电压。此后按表 2-10 的方法进行判断查找。

表 2-10　表示电路室内断线查找方法

变压器Ⅱ次电压	故障查找方法
0V	测变压器Ⅰ次电压，为 220V 则说明变压器故障，为 0V 则按电路顺序进行查找
110V	从变压器Ⅱ次到分线盘端子按电路顺序进一步查找

在分线盘判断出室外电路断线，则应按如图 2-78 所示的流程进行查找。

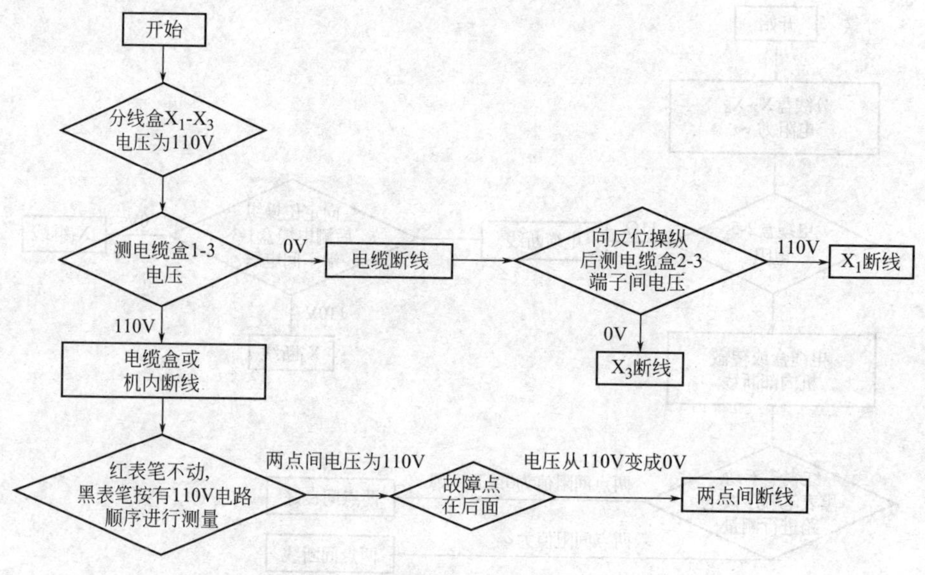

图 2-78　表示电路室外故障处理流程

3. 典型故障案例

(1) 案例一　荣家湾站特别重大事故

发生地点：京广线荣家湾车站。

责任单位：长沙电务段。

事故概况：1997 年 4 月 29 日，长沙电务段汨罗电务车间荣家湾信号工区信号工郝××，未经联系要点，于 8 时 30 分打开京广线荣家湾车站 12 号道岔（四线制）变压器箱，断开 12 号道岔控制电路中的 X1 线，并用二极管封连 X1 和 X3 线端子，之后便开始整理 12 号变压器箱内端子配线。10 时 22 分，车站办理上行 4 道接车进路，12 号道岔转到反位，上行进站信号机开放双黄灯光，随后 818 次旅客列车进入 4 道。此时，负责室内联系的信号工擅自离开岗位。10 时 42 分，车站办理昆明开往郑州的 324 次旅客列车Ⅱ道（经 12 好道岔定位）通过进路，控制台显示 12 号道岔定位和Ⅱ道通过白色光带，进站信号机显示绿灯。10 时 48 分，本应从Ⅱ道通过的 324 次经过 12 号道岔反位进入 4 道，在京广线荣家湾站 1453km914m 处（以 110km/h 的速度）与停在 4 道的 818 次发生追尾冲撞（图 2-79）。324 次机后 1 至 9 位颠覆，10 至 11 位脱轨，818 次机后 15 至 17 位（尾部 3 辆）颠覆。本次事故造成人员死亡 126 人，重伤 48 人，轻伤 182 人；牵引 324 次东风型机车报废，客车报废 11 辆、中破 1 辆，直接经济损失 415 万，中断上行正线 29h12min，构成行车特别重大事故。

图 2-79　荣家湾站事故现场

事故原因分析。

① 电路分析。荣家湾站平面布置图如 2-80 所示。

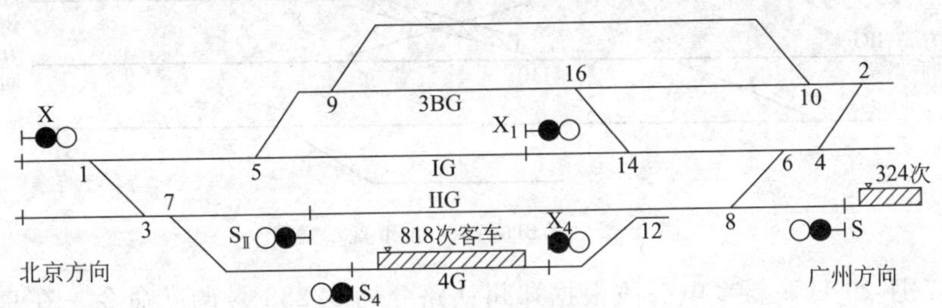

图 2-80　荣家湾站平面布置示意图

8h30min，信号工人为切断 X1 线，在 X1 和 X3 间接入二极管（X1 线接二极管负极，X3 线接二极管正极），给出 12 号道岔定位假表示。在排列 818 次 4 道接车进路过程中，12 号道岔 $2DQJ_{111\text{-}113}$ 接通，反位启动和表示电路正常动作，使 12 号道岔正常转向反位并给出反位表示。818 次进入股道后，排列 324 次Ⅱ道通过进路时，12 号道岔 $2DQJ_{111\text{-}112}$ 接通，由于 X1 被断开（图 2-81），该道岔由反位向定位转换的动作电源被切断，使其未能转向定位，但定位表示通过 X1、X3 线间接入的二极管接通，使 12 号道岔表示与实际位置不一致，造成道岔联锁失效。由于 12 号道岔假表示，致使有车线（4 道）接车进路被排出，进站信号机开放绿灯——如此一系列严重的联锁错误导致了事故的发生。

②造成事故的根本原因是信号工未经联系登记，擅自检修正在使用中的信号设备，人为切断了 12 号道岔定位表示电路，并且使用二极管构成 12 号道岔定位假表示，使道岔联锁失效，造成行车特别重大事故。同时，负责室内联系的信号工擅离职守，未能将列车运行情况

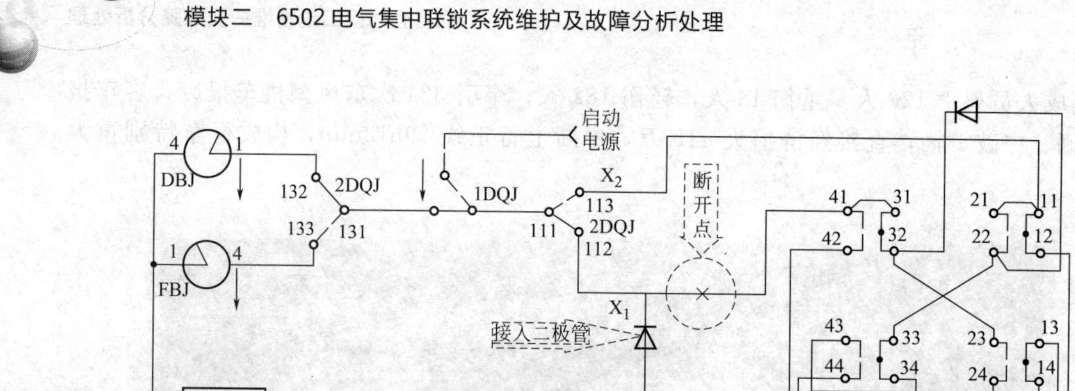

图 2-81　荣家湾站特别重大事故原因分析示意图

及时通知室外，使可能避免的事故未能避免，也是导致事故的重要原因。

(2) 案例二　老田庵站重大事故

发生地点：京广线老田庵车站。

责任单位：新乡电务段。

事故概况：老田庵站平面布置图如 2-82 所示。

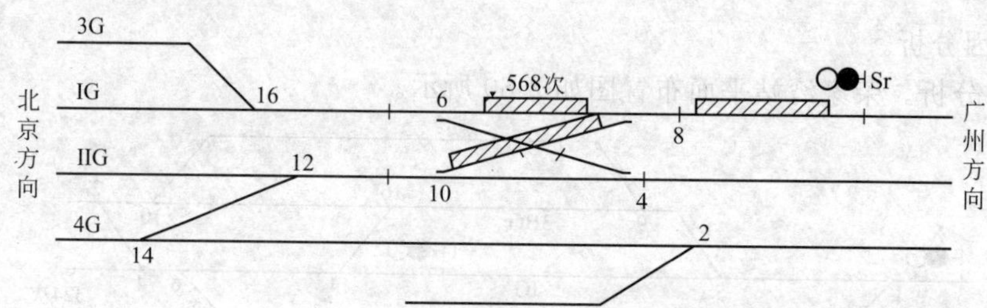

图 2-82　老田庵站平面布置示意图

1998 年 7 月 29 日，新乡电务段根据郑州铁路分局 52288 号调度命令，在京广线老田庵车站进行 4 号（与 6 号道岔为双动道岔）、10 号（与 8 号道岔为双动道岔）提速道岔(S700K) 上道施工 6、8 号道岔被钉固在定位，同时拔掉了启动熔断器。8h40min 至 9h10min 为电务施工点。8h39min，当汉中至北京西的 568 次旅客列车（反方向）凭 SF 信号机绿色灯光进站（Ⅰ道通过）行至 8 号道岔时，由于信号施工人员擅自操纵 8/10 号道岔进行试验，造成 8 号道岔四开，使 568 次在 8 号道岔处机后 12 至 15 位脱轨。本次事故造成客车小破 4 辆，钢轨损坏 50m，岔心损坏 1 个，轨枕损坏 187 根，中断下行正线 7h21min，构成行车重大事故。

事故原因分析。

① 施工过程的违章作业。

第一，施工开始时，违章用绳子捆绑 4/6、8/10 号道岔定位表示继电器 DBJ 衔铁，构成 4/6、8/10 号道岔定位假表示（图 2-83），使 SF 信号机通过假联锁条件显示绿色灯光。

第二，电务施工人员在未到施工点的情况下随意插上 8 号道岔启动熔断器，未经联系登

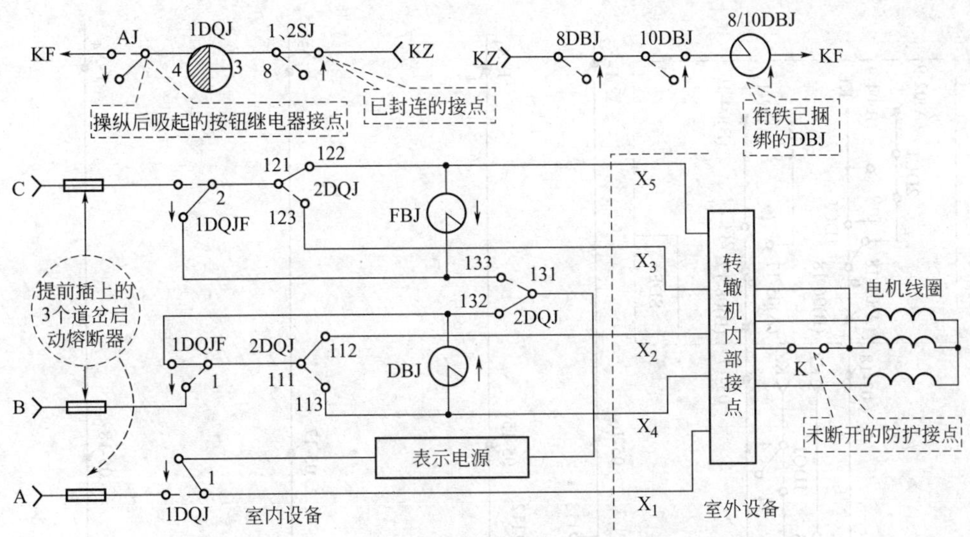

图 2-83　老田庵站特别重大事故原因分析示意图

记，违章于 8h39min 提前扳动 8/10 号道岔进行试验，使 8 号道岔中途转换，造成道岔四开。

第三，施工开始时，电务施工人员违章封连了 8/10 号道岔锁闭继电器 81、82 接点，使道岔联锁失效，造成在道岔区段有车占用的情况下，8/10 号道岔也能启动转换。

② 施工安全措施不落实，几个关键部位未设专人把关进行防护。

第一，电务室内施工人员在无人指挥、无人监督并且未到电务施工点的情况下，随意于 8h30min 提前将 8 号道岔三相电源的 3 个启动熔断器（5A）插上，接通了道岔的启动电源。

第二，8 号道岔转辙机安全遮断器接点未断开，也未设专人进行防护。

第三，施工组织混乱，未做到单一指挥。

第四，8 号道岔锁固措施失效，也是造成事故的重要因素。道岔钩锁器锁在离尖轨尖端 1.85m 处，起不到锁死尖轨的作用；混凝土岔枕间插入的木枕，未起到钉固道岔的作用。

③ 综合分析。由于 8/10 号道岔启动电路中的 1SJ、2SJ 的 81、82 接点被封连，前接点接通，三个启动熔断器被插上，遮断器接点 K 未断开，构成了在任何情况下通过单操均能转换道岔的条件，信号工单操该道岔后，AJ 吸起，道岔启动电路动作，使电机启动转换。同时由于锁固措施失效，在转辙机的作用下使密贴侧尖轨于基本轨之间产生间隙，致使车轮挤开道岔，造成四开，导致了事故的发生。

五、双动道岔控制电路识读

双动道岔中两个道岔的位置必须是一致的，当其中一个道岔在定位时另一个道岔也应在定位，其中一个道岔转换至反位时另一个道岔也必须转换至反位。当道岔启动电路控制电动转辙机转换两个道岔时，两个道岔必须按规定的顺序动作。先动作的道岔称为第一动道岔，后动作的道岔称为第二动道岔，双动道岔中距离信号楼近的为第一动道岔，距离信号楼远的为第二动道岔。这样做的目的是为了节省室外电缆芯线，避免迂回走线。

由于双动道岔的两个道岔位置总是一致的，动作也应一致，因此，双动道岔可共用一套道岔控制电路。如图 2-84 所示是四线制双动道岔控制电路。

双动道岔控制电路与单动道岔控制电路原理基本相同。因为双动道岔控制电路的控制对象是两个道岔，其启动电路和表示电路与单动道岔不同之处有以下几方面。

控制台
KZ
JZ
CA
JF
H
05-9
1SJ
2SJ
RD3 (5A)
DZ220
1DQJ
(JWJXC-H125/044)
2DQJ
(JYJXC-135/220)
AJ
KF-ZDJ
KF-ZFJ
03-18
03-17
KZ
KF
2DCJ
1DCJ
2FCJ
SDF
(A)02-9
(B)04-9
(A)05-18
(B)06-18
(A)02-10
(B)04-10
(A)05-17
(B)06-17
05-16
05-15
05-17
05-18
F-X2
F-X1
F-X3
F-X4
DBJ
FBJ
(JPXC-1000)
C
4μF500V
R
750Ω
DJF220
BB(BD1-7)
RD4
(0.5A)
DJZ220
RD1 (3A)
RD2 (3A)
DF220
111
112
113
121
122
123
131
132
133
141
142
143

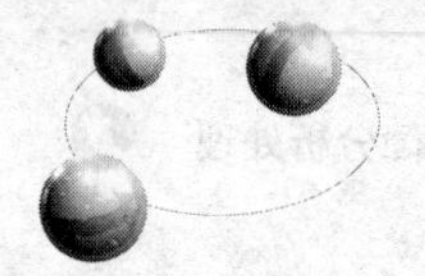

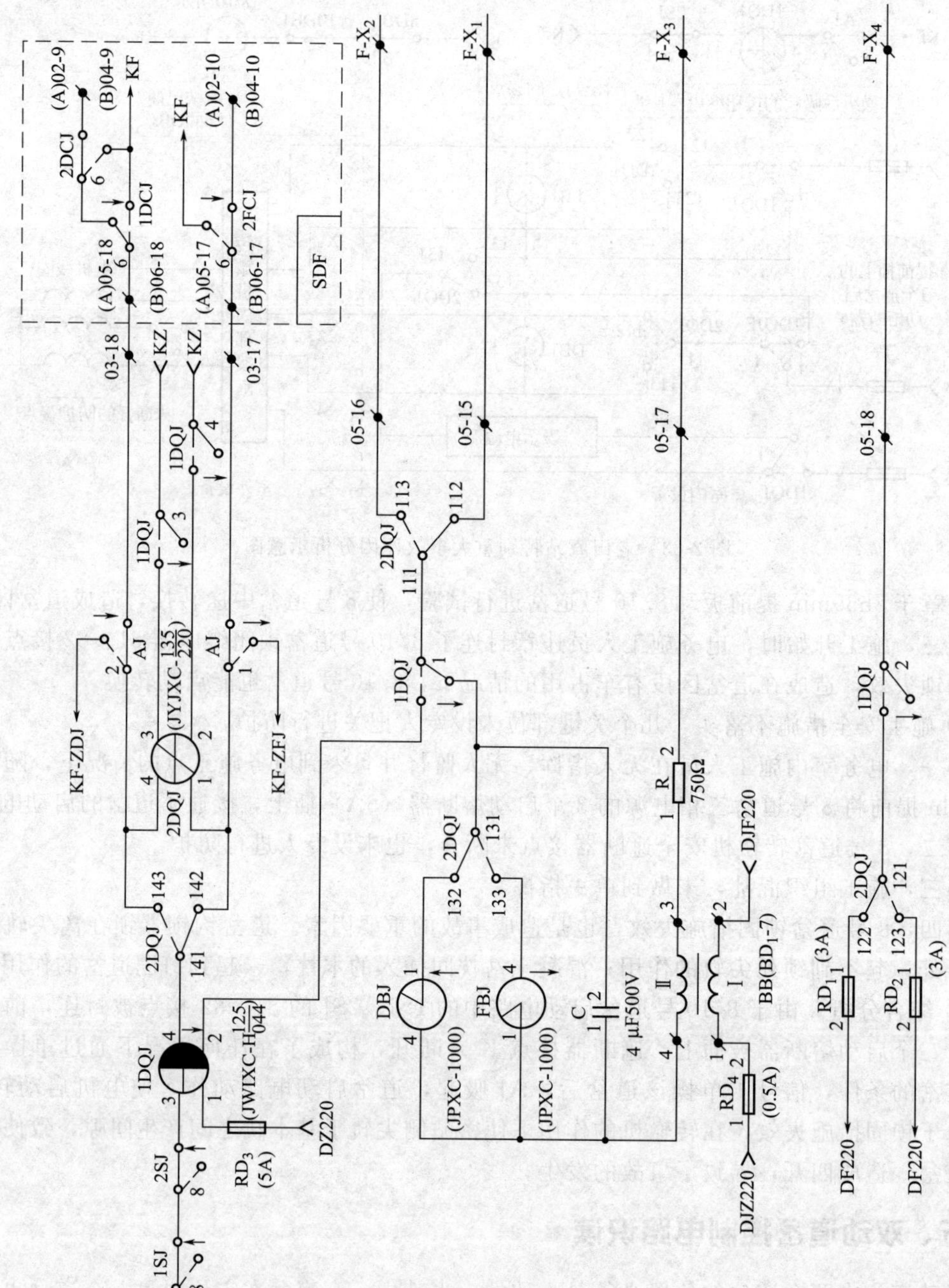

(a)

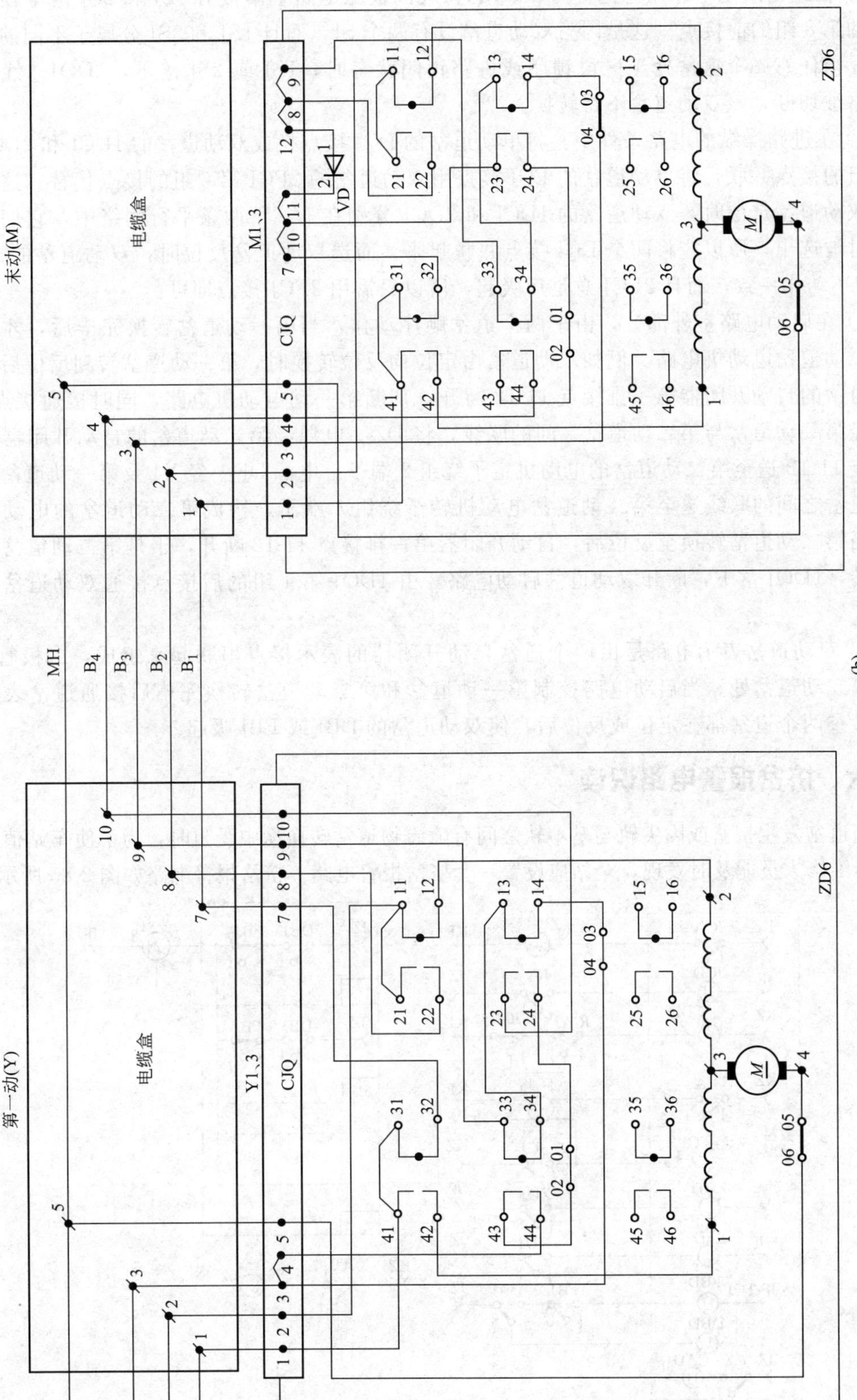

(b)

图 2-84　四线制双动道岔控制电路

① 在道岔启动电路的室内部分，$1DQJ_{3-4}$线圈励磁电路上串接有1SJ和2SJ两个锁闭继电器的第8组的前接点。这是因为双动道岔设有两个SJ，而且1SJ和2SJ分属于不同的道岔区段，当任意一个道岔处于区段锁闭或进路锁闭状态时，1SJ或2SJ落下，$1DQJ_{3-4}$线圈励磁电路被切断，该双动道岔不得转换。

② 在进路操纵的电路条件中，将单动道岔的DCJ接点换成双动道岔的1DCJ和2DCJ的第6组的接点并联，将单动道岔的FCJ接点用双动道岔的2FCJ第6组的接点代替。这是因为选双动道岔定位时，双动道岔的1DCJ和2DCJ分别在上、下两条平行网络中，它们不一定同时被选出，所以应将两个DCJ接点并联起来。而选双动道岔反位时，双动道岔的1FCJ和2FCJ动作一致，而且2FCJ总是后吸起，所以只需用2FCJ接点即可。

③ 在启动电路室外部分，由于两个道岔顺序动作，当第一动道岔转换完毕后，才能接通第二动道岔电动机电路。例如双动道岔由定位向反位转换时，第一动道岔转到反位后，第一动道岔的自动开闭器第一排接点11-12断开，切断第一动电动机电路，同时接通接点21-22，经第一动道岔与第二动道岔之间的联线，将DZ_{220}电源经第二动道岔的自动开闭器第一排接点11-12送至第二动道岔的电动机定子绕组2端子。电源DF_{220}经X4及第一动道岔与第二动道岔之间的联线送至第二动道岔电动机转子绕组4端子，构成第二动道岔的电动机电路。当第二动道岔转换至反位后，自动开闭器第一排接点11-12断开，于是第二动道岔电动机停转，1DQJ落下，断开双动道岔启动电路，由1DQJ第1组的后接点接通双动道岔表示电路。

④ 双动道岔表示电路是由两个道岔自动开闭器的表示接点串联起来组成，二极管VD设于第二动道岔处。当启动电路控制第一动道岔和第二动道岔转换完毕后接通道岔表示电路。检查两个道岔都在定位或反位后，使双动道岔的DBJ或FBJ吸起。

六、挤岔报警电路识读

当道岔发生挤岔或因尖轨与基本轨之间有障碍物道岔转换途中受阻时，为了使车站值班员和信号维修人员能及时发现，全站应设置一套挤岔报警电路。挤岔报警电路如图2-85所示。

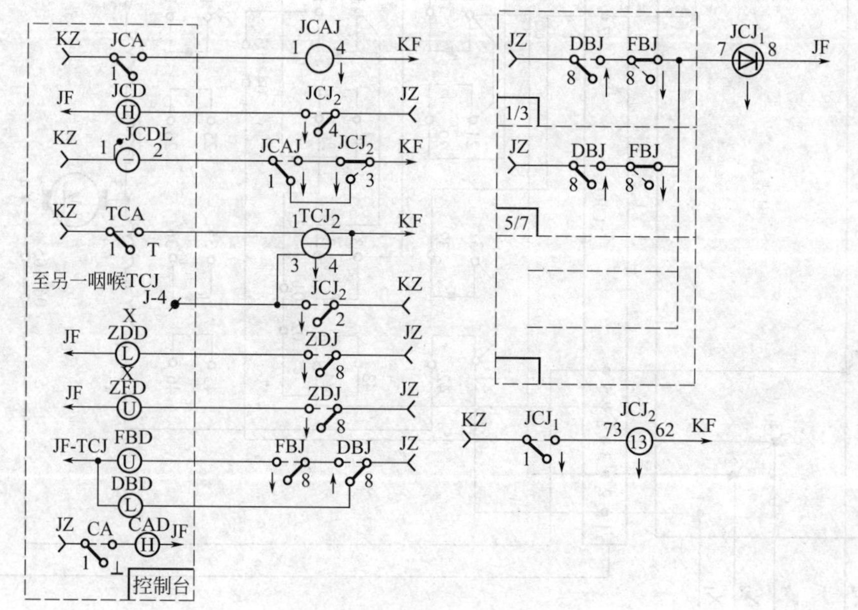

图2-85 挤岔报警电路

全站设一个挤岔继电器，将全站各组道岔的 DBJ 和 FBJ 的第 8 组的后接点串联后，并联起来接入挤岔继电器 JCJ_1 电路中。平时每组道岔的 DBJ 和 FBJ 总有一个吸起，JCJ_1 电路不通。当某一道岔被挤后，该道岔的 DBJ 和 FBJ 都落下，接通 JCJ_1 电路，使其吸起。

道岔在正常转换过程中，DBJ 和 FBJ 约有 3s 的时间也是处在同时失磁状态。为了区别道岔是在正常转换还是发生挤岔，又增设一个挤岔继电器 JCJ_2，它采用 JSBXC—850 型半导体时间继电器。发生挤岔时，JCJ_1 吸起接通 JCJ_2 电路，13s 后 JCJ_2 吸起。JCJ_2 吸起，用其第 4 组前接点接通接岔表示灯，又用 JCJ_2 第 3 组的前接点接通挤岔电铃，使其鸣响，以引起车站值班人员的注意。当车站值班人员按下切断挤岔电铃按钮 JCA，使切断挤岔电铃按钮继电器 JCAJ 励磁，用其第 1 组的后接点切断电铃电路，使电铃停响。待被挤道岔修复后，由于 DBJ 或 FBJ 有一个吸起，使挤岔继电器 JCJ_1 和 JCJ_2 都复原，所以又接通电铃电路，挤岔电铃再次鸣响，通知车站值班人员道岔已修复。当拉出 JCA 后，电铃停止鸣响，至此挤岔报警电路复原。

当道岔尖轨与基本轨间有障碍物（例如夹有道砟），使道岔转换途中受阻而不能转换到底。此时，由于电动机空转，1DQJ 第 1 组的后接点不能接通表示电路，DBJ 和 FBJ 都落下，超过 13s 后，挤岔电铃也会报警鸣响。这种情况下，由于控制台电流表指针摆动，车站值班人员确认后，可单独操纵道岔，使之转回原位，以免长时间空转烧坏电动机。

任务二 ●●● 信号机点灯电路维护及故障分析处理

任务目标 ▶▶▶

1. 熟悉信号机点灯电路的技术要求。
2. 跑通信号机点灯电路。
3. 会按照作业标准检修信号机点灯设备。
4. 会测试信号机点灯设备技术参数。
5. 能够按照故障处理程序，结合控制台表示灯和继电器状态，在 20min 内找出信号机点灯电路电路断线故障点。

任务实施 ▶▶▶

信号机用来反映前方列车（调车）进路的状态，当地面信号为主体信号时，为司机提供行车凭证。控制信号机灯光显示的电路称为信号机点灯电路，包括进路信号机、调车信号机、阻挡信号机、复示信号机等。

一、信号机点灯电路基础知识

1. 信号机点灯电源

6502 电气集中联锁系统使用的信号机为色灯信号机，采用集中供电方式，由设在信号继电器室里的电源屏供给专用的交流 220V 点灯电源。信号机灯泡一般采用 12V25W 双灯丝灯泡。由于点灯电源是 220V，为此在信号机旁设变压器箱，箱内对每一个灯泡分别设有一台 BX1—34 型信号点灯变压器（矮型信号机可设在机构后盖内）初级电压为 220V，次级电

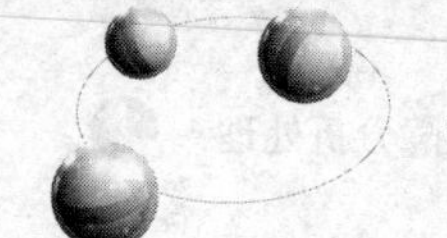

压为13～14V。

2. 信号机点灯电路断线防护

信号机点灯电路是故障-安全电路。

① 允许灯光灭灯信号显示降级，如绿灯或黄灯灭灯时，要自动改点红灯。

② 禁止灯光灭灯时，不允许信号机再开放（对进站信号机和正线出站信号机而言）。

③ 在点灯电路上串接灯丝继电器，用来监督灯丝的完整性，能同时点亮几个灯，就设几个灯丝继电器。

3. 信号机点灯电路混线防护

信号机点灯电路混线，将会点亮平时不应该点亮的灯光。在进站信号机上，同时点亮一红灯和一个月白灯是引导信号，因而月白灯因混线错误点灯是不允许的。红灯和绿灯或红灯和黄灯同时点亮是乱显示，乱显示被认为是禁止信号。这些情况必须采取混线防护措施。

4. 信号机主副灯丝转换

信号灯泡是双灯丝，在点灯电路中，灯泡的主灯丝电路都串接有一个灯丝转换继电器，当主灯丝断丝时，DZJ落下，通过它的后接点将副灯丝接在电路中，使副灯丝点亮，继续给出信号显示。由于副灯丝的使用寿命比较短（约200h），只有主灯丝的使用寿命的1/5，所以主灯丝断丝报警后，应及时更换灯泡。

二、进站信号机点灯电路设备认知

以双线双向运行区段进站信号机为例，其点灯电路设备按位置分为室内设备和室外设备。室内电路设备有1LXF、YX、和LXZ三个组合，即一方向列车信号辅助组合、引导信号组合和列车信号主组合；室外设备主要有高柱进站信号机、变压器箱等组成。

1. 室内点灯设备

进站信号机点灯电路室内设备采用YX、1LXF、和LXZ三个组合，组合设备排列及名称规格见表2-11。

表2-11　YX、1LXF、和LXZ组合设备排列及规格

组合类型	0		1	2	3	4	5	6	7	8	9	10
YX	K / KXYC-25-51-1 / C / CD-100-50	0.5A	AJ	XJ	JJ	1DJF	2DJ	ZXJ	LXJF	TXJ	LUXJ	LAJ
			JWXC－1700	JWXC－8340	JWXC－1700	JWXC－1700	JWXC－818	JWXC－1700	JWXC－1700	JWXC－1700	JWXC－1700	JWXC－H340
组合类型	0		1	2	3	4	5	6	7	8	9	10
1LXF			DAJ	LAJ	ZJ	GJJ	ZCJ	GJ	GJF			
			JWXC－8340	JWXC－8340	JWXC－8340	JWXC－1700	JWXC－1700	JWXC－8480	JWXC－1700			
组合类型	0		1	2	3	4	5	6	7	8	9	10
LXZ	K / KXYC-25-51-1 / C / CD-200-50	0.5A / 0.5A	LKJ	JXJ	FKJ	KJ	LXJ	XJJ	DXJ	DJ	QJ	JYJ
			JWXC－8340	JWXC－1700	JWXC－8340	JWXC－8340	JWXC－1700	JWXC－1700	JWXC－8340	JWXC－818	JWXC－1700	JWXC－1700

2. 室外点灯设备

室外设备包括高柱透镜式信号机、变压器等。

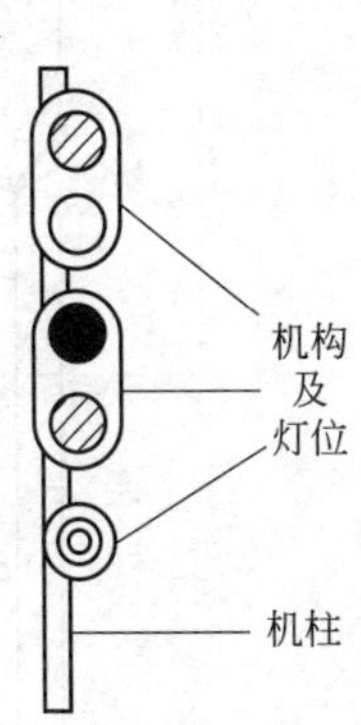

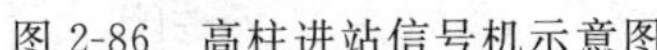

图 2-86 高柱进站信号机示意图

图 2-87 变压器箱内部结构

如图 2-86 所示为高柱进站信号机有三个机构，五个灯位，从上至下分别为第一个机构的黄灯、绿灯，第二个机构的红灯、二黄灯，第三个机构的白灯。信号机灯泡主灯丝断丝，通过灯丝转换继电器（DZJ）改点副灯丝。灯丝转换继电器如图 2-87 所示，对应每个灯位分别有一个灯丝转换继电器对应，进站信号机的常态是红灯点亮，所以 HDZJ 常态吸起，红灯主灯丝断丝，HDZJ 落下构通副灯丝回路，其他 DZJ 常态落下，主灯丝断丝，DZJ 落下构通副灯丝回路。变压器箱接线端子的编号原则是站在变压器箱引线口侧，自右向左编号，靠箱壁侧为奇数，靠设备侧为偶数。

三、进站信号机点灯电路识读

如图 2-88 所示为进站信号机点灯电路，该电路有五个灯泡，灯位从上至下排列顺序为 U、L、H、2U、YB。这五个灯泡中的 U、L 和 H 是不会同时亮灯的，2U 和 YB 也不会同时亮灯，只有 L 和 U 或 U 和 2U 或 H 和 YB 能同时亮灯。对能同时亮灯的两个灯泡，不能用一个灯丝继电器进行监督，因为两个灯泡中坏一个，无法区分是哪一个坏了。对不能同时亮灯的几个灯泡，都可以用同一个灯丝继电器进行监督，因为它们可以用控制灯光的条件进行区分。根据上述分析，在进站信号机点灯电路中，U、L 和 H 用一个灯丝电器（JZXC—H18）监督，称为第一灯丝继电器 DJ，而 2U 和 YB 用另一个灯丝继电器进行监督，称为第二灯丝继电器 2DJ。平时进站信号机点红灯，红灯点灯变压器 HB 次级有输出，因此在初级线圈中串接的 DJ 在吸起状态，表示灯泡完好。假如此时红灯主、副灯丝都烧断而灭灯，那么 DJ 将因 HB 的次级没有输出，初级电路中的电流大大减少而落下。用 DJ 的后接点使控制台相应的信号复示器闪红灯，及时反映出红灯灯丝断。在进站信号机开放时，当 LXJ 吸起，一方面断开红灯点灯变压器初级电路，另一方面把点灯电源接向允许灯光。允许灯光亮什么灯，取决于建立什么样的进路，由信号辅助继电器动作配合接通有关允许灯光点灯电路。

（1）平时进站信号机显示红色灯光，电路为 XJZ_{220}—RD_1—$DJ_{5\text{-}6}$—$LXJ_{41\text{-}43}$—$HB_{I1\text{-}2}$—$LXJ_{63\text{-}61}$—RD_2—XJF_{220}。

（2）正线通过时显示一个绿色灯光（在四显示自动闭塞区段，不一定通过车站），电路

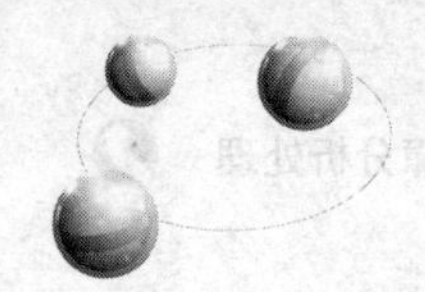

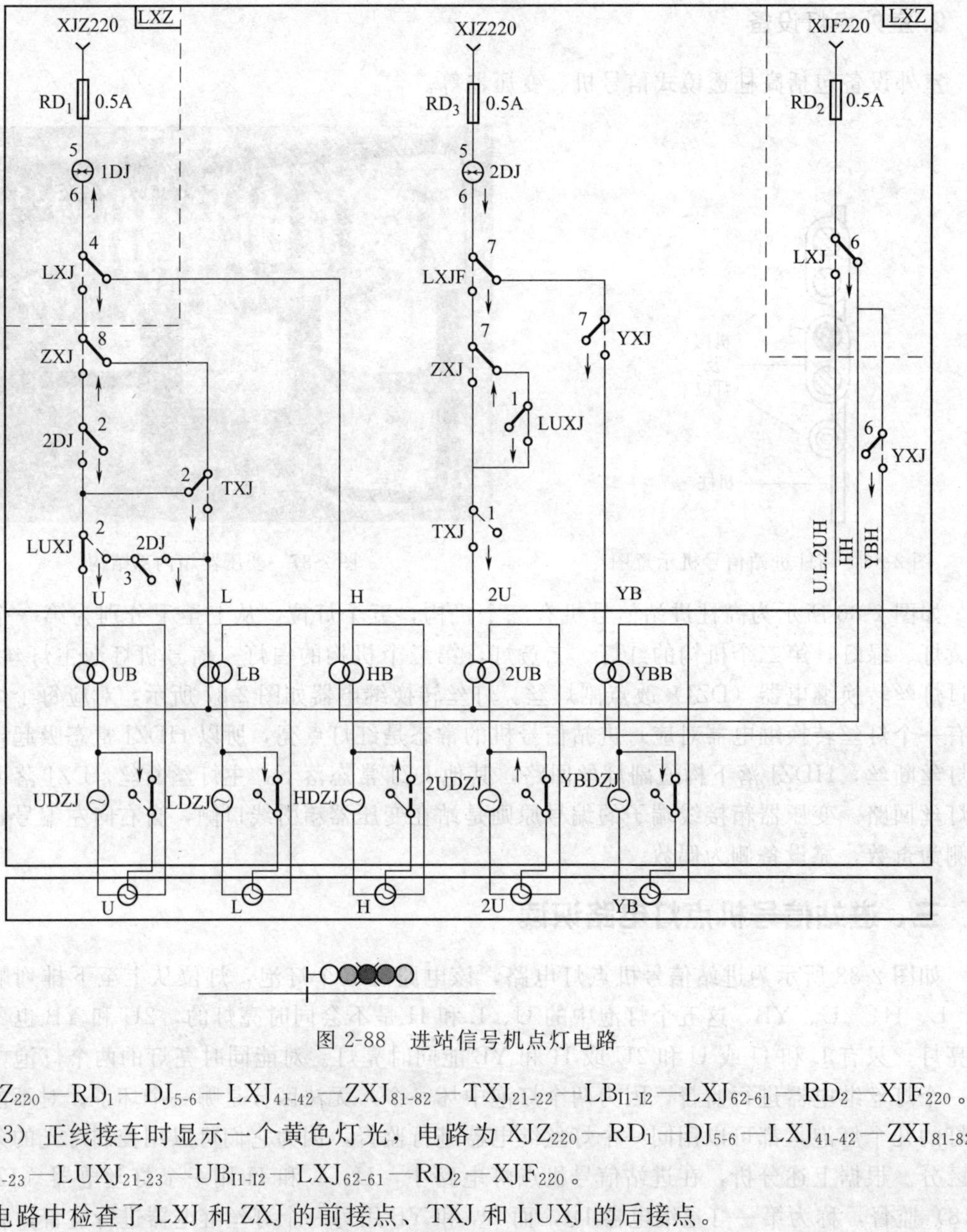

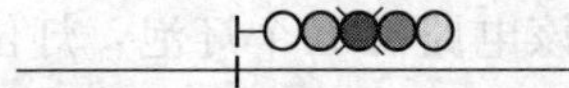

图 2-88　进站信号机点灯电路

为 XJZ_{220}—RD_1—$DJ_{5\text{-}6}$—$LXJ_{41\text{-}42}$—$ZXJ_{81\text{-}82}$—$TXJ_{21\text{-}22}$—$LB_{I1\text{-}I2}$—$LXJ_{62\text{-}61}$—RD_2—XJF_{220}。

(3) 正线接车时显示一个黄色灯光，电路为 XJZ_{220}—RD_1—$DJ_{5\text{-}6}$—$LXJ_{41\text{-}42}$—$ZXJ_{81\text{-}82}$—$TXJ_{21\text{-}23}$—$LUXJ_{21\text{-}23}$—$UB_{I1\text{-}I2}$—$LXJ_{62\text{-}61}$—RD_2—XJF_{220}。

电路中检查了 LXJ 和 ZXJ 的前接点、TXJ 和 LUXJ 的后接点。

(4) 站线接车时，显示两个黄色灯光，首先接通第二黄灯电路，其电路为 XJZ_{220}—RD_3—$2DJ_{5\text{-}6}$—$LXJF_{71\text{-}72}$—$ZXJ_{71\text{-}73}$—$TXJ_{11\text{-}13}$—$2UB_{I1\text{-}I2}$—$LXJ_{62\text{-}61}$—RD_2—XJF_{220}。

该电路由 LXJ 前接点和 ZXJ、TXJ 后接点构成，电路中用 2DJ 吸起证明第二黄灯完好，同时构成第一黄灯点灯电路，其电路为 XJZ_{220}—RD_1—$DJ_{5\text{-}6}$—LXJ_{41-42}—$ZXJ_{81\text{-}83}$—$2DJ_{21\text{-}22}$—$LUXJ_{21\text{-}23}$—$UB_{I1\text{-}I2}$—$LXJ_{62\text{-}61}$—RD_2—XJF_{220}。

在电路中接有 2DJ 第 2 组的前接点，若第二黄灯灭灯，则用 2DJ 落下断开第一黄灯点灯电路，防止出现信号升级显示。

(5) 当进站列车通过第一个车场到另一个车场去时或在四显示自动闭塞区段通过车站但同方向出站信号机显示黄灯时显示一绿一黄灯光，该点灯电路先接通第二黄灯电路，后接通绿灯电路，其第二黄灯电路为 XJZ_{220}—RD_3—$2DJ_{5\text{-}6}$—$LXJ_{71\text{-}72}$—$ZXJ_{71\text{-}72}$—$LUXJ_{11\text{-}12}$—

TXJ_{11-13}—$2UB_{I1-I2}$—LXJ_{62-61}—RD_2—XJF_{220}。

电路由 LXJ、ZXJ、LUXJ 前接点，TXJ 后接点构成。用 2DJ 吸起沟通绿灯电路为 XJZ_{220}—RD_1—DJ_{5-6}—LXJ_{41-42}—ZXJ_{81-82}—TXJ_{21-23}—$LUXJ_{21-22}$—$2DJ_{31-32}$—LB_{I1-I2}—LXJ_{62-61}—RD_2—XJF_{220}。

（6）引导接车时进站信号机显示一个红色灯光和一个月白色灯光，红灯电路和平时一样，月白灯电路为 XJZ_{220}—RD_3—$2DJ_{5-6}$—$LXJF_{71-73}$—YXJ_{71-72}—YBB_{I1-I2}—YXJ_{62-61}—LXJ_{63-61}—RD_2—XJF_{220}。

在上述点灯电路中，凡是同时点两个允许信号的灯光时，在接有 DJ 的灯光电路中都接有 2DJ 的前接点。其目的是，当第二黄灯灭灯时，使绿灯或第一黄灯也随之灭灯，防止信号升级显示，用 DJ 的前接点断开进站信号机 LXJ 电路，使信号机自动改点红灯。

在进站信号机点灯电路中，电路控制条件均设置在电源与负载之间，满足对混线防护的位置法的要求。对于混线防护除采用位置法外，对允许灯光和月白灯光都采用了双断法。为了减少连线，简化电路，在点灯电路中 U、L 和 2U 灯共用一条回线。

四、出站兼调车信号机点灯电路识读

如图 2-89 所示是两方向出站兼调车信号机的点灯电路（用于三显示自动闭塞区段）。位于正线上的出站兼调车信号机采用高柱信号机，设有三个信号机构 5 个灯位。灯光由上至下排列为 U、L、H、2L 和 B。到发线出站兼调车信号机设置为矮型信号机，用两个信号机构，并排设置。靠近线路侧用一个两显示信号机构，从上至下灯光为 B、H；并排设置另一个三显示信号机构，从上至下灯光为 L、U、2L。

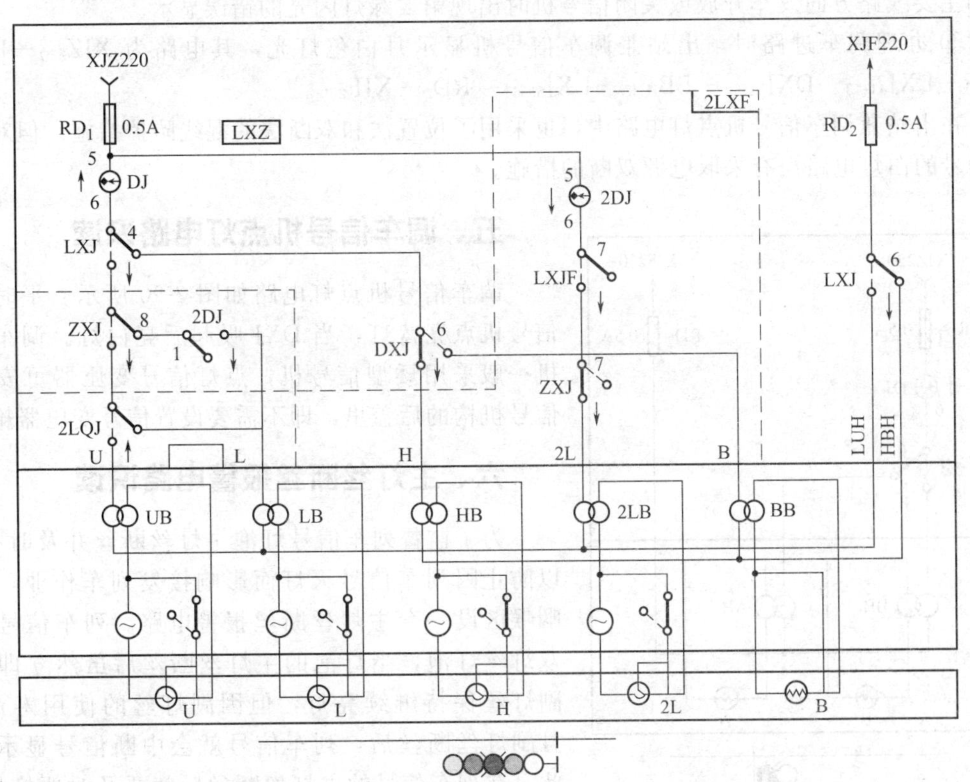

图 2-89　两方向出站兼调车信号机点灯电路

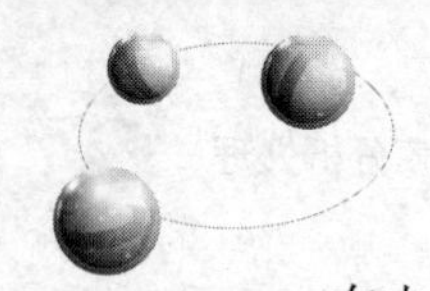

在电路中，用主信号继电器 ZXJ 区分点一个绿灯还是两个绿灯；用第二离去继电器 2LQJ 区分点一个黄灯还是点一个绿灯。当 ZXJ 吸起说明是向主要方向发车，显示一个绿灯（或黄灯）；ZXJ 落下说明是向次要线路方向发车，显示两个绿灯。2LQJ 吸起说明前方至少有两个闭塞分区空闲，显示一个绿灯；2LQJ 落下说明前方只有一个闭塞分区空闲，显示一个黄灯。

出站兼调车信号机在各种情况下接通的点灯电路如下所示。

① 平时出站兼调车信号机显示红灯，其电路为 XJZ_{220}—RD_1—$DJ_{5\text{-}6}$—$LXJ_{41\text{-}43}$—$DXJ_{61\text{-}63}$—$HB_{I1\text{-}I2}$—$LXJ_{63\text{-}61}$—RD_2—XJF_{220}。

电路中检查了 LXJ 和 DXJ 均落下。

② 向主要方向发车，前方有两个闭塞分区空闲，显示一个绿灯。电路为 XJZ_{220}—RD_1—$DJ_{5\text{-}6}$—$LXJ_{41\text{-}42}$—$ZXJ_{81\text{-}82}$—2LQJ 前接点—$1LB_{I1\text{-}I2}$—$LXJ_{62\text{-}61}$—RD_2—XJF_{220}。

电路中检查了 LXJ、ZXJ 和 2LQJ 都吸起。

③ 向主要方向发车，前方有一个闭塞分区空闲，显示一个黄灯。电路为 XJZ_{220}—RD_1—$DJ_{5\text{-}6}$—$LXJ_{41\text{-}42}$—$ZXJ_{81\text{-}82}$—2LQJ 后接点—$UB_{I1\text{-}I2}$—$LXJ_{62\text{-}61}$—RD_2—XJF_{220}。

④ 向次要方向发车，显示两个绿灯，首先是第二绿灯的电路接通，其电路为 XJZ_{220}—RD_1—$ZDJ_{5\text{-}6}$—$LXJF_{71\text{-}72}$—$ZXJ_{71\text{-}73}$—$2LB_{I1\text{-}I2}$—$LXJ_{62\text{-}61}$—RD_2—XJF_{220}。

电路中检查了 LXJ（LXJF）吸起，ZXJ 落下，当 2DJ 吸起后接通第一绿灯电路。其电路为 XJZ_{220}—RD_1—$DJ_{5\text{-}6}$—$LXJ_{41\text{-}42}$—$ZXJ_{81\text{-}83}$—$2DJ_{11\text{-}12}$—$1LB_{I1\text{-}I2}$—$LXJ_{61\text{-}62}$—RD_2—XJF_{220}。

在第一绿灯点灯电路中要检查 2DJ 的吸起，用以证明第二绿灯的灯丝完好，是为了防止向主要线路方向发车开放或关闭信号机时出现第二绿灯闪光的错误显示。

⑤ 办理调车进路时，出站兼调车信号机显示月白色灯光，其电路为 XJZ_{220}—RD_1—$DJ_{5\text{-}6}$—$LXJ_{41\text{-}43}$—$DXJ_{61\text{-}62}$—$BB_{I1\text{-}I2}$—$LXJ_{63\text{-}61}$—RD_2—XJF_{220}。

在出站兼调车信号机点灯电路中，也采用了位置法和双断法的混线防护措施。但对于调车信号的白灯电路没有采取电源双断的措施。

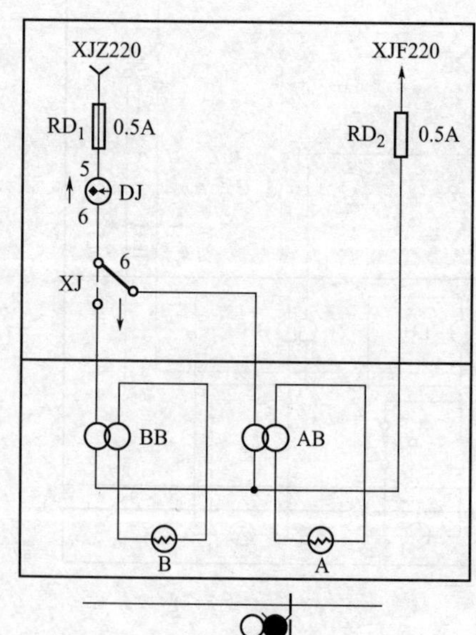

图 2-90 调车信号机点灯电路

五、调车信号机点灯电路识读

调车信号机点灯电路如图 2-90 所示。平时调车信号机点亮蓝灯，当 DXJ 吸起后亮白灯。调车信号机一般采用矮型信号机，点灯信号变压器可安装在信号机构的后盖里，即不需要设置信号变压器箱。

六、主灯丝断丝报警电路识读

为了监督列车信号灯泡主灯丝断丝并及时报警，以防止因列车信号灭灯而影响接发列车作业，每个咽喉区设一套主灯丝断丝报警电路。列车信号采用双灯丝灯泡，当灯泡的主灯丝断丝后虽然立即接通副灯丝保持继续亮灯，但因副灯丝的使用寿命短，且副灯丝断丝后，列车信号就会中断信号显示。因此，在列车信号的主灯丝断丝后就要及时要换灯泡，确保列车信号的连续显示。

如图 2-91 所示是下行咽喉的主灯丝断丝报警电路。在电路中设有断丝报警继电器 DSJ、灯丝断丝报警表示灯 DSD、灯丝断丝报警电铃 DSDL 和灯丝断丝报警按钮 DSA。电路组成原理是：本咽喉每架进站信号机和出站信号机的灯丝转换继电器 DZJ 的后接点串联，各架信号机串联支路并联，然后接入室内的电路 DSJ 中。如果该信号机同时点两个灯。再将第二个灯的 DZJ 的后接点和监督其状态的 2DJ 前接点串接后接向电路 DSJ。主灯丝断丝报警继电器 DSJ 采用时间继电器，平时落下。当任何一架信号机点亮的灯泡主灯丝断丝时，该架信号机的 DZJ 都落下，接通 DSJ 电路，使 DSJ 延时 3s 后吸起。主灯丝断丝使 DSJ 吸起后，控制台上的下行咽喉主灯丝断丝表示灯 DSD 闪红灯，并使 DSDL 电铃鸣响。当确认是主灯丝断丝后，车站值班人员按下非自复式的切断灯丝断丝报警按钮 DSA，使电铃停响。等维修人员更换信号机断丝的灯泡后，由于 DZJ 吸起使 DSJ 落下，断丝报警电铃再次鸣响，车站值班员拉出 DSA，电铃停响。至此，主灯丝断丝报警电路复原。

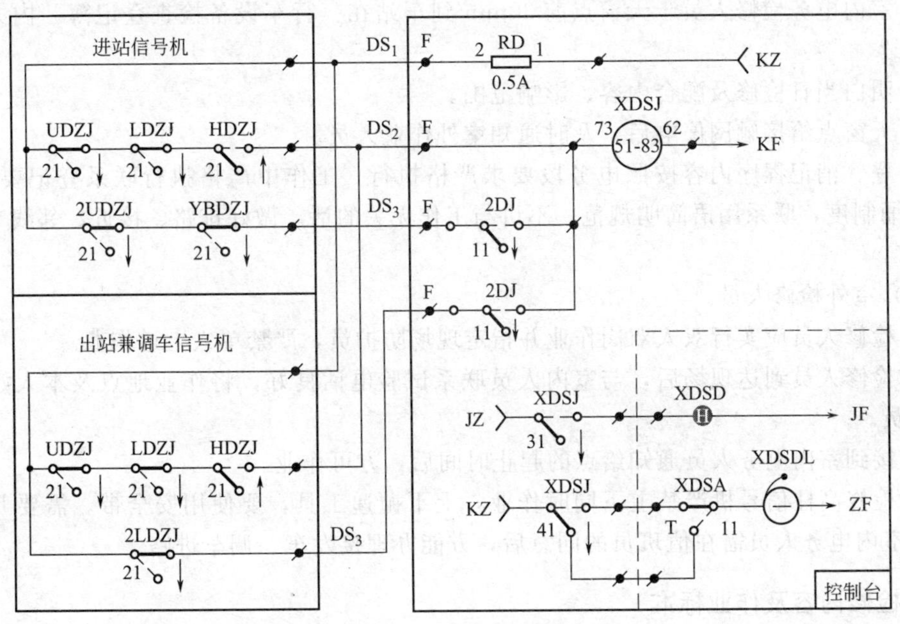

图 2-91 主灯丝断丝报警电路识读

例如 X 进站信号机开放正线接车信号，黄灯灯泡主灯丝断丝，UDZJ 落下接通 DSJ 电路，其励磁电路为 KZ—RD—$UDZJ_{21\text{-}23}$—$LDZJ_{21\text{-}23}$—$HDZJ_{21\text{-}23}$—$XDSJ_{73\text{-}62}$—KF。

对于同时点亮两个灯的信号机，例如出站信号机点亮两个绿灯，当第二个绿灯灯丝断丝时，2LDZJ 落下接通 DSJ 电路，其励磁电路为 KZ—RD—$2LDZJ_{21\text{-}23}$—$2DJ_{11\text{-}12}$—$XDSJ_{73\text{-}62}$—KF。

在电路中，第二绿灯的主灯丝断丝后，副灯丝仍在点亮，2DJ 吸起。检查 2DJ 第 1 组的前接点后使 DSJ 吸起，发出第二绿灯的主灯丝断丝报警。

主灯丝断丝报警继电器 DSJ 采用时间继电器的原因，是为了在信号机改变信号显示时，原点亮灯光的 DZJ 已落下，而即将点亮灯光的 DZJ 还未来得及吸起时，防止报警电路错误报警。

七、信号机检修作业程序及技术标准

信号机检修作业程序及质量标准如下所示。

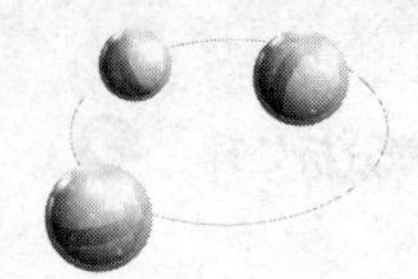

1. 工作前准备

（1）检修人员按规定着装；检查各防护用品、工具是否安全可靠；检修高柱信号机要使用安全带，穿硬底防滑鞋。

（2）准备工具、材料、仪表。笔、笔记本、测试表格、箱盒钥匙、对讲机、安全带（如果有高柱检修）、油壶、吹风鼓、手锤、活口扳手（450mm、300mm各一把）、各种管拧子、万用表、克丝钳、螺钉旋具（一字和十字）。

（3）携带材料。棉纱、白市布、灯泡、毛刷等。

2. 作业程序

（1）室内联系登记。

① 室内电务检修人员于天窗点前30min到车站在《行车设备检查登记簿》内办理登记要点手续。

② 明白当日检修及配合内容、影响范围。

③ 天窗点给接触网停电后，及时通知室外作业人员。

④ 登、消记程序内容按照电务段要求严格执行。工作中严格执行联系登记要点制度，坚持复诵制度，联系用语简明规范，不讲与工作无关的话。做好排路、接近、邻线来车“三预告”。

（2）室外检修人员。

① 检修人员应实行双人双岗作业并指定现场防护员，严禁单人上道作业。

② 检修人员到达现场后，与室内人员联系试验电话良好，将作业地点及本人姓名通知室内人员。

③ 接到室内电务人员通知给点的起止时间后，方可作业。

④ 检修高柱信号机严禁上下同时作业，上下抛递工具，要使用安全带。需要开放信号测试时室内电务人员需在值班员的同意后，方能办理接发车、调车进路。

3. 检修内容及作业标准

（1）设备外观及信号显示检查。

① 平台整洁无杂物，设备无外界干扰，高柱信号机要检查与接触网的距离是否超限。

② 基础、机柱、机构、梯子安装稳固。箱盒底部距地面不少于150mm，排水良好。

③ 水泥机柱不得有裂圆周的裂纹，当超过半周的应采取加固措施纵向裂纹钢筋不得外露；任何部分不得侵入接近限界。目测机柱的倾斜度不超过36mm，机柱顶部不漏水。基础歪斜限度不超过10mm。

④ 梯子不弯曲，支架水平，梯子中心线与机柱中心线一致，安全地线接触良好，梯子各部螺钉紧固，无松动。

⑤ 箱盒、机构、梯子、蛇管无损伤，开口销齐全、螺丝紧固，各部位加锁装置良好。

⑥ 机构、遮檐挡板安装牢固，各部螺钉坚固。

⑦ 设备名称、限界打号清晰正确。

⑧ 信号显示距离符合《铁路信号维护规则》规定。

• 进站、通过、遮断、接近信号机，不得小于1000m。

• 高柱出站、高柱进路信号机，不得小于800m。

• 预告、驼峰、驼峰辅助信号机，不得小于 400m。

• 调车、矮型进站、矮型出站、矮型进路、复示信号机、容许、引导信号及各种表示器，不得小于 200m。

(2) 箱盒内部检修。

① 锁子油润、灵活。

② 盘根良好，箱盒盖严密，不破损、不裂纹、不进雨雪，二次防尘作用良好。

③ 变压器灯丝转换器安装稳固，表面无过热现象；器材不超期。

④ 端子板和端子安装牢固，螺母、垫片齐全。

⑤ 配线整齐，绑扎牢固无破皮老化；线环适当不反上、不松动，套管齐全，无严重钳伤；无长线脖、压线皮现象。

⑥ 名牌齐全、正确，字迹清晰。

⑦ 图样、资料保存完好，与实物相符，无涂改。

⑧ 内部清洁，防尘，防水设施良好。

清洁顺序为锁头—盘根—变压器—端子板配线—名牌资料—清扫。

(3) 机构检查。

① 机构门密封良好、开启灵活、锁头油润。

② 蛇管无脱落，不脱节、无腐蚀、裂损，弯头安装牢固，孔口封堵严密。

③ 机构灯室之间不窜光，透镜安装牢固，无裂纹、破损和漏水可能。

④ 灯座、灯口安装牢固不活动，弹片压力适当，接触良好。主副灯丝试验转换，灯泡接触良好，灯丝无异状。配线、螺钉坚固，套管齐全。

⑤ 点灯单元器材固定良好、不发热、不超期，配线整齐无破皮老化。各部螺钉紧固，螺帽垫片齐全。

检查顺序为机构门密封及锁头—孔口—蛇管弯头—透镜—灯座灯口（发光盘）—点灯单元—配线螺钉。

(4) Ⅰ级测试。

① 变压器一、二次电压。

• 普通色灯信号机。一次、二次电压、灯端电压均用交流挡测试。

• 站内 LED 信号机（FDZ 型）：一次用交流挡（176～235）平时是 220V，二次直流挡（12±0.5）、灯端电压（12±0.5）（工作电流为 70～140mA；额定负载电流为 700mA）。

• 站内普通信号机（XDZ 型）：一次用交流挡（176～235），二次高柱：直流 10.7～11.9；二次矮柱：直流 10.2～11.4。副灯丝电压要求（10.0±0.5）V。

• 区间 LED 信号机（BXZ-40 型）：输入额定电压：AC102V；输出额定电流 162mA；输出额定电压：DC（46±2）V（适用电缆长度大于 5km）。

BXZ—40 型点灯单元当输入电压 V1 低于 60V 时，光源不能发光。

② 灯泡电压：列车信号主灯丝电压应保持在额定值的 85%～95%，调车信号为 75%～95%，容许信号为 65%～85%。LED 只有主灯丝电压直流（12±0.5）V。

③ 主副丝点灯电压（LED 不存在副丝）。

④ 主灯丝断丝时能自动转换到副丝，并且发出报警（LED 当发光二极管损坏数量达到 30%时不影响显示距离，并报警）。

⑤ 记录各测试数据，测试卡放在 XB 箱的右侧，没有 XB 箱的（如调车信号机）放在白灯机构内右侧。

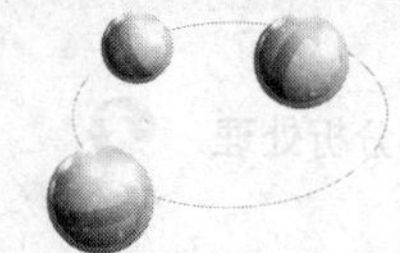

⑥ 复查各部良好。

4. 加锁消记

① 检查机构、箱盒内部无遗物，加锁。

② 室外作业人员通知室内联系人员作业完毕。

③ 室内电务联系人员在《行车设备检修登记簿》内消记，经值班员签认，通知室外作业人员已开通使用。

5. 收尾

清点工具、材料、仪表防止遗漏丢失，向配合人员报告去向。

八、信号机点灯电路故障分析处理

1. 信号机点灯电路故障分析

信号点灯电路采用了双重系统，具有主灯丝断丝后自动转换副灯丝的功能，又有较完善的故障自诊功能。点灯电路出现故障可以从控制台信号复示器的着灯状态，以及电铃响铃报警发现。

① 控制台复示器闪光，且发生灯丝断丝报警，说明禁止信号点灯电路故障。对于进站或接车进路来说，虽然复示器闪光还包括 1DJF 因故掉下的因素，但此时不会发生断丝报警。

先在分线盘处测试禁止信号的点灯电压，如果有交流，可断定故障点在室外；如电压为 0V 或较小，可初步确定室内开路，在看组合侧面的保险，如果是好的，则故障点在室内，如果保险断，且换上保险又烧断，说明线路混线，还需再次区分室内外。

在分线盘上拆下一根故障回路的电缆线，先测室内部分的回路电阻，如果有一定阻值，则室内混线；如果电阻为无穷大，则故障点在室外，再测室外回路的环阻，若阻值小于信号点灯变压器一次侧阻值，说明故障出在电缆和一次侧线圈上，若阻值约等于一次侧电阻与电缆线路电阻之和，说明故障出在点灯变压器二次侧回路上，此时，对于带预告的进站信号机来说，如果烧的是 XJF 的保险，还要考虑预告黄灯回路混线的因素。

BX—30 变压器一次侧电阻为 100Ω 左右，电缆回路电阻为 23.5Ω/cm。

② 信号开放后自动关闭，复示器一直闪光，说明允许灯光点灯电路混线。可运用禁止信号混线时的查找办法区分室内外。此时，如主体信号机设有预告或复示信号时，且烧的是 XJF 熔断器，还要考虑预告绿灯或复示信号点灯电路混线的因素。

③ 信号开放后，复示器闪几下光而自动关闭，说明允许灯光点灯电路故障。如开放的允许信号同时点亮两个灯，先要区分哪个灯位存在故障，然后，在分线盘上测故障灯位的环阻，若阻值为无穷大或大大于点灯变压器一次侧电阻，则是室外故障；如环阻值正常（一次侧电阻加上线路电阻），说明不是室内开路就是室外点灯变压器二次侧回路故障，需再作区分。

将电表拧至交流 250V 档，将表笔接在故障回路的端子上，同时联系操纵人员重复开放一次，瞬间测到电压，室外故障；无电压或较小，室内故障。

为了方便起见，平时制作一套模拟灯泡试验装置，即准备一台 BX—30 变压器和一套信号点灯用的灯泡灯座，然后将灯座点亮主灯丝的两个端子分别引出一根线接在变压器的次级上，再从变压器的初级引出两根线分别焊上鳄鱼夹。发生故障后，将两个鳄鱼夹接在故障回路上，灯泡能点亮或开放信号时能点亮，室外故障；反之，室内故障。

2. 信号机点灯电路故障处理程序

信号机出现故障，请按如图 2-92 所示的处理程序进行处理。

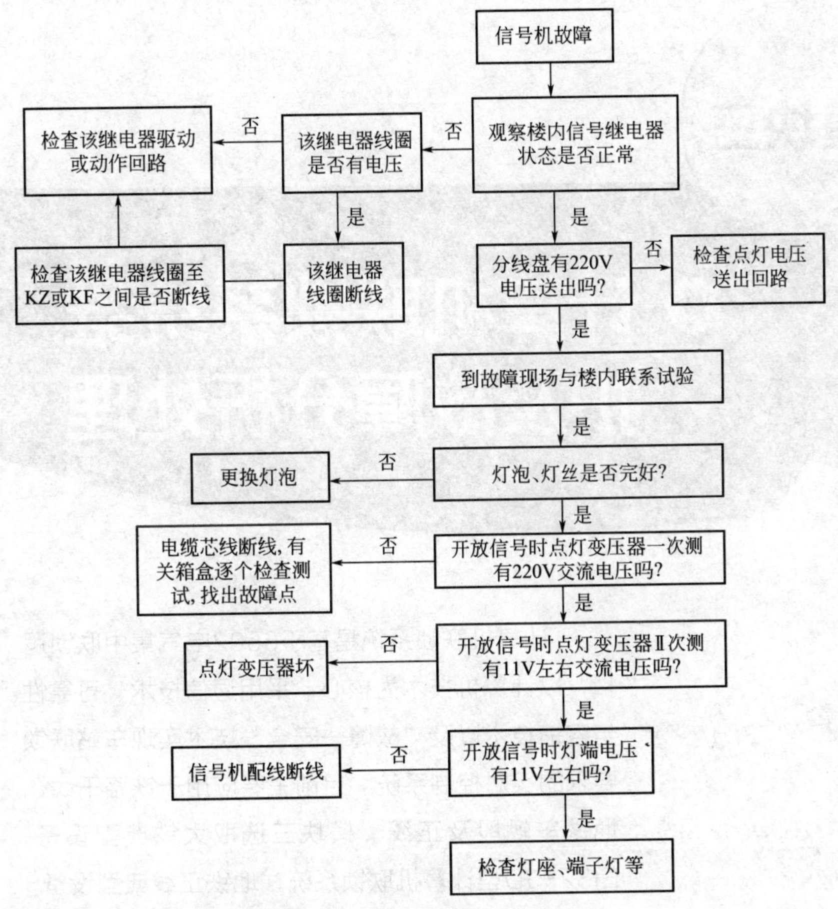

图 2-92　信号机故障处理程序

模块三

计算机联锁系统维护及故障分析处理

计算机联锁系统是基于6502电气集中联锁逻辑，以计算机技术为核心，采用通信技术、可靠性与容错技术以及“故障—安全”技术实现车站联锁要求的实时控制系统。目前主要应用于铁路干线、地铁车辆段及正线。模块三选取大铁典型设备EI32-JD型计算机联锁系统、地铁正线典型设备SICAS计算机联锁系统，按照设备认知、设备检修维护和设备故障分析处理详细介绍。

项目一 城轨联锁系统认知

项目导引

铁路联锁关系与地铁车辆段一致，但地铁正线的联锁关系与之区别较大，本项目着重介绍地铁的联锁关系及计算机联锁系统的硬件、软件的基本原理。

任务一 城轨联锁关系认知

任务目标

1. 了解正线进路的种类，熟悉联锁的内容。
2. 读懂正线站场图。
3. 理解正线联锁表。

任务实施

联锁是利用信号保证行车安全的重要技术措施，指的是信号设备与相关因素的制约关系。广义的联锁泛指各种信号设备所存在的互相制约关系；狭义的联锁，即一般所说的联锁，专指车站信号设备之间的制约关系。为保证行车安全，联锁关系必须十分严密。

一、联锁基本概念认知

1. 联锁概念

车站内有许多线路，它们用道岔联结着。列车和调车车列在站内运行所经过的径路，称为进路。道岔不同的开通方向可以构成不同的进路。列车和调车车列必须依据信号的开放而通过进路，即每条进路必须由相应的信号机来防护。如进路上道岔的位置不正确，或已有车占用，或敌对进路已建立，有关的信号机就不能开放；信号开放后，其所防护的进路不能变动，即此时该进路上的道岔不能再转换。信号、道岔、进路之间的这种相互制约的关系，称为联锁关系，简称联锁。

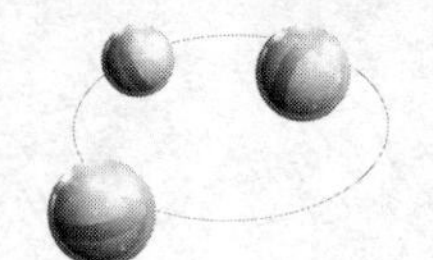

将道岔、进路和信号机用电气方式集中控制与监督，并实现之间联锁关系的技术方法和设备称为电气集中联锁，用继电器实现联锁关系的称为继电集中联锁；用计算机技术、通信技术、可靠性与容错技术以及“故障—安全”技术实现联锁关系的实时控制系统称计算机联锁系统。

2. 正线进路种类

列车进路有进路防护信号机防护，单列车在进路中的运行安全则由ATP负责，这为城市轨道交通高密度行车提供了前提和安全保障。在设计中，ATP与计算机联锁功能的结合，使计算机联锁的功能得到了加强。根据城市轨道交通运营特点，正线进路又可分为如下几种。

（1）多列车进路　进路分为单列车进路和多列车进路，这主要是因为城市轨道交通的运行间隔小，车流密度大，列车的运行安全由ATP系统保护，所以在一条进路中允许出现多列列车同时运行。在地铁信号系统中信号机的开放不检查全部区段，只检查一部分区段，这些被检查的区段称为监控区段，保证列车通过这些区段后能自动将运行模式转为SM模式（ATP监督人工驾驶模式）或ATO自动驾驶模式。列车之间的追踪保护就由ATP自动列车保护系统来防护，由ATP保证列车前后之间的距离，防止出现列车追尾现象。

① 监控区段　在铁路上信号机开放必须检查所防护进路的所有区段空闲，而在装备准移动闭塞的城市轨道交通中，开放信号机前联锁设备不需检查全部区段，只要检查部分区段，这些被检查的区段称为监控区段。

监控区段即排列进路时信号机开放所必须空闲的区段。监控区段选择的原则主要有以下两个。

• 无岔进路，通常在始端信号机后方选择一定数量的轨道区段，这个数量的轨道区段长度，足够使列车驶入该进路时，其驾驶模式能从RM模式（限制人工驾驶模式）转换到SM模式（ATP监督人工驾驶模式）或ATO模式（ATP监督自动驾驶模式），通常选择两段轨道电路。

• 有岔进路，通常在始端信号机后方轨道区段开始一直到最后一个道岔区段再加一个轨道区段，并且如果该轨道区段不能摆下一列车，则需要增加其后的一个轨道区段作为监控区段。

② 多列车进路　如图3-1所示，S1→S2为多列车进路，只要监控区空闲，以S1为始端的进路便可以排出，S1信号开放。

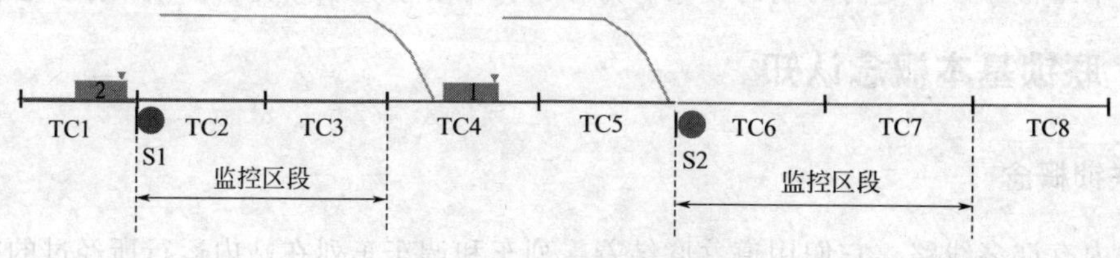

图3-1　多列车进路

列车1通过TC2、TC3以后，这两个轨道电路正常解锁，这时，可以排列第二条进路S1→S2，S1开放绿灯信号。如果列车1继续前进，则通过区段TC4、TC5后，这两个区段不解锁，只有在列车2通过全部进路后才解锁。

多列车进路排出后，如果进路中有列车运行，则人工取消进路时，只能取消最后一次排列的进路至前行列车所在位置的进路，其余进路等前行列车通过以后才能解锁。人工取消多列车进路的前提是，进路的第1个轨道电路必须空闲。例如，第2条进路排列后，又要取消，这时只能取消从始端信号机S1到列车1之间的进路，其余的进路会随列车1通过后自动解锁。

(2) 追踪进路　追踪进路是联锁系统本身的一种自动排列进路功能。这种进路的防护信号机具有自动信号属性。当列车接近信号机，占用触发区段（触发区段是指列车占用该区段时引起进路排列的区段，触发区段可能是信号机前方第1个接近区段，也可能是第2个接近区段，触发区段根据线路布置和通过能力而定）时，列车运行所要通过的进路自动排出。追踪进路排出的前提除了满足进路排出的条件外，进路防护信号机还必须具备进路追踪功能。

当信号机被预定具有进路追踪功能时，则对其规定的进路命令便通过接近表示自动产生。调用命令被储存，一直到信号机开放为止。接近表示将由触发轨道区段占用而触发。

当信号机接通自动追踪进路时，也可以实行人工操作。若接收到接近表示之前已人工排列了一条进路，则自动调用的进路被拒绝，重复排列进路也不能被储存。

假如排列的进路被人工解锁，则该信号机的自动追踪进路也会被切断。

防护自动进路的信号机必须具有自动属性，具备进路追踪功能。当调度员或值班员将该架信号机设置为自动信号，在ATS显示界面中，该架信号机前方会出现黄色箭头，表示此信号机由普通信号变为自动信号。自动信号平时点亮禁止灯光（红灯），当列车占用该信号机的触发区段，联锁系统会自动排列进路，将自动信号机点亮为允许灯光。当列车驶入信号机内方，信号机点亮禁止灯光（红灯）。如图3-2所示，X5C是一架自动信号机。

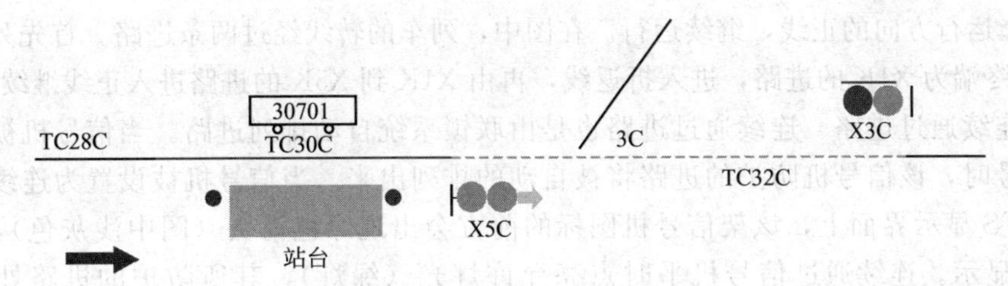

图3-2　追踪进路（自动进路）

当列车进入X5C信号机的触发区段（TC30C）时，联锁系统根据列车的目的地号自动排列进路。信号机图标前带有黄色箭头（图中浅灰色），表示该信号机是自动信号。绿色光带（图中虚线所示）表示进路在锁闭状态。图3-2中车次号为“30701”的列车，占用X5C信号机的触发区段，触发联锁系统，自动排列出始端是X5C，终端为X3C的一条进路。

朝向站台区域的信号机能够作为引导信号，对于可作为引导信号的信号机在ATS显示界面中，在信号机图标的上方或下方会标有横线。当该架信号机所防护的进路中道岔或轨道电路出现故障，无法给出正确状态表示时，可由值班员人工检查并确定设备状态，进而开放引导信号，将列车接入车站。引导信号为红灯加白灯。要求司机在看到引导信号显示时必须慢速前进，时刻注意前方进路情况。图3-2中的X3C是一架具有引导功能的引导信号机。值得注意的是，为了保证行车安全，只有联锁集中站的值班员能够开放本站的引导信号。

(3) 折返进路　列车折返进路作为一般进路纳入进路表。通常，折返进路可以由联锁系统根据折返模式自动排列进路，也可以由人工手动排列进路。折返进路包含两条基本进路。

如图3-3所示，列车进入终端站后，旅客全部下车后，列车需要由现在运行方向的正线

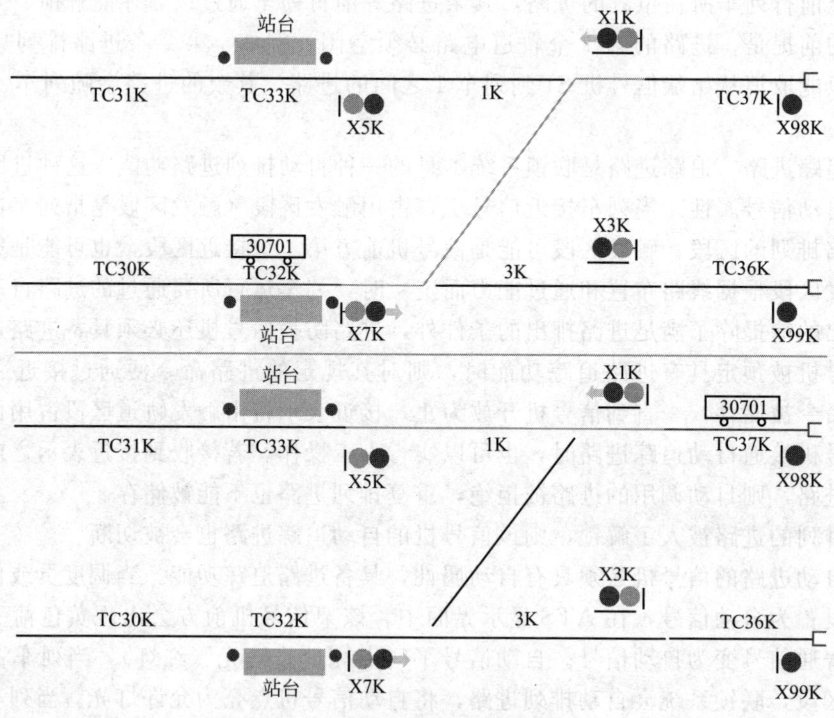

图 3-3　折返进路

进入另一个运行方向的正线，继续运行。在图中，列车的转线经过两条进路。首先列车经过始端为 X7K 终端为 X1K 的进路，进入折返线，再由 X1K 到 X5K 的进路进入正线继续运行。

（4）连续通过进路　连续通过进路也是由联锁系统自动排列进路。当信号机被设置为连续通过信号时，该信号机防护的进路将被自动的排列出来。当信号机被设置为连续通过信号时，在 ATS 显示界面上，该架信号机图标的前方会出现绿色箭头（图中浅灰色），如图 3-4 中 X7F 的显示。连续通过信号机平时点亮允许灯光（绿灯），其所防护的进路处于锁闭状态。当列车进入信号机内方时，信号自动关闭，显示禁止灯光（红灯）。一旦列车离开该进路，则该进路自动锁闭并使连续通过信号机再次开放允许灯光，指引后续列车进入进路。如图 3-4 所示，X7F 是一架连续通过信号机，其所防护的进路范围是绿色光带（图中虚线所示）显示的区段。

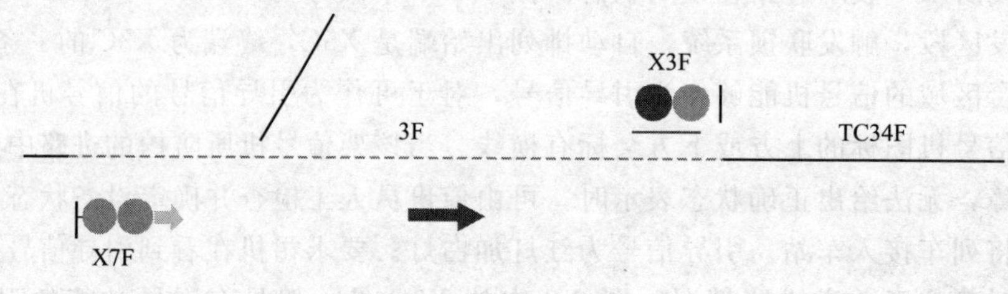

图 3-4　连续通过进路

（5）保护区段　为了保证列车的运行安全，避免列车由于某种原因不能在信号机前停住而导致事故的发生，充分考虑了列车的制动距离及线路等因素，在停车点后设置了保护区段，即终端信号机后方的一至两个区段为保护区段，类似于铁路的延续进路。如图 3-5 所示，由淡蓝色（图中虚线所示）光带表示。当列车进站停稳并停准后，保护区段自动解锁。

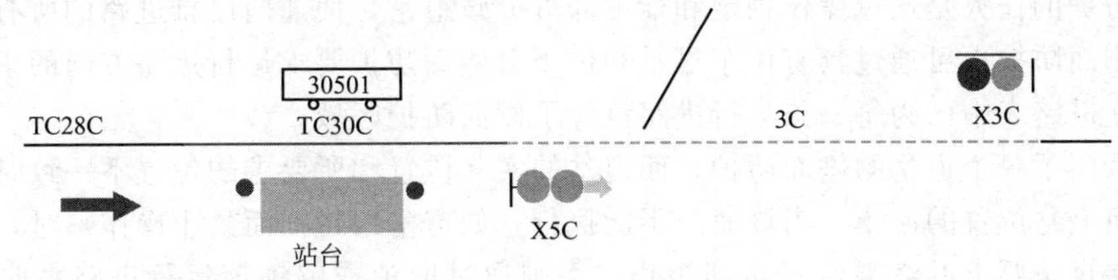

图 3-5　保护区段示意图

根据保护区段设置的时机，可以分为不延时保护区段和延时保护区段。当一条进路中可以运行一列以上的列车时，才具有延时保护区段的概念。排列进路时，并不同时排列保护区段，只有当列车接近终端信号机、占用某个特定的区段时，才排列保护区段，这种不在排列进路时排列的保护区段称为延时保护区段。该特定的区段被称为保护区段的接近区段。

通常，用终端信号机后方的第一个轨道区段做为该条进路的保护区段。但也有以下两种情况例外。

① 如果 ATP 的保护区段定义于终端信号机的前方时，能提高终端信号机后方区段的灵活性且又不阻碍终端信号机前方区段的运营，则此终端信号机只有 ATP 保护区段而无联锁保护区段，即不设置保护区段。

② 如果终端信号机之后的轨道电路长度短于计算的 ATP 保护区段，则有多个轨道电路作为保护区段。

进路可以带保护区段或不带保护区段排出。如进路短，排列进路时带保护区段；多列车进路无保护区段时，进路防护信号机可以正常开放。

根据设计，保护区段可以在主体信号控制层内受到监督，也可能不在主体信号控制层内受到监督。此外，也有可能在进路排列时直接征用保护区段，或进路先排列，保护区段设置延时直至进路内的接近区段被占用。延时的保护区段设置是一种标准方式，为多列车进路内的每个列车提供保护区段条件。

当排列的运行进路无法成功地进行保护区段设置或延时保护区段设置没有成功时，保护区段可稍后设置，只要到达线和指定保护区段的轨道区段空闲，并且设置保护区段的条件得以满足。

在设定的时间（预设值为 30s）截止之后，保护区段便解锁。延时解锁从保护区段接近区域被占用时开始。在列车反向运行情况下，保护区段的延时解锁仍将继续。

（6）侧面防护进路　城市轨道交通的道岔控制全部单动，不设双动道岔，所有的渡线道岔均按单动处理，也不设带动道岔，这些都靠采取侧面防护来防止列车的侧面冲突。侧面防护是指为了避免其他列车从侧面进入进路，与列车发生侧面冲突，这类似铁路的双动道岔和带动道岔的处理。

侧面防护可以分成两种，即主进路的侧面防护和保护区段的侧面防护。防护主进路的侧面防护叫主进路的侧面防护，防护保护区段的侧面防护叫保护区段的侧面防护。主进路是指进路上从始端信号机至终端信号机通过的路径。

列车进路需要侧面防护是为了保证其安全的运行径路，侧面防护由防护道岔确保，或者通过显示红色信号来确保。

道岔为一级侧面防护，信号机为二级侧面防护。排列进路时先找一级侧面防护，再找二级侧面防护。无一级侧面防护时，则将信号机作为侧面防护。侧面防护必须进行超限绝缘的检查。

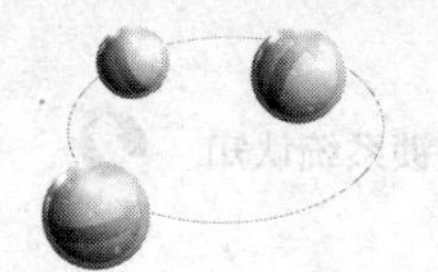

侧面防护的任务是通过操作锁定和检测邻近分歧道岔，使通向已排进路的所有路径均不能建立。侧面防护也可通过具有停车显示和位于有侧面防护要求运行进路方向的主体信号机来获得。在进路表中已为每一条运行进路设计了侧面防护区域。

如果采用了一个道岔的侧面防护，而道岔的实际位置和所要求的位置不一致时，则应发出一个转换道岔位置的命令。当该命令不能执行（如道岔因封锁而禁止操作）时，该操作命令将被存储直至要求的终端位置达到为止。否则通过取消或解锁该运行进路来取消该操作命令。

排列进路时，除检查始端信号机外，还检查终端信号机和侧防信号机的红灯灯丝，只有这两种信号机的红灯功能完好，进路防护信号机才能开放。

当要求侧面防护的运行进路解锁时，运行进路侧面防护区域也将解锁。

各种不同性质的进路，应有不同用途的信号机进行防护。如接车进路应有进站信号机防护；发车进路应有出站信号机防护；调车进路应有调车信号机进行防护等。根据进路的性质不同，不但这些信号机显示和数目不同，并且开放信号机所应满足的技术条件也不相同。

3. 联锁内容

联锁的目的就是防护进路，主要工作为进路建立和进路解锁，包括侧面防护元素的选择、保护区段的确定，下面就进路的建立和解锁分别进行描述。

（1）进路建立　进路建立是指进路开始办理，到防护该进路的信号机开放这个阶段，主要分为以下几个操作步骤，进路元素的可行性检查、进路元素的征用、进路监督及开放信号。

① 进路元素的可行性检查。进路元素的可行性检查由联锁计算机完成。计算机首先检查所选进路的始端、终端信号机构成的进路是否为设计的进路，然后检查所选进路中的元素。检查内容包括以下几方面。

- 进路中的道岔没有被其他进路或人工锁闭在相反的位置上；
- 进路中的道岔或轨道区段没有被封锁禁止排列进路；
- 进路中的信号机没有被反方向进路征用；
- 道岔或监控区轨道电路没有被进路征用；
- 进路上的其他区段没有被其他反方向的进路征用。

进路元素的检查顺序为，从终端信号机开始，一个元素接一个元素地检查到始端信号机。

② 进路元素的征用。进路元素的征用是指元素被该进路选用以后，在这些元素解锁之前，一般情况下，其他任何进路将不能使用。如果进路有效，进路元素通过了可行性检查，将对这些元素进行征用。

- 进路中所有与进路要求位置相反的道岔必须进行转换，并且把所有道岔锁闭在进路要求的位置上；
- 进路中所有轨道区段和信号机被解锁之前，其他进路不能征用；
- 要求提供侧面防护；
- 要求提供保护区段或延时保护区段。

③ 进路排列。

自排功能排列进路。信号系统正常运行时，可利用自排功能排列进路。

自排进路自动排列的条件为：ATS 模式或 RTU 模式能正常运行；进路始端信号机的自

排功能已经打开；该列车的目的地码正确；前序进路已排列；列车占用接近区段；进路的排列条件已满足；自排进路监控区段逻辑空闲，若进路的监控区段有红光带或粉红光带故障，则自排进路不能自动排列。

自排进路的特点：

• 有以下两种方法设置自排进路：通过 ATS 系统按时刻表自动排列进路。或在必要时由 RTU 远程控制终端设备，通过司机在列车上输入目的地码排列进路；

• 具有自排功能的信号机可以办理与正常运营方向相同的或其他方向的进路；

• 自排进路是根据目的地码来自动排列所需的进路。若本次列车的目的地码不正确，则进路不能排列或排了一条与本意不一样的进路；

• 使用自排功能排列折返进路的前序进路时，进路保护区段的道岔将被征用在折返方向的位置上，但使用追踪功能排列折返进路的前序进路时，进路保护区段的道岔只能征用在折返方向的相反位置上，所以，使用自排功能排列折返进路的效率比追踪进路高；

• 符合了自排进路排列的条件，自排进路将根据列车自动调整功能的时机自动排列。

追踪进路功能排列进路。为了满足基本运营需要，联锁系统还设置了追踪进路功能。当 ATS 系统故障导致自排功能失效时，可使用追踪进路功能排列进路。

追踪进路自动排列的条件为：进路始端信号机的追踪功能已经打开；前序进路已排列；列车占用接近区段；进路的排列条件已满足。应注意两种情况，一个是列车已占用接近区段，前序进路才排列，则追踪进路不能排列；另一个是当进路的排列条件暂时不满足时，信号机基础将出现粉红色闪烁，当进路的排列条件满足时，追踪进路将在 30s 后自动排列。

追踪进路的特点：

• 追踪进路的方向通常是正常运营的方向，即上行线往上行方向运行，下行线往下行方向运行；

• 追踪进路可设置始点站、终点站的折返进路；

• 具有追踪功能的信号机只能排列唯一进路；

• 符合追踪进路排列的条件，追踪进路将延时 0～30s 内自动排列。

(2) 进路解锁　进路解锁是指从列车驶入信号机内方（即驶入进路），到出清进路中全部轨道区段这一阶段，或者指操作人员解除已建进路的阶段。进路解锁分为取消进路、列车解锁及区段强行解锁。其中，取消进路可分为立即取消和延时取消解锁；列车解锁分为正常列车解锁和折返解锁。下面简单描述进路解锁的过程。

① 取消进路。取消进路是指进路建立后，因人为需要而取消该进路的一种解锁方式。一旦进行取消进路的操作，进路始端信号机立即自动关闭。根据列车的运行情况，又分为立即取消进路和延时取消进路两种。当接近区段占用，并且在列车占用接近区段期间，进路信号机开放过通过信号或引导信号，进路将延时取消。

进路将取消至进路中最后一列列车所处的区段，剩余的进路部分由列车通过进行正常解锁。取消进路的条件是进路的所有轨道区段锁闭且进路的第一轨道区段必须逻辑空闲。

② 正常解锁。正常解锁也被称为列车通过解锁或者逐段解锁。正常解锁是指列车通过进路中轨道区段后，使进路自动解锁。但仅用一段轨道电路的动作，不能确切反映车辆通过了该区段，必须采用多段轨道电路的顺序动作才能反映列车的实际运行情况。采用分段解锁方式时，原则上使用三段轨道电路的动作状态并配以时间参数作为解锁的条件。

三段轨道电路的解锁原则如下。

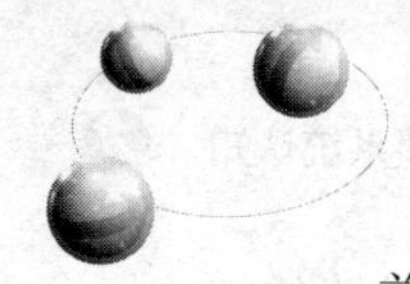

• 前一轨道区段（Ⅰ）及本轨道区段（Ⅱ）必须被同时占用过（Ⅰ↓Ⅱ↓）；

• 前一轨道区段（Ⅰ）出清且本轨道区段（Ⅱ）继续被占用（Ⅰ↑Ⅱ↓）；

• 本轨道区段（Ⅱ）出清且后一轨道区段（Ⅲ）占用（Ⅱ↑Ⅲ↓）；

• 前一轨道电路（Ⅰ）已解锁。

当上述条件均满足时，本轨道区段（Ⅱ）将会自动解锁，本轨道区段一旦解锁，提供侧面防护的元器件也将立即解锁。进路的解锁是从进路始端（进路第一区段）开始，逐一向后解锁的，一直到进路的终点即最后一个区段。

对于进路的第一个轨道区段只需要检查前两个条件，后两条条件不需要检查。

如果这条进路还没有全部解锁，后续列车就需要通过该条进路，这时进路可以重新排列。一旦进路排列好，前行列车就不能再逐段解锁这条进路，因为对前行列车而言，逐段解锁的条件已经不具备了，也就是说条件④已被破坏，即前一轨道区段没有解锁，后续轨道区段就不能解锁。也就是说，除非排列一条新进路，否则该进路仅在线路上最后一列车通过后才会逐段解锁。

③ 中途返回解锁（折返解锁）。中途返回解锁是对折返进路中没有被列车全部正常通过区段的一种自动解锁方式。在这种情况下，列车总是在牵出后又返回，根据正常解锁的定义，折返轨将不能解锁，而需采用一种特殊解锁方式自动解锁。该种特殊的自动解锁方式称折返解锁。其目的在于：当折返进路排列后，列车沿折返进路返回，如果折返轨道出清，则牵出进路的剩余区段将自动解锁。

④ 故障解锁（强行解锁）。正常情况下，进路应随着列车驶过而自动逐段解锁，但由于某种原因，如轨道电路分路不良，区段不能正常解锁，需要人为强行使该区段解锁，称为故障解锁或强行解锁。当对区段进行强行解锁时，立即关闭信号机，并根据列车的运行情况，采取延时解锁或立即解锁，只有在以下条件全部满足时才进行无延时解锁，否则延时解锁。

• 进路空闲；

• 联锁连接正常；

• 接近区段空闲；或者接近区段占用，但在列车占用接近区段期间，进路信号机既没有开放过通过信号也没有开放过引导信号。

如果区段进行强行解锁操作，则进路和保护区段的征用都将被强行解锁。但是如果该区段同时又提供侧面防护，解锁后不能取消侧面防护的锁闭，也就是说，继续提供侧面防护。

二、正线站场图识读

正线联锁集中站场图如图 3-6 所示。

1. 信号机命名

联锁区的信号机自左向右递增编号，上行线为偶数，下行线为奇数。S 表示间隔信号机；RS 表示进路信号机；RS&C 表示进路信号机有引导。

信号机命名以 S 开头，由 6 位字符组成：S（1 位）＋线路号（1 位）＋车站序号（2 位）＋信号机序号（2 位）。如 S21203 表示 2 号线第 12 个站，下行线编号为 3 的信号机。

2. 道岔命名

车站左边道岔为偶数，自左向右递增编号，即向站内方向递增；右边为奇数，自右向左递增编号，即向站内方向递增。

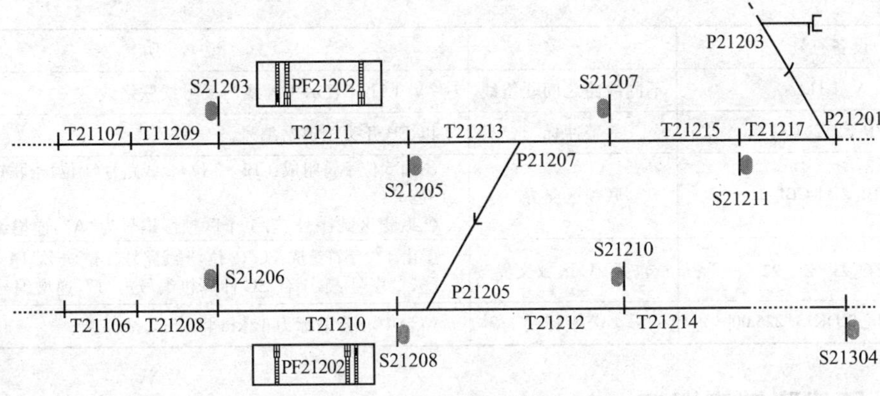

图 3-6　正线联锁集中站场图

道岔命名以 P 开头，由 6 位字符组成：P（1 位）＋线路号（1 位）＋车站序号（2 位）＋道岔序号（2 位）。如 P21201 表示 2 号线第 12 个站，车站右侧的第 1 组道岔。

3. 计轴区段命名

联锁区计轴区段自左向右递增编号，上行线为偶数，下行线为奇数。

计轴区段命名以 T 开头，由 6 位字符组成：T（1 位）＋线路号（1 位）＋车站序号（2 位）＋区段序号（2 位）。如 T21211 表示 2 号线第 12 个站，下行线的第 11 个计轴区段。

4. 屏蔽门命名

站台屏蔽门上行线为偶数，下行线为奇数。

站台屏蔽门命名以 PF 开头，由 7 位字符组成：PF（2 位）＋线路号（1 位）＋车站序号（2 位）＋屏蔽门序号（2 位）。如 PF21201 表示 2 号线第 12 个站，下行线的屏蔽门。

5. 其他设备命名

正线站场图上还有停车点、信标、警冲标等，其命名规则如表 3-1。

表 3-1　正线站场图设备命名

设备符号	含　义	说　明
△ SSP	停车点	①SSP 表示上下客运营停车点； ②SP 表示折返区域停车点
B21203	信标	以 B 开头，由 6 位字符组成：B(1 位)＋线路号(1 位)＋车站序号(2 位)＋相应信号机序号(2 位)。
AC21211	计轴点(磁头)	①以 AC 开头，由 7 位字符组成：AC(2 位)＋线路号(1 位)＋车站序号(2 位)＋计轴点序号(2 位)； ②计轴点序号：在联锁区的计轴点自左向右递增编号，上行线为偶数，下行线为奇数
DTI21201	发车表示器	①以 DTI 开头，由 8 位字符组成：DTI(3 位)＋线路号(1 位)＋车站序号(2 位)＋发车表示器序号(2 位)； ②发车表示器序号：以本站自左向右递增编号，上行线为偶数，下行线为奇数
ESB21203	紧急停车	①以 ESB 开头，由 8 位字符组成：ESB(3 位)＋线路号(1 位)＋车站序号(2 位)＋紧急停车按钮序号(2 位)； ②紧急停车按钮序号：以本站自左向右递增编号，上行线为偶数，下行线为奇数

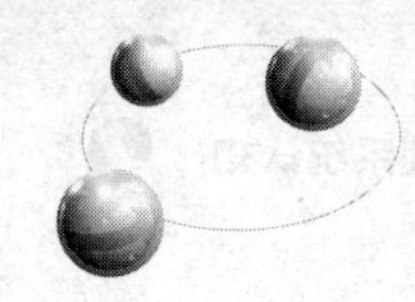

续表

设备符号	含　义	说　　明
V_L1L2	不同线路之间联络线	“V_L1L2”表示1号线与2号线联络线。
FP P21201·	警冲标	以FP开头＋道岔编号。
CCBI_2D ‖ CBI_2	联锁区交界	①由5位字符组成:CBI_(3位)＋线路号(1位)＋联锁区载序号(1位); ②联锁区载序号:第1个联锁区编号为“A”,递增编号
ClZC_21 ‖ ZC_22	轨旁ZC区域交界	①由4位字符组成:ZC_(2位)＋线路号(1位)＋ZC序号(1位); ②ZC序号:第1台ZC计算机编号为“1”,递增编号
|站台中心|ZDK13+225.00|	公里标	站台中心公里标为13km＋225m。

三、正线联锁表识读

正线联锁表是说明车站信号设备联锁关系的图表。正线联锁表表达了整个车站内的进路、道岔、信号机之间的基本联锁内容，编制正线联锁表的依据是车站信号平面布置图。正线联锁表以进路为主体，逐条地把排列进路需顺序按压的按钮、防护该进路信号机的名称及显示、进路要求检查并锁闭的道岔编号及位置、进路应检查的轨道电路区段名称，以及与所排进路敌对的信号填写清楚。正线联锁表是信号电路设计的依据，也是设备开通时，检查试验车站联锁设备之间联锁关系的主要依据。

将道岔、信号机、计轴区段等设备之间形成相互制约的逻辑关系，这种关系通常称为联锁关系，并通过正线联锁表反映出来。

正线联锁表通常可分为区段表（CBI _ Block）、进路表（Route _ List）、连续通过进路表（Fleet _ Route）、信号机表（Signal）、自动折返进路表（Cycle）、接近区段表（Approach*section*）、道岔表（Switch）、运行方向表（TD）、延续防护进路表（Overlap）、紧急停车按钮（ESP）和屏蔽门（PSD）等11种类型。

1. 区段表

区段表（CBI _ Block）如表3-2。ATP区段编号，通常称为“小区段”。如T21212-NG（B _ 311），“T21212”表示联锁区段编号，“NG”表示道岔区段岔后直股方向，“B _ 331”表示该区段系统内部代码。次级区段检查设备型号中“AC”表示计轴设备。

表3-2　区段表

序号	联锁区段编号	ATP区段编号	次级区段编号	次级区段检查设备型号	锁闭道岔编号	备注
1	T21210	T21210(B_329)	T21210	AC	无	无
2	T21212	T21212-NG(B_331)	T21212	AC	P21205-P21207	无
3	T21212	T21212-RG(B_140)	T21212	AC	P21205-P21207	无
4	T21212	T21212-FG(B_330)	T21212	AC	P21205-P21207	无
…	…	…	…	…	…	…

2. 进路表

进路表（Route _ List）如表3-3。表中连续通过进路条件中“Y”表示具备连续通过进路功能，“N”表示不具备连续通过进路功能。敌对进路编号表示当敌对进路建立后，此进路无法办理。敌对进路编号，当敌对进路建立后，此进路无法办理。敌对保护进路编号表示当敌对保护进路建立后，此进路无法办理。NA 表示无敌对保护进路条件。敌对自动折返进路编号表示当敌对自动折返进路建立后，此进路无法办理。CY _ 21202 中 CY 表示自动折返进路。

表 3-3　进路表

序号	进路信号机编号	进路名称	连续通过进路条件	道岔设备条件		联锁区段出清条件后，进路方可建立		进路始端和终端信号机编号	敌对进路编号	敌对保护进路编号	敌对自动折返进路编号	其他联锁条件
				定位	反位	表示后备模式（非CBTC）	CBTC模式					
11	S21208	S21208-S21210	Y	P21205-P21207	无	T21212	T21212	S21208，S21304	S21210-S21208 S21206-S21104 S21510-S21508 S21512-S21508	无	CY_21202	无
…	…	…	…	…	…	…	…	…	…	…	…	…

3. 连续通过进路表

连续通过进路表（Fleet _ Route）如表 3-4，连续通过进路表中的内容描述与进路表一致，参考进路表。

表 3-4　连续通过进路表

序号	进路名称	道　岔		敌对进路编号	敌对保护进路编号	敌对自动折返进路编号	备　注
		定位	反位				
5	S21208-S21210	P21205-P21207	无	S21210-S21208，S21206-S21104，S21510-S21508，S21512-S21508	无	CY_21201，CY_21202	无

4. 信号机表

信号机表（Signal）如表 3-5，CBTC 模式不需要检查联锁区段出清状态、非 CBTC 模式除检查联锁区段出清状态，还需要检查紧急停车按钮 ESP 状态、屏蔽门 PSD 状态、列车停稳、是否需接入 LEU 等。

表 3-5　信号机表

信号机编号	进路编号及进路锁闭状态	道岔位置检查		CBTC 模式			非 CBTC 模式			信号机显示状态
		定位	反位	联锁区段出清检查	不检查区段出清状态	其他条件	联锁区段出清检查	其他条件	信号机条件需接入LEU	
S21208	S21208-S21210	P21205-P21207	无	无	T21212，T21214，T21302	无	T21212，T21214，T21302	T21210-ESP T21210-PSD S21208-Train Hold	应接入此条件	绿灯

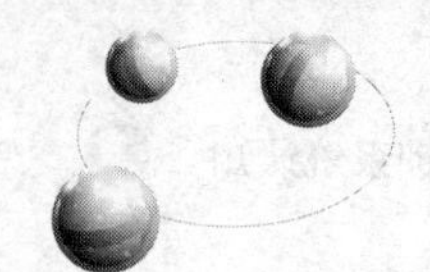
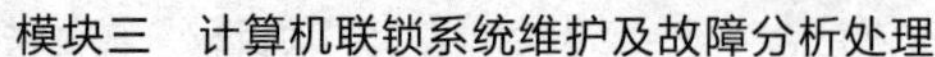

5. 自动折返进路表

自动折返进路表（Cycle）如表 3-6，触发区段中当列车占用该区段后，系统自动触发自动折返进路。

表 3-6　自动折返进路表

序号	自动折返进路名称	进路	触发区段	联锁区段出清检查条件	进路空闲	敌对折返进路	备注
1	CY_21201	S21207-S21208	无	T21213，T21212，T21210	S21104-S21206，S21210-S21208 S21211-S21213，S21205-S21207 S21207-S21205，S21208-S21207 S21206-S21104，S21207-S21208 S21208-S21210(FLEET)	CY_21202	无
		S21208-S21210	T21210	T21212			

6. 接近区段表

接近区段表（Approach Section）如表 3-7，引导信号中“Y”表示具备此功能，“N”表示不具备此功能。表示进路内方第一个区段故障栏表示：进路内方第一个区段故障引导信号开放持续时间，“无”表示无此项要求。ATP 区段栏中为 ATP 控车时的接近区段，联锁区段栏中为非 CBTC 模式下接近区段。

表 3-7　接近区段表

序号	信号机名称	引导信号	进路内方第一个区段故障	引导进路接近锁闭延时解锁时间	关键道岔	接近区段				备注
						ATP 区段	接近区段占用，CBTC 模式下解锁时间	联锁区段	接近区段占用，非 CBTC 模式下解锁时间	
1	S21208	N	无	无	无	T21208 T21210	72s	T21208 T21210	311s	无

7. 道岔表

道岔表（Switch）如表 3-8。

表 3-8　道岔表

道岔编号	操纵道岔位置	操纵道岔时，需检查区段空闲条件	道岔已被控制条件	由防护进路控制条件	检测道岔转换时间	是否自动回转道岔	道岔自动回转时间	备注
P21205-P21207	定位或反位	T21213，T21212	无	O_S21207，O_S21208	13S	否	无	无

8. 运行方向表

运行方向表（TD）如表 3-9。

9. 防护进路表

防护进路表（Overlap）如表 3-10。

表 3-9　运行方向表

联锁系统发送至ATC系统的TD	联锁系统的TD变量（需要的道岔条件）	不由折返进路控制的TD				由折返进路控制的TD			折返进路建立的TD	
		由进路锁闭设置	由前方TD设置	道岔条件	联锁区段	由设置折返进路取消条件	折返区段条件	列车停稳	由折返进路建立	检查反向TD已取消
T21210-STD	T21210-STDJ	无	T21212-STDJ	无	T21210	S21208-S21207 S21208-S21210	T21210	T21210	无	无

表 3-10　防护进路表

序号	名称	道　岔		延续防护请求及设置			延续防护进路解锁							备注
		定位	反位	触发区段	前方进路的最后子进路	触发区段道岔条件	轨道电路出清	占用的轨道电路	非CBTC模式下解锁时间	CBTC模式下ATC解锁时间	CBTC模式下联锁系统解锁时间	联锁区段解锁	列车停稳信息	
5	O_S21208	P21205-P21207	NA	T21104 T21106 T21208 T21210	T21210	NA	T21212	T21210	311s	50s	34s	T21210	T21210	Preferred Normal

10. 紧急停车按钮表

紧急停车按钮表（ESP）如表 3-11，信号机编号栏表示当紧急停车被触发后，受影响的信号机。

表 3-11　防护进路表

紧急停车编号	车站名称	信号机编号	备　注
T21210-ESP	SJZ	S21104,S21206,S21210,S21208,<(P21205-P21207)>S21207	ESP21202lESP21204

11. 屏蔽门表

屏蔽门表（PSD）如表 3-12，信号机编号栏表示当屏蔽门打开后，受影响的信号机。

表 3-12　防护进路表

屏蔽门编号	车站名称	相应联锁区段的编号	信号机编号	备　注
T21210-PSD	SJZ	T21210	S21104,S21206,S21210,S21208,<(P21205-P21207)>S21207	PF21202

任务二 ●●● 计算机联锁系统发展认知

任务目标 ▶▶▶

1. 熟悉计算机联锁系统的主要技术条件；
2. 了解计算机联锁系统的发展历史；
3. 掌握计算机联锁系统的主要功能及优越性。

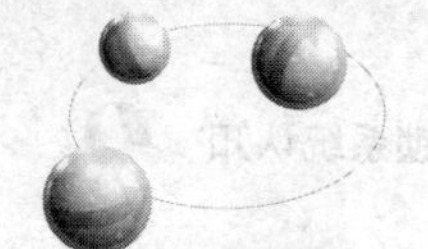

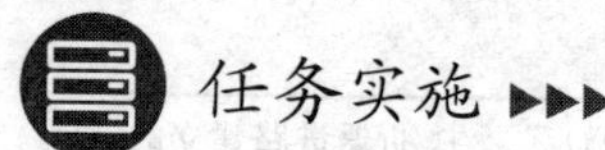

任务实施 ▶▶▶

计算机联锁系统是以计算机技术为核心，采用通信技术、可靠性与容错技术以及“故障—安全”技术实现铁路车站联锁要求的实时控制系统。

一、计算机联锁系统的主要技术条件

① 计算机联锁系统能满足各种车站规模和运输作业的要求，保证行车安全，提高运输效率，并具备大信息量和联网功能。

② 计算机联锁系统采用硬件冗余结构，如双机热备、三取二或二乘二取二的结构。可靠度指标：平均故障间隔时间（MTBF）大于或等于 10^6h；安全度指标：平均危险侧输出间隔时间大于或等于 10^{11}h。

③ 计算机联锁系统使用的涉及安全的电路符合故障—安全原则；电路故障能及时发现，当故障危及行车安全时，能切断系统的危险侧输出。

④ 计算机联锁系统硬件体系结构为层次结构，如分为人机对话层、联锁运算层和执行表示层。

⑤ 计算机联锁系统具有通过通信前置处理机和通信网与其他系统实现通信能力，与调度指挥系统的数据通信符合有关规定。

⑥ 软件系统达到软件制式检测要求的可靠性和安全性，所有程序具有模块化、标准化，结构化的特点。

⑦ 计算机联锁系统的各种接口与通道能保证长期使用的高稳定性和高可靠性。与安全有关的接口与通道符合故障—安全原则，还采取了光电隔离、动态冗余编码、参数限界冗余、故障检测及其他特殊方法，以防止危险后果的发生。

⑧ 计算机联锁系统能通过外部数据通道或计算机网络与其他自动化或管理系统，如CTC、TDCS 等连接，与之信息交换。

⑨ 计算机联锁系统设有两路独立电源供电，并且有自动转接功能，以保证不间断供电。计算机和电子设备的直流电源具有不间断供电和有效去除脉冲及浪涌干扰的性能。

⑩ 计算机联锁系统采取了必要的防电磁干扰和防雷措施，以保证在规定严酷性等级的运行环境中，设备都能正常工作。

⑪ 信号设备的接地电阻值不大于 10Ω，用于防护电子设备的安全保护地线的接地装置，其接地阻值不大约 4Ω。

⑫ 监测子系统作为系统的基本组成部分，为维护使用部门提供监测、报警、统计、分析、管理、远程诊断及维护功能。

⑬ 根据需要设应急盘，在计算机联锁系统失效时控制道岔和引导信号。

二、计算机联锁系统的发展认知

1. 国外计算机联锁发展认知

（1）瑞典　1978 年，世界公认的第一套计算机联锁系统由瑞典的 ABB 公司研制并在哥德堡站开通使用。其发展分三个阶段：第一阶段信号机和道岔的控制器件由继电器完成，保留轨道继电器；第二阶段采用无接点的电子器件控制信号机和道岔，仍保留了轨道继电器；第三阶段实现了全电子化控制。

（2）英国　1985年计算机联锁系统首次在明斯顿车站使用，该系统为保证运行的安全性和可靠性，采用了三取二表决的模式。

（3）日本　日本的计算机联锁系统最早开通于1985年，至今安装了300多个车站，主要生产厂家是日本信号公司、京三制作所和大同信号公司。

2. 中国计算机联锁系统发展认知

20世纪80年代初，中国开展计算机联锁系统的研究，1984年在南京梅山铁矿投入使用。

1989年，驼峰编组场尾部计算机联锁通过鉴定并在郑州北编组站使用，首次应用于国家铁路。

1991年，由上海卡斯柯从美国通用铁路信号公司引进并结合中国的实际开发出了VPI安全型计算机联锁，第一套系统安装在广深线的红海站，开创了计算机联锁在干线上使用的先例。

中国第一套计算机联锁系统由铁科院研制，1993年安装在哈尔滨的平房站。

但1997年以后，许多单位纷纷开发计算机联锁，在未进行任何技术审查和许可的情况下盲目上道，一度形成无序发展的局面。1998年铁道部决定整顿，加强计算机联锁的上道管理，实现“三证”制（即：制造特许证、制式检测合格证、产品合格证），确保计算机联锁系统积极、稳妥、健康地发展。

目前中国有资质研发生产计算机联锁系统的单位有四家，铁道部科学研究设计院、北京全路通信信号研究设计院、北京交大微联科技有限公司、卡斯柯信号有限公司。

铁道部科学研究设计院研制的计算机联锁系统，如TYJL-II型双机热备系统、TYJL-TR9型三取二容错计算机联锁系统、TYJL-ECC型三取二容错计算机联锁设备（引进德国西门子公司专业故障-安全计算机）、TYJL-III型二乘二取二系统等。

北京全路通信信号研究设计院研制的计算机联锁系统，如DS6-11型双机热备系统、DS6-20型三取二系统、DS6-K5B型二乘二取二系统、DS6-60型国产化的二乘二取二系统等。

北京交大微联科技有限公司研制的计算机联锁系统，如JD-IA型双机热备系统、EI32-JD型二乘二取二系统。

卡斯柯信号有限公司研制的计算机联锁系统，如VPI型双机热备系统（卡斯柯引进阿尔斯通集团有限公司VPI专利技术）、CIS-1型双机热备系统（在VPI型基础上研制）、iL-OCK型二乘二取二系统（引进ALSTOM安全型专业联锁机技术，采用VPI联锁软件）。

随着高速铁路、客运专线、大型客运站、重点车站、重载线的建设和改造，对计算机联锁系统的可靠性、安全性提出了更高的要求。二乘二取二计算机联锁系统因其高可靠性、高安全性和高稳定性已经成为轨道交通领域的主流设备。

三、计算机联锁系统功能认知

计算机联锁系统不仅具备继电联锁设备的联锁控制功能，而且利用计算机的快速信息处理能力、储存能力和联网能力，可方面实现继电联锁设备难以实现的一些功能。

1. 联锁控制功能

计算机联锁系统的联锁功能与继电式电气集中联锁系统相同；能根据车站行车安全的需要，在规定的联锁条件和规定的时序下自动对进路、信号和道岔实行控制。

① 进路的控制。包括列车进路和调车进路的选排、锁闭和解锁；引导进路的控制等。列车进路的办理方法和继电联锁设备办理方法基本相同，仍沿用按压双按钮才形成操作命令的规定，这样可避免因误动一个按钮而产生错误操作命令的可能。

② 信号的正常开放、关闭、人工重复开放以及防止自动重复开放。

③ 道岔的单独操纵、锁闭和解锁。

此外，通过在联锁软件中增加相应的功能模块，再加上少量的硬件电路，系统可进一步实现一些特殊电路的联锁功能。如非进路调车控制、平面调车溜放控制、到发线出岔进路控制、延续进路控制以及场间联系等。

2. 显示功能

计算机联锁系统采用大屏幕显示器取代表示盘，可以向操作人员提供更加丰富、直观的显示信息。

① 站场基本图形显示。

② 现场信号设备状态显示。主要有道岔的定、反位和四开状态，道岔单独锁闭和封闭状态；信号机开放和关闭状态，灯丝断丝；轨道区段的空闲、占用、锁闭状态。用不同颜色表示不同含义。

③ 车站值班人员按压按钮动作的确认显示。

④ 联锁系统的工作状态、故障报警显示。

⑤ 时钟显示，必要的汉字提示，如操作错误提示，联锁状况提示等。

3. 记录存储和故障检测与诊断功能

利用计算机的信息处理能力和存储容量大的优点，计算机联锁系统为实现系统维护、行车管理自动化奠定了基础。这主要体现在以下几方面。

① 系统可按时间顺序自动记录和存储车站值班员按钮操作情况、现场设备动作情况和行车作业情况。电务维修人员可根据功能菜单提示，按压相应按钮，将前一段时间内的列车运行情况或作业情况按规定格式显示出来，作为查找故障、分析故障的参考。

② 提供图像再现功能，即系统可将前一阶段储存的数据以站场图形方式显示在屏幕上，按照实际操作和车列运行情况再现出来，以便更直观的查找故障原因。

③ 实现进路储存和自动办理，可进一步提高车站行车作业效率。

④ 具有集中监测和报警功能。体现两方面：一是联锁系统的自检测功能，当系统自身出现故障时，维护人员可通过屏幕提示的错误号判断、查找故障；二是对信号机、转辙机、轨道电路等现场设备的工作状态集中监测，一旦发现故障，及时记录并报警。监测和报警的具体内容，可根据维修需要，全天候或定时对主体信号设备的参数进行测试、分析、判断，超限时及时报警。

4. 语音提示功能

系统具有通过语音或音响在控制台上播放提示信息的能力。当有多条信息需要同时播放时，这些信息采用轮流播放方式。

5. 结合功能

计算机联锁系统利用标准化的通信接口板、网络接口板以及通信规程，可直接与现代化信息处理系统（CTC、信号集中监测系统、TDCS、列车自动控制系统等）相连接进行数据交换。

四、系统的优越性

计算机联锁系统具有技术上与经济上的优越性。

① 计算机联锁系统完全摆脱了继电联锁系统的网络结构，在技术上能够用较少的硬件投资和发挥软件的作用，较容易的克服继电电路难以解决的问题。对接近区段小车的跳动，能够防止错误取消进路；对信号继电器、锁闭继电器前接点的粘连，系统能够及时检出并报警等等。另外，在进路控制上，计算机联锁系统为实现进路储存和自动办理创造了条件。

② 计算机联锁系统可以最大限度地利用软、硬件资源，对直接危及行车安全的联锁逻辑处理和执行表示环节采用冗余与其他容错技术，因此可靠性、安全性更高。

③ 计算机联锁系统的硬件和软件均采用模块化、标准化结构，不同规模和作业性质的车站或站场，只需编制一些站场数据，选用功能不同和数量不等的模块组装即可。因此系统设计、施工工作量也大大减少。

④ 在维护方面，计算机联锁系统的维修工作量小，并且具有自诊断、故障定位功能，降低了维护难度并可通过远距离联网，实现远程故障诊断。另外系统的继电部分结构简单，便于维护，而且继电器用量少，使得继电器检修工作量少。

⑤ 计算机联锁系统能提供现代化的声、像、图文显示，人机交互功能更加完善，内容更丰富，信息量更大，工作效率更高。

⑥ 计算机联锁系统便于联网，为铁路信号系统向智能化和网络化方向发展创造了条件。通过与CTC联网，可根据调度计划实现进路程序控制。通过与旅客向导服务系统、车次号跟踪系统联网，可构成全方位的计算机综合控制、管理系统，增强了运输调度指挥自动化、智能化水平。

⑦ 采用分布式系统结构时，计算机联锁系统可以省去干线电缆，大幅度降低工程造价。

⑧ 体积小，占地面积小，且随着车站规模的扩大，节省更加显著。

任务三 ●●● 计算机联锁系统基本原理认知

任务目标 ▶▶▶

1. 熟悉计算机联锁系统硬件结构及工作原理。
2. 了解计算机联锁系统软件结构及原理。

任务实施 ▶▶▶

计算机联锁系统是一种利用计算机技术取代继电器技术构成的车站信号实时控制系统。其基本硬件结构与工业上应用的一般计算机实时控制系统有许多相似之处，主要是由工业控制计算机、过程输入/输出通道以及外部设备等组成，并通过标准总线联结在一起，构成一个基本的联锁控制系统。

有了硬件系统，要保证能可靠、有序地工作，就必须配备软件系统，因此计算机联锁系统中的软件和硬件一样都是计算机控制系统的重要组成部分。

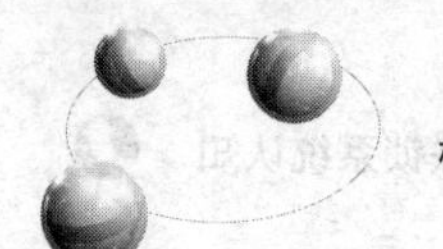

由硬件系统和软件系统构成的基本计算机联锁系统，其可靠性尚不能满足人们对联锁装置的高可靠性要求，且本身不具备故障-安全性能。必须利用计算机的可靠性和安全性技术，用最简单、最经济的手段构成一个高可靠的故障-安全计算机系统。

一、计算机联锁系统硬件认知

典型的计算机联锁系统硬件组成如图 3-7 所示。

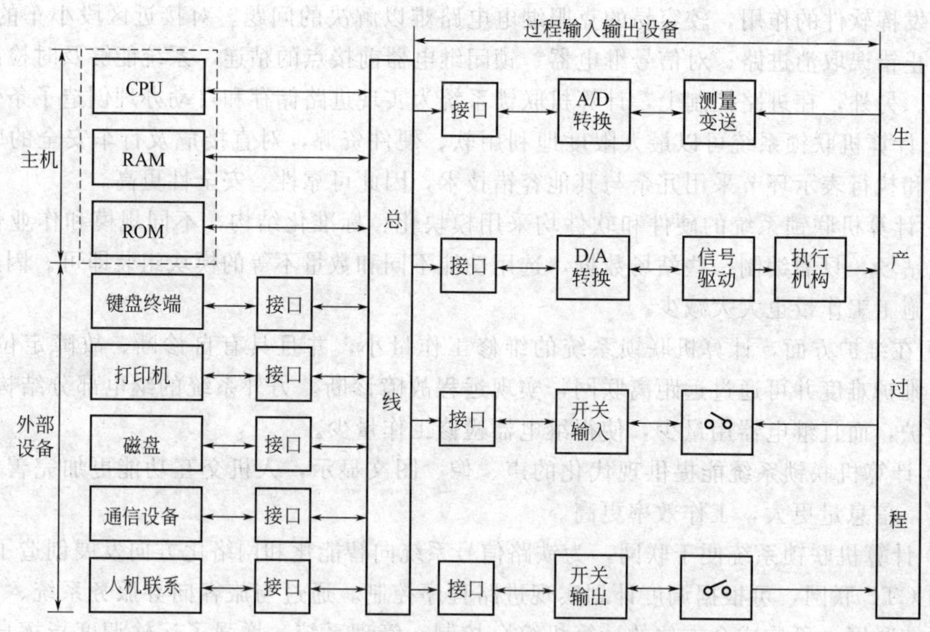

图 3-7　计算机联锁系统的硬件组成框图

计算机联锁系统采用的是工业控制计算机系统，以实现对铁路车站运输生产过程的监测与控制。它由工业控制计算机和生产过程两大部分组成。工业控制计算机是指按生产过程控制的特点和要求而设计的计算机，包括硬件和软件两部分。对铁路信号领域来说，生产过程是指工业控制计算机通过过程输入/输出通道和继电结合电路对现场控制对象如道岔和信号机等进行实时控制。

下面分别对计算机联锁的关键技术进行简要地介绍。

1. 工业控制计算机

工业控制计算机的硬件主要由主板、内部总线和外部总线、人机接口、系统支持、磁盘系统、过程输入/输出设备和通信接口等组成，如图 3-8 所示。

① 中央处理器（CPU）和内存储器（RAM，ROM）构成的主机是计算机系统的核心，根据输入设备送来的各种实时反映系统工作状态的信息，以及预定的算法，自动地进行信息处理和运算，并通过输出设备发送控制命令等。

② 内部总线和外部总线　内部总线是工业控制计算机内部各组成部分进行信息传送的公共通道，外部总线是工业控制计算机与其他计算机和智能设备进行信息传送的公共通道。

③ 人机接口　人机接口是一种标准结构，即由标准的 PC 键盘、显示器和打印机等组成。

④ 系统支持功能　工业控制计算机的系统支持功能主要包括如下部分。

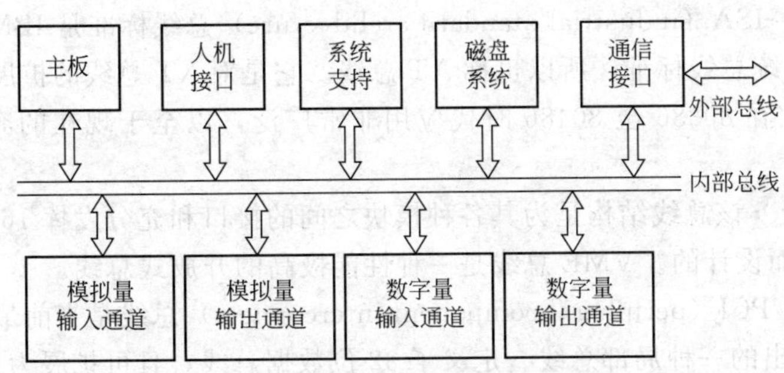

图 3-8　工业控制计算机的硬件组成结构

• 监控定时器，俗称“看门狗”。其主要作用是当系统因干扰或软故障等原因出现异常时，如“飞程序”或程序进入死循环，可以使系统自动恢复运行，从而提高系统的可靠性。

• 电源掉电检测。工业控制计算机在工业现场运行过程中如出现电源掉电故障，应及时发现并保护当时的重要数据和计算机各寄存器的状态，一旦上电后，工业控制计算机能从断电处继续运行。

• 保护重要数据的后备存储器。“看门狗”和掉电检测功能均要有能保存重要数据的后备存储器。后备存储器通常容量不大，它能在系统掉电后保证所存数据不丢失，故通常采用后备电池的存储器。为了保护数据不丢失，在系统的存储器工作期间，后备存储器应处于上锁状态。

• 实时日历时钟。在实际控制中系统往往要有事件驱动和时间驱动的能力。一种情况是在某时刻设置某些控制功能，届时工业控制计算机应自动执行；另一种情况是工业控制计算机应能自动记录某个动作是在何时发生的。所有这些都要求必须配备实时时钟，且能在掉电后仍然正常工作。

⑤ 磁盘系统　磁盘系统可以用半导体虚拟磁盘，也可以配通用的软盘、硬盘和光盘等。

⑥ 输入/输出通道　输入/输出通道是设置在工业控制机和生产过程之间的传递和变换信息的连接通道。它包括模拟量输入（AI）通道、模拟量输出（AO）通道、数字量（或开关量）输入（DI）通道、数字量（或开关量）输出（DO）通道，它有两个作用，其一是将生产过程中的信息变换成主机能够接受和识别的代码；其二是将主机输出的控制命令和数据，经变换后作为执行机构或电气开关的控制信号。

2. 总线接口技术

任何一个微处理器都要与一定数量的部件和外围设备（外部设备）连接，但如果将各部件和每一种外围设备都分别用一组线路与 CPU 直接连接，那么连线将会错综复杂，甚至难以实现。为了简化硬件电路设计、简化系统结构，常用一组线路，配置以适当的接口电路，与各部件和外围设备连接，这组共用的连接线路被称为总线。采用总线结构便于部件和设备的扩充，尤其制定了统一的总线标准则容易使不同设备间实现互连。

计算机联锁系统中的总线一般分为三类，即内部总线、外部总线和现场总线。

（1）内部总线　内部总线又称系统总线。计算机联锁系统用的工业控制计算机由各种模板插件构成，这些模板之间依靠内部总线进行信息传送。常用的内部总线有 STD 总线、ISA 总线、PCI 总线、VME 总线等。

① STD 总线　STD 总线是一个面向工业控制的微型计算机总线，它定义了 8 位微处理器总线标准，近年来又定义了 STD32 总线标准。

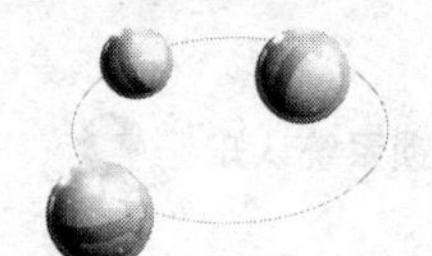

② ISA 总线　ISA（industrial standard architecture）总线标准是 IBM 公司为推出 PC/AT 机而建立的系统总线标准，所以也称 AT 总线。它是对 XT 总线的扩展，以适应 8/16 位数据总线要求。它在 80286 至 80486 时代应用非常广泛，以至于现在的奔腾机中还保留有 ISA 总线插槽。

③ VME 总线　该总线结构是为其各种模块之间的接口和充分发挥 16/32 位的微处理器 MC68000 的功能而设计的。VME 总线是一种性能极高的开放式总线。

④ PCI 总线　PCI（peripheral component interconnect）总线是当前最流行的总线之一，是由 Intel 公司推出的一种局部总线。定义了 32 位数据总线，且可扩展为 64 位。与 VESA、ISA 总线相比，PCI 总线的功能有了极大的改善，它支持突发读写操作，最大传输速率可达 132MB/s，并可同时支持多组外围设备。虽然 PCI 局部总线不能兼容现有的 ISA、EISA、MCA（micro channel architecture）总线，但它不受制于处理器，是基于奔腾等新一代微处理器而发展的总线。

⑤ Compact PCI　Compact PCI 的意思是"坚实的 PCI"，是当今第一个采用无源总线底板结构的 PCI 系统，是 PCI 总线的电气和软件标准加欧式卡的工业组装标准，是当今最新的一种工业计算机标准。Compact PCI 是在原来 PCI 总线基础上改造而来，它利用 PCI 的优点，提供满足工业环境应用要求的高性能核心系统，同时还考虑充分利用传统的总线产品，如 ISA、STD、VME 或 PC/104 来扩充系统的 I/O 和其他功能。

除此之外，常用的内部总线还有 EISA 总线和 VESA 总线等，这里不再详述。

(2) 外部总线　外部总线（E-BUS）又称通信总线，它是计算机系统之间或是计算机系统与其他系统（仪器、仪表、控制装置）之间传输信息的通路，常借用其他领域已有的总线标准。计算机的外部总线通常分为并行总线和串行总线两种。

① RS-232-C 总线　RS-232-C 是美国电子工业协会 EIA（Electronic Industry Association）制定的一种串行物理接口标准。RS-232-C 总线标准设有 25 条信号线，包括一个主通道和一个辅助通道，在多数情况下主要使用主通道，对于一般的双工通信，仅需几条信号线就可实现，如一条发送线、一条接收线及一条地线。RS-232-C 标准规定，驱动器允许有 2500pF 的电容负载，通信距离将受此电容限制，例如，采用 150pF/m 的通信电缆时，最大通信距离为 15m；传输距离短的另一原因是 RS-232 属单端信号传送，存在共地噪声和不能抑制共模干扰等问题，因此一般用于 20m 以内的通信。

② RS-485 总线　在要求通信距离为几十米到上千米时，广泛采用 RS-485 串行总线标准。RS-485 采用平衡发送和差分接收，因此具有抑制共模干扰的能力。加上总线收发器具有高灵敏度，能检测低至 200mV 的电压，故传输信号能在千米以外得到恢复。RS-485 采用半双工工作方式，任何时候只能有一点处于发送状态，因此，发送电路须由使能信号加以控制。RS-485 用于多点互连时非常方便，可以省掉许多信号线。应用 RS-485 可以联网构成分布式系统，最多允许并联 32 台驱动器和 32 台接收器。

③ IEEE-488 总线　上述两种外部总线是串行总线，而 IEEE-488 总线是并行总线接口标准。IEEE-488 总线可用来连接系统如微计算机、数字电压表、数码显示器等设备及其他仪器仪表均可用 IEEE-488 总线装配起来。它按照位并行、字节串行双向异步方式传输信号，连接方式为总线方式，仪器设备直接并联于总线上而不需中介单元，但总线上最多可连接 15 台设备。最大传输距离为 20m，信号传输速度一般为 500KB/s，最大传输速度为 1MB/s。

(3) 现场总线技术　现场总线是应用在生产现场，在微机化测量控制设备之间实现双向串行多节点数字通信的系统。目前较流行的现场总线主要有以下五种 CAN、PROFIBUS、Lonworks、HART 和 FF。

① 控制器局部网（CAN） CAN 总线最早由德国 Bosch 公司推出，是用于汽车内部测量与执行部件之间的数据通信协议。其总线规范已被 ISO 国际标准组织制定为国际标准，并且广泛应用于离散控制领域。它也是基于 OSI 模型，但进行了优化，采用了 OSI 模型的物理层、数据链路层和应用层，提高了实时性。其节点设有优先级，支持点对点、一点对多点以及广播模式通信。各节点可随时发送消息。传输介质为双绞线，通信速率与总线长度有关。CAN 总线采用短消息报文，每一帧有效字节数为 8 个；当节点出错时，可自动关闭，抗干扰能力强，可靠性高。

② PROFIBUS 总线 PROFIBUS 是符合德国的国家标准 DIN19245 和欧洲标准 EN50179 的现场总线，包括 PROFIBUS－DP、PROFIBUS－FMS、PROFIBUS－PA 三部分。它也只采用了 OSI 模型的物理层、数据链路层以及应用层。PROFIBUS 支持主从方式、纯主方式、多主多从通信方式。主站对总线具有控制权，主站间通过传递令牌来传递对总线的控制权。取得控制权的主站，可向从站发送、获取信息。PROFIBUS－DP 可用于分散外设间的高速数据传输，适合于加工自动化领域。FMS 型适用于纺织、楼宇自动化、可编程控制器、低压开关等。而 PA 型则可用于过程自动化领域。

③ LonWorks LonWorks 是美国 Echelon 公司于 1992 年推出的局部操作网络，最初主要用于楼宇自动化，但很快发展到工业现场网，现有 3000 多家公司支持并开发基于这一技术的产品。它采用了 OSI 参考模型全部的七层协议结构。LonWorks 技术的核心是具备通信和控制功能的 Neuron 芯片。Neuron 芯片可实现完整的 LonWorks 的 LonTalk 通信协议。其上集成有三个 8 位 CPU，一个 CPU 完成 OSI 模型第一和第二层的功能，称为介质访问处理器；一个 CPU 是应用处理器，运行操作系统与用户代码；还有一个 CPU 为网络处理器，作为前两者的中介，实现网络变量寻址、更新、路径选择、网络通信管理等。由神经芯片构成的节点之间可以进行对等通信。LonWorks 支持多种物理介质并支持多种拓扑结构，组网方式灵活。LonWorks 的应用范围主要包括楼宇自动化、工业控制等，在组建分布式监控网络方面有较优越的性能。

④ HART HART 协议是由 Rosemount 公司于 1986 年提出的通信协议，是用于现场智能仪表和控制室设备间通信的一种协议，包括 ISO/OSI 模型的物理层、数据链路层和应用层。HART 通信可以有点对点或多点连接模式。这种协议是可寻址远程传感器高速通道的开放通信协议，其特点是在现有模拟信号传输线上实现数字信号通信，属于模拟系统向数字系统转变过程中的过渡产品，因而在当前的过渡时期具有较强市场竞争力，在智能仪表市场上占有很大的份额。

⑤ FF 基金会现场总线（FF）是在过程自动化领域得到广泛支持并具有良好发展前景的一种技术。其前身是以美国 Fisher－Rosemount 公司为首，联合 Foxboro、横河、ABB、西门子等 80 家公司制定的 ISP 协议和以 Honeywell 公司为首，联合欧洲等地 150 家公司制定的 World FIP 协议。这两大集团于 1994 年 9 月合并，成立了现场总线基金会，致力于国际上统一的现场总线协议的开发。

基金会现场总线分为 H1 和高速 H2 两种通信速率。H1 的传输速率为 31.25Kbps，通信距离可达 1.9km，可支持总线供电和本质安全防暴环境。H2 的传输速率可为 1Mbps 和 2.5Mbps 两种，通信距离为 750m 和 500m。物理传输介质可为双绞线、光缆和无线电，其传输信号采用曼切斯特编码。基金会现场总线以 ISO/OSI 开放系统互连模型为基础，取其

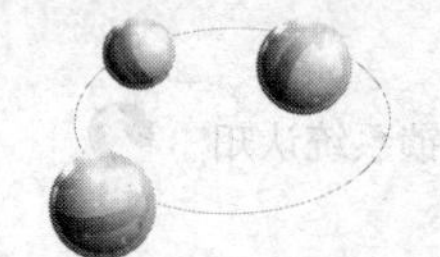

物理层、数据链路层、应用层为FF通信模型的相应层次，并在应用层上增加了用户层。用户层主要针对自动化测控应用的需要，定义了信息存取的统一规则，采用设备描述语言规定了通用的功能块集。FF总线包括FF通信协议、ISO模型中的2～7层通信协议的通栈、用于描述设备特性及操作接口的DDL设备描述语言、设备描述字典，用于实现测量、控制、工程量转换的应用功能块，实现系统组态管理功能的系统软件技术以及构筑集成自动化系统、网络系统的系统集成技术。

将现场总线与以太网结合，从而实现底层生产与上层管理的紧密集成，已成为一种趋势。

3. 过程输入/输出通道

计算机联锁系统为了实现对生产过程的控制，需要将生产过程中的各种必要信号（参数）及时地检测传送、并转换成计算机能够接受的数据形式。计算机对送入数据进行适当的分析处理后，又以生产过程能够接受的信号形式实现对生产过程的控制。这种完成在过程信号与计算机数据之间变换传递的装置称为过程输入/输出通道。

(1) 通用I/O接口原理　在计算机联锁系统中，外部通道是不能直接与中央处理单元（CPU）相连的，因为它们的速度、数据格式不一定相同，信号形式也不一定匹配。为了便于两者交换信息，往往需要一套连接CPU和外部通道的中间环节，即接口电路（简称接口）。接口是计算机联锁系统各通道中多个设备协调一致运行的保证，它具有电平变换、数据转换、缓冲和状态信息提供等功能，所以接口是通道建立的基础。

任何接口对计算机而言都相当于数据的输入和数据的输出，这就涉及I/O接口的寻址问题。

① I/O接口的寻址　计算机联锁系统是面向总线结构的计算机系统，计算机与各种外部设备的接口电路是连在一个总线上的，中央处理单元（CPU）对指定的I/O接口的访问是以I/O接口的端口地址来识别的。

• I/O接口的编址方式。要寻址，就要对外设的I/O接口进行编址。I/O接口有两种编址方式，一种是I/O接口与存储器相统一的编址方式，称为存储器映射方式；另一种是I/O接口与存储器相互独立的编址方式，又称隔离式编址方式。

存储器映射方式是把所有的I/O接口都当作存储器地址一样来处理，即所有的I/O接口都当作存储单元来访问。这样，对某一外部设备进行输入/输出操作，就像对某一存储单元进行读写操作一样，只是地址编号不同而已。于是，所有访问存储器的指令均适用于I/O接口操作。

隔离式编址方式是将I/O接口地址和存储器地址在空间上分开，相互独立，互不影响。中央处理单元（CPU）对存储器操作和对I/O接口操作分开进行，利用专门的I/O指令访问I/O接口。

• I/O接口的地址译码。中央处理单元（CPU）访问某一接口，将端口地址送到地址总线上，为了确定所要访问的端口，这就涉及到地址译码问题。译码电路的构成形式通常有固定式端口地址译码和开关可选式地址译码两种。固定式端口地址译码是指接口中用到的地址不能更改。目前，接口板大部分都采用固定式译码。如果用户要求接口板的端口地址能适应不同的地址分配场合，则采用开关可选式译码。这种译码方式可以通过板上的微型开关使接口板的I/O端口地址根据要求加以改变而无需改动线路。

② 常用的I/O接口　I/O接口是计算机联锁系统的重要组成部分。它的设计比较灵活，

有的功能既可以用硬件实现，也可以用软件实现，若用硬件实现，在速度上较快；若用软件实现，可以方便系统功能的改变。在应用系统设计时，合理地确定接口设计方案是非常重要的。

功能不尽相同的外设，对I/O接口的要求也是不同的，所以接口器件种类繁多。常见的接口集成芯片有地址和数据锁存器74LS273/74LS373、8位并行I/O接口8212/8282、8位双向三态输出数据缓冲器8286/8287、8位三态输出数据缓冲/线驱动器74LS244、8位三态双向驱动器74LS245、外部地址译码器74LS138/74LS139等。

还有一类功能极强的接口芯片，称为可编程接口芯片。所谓可编程接口，就是接口的通用部分由大规模集成电路实现，其具体功能由程序来确定。具体而言，就是在接口内设置控制寄存器，中央处理单元（CPU）通过向控制寄存器写入控制命令来决定接口的动作。这样的接口既具有硬件的快速性，又具有软件编程的灵活性，目前已获得广泛应用。如并行接口8255A/8155/8156、串行接口8251A、中断控制器8259A、计数器/定时器8253/8254、DMA控制器8237A以及键盘和显示器接口8279等。

（2）开关量输入通道　开关量输入通道的作用，一是将二值开关量信息变换成寄存器能够接收的TTL两种电平；二是抗干扰，以保证输入信号的正确性。

① 开关量输入通道的结构　开关量输入通道主要由输入缓冲器、输入电路、地址译码器等组成，如图3-9所示。

② 输入电路　输入电路的作用是将现场输入的状态信号进行转换、保护、滤波和隔离等，使其变成计算机能够接收的逻辑信号。计算机联锁系统通常采用如图3-10所示的输入电路。

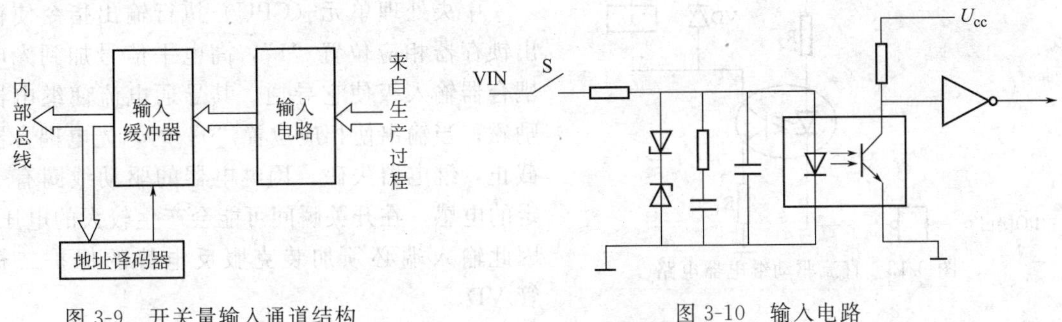

图3-9　开关量输入通道结构　　图3-10　输入电路

③ 开关量输入通道接口形式　开关量输入通道根据输入信号点数的多少有多种实现方式，常见的有直接输入方式、多组输入方式和矩阵输入方式。

• 直接输入式接口。当要采集的开关量的数量较少时，输入电路的输出可直接送至具有I/O端口地址的输入缓冲器，通过内部总线传送给中央处理单元（CPU）。

• 多组输入式接口。当采集的开关量数量很大时，可采用分组输入方式共用一个接口，以节省接口电路。例如可将32路开关量输入信号，分四组存于四个8位缓冲器中。当中央处理单元（CPU）需要采集某路开关信号时，先选通译码器，然后由译码器根据低位地址信号选择一个缓冲器，将这个缓冲器中的这组数据送到数据总线上。

• 矩阵输入接口。矩阵输入接口多用作控制台按钮（接点）状态的输入。输出接口和输入接口分别构成按钮矩阵的行线和列线。在行线和列线的每一交叉点接入按钮接点输入电路。接口中按钮信息的采集是通过扫描方式实现的。CPU通过输出接口逐行输出高电平，同时通过输入接口读入列状态信息。若读入的8位信息中出现“1”，则说明“1”状态的行列交叉点的按钮就是所按下的按钮，根据事先约定，就可以判断出这是控制台的哪一个按钮。按钮接点输入电路如图 3-11 所示。

（3）开关量输出通道　开关量输出通道的作用：一是提高驱动能力，将 TTL 电平信号进行转换后，传送给开关型执行器件，控制其通、断。二是实现计算机与外部设备之间的隔离，防止干扰信号侵入，保证系统可靠工作。

① 开关量输出通道的结构　开关量输出通道主要由输出锁存器、输出驱动电路、地址译码器等组成，如图 3-12 所示。

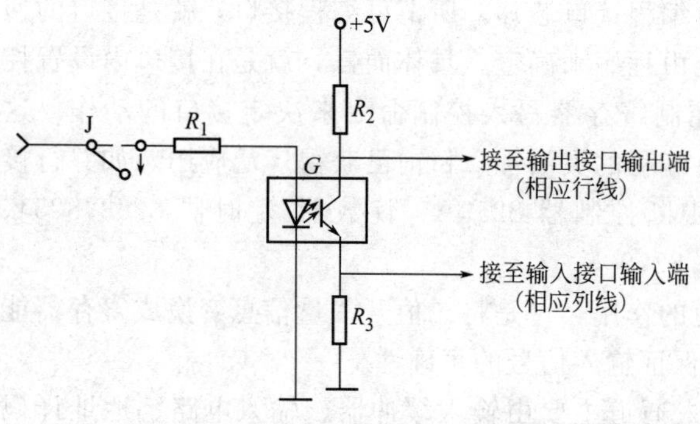

图 3-11　按钮接点输入电路

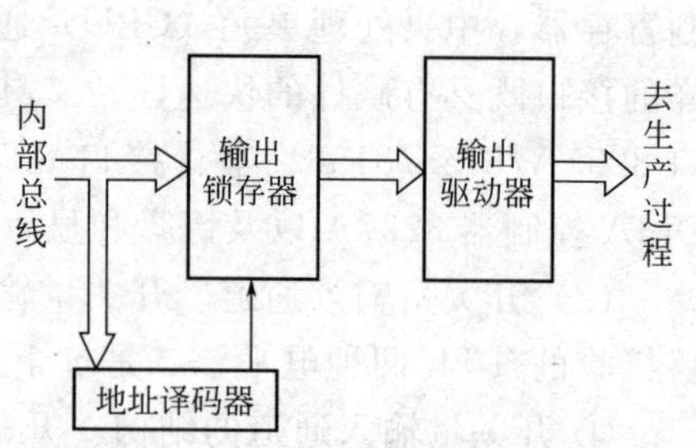

图 3-12　开关量输出通道结构

② 输出驱动电路。

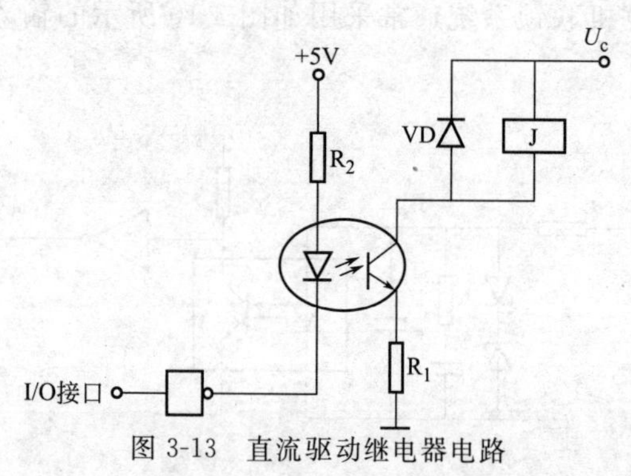

图 3-13　直流驱动继电器电路

• 直流驱动继电器电路。直流驱动继电器电路功率较小，其电路如图 3-13 所示。

中央处理单元（CPU）执行输出指令使输出锁存器相应位置“1”，高电平信号加到光电耦合器输入级使它导通，其导通电流使继电器励磁；当输出使相应位置“0”时，光电耦合器截止，继电器失磁。因继电器的驱动线圈有一定的电感，在开关瞬间可能会产生较大的电压，因此输入端必须加装克服反电势的保护二极管 VD。

• 交流驱动电路。如图 3-14 所示为固态继电器的结构，其为大功率交流驱动电路。

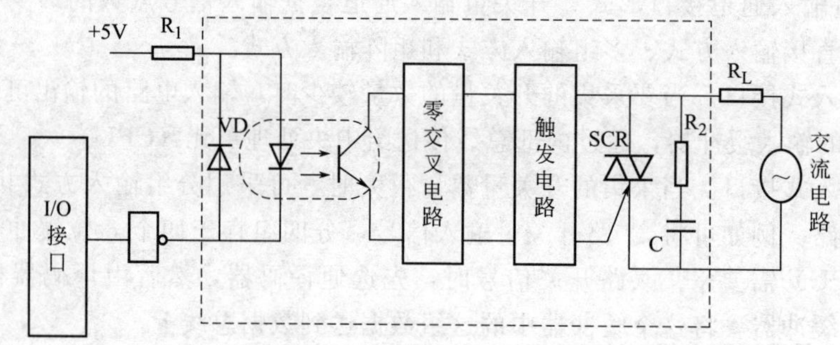

图 3-14　固态继电器结构

固态继电器是一种四端有源器件。固态继电器电路的输入输出之间采用光电耦合器进行隔离。零交叉电路可使交流电压变化到 0V 附近时，让电路接通，从而减少干扰。电路接通后，由触发电路给出晶闸管器件的触发信号。SCR为双向晶闸管，是一种大功率的半导体器件。由于它具有正、反两个方向都能控制导通的特性，因此它的输出是交流电压。

二、计算机联锁系统软件认知

1. 计算机联锁系统软件的总体结构

计算机联锁系统软件的基本结构应设计成实时操作系统或实时调度程序支持下的多任务的实时系统，其软件的基本结构可归纳如下。

（1）按照系统层次结构分类　按照软件的层次结构，可分为三个层次，即人机对话层、联锁运算层和执行层，其结构如图3-15所示。

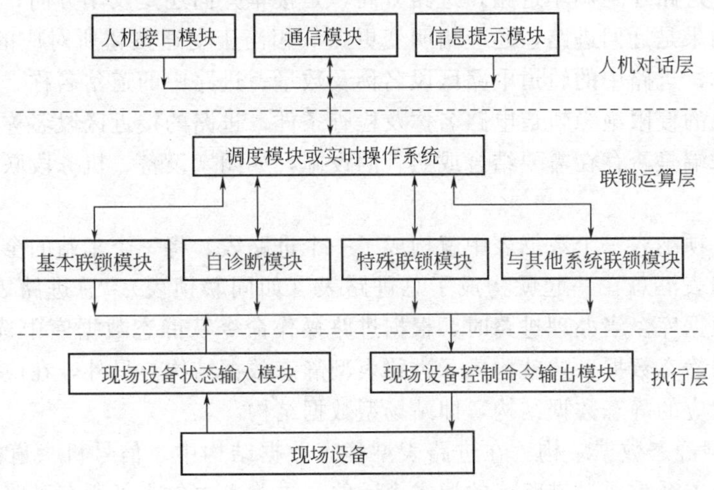

图3-15　软件的层次结构

人机对话层完成人机界面处理；联锁运算层完成联锁运算；执行层完成控制命令的输出和表示信息的输入。

（2）按照冗余结构划分　按照冗余结构，可分为三取二系统的单软件结构和双机热备系统的双版本软件结构。其中双版本软件结构如图3-16所示。

（3）按照联锁数据的组织形式划分　按照联锁数据的组织形式，可分为联锁图表式软件结构和进路控制式的软件结构。进路控制式软件结构（即模块化结构）如图3-17所示。

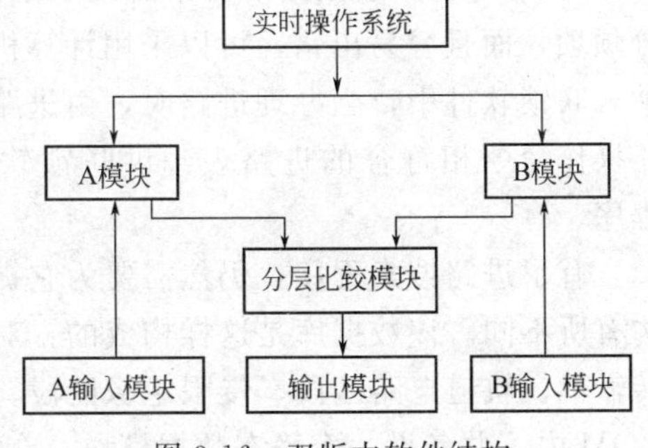

图3-16　双版本软件结构

2. 联锁数据与联锁结构

在计算机联锁系统中，凡参与联锁运算的有关数据统称为联锁数据。联锁数据在存储器中的组成方法称为数据结构。联锁数据包括静态数据（常量）和动态数据（变量）两大类，与之对应的有静态数据结构和动态数据结构。

（1）静态数据及其结构　联锁程序需要哪些静态数据以及这些数据在存储器中的组织形式，对于联锁程序结构有很大的影响。

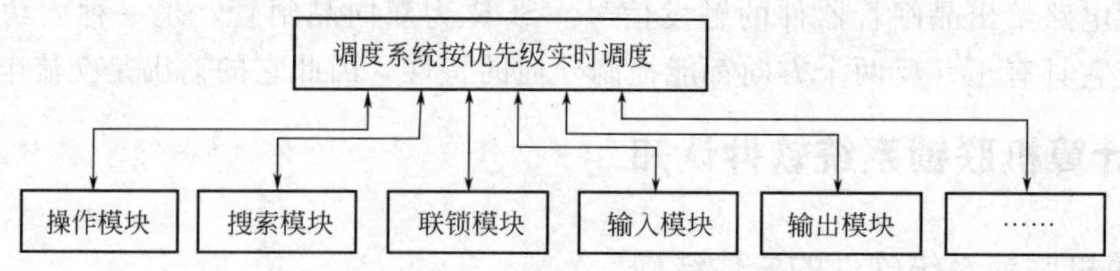

图 3-17 进路控制式的软件结构

目前采用最多的是进路表型联锁和站场型联锁，对应的，也就存在两种不同的静态数据结构，进路表型静态数据结构和站场型静态数据结构。

建立任何一条进路都必须指明该进路的特性和有关监控对象的特征及其数量等，包括进路性质，是列车进路还是调车进路；进路方向，是接车方向还是发车方向；进路的范围，即进路的两端，如果是迂回进路，还应指明变更点（相当于变通按钮所对应的位置）；防护进路的信号机名称；进路中的轨道电路区段名称及数量；进路中的道岔名称、应处的位置、数量；进路所涉及的侵限绝缘轨道电路名称及检查条件；进路的接近区段名称；进路的离去区段名称；进路末端是否存在需要结合或照查的设施，如闭塞设备、机务段联系、驼峰信号设备等。

若将上述各项纳入一个数据表中就构成了一个进路表。将一个车站的全部进路（包括迂回进路）的进路表汇总在一起就构成了总进路表（如同联锁表）。总进路表存于 ROM 中，就是一个静态数据库。当办理进路时，根据进路操作命令从静态数据库中选出相应的进路，即可找到所需的静态数据。这就构成了进路表型静态数据结构。另外，在应用进路搜索软件时，需要与之对应的静态数据结构，即站场型数据结构。

① 进路表型静态数据结构。在进路表型静态数据结构中。信号机、道岔、轨道区段与进路之间的联锁关系是通过进路表的形式表示的，进路表中包含了所有进路及其联锁条件。

当车站的规模较大，进路数量较多时，总进路表势必十分庞大，占用 ROM 的容量很大，这就意味着增大了 ROM 检测程序的长度和执行时间，不利于系统的可靠性。另外，当车站改建和扩建时，需要对总进路表进行较大的修改，这也是进路表结构的不足之处。

为了提高系统的可靠性，通常采用站场型静态数据结构。

② 站场型静态数据结构。由人工编制总进路表，特别是编制大型的总进路表，不仅十分烦琐，而且容易出错，可以采用计算机辅助设计方法生成总进路表。如果将进路生成软件纳入联锁软件中，当办理进路时，由进路操作命令调用该进路生成程序，自动生成一个与进路操作命令相符合的进路表，供联锁软件使用。把这种生成进路表的程序称作进路搜索程序。

有了进路搜索程序，仍然需要为它提供一个静态数据库，不过，这些数据库的规模和结构有所不同。该数据库是这样构成的：对应信号平面布置图中的每一监控对象，如信号机、转辙机、轨道电路区段、侵限绝缘区段、特设的变通按钮、进路终端按钮等所有内容都存入 ROM 内，并各设一个静态数据模块。在模块中列出表述该监控对象特性的数据以及进路搜索程序所需要的一些标志。下面先看一下数据模块的具体设置方法。

以如图 3-18(a) 所示的信号布置图为例，所设置模块如图 3-18(b) 所示。应特别指出，对应一个侵限绝缘设置了两个模块 QX_1（侵限 1）和 QX_2（侵限 2）。在模块 QX_1 中列出了道岔区段 3DG 及 1/3 号道岔反位（1/3FB）两个常量，该模块设在相当于经由 5 号道岔反位的进路上。当办理一条经由 5 号道岔反位的进路时，选出 QX_1，就可将其中的常量编制在

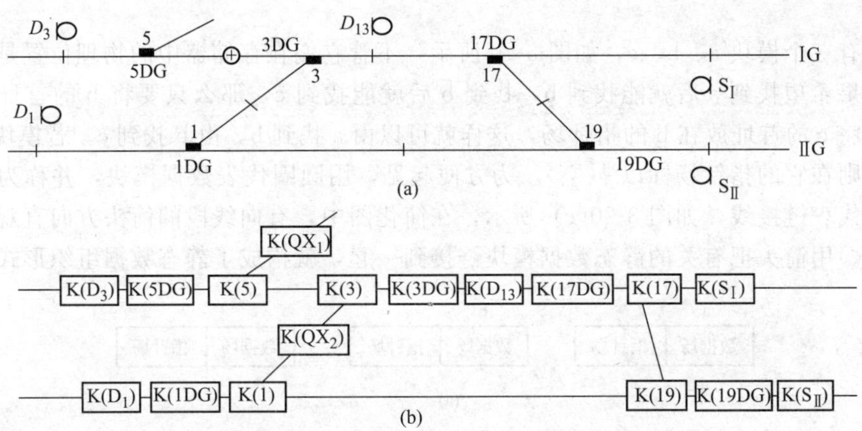

图 3-18 信号布置及模块连接图

进路表中，以便进行联锁处理时检查道岔区段 3DG 和 1/3 号道岔的状态。同理，在相当于 1/3 号道岔的渡线处设置了模块 QX2。

每个静态数据模块在 ROM 中要占用一个区域，该区域第一个单元的地址称为该模块的首地址，简称首址。由于每个模块均有一个首址，为方便起见，在不致混淆的情况下把模块首址的代号看成是模块名称，如图 3-19 所示。

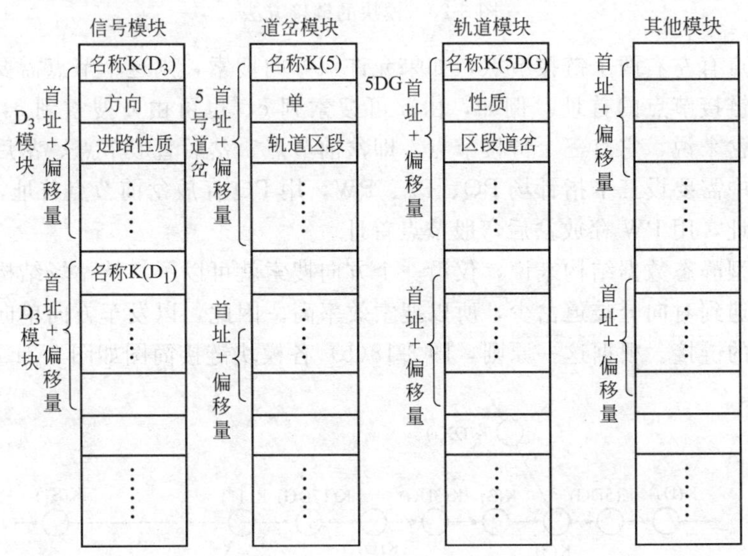

图 3-19 静态数据模块模型

如果把所有模块按照它们在信号布置中位置相互链接起来，如图 3-18(b) 所示，它很像 6502 电气集中联锁系统的组合连接图。这种数据结构在图形上具有站场形式，所以称为站场型静态数据结构。

利用站场型静态数据结构，在办理一条进路时，根据进路操作命令，为进路搜索程序指明进路的始端模块首址和终端模块首址，进路搜索程序从站场型静态数据结构中搜出与进路有关的全部模块，再从模块中找出进路联锁程序所需的数据，这样就构成了进路表。

如何把模块链接起来，以便进路搜索程序进行搜索？这需要把每个模块的空间划分成两个区域，即数据场和指针场。用数据场存放模块的有关数据，用指针场存放邻近模块的

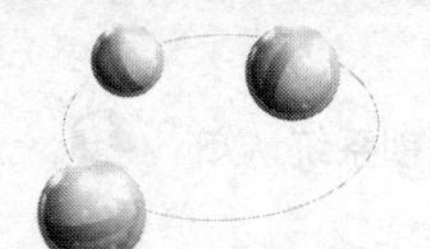

首址。

假设有三个模块 a、b、c，如图 3-20 所示，不管它们在存储器中的物理位置是否为顺序存放，如果希望找到 a 后就能找到 b，找到 b 后就能找到 c，那么只要将 b 的首址放在 a 的指针场，将 c 的首址放在 b 的指针场，这样就可以由 a 找到 b，由 b 找到 c。若模块 c 没有后续模块，则在它的指针场标以 ϕ(空)。为方便起见，用圆圈代表数据模块，并称为节点，用有向线段代表链接线，如图 3-20(c) 所示，在简化图中，有向线段的箭头方向直观地表明了搜索方向。用箭头把有关的静态数据模块链接到一起，就构成了静态数据组织形式。

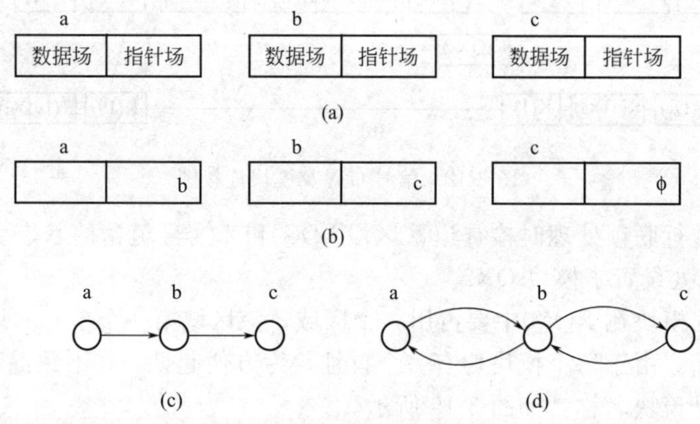

图 3-20　模块的链接方法

当一个节点有左右两个链接节点，如果允许双方向搜索，则这个节点需要有两个指针场以便记住两个链接节点的首址。例如，由 a 可搜索到 c，也可由 c 搜索到 a，如图 3-20(d) 所示。对于道岔来说，它有三个链接节点，即岔前节点、岔后直股节点、岔后弯股节点。所以在道岔节点中需要设三个指针场 PQ、PZ、PW，用 PQ 存放岔前节点首址，用 PZ 存放岔后直股节点首址，用 PW 存放岔后弯股节点首址。

对于站场型静态数据结构来说，仅沿一个方向搜索就可以了。从站场结构看，沿着发车方向搜索时，遇到对向分歧道岔少，所以搜索效率高。因此，以发车方向单向搜索为准，来实现节点之间的链接。根据这一原则，图 3-18(b) 各模块链接简图如图 3-21 所示。

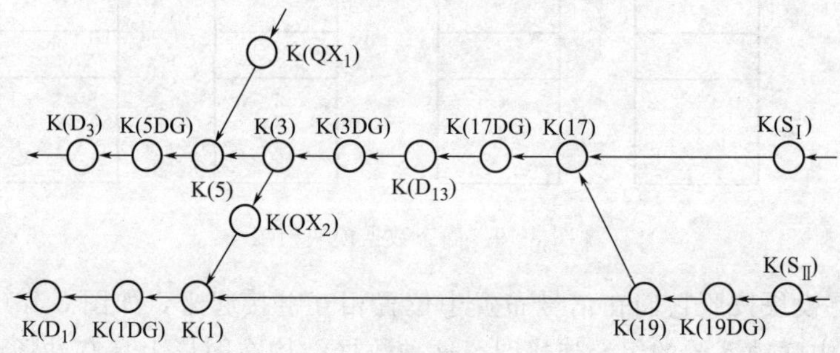

图 3-21　模块链接简图

采用站场型静态数据结构有以下优点。

① 该静态数据库所占存储空间小，有利于检测。

② 站场型静态数据结构由节点之间链接而成，在数据结构中任何地方增加或减少节点时，仅涉及指针场中地址的修改，而不影响各节点在存储器中的物理存储区，所以修改容易，这非常适应站场的改建或扩建。

③ 节点的类型是有限的，节点的内容和容量不变，各节点的链接只是在逻辑上是有序的，但是每个节点在存储器中具体区域可以是无序的（即相链接的节点在存储器中可以不相邻），利用这种性质可用计算机辅助设计生成数据结构。

根据站场型静态数据结构所生成的进路表需存于RAM中。对于一个车站来说，能同时办理的进路是有限的，并且这些进路表随着进路解锁而消失，所以占用RAM空间是不大的。

（2）动态数据

参与进路控制的动态数据主要包括操作输入变量、状态输入变量、表示输出变量、控制输出变量以及联锁处理的中间变量等。

① 操作输入变量　操作输入变量是反映操作人员操作动作的开关量。在RAM中需设一个操作变量表集中地存放操作变量。操作变量表根据系统的硬件体系结构，可能存于人机对话机或存于联锁机中。

操作输入变量是形成操作命令的原始数据。在RAM中应开辟一个区域集中地存放操作命令，称这些操作命令的集合为操作命令表。一条操作命令形成后，就可以从操作变量表中删去相应的操作变量了。

操作输入变量除了用以形成操作命令外，还作为表示信息的原始数据以及监测系统的记录内容。

② 状态输入变量　状态输入变量是反映监控对象状态的变量，如轨道区段状态、道岔定位状态、道岔反位状态、信号状态、灯丝状态以及与进路有关其他设备状态等。状态输入变量应周期性地及时刷新，以保证变量能确切反映监控对象的实际状态。

状态输入变量除了参与联锁运算外，还作为表示信息和监测系统的原始数据。

③ 表示输出变量　表示输出变量是指向控制台、表示盘或屏幕显示器提供的变量。通过这些变量反映有关列车或调车车列运行情况、操作人员的操作情况以及联锁设备工作状况。在计算机联锁系统中，可提供比继电联锁更丰富的信息和表现形式（如光带、图形、音响和语音等）。这些信息需取自状态输入变量、操作输入变量、中间变量以及控制命令输出变量等。一般是将表示输出变量集中在一个存储区以便输出。

④ 控制输出变量　控制输出变量是指控制信号和转辙机的变量。对于任何一个控制对象都由两套程序产生双份控制输出变量，只有双份变量一致时才可形成控制命令变量并经由安全输出通道输出。控制输出变量可存放在动态数据模块中，而控制命令存放在专辟的控制命令表中。控制命令的逻辑地址与输出通道一一对应。

控制输出变量和控制命令都应周期性地刷新，以保证数据的实时性。

⑤ 中间变量　中间变量是指联锁程序执行过程中产生的一些变量。这些变量有的存放在动态数据模块中，有的需另辟专区存放。在存储区中中间变量一般应按一定规则存放。

3. 联锁控制程序及其程序模块的管理

（1）联锁控制程序的基本模块　联锁控制程序一般来说可分成六个模块：操作输入及操作命令形成模块、操作命令执行模块、进路处理模块、状态输入模块、表示输出模块和控制命令输出模块。

① 操作输入及操作命令形成模块　操作输入是指把车站值班人员操作按钮、键盘、鼠标或光笔等形成的操作信息输入到计算机中并记录下来。在计算机联锁系统中，为了防止由于误操作或误碰输入器件而形成有效的操作命令，原则上需由两个或两个以上的操作信息才

能构成一个操作命令。当然，即使有两个操作信息，仍不一定是正确的。因此，该模块的主要功能是记录操作信息，分析操作信息是否能构成合法的操作命令。不合法时则向操作人员提示。

操作输入量是很大的，形成的操作命令的种类也有十几种，例如进路操作命令、进路取消命令等。该模块一般由人机对话机完成。人机对话机将形成的操作命令经由串行数据通道输送到联锁计算机，并存储在一个操作命令表中。

② 操作命令执行模块　操作命令执行模块是根据操作命令执行相应功能的程序模块。在该执行模块中包括许多子模块。实际上，有多少种操作命令就有多少个子模块。由于每个子模块执行时间很短，而且不需考虑它们的优先权，所以在执行顺序上不受限制。在执行该模块时，根据操作命令表中每一条现存的命令，从操作命令执行模块中找出相应的子模块予以执行。如果执行结果达到预期目的，则从操作命令表中删去相应的操作命令。否则应给出表示信息，提醒车站值班员采取相应的措施。

③ 进路处理模块　进路处理模块是在执行了进路生成模块且对所办进路已形成进路表后，对进路进行处理的模块。对进路处理模块执行可以划分为四个阶段，所以进路处理程序也就分成了 4 个子模块。

• 检查进路选排一致性和形成道岔控制命令子模块。该模块的功能是检查道岔位置是否符合要求，若不符合要求，则应形成相应道岔控制命令，使该道岔转至规定的位置。

• 进路锁闭与信号开放子模块。该模块的功能是检查锁闭条件是否满足，若满足后锁闭进路，并形成防护信号机开放命令。

• 信号保持子模块。在信号开放后，应不间断地查询开放信号条件是否满足，若条件满足使信号保持开放状态，否则取消信号开放命令，使信号机关闭。

• 自动解锁子模块。该模块实现进路的正常解锁和调车进路的中途返回解锁。

④ 状态输入模块　状态输入模块功能是将信号机、道岔和轨道电路的状态信息送入计算机的 RAM 中，并将这些信息分析和处理。

⑤ 表示信息输出模块　表示信息输出模块是将已形成的各种表示信息通过相应的接口，来驱动表示灯和使 CRT 工作。

⑥ 控制命令输出模块　控制命令输出模块是将已形成的道岔控制命令和信号控制命令通过相应的输出通道，来控制道岔控制电路和信号控制电路。

(2) 程序模块的管理

在计算机联锁系统中，如何把各个程序模块管理起来，使它们有序地工作，是设计软件的重要环节。对于子程序的管理也称做程序模块的调度。一般来说，对程序的管理方法有集中和分散管理两种。

集中管理方式是在各职能程序模块之外另设一套调度程序，用此程序按工作任务调用任一个程序模块进行运行，如图 3-22 所示。也就是说，需某个程序模块工作时，调度程序向该模块发送一组信息，由此信息激励本模块开始工作。当任务执行完毕后，该模块向调度程序提供一组信息，使调度程序收到这组信息后确认下一步调用哪个模块。这种结构的特点是：调度程序是上层，各个子模块处于下层；各子程序（子模块）无需相互联系，而只与调度程序交换信息；利用调度程序可监督各子程序，根据设计要求可强制某子程序停止执行（如超时等情况下）而改换其他子程序工作，这种程序在进行管理时可根据任务优先权进行调度，也可按执行情况进行调度；调用不局限某种确定顺序，具有较大的灵活性。

分散管理方式是不设专门的调度程序，而将管理功能由各个程序模块分别承担，一个程序模块执行结束时由本模块自己确定下一步执行哪个程序模块。分散管理方式种类较多，但其中最简单的是顺序控制方式，如图 3-23 所示。各个模块的执行顺序是固定不变的。这种方式结构简单，节省时间，但灵活性较差。

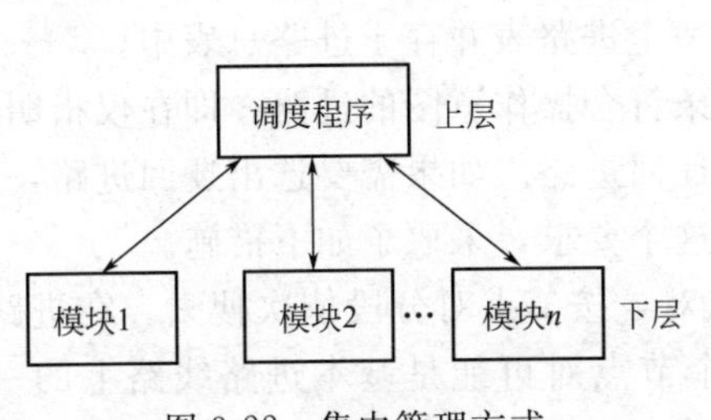

图 3-22 集中管理方式

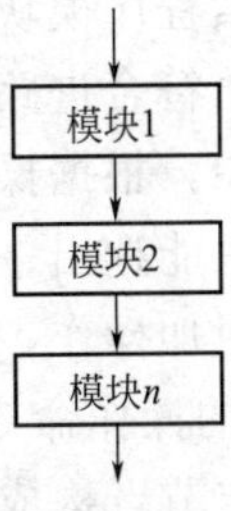

模块1
模块2
模块n

图 3-23 顺序控制方式

对于计算机联锁系统来说，原则上这两种方式均可使用，或可混合使用。但是，采用集中管理方式使得程序的层次化和模块化结构比较清晰，而且充分利用集中调度方式的优点，例如对各模块进行监督等，有利于提高系统的可靠性，所以采用集中调度方式要好一些。

4. 联锁程序的执行

(1) 操作命令及操作命令执行模块

① 进路操作命令。该命令的任务是选出一条具体的进路。当采用站场型静态数据结构时，该命令的任务是从站场型静态数据库中选出一组符合所选进路需要的数据，形成一个进路表，并将该表存于进路总表中。因此，进路操作命令的执行程序模块也称为“进路搜索模块”。

② 取消进路命令。该命令的任务是取消已建立的进路。在执行该命令前，先检查该进路是否建立或已被取消。如果未建立或已取消，则本次命令是无效的。另外，在执行该命令时，则必须检查有关的联锁条件是否满足。例如，接近区段应无车，防护信号机内方应无车，信号机应在关闭状态，若这些条件满足后，才能取消进路，也就是从总进路表中删除该进路表及有关的变量（如锁闭变量），即为解锁状态。

还有人工延时解锁命令、进路故障解锁命令、区段故障解锁命令、重复开放信号命令、非常关闭信号命令、开放引导信号命令、引导锁闭命令、引导解锁命令、道岔单独操作命令和道岔单独锁闭及道岔单独解锁命令。

以上这些操作命令的执行条件和继电联锁的执行条件总体上是一样的。对应每种操作命令都有一个执行程序子模块。这些子模块按一定的控制方式联系在一起，构成了操作命令执行模块，如图 3-24 所示。这种结构的思路是，假如各具体操作命令由人机对话机已生成并存放于联锁机所开辟的操作命令存储区内。如果规定存储区内最多可存放操作命令为 n 个，存放操作命令单元顺序为

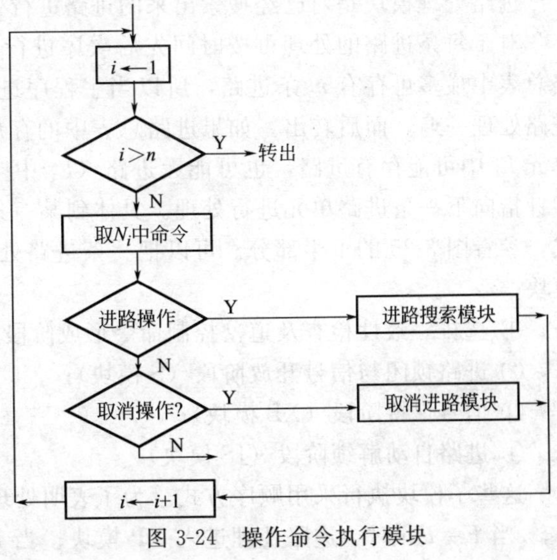

图 3-24 操作命令执行模块

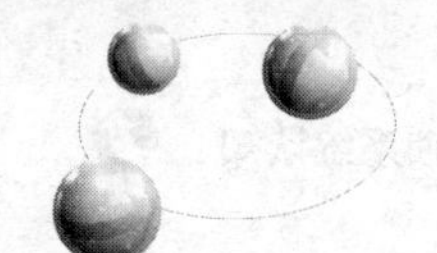

N_i（i=1，2，3…）。当主程序运行至“操作命令执行模块”时，顺序地将存储区中命令取出并予以执行。当执行条件满足而成功执行后，将该命令从存储区内删去，使空出的单元存放后续的操作命令。

（2）进路搜索程序模块　进路搜索程序的功能是根据所形成的进路操作命令，从站场型静态数据库中选出符合进路需求的静态数据，构成一个进路表并存于进路总表中。

在进路搜索中，根据操作命令必须仅能选出一条符合操作意图的进路，即在仅指明进路的始端和终端时只能选出一条基本进路而不应选出迂回进路。如果需要选出迂回进路，则操作人员必须增加附加操作，指明变更点。为了实现这个要求，采取了如下措施。

① 按照进路的操作命令，确定相邻的指定节点对，按节点对分段依次搜索。在进路中，每两个相邻的指定节点构成一个“节点对”，而每个节点对可能是基本进路线路上的一段，也可能是迂回进路中的一段。

② 设置搜索引导标志 Y_d，确定优先搜索方向。根据对站场结构的分析，可以确定出以下搜索原则：在进路搜索过程中，当搜索遇到每个对向道岔（以搜索方向为准）节点时，先沿直股搜索下去，当搜索不到目标节点（节点对中第二个节点）时，再返回到道岔节点，沿弯股搜索，这种搜索方式称为直股优先。如果想使弯股优先，需要在对向道岔节点中设置（弯优先）引导标志 Y_d，这样可先搜索弯股，然后再搜索直股。采用弯股优先搜索方案可以选出平行的迂回进路，但有可能搜索出一条错误绕弯的迂回进路。例如在图 3-21 中，若指定节点对为 K($S_{Ⅱ}$) 和 K(D_1)，如先后操作了 K($S_{Ⅱ}$) 和 K(D_1) 所指定的元件后，本应选出一条由 K($S_{Ⅱ}$) 和 K(D_1) 的基本进路，但由于在 K(19) 和 K(3) 中均有弯股优先引导标志 Y_d，这样当搜索到 K(19) 时先沿弯股搜索而找到 K(3)，而找到 K(3) 后，又沿弯股搜索到 K(D_1)，这显然不符合操作意图。为防止错误搜索出迂回进路，又作了第三条规定。

③ 在节点对之间的搜索过程中，只允许沿着同类渡线进行搜索。这样就不致搜索出绕弯的迂回进路了。所谓同类渡线搜索，就是在搜索一条进路时都按八字一撇或八字一捺进行搜索，而不能在一次搜索过程中同时出现八字的撇和捺（除变更进路外）渡线。例如，由 K(D_1) 和 K($S_{Ⅱ}$) 基本进路的搜索，不能出现由 K(D_1) 节点搜索到 K(D_{13})，然后由 K(D_{13})→K(17)→K(19)→K(19DG)→K($S_{Ⅱ}$) 错误的搜索过程。

（3）进路处理模块

进路处理模块是对已经搜索出来的进路进行处理的模块。它是各条进路所共用的模块。

对于每条进路的处理可按时间先后次序进行，其模块执行框图如图 3-25 所示。若设进路总表中最多可存有 m 条进路，所以当主程序进入进路处理阶段时，便对进路总表中各条进路处理一遍，而后转出。如果进路总表中的存放进路的单元为 L_i（i=1，2，3，…，n），单元 L_i 中可能存有进路，也可能无进路（L_i 中空的），假如本单元是空着的，则可将地址指针指向下一条进路单元进行处理。具体到某一条进路的处理，可采用顺序非等待性处理方式，参看图 3-25 的下半部分。可以把一条进路处理过程主要分成四个阶段，即四个处理子模块。

① 选排一致性检查及道岔控制命令形成阶段（XP 模块）；

② 进路锁闭与信号开放阶段（S 模块）；

③ 信号保持阶段（XB 模块）；

④ 进路自动解锁阶段（JS 模块）。

这些子模块执行采用顺序方式。为了表明处理进程，设四个进程标志：F_{XP}、F_S、F_{XB}、F_{JS}。当 $F=F_{XP}$时，进路处理进入 XP 模块；当 $F=F_S$ 时，进路处理进入 S 模块；当 $F=$

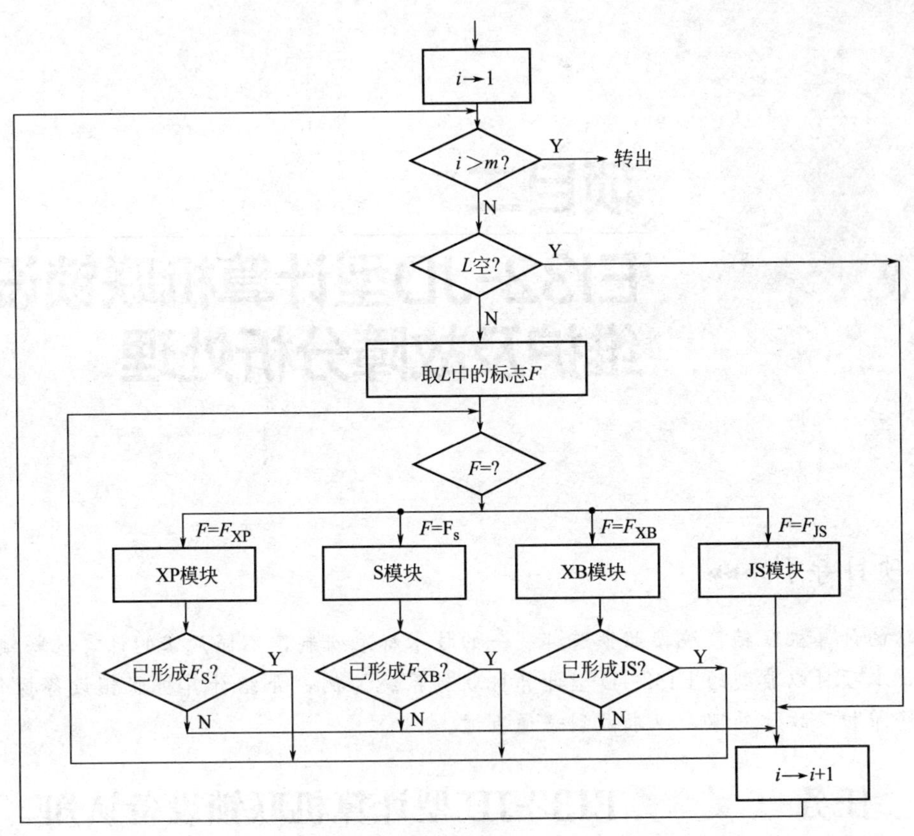

图 3-25　进路处理模块执行框图

F_{XB}时，进路处理进入 XB 模块；当 $F=F_{JS}$时，进路处理进入 JS 模块。在处理某个具体子模块时，其执行条件不一定满足，为了不延误计算机运行时间，当处理某个模块时，若条件满足，则处理该模块，待该模块执行完毕后立即处理它的后续模块。否则立即转出，进行对另一条进路的处理。

另外，在联锁运算中，需要实时地读取现场设备的状态和向现场的转辙机、信号机输出控制命令。这里的过程输入输出指的是，完成将现场的设备状态读入联锁机的过程以及向现场的设备输出控制命令的过程。相应地有完成现场设备状态输入的安全输入程序，向现场设备输出控制命令的安全输出程序。

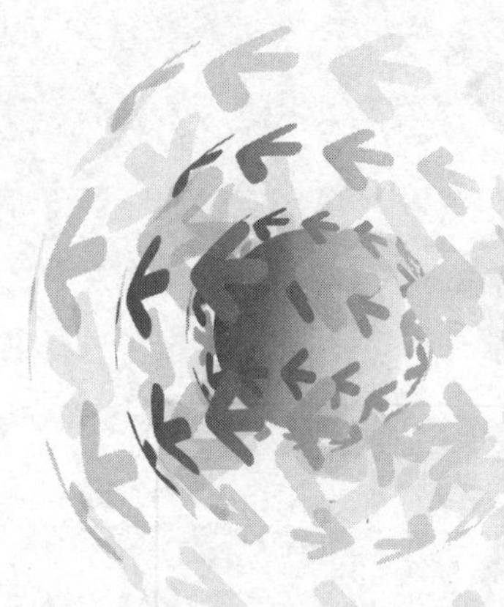

项目二 EI32-JD型计算机联锁设备维护及故障分析处理

项目导引 ▶▶▶

铁路的计算机联锁系统按照铁道部统一的技术标准研制，不同厂家的计算机联锁设备大同小异，本项目以典型的EI32-JD型计算机联锁系统为例，介绍计算机联锁设备操作使用、设备检修维护及故障处理，以求做到一通百通。

任务一 ●●● EI32-JD型计算机联锁设备认知

任务目标 ▶▶▶

1. 熟悉EI32-JD型计算机联锁系统的整体结构；
2. 掌握EI32-JD型计算机联锁系统的层次结构、冗余结构；
3. 熟悉EI32-JD型计算机联锁系统的运转室、微机室、机械室设备及功能。

任务实施 ▶▶▶

EI32-JD型计算机联锁是由日本信号株式会社和北京交大微联科技有限公司联合开发研制的计算机联锁系统，采用日本信号株式会社研制的EI32电子联锁系统硬件，北京交大微联科技有限公司开发研制的软件系统，实现了一套性能可靠、具有故障安全、功能完善、操作简单、维护方便的车站联锁系统。EI32-JD型计算机联锁系统保留了6502电气集中联锁系统的执行电路，包括道岔启动电路、信号机点灯电路、轨道电路、各种联系电路等成熟的继电电路，其它电路则由计算机联锁系统代替。计算机联锁系统的关键部分均采用双套热备，保证故障时不间断使用。

一、系统结构认知

1. 体系结构认知

EI32-JD型计算机联锁整体结构的核心是利用光纤构成环状结构的内部联锁局域网

LAN。EI32-JD 型计算机联锁体系结构如图 3-26 所示，体系结构的核心为联锁机、所有驱动采集机均通过光缆连结为局域网（LAN）。

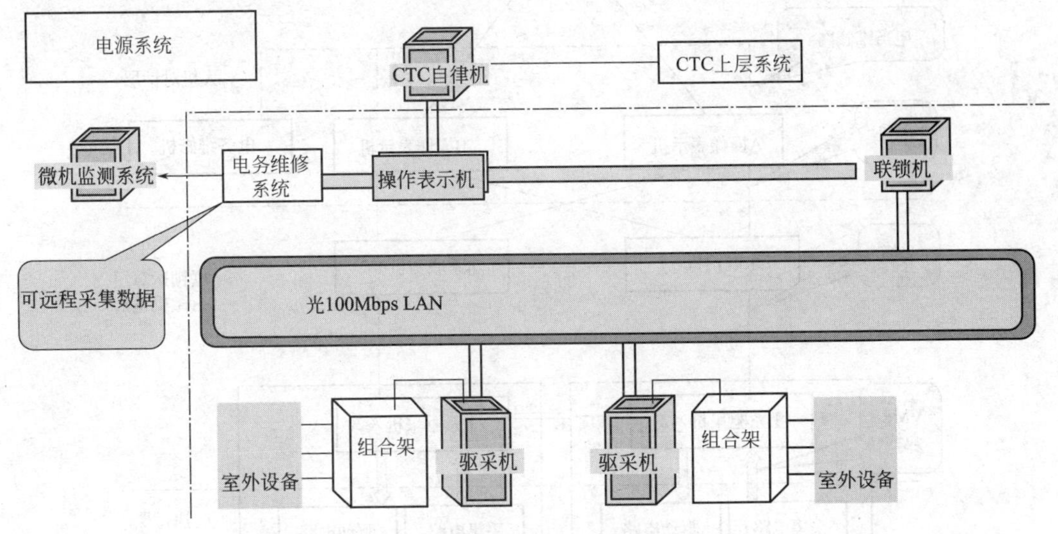

图 3-26　EI32-JD 型计算机联锁体系结构

2. 层次结构认知

EI32-JD 型计算机联锁系统层次结构，包括人机对话层（机械室 A/B 操作表示机、维修机）、联锁运算层（机械室 A/B 联锁机、A/B 驱采机）、执行层（A/B 驱采板、分线柜和组合架），如图 3-27 所示。

人机对话层的主要功能是完成人机对话功能，一方面接收来自控制台的车站值班人员操作输入信息，判明能否构成有效的操作命令，并将操作命令转换成约定的格式送给联锁机；另一方面，接收联锁机提供的监控对象状态和列车运行情况等各种表示信息，把它们转换成屏幕显示器能够接收的格式。另外电务维修机实时记录和存储车站值班员操作按钮的情况、列车运行状态和联锁系统运行出错等信息，这些信息均可由打印机打印出来，也可以图像形式再现，该层处理的信息不涉及安全，只考虑提高系统的可靠性即可。

联锁运算层主要功能是接收人机对话层的操作输入信息、执行层的信号设备状态信息，完成联锁逻辑处理功能，向执行层发出开放信号和动作道岔的控制命令、向人机对话层提供监控对象状态和列车运行情况的表示信息，联锁层和执行层处理的信息均为涉安信息，既要考虑系统可靠性，又要考虑系统安全性。

执行层是指对室外的转辙机、信号机以及轨道电路等信号设备进行控制和采集其状态信息的一层。

3. 冗余结构认知

操作表示机采用双机热备冗余结构，提高系统可靠性。

联锁层的联锁机、驱采机均为二乘二取二结构，分为Ⅰ、Ⅱ系，双系（二乘）互为热备，任一单系检出故障均可立即倒向备系工作，实现全系统的高可靠性；每系均包括双套计算机（二取二）实时校核工作，双机工作一致才能对外输出，实现全系统的高安全性；联锁机和驱采机之间采用双环光缆构成专用局域网，物理通道为双倍冗余。

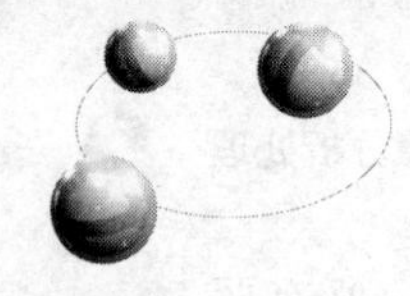

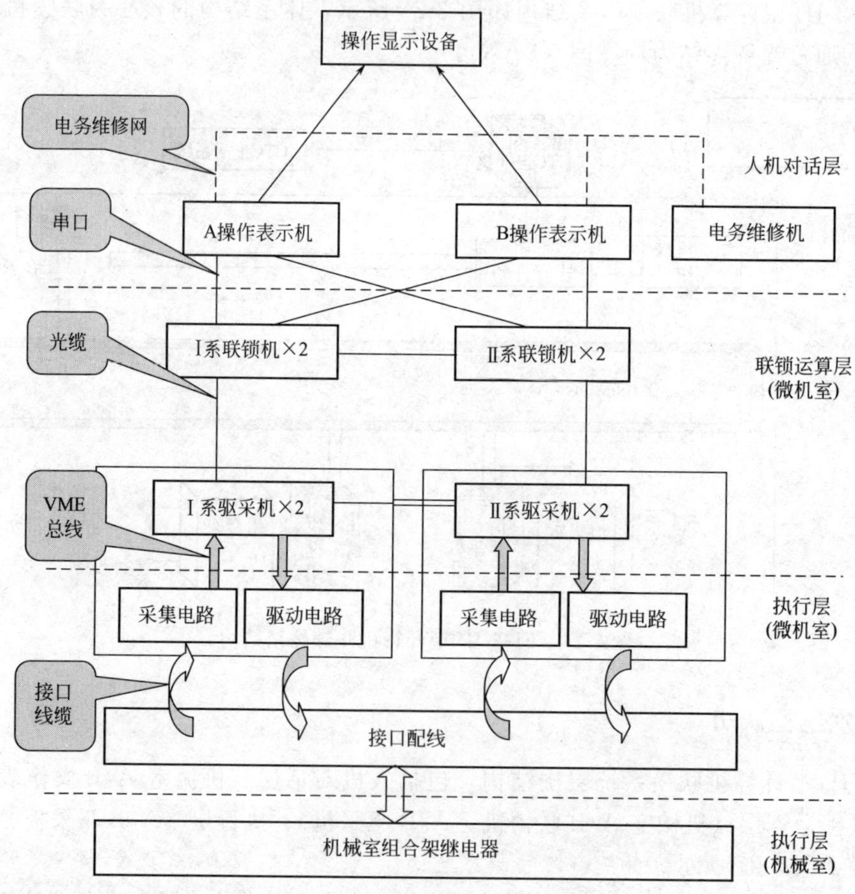

图 3-27　EI32-JD 型计算机联锁层次结构

二、机柜设备认知

EI32-JD 计算机联锁系统硬件结构如图 3-28 所示，在日常维修中，需要对 EI32-JD 型计算机联锁系统的硬件连接方式和连接线型非常清楚，这样才能在出现故障后，迅速判断、处理。

下面按照设备放置位置，如运转室、微机室、机械室详细介绍。

1. 运转室设备认知

在运转室，通过车务前台监视器、音箱、输入设备（鼠标）等为车站值班员提供操作表示界面（人机界面）。同时在运转室还可以提供后台监视器，便于车站值班人员监视前台操作及站场运行情况，硬件设备如图 3-29 所示。

2. 微机室设备认知

如图 3-30 所示是某车站信号微机室运用中的 EI32-JD 联锁设备，有联锁机柜、综合机柜（包括通信机），交换机以及提供给电务人员的维修机终端设备。

（1）综合机柜　综合机柜如图 3-31 所示，包括 24V 接口电源和驱采电源、操作表示机、操作表示机倒机单元、网络集线器、UPS 电源。

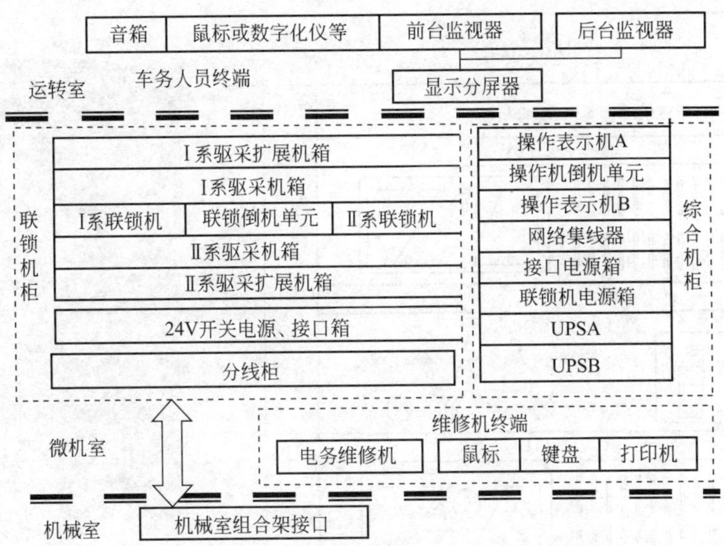

图 3-28　EI32-JD 计算机联锁系统硬件结构图

图 3-29　运转室设备

图 3-30　EI32-JD 计算机联锁设备

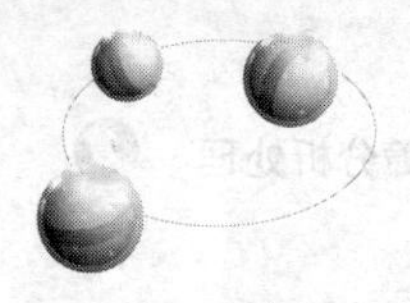

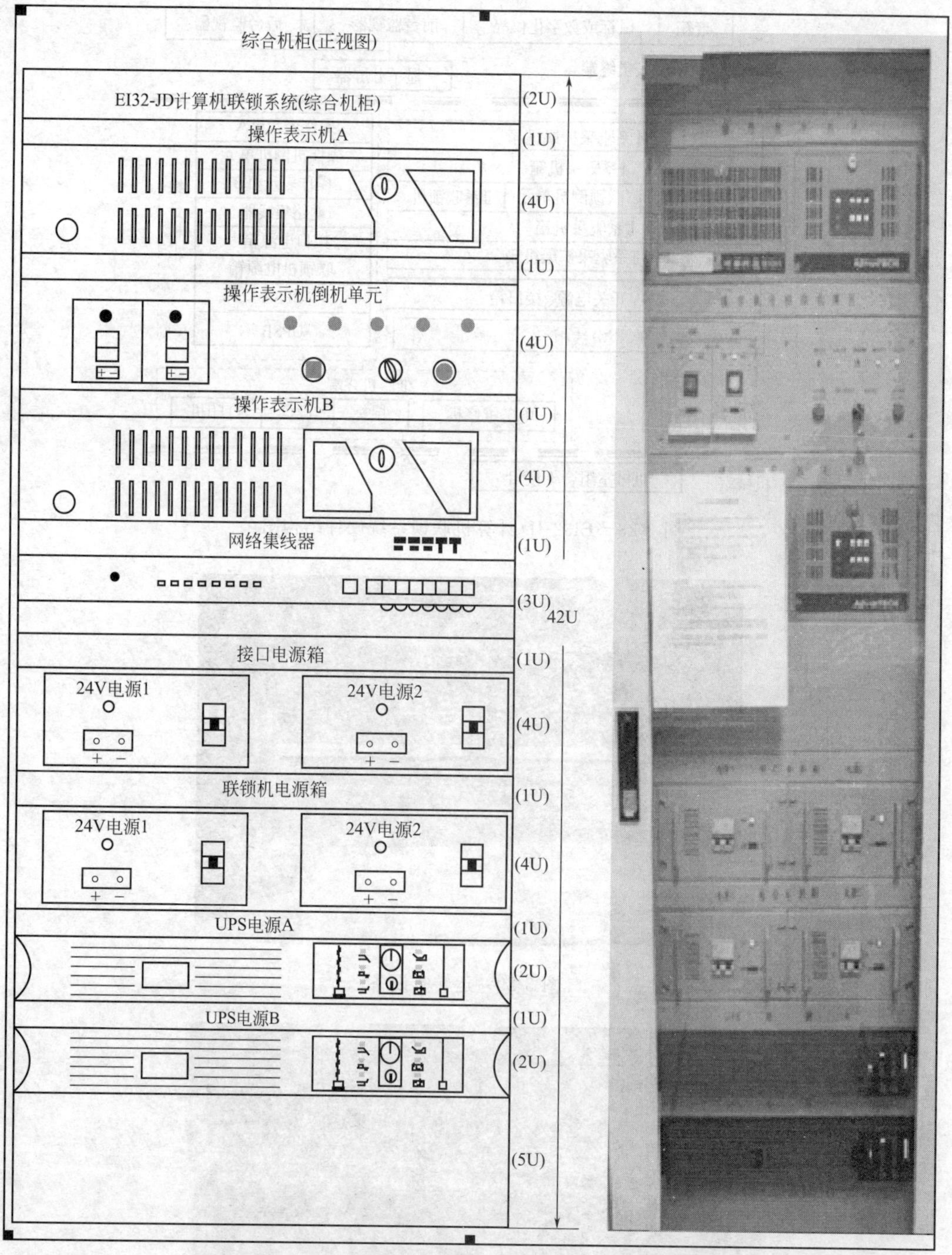

综合机柜(正视图)

EI32-JD计算机联锁系统(综合机柜) (2U)

操作表示机A (1U)

(4U)

(1U)

操作表示机倒机单元 (4U)

操作表示机B (1U)

(4U)

网络集线器 (1U)

(3U)

42U

接口电源箱 (1U)

24V电源1　24V电源2 (4U)

联锁机电源箱 (1U)

24V电源1　24V电源2 (4U)

UPS电源A (1U)

(2U)

UPS电源B (1U)

(2U)

(5U)

图 3-31　综合机柜结构图

① 操作表示机　操作表示机也称人机对话机，即上位机，完成如下功能。

• 办理进路的操作。它接收车站值班员的操作意图，并通过网络通信传送给联锁机。

• 站场及信息显示。接收来自联锁机的站场状态数据和提示信息等，在显示器或控制台上显示站场情况、系统工作状况、提示信息、报警信息等，对主要的错误或故障提供相应的语音报警。

• 信息转发。将站场状态数据及提示信息、报警信息、系统状态信息等转发给电务维修机。

• 为 TDCS、CTC 等系统提供接口。

② 操作表示机倒机单元 操作表示机倒机单元结构及实物如图 3-32 所示。

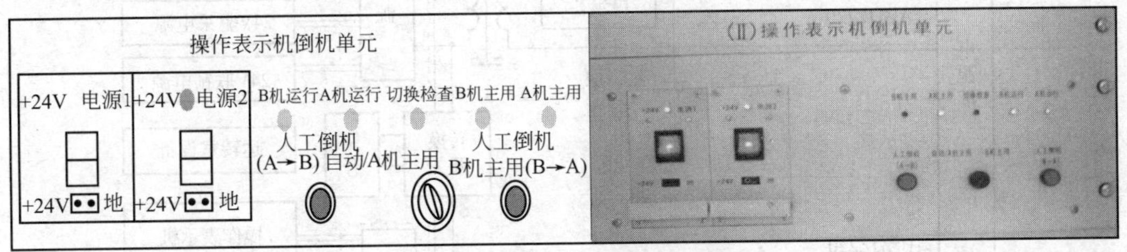

图 3-32 倒机单元结构及实物

指示灯的含义。A/B 机主用灯亮为主机，灭灯为备机；A/B 机运行灯亮工作正常；切换检查灯亮 B 机主机、A 机备机，灭灯 B 机备机、A 机主机。

人工倒机按钮。自复式按钮，按下 A→B，表明 A 机主机倒向 B 机作为主机。

开关用途。电源开关打开给电源 1/2 供电 220V。测试孔测试电源 1/2 输出电压 24V。钥匙开关，转到自动/A 机主用位置时，A、B 操作表示机处在自动切换状态，正常运行时必须打到此位置；转到 B 机主用位置时强制 B 机为主用。

③ 网络集线器 通过网线连接 A、B 操作表示机和电务维修机组成电务维修网，实时进行数据传输，实现检测、诊断等功能。

④ 接口电源箱 将 UPS 输出的交流 220V 电源转换成直流 24V 电源，两模块并联输出，供驱动电路和采集电路使用。

⑤ 联锁机电源箱 联锁电源箱功能是将 UPS 输出的交流 220V 电源转换成供联锁机、联锁机倒机板及联锁机和驱采机内 LAN 通信板使用的直流 24V 电源。每个联锁电源箱设置两个联锁电源模块，两模块为并联输出。

⑥ UPS 电源 A/B EI32-JD 型计算机联锁系统所需的两路 220V 交流电源由信号电源屏分别提供。在引入联锁系统之前进行防雷、抗干扰、净化处理，在经过 UPS 电源后为 EI32-JD 型计算机联锁系统关键部分提供两路不间断 220V 电源，电源系统配置如图 3-33 所示。

以企业分校实际 EI32-JD 型计算机联锁设备为例，展示直流 24V 电源的配置，如图 3-34 所示。

UPS 面板指示如图 3-35 所示。

① 启动按钮。当 UPS 供上 220V 电源后，按下启动按钮并保持 2～3s 然后松开，UPS 可立即向负载供电，同时进行自检。

② 断电按钮。按下断电按钮然后松开，UPS 停止向负载供电。

③ 电源正常供电指示灯。按下启动按钮后，电池供电指示灯亮，此时 UPS 可向负载供电，同时进行自检。自检通过后，电池供电指示灯灭，电源正常供电指示灯亮。此时 UPS 同时给电池充电，电池充电量指示灯就会亮。

④ 负载量指示灯。负载量指示有 5 个灯，显示负载从 UPS 获取的电力达到 UPS 完全容量的百分比，例如亮两个灯，则负载正在获取 UPS 容量的 33%～50%。

⑤ 电池充电量指示灯。电池充电量指示有 5 个灯，显示 UPS 电池当前已充电水平达到电池容量的百分比。每一个灯代表电池容量的 20%。若 5 个灯都亮说明电池充分充电。当电池不足 100%充电时，最上面的一个指示灯熄灭。当指示灯闪动时，说明电池所能提供的

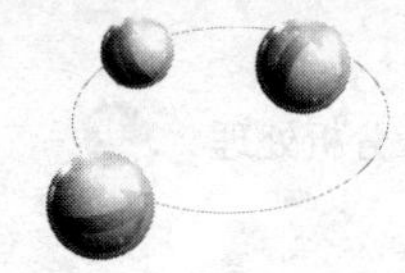

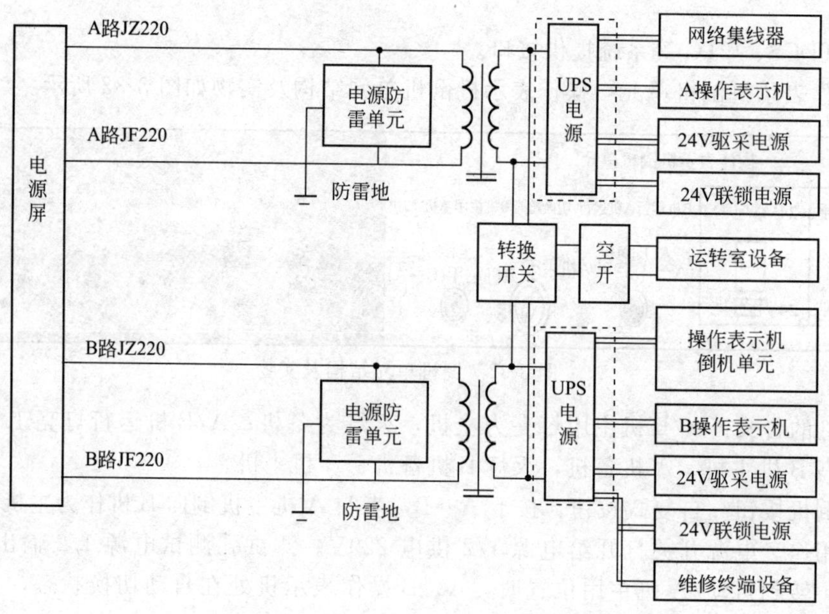

图 3-33　UPS及交流电源系统配置

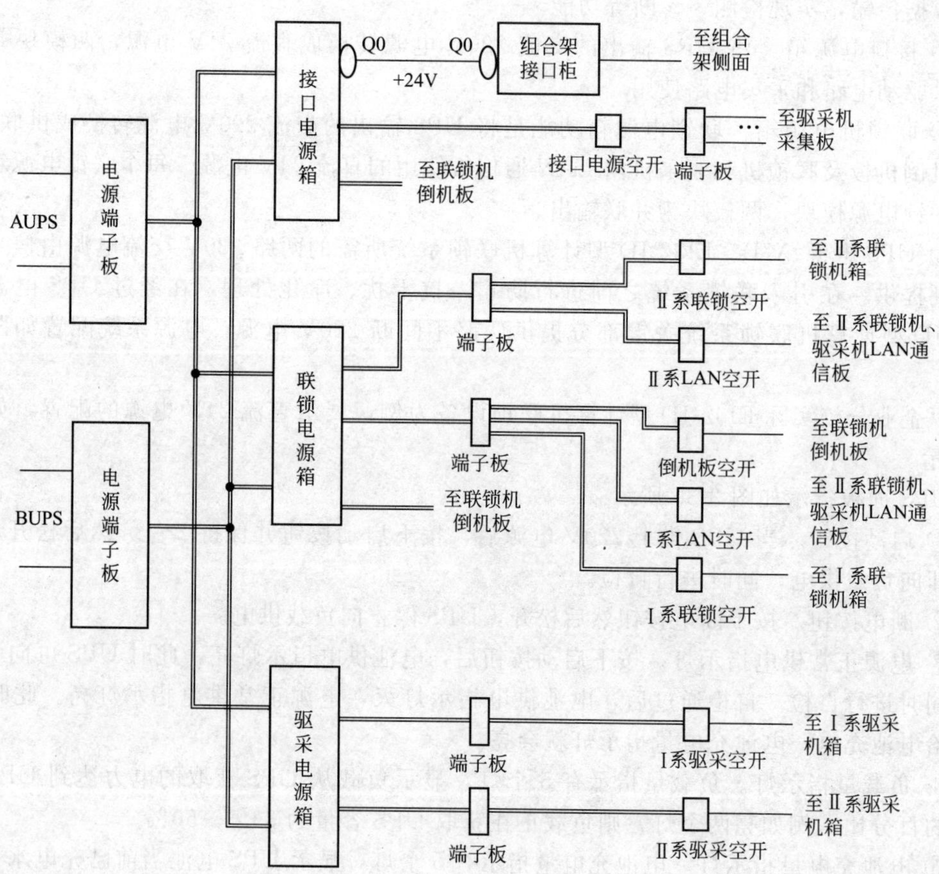

图 3-34　直流 24V 电源方案配置

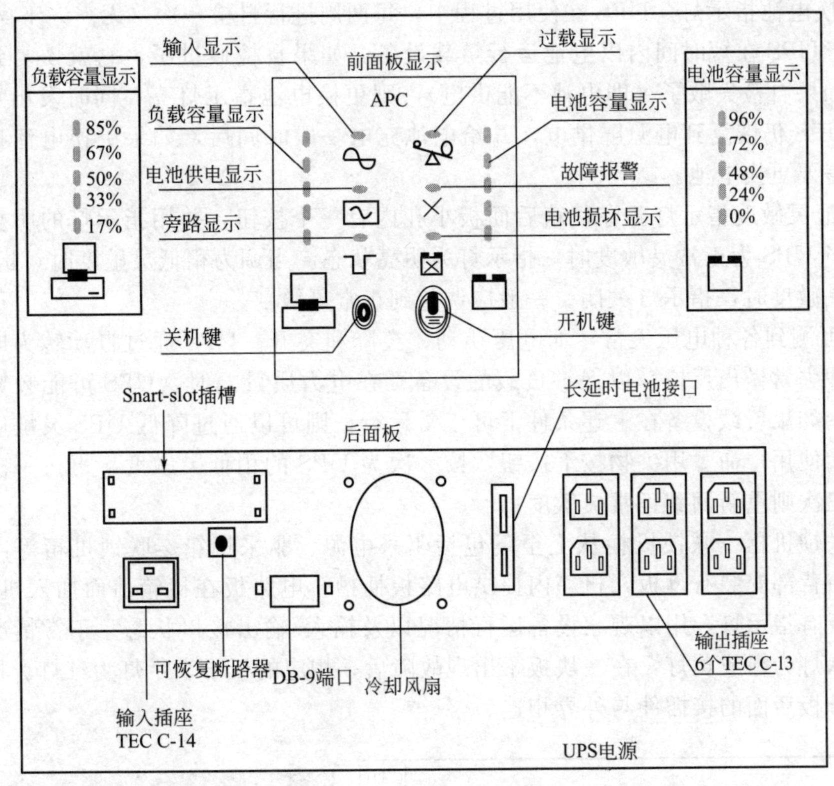

图 3-35 UPS 面板示意图

电力不足。

电源屏正常供电，UPS 正常工作时，就只有电源正常供电指示灯、负载指示灯、电池充电量指示灯 3 种指示灯亮。

当电源屏主副屏切换时，UPS 也会有所反应。此时，电源正常指示灯灭，电池供电指示灯亮，接着电池供电指示灯灭，电源正常指示灯亮，恢复了正常供电。这是主副电源切换需要 150ms 时间造成的。UPS 的主要作用就是在主副电源切换的 150ms 时间内给系统提供稳定的 220V 电源，保证系统正常工作。

⑥ 补偿超高电压指示灯。该指示灯亮，表明 UPS 正在补偿超高电压。

⑦ 补偿超低电压指示灯。该指示灯亮，表明 UPS 正在补偿超低电压。

⑧ 电池供电指示灯。该指示灯亮，表明 UPS 是由电池供电，室内电源屏供的是交流 220V 断电。此时，UPS 发出“哔－嚦”的报警声（每间隔 30s 连续 4 次）。当 UPS 恢复电源屏供电时，报警声停止，电池供电指示灯灭，恢复正常。

注意：当电源屏供电故障由电池供电时，要及时排除供电故障，UPS 有外电网供电停电 5min 后自动关机功能（由内部软件设定），以保护电池留有一定电量，不致电池放亏。此时 UPS 面板上的电源正常供电指示灯、补偿超低压指示灯和电池供电指示灯、超负荷指示灯、更换电池指示灯，分别循环闪亮。当供电恢复正常后，UPS 自动启动，不用人工干预。人为关机则不能自动恢复供电，必须人工开机才能正常供电。

⑨ 超负荷指示灯。当负载超过了 UPS 容量时，超负荷指示灯亮，UPS 发出一个持续的长音。联锁系统正常运转时，不会超负荷。若发现超负荷指示灯亮，要迅速检查负载，排除故障，以消除超负荷。

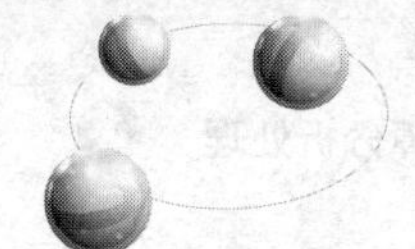

⑩ 更换电池指示灯。UPS在使用过程中，每两周进行自检一次（无需人工操作）。在自检过程中，UPS在短时间内以电池运行负载设备。如果自检通过了，它就恢复到电源屏供电运行。如果自检失败了（即电池不能供电），则更换电池指示灯亮，同时发出短促的“哔噼”声。UPS仍恢复到电源屏供电，并给电池充电一段时间后，如果更换电池指示灯仍然亮着，则需要更换电池。

⑪ 电池灵敏度指示灯。在机箱后面板小孔内有一个按钮，并用指示灯的明亮程度表示灵敏度。当UPS为正常灵敏度时，指示灯为明亮状态。当调为稍低灵敏度时，指示灯转暗。当调为低灵敏度时，指示灯关闭。一般应调整到正常灵敏度。

UPS可测到各种电压失常，如电压跳动、突降和突升。UPS通过自动转为电池运行状态而对各种失常做出反应，以保护负载的设备。在电力质量差时，UPS可能频繁转为电池运行状态。如果负载设备在上述条件下可正常运行，则可以通过降低UPS灵敏度方式保存电池能力和使用寿命。用尖物按下按钮，按一次为UPS的稍低灵敏度，再按一次为低灵敏度，按第三次则重新回到正常灵敏度。

（2）联锁机柜 联锁机柜从上至下包括驱采电源、驱采机箱、联锁机箱等，如图3-36所示。机箱背部安装有母板，机箱内提供电路板插槽，电路板在机箱前面插入机箱母板中，并在前面板有指示灯，用以观察设备运行情况以及输入/输出接口状态。正常情况下，所有板子的表示灯为绿或黄灯，在一块板子出现故障后，相应的板子表示灯为红灯。机箱对外的引线通过母板后面的接插件与外界相连。

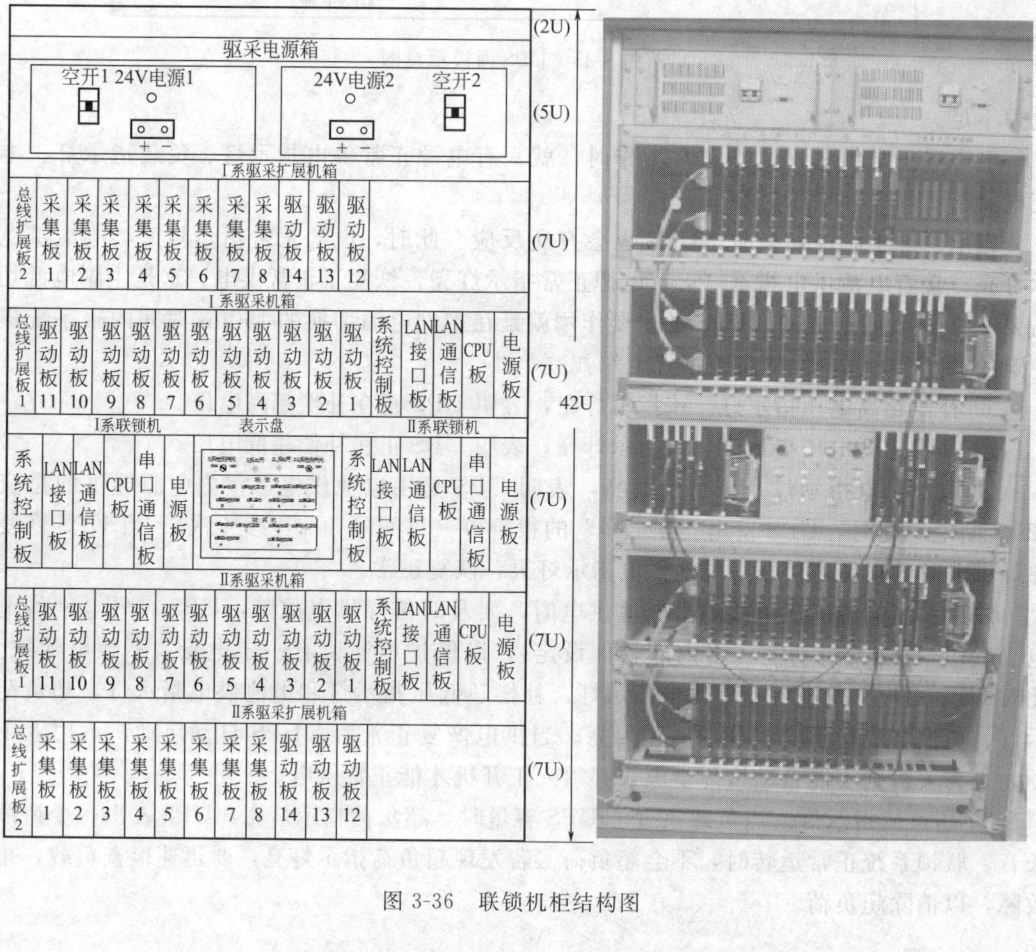

(2U)
驱采电源箱 (5U)
空开1 24V电源1 24V电源2 空开2
I系驱采扩展机箱 (7U)
总线扩展板2 采集板1 采集板2 采集板3 采集板4 采集板5 采集板6 采集板7 采集板8 驱动板14 驱动板13 驱动板12
I系驱采机箱 (7U)
总线扩展板1 驱动板11 驱动板10 驱动板9 驱动板8 驱动板7 驱动板6 驱动板5 驱动板4 驱动板3 驱动板2 驱动板1 系统控制板 LAN接口板 LAN通信板 CPU板 电源板
I系联锁机 表示盘 II系联锁机 (7U)
系统控制板 LAN接口板 LAN通信板 CPU板 串口通信板 电源板 系统控制板 LAN接口板 LAN通信板 CPU板 串口通信板 电源板
II系驱采机箱 (7U)
总线扩展板1 驱动板11 驱动板10 驱动板9 驱动板8 驱动板7 驱动板6 驱动板5 驱动板4 驱动板3 驱动板2 驱动板1 系统控制板 LAN接口板 LAN通信板 CPU板 电源板
II系驱采扩展机箱 (7U)
总线扩展板2 采集板1 采集板2 采集板3 采集板4 采集板5 采集板6 采集板7 采集板8 驱动板14 驱动板13 驱动板12
42U

图3-36 联锁机柜结构图

有些站场较大的车站，一个机柜不能容纳所有驱采设备，此时需要增设驱采扩展机柜，结构与联锁柜基本一致，差别在于中间的表示灯稍有不同。

① 驱采电源箱　驱采电源是将 UPS 输出的交流 220V 电源转换成驱采机使用的直流 24V 电源。每个驱采电源箱设置两个驱采电源模块，两模块为并联输出，如图 3-34 所示。

② 驱采扩展机箱　联锁机柜通过采集电路和电路板采集组合架继电器接点状态。为双套采集，即每个采集点都通过两路进行采集，两路采集结果通过驱采机和 LAN 通信传送至联锁机，作为联锁机柜进行联锁运算的依据。

一个驱采机扩展箱可插 16 块采集板（及 3 块驱动板），每块采集板有 64 路采集。某块采集板某路采集的哪个继电器接点（前接点/后接点）由接口信息表约定。采集前面板上端指示灯表明采集板是否工作正常，如果绿灯点亮，则该板工作正常，如果红灯点亮，则该板有故障。

③ 驱采机箱　驱采机安装在驱采机箱中，通过 LAN 通信，接收联锁机传送的控制命令，并根据控制命令使相应的驱动板工作，通过驱动电路控制组合架继电器动作，结构如图 3-37 所示。

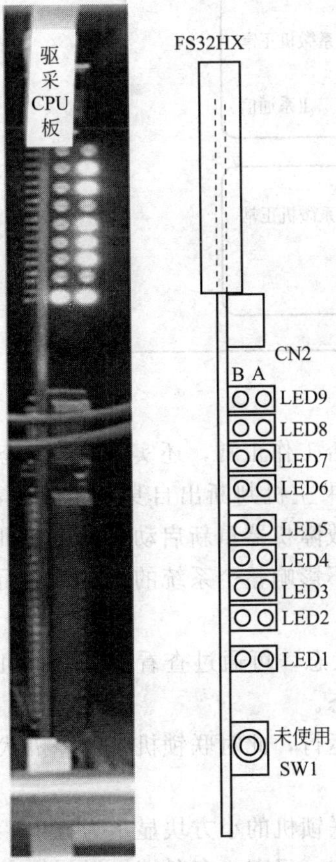

名称	内容	颜色	正常状态
LED1-A	总线校核结果　稳灯: 一致 灭灯：不一致	黄	稳灯
LED1-B	程序运行时闪烁 稳灯/灭灯: 异常	绿	闪烁
LED2-A	LAN通信未初始化时闪烁	黄	灭灯
LED3-A	采集数据正确 稳灯/灭灯: 异常	黄	闪烁
LED4-A	驱动数据正确 稳灯/灭灯: 异常	黄	闪烁
LED5-A		黄	闪烁
LED6-A	有主控联锁机 稳灯/灭灯: 异常	黄	闪烁
LED7-A	与Ⅱ系联锁机LAN通信均正常 稳灯/灭灯: 异常	黄	闪烁
LED8-A	与Ⅰ系联锁机LAN通信均正常 稳灯/灭灯: 异常	黄	闪烁
LED9-A	未使用	黄	灭灯
LED2～9-B	未使用	绿	灭灯
SW1	未使用		

图 3-37　驱采 CPU 板

一个驱采机箱可插 11 块驱动板有，每块驱动板 16 路输出。驱动板前面板有两类指示灯：一类是在板前面上端（一个绿灯、一个红灯），用以表明驱动板是否工作正常，如果绿灯点亮，则该板工作正常，如果红灯点亮，则该板故障；一类在板前面中端（16 个绿灯），用以表明驱动电路是否有输出，如果有输出，则对应位的绿灯点亮，没

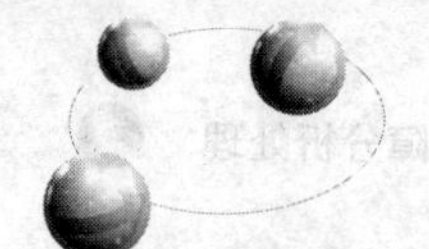
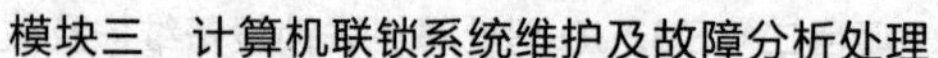

有输出，则对应位的绿灯灭灯。

④ 联锁机箱

• 联锁机。联锁机采用双机热备的动态冗余结构，两套联锁机互为主备，没有主次之分。系统运行期间，一套联锁机作为主机运行，另一套则作为备机运行。两套联锁机同时接收操作表示机发送来的控制命令，同时通过 LAN 通信，接收两套采集电路所采集站场状态，并进行联锁运算，产生相应的控制命令。两套驱动电路则通过 LAN 通信接收联锁机的控制命令，但最终根据主用联锁机的控制命令控制自己的动态驱动电路产生输出，进而控制继电器动作。

联锁系统通过联锁机柜内的倒机电路实现双机热备的动态冗余结构。通过联锁机箱表示盘上的“主用”指示灯也可以看出联锁机的工作状态，“主用”灯亮绿灯的一系为主用，“主用”灯灭灯的一系为备用，如图 3-38 所示。

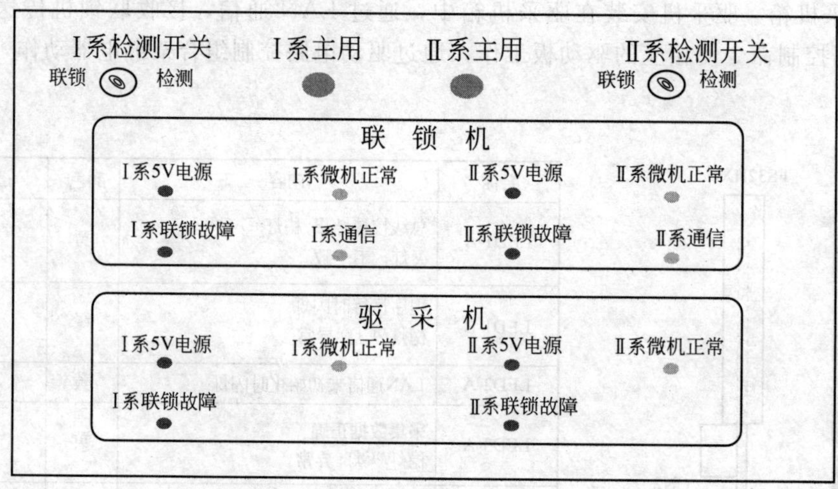

图 3-38 联锁机箱表示盘

两套联锁机在运行期间，不但通过自诊断系统验证本机是否工作正常，还实时交换动态信息，相互比较、验证，判断本机以及邻机是否正常工作。如果主机判断出自身发生故障，则通过倒机电路自动切换到备机，此时备机作为主机运行，而故障机器重新启动。如果备机发生故障，则备机重新启动。在双机切换和联锁机重启动时，不影响整个系统的运行，从而实现动态无缝切换。

• 联锁机的 4 种工作状态。EI32-JD 型联锁机有 4 种工作状态，可通过查看操作表示机显示器或查看机械室的电务维修机显示器获知各机器的工作状态。

停机状态——联锁机关机，掉电或正在重启、联锁程序未运行，此时联锁机处于停机状态。当联锁机处于停机状态时，不执行联锁运算。

此时，操作表示机显示器中，在屏幕的右下角，对应的该联锁机的小方块显示为红色。

主机状态——在双机热备系统中，倒机电路决定在某一时刻，只有一套联锁机运行于主机状态。当联锁系统上电启动时，先投入运行的联锁机自动进入主机状态。

在系统运行期间，两套联锁机通过自诊断和互诊断机制，判断系统是否工作正常，只有主机判断发生危险性故障，或主机有故障同时备机处于热备状态，才会切换到备机，由备机作为主机维持系统运行。

只有运行于主机状态的联锁机才能最终驱动组合架继电器。此时，操作表示机显示器中，在屏幕的右下角，对应的该联锁机的小方块显示为绿色。

热备状态——在双机热备系统中，当一套联锁机作为主机运行后，另一套联锁机则可以运行于热备状态。

联锁机上电启动后，采集到另一套联锁机已处于主机状态的前提下，经自诊断、互诊断，认为本机无故障，且与主机的动态信息同步后，进入热备工作状态。

当备机处于热备工作状态时，接收操作表示机的操作命令、通过 LAN 通信接收采集电路所采集站场状态、进行联锁运算，同时根据联锁运算结果产生控制命令，但两套驱动电路不会根据热备机的控制命令进行工作。此时，操作表示机显示器中，在屏幕的右下角，对应的该联锁机的小方块显示为黄色。

同步校核状态——在双机热备系统中，当一套联锁机作为主机运行后，另一套联锁机可以运行于同步校核状态。同步校核状态是备机由停机状态向热备状态过渡的中间状态。

另一套联锁机上电启动后，经自诊断无误后，开始运行联锁程序，接收操作表示机传来的操作命令、采集站场状态、进行联锁运算，此时这套联锁机处于同步校核状态。

处于同步校核状态的联锁机还要向主机请求同步，当和主机建立通信，并且本机的联锁动态信息和主机完全一致时，才可进入热备状态。

• 联锁机箱各种板卡外观及指示灯含义

电源板（VPW1）如图 3-39 所示。

串口通信板（VSIO）如图 3-40 所示。

联锁 CPU 板（FS32HX）如图 3-41 所示。

LAN 通信板（LANHX）如图 3-42 所示。

LAN 接口板（OPTHX）如图 3-43 所示。

系统控制板（VSYS）如图 3-44 所示。

(3) 分线柜　分线柜通过 32 芯电缆，与联锁柜内的驱动机箱、采集机箱相连；通过 32 芯电缆，与接口柜相连，如图 3-45 所示。

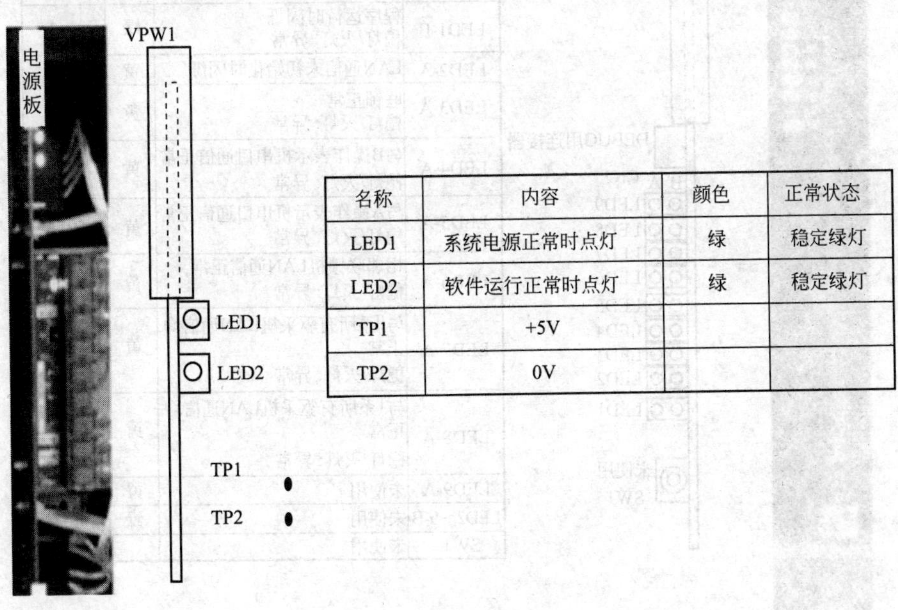

名称	内容	颜色	正常状态
LED1	系统电源正常时点灯	绿	稳定绿灯
LED2	软件运行正常时点灯	绿	稳定绿灯
TP1	+5V		
TP2	0V		

图 3-39　电源板

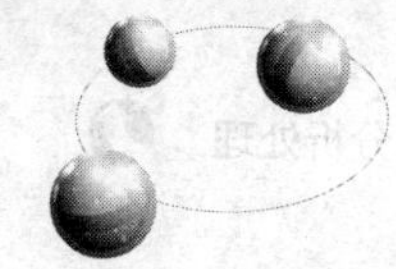

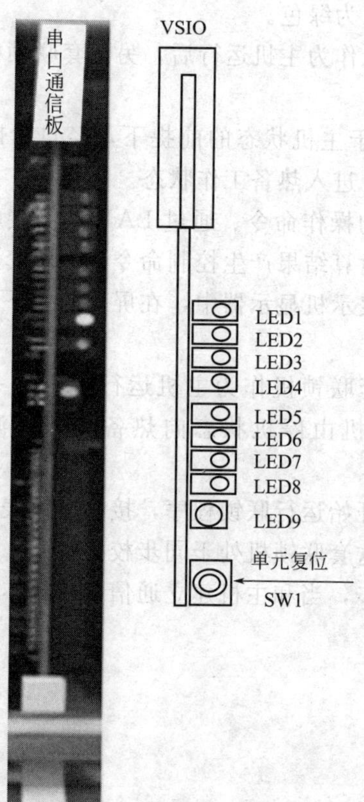

名称	内容	颜色	正常状态
LED1	未使用	黄	灭灯
LED2	未使用	黄	灭灯
LED3	未使用	黄	灭灯
LED4	串口3接收发送状态 闪烁: 有数据收发	黄	
LED5	串口2接收发送状态 闪烁: 有数据收发	黄	
LED6	串口1接收发送状态 闪烁: 有数据收发	黄	
LED7	未使用	黄	灭灯
LED8	接收操作表示机的数据时闪烁,未接收时灭灯	黄	
LED9	本板工作正常灯(稳灯/灭灯: 异常)	绿	闪烁
SW1	单元内部复位	—	OFF

图 3-40　串口通信板

名称	内容	颜色	正常状态
LED1-A	总线校核结果　稳灯: 一致 灭灯: 不一致	黄	稳灯
LED1-B	程序运行时闪烁 稳灯/灭灯: 异常	绿	闪烁
LED2-A	LAN通信未初始化时闪烁	黄	灭灯
LED3-A	联锁正常 稳灯/灭灯: 异常	黄	闪烁
LED4-A	与B操作表示机串口通信正常 稳灯/灭灯: 异常	黄	闪烁
LED5-A	与A操作表示机串口通信正常 稳灯/灭灯: 异常	黄	闪烁
LED6-A	相邻联锁机LAN通信正常 稳灯/灭灯: 异常	黄	闪烁
LED7-A	与Ⅱ系所有驱采机LAN通信均正常 稳灯/灭灯: 异常	黄	闪烁
LED8-A	与Ⅰ系所有驱采机LAN通信均正常 稳灯/灭灯: 异常	黄	闪烁
LED9-A	未使用	黄	灭灯
LED2～9-B	未使用	绿	灭灯
SW1	未使用		

图 3-41　联锁 CPU 板

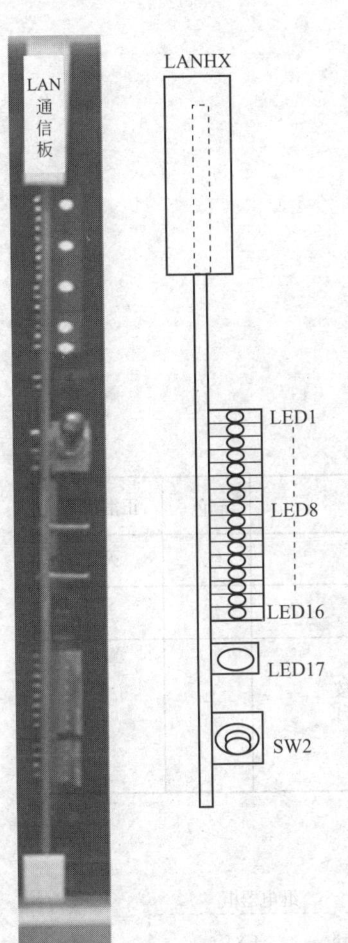

名称	内　容	颜色	正常状态
LED1(LE)	L回线接收异常: 点灯	绿	灭灯
LED2(LR)	L回线接收正常: 点灯	绿	点灯
LED3(LH)	L回线无接收异常: 点灯	绿	灭灯
LED4(LM)	L回线接收异常: 点灯	绿	灭灯
LED5(LS)	L回线发送异常: 点灯	绿	灭灯
LED6(LT)	L回线发送正常: 点灯	绿	点灯
LED7(LB)	L回线发送　点灯: 回线切断	绿	灭灯
LED8(OK)	点灯: 硬件初期化中 灭灯: 正常动作中	绿	灭灯
LED9(RE)	R回线接收异常: 点灯	绿	灭灯
LED10(RR)	R回线接收正常: 点灯	绿	点灯
LED11(RH)	R回线无接收异常: 点灯	绿	灭灯
LED12(RM)	R回线接收异常: 点灯	绿	灭灯
LED13(RS)	R回线发送异常: 点灯	绿	灭灯
LED14(RT)	R回线发送正常: 点灯	绿	点灯
LED15(RB)	R回线发送: 点灯: 回线切断	绿	灭灯
LED16(HO)	主I/F正常　点灯: 正常　灭灯: 异常	绿	点灯
LED17	LAN通信线旁路点红灯	红	灭灯
SW2(PASS) 旁路开关	上侧: 正常　　下侧: 旁路	—	上侧

图 3-42　LAN 通信板

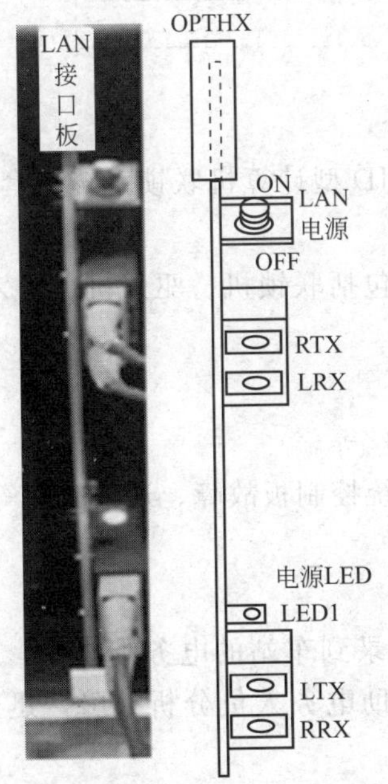

名称	内　容	颜色	正常状态
LED1(电源)	LAN传送器电源ON: 点灯	绿	点灯
SW1 (LAN电源)	上侧: LAN传送器电源ON 下侧: LAN传送器电源OFF	—	上侧

图 3-43　LAN 接口板

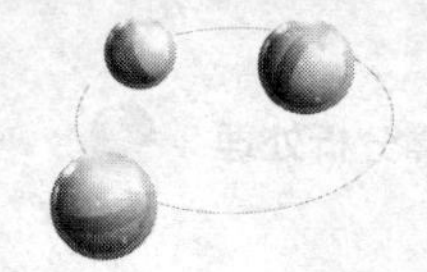

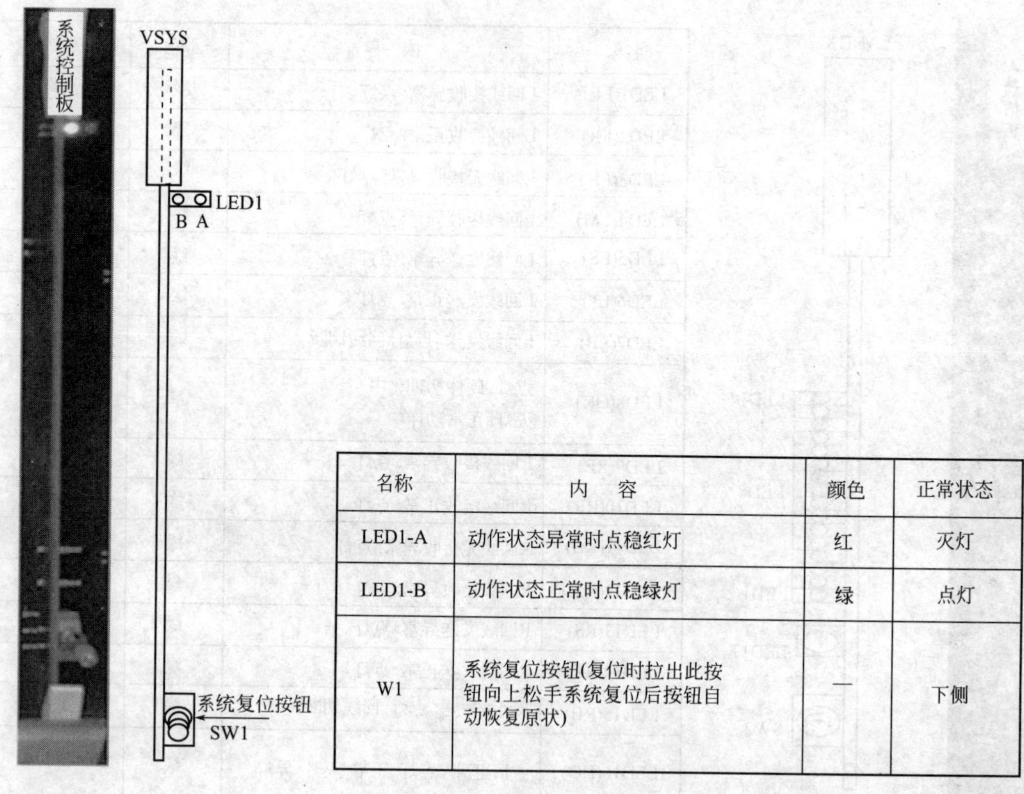

名称	内　容	颜色	正常状态
LED1-A	动作状态异常时点稳红灯	红	灭灯
LED1-B	动作状态正常时点稳绿灯	绿	点灯
W1	系统复位按钮(复位时拉出此按钮向上松手系统复位后按钮自动恢复原状)	—	下侧

图 3-44　系统控制板

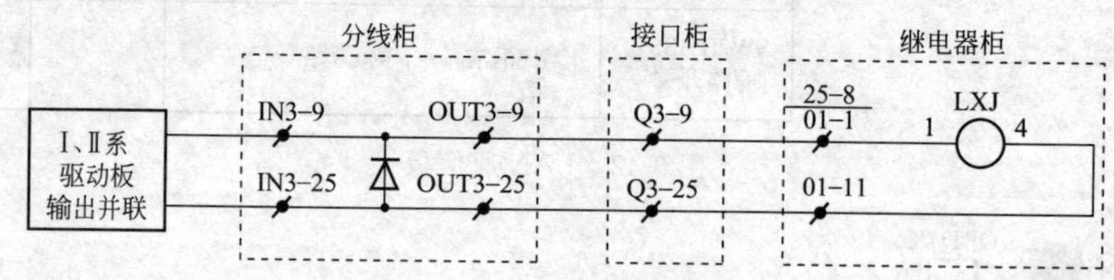

图 3-45　分线柜连接简图

（4）电务维修机　EI32-JD 型电务维修系统是和 EI32-JD 型计算机联锁系统配套使用的车站信号设备状态记录、监督系统。其功能如下所示。

① 实时监视 EI32-JD 型计算机联锁系统的运行情况，包括联锁机、驱采机、输入/输出硬件电路、操作表示机以及各计算机间的通信情况。

② 实时监视、记录车站值班员操作、车站运行情况。

③ 记录车站信号设备故障，包括道岔失表示、灯丝断丝等。

④ 记录计算机联锁系统输入、输出电路硬件故障、系统控制板故障、通信故障等。

⑤ 再现车站值班人员的操作、车站运行的情况。

⑥ 再现故障信息。

⑦ 远程诊断功能。通过电话线和 MODEM，可远程登录到车站的电务维修机，维修中心可以查看系统运行信息、车站运行情况、故障信息，帮助电务人员分析故障，迅速排除故障。

⑧ 为微机监测等提供接口。

三、EI32-JD 型计算机联锁与其他系统接口认知

在 CTCS-3 级下，计算机联锁系统采用双以太网与 RBC 的通信，双网互为冗余。计算机联锁系统与 RBC 之间采用专用光纤网连接。计算机联锁系统通过交换机接入到站间 RBC-IXL 安全通信网中。其结构如图 3-46 所示。

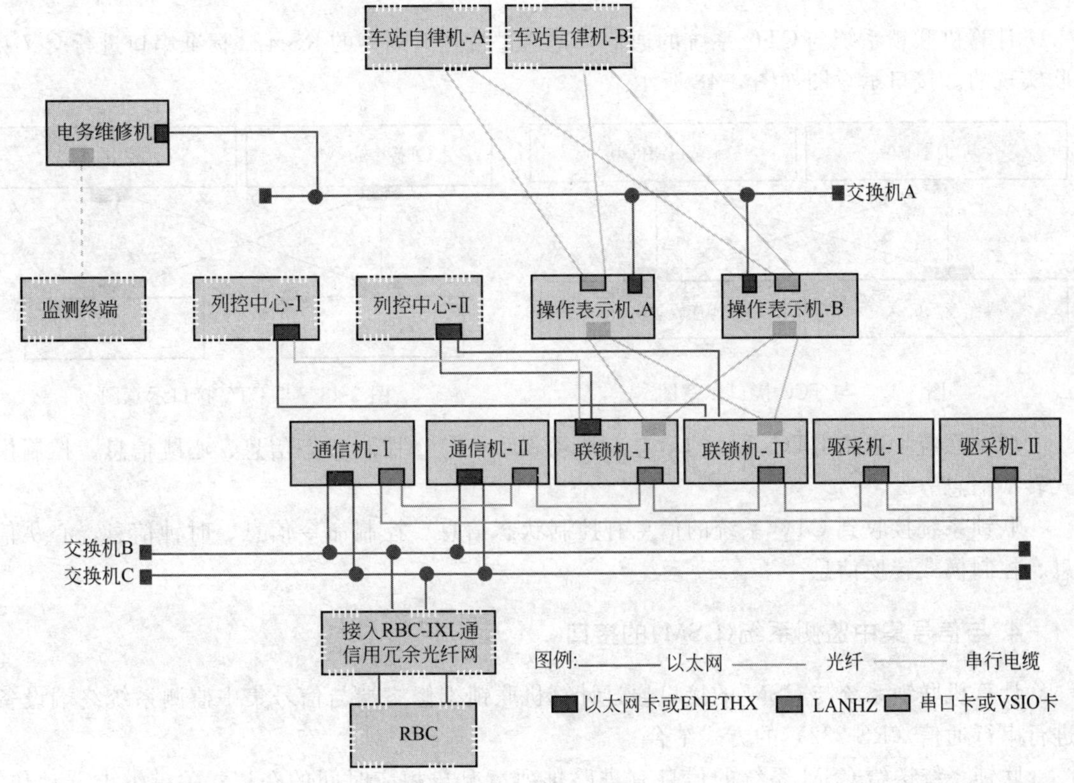

图 3-46　CTCS-3 级计算机联锁系统体系结构

1. 与 RBC 的接口

计算机联锁系统与 RBC 的通信，采用双以太网通信接口方式，双网互为冗余。采用专用光纤网，通过交换机将设备接入到站间 RBC-IXL 安全通信网中，通信机设置在综合机柜内。

联锁系统发送给 RBC 系统的信息有站内轨道电路信息、闭塞区间轨道电路状态、区间闭塞方向、列车进路信息。

由于大多数区间轨道电路由列控中心采集后送到联锁，所以目前联锁仅采集站内和进站信号机外方一个区段的信息。

RBC 不向联锁系统发送有效信息，仅发送心跳信息用以监视 RBC 的状态；这意味着逻辑上，联锁与 RBC 之间是单向通信。

2. 与 TCC 的接口

计算机联锁系统与列控中心的通信，是通过以太网经联锁机进行交叉互联实现的，而既有线列控是通过操作表示机串口连接实现的。接口示意图如图 3-47 所示。

联锁系统发送给 TCC 系统的信息有接发列车进路信息，包括进路号、信号显示、进路状态；发车请求信息。向区间办理发车进路后，向列控中心发送请求发车信息；区间方向控制命令。

联锁系统接收到 TCC 系统的信息有区间运行方向表示信息，接车方向、发车方向；闭塞分区轨道电路状态信息；允许发车信息；临时限速信号（USU）降级显示命令。

3. 与 CTC 的接口

计算机联锁系统与 CTC 系统的通信，是通过带光电隔离的 RS-422 标准串口进行交叉互联实现的。接口示意图如图 3-48 所示。

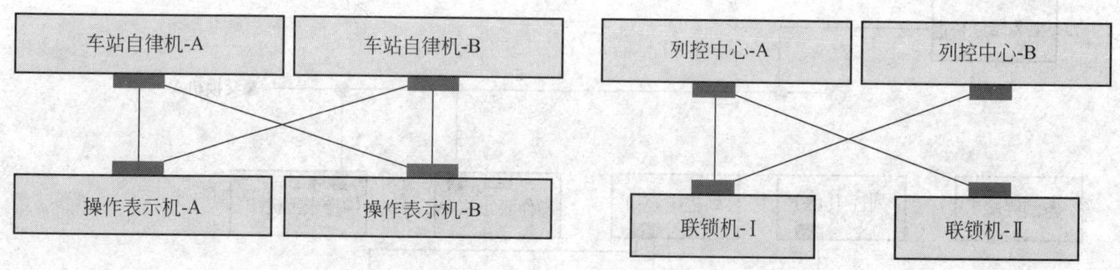

图 3-47　与 TCC 接口示意图

图 3-48　与 CTC 接口示意图

联锁系统发送给 CTC 系统的信息有站场表示信息、控制状态信息、心跳信息、控制模式转换信息。

联锁系统接收到 CTC 系统的信息有控制状态信息、控制命令信息、时钟信息、心跳信息、控制模式转换信息。

4. 与信号集中监测系统（CSM）的接口

计算机联锁系统与 CSM 的接口通过计算机联锁维修终端与信号集中监测系统终端设备进行串行通信（RS-232）的方式结合。

联锁系统送给 CSM 系统的信息有进路排列情况与相应时间的登记；关键继电器动作、铅封按钮动作与相应时间的登记；控制台表示信息记录；按钮操作信息记录；灯丝报警、熔丝报警。

任务二　EI32-JD 型计算机联锁设备操作使用

任务目标

1. 熟悉 EI32-JD 型计算机联锁控显机的显示及意义。
2. 能够熟练操作控显机。
3. 能够调看维修机的各种数据。

任务实施

一、EI32-JD 联锁系统控制台界面显示

如图 3-49 所示是某车站的站场显示。控制台屏幕各种显示含义如下所示。

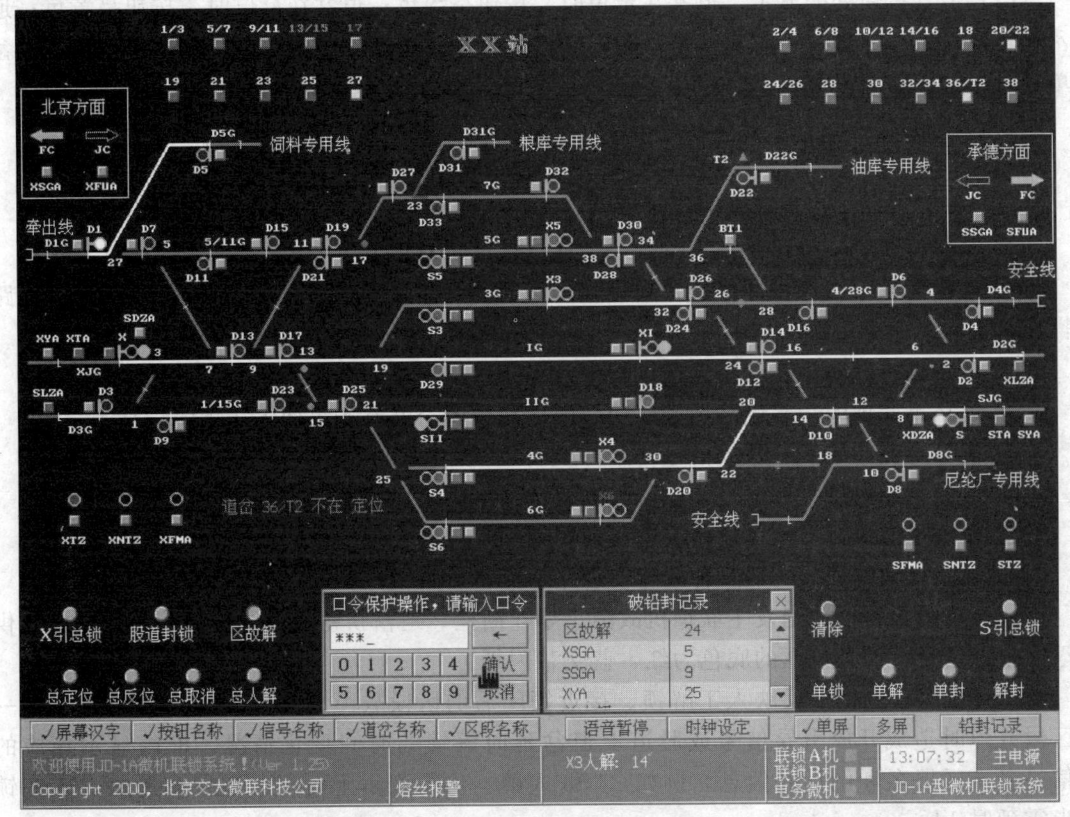

图 3-49 某车站控制台站场图

1. 绝缘节

绝缘节以白色短竖线（交叉渡线处以短横线）表示；侵限绝缘以红圆圈中的红色竖线表示。

2. 线路的显示颜色

轨道区段空闲且在解锁状态时呈青色；轨道区段空闲且在锁闭状态时呈白色；轨道区段有车或发生故障时呈红色。

3. 信号复示器设置及其显示

列车信号复示器在信号机关闭时呈圆形红色；信号机开放时其圆形颜色与室外信号机显示一致；调车信号复示器在信号关闭时呈蓝色；信号开放时呈白色；灯泡断丝时闪蓝光。

4. 道岔状态显示

道岔的状态在站场图的相应道岔处和单设的道岔按钮处均有显示。

（1）站场道岔处的显示　道岔的开口表示当前线路断开的一侧，经由道岔的线路以实线连接为当前开通方向，线路的开口（道岔开口）表示了当前道岔的开通方向；道岔暂时（如正在转换）失去表示时，线路断开；道岔挤岔时，线路上挤岔的岔心闪红光，并有语音报警；道岔单封时，道岔岔心处出现蓝色圆点；道岔单锁时，道岔岔心处出现红色圆点。

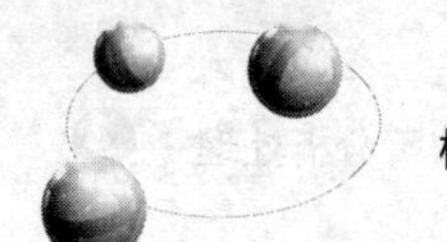

(2) 道岔按钮处的显示 道岔在定位时，按钮呈绿色；道岔在反位时，按钮呈黄色；道岔在转换时，按钮呈灰色；道岔挤岔时，按钮呈红色；道岔单封时道岔按钮名呈蓝色；道岔单锁时道岔按钮名呈红色。

5. 信息自动提示框

(1) 操作或联锁出现异常的提示框（在屏幕左下角），该框中能提供以下信息。

① 操作错误——按钮操作不符合规定或按钮配对有误。

② 操作无效——按钮操作符合规定，但因条件不满足而无法执行，例如办理敌对进路操作。

③ 进路选不出——在进路选排过程中，因条件不满足而选不出。

④ 进路不能锁闭——进路选排成功后因进路锁闭条件不满足而无法锁闭进路。

⑤ 信号不能开放——开放信号的条件不满足。

⑥ 信号不能保持——信号开放后因保持条件不满足而不能保持开放。

⑦ 命令不能执行——在进路或道岔锁闭期间，无法实现的操作命令。

⑧ 不能自动解锁——因某种故障使进路不能自动解锁。

(2) 故障报警框 当发生联锁机故障、熔丝断丝、道岔挤岔、电源屏故障等，框内提供汉字报警信息，而且该框的底色为红、蓝交替闪烁。

(3) 延时信息框 反映人工解锁、接近锁闭后的区段故障解锁、延续进路解锁、第一区段故障时造成开放引导信号或股道上道岔延时解锁的时间变化情况。框内显示相应的信号名、区段名和倒计时信息。例如，“S3 人解：14”表示上行 3 股道发车进路人工解锁尚需延时 14s。

(4) 联机信息框 反映操表机、联锁机、电务维修机以及操表机与联锁机之间的通信网的状态。例如对应两台上位机设有两个显示方块，左方块代表 A 机，右方块代表 B 机。绿色方块表示该机处于主控状态；黄色方块表示该机处于备机（热备）状态；红色方块表示该机处于脱机或停机状态。当方块的上半部分为红色时，表示与该机连接的第 1 通信网失效；下半部分为红色时，表示与该机连接的第 2 通信网失效。

联锁机：显示内容及方式与上位机一样。

电务维修机：设一个显示框。绿色表示该机正常运行；红色表示该机停止运行。

二、EI32-JD 联锁系统常用操作

1. 系统上电解锁

当系统停电恢复，联锁机、操作表示机重新供电或进行人工切换时，全站处在锁闭状态，在确认所有机车已停止运行时，可按下“上电解锁”按钮并输入正确的口令，系统自动解锁所有道岔区段后，才能进行正常办理。平时有信号开放或有完整进路时不允许用上电解锁功能。

2. 办理列车进路和重复开放信号

(1) 基本进路

操作：进路始端信号按钮＋进路终端信号按钮（对于接车进路来说，进路终端信号按钮实际上是接车股道反向出站信号复示器处的信号按钮）或专设的进路终端按钮。这里“＋”

号左边的按钮为先按下的按钮，其右边的为后按下的按钮（下同）。

显示：按下始端按钮后，信号机名闪烁，进路建立过程中，屏幕显示出有关道岔的动作情况。进路建立成功，进路呈白色光带，信号名呈白稳。信号开放后，复示器给出相应显示。

(2) 变通进路

操作：始端信号按钮＋变通按钮（一个或一个以上）＋进路终端按钮。

显示：与基本进路相同。

(3) 重复开放信号

操作：进路始端信号按钮。

显示：信号复示器显示开放信号。

(4) 延续进路

操作：接车进路始端按钮＋接车进路终端按钮＋延续进路终端按钮（延续进路终端的列车、调车信号按钮，或专设的延续进路终端按钮）。

显示：接车进路进站信号机开放信号，延续进路的出站信号机开放信号。

(5) 通过进路

操作：通过进路按钮（在通过进路始端）＋正线发车进路终端信号按钮或专设的进路终端按钮。

显示：接车进路进站信号机开放信号，发车进路的出站信号机开放信号。

3. 办理调车进路和重复开放信号

(1) 基本进路

操作：调车进路始端信号按钮＋调车进路终端信号按钮（顺向单置信号机的信号按钮、并置或差置反向信号机的信号按钮、尽头线反向信号机按钮或专设的调车进路终端按钮）。

显示：类似于列车基本进路。

(2) 变通进路

操作：进路始端按钮＋变通按钮（变通进路中反向单置调车信号机的信号按钮或专设的变通按钮）＋进路终端按钮。

显示：类似于基本进路。

(3) 组合调车进路（长调车进路）

操作：组合进路始端按钮＋组合进路的终端按钮（当组合进路包括变通进路时，按下始端按钮后，需按下变通进路的变通按钮）。

显示：组合进路的调车信号由远及近地开放。

(4) 重复开放信号

操作：进路始端信号按钮。

显示：信号开放。

4. 进路或轨道区段的解锁

(1) 取消进路

操作：总取消按钮＋进路始端信号按钮。

主要条件：进路处于预先锁闭状态，进路空闲，轨道电路无故障，道岔位置正确。

显示：信号关闭，进路白光带消失。

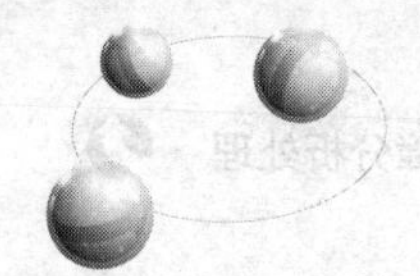

(2) 人工解锁

操作：总人解＋输入口令＋进路始端按钮。

条件：进路处于接近锁闭状态，进路空闲，道岔表示正确。

显示：自信号关闭后，延迟到规定的时间（屏幕上有延时提示，正线进出站列车信号需延时 3min，侧线出站或调车信号需延时 30s 才能解锁），进路白光带消失。

(3) 轨道区段故障解锁

操作：区故解按钮＋输入口令＋待解锁的区段按钮。

条件：被解锁的区段不在列车或车列运行的前方而且该区段轨道电路无故障。

显示：在按压“区故解”按钮并输入口令后，该按钮呈红色，同时所有需要解锁的区段处呈红色区段名，该区段名就是区段按钮。点击区段按钮，相应区段的白光带消失。

(4) 调车组合进路解锁

调车组合进路是由若干条单元进路（基本进路或变通进路）组合而成。组合进路的解锁需按单元进路分别办理。

(5) 延续进路解锁

操作：总取消＋延续进路始端按钮。

5. 引导进路的办理与解锁

操作：引导按钮＋输入口令。

信号机内方第一轨道电路区段故障时的操作：引导按钮＋输入口令。此后必须断续地按下引导信号按钮。重复按下的间隔时间不应超过 15s，否则引导信号自动关闭。

解锁操作：总人解＋输入口令＋列车信号按钮。

6. 道岔的单操和单封、单锁与解锁

(1) 道岔单操

操作：总定位（总反位）按钮＋道岔按钮。

显示：按下总定位（反位）按钮后，该按钮闪绿（黄）色。道岔转换到指定位置后，总定位（反位）按钮恢复暗灰色，道岔按钮呈绿（黄）色。

(2) 道岔单封

操作：单封按钮＋道岔按钮。

显示：按下单封按钮后，该按钮闪蓝色。按下道岔按钮后，线路中相应道岔处出现蓝色圆点，道岔名称呈蓝色，单封按钮恢复原色。

(3) 道岔解除封锁

操作：解封按钮＋道岔按钮。

显示：按下解封按钮后，该按钮呈绿闪；按下道岔按钮后，线路中相应道岔处的蓝圆点消失，道岔按钮名及解封按钮恢复原色。

(4) 道岔单锁

操作：单封按钮＋道岔按钮。

显示：按下单锁按钮后该按钮呈绿闪，线路上相应道岔处出现红圆点，道岔名称呈红色，单锁按钮恢复原色。

(5) 道岔单解

操作：单解按钮＋道岔按钮。

显示：按下单解按钮后，该按钮呈绿闪；按下道岔按钮后，道岔处的红圆点消失，道岔按钮名和单解按钮恢复原色。

7. 站控/自律模式转换

“非常站控”灯——非常站控表示灯，平时灭灯，当前为非常站控模式时显示红灯。

“允许转为自控”灯——允许转为分散自律模式表示灯，平时灭灯，当允许由当前的非常站控模式转为自律模式时显示黄灯。

“自律模式”灯——分散自律模式表示灯，平时绿灯，表示当前为分散自律模式。

分散自律控制转非常站控是无条件的，破封按压“非常站控”（鼠标操作为单击“非常站控”，输入口令，此时按钮前打“√”）。

非常站控转分散自律控制是有条件的，即 CTC 设备正常，且非常站控下没有正在执行的按钮（“允许转为自控”灯亮黄灯）。破封按压“非常站控”（鼠标操作为单击“非常站控”，输入口令，此时按钮前“√”消失）。

三、维修机的使用

在 EI32-JD 联锁系统中，维修机是信号人员进行整套设备维护、故障处理的重要辅助设备。如图 3-50 所示是 EI32-JD 运用在某车站的显示界面。

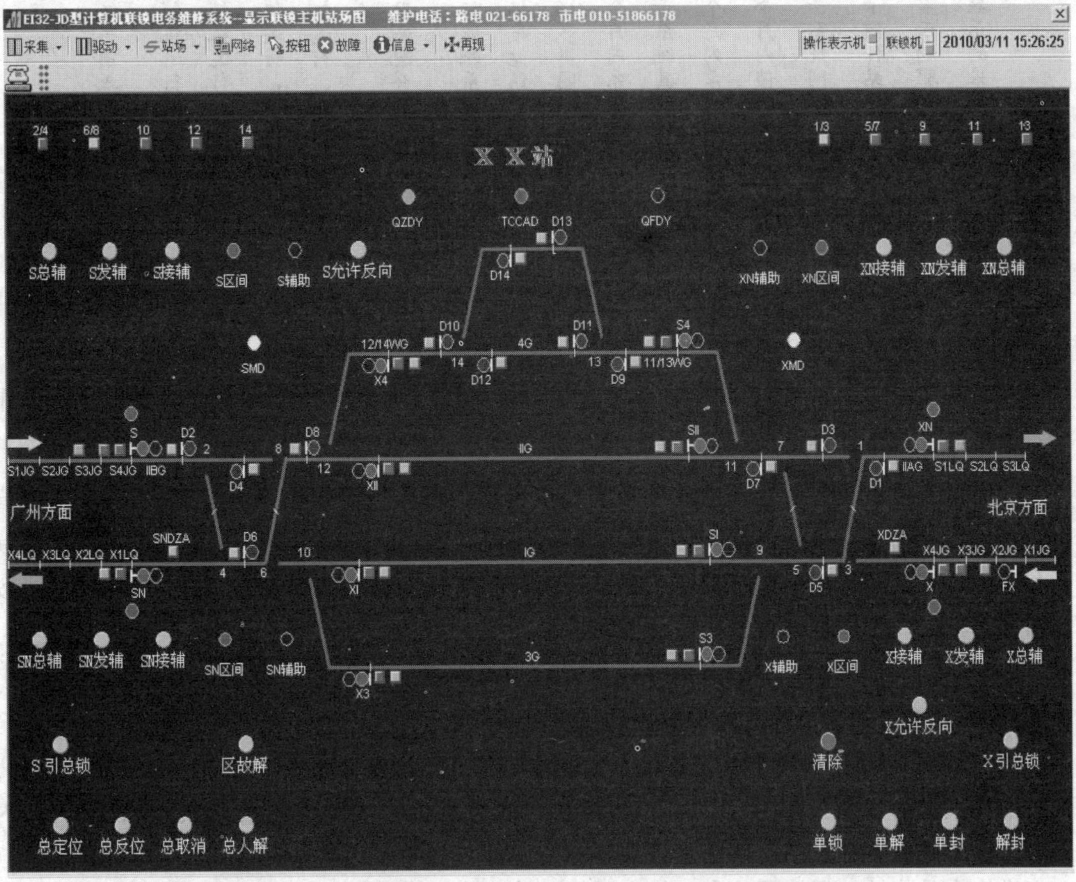

图 3-50　某站维修机界面显示

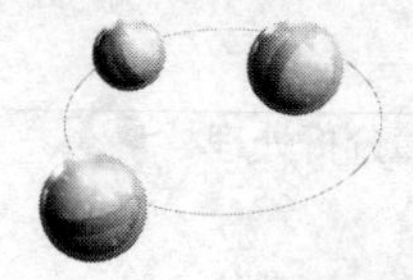

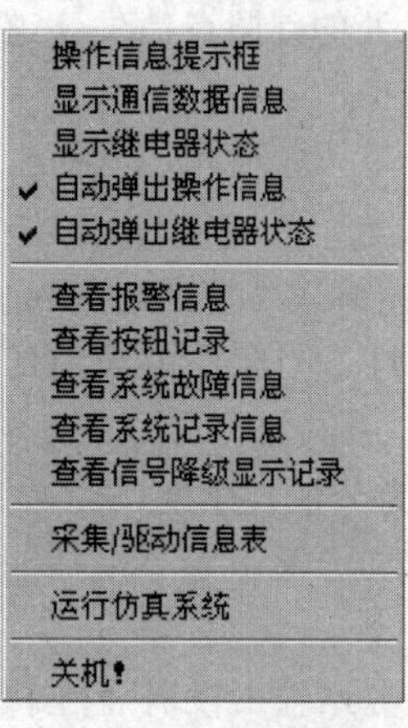

图 3-51　维修机鼠标快捷方式

1. 一般操作

在屏幕空白处右击，在弹出的快捷菜单中可以找到需要显示的参数，如图 3-51 所示。

2. 系统菜单条

维修机屏幕上方的系统菜单条提供了系统常用功能的操作方式，用鼠标单击菜单条功能按钮，就可执行相应功能操作。系统菜单条如图 3-52 所示。

(1) 信息查询功能　在系统菜单中单击按钮，查看车站值班人员最近一个月按压按钮的时间、按钮名称等信息。

在系统菜单中单击故障，可查看联锁机、操作表示机最近一个月发生故障的时间、原因等重要信息，供维修人员判断分析故障原因。

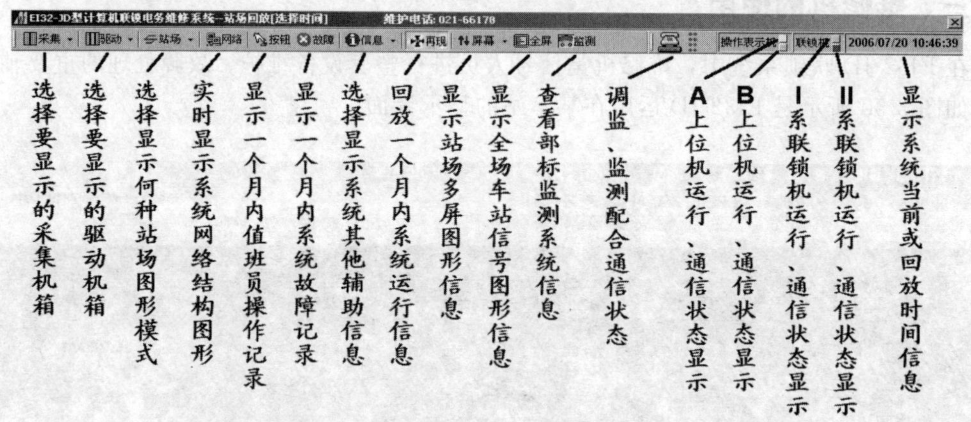

图 3-52　维修机系统菜单条

在系统菜单中单击信息，通过选择，也可以实现上述功能，还可以实现显示操作信息提示框、继电器状态变化窗口、报警记录和采集/驱动信息表等功能。

如需调查值班员的操作，当通过系统菜单选择值班人员按钮记录按钮，系统弹出值班员按钮操作信息显示对话框，按照按钮按压时间的先后顺序列出了某天值班人员按压控制台按钮的详细记录情况。包括按钮名称、按钮类型（信号按钮、破封按钮、功能按钮）、按压时间等信息。列表框一行显示两条按钮信息。

(2) 联锁系统故障记录　这是非常重要的信息支持，如图 3-53 所示，在系统菜单中单击故障，系统弹出系统故障提示信息显示对话框。

图 3-53 中详细地列出了某天联锁系统的故障信息，信息按照发生时间的先后顺序排列。信息中详细地列出了发生故障的操作表示机、联锁机机号（A 机还是 B 机）、故障信息内容、根据故障内容系统建议的纠正措施、发生的时间、以及故障源代码信息等内容。

维修人员能够利用故障信息，结合站场回放，分析故障原因，找出故障隐患，同时还可在系统不能自动恢复的情况下结合系统给出的建议措施，及时纠正错误。

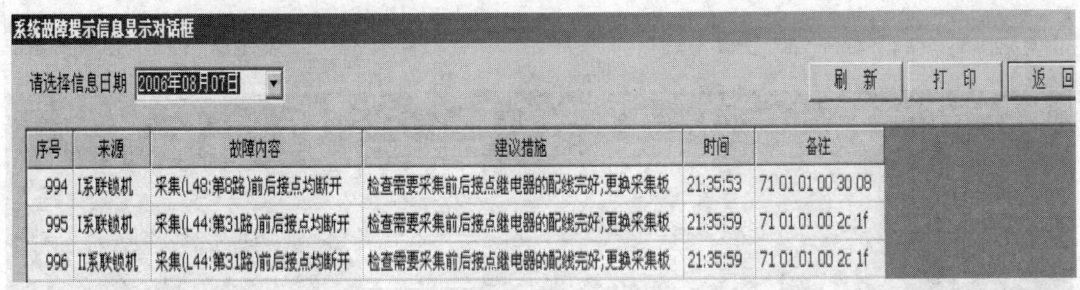

系统故障提示信息显示对话框

请选择信息日期 2006年08月07日 刷新 打印 返回

序号	来源	故障内容	建议措施	时间	备注
994	I系联锁机	采集(L48:第8路)前后接点均断开	检查需要采集前后接点继电器的配线完好;更换采集板	21:35:53	71 01 01 00 30 08
995	I系联锁机	采集(L44:第31路)前后接点均断开	检查需要采集前后接点继电器的配线完好;更换采集板	21:35:59	71 01 01 00 2c 1f
996	II系联锁机	采集(L44:第31路)前后接点均断开	检查需要采集前后接点继电器的配线完好;更换采集板	21:35:59	71 01 01 00 2c 1f

图 3-53 系统故障提示信息显示对话框

建议措施一栏中只是列出某故障的典型处理方法，由于发生故障的原因很多，因此具体情况要具体分析，然后结合建议措施，解决问题。

备注栏内列出了故障信息的原始代码，它是提供给生产厂商分析故障的原始依据，因此在和生产厂商联系时，除详细提供故障发生前后的相关情况外，同时也需提供列表框中的故障原始代码。

(3) 操作信息提示 在系统菜单中单击 信息 ，下拉中选择了操作信息提示框后，系统弹出如图 3-54 所示的窗口。

操作信息显示窗口

B/I系	SIIZ : 进路选不出	02:19:43	R
B/II系	SIIZ : 进路选不出	02:19:43	R
B/I系	=>XNJFZA	02:52:36	R
B/II系	=>XNJFZA	02:52:36	R
B/I系	202/204 : 命令不能执行	03:51:31	R
B/II系	202/204 : 命令不能执行	03:51:31	R

图 3-54 操作信息提示框

操作信息提示显示窗口实时显示值班人员的操作信息和联锁系统的提示信息。在进行回放作业时，操作信息提示显示窗口也会显示出回放时刻值班人员的操作信息和联锁系统提示信息。最后一列显示为红色“R”时为回放信息，否则为实时信息。

提示框分四列，第一列显示的是信息来源，分 A 机、B 机和Ⅰ系、Ⅱ系；第二列显示的是信息内容，包括提示信息和按钮信息；第三列显示的是信息时间；第四列显示是否为回放。

用户可以单击窗口右上角的关闭按钮来关闭（隐藏）窗口。如果在一段时间内没有提示信息出现，系统也会自动隐藏窗口。

用户可以通过选择 ✔ 自动弹出操作信息 来达到在有新的提示信息产生时，是否自动显示（前提是提示框已关闭）提示信息框。打勾表示能够自动显示，否则表示不能自动显示而用户必须通过菜单选择才能显示。

(4) 系统网络结构图显示 这项功能对于联锁系统的通信状态进行监测。通过系统菜单选择了查看系统网络结构图后，主界面显示系统的网络结构图和实时的系统网络状态、主机运行状态等信息，如图 3-55 所示。

上图列出了 A、B 操作表示机，Ⅰ系、Ⅱ系联锁机，Ⅰ系、Ⅱ系驱采机和电务维修机本身。通过它们边框和文字的颜色来实时显示某机器当前的状态，具体颜色定义如下。

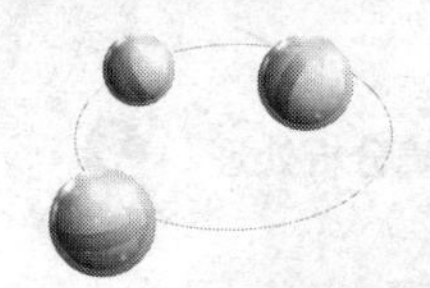
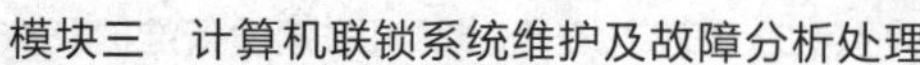

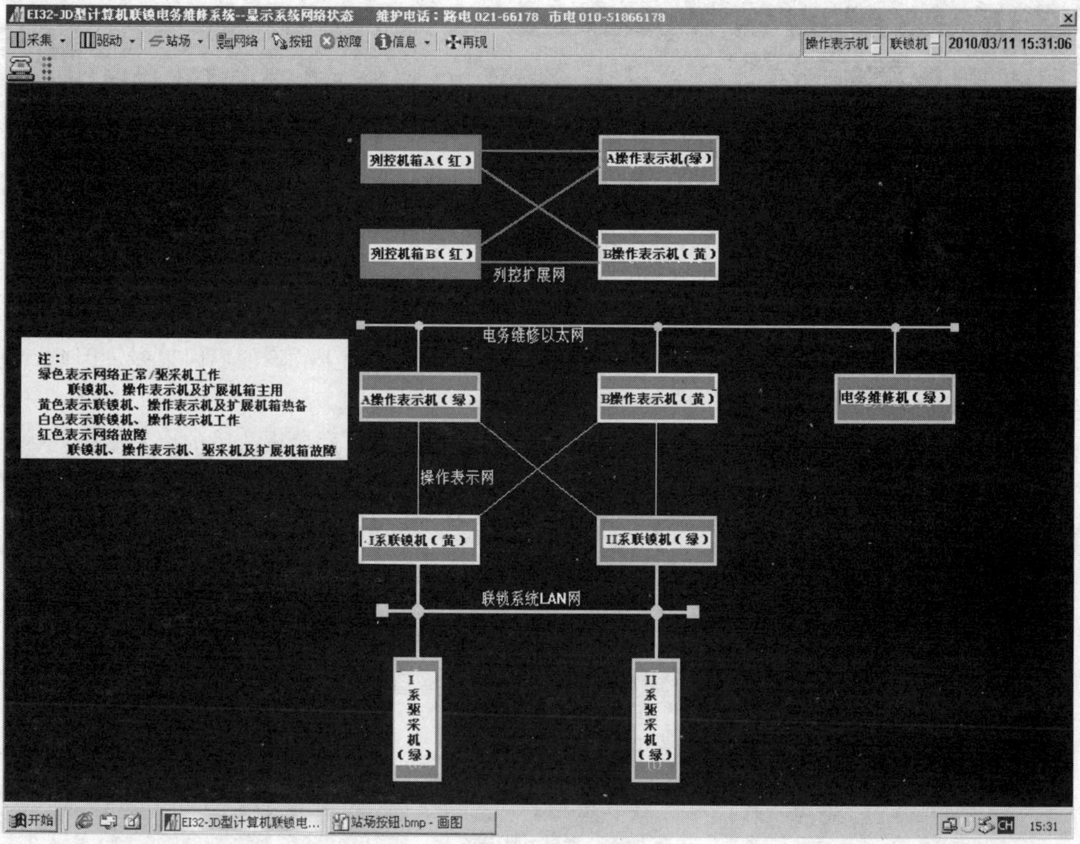

图 3-55　系统网络结构图

① 绿色。表示某操作表示机正在主控、某联锁机正在主控、Ⅰ系、Ⅱ系驱采机工作正常、扩展网机箱正在主控、电务维修机工作正常、网络通信正常。

② 黄色。表示某操作表示机正处于热备状态、某联锁机正处于热备状态、扩展网机箱正处于热备状态。

③ 白色。对于联锁机，表明它和主控操作表示机网络通信正常，但不处于主控和热备状态；对于操作表示机，表明它和电务维修机网络通信正常，但和主控操作表示机通信故障或不处于热备状态。

④ 红色。对于联锁机，表明它和主控操作表示机失去联系（网络通信中断）；对于操作表示机，表明它和电务维修机网络通信中断且和主控操作表示机通信中断。

四、高铁 EI32-JD 型计算机联锁设备与既有线的不同之处

高铁 EI32-JD 型计算机联锁设备与既有线 EI32-JD 型计算机联锁设备在按钮设置及操作上基本相同，下面介绍高铁 EI32-JD 型联锁设备的不同之处。

1. 屏幕显示

① 列车信号机若为点灯状态，显示与室外信号机保持一致，若为关灯状态，则在相应信号复示器上带“X”，室外灭灯。

② 在联机信息框中增加了反映 RBC 设备与联锁机之间的通信状态。绿色方块表示该机

处于正常运行状态；红色方块表示该机处于脱机或停机状态。

③ 信号机降级表示灯：每架进站信号机设置一个降级信号表示灯；平时灭灯，当收到TCC的信号降级信息时显示红灯，此时如开放黄闪黄显示则降级为双黄显示。

2. 进路或轨道区段的解锁

与既有线不同的是，在高铁线路上当进路处于接近锁闭时，正线进、出站列车信号需延时5min（既有线为显示3min）解锁。

3. 按钮设置

由于高铁的地面信号平时处于关闭状态，当车载设备故障或开行未安装车载设备的列车时，才会开启信号机，所以高铁EI32-JD界面上增设了“点灯”和“开灯”按钮。

“点灯”按钮：用于对列车信号机进行开灯操作。需与列车按钮配合使用。

“关灯”按钮：用于对列车信号机进行关灯操作。需与列车按钮配合使用。

4. 按钮操作

① 信号机的点灯。常态为关灯状态，需要转为点灯状态时（如列控车载设备故障或开行未安装列控车载设备的列车时），按压“点灯”按钮＋“信号”按钮。

② 信号机的关灯。按压“关灯”按钮＋“输入口令”＋“信号”按钮。

任务三 ● ● ● EI32-JD型计算机联锁设备检修维护

任务目标 ▸▸▸

1. 熟悉EI32-JD型计算机联锁系统的日常巡视项目。
2. 了解EI32-JD型计算机联锁系统的月检项目及标准。
3. 了解EI32-JD型计算机联锁系统的年检项目及标准。
4. 掌握EI32-JD型计算机联锁系统的维护注意项目。

任务实施 ▸▸▸

EI32-JD型联锁设备在运用中应实行故障修，故障动态继电器、故障驱动盒及故障电路板由各研制厂家负责检修，软件由各研制厂家负责终身保修。

放置在微机室的监控机、维修机的显示器，为延长使用寿命要求平时关闭显示器。平时关闭打印机电源。信号人员进行联锁设备检修时，应遵守公司制定设备维护规程、检修作业指导书、工艺卡等文本标准。

一、日常巡视检查项目及标准

EI32-JD型计算机联锁系统的日常巡视检查项目及标准如表3-13。

二、月检项目及标准

以某站联锁机为例，其月检项目及标准如表3-14。

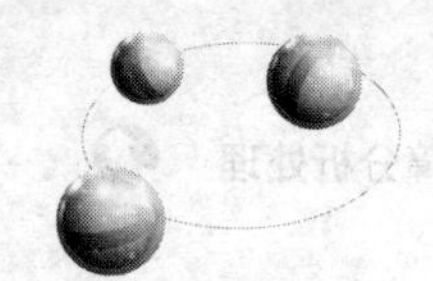

表 3-13 日常巡视项目及标准

<table>
<tr><th>序号</th><th>设备</th><th>巡视项目</th><th>周期</th><th>分析及处理</th></tr>
<tr><td rowspan="4">①</td><td rowspan="4">电务维修机</td><td>系统工作无异常</td><td>每日</td><td>检查维修机主机、显示器工作正常,浏览各项菜单功能齐全,运行状态良好</td></tr>
<tr><td>查看系统有无故障报警信息</td><td>每日</td><td>通过维修机,查看系统给出的有关报警信息,并及时进行处理</td></tr>
<tr><td>网络通信状态无异常</td><td>每日</td><td>查看联锁系统通信网络图,分析处理通信网络故障或不良系统故障</td></tr>
<tr><td>利用回放功能查询有关信息</td><td>每日</td><td>可通过维修机进行历史信息的回放</td></tr>
<tr><td rowspan="3">②</td><td rowspan="3">通信机柜</td><td>检查各种面板指示灯工作状况</td><td>每日</td><td>如异常或不工作,及时进行处理</td></tr>
<tr><td>检查通信机工作指示灯有无异常报警</td><td>每日</td><td>查看电源有无异常报警或声响,并进行处理</td></tr>
<tr><td>双机热备系统定期切换主备机运用</td><td>每季</td><td>利用垂直天窗,每季进行 1 次人工切换,并记录</td></tr>
<tr><td>③</td><td>防雷</td><td>防雷监督板报警灯是否亮灯,蜂鸣器是否报警</td><td>每日</td><td>如报警灯点亮,且发出长鸣声音,说明有防雷管短路现象,并进行查找处理</td></tr>
<tr><td rowspan="5">④</td><td rowspan="5">运转室</td><td>查看显示器前、后台工作情况</td><td>每日</td><td>检查前、后台显示器电源、接口接触良好,显示正常</td></tr>
<tr><td>询问值班员系统工作有无异常</td><td>每日</td><td>和值班员进行沟通,询问信号设备有无不良信息</td></tr>
<tr><td>查看显示器上有无灯丝、区间、移频等报警信息</td><td>每日</td><td>查看显示器上灯丝、区间、移频等各种报警灯是否点亮和有无语音报警,并及时组织处理</td></tr>
<tr><td>查看系统运行状态指示灯有无异常</td><td>每日</td><td>根据显示器上联锁机、操表机运行状态表示灯的颜色变化,查看联锁机、操表机的工作状态</td></tr>
<tr><td>应急操作盘加封加锁设备检查</td><td>每日</td><td>检查加封加锁,如不良掌握原因后及时处理</td></tr>
<tr><td rowspan="5">⑤</td><td rowspan="5">联锁机柜</td><td>驱动、采集板指示灯是否正常</td><td>每日</td><td rowspan="2">如异常或不工作,及时进行处理</td></tr>
<tr><td>联锁机指示灯工作无异常</td><td>每日</td></tr>
<tr><td>检查风扇运行情况,保持机箱通风良好</td><td>每日</td><td>检查联锁机、操表机风扇工作情况,如停止转动或声音异常,及时进行处理</td></tr>
<tr><td>运行/测试开关位置是否正确</td><td>每日</td><td>利用垂直天窗,每季进行 1 次操表机、联锁机主备机间的人工切换,并记录</td></tr>
<tr><td>双机热备系统定期切换主备机运用</td><td>每季</td><td>利用垂直天窗,每季进行 1 次操表机、联锁机主备机间的人工切换,并记录</td></tr>
</table>

表 3-14 月检项目及标准

<table>
<tr><th colspan="4">××站联锁机月检工艺卡</th></tr>
<tr><td>作业性质:月检</td><td colspan="2">编号:</td><td>设备编号:</td></tr>
<tr><td colspan="4">作业项目:联锁机月检作业</td></tr>
<tr><td rowspan="4">作业条件</td><td colspan="3">①召开班前会,明确施工范围、内容、人员分工以及注意事项</td></tr>
<tr><td colspan="3">②检修工具准备齐全</td></tr>
<tr><td colspan="3">③按规定办理请点手续</td></tr>
<tr><td colspan="3">④按规定做好安全防护</td></tr>
<tr><td rowspan="3">作业工器具</td><td>名 称</td><td>型 号</td><td>数 量</td></tr>
<tr><td>组套工具</td><td>—</td><td>1套</td></tr>
<tr><td>毛刷</td><td>40mm</td><td>1把</td></tr>
</table>

续表

作业材料	名　称	型　号	数　量
	抹布	—	0.5m
安全要点	①施工负责人与行车人员共同确认已批点、作业区域范围、作业内容和影响范围		
	②防止触动各类开关、按钮、电源等设备		
	③严禁影响设备正常工作状态的操作		
检修项目	检修步骤及标准		
①设备工作状态检查	①检查Ⅰ、Ⅱ系联锁、接口、驱采24V电源指示灯。标准:亮绿灯		
	②检查分线柜防雷元件。标准:指示窗绿色		
	③查看机柜前面和后面线缆安装状态。标准:无松脱现象,插接件完整		
	④检查UPS指示灯。标准:输入、负载容量、电池容量显示灯亮绿灯(其他指示灯灭灯)		
	⑤检查风扇工作状态。标准:通风良好,无异常噪声		
②设备恢复及加锁加封检查	检查机柜加封加锁情况。标准:柜门关闭良好,加封良好		
③收尾工作	①填写《××站设备月检记录表》		
	②检修人员清点工具、材料,人员出清		
	③施工负责人办理销点手续		
	④召开班后会,填写作业工单		

三、年检项目及标准

以某站联锁机为例，其年检项目及标准如表3-15。

表3-15　年检项目及标准

××站联锁机年检工艺卡			
作业性质:年检	编号:	设备编号:	
作业项目:车辆段联锁机年检作业			
作业条件	①召开班前会,明确施工范围、内容、人员分工以及注意事项		
	②检修工具准备齐全		
	③按规定办理请点手续		
	④按规定做好安全防护		
作业工器具	名　称	型　号	数　量
	数字万用表	FLUKE17B	1块
	电台	400M	2部
	防静电腕带	—	1个
	组套工具	—	1套
	吸尘器	—	1台
作业材料	名　称	型　号	数　量
	清洁布	—	适量
	清洁剂	—	适量
	毛刷	25mm	1个

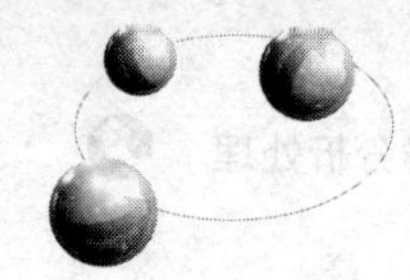

续表

安全要点	①施工负责人与行车人员共同确认已批点、作业区域范围、作业内容和影响范围 ②检修机柜时必须佩戴防静电手腕或防静电手套,插拔各种板卡 ③插拔板卡时,对板卡应做好标识 ④严禁使用潮湿的器具做机柜内部、板卡、芯片的清洁工作 ⑤操作道岔前,应做好现场安全防护 ⑥严禁扳动联锁机、驱采机机箱内LAN通信板和LAN接口板的板载二位非自复式钮开关。禁止扳动联锁机工作状态选择开关 ⑦更换板卡时佩戴防静电手腕,设备断电并将板卡垂直于机箱母板拔插,检查板载跳线、板卡底部鉴别销和旧板卡一致
检修项目	检修步骤及标准
①设备工作状态检查	①检查Ⅰ、Ⅱ系联锁、接口、驱采24V电源指示灯。标准:亮绿灯 检查联锁机机箱和驱采机机箱内板卡指示灯。标准:工作灯点亮绿灯(故障灯灭灯) ②检查分线柜防雷元件。标准:指示窗绿色 ③查看机柜前面和后面线缆安装状态。标准:无松脱现象,插接件完整 ④检查UPS状态。标准:输入、负载容量、电池容量显示灯亮绿灯(其他指示灯灭灯) ⑤检查风扇工作状态。标准:通风良好,无异常噪声 ⑥机柜卫生清洁。标准:无灰尘
②设备功能检查	①测试联锁系统24V电源冗余功能。标准:关断单个电源,主用系联锁机或驱采机不得自动倒向备用系联锁机或驱采机 ②测试联锁机和驱采机倒机功能。标准:倒机后信号不得自动关闭 ③测试联锁机或驱采机冗余功能。标准:分别关断主用系联锁、驱采、LAN,信号不得自动关闭 ④测试UPS供、放电功能。标准:放电至电池容量显示3个绿色指示灯后恢复供电(供、放电期间联锁系统工作正常) ⑤重启联锁机。标准:按流程进行重启,重启完毕双机自动同步工作
③电气特性测试	①测试联锁、驱采、接口24V电源。标准:DC22.8V～DC25.2V ②测试联锁机箱和驱采机箱内电源板载5V开关电源。标准:DC4.9V～DC5.4V
④设备恢复试验,机柜加锁加封检查	①试验进路。标准:操纵全场道岔,排列进出运用库列车进路,进出段(联系正线)列车进路、长调车进路均正常 ②与调度中心试验。标准:操作台与调度中心显示一致 ③查看维修机信息。标准:无联锁机异常报警信息 ④检查机柜加封加锁情况。标准:柜门关闭良好,加封良好
⑤收尾工作	①填写《××站联锁机年检记录表》 ②确认设备工作状态和指示灯状态与作业前一致 ③检修人员清点工具、材料,人员出清 ④施工负责人办理销点手续 ⑤召开班后会,填写作业工单

四、UPS电源电池的维护

UPS电源电池需要每三个月进行一次充放电。充放电方法如下。

① 确认24V开关电源哪台为热备。

② 把为热备24V开关电源供电的UPS电源输入插头拔下,UPS电源发出报警声。此

时 UPS 电源靠电池供电，电池开始放电。

③ 观察 UPS 电源前面板电池充电条形图，当 5 个发光管只亮 3 个格时（仅需要几分钟），电池放电到 60%以下。

④ 插上 UPS 电源输入插头，电池开始充电。

按照上述方式维护的 UPS 电池的使用寿命可以延长，并且维护过程中不影响计算机联锁系统使用。UPS 电源本身免维护。电池需要更换时，UPS 电源前面板更换电池指示灯亮红灯，此时通知厂家更换电池。

五、设备维护注意事项

① 在维护或故障处理中，不得将表示盘的Ⅰ系检测开关、Ⅱ系检测开关置于“检测位置”，否则联锁机不能正常工作，如图 3-56 所示。

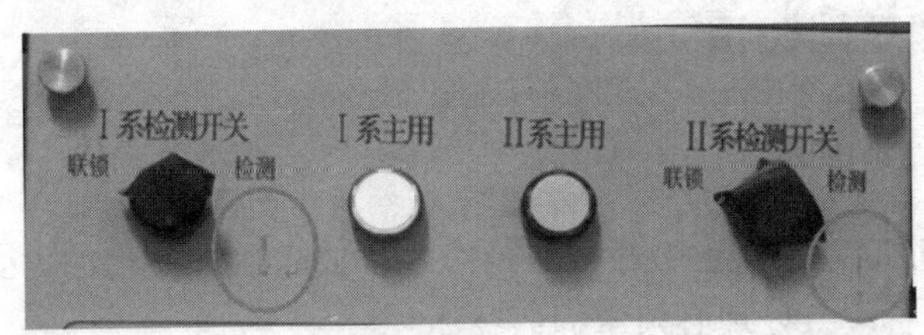

图 3-56　Ⅰ/Ⅱ系检测开关

② 测试联锁柜的电源板输出电压不符合规定值时，可以通过电源板调节电位器进行适量调整，调整前应断开各个用电板卡连接，然后进行调整，确认输出正常后再连接用电板卡；如调整无效，则应更换电源模块。

③ 在雷雨季节应增加巡视次数，特别是强雷暴后，查看综合机柜内的防雷元件是否变红，有无受雷电影响等。

④ 控制台设备由于安装环境相对信号机械室较差，所以各种线缆和插接头需要进行加强防护，插接头（如显示器电源输入插头）视情况采取防止松脱措施。

⑤ 维修机、操表机主机的 USB 接口需要制定管理措施，禁止非授权各类 USB 设备插入，确保设备安全运行。

⑥ 联锁机、驱采机间通信靠的是光纤连接，光纤较为脆弱，应注意以下事项。

不要用手触摸光纤接头的光端口；光纤的弯曲半径不能小于 5mm，否则将造成断裂；不可使光纤受到强烈的撞击、震动、重力挤压和拉扯；拆卸光纤连接须握住光纤接头的外壳插拔，不可拉拽光纤线；连接光纤接头要注意插头与插座的吻合。

⑦ 复位联锁机、驱采机时，需扳动系统控制板的系统复位开关时，用手复位开关柄轻轻向外拉出，然后再向上扳动，系统复位后该开关自动恢复原状，不可直接用力向上扳。

⑧ 系统中所有的电路板和电源模块严禁在带电的情况下插拔，否则将造成设备损坏。电路板更换时，要注意必须插在机箱内制定槽位，确定插接到位后，注意加装防松措施。

任务四 ●●● EI32-JD 型计算机联锁设备故障分析处理

任务目标 ▶▶▶

1. 掌握 EI32-JD 型计算机联锁故障处理基础知识；

2. 理解 EI32-JD 型计算机联锁系统故障分析判断方法；
3. 熟悉 EI32-JD 型计算机联锁系统故障类型及处理方法；
4. 了解 EI32-JD 型计算机联锁系统典型案例。

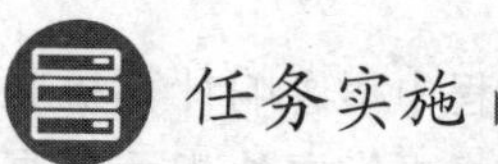

EI32-JD 型计算机联锁系统在设计时采用双系热备的动态冗余结构，并设计有专用的硬件诊断部件和诊断程序，提供了全面的软硬件自检测、互检测功能。I/O 故障可以精确定位到端口和数据位。诊断程序检测到的故障数据实时送往维修机显示、记录，并给出详细、清晰的故障报告，维修人员能很方便地从维修机中得到这些数据，然后根据这些数据迅速排除故障。因此，在遇到故障时，从维修机中查阅分析故障数据是高效处理联锁故障的前提。

一、故障处理基础知识

1. 开关机和重启步骤

EI32-JD 型计算机联锁系统多数故障可通过复位或重启计算机的方式进行处理，所以开关机、重启操作是设备应急处理必须掌握的技能。

（1）系统开启步骤

① 检查分线柜底部电源板上的所有空气开关是否都在开启状态（开关在上位置），若有关闭请开启。

② 检查机柜后面所有空气开关是否都在开启状态（开关在上位置），若有关闭请开启。

③ 开启 AUPS 电源和 BUPS 电源，当两台 UPS 电源输入显示亮稳定绿灯后，UPS 电源输入/输出正常。

④ 开启操作表示机倒机单元的 24V 电源 1 和 24V 电源 2 的开关。

⑤ 开启 A/B 操作表示机（工控机前面板中的自复式开关）。

⑥ 开启两个联锁机电源开关。

⑦ 开启所有联锁机柜最上部两台驱采电源开关。

⑧ 开启两个接口电源开关。

⑨ 开启维修机电源。

（2）系统关闭步骤

① 退出维修机程序，在“开始”菜单下的“关闭系统”关闭维修机。

② 关闭两个接口电源开关。

③ 关闭所有联锁机柜最上部两台驱采电源开关。

④ 关闭两个联锁机电源开关。

⑤ 关闭 A/B 操作表示机。

⑥ 关闭操作表示机倒机单元的 24V 电源 1 和 24V 电源 2 的开关。

⑦ 关闭 AUPS 电源和 BUPS 电源。

（3）系统重启

联锁机因故发生死机或其他特殊故障需要复位时，需要进行复位重启操作。

① 确认故障联锁机对应机笼位置。

② 找到系统控制板，拉出纽子开关，往上扳动 2s 后松开。

③ 等待重启。

④ 重启成功：系统控制板亮绿灯、CPU板亮绿灯、机柜中间指示灯面板对应Ⅰ系或Ⅱ系的“微机正常”、“通信正常”灯亮绿灯。接着进行上电解锁操作。

⑤ 查看维修机联锁机无异常信息。

2. EI32-JD型计算机联锁系统更换板卡步骤

① 首先做好安全防护措施，包括穿戴好防静电手套、防静电手腕、工装、劳保鞋。

② 更换板卡前关闭板卡所对应的Ⅰ系或Ⅱ系联锁系统电源箱，Ⅰ系或Ⅱ系接口电源。具体方法为断开电源面板的空气开关。

③ 轻轻拔出板卡面板上所有线缆，并做好标记，尾纤需要特别注意防尘。

④ 使用螺钉旋具松开板卡固定螺钉。

⑤ 双手紧握把手轻轻拔出板卡。

⑥ 更换新板卡前确定新板卡与换下板卡规格、型号一致。

⑦ 将新板卡插入机柜中。如无法插入，需要检查有无阻挡或是板卡方向错误等原因。

⑧ 使用十字螺钉旋具紧固板卡固定螺钉。注意仅可使用3个指头捏紧螺钉旋具，适当施加力量紧固即可。

⑨ 根据标记将拔出的所有线缆插入板卡，并确认各线缆插入位置正确。

⑩ 闭合板卡对应的Ⅰ系或Ⅱ系电源空开。

⑪ 系统启动，检查面板指示灯，确认联锁系统工作正常。

3. 采集/驱动接口电路测量方法

（1）EI32-JD型计算机联锁系统控制电路组合内继电器设置

道岔组合：设有FCJ、DCJ、DBJ、FBJ、SJ五个继电器；其中驱动FCJ、DCJ、SJ，采集DBJ、FBJ、SJ的前接点。

进站信号机组合：设有LXJ、LUXJ、TXJ、ZXJ（正线继电器）、YXJ、1DJ、2DJ七个继电器，其中驱动LXJ、ZXJ、LUXJ、TXJ、YXJ；采集LXJ、TXJ、ZXJ、LUXJ、YXJ、1DJ、2DJ的前接点。

出站信号机组合：设有LXJ、DXJ、DJ、2DJ、ZXJ（正向继电器）、FXJ（反向继电器）六个继电器，其中驱动LXJ、DXJ、ZXJ、FXJ，采集LXJ、DXJ、ZXJ、FXJ、DJ、2DJ的前接点。

调车信号机组合：设有DXJ、DJ两个继电器，其中驱动DXJ，采集DXJ、DJ的前接点。

轨道区段组合：GJ，其中只采集每个区段的GJ的前后接点，一送多受的GJ1、GJ2等不采集。

（2）采集/驱动电路故障分析判断　EI32-JD型计算机联锁系统采集/驱动电路如图3-57。

方法一，首先根据前述继电器吸起落下顺序，然后可通过调看电务维修机驱动/采集指示灯来观察继电器的驱动采集过程，如图3-58和图3-59所示，再结合相应继电器的实际状态来判断是驱动故障还是采集故障。

方法二，首先根据前述继电器吸起和落下的顺序，然后可通过调看电务维修机继电器状

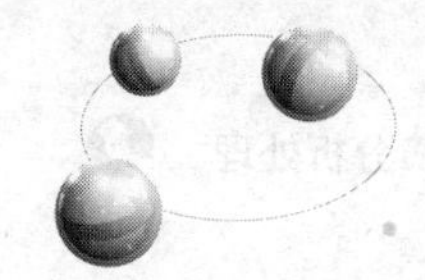

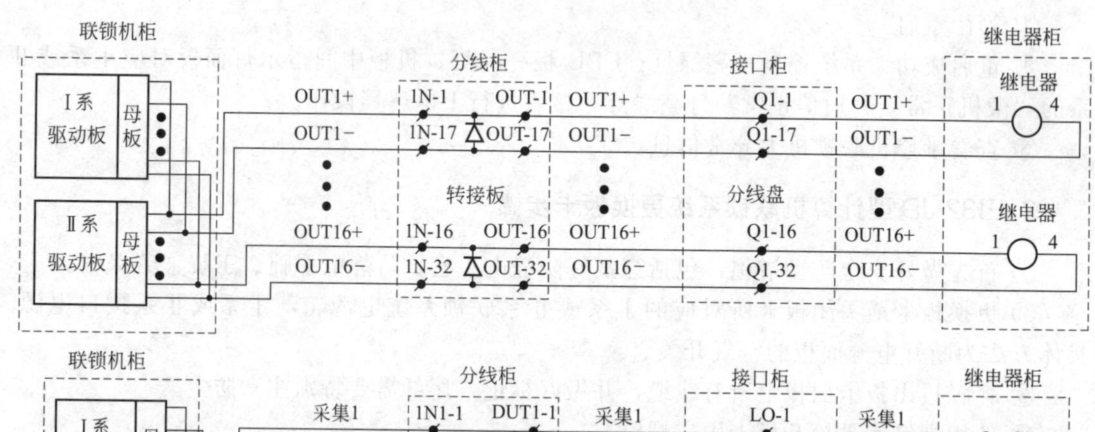

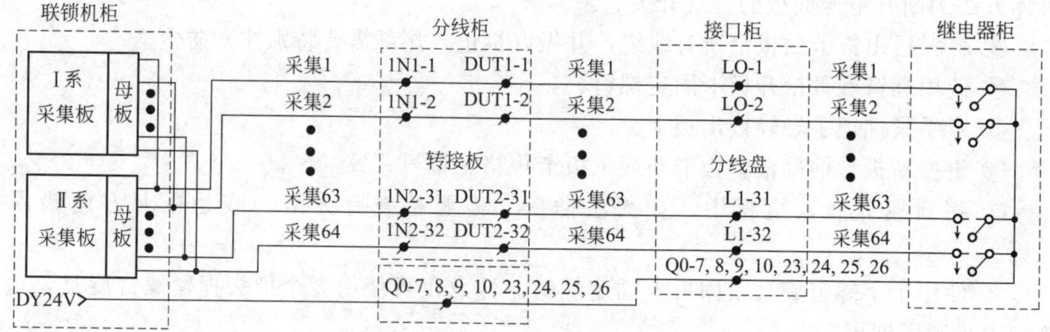

图 3-57 驱动、采集电路原理图

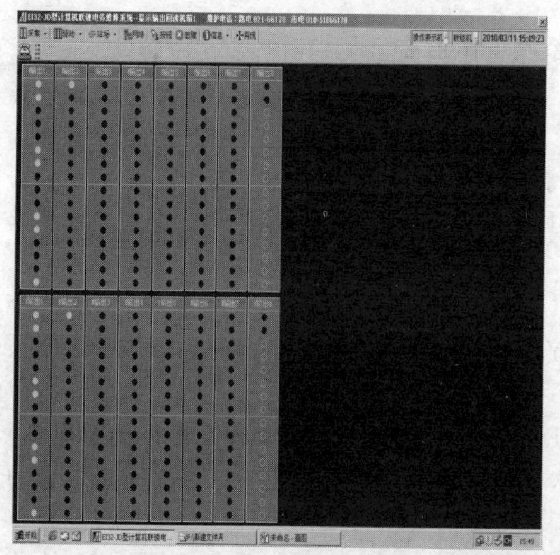

图 3-58 驱动状态信息

图 3-59 采集状态信息

态变化窗口来观察继电器的驱动采集过程如图 3-60 所示，再结合相应继电器的实际状态来判断是驱动故障还是采集故障。

(3) 采集/驱动电路故障处理

① 采集电路故障。查采集电路使用借电源法查找故障。经分析采集电路（图 3-61）可知，在采集电路断线的情况下，接口电源负 24V 通过采集板内部光耦可传至断点处，因此可在组合架、接口柜、分线柜等处借接口电源正 24V 来查找，有电到无电之间即为断线点。

② 驱动电路故障。需要注意的是，在维修机里看到的继电器驱动状态，只表示驱动命令已从联锁机送出，至于驱动板是否送出驱动电压，还要通过观察相应驱动板的驱动指示灯

是否闪烁来确认。在办理操作时，驱动指示灯不闪亮，说明驱动板有问题，需重启驱采机或更换驱动板。如确认驱动板正常，则按照下面的方法处理。

电压法。在办理操作时，依次测量分线柜、接口架相应端子上，组合侧面端子上，继电器 1-4 线圈上是否有直流 24V 电压，在有和没有之间即为断线点，或继电器本身故障。

电阻法。在不办理操作或不能办理操作时，也可以用欧姆挡查找故障点。由驱动电路图可知，室内分线柜处二极管（电阻 R×10 档，阻值为 150 Ω）将驱动电路单向短路，组合架处继电器线圈（阻值为 1700Ω）将驱动电路短路，用电阻 R×10 档测试组合架、接口柜、分线柜等处，在每一点正反表笔各测一次，正常情况下应测到 150Ω 和 1700Ω 各两个值，如果测不到 150Ω 的值，说明故障在二极管侧，如果测不到 1700Ω 的值，说明故障在继电器侧。

继电器状态变化窗口

SJMBD	↑	15:35:43
SFMBD	↑	15:35:43
TCCA	↑	15:35:43
XFSJ	↑	15:35:43
XJKJ	↑	15:35:43
XNFSJ	↑	15:35:43
XNJKJ	↑	15:35:43
SFSJ	↑	15:35:43
SJKJ	↑	15:35:43
SNFSJ	↑	15:35:43
SNJKJ	↑	15:35:43

图 3-60 继电器变化显示窗口

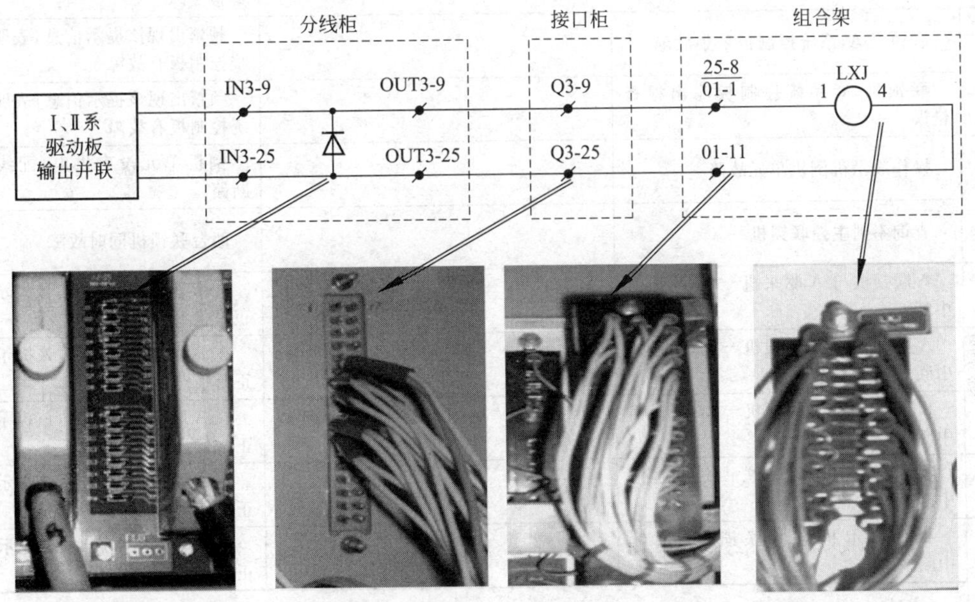

图 3-61 驱动电路原理图

二、故障分析判断

1. 故障类型

EI32-JD 联锁设备关键板卡工作可靠稳定，故障极少。主要故障类型有 UPS 电源故障、操表机故障、通信故障、联锁机故障、驱采机故障、鼠标故障等几个方面。

2. 故障处理信息对照表

维修机提供了联锁系统常见故障的信息提示，遇到故障首先要从维修机中查到故障数据，维护人员可以结合提示信息，按规章进行处理即可。故障处理对照如表 3-16。

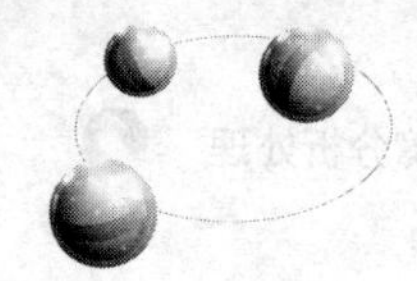

表 3-16 EI32-JD 计算机联锁系统故障对照表

序号	故障信息	含义	可能的故障原因
①	采集(第××板第××路)前后接点混线	某个继电器的前后接点同时采集到为闭合状态	该继电器或配线有故障
②	道岔××室外混线(定反表都有)	某道岔 DBJ、FBJ 都采集到为前接点闭合状态	组合架配线或与联锁系统间配线有故障
③	调信××的 DXJ 室外混线	采集到 DXJ 吸起,实际上联锁机没有驱动它	
④	信号因故障关闭	开放信号条件不满足	如道岔断表示、轨道红光带、信号继电器电路故障
⑤	采集(第××板第××路)前后接点均断开	某个继电器的前后接点同时采集到为断开状态	组合架继电器或配线有故障
⑥	采集(第××板第××路)驱采机 B 有采集,驱采机 A 无采集		驱采机 A 中对应的采集板有故障
⑦	采集(第××板第××路)驱采机 A 有采集,驱采机 B 无采集		驱采机 B 中对应的采集板有故障
⑧	驱采机 A,第××块采集板故障		频繁出现该提示信息,表明该采集板故障
⑨	联锁机 A,系统控制板采集故障		频繁出现该提示信息,表明该系统控制板有故障
⑩	联锁机 A,系统控制板输出检查错误		频繁出现该提示信息,表明该系统控制板有故障
⑪	操作表示机倒机单元故障		倒机单元没有供电,配线存在断路
⑫	查询不到主控联锁机		两台联锁机同时故障
⑬	A 联锁机与 A 驱采机－LAN 通信中断		在 A 驱采机重启时,该提示属于正常信息
⑭	A 联锁机与 B 联锁机－LAN 通信中断		在 B 联锁机重启时,该提示属于正常信息
⑮	B 联锁机与 A 联锁机－LAN 通信中断		在 A 联锁机重启时,该提示属于正常信息
⑯	操作表示机与 A 联锁机—通信中断		在 A 联锁机重启时,该提示属于正常信息
⑰	操作表示机与 B 联锁机—通信中断		在 B 联锁机重启时,该提示属于正常信息

3. 分析判断

现在结合现场运用测试验证结果，列举部分故障现象、原因分析、处理方法。

(1) UPSA 或 UPSB 电源故障

① 特点。控制台断电黑屏。

② 分析判断。由于给控制台的供电不具备两路自动切换功能，所以当其中双向开关接通位置的 UPS 故障后，将导致控制台断电黑屏。

此时应注意显示器或视频放大器故障也会产生黑屏的区别，发生这种故障时，显示器的指示灯仍然点亮，UPS 故障后则显示器的指示灯熄灭。

查看 UPS 面板故障指示灯亮或者全部熄灭。

UPSA/B 故障不影响联锁机柜风扇运行。

在确认不是显示器及视频放大器故障后，应迅速对分线柜背部双向开关进行倒闸操作，恢复控制台的供电，系统保留断电黑屏前的所有操作，接着再处理 UPS 故障。

(2) 操表机故障

① 特点。单机故障不影响使用，双机故障后控制台黑屏。

② 分析判断。两台操作表示机同时工作，一台主用，一台热备，当主用操作表示机发生故障时，自动切换到备用操作表示机。

主用操作表示机运行时，接收鼠标操作，向联锁机发送车站值班人员的操作命令，播放语音提示信息。备用操作表示机运行时，不接收鼠标操作，不向联锁机发送值班人员的操作命令，不播放语音提示信息。但接收联锁机传来的站场状态信息，实时显示站场运行情况、系统运行情况等。

单机故障虽然不影响使用，但最大特点是：操表机的硬件除声卡故障（控制台右下角有打叉的小喇叭）以外，其他板卡故障都将导致操表机频繁自动重启直至修复为止，控制台每隔 20s 显示一次站场图形，传输给 OCC 的车辆段站场也每隔 20s 灰显。

双机故障后控制台将黑屏，概率较低，如电源中断或者双机与集线器网络中断。

由于操表机多数硬件故障将导致操表机频繁自动重启，降低了设备可用性，所以发生故障后需要根据故障机运行和显示状态查找出故障点并排除。

(3) 通信故障

① 特点。联锁系统中的通信为冗余配备，单系故障不影响使用，两系故障影响使用，如控制台黑屏、全场红光带。

② 分析判断。光纤通信故障时，控制台右下角机柜表示盘的工作系联锁故障灯亮红灯，工作系的通信灯闪光，该系联锁机或驱采机自动倒向与之同步的另一系联锁机或驱采机。

集线器至维修监测系统通信故障时，控制台右下角显示报警信息：联锁通信故障，但不影响正常使用，维修监测系统的网络框图连接线显示灰色，维修监测系统无法实时监测数据。

操表机与集线器网通信故障时，使用中的操表机将自动重启，控制台和 ATS 系统 HMI 隔 20s 显示一次站场图随后重启。

操表机至联锁机（RS422）串口通信故障时，操表机自动重启。

当联锁或驱采机的 LAN 通信板故障时，LAN 通信板点红灯，Ⅰ系主用时能自动倒向Ⅱ系，同时，表示盘显示Ⅰ系联锁故障灯亮红灯，Ⅰ系通信灯闪光，当故障恢复，重新复位该板的开关后能自动同步到热备状态。

(4) 联锁故障

① 特点。联锁计算机采用 2 乘 2 取 2 结构，单系故障不影响行车不影响设备的正常功能，当两系故障全场灰显（瘫痪）影响行车。

② 分析判断。以Ⅰ系为例，联锁机故障主要分软件故障和机笼板卡硬件故障。

如Ⅰ系计算机正常灯亮、Ⅰ系联锁故障灯亮，则证明联锁机本身硬件没问题，只是联锁软件没有正常运转，需要办理手续后进行重启。

如Ⅰ系计算机正常灯灭，则证明联锁机本身存在硬件故障，具体哪块板子故障可依据各板子的相应指示灯及维修机信息来判断。

(5) 采集故障

① 特点。单机采集故障，不影响设备的正常功能，如Ⅰ系采集不到，Ⅰ系将自动反复重启，此时自动倒向Ⅱ系，控制台黑屏时间为 2s，此时需对Ⅰ系进行人工干预。

双机采集故障，全场红光带，影响联锁功能。

② 分析判断。单机采集故障，首先应区分是联锁机内还是机外。采集板前面板上端指示灯表明采集板是否工作正常，如果绿灯点亮，则该板工作正常，可判断为机外故障，按照采集电路原理逐步排除；如果红灯点亮，则该板有故障，为机内故障，应更换板卡。

由于采集板没有对应采集指示灯，某个信息是否采集到，需要在维修机上查找。

双机采集故障，重点在驱采机死机、驱采机与联锁机通信中断、电源中断方面。

(6) 驱动故障

① 特点。单机驱动故障，不影响设备的正常功能。双机驱动故障，则影响该设备正常功能，如道岔无法操纵。驱动故障在控制台显示相应的设备命令不能执行，并伴有语音提示。

② 分析判断。联锁机通过驱动机箱的接口电路驱动组合架继电器，为双套驱动，即两路驱动电路的输出并联后，再驱动继电器。这样，一旦某路驱动故障，另一路仍可继续工作。

驱动故障判断也应区分机内机外故障。驱动板前面板有两类指示灯，一类在前面板上端(1个绿灯、1个红灯)，用以表明驱动板是否正常工作，如果绿灯点亮，则该板工作正常，如果红灯点亮，则该板故障。一类在前面板中端（16个绿灯），用以表明驱动电路是否有输出，如果有输出，则对应位的绿灯点亮，没有输出，则对应位的绿灯灭灯。所以驱动故障通过驱动板的指示灯即可简单区分机内机外故障。

三、典型故障案例分析

【案例一】

2011年5月27日××车站计算机联锁Ⅱ系驱采部故障处理报告

(1) 故障现象 2011年5月27日××车站微机联锁Ⅱ系驱采部故障报警。

(2) 处理过程 5月27日7时02分，车站值班人员发现计算机联锁机显示“联锁设备报警”，语音提示“备用设备故障”。

观察故障现象：故障现象为Ⅱ系驱采控制板、LAN通信板两个板卡亮红灯，驱采CPU板1、4、5、6、7、8、9黄灯常亮。怀疑驱采控制板软故障死机，在不影响正常行车情况下，7时40分对联锁Ⅱ系系统控制板进行重启，故障现象消除。

8时19分故障现象再次出现，车站信号值班员再次进行观察，实际故障点判断为驱采CPU板常亮黄灯，驱采CPU板死机，造成驱采信息无法传送到驱采控制板，也无法将驱采信息通过LAN通信板上传信息，故而引起Ⅱ系驱采控制板、LAN通信板两个板卡亮红灯。

8时42分现场将Ⅱ系驱采CPU板电源模块重启后故障现象消除。

8时55分办理销记手续。

(3) 设备监测分析报告。

7时02分31秒Ⅱ系联锁机 驱采部故障

8时19分17秒Ⅱ系联锁机 驱采部故障

8时42分46秒Ⅱ系联锁机 采集L14，第17路，Ⅰ系驱采机有采集，Ⅱ系驱采机无采集

(4) 故障原因分析 Ⅱ系驱采CPU板死机。

(5) 故障整改措施。

① 组织业务学习，提高处理故障能力，把故障延时压缩到最小。

② 加强对职工的应知、应会、故障处理和应变能力的教育，树立抢通意识，努力压缩

故障延时。

【案例二】

2012 年 7 月 18 日××车站计算机联锁网络通道故障处理报告

（1）故障概况　2012 年 7 月 18 日 20 时 38 分—21 时 28 分，××车站计算机联锁控制台显示“联锁报警”。

（2）处理过程　7 月 18 日 20 时 38 分，车站信号值班人员发现控制台显示联锁报警。

信号值班员于 20 时 40 分登记停用Ⅱ系联锁设备使用。值班员进机械室后检查发现联锁维护终端，显示Ⅱ系驱动故障，同时机柜内Ⅱ系联锁灯变红灯，Ⅱ系驱采单元中 LAN 通信板、接口板及第 13、10、6 号驱动板亮红灯，重启Ⅱ系联锁驱采单元中的系统控制板后恢复正常使用。厂家检查后，确定是传输信息过多，造成信息堵塞。

（3）故障原因分析　重启Ⅱ系联锁驱动单元中的系统控制板后恢复正常使用。厂家检查后，确定是联锁网络信息传输信息过多，造成Ⅱ系驱动采集单元信息堵塞。

（4）故障教训及整改措施　故障教训：新设备开通后发生故障，应急应变能力不强，故障处理能力较差。

整改措施：加强业务学习，提高处理故障能力，把故障延时压缩到最小；加强对职工的应知、应会、故障处理和应变能力的教育，树立抢通意识，努力压缩故障延时；加强和施工单位沟通协作。

【案例三】

2013 年 3 月 29 日××车站计算机联锁通信板故障处理报告

（1）故障概况　2013 年 3 月 29 日 9 时 40 分，××车站所 CTC 设备显示联锁设备故障报警，未影响行车。

（2）处理过程　4 月 29 日 9 时 44 分，信号值班人员发现疏解区线路所 CTC 设备显示联锁设备故障报警。

进入机械室内观察，发现为联锁柜驱采机Ⅰ系 LAN 通信板故障造成。信号值班人员及时与联锁厂家技术人员取得联系，对Ⅰ系 LAN 通信板进行了重启，重启后Ⅰ系 LAN 通信板恢复正常工作，联锁设备报警消除。

（3）设备监测分析报告

4 月 29 日 9 时 40 分 30 秒，监测连接状态显示“计算机联锁”闪红报警。

4 月 29 日 10 时 20 分 33 秒，监测连接状态显示“计算机联锁”恢复正常绿色。

（4）故障原因分析　经检查为联锁柜驱采机Ⅰ系 LAN 通信板故障造成，重启后恢复。具体原因已配合联锁厂家北京技术部上传数据，需厂家进一步分析。

（5）故障教训及整改措施

故障教训：加强信号集中监测察看力度，充分利用好信号集中监测设备，从中发现设备隐患，及时通知有关人员进行处理，消除故障隐患。

整改措施：加强业务学习，提高处理故障能力；加强对职工的应知、应会、故障处理和应变能力的教育，树立抢通意识，努力压缩故障延时。

项目三 SICAS计算机联锁设备维护及故障分析处理

项目导引 ▶▶▶

地铁正线计算机联锁系统与大铁计算机联锁系统的差异较大，不同厂家的正线计算机联锁设备采用的硬件、软件也不尽相同，本项目以现场应用的SICAS计算机联锁系统为例，讲解正线计算机联锁设备的操作使用、设备检修维护及故障处理，为以后从事地铁信号设备的维护奠定基础。

任务一 ●●● SICAS计算机联锁设备认知

任务目标 ▶▶▶

1. 熟悉SICAS计算机联锁系统的整体结构。
2. 掌握SICAS计算机联锁系统的层次结构、冗余结构。
3. 熟悉SICAS计算机联锁系统联锁机柜、接口机柜内各设备及功能。

任务实施 ▶▶▶

SICAS（西门子计算机辅助信号系统）计算机联锁系统由德国西门子公司研制，基于故障—安全的SIMIS原则（一种应用在安全系统的设计原则，硬件故障或者软件故障将导致系统进入一种已知的安全状态），是经过广泛验证的、成熟的联锁系统，应用于城市轨道交通正线联锁站。目前，SICAS计算机联锁系统已成功应用于广州地铁1、2、4、5、8号线，深圳地铁1、4号线，南京地铁1、2号线，上海辛闵轻轨线，北京地铁10号线（含奥运支线）等项目，在中国城轨正线信号联锁设备中具有举足轻重的地位。

一、系统结构认知

1. 层次结构

SICAS计算机联锁系统分为操作显示层、联锁逻辑层、控制监督层。对应的联锁设备分为：VICOS 系统（LOW/C—LOW 工作站）、SICAS（联锁计算机）、ESTT（接口控制模块）以及现场的道岔、信号机和轨道电路。SICAS 计算机联锁系统的层次结构如图 3-62 所示。

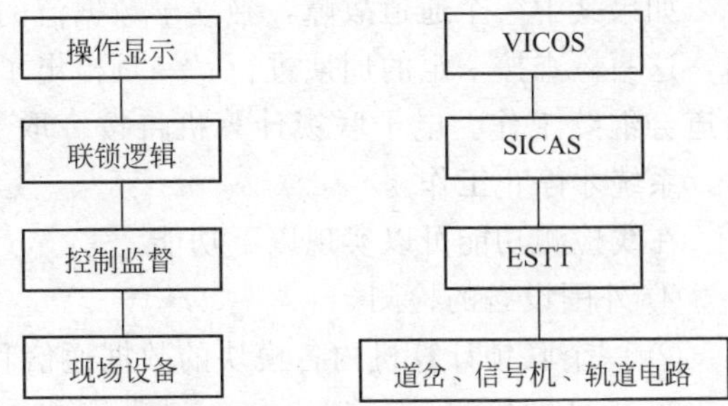

图 3-62　SICAS 计算机联锁系统的层次结构

（1）操作显示层　操作和显示功能是通过具有 VICDSOC101 操作控制系统的人机接口来完成的。操作和显示的部件与联锁逻辑之间的通信经由一个统一的数据处理接口进行。这个接口允许具有安全和非安全功能的不同技术的连接，并且它能实现这些部件的独立配置。

（2）联锁逻辑层　主要功能是联锁逻辑运算，通过它完成操作人员的具体命令，实现进路的排列、锁闭、监督、解锁，防止同时排列敌对进路，从操作控制层发出的命令通过数据处理接口传到联锁逻辑层，由其完成处理，所产生的结果状态和故障信息发回到操作显示层。

（3）控制监督层　控制命令在控制监督层转换并传输到现场设备，驱动现场信号设备并对现场设备的状态进行实时监督，如道岔转辙机、信号机和轨道空闲表示并显示联锁逻辑单元的状态。

2. 冗余结构

SICAS 计算机联锁系统采用 3 取 2 冗余结构，如图 3-63 所示。包括 3 个独立的计算机通道（通道 A、通道 B 和通道 C），采用同样的编程和结构，用同步命令进行操作，处理后的数据被读入并分配给相应的通道，并在 3 个通道平行比较和处理，只有当其中的两个或三个通道的处理结果一致时才给出一个输出，符合信号系统设计的故障—安全原则。为确保计算机的绝对安全，计算机每个通道所用的电源由独立的供电模块提供。当一个电源模块发生故障时不会影响系统的正常工作。

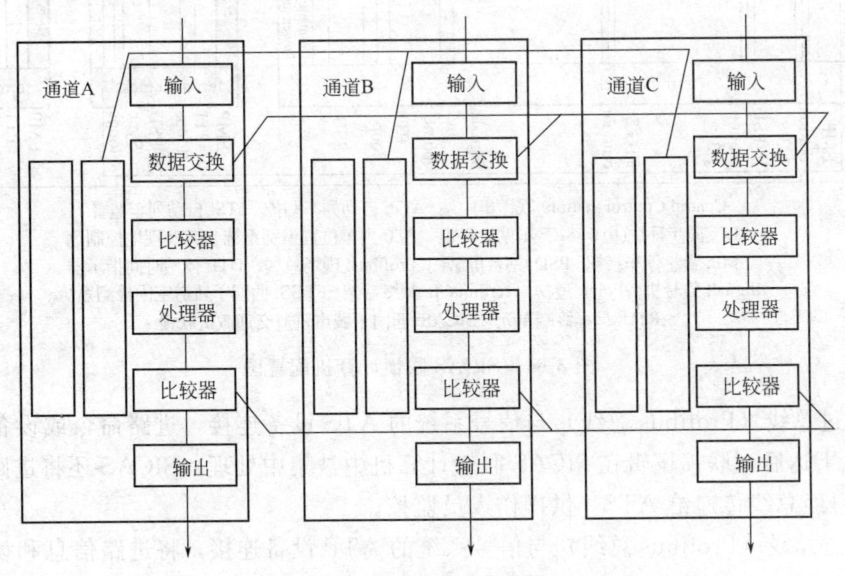

图 3-63　SICAS 计算机联锁系统的冗余结构

如果其中一个通道故障，独立于数据流的在线计算机功能检测可确保偶然故障的及时检出，这一检查按一定的周期进行，一旦检出了第一个故障，相关的通道会被切除，另外两个通道会继续工作。电子联锁计算机将按 2 取 2 系统方式继续工作。只有当又一个通道故障时，系统才停止工作。

在线检测功能可以实现以下功能。

① 外围设备的检测。

② 一个联锁计算机内各模块的数据通信和检测。

③ 地址的检测。

3. 系统整体结构

如图 3-64 所示，SICAS 联锁计算机安装在联锁站内。

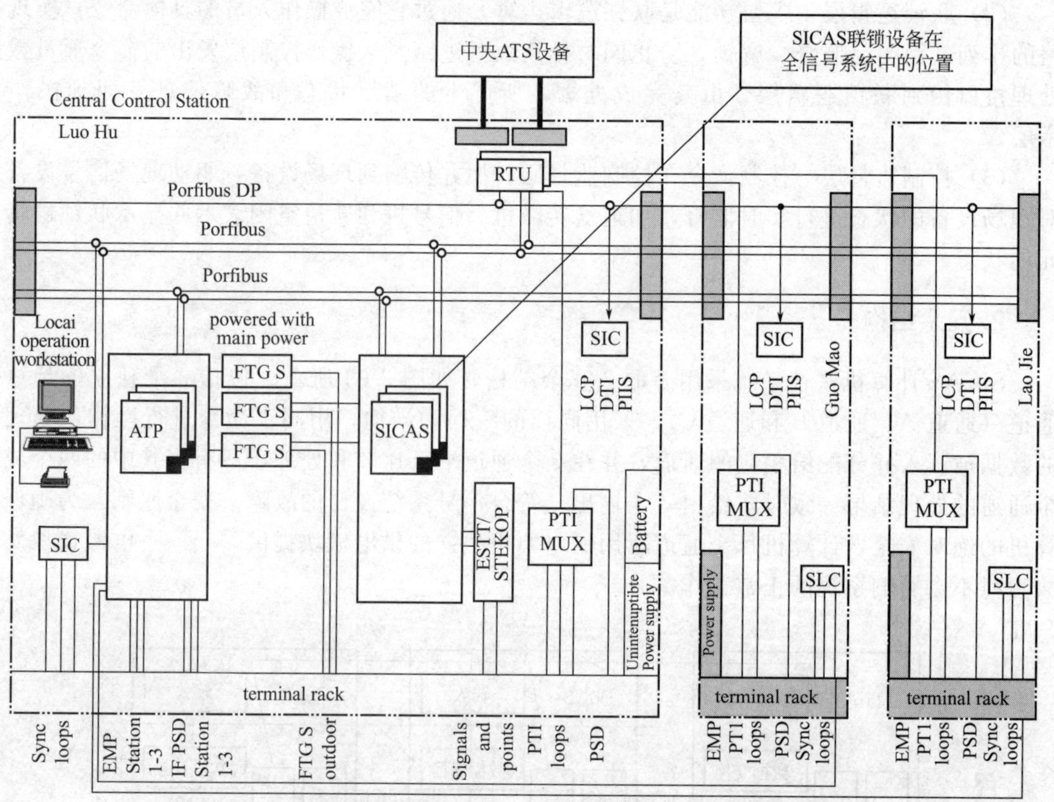

图 3-64　SICAS 联锁计算机配置图

① 通过总线（Profibus 总线）与信号系统的 ATS 设备连接，进路命令或设备操作命令经由 ATS 下达后，联锁逻辑在 SICAS 联锁计算机中被集中处理。SICAS 还将进路状态和设备状态信息经总线传递给 ATS，供操作人员监控。

② 通过总线（Profibus 总线）与信号系统的 ATP 设备连接，将进路信息和设备状态信息发送给 ATP，由 ATP 产生发送给列车的报文。

③ 通过总线（Profibus 总线）与相邻联锁区的 SICAS 设备连接，实现跨联锁区的进路信息传递和排列。

④ SICAS 将接收到的控制命令分解为单独的指令，通过 PROFIBUS 传输到相应的元件接口模块（ESTT）来控制现场设备（道岔、信号机），同时联锁计算机通过元件接口模块（ESTT）采集监督现场设备的状态（道岔 points、信号机 signals、轨道电路 FTGS）。图 3-64 所示为 SICAS 直接采集 FTGS 轨道电路的信息，该接口也可设计为由 ESTT 采集轨道电路信息，再传送给 SICAS。

二、机柜设备认知

1. 联锁机柜

SICAS 计算机安装在联锁计算机柜中，如图 3-65 所示。联锁机柜用作安装联锁计算机，主要部分由 3 个安装机架组成，此外，还有电缆夹、通风装置（FAN）、通信模块 OLM、电源和滤波器等。

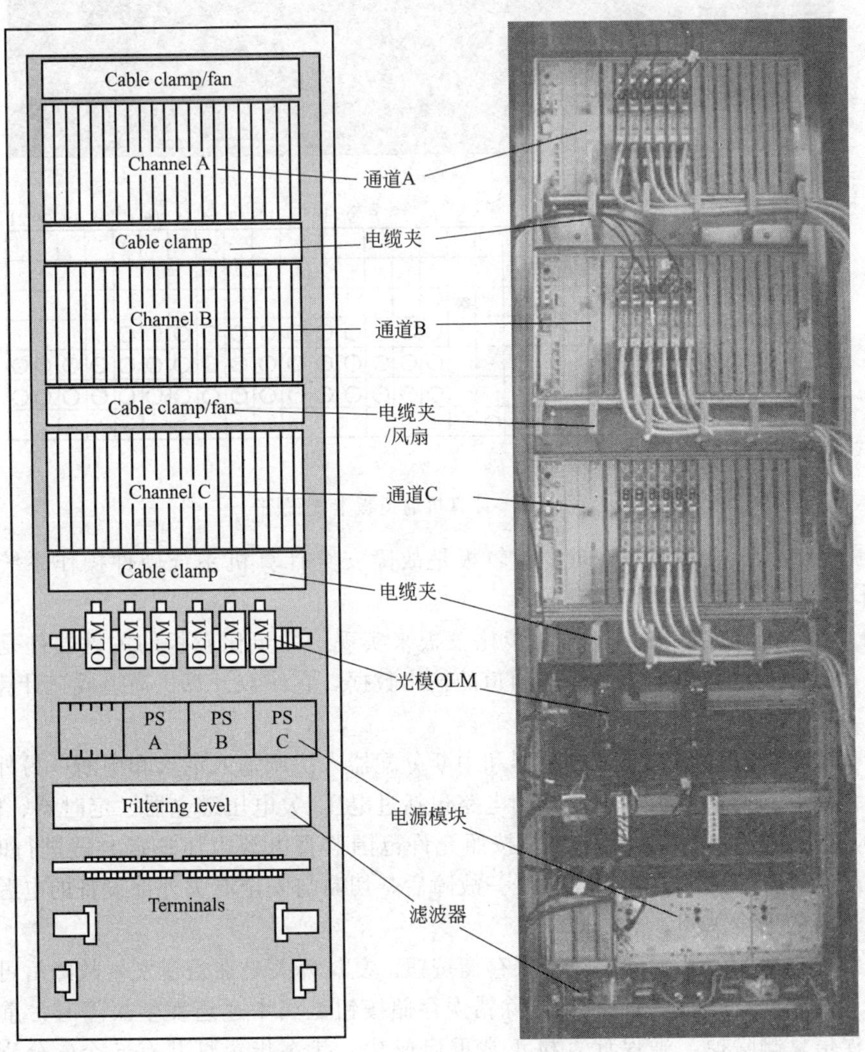

图 3-65　SICAS 联锁计算机柜

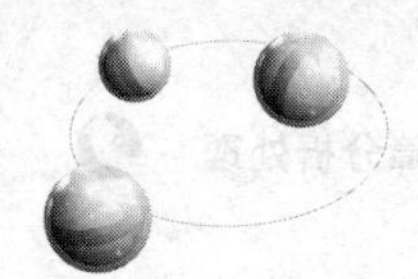
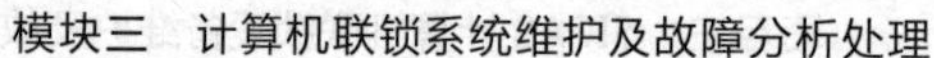

（1）SICAS计算机通道

SICAS计算机由同样配置的3个计算机通道组成，各个计算机通道上下叠放。每个计算机机架有21个安装位置，用于安装同步比较板VESUV3、处理器板VENUS2、中断板VESIN、总线控制板BUMA、命令输出板KOMDA2等板卡，板件之间通过母板上的并行总线连接，如图3-66所示为各个板卡分别对应的安装位置，除了同步比较板、处理器板、中断板外，其余板卡根据所需通信的设备数量配置，本例配置了6块BUMA板和1块KOMDA2板。

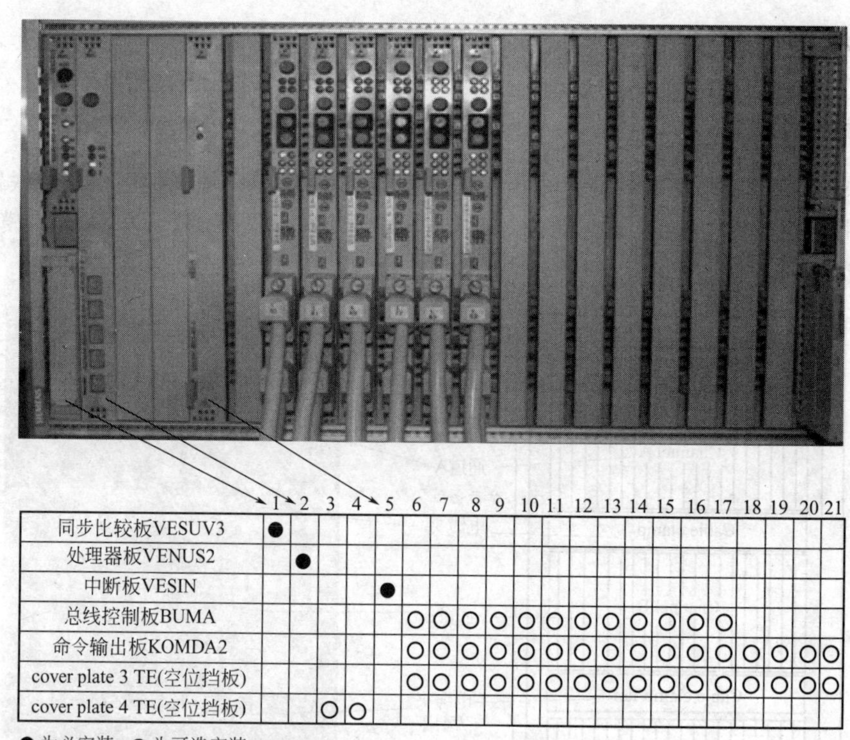

	1	2	3	4	5	6	7	8	9	10	11	12	13	14	15	16	17	18	19	20	21
同步比较板VESUV3	●																				
处理器板VENUS2		●																			
中断板VESIN					●																
总线控制板BUMA						○	○	○	○	○	○	○	○	○	○	○	○				
命令输出板KOMDA2						○	○	○	○	○	○	○	○	○	○	○	○	○	○	○	○
cover plate 3 TE(空位挡板)						○	○	○	○	○	○	○	○	○	○	○	○	○	○	○	○
cover plate 4 TE(空位挡板)			○	○																	

● 为必安装，○ 为可选安装

图3-66　计算机通道板卡配置图

① 同步比较板VESUV3　同步比较板是故障安全计算机系统硬件操作系统的组成部分，采用5V电源供电，如图3-67所示。

不同计算机通道之间的同步由同步比较板来实现。同步比较板的关键器件是硬件比较器，能自动比较本计算机通道与相邻通道的输出数据，它使双计算机通道或三计算机通道实现同步。

同步比较板通过内部的输入分配器和中断分配器来协调输入请求和中断，另外，同步比较板还具备所有必需的监控功能。监测电路包括过电压/欠电压继电器、定时器、监督单元。过电压/欠电压继电器进行电压监测，按照允许范围监督电源电压；定时器进行时间监测；监督单元检查计算机的同步。当发现任一故障后，切断与安全有关外部设备的电源，保证相关计算机通道的安全关闭。

操作元件包括复位开关和删除错误存储按钮。复位开关是在通道发生故障后可以关闭外设，通常开关设在“ON”的位置。删除错误存储按钮是当本通道发生故障时，重启时需把存储的错误信息删除掉，确保计算机正常重启成功。状态指示灯共有6个，分别是RF灯（绿色）、BT灯（黄色）、VL灯（红色）、VR灯（红色）、SP灯（黄色）、PF灯（绿色），

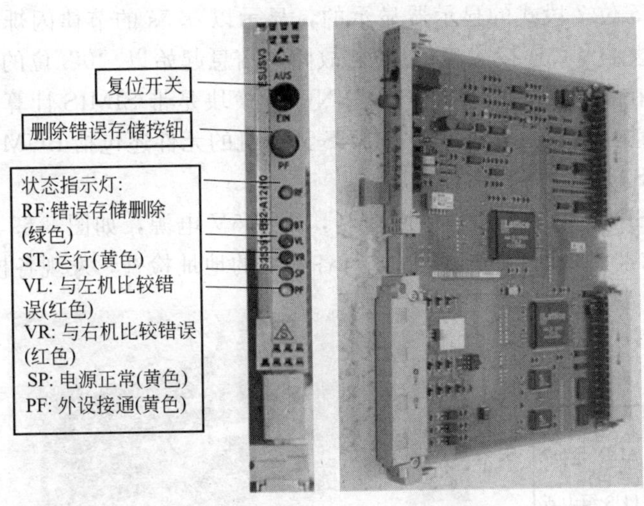

图 3-67　同步比较板 VESUV3

通道正常工作时 RF 灯、BT 灯、SP 灯、PF 灯点亮，通道启动期间，VESUV3 模块上的黄色 LED“BT”和“SP”，及绿色 LED“RF”点亮。如果某个 VESUV3 模块上的“RF”LED 是熄灭的，按下删除错误存储按钮以删除存贮的错误信息。黄色 LED“BT”表示运行正常，黄色 LED“SP”表示电压正常，当通道成功运行后，绿色 LED“PF”点亮。本通道故障时红灯“VL”LED 和“VR”LED 点亮，相邻通道发送故障红灯“VL”LED 或“VR”LED 点亮。

② 处理器板 VENUS2　处理器板包括了集中联锁计算机的中心功能部分，采用 5V 电源，如图 3-68 所示。由 CPU、EPROM 和 RAM 组成，通过输入外围设备读入，在系统中进行数据处理，通过外围设备把控制命令输出，并指示状态信息。此外在模块上还有支持过程功能的单元，如中断控制器和定时器。

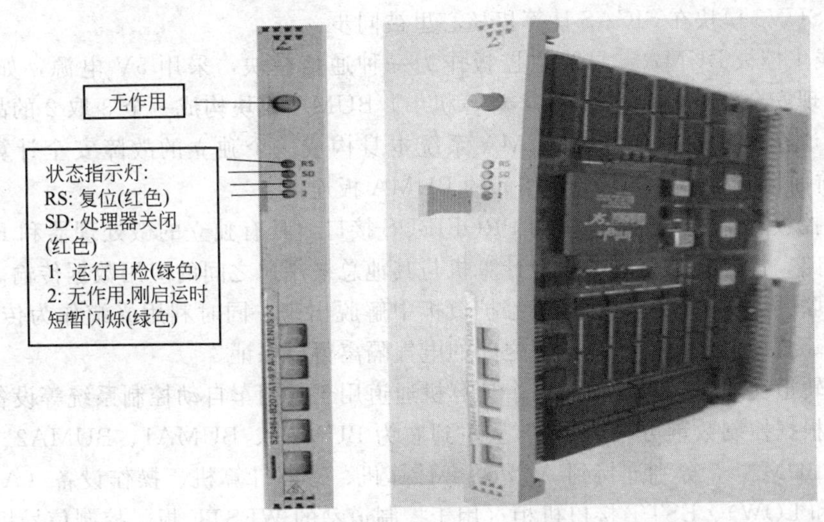

图 3-68　处理器板 VENUS2

在 VENUS2 的面板上，有一个 7 位的代码显示，通过显示不同的代码，根据西门子的维护手册，可以读出故障出错的原因，具有故障诊断的能力。

操作元件重置按钮一般情况下不要操作，VENUS2 模块上的系统故障信息以十六进制

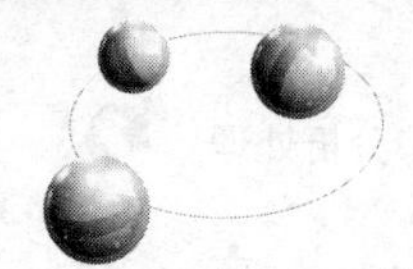
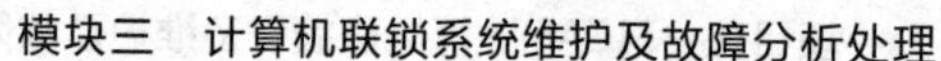

显示，是通过一个5位7段式的显示器显示的，显示以0.5s的节律闪烁循环。指示在“0”位上的“A”表示这是个“连接故障信息”。故障的信息起始以“0”位的点表示，记录下的故障信息内容显示在“1”位到“4”位。VENUS2模块是带SIMIS计算机的元件，故障信息可以直接显示在前面板上。此外，带SIMIS计算机的元件还包括BUMA板和ESTT柜上的LISTE板、WESTE板、STEKOP板。

③ 中断板VESIN　中断板用作中断控制，采用5V电源，如图3-69所示。该板可以对最多32个中断请求产生中断，同时可以进行各板块的地址检查，发现各模块寻址错误。

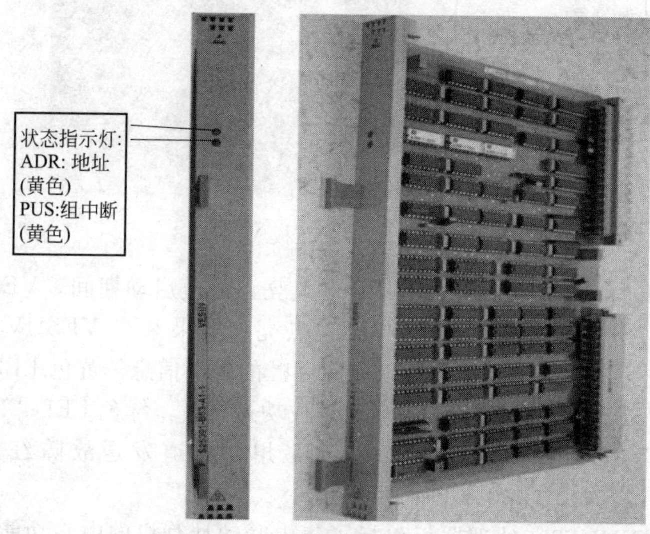

图3-69　中断板VESIN

状态表示灯有黄色LED ADR灯和黄色LED PUS灯，在正常情况下，黄色LED ADR是持续闪烁的。VESIN模块构成可通过框架插头连接的中端请求的一个组中断（PUS），PUS由VESUV3模块在SICAS计算机核心里被同步。

④ 总线主控板BUMA　总线主控板作为一种通信模块，采用5V电源，如图3-70所示。为了实现安全任务，3个（3取2计算机中）BUMA模块构成一个3取2的故障安全系统，也就是说在计算机通道中的BUMA系统本身构成一个独立的故障安全计算机，通过BUMA板前面板的两个接口与上下相邻的BUMA板连接。

总线主控板有一个与光缆连接的PROFIBUS接口，具有独立的微处理器和PROFIBUS专用集成电路，控制整个总线上联锁计算机与其他总线用户之间的应用数据传输。通过这种总线系统，联锁计算机从安全信号及维护负担中解脱出来。同时利用光缆作为传输的媒介，集中联锁计算机和电子单元接口模块之间的电气隔离得以保证。

在城市轨道交通信号系统中，每个计算机通道用于与列车自动控制系统等设备连接的共有6块板（根据控制数量可以增加），从左到右为BUMA0、BUMA1、BUMA2、BUMA3、BUMA4和BUMA5，分别连接到ATP轨旁计算机、诊断计算机、操作设备（ATS的车站设备RTU和LOW）、ESTT接口机柜（用于控制道岔的WESTE板、控制信号机的LISTE板、输入/输出接口模块STEKOP）。

BUMA板有两个按钮，分别是“RV”按钮和“RB”按钮，“RV”按钮是删除错误信息，“RB”按钮是当BUMA板故障消除后重启BUMA板的按钮。状态表示灯VL灯和VR灯意义与VESUV3板的一样，都是为了检测相邻通道的故障。FS灯是错误存储，VS灯是

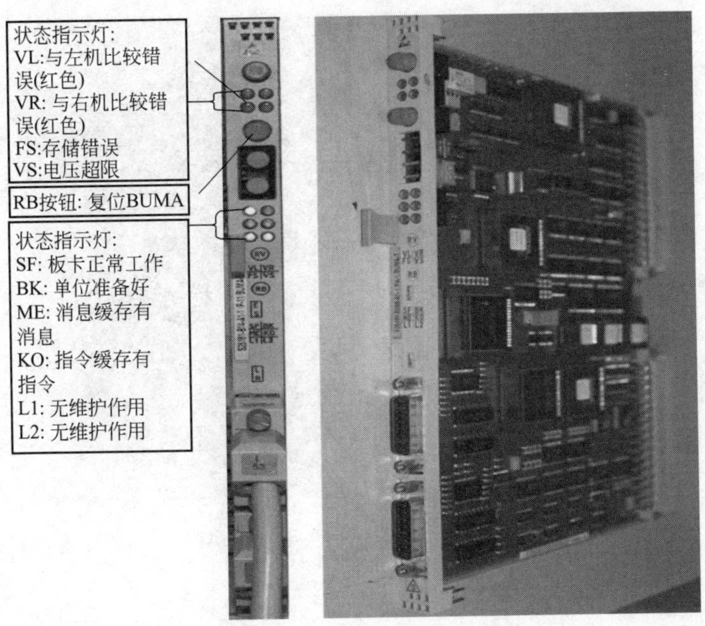

图 3-70　总线主控板 BUMA

电源电压错误。重启 SICAS 计算机通道时 BUMA 板自动启动，必须注意的是每个 BUMA 板的红色 LED 显示 VR、VL 和 FS 都是关闭的，如果红色 LED 显示 VR、VL 和 FS 是点亮的，那要先按下 BUMA 板的 RB 按钮，然后在按下 RV 按钮，只有这样才能使 BUMA 板正常工作。BUMA 板上的系统故障信息是以二进制显示的，显示是由 BUMA 板前面板的 LED“L1”和“L2”组成，显示以大约 1s 的节律循环闪烁。故障信息的起始以 LED“L1”的闪烁表示，LED“L2”的闪烁表示参数值“0”，LED“L1”和“L2”同时闪烁表示参数值“1”，记下故障信息代码，确定板卡的故障原因。光纤连接插头连接光纤与外围设备连接通信。

⑤ 命令输出板 KOMDA2　该电路单元用于输出命令，联锁计算机通过命令输出板输出命令给控制单元接口模块。该模块可以驱动 32 位数字输出，如图 3-71 所示。它从两个前向接头上向外引出，写 32 位输出寄存器通过光耦与联锁计算机隔离，可抗 2kV 的电气绝缘。4 个可单独定址的 8 位输出寄存器将输出指令储存起来，直到新的输出将它修改为止。模块上的输出晶体管由外部 24V 供电，驱动 32 位数字输出，晶体管的导通和寄存器的输出通过光耦由联锁计算机的软件来检查。通过前面板的 2 个 LED，可显示写和回读过程的状态。有些地铁不采用 32 位的数字输出，所有应用到的输出通过 ESTT 柜中的 STEKOP 板进行处理。

状态指示灯 K1 和 K2 同时点亮，3 个通道依次闪烁点亮。

(2) 供电单元

供电单元组匣安装了 3 个 SVK2102 供电模块，将 60V 的联锁系统的电压转换为 5V 电压。一个电源模块为 1 个计算机通道供电，如图 3-72 所示。

(3) 通信模块

通信模块（OLM）用于 PROFIBUS 总线的光纤连接网络，可以将 PROFIBUS 的电子接口转换为 PROFIBUS 的光纤接口，并且两种接口的数据可以相互发送和接收，如图 3-73 所示。每个 OLM 模块有 3 个独立的通道（端口）CH1、CH2 和 CH3，这些通道又包括一

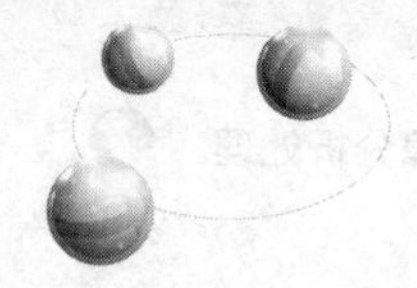

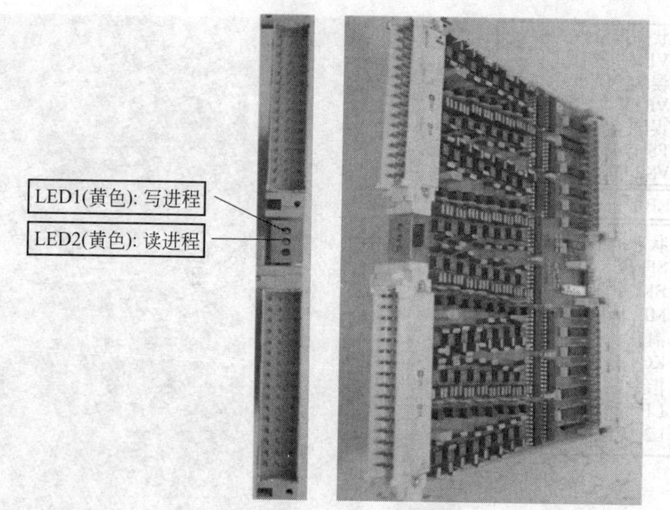

图 3-71　命令输出板 KOMDA2

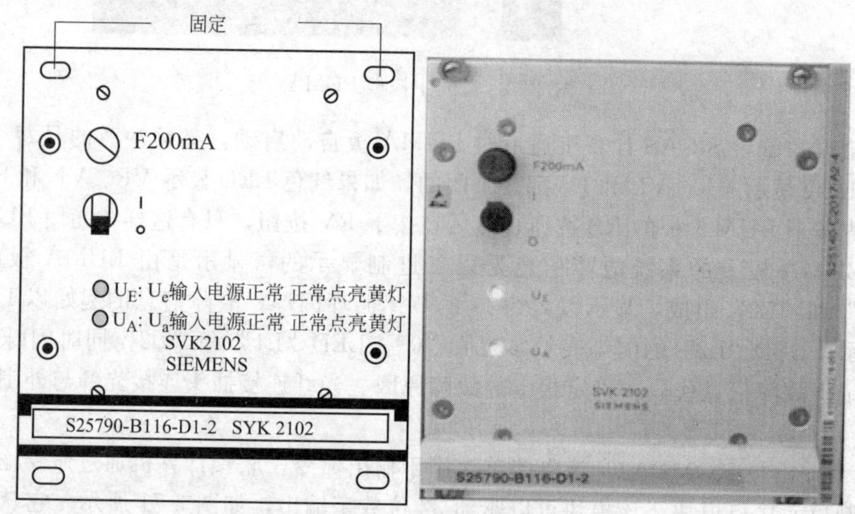

图 3-72　供电单元

个发送器和一个接收器部分。模块的工作电压为 24VDC。OLM 模块面板上有 4 个 LED 灯，用来显示运行的状态和错误信息，如果有的通道没有使用，LED 灯不亮或亮红色。模块正面有测量插孔，测量插孔可以测试两个光端口 CH2 和 CH3 的接收电平，可以用常规电压表来进行测量。

所有 OLM 具有 3 个通道。通道 1 在模块的前面位置，是一个 9 针 SUB—D 插头。用于连接光纤的光通道 2 和 3 位于模块的底部，光纤通过 BFOC/2.5 连接。

如图 3-74 所示为 SUB-D 插头（CH1）的针脚分配及通道（CH2，CH3）的 BFOC 插座排列，光输入用符号⊖标记，光输出用符号⊖标记。

通信模块 OLM 的更换流程如表 3-17。

（4）滤波器

四个滤波器中，滤波器 1、2、3 分别用于通道 A、B、C 电源 60VDC 的滤波，滤波器 4 用于风扇电源 230VAC 的滤波。如图 3-75 和图 3-76 所示。

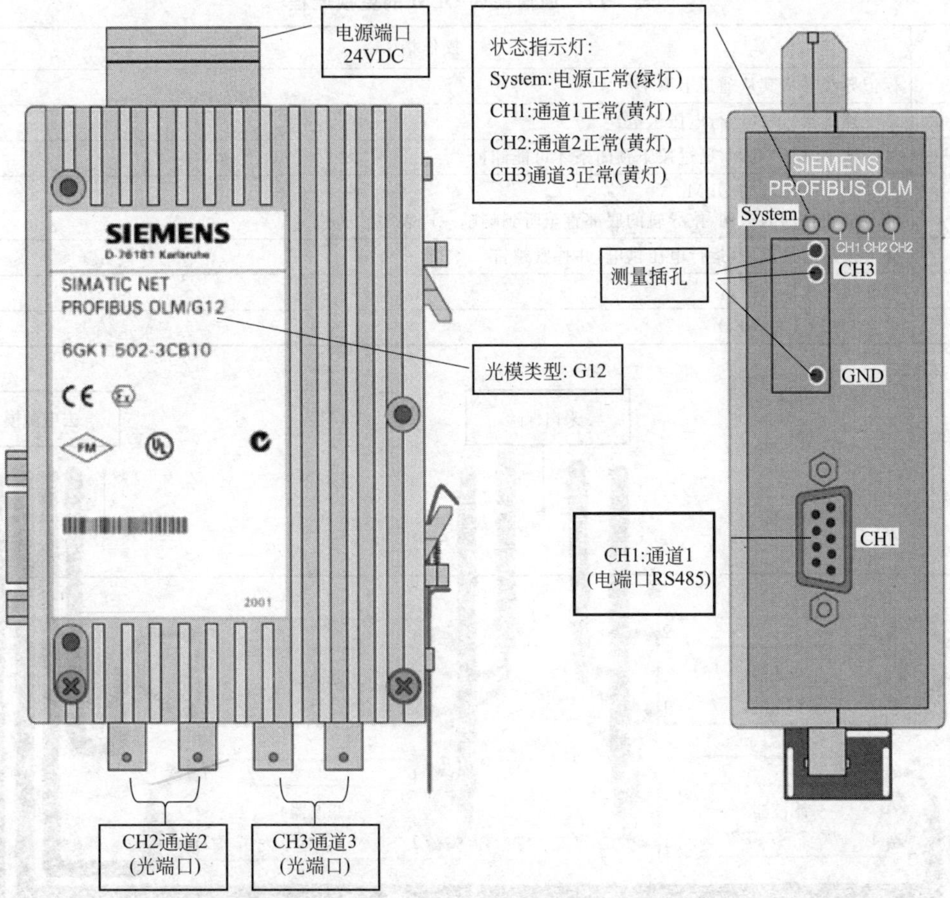

图 3-73　通信模块 OLM

针脚	缩写
1	接地/屏蔽
2	接地
3	RXD/TXD-P
4	未使用
5	接地
6	＋5V输出＋5V
7	＋24V输入＋24V
8	RXD/TXD-N
9	未使用

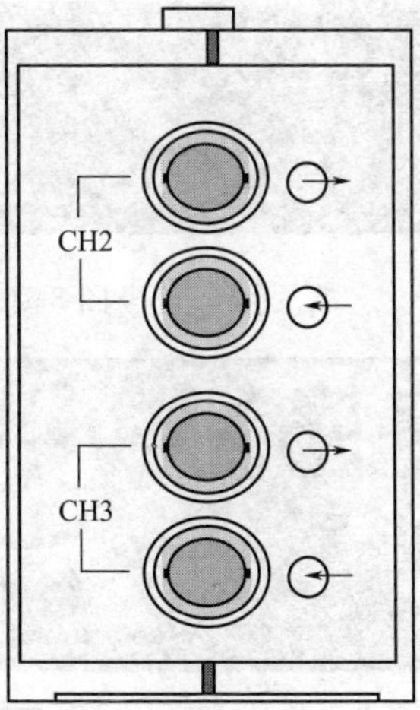

图 3-74　SUB-D 插头（CH1）的针脚分配及通道（CH2，CH3）的 BFOC 插座排列

（5）电缆夹

计算机通道之间的电缆夹，用于电缆走线及固定，如图 3-77 所示。

表 3-17　通信模块 OLM 的更换流程

步骤	操作指引
1	标记导线并将其从通道上取下
2	拿下顶部接点块(运行电压供电)
3	从导轨上拿下 OLM,通过按下锁闭条才可能卸掉
4	在导轨上安装新的 OLM。 挂上模块顶部的弯钩,按导轨的底部直至听到嘀哒一声表明已到位
5	插上顶部的接点块(运行电压供电)并拧紧螺钉
6	将导线再次插入通道
7	检查 OLM 上的 LED

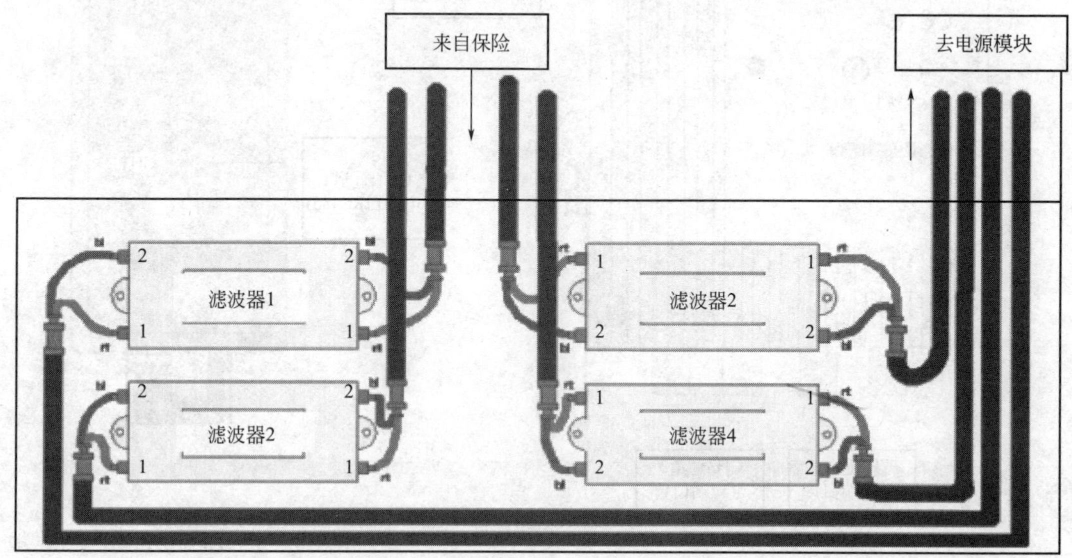

图 3-75　滤波器简图

图 3-76　滤波器实物图

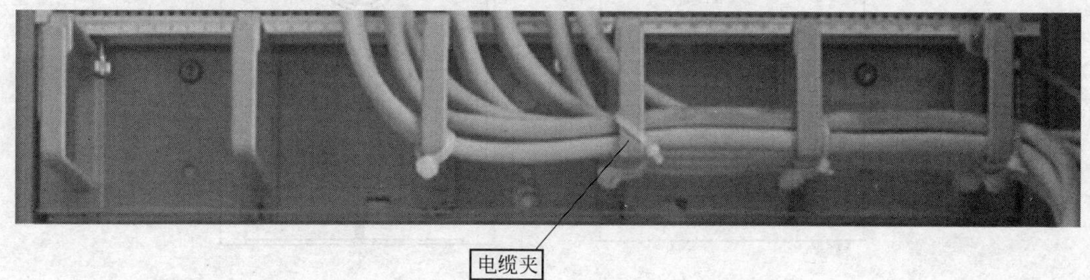

图 3-77　电缆夹

（6）通风装置

通风装置插入件内含三个轴流式通风机（风扇），如图 3-78 所示。

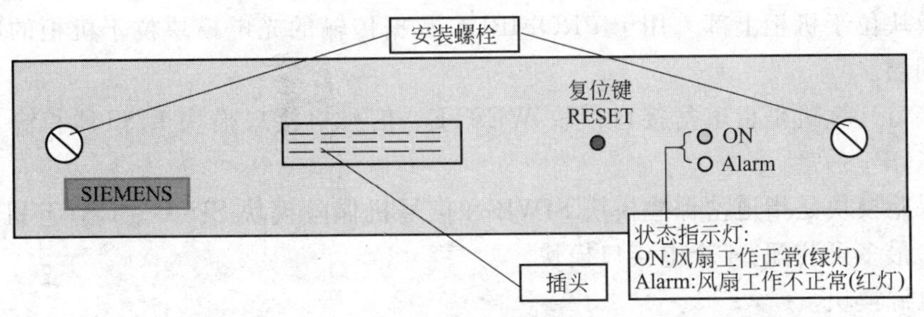

图 3-78　通风装置

绿灯 ON 表示风扇工作正常。

红灯 Alarm 表示有故障发生。如检测到风扇的转速低于正常值的 30%，并且超过 10s。但应注意的是，如果风扇恢复正常状态，红灯不会自动熄灭，需要通过复位键（RESET）清除这个错误信息。如果在正常状态下按压该按钮，可以检测红灯是否正常。

2. 接口机柜 ESTT

接口机柜主要包含电源模块、三类接口计算机及两类保险模块，如图 3-79 所示。

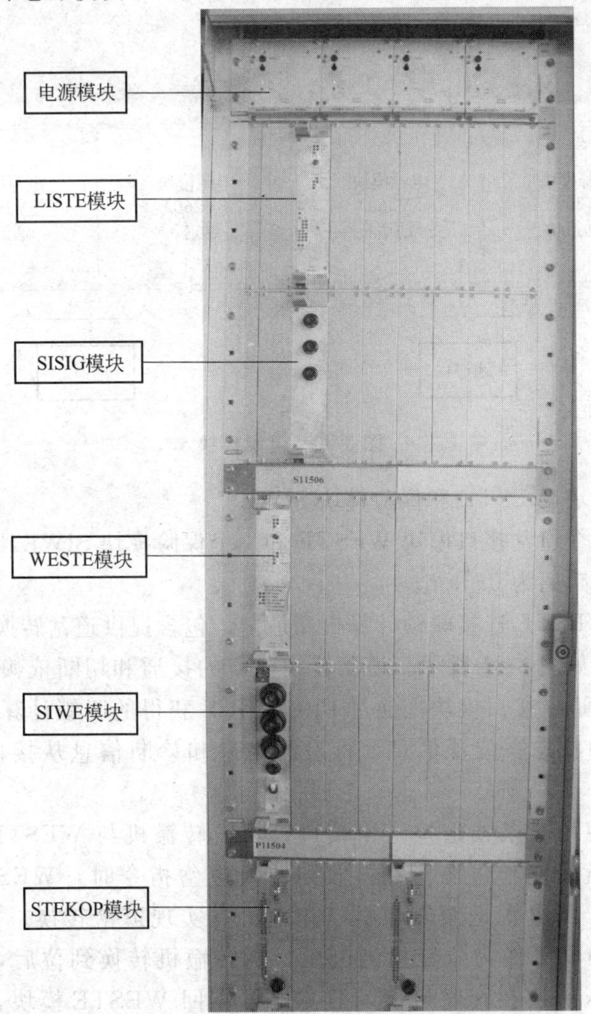

图 3-79　ESTT 机柜的结构

电源模块位于机柜上部。用于 PROFIBUS 数据传输的光电模块位于机柜的后面，与电源模块框同层。

三类接口计算机是指道岔接口模块 WESTE、信号机接口模块 LISTE 和输入输出接口模块 STEKOP。

两类保险模块是指道岔保险模块 SIWE 和信号机保险模块 SISIG。ESTT 机柜装配了 3 个模块框，最多可装配 24 个电接口模块。

(1) 电源模块

电源模块将 60V 电压转换为 8V 电压，如图 3-80 所示。通常两个电源模块连在一起作为一个冗余单元，为机柜中安装的接口模块提供 2 路 8VDC/120W 电源。注意在电源模块框中同一通道的两个电源单元并行连接只是为了冗余，因此模块 1、2 中任意损坏一个，或模块 3、4 中任意损坏一个，均不影响设备的运行。

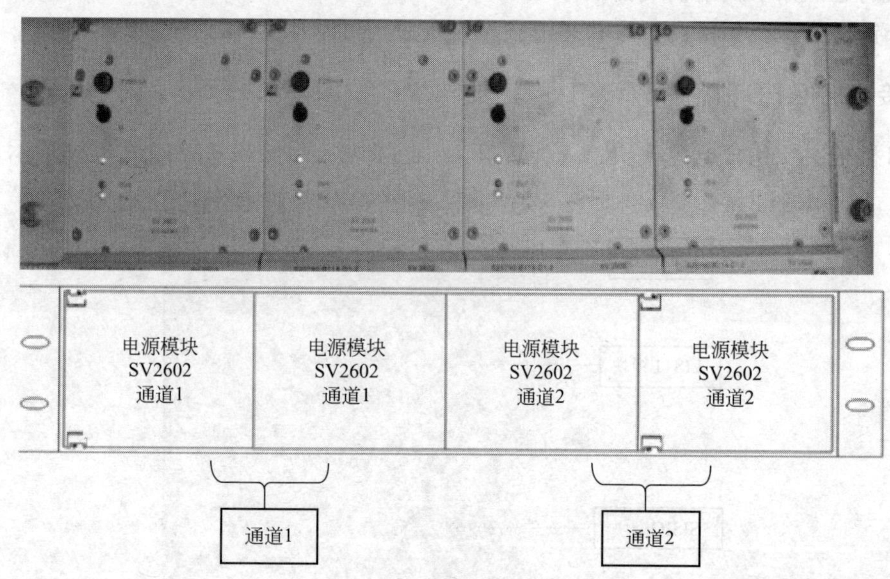

图 3-80　电源模块

(2) 道岔接口模块 WESTE 和保险模块 SIWE

每组道岔对应 1 个道岔接口模块 WESTE 和 1 个保险模块 SIWE，用于三相转辙机的控制和监督，最大控制距离为 6.5km。

道岔接口模块 WESTE 连接联锁计算机和道岔，包含提供道岔转换电流的电源部分和所需的道岔位置开关，如图 3-81 所示。道岔转换电流的接通和切断依赖组合静态延时启动开关，几乎没有损耗。道岔接口模块把通过 PROFIBUS 获得的联锁计算机的控制命令进行转换，并且监视道岔的状态、位置信息，将检测结果和诊断信息从接口模块传送到联锁计算机。

在组合架里，使用 4 条线连接道岔接口模块，转辙机与 WESTE 模块通过四线制电路联接，控制电源就是动作电源。在接收到转换道岔指令时，WESTE 模块内部继电器接通道岔动作电源，将电源送至转辙机三相电机，实现道岔转换。在 WESTE 模块中有 +60V 和 −60V 两种电压作为位置检测电压，当转辙机转换到位后，经由内部继电器动作接通道岔检测电压，加在转辙机上，监测电压流回 WESTE 模块，再经过计算确定道岔的位置。

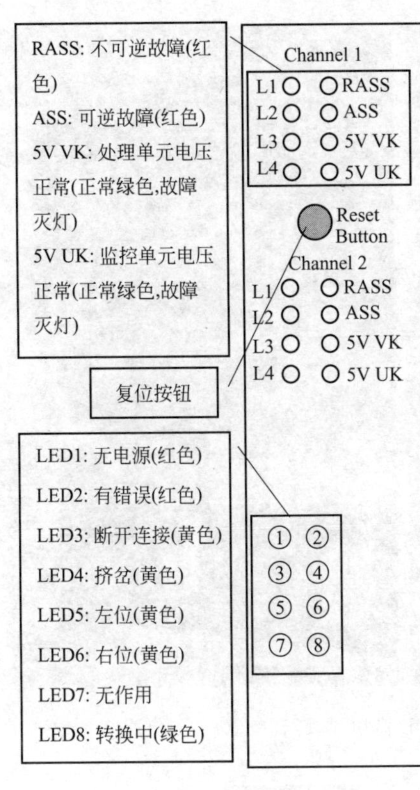

图 3-81　WESTE 模块

保险模块 SIWE 作用是保护 WESTE 模块所使用的 400VAC 道岔驱动电压和 220VAC 电源，另外 SIWE 还为 WESTE 模块提供 2×21VAC 工作电源，如图 3-82 所示。

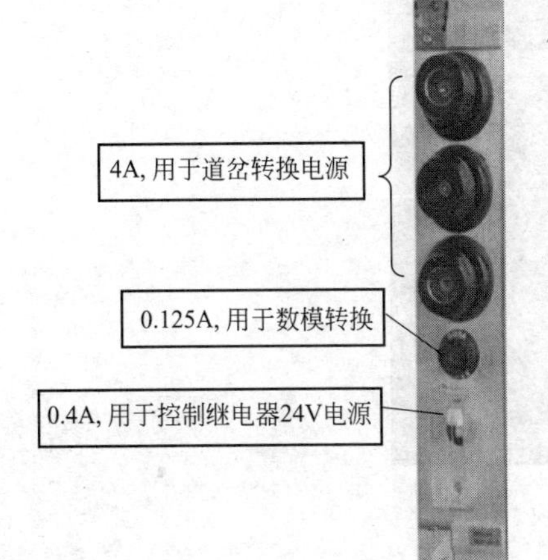

图 3-82　SIWE 模块

（3）信号机接口模块 LISTE 和保险模块 SISIG

每个 LISTE 模块及其保险模块 SISIG 可以控制和监督两架信号机，最大控制距离 6.5km。如图 3-83 和图 3-84 所示。LISTE 模块完成两个功能：其一，它能处理两架信号机的四个灯泡；其二，它能监视灯泡的操作状态，并能监督电缆短路和接地。

信号灯的点灯信息，由联锁计算机通过 PROFIBUS 传送到信号机接口模块。LISTE 模块中的故障－安全计算机系统决定属于哪个信号机的控制命令，并且控制 LISTE 模块上 8 个灯的转换。信号灯的操作状态要受 LISTE 监控。

保险模块 SISIG 提供 145VAC 和 220/145VAC 信号机电源，通过跳线连接到 LISTE 模块，供隧道中的信号机选择白天/黑夜电压。另外 SISIG 还为 LISTE 模块提供 2×21V AC 工作电源。

（4）输入/输出接口模块

输入/输出接口模块 STEKOP 本身就是一个二取二的故障—安全计算机。如图 3-85 所示。实现联锁计算机（SICAS）与轨道电路、电源屏、其他联锁之间开关量输入输出的连

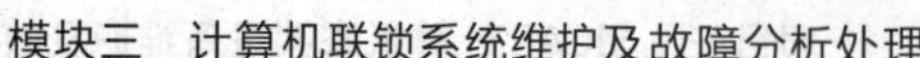

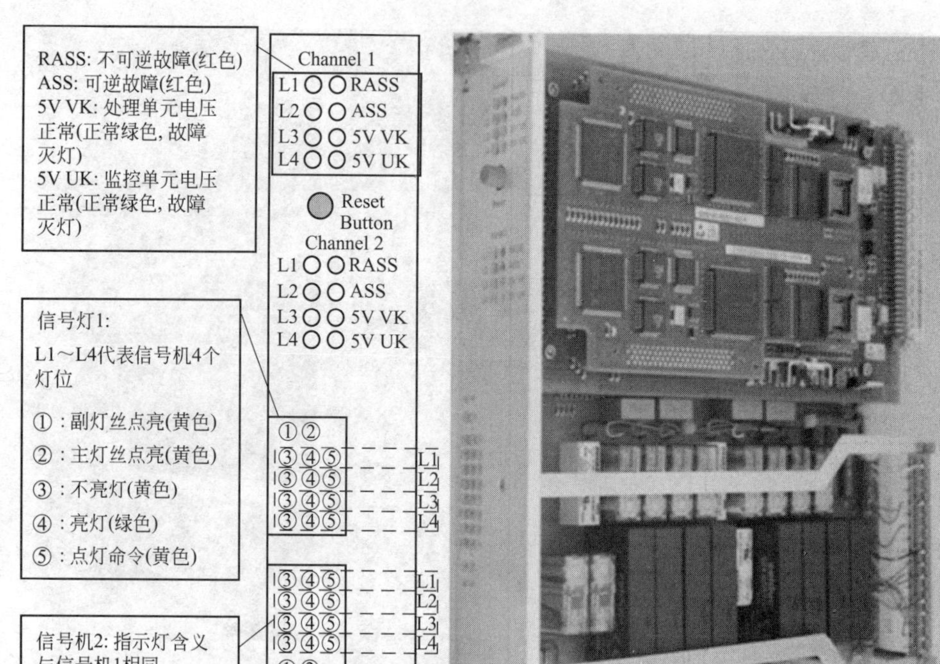

图 3-83　LISTE 模块

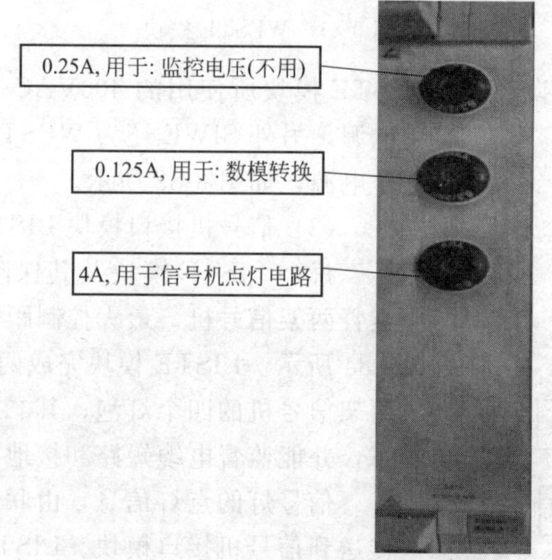

图 3-84　SISIG 保险模块

接，STEKOP 有两个通道，每个通道有 12 位数字输入和输出。STEKOP 与 SICAS 通过 PROFIBUS 连接，进行信息交换。接收从 SICAS 传来的输出命令，并分别用数字形式将它们输出，同时读入设备状态，将这些状态传输给 SICAS 计算机。当故障安全计算机的一个通道在 FEMES 中检测出一个故障，将自动关闭 STEKOP 的外围设备。

STEKOP 模块包括了基本的 STEKOP 板以及用于计算机耦合的附加 FEMES 板。STEKOP 可通过 PROFIBUS 使接口模块与联锁计算机耦合。每一通道有 12 个输入和 12 个输出。FEMES 单元通常具有如下两项任务：处理并保证数据在串行总线中的安全传输；控制并监督所连接的接口模块。

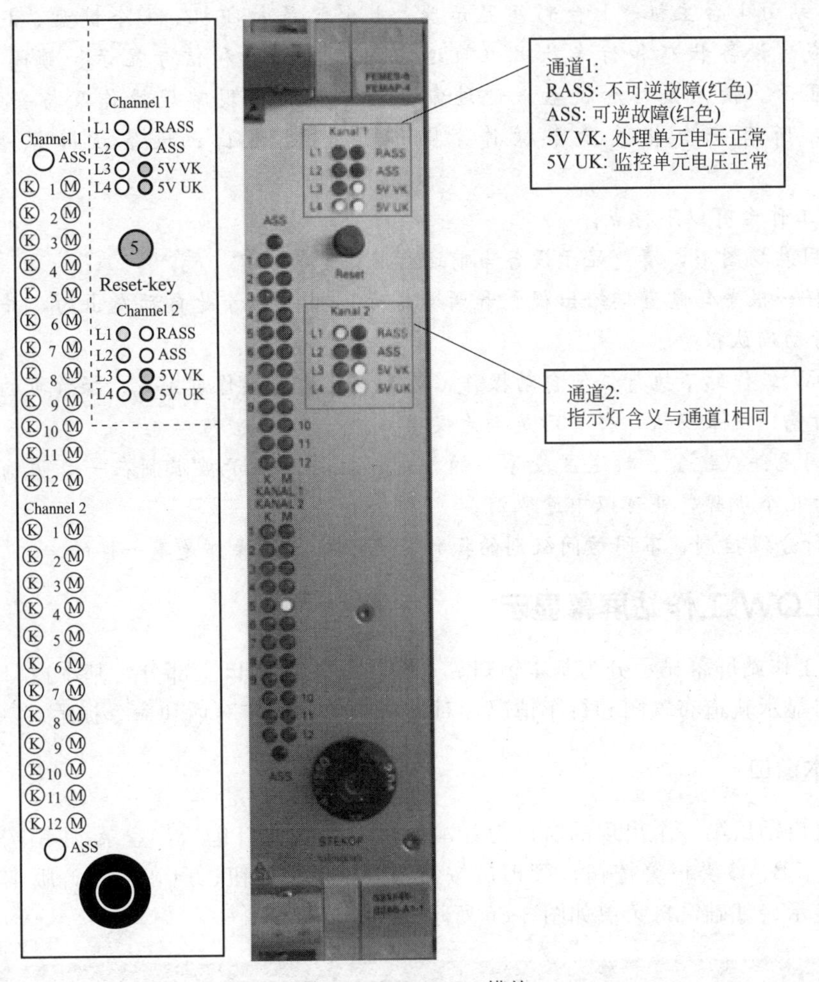

图 3-85 STEKOP 模块

STEKOP 板正常工作时，通道 1 和通道 2 的 5V 电源亮绿灯，STEKOP 板发生故障瞬间关断时刻通过重启按钮完成板卡的重启。板卡的重启成功需要一定的时间，一般需要 2~3min。当板卡还不能正常工作时，只能更换板卡，更换板卡应注意需要更换芯片，而且更换 ESTT 柜中的板卡不需要断电。

任务二 LOW 工作站操作使用

任务目标

1. 熟悉 LOW 工作站界面显示及意义。
2. 能够熟悉操作 LOW 工作站的操作。
3. 能够调看维修机的各种数据。

任务实施

SICAS 计算机联锁系统的本地操作和表示是通过 LOW 现场操作工作站来实现的。

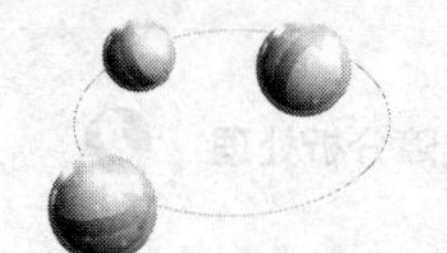

LOW 工作站由 1 台主机、1 台彩色显示器、1 台记录打印机、1 个键盘、1 只鼠标和 1 对音箱组成。设备状态和行车状况（轨道占用道岔位置和信号显示、锁闭等）在彩色显示器上显示。使用鼠标和键盘，通过命令对话窗口实现常规操作及与安全相关联锁命令操作，所有安全相关命令操作、操作员登录/退出、设备故障报警将被记录存档。

LOW 工作台有以下特点。

① 运用站场图形，清楚显示设备当前运行状态。

② 对任一报警信息直接给出视觉和听觉提示，报警信号是自动发出的，并请求操作员立即采取行动确认报警。

③ LOW 工作站不执行任何自动操作，所有操作均由操作员完成。操作员的每个操作都有视觉或听觉响应来确认，并提示是否为误操作。

④ 不同元件（道岔、轨道区段等）的控制、操作及显示被限制在一个明确的范围。一个操作分为几个步骤，并可以中途取消。

⑤ 进行分级控制，不同访问级别的操作员可以执行的操作是不一样的。

一、LOW 工作站屏幕显示

LOW 工作站屏幕显示分为基本窗口、主窗口、对话窗口三部分，基本窗口包括基本菜单，主窗口显示轨道布置图和行车情况，对话窗口包括操作对话和命令提示。

1. 基本窗口

计算机启动后第一个出现的窗口为基本窗口，基本窗口包括：登录/注销按钮；站场图像按钮；A、B、C 类报警按钮；管理员按钮；48h 记录按钮；声音按钮；版本号显示；日期和时间显示。基础窗口菜单如图 3-86 所示。

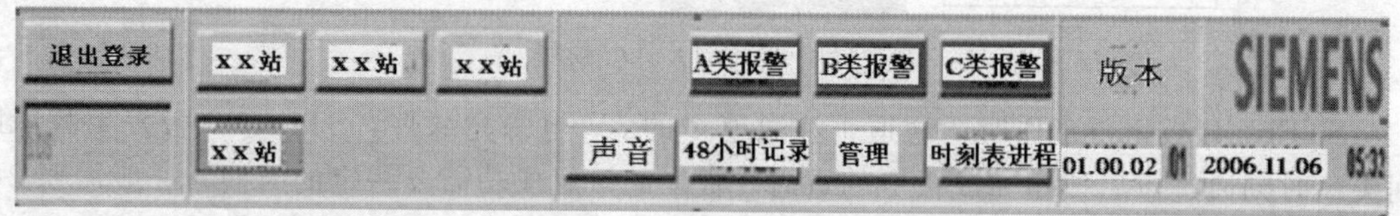

图 3-86　基本窗口菜单

2. 主窗口

主窗口用于显示站场图，可以把本联锁区管辖的主要设备状态实时显示出来，还用于显示 A、B、C 类报警单或 48h 记录，如图 3-87 所示。轨道电路的光带包括 7 种颜色，从高到低依次是灰色、轨道中部深蓝色、红色、粉红色、绿色或淡绿色、黄色。

3. 对话窗口

对话窗口主要由命令按钮栏、执行按钮、取消按钮以及综合信息显示栏组成，如图 3-88 所示。

（1）命令按钮栏　可以显示当前的所有命令按钮，以供操作人员选择，命令按钮栏可根据不同元素的选择，显示出所选元素的所有操作命令，如果没有选择任何元素，命令按钮栏显示的命令为对联锁的所有操作。

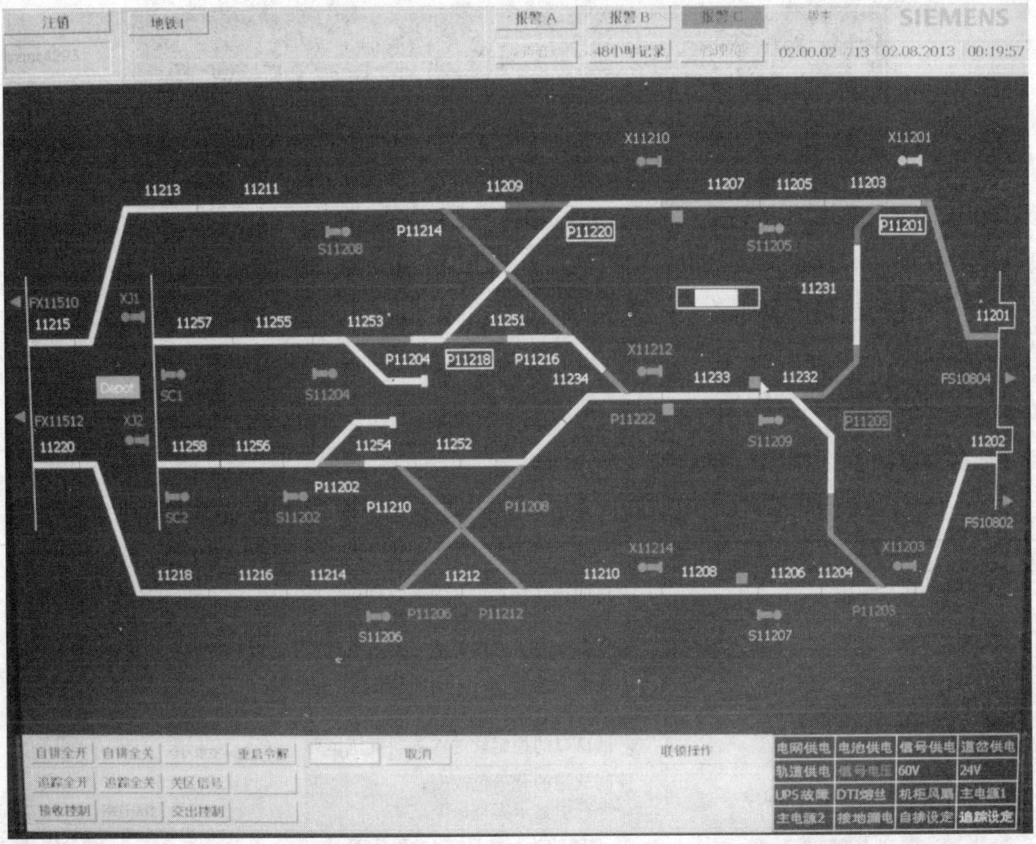

图 3-87　主窗口显示内容

图 3-88　对话窗口显示内容

（2）执行按钮　用于执行当前的操作，一旦单击“执行”按钮、当前的操作就会被联锁记录执行。

（3）取消按钮　用于取消当前的操作。

（4）综合信息显示栏　用于显示信号系统的各种供电情况以及自排、追踪情况。如果相应的供电正常，相应的显示为绿色字体；如果故障则显示红色字体。没有打开自排功能时，自排设定的字体为白色，一旦打开了自排功能，则自排设定字体为绿色。对于追踪进路，如果打开追踪功能，追踪设定字体为黄色，没有打开追踪功能，则追踪设定字体为白色。综合信息显示内容如图 3-89 所示。

二、LOW 工作站操作

联锁命令可以分为“非安全相关命令”和“安全相关命令”，可以操作的元件或对象有 6 类，即联锁区、车站、轨道区段、道岔及道岔区段、信号机、进路。安全相关命令是指该

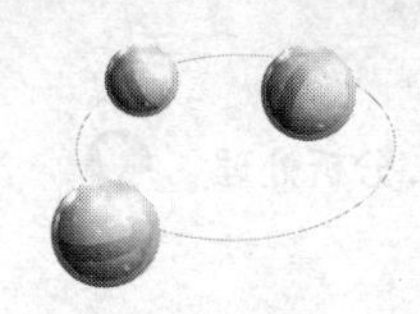
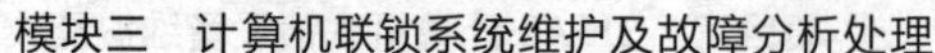

主电源1	主电源2	电源屏	UPS状态	漏泻报警
信号电源	DC 60V	DC 24V	DC 48V	DTI电源
LEU电源	WRE-A	WRE-B	ATP/IL	道岔供电
电池供电	风扇		自排	追踪

图 3-89 综合信息显示内容

命令执行后可能会影响行车安全或设备安全的命令，安全相关命令的底色为淡蓝色。反之则为非安全相关命令。

1. 非安全相关命令操作

非安全相关命令操作步骤如表 3-18。

表 3-18 非安全相关命令操作步骤

序号	步骤	现象
①	单击要选择的元件	元件的选择背景色变为淡蓝色； 对话窗口的控制软键将自动重新排列； 命令行中显示已选择的元件
②	如果为进路操作，右键单击要选择的元件	元件的选择背景色变为淡蓝色； 命令行中显示已选择的元件； 对话窗口的控制软键将自动重新排列
③	单击要执行的控制命令	控制软键的背景色改变； 命令行中显示完整命令
④	单击“执行”按钮	① 联锁的执行结果在 LOW 上显示； ② 联锁的响应在响应行中显示

操作注意事项：在单击“执行”按钮前，必须检查命令行中显示的元件及命令是否与你的操作意图一致；如不一致，单击“取消”按钮或重新选择。

2. 安全相关命令操作

安全相关命令操作步骤如表 3-19。

表 3-19 安全相关命令操作步骤

序号	步骤	现象
①	单击要选择的元件	元件的选择背景色变为淡蓝色； 对话窗口的控制软键将自动重新排列； 命令行中显示已选择的元件
②	单击要执行的控制命令	控制软键的背景色改变； 命令行中显示完整的命令解释
③	单击“执行”按钮	选择的元件以橙色背景显示； 联锁反馈回来的命令在主窗口的左下角以红色字符显示； 在对话窗口左下方弹出一个安全相关操作对话画面，在中间上方显示出选择的元件及命令的解释；中间下方有两层红、黄、蓝三色光带，上层固定不变，下层闪烁，上下颜色一致。左边下方有一个中间带转动横杠的椭圆；上方左右两边有“释放 1”“释放 2”按钮。过几秒后，“释放 1”变实体
④	确认命令与意图一致且显示现象正确后：单击对话窗口中的“释放 1”按钮	“释放 2”按钮变成实体（如不在规定时间内单击“释放”按钮，系统就会自动中断命令执行）
⑤	再次确认命令与意图一致且显示正确后，单击“释放 2”按钮	命令传给联锁执行，结果在 LOW 上显示

操作注意事项。

① 在单击“执行”按钮前，必须检查命令行中显示的元件及命令是否与你的操作意图一致；如不一致，单击“取消”按钮或重新选择。

② 在没有单击“释放 2”按钮之前，单击“取消”按钮可以中断命令的执行。

③ 如果打印机故障或没有接好，LOW 将要求你记录该操作，记录后，单击“执行”按钮。

3. 取消所选元件以及中断操作的方法

可以通过以下方法取消所选元件或中断操作。

① 单击“取消”按钮。

② 选择不同的元件。

③ 该元件被重新单击一次。

④ 在设备显示视图的空白区单击。

4. 联锁命令

联锁根据对象可以分为 6 类命令，其中 R 表示非安全相关命令，S 表示安全相关命令，下面将逐一进行描述。

(1) 联锁区命令　联锁区命令含义及现象如表 3-20。

表 3-20　联锁区命令含义及现象

按钮名称	命令含义	命令类型	现象
自排全开	全部信号机处于自动排列进路状态	R	所有信号机的编号变绿“自排全开”变绿
自排全关	全部信号机处于人工排列进路状态	R	所有信号机的编号变红“自排全开”变红
追踪全开	全部信号机处于联锁自动排列进路状态	R	所有有追踪功能的信号机编号变黄，“追踪全开”变绿
追踪全关	全部信号机取消联锁自动排列进路状态	R	所有有追踪功能的信号机编号变红，“追踪全开”变红
关区信号	关闭联锁区全部信号机，并封锁	R	所有信号机室外点红灯头部变蓝色
交出控制	向 OCC 交出控制权	R	车站标记绿闪
接收控制	从 OCC 接收控制权	R	车站标记变绿
强行站控	车站强行从 OCC 取得控制权	S	车站标记变绿
重启令解	SICAS 计算机联锁系统重新启动后(并非指 LOW 计算机重启，而是指 SICAS 计算机)，解除全部命令的锁闭。在执行此命令前，除“全区逻空”命令外系统禁止执行其他命令	S	
全区逻空	将本联锁区全部轨道区段设置为逻辑空闲	S	粉红光带消失

(2) 轨道命令　轨道命令含义及现象如表 3-21。

(3) 道岔命令　道岔命令含义及现象如表 3-22。

(4) 信号机命令　信号机命令含义及现象如表 3-23。

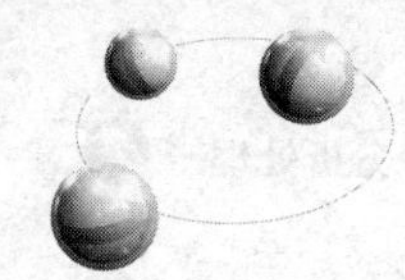

表 3-21 轨道命令含义及现象

按钮名称	命令含义	命令类型	现象
封锁区段	禁止通过该区段排列进路	R	轨道表示中间段变为蓝色或蓝闪
解封区段	允许通过该区段排列进路	S	蓝色或蓝闪消失
强解区段	解锁进路中的该区段	S	绿色/淡绿色闪光经 30s 后消失或立即消失
轨区逻空	把区段设为逻辑空闲	S	由粉红变为黄色
轨区设限	设置轨道区段的限速	S	出现红色限速值
轨区消限	取消轨道区段的限速(需先按压联锁站 LCP 盘上的消限按钮)	S	限速值消失
自动折返	指示 ATP/ATO 进行列车的牵出折返作业	ATP/ATO	
换上至下	指示 ATP/ATO 将列车的驾驶端由上行端转为下行端	ATP/ATO	
换下至上	指示 ATP/ATO 将列车的驾驶端由下行端转为上行端	ATP/ATO	
终止站停	取消运营停车点	ATP/ATO	停车点由红变绿

表 3-22 道岔命令含义及现象

按钮名称	命令含义	命令类型	现象
单独锁定	锁定单个道岔,阻止转换	R	道岔标记变为红色
取消锁定	取消对单个道岔的锁定,道岔可以转换	S	道岔标记变为白色
转换道岔	转换道岔	R	岔后一侧由黄色变为深黑; 岔后一侧由深黑变为黄色
强行转岔	轨道区段占用时强行转换道岔	S	岔后一侧由粉红色/红色变为深黑; 岔后一侧由深黑变为粉红色/红色
封锁道岔	禁止通过道岔排列进路	R	出现部分蓝色
解封道岔	允许通过道岔排列进路	S	蓝色消失
强解道岔	解锁进路中的道岔	S	绿色/淡绿色闪光经 30s 后消失或立即消失
岔区逻空	把道岔区段设置为逻辑空闲	S	由粉红色变为黄色
岔区设限	对道岔区段设置限速	S	出现红色限速值
岔区消限	取消对道岔区段的限速	S	限速值消失
挤岔恢复	取消挤岔逻辑标记	S	岔后长闪变为稳定光

表 3-23 信号机命令含义及现象

按钮名称	命令含义	命令类型	现象
开放引导	开放引导信号	S	信号机机身变为黄色
关闭信号	设置信号机为关闭状态	R	信号机机身变蓝,头部变红色
封锁信号	封锁在关闭状态下的信号机	R	信号机头部闪蓝色
开放信号	设置信号机为开放状态	S	信号机机身和头部亮绿灯
解封信号	取消对关闭状态下的信号机的封锁	S	信号机头部蓝色消失
自排单开	设置单架信号机为自动排列进路状态	R	信号机标记变绿"自排全开"变绿
自排单关	设置单架信号机为人工排列进路状态	R	信号机标记变红
追踪单开	单架信号机由联锁自动排列进路	R	信号机标记变黄"追踪全开"变绿
追踪单关	单架信号机取消由联锁自动排列进路	R	信号机标记变红

（5）进路命令　进路命令含义及现象如表 3-24。

表 3-24　进路命令含义及现象

按钮名称	命令含义	命令类型	现象
排列进路	排列进路	R	①道岔/轨道表示变为绿色； ②保护区段变为淡绿； ③道岔转换位置； ④有关道岔的标号出现方框
取消进路	取消进路	R	立即或信号机底座经 30s 闪后有以下显示。 ①信号机机身变为红色； ②道岔/轨道表示变为黄色； ③保护区段变为黄色

（6）车站命令　车站命令含义及现象如表 3-25。

表 3-25　车站命令含义及现象

按钮名称	命令含义	命令类型	现象
关站信号	关闭车站所有信号机并封锁	R	①头部变蓝色； ②信号机机柱显示红色

三、报警信息

根据对行车的影响程度，报警可以分成 A、B、C 三类。A 类为严重影响行车，B 类为即将影响行车，C 类为一般信息，C 类报警无须确认并无声音报警。A 类报警优先级最高，其次为 B 类和 C 类。

当出现报警信息时，提示方式有 3 种。

① 基本窗内的相应按钮“A”、“B”开始红色闪光，按钮“C”显示红色。

② 产生一个声音报警，声音报警对应队列中最重要的报警。

③ 如果涉及到相关元件，主窗口中对应元件也给出相应显示，或在综合信息显示器中相应信息显示红色，告知哪个元件出现故障。

当报警发生后，可以通过以下方法确认报警。

① 单击最高优先级的报警按钮。

② 选择并读短文后，单击“确认”按钮确认。

如果在处理过程中，来了一个更重要的报警，将立即离开该对话，并进入最重要的报警对话中，处理这个最新最严重的故障。

如果 LOW 工作站为遥控，即在 OCC 上进行操作，所有的报警都将排队，当下一个操作员进入 LOW 操作时，必须先确认所有报警。出现报警时可以按压“音响”键消除声音报警，队列中的报警最多存储 48h。

任务三 ●●● SICAS 计算机联锁设备检修维护

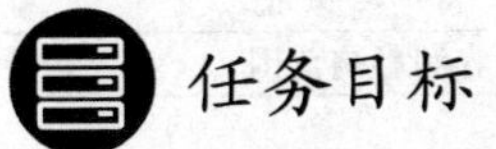

任务目标 ▶▶▶

1. 熟悉 SICAS 计算机联锁系统的日常巡视项目。

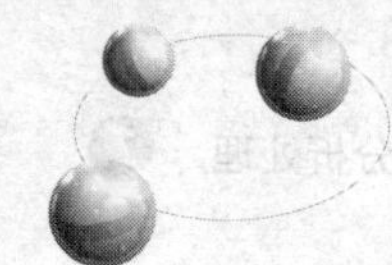

2. 了解 SICAS 计算机联锁系统的集中检修项目及标准。

3. 掌握 SICAS 计算机联锁系统的维护注意项目。

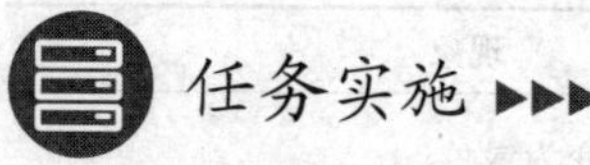

任务实施 ▶▶▶

一、检修项目及标准

信号系统设备的维护工作必须贯彻预防与维修相结合、以预防为主的原则，按期进行计划性维修。信号设备的修程分为设备巡视和集中检修。

1. 设备巡视

设备巡视包括地面设备日巡检、周巡检等作业，是指在不影响设备运行的前提下，对设备进行的检查和养护。

设备巡视的基本要求：检查设备外观是否良好，基础是否稳固，螺钉是否紧固，接地连接是否可靠，箱体、加锁装置是否完好。对于监控终端设备，询问用户的使用情况，及时了解设备在使用中存在的问题。检查设备外部连接杆、件、管线是否完好，动作是否灵活，设备运行是否正常平稳，有无噪声，温升是否正常等。对设备运行状态、指示灯进行监测、记录；检查是否有报警显示、检查各种熔断器、空气开关是否工作正常。检查各种终端监测设备，跟踪、下载运行数据；分析、确认故障报警及各种设备状态信息；核正系统参数（车辆轮径值、系统时间、初始设置等）。设备表面清洁，整理设备房环境卫生，使设备周围环境良好，满足运行要求。

① SICAS 计算机月检检修内容及标准如表 3-26。

表 3-26　SICAS 计算机月检检修内容及标准

SICAS 计算机月检工艺卡			
作业性质:月检	编号:		设备编号:
作业项目:SICAS 计算机月检作业			
作业条件	①召开班前会,明确施工范围、内容、人员分工以及注意事项		
	②检修工具准备齐全		
	③按规定办理请点手续		
	④按规定做好安全防护		
作业工器具	名称	型号	数量
	万用表	—	1 台
	38 件套/42 件套	—	1 套
	通信工具(电台)	—	1 台
	手电筒	—	1 把
作业材料	名称	型号	数量
	清洁布	—	适量
	手套	—	适量
	绝缘胶带	—	适量
	毛刷	—	1 把
安全要点	① 信号维护人员与行车人员共同确认已批点、作业区域范围、作业内容和影响范围		
	②防止触动各类开关、按钮、电源等设备		
	③严禁影响设备正常工作状态的操作		

续表

检修项目	检修内容及标准
①设备安装环境检查	①检查温度和湿度。标准:根据不同区域确定(一般温度为 20～26℃,湿度为 50%～75%)
	②检查设备机房孔洞(防鼠防虫)。标准:孔洞封堵完好、标识清晰
	③检查防静电地板或地面。标准:无塌陷
	④检查柜体、柜架。标准:无歪斜、固定牢固
②设备外观检查	①检查柜门。标准:动作灵活、锁头完好
	②检查线缆、开关标识。标准:标识齐全、完整、清晰
	③检查机柜密封性。标准:密封良好、孔洞封堵完好
③工作状态查看	①目视检查三个通道 VESUV3、VENUS2、VEsin、KOMDA 板件的显示状态。标准:点亮黄灯状态
	②目视检查 3 个通道 BUMA 板件显示状态。标准:点亮绿灯状态
	③目视检查 OLM、电源的显示状态。标准:点亮黄灯状态
	④检查机柜背面的上下风扇的状态、检查防尘网、过滤组件。标准:通风良好,无异常噪声
④收尾工作	①填写设备检修记录表
	②信号维护人员确认安全防护撤除,清理作业现场、人员出清
	③销点前,确认设备工作状态和表示灯状态与作业前一致
	④信号维护人员办理销点手续
	⑤召开班后会,填写作业工单

② LOW 工作站月检检修内容及标准如表 3-27。

表 3-27 LOW 工作站月检检修内容及标准

LOW 工作站月检工艺卡			
作业性质:月检	编号:		设备编号:
作业项目:LOW 工作站月检作业			
作业条件	①召开班前会,明确施工范围、内容、人员分工以及注意事项		
	②检修工具准备齐全		
	③按规定办理请点手续		
	④按规定做好安全防护		
作业工器具	名称	型号	数量
	万用表	—	1 台
	38 件套/42 件套	—	1 套
	通信工具(电台)	—	1 台
	手电筒	—	1 把
作业材料	名称	型号	数量
	清洁布	—	适量
	手套	—	适量
	绝缘胶带	—	适量
	毛刷	—	1 把
安全要点	①信号维护人员与行车人员共同确认已批点、作业区域范围、作业内容和影响范围		
	②防止触动各类开关、按钮、电源等设备		
	③严禁影响设备正常工作状态的操作		

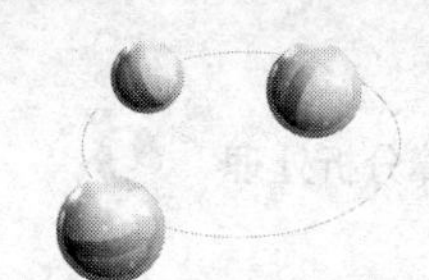

续表

检修项目	检修内容及标准
①设备外观状态检查	①温度范围:0～55℃;湿度范围:0%～95%(无凝露)
	②设备表面干净、清洁、无灰尘
	③显示器及主机电源正常。风扇转动正常,无异常噪声
	④插接件各接口连接线应连接牢固
②设备功能检查	①登录LOW查看系统工作状态,询问操作人员在日常使用过程中是否有异常现象
	②检查鼠键功能,键盘上的LED指示灯显示、鼠标的移动及按键正常
	③检查显示器,显示图像清晰、色彩鲜艳、明暗度、对比度适中,调整功能正常
	④检查工作站时间同步,工作站时间与主时钟时间一致
③收尾工作	①填写设备检修记录表
	②信号维护人员确认安全防护撤除,清理作业现场、人员出清
	③销点前,确认设备工作状态和表示灯状态与作业前一致
	④信号维护人员办理销点手续
	⑤召开班后会,填写作业工单

③ ESTT机柜月检检修内容及标准如表3-28。

表3-28　ESTT机柜月检检修内容及标准

ESTT机柜月检工艺卡			
作业性质:月检	编号:		设备编号:
作业项目:ESTT机柜月检作业			
作业条件	①召开班前会,明确施工范围、内容、人员分工以及注意事项		
	②检修工具准备齐全		
	③按规定办理请点手续		
	④按规定做好安全防护		
作业工器具	名称	型号	数量
	万用表	—	1台
	38件套/42件套	—	1套
	通信工具(电台)	—	1台
	手电筒	—	1把
作业材料	名称	型号	数量
	清洁布	—	适量
	手套	—	适量
	绝缘胶带	—	适量
	毛刷	—	1把
安全要点	①信号维护人员与行车人员共同确认已批点、作业区域范围、作业内容和影响范围		
	②防止触动各类开关、按钮、电源等设备		
	③严禁影响设备正常工作状态的操作		
检修项目	检修内容及标准		
①设备外观状态检查	①设备外观完好,机柜竖直,无倾斜,无下陷,表面干净,无灰尘		
	②各部件的面板、印制电路板、插槽、插匙、端口(接口)清洁无灰尘,铭牌标识字迹清晰		
	③检查防尘网、过滤组件作用良好		

续表

检修项目	检修内容及标准
①设备外观状态检查	④电缆入口密封性检查、地线检查，密封完好，地线安装牢固
	⑤检查各模块及接口接头安装牢固，接触良好
②设备指示灯状态检查	①检查电源模块面板状态。四个电源开关均在ON位，四个电源的UE和UA(黄)亮
	②检查LISTE的显示状态。CH1:5V VK(绿)亮、5V UK(绿)亮、CH2:L1(黄)亮、5V VK(绿)亮、5V UK(绿)亮，各灯位显示与现场信号点灯状态一致
	③检查WESTE的显示状态。CH1:5V VK(绿)亮、5V UK(绿)亮、CH2:L1(黄)亮、5V VK(绿)亮、5V UK(绿)亮，各灯位显示与现场道岔状态一致。
	④检查STEKOP的显示状态。CH1:5V VK(绿)亮、5V UK(绿)亮、CH2:L1(黄)亮、5V VK(绿)亮、5V UK(绿)亮、各灯位显示与采集驱动状态一致
	⑤检查OLM的显示状态。System(绿)亮、ch1/ch2/ch3(黄)亮(在用)
	⑥检查风扇工作状态。LED ON-"绿灯"常亮，LEDalarm-灭；无杂音
③收尾工作	①填写设备检修记录表
	②信号维护人员确认安全防护撤除，清理作业现场、人员出清
	③销点前，确认设备工作状态和表示灯状态与作业前一致
	④信号维护人员办理销点手续
	⑤召开班后会，填写作业工单

2. 集中检修

集中检修按周期分为：双周检、月检、季检、半年检、年检等。集中检修作业需按要求提前申报施工作业计划，明确施工影响范围及作业安全防护措施，在行调（或厂调）给点后进行的设备集中检修工作。

集中检修的基本要求：定期开盖、开箱检查，设备内、外部清洁；检查、整理引出（入）线、接线端子。对设备主要部件进行测试、调整，紧固设备安装杆件、塞钉、螺丝等，定期更换保险及损耗部件，按要求加注润滑油等。测试关键设备电气特性、机械特性，填写并分析测试记录，及时掌握设备电气特性变化。对设备主要、关键部位、部件进行清洁、分解、检查、调整，更换易损部件。检查、测试各系统功能及接口设备功能，检查、核正系统参数。对曾发生故障的设备进行重点诊断、分析，消除故障隐患。对设备基础、箱体进行平整、调整、稳固，清理设备表面油污。

① SICAS计算机年检检修内容及标准如表3-29。

表3-29　SICAS计算机年检检修内容及标准

SICAS计算机年检工艺卡		
作业性质:年检	编号:	设备编号:
作业项目:SICAS计算机年检工艺卡		
作业条件	①召开班前会，明确施工范围、内容、人员分工以及注意事项	
	②检修工具准备齐全	
	③按规定办理请点手续	
	④按规定做好安全防护	

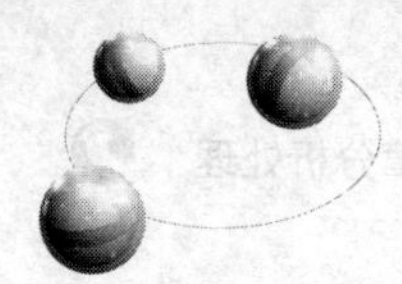

续表

SICAS计算机年检工艺卡			
作业工器具	名称	型号	数量
	万用表	—	1台
	38件套/42件套	—	1套
	通信工具(电台)	—	1台
	手电筒	—	1把
作业材料	名称	型号	数量
	清洁布	—	适量
	手套	—	适量
	绝缘胶带	—	适量
	毛刷	—	1把
安全要点	①信号维护人员与行车人员共同确认已批点、作业区域范围、作业内容和影响范围		
	②防止触动各类开关、按钮、电源等设备		
	③严禁影响设备正常工作状态的操作		
检修项目	检修内容及标准		
①设备外观状态检查	①设备外观完好,机柜竖直,无倾斜,无下陷,表面干净,无灰尘		
	②防尘网、过滤组件作用良好,并进行清洁		
	③检查电缆入口密封性完好		
	④检查地线,无机械损伤,接触良好		
	⑤检查设备外表卫生、清洁,各部件的面板、印刷电路板、插槽、插匙、端口(接口)清洁无灰尘		
	⑥检查各模块安装及插卡板插接是否松动,各接口接头是否松动。各部件铭牌标识,安装牢固,接触良好,铭牌标识字迹清晰		
	⑦ 检查电缆及接头、各部件螺钉,电缆及接头无机械损伤,接触良好;各部件的螺钉紧固,无滑丝等(断电检查)		
②测试SICAS计算机输入电源电压	A通道输入直流电源60V输出5V,B通道输入直流电源60V输出5V,C通道输入直流电源60V输出5V,风扇输入交流电源220V		
③启动SICAS计算机,检查SICAS计算机3取2冗余功能	①关断通道C的5V电源。通道A、B仍然工作,3取2工作下(通道A的同步模块VL灯点红亮,通道B的同步模块VR灯点红亮),通道C的同步模块VL/VR灯点红亮		
	②打开通道C的5V电源,等待10min。通道C自动与A、B通道同步		
	③按压通道C的VESUV3板的PF按钮,接着按A、B通道的VESUV3板的PF按钮。通道A、B、C的VESUV3板的VL/VR灯灭,三个通道同步		
	④关断通道B的5V电源。通道A、C仍然工作,3取2工作下(通道A的同步模块VR灯点红亮,通道B的同步模块VL灯点红亮),通道B的同步模块VL/VR灯点红亮		
	⑤打开通道B的5V电源,等待10min。通道B自动与A、C通道同步		
	⑥按压通道B的VESUV3板的PF按钮,接着按A、C通道的VESUV3板的PF按钮。通道A、B、C的VESUV3板的VL/VR灯灭,三个通道同步		
	⑦关断通道A的5V电源。通道B、C仍然工作,3取2工作下(通道B的同步模块VL灯点红亮,通道C的同步模块VR灯点红亮),通道A的同步模块VL/VR灯点红亮		
	⑧打开通道A的5V电源,等待10min。通道A自动与B、C通道同步		
	⑨按压通道A的VESUV3板的PF按钮,接着按B、C通道的VESUV3板的PF按钮。通道A、B、C的VESUV3板的VL/VR灯灭,三个通道同步		

续表

检修项目	检修内容及标准
④重启SICAS计算机。SICAS通道A.B.C工作正常	①检查A/B/C通道同步模块(VESUV3)。LEDRF-"绿灯"常亮,LEDVL/VR-灭灯,LEDBT/SP/PF-"黄灯"常亮
	②检查A/B/C通道显示处理模块(VENUS2)。LEDRS/SD-灭灯,LED1-"绿灯"常亮,LED2-灭灯
	③检查A/B/C通道中断模块(VEsin)。LEDADR-"黄灯"亮,LEDPUS-"黄灯"闪亮
	④检查A/B/C通道BUMA模块。LEDVL/VR/FS/VS-灭灯,LEDSF-"绿灯"常亮,LEDME/KO-"黄灯"闪亮,LEDL1/L2-"黄灯"亮或灭灯
	⑤检查A/B/C通道KOMDA模块。LED1/LED2-"黄灯"闪亮 ⑥检查5V电源模块。5V电源LEDUE/UA-"黄灯"常亮
	⑦检查风扇工作状态。LEDon-"绿灯"常亮,LEDalarm-灭;无杂声
⑤清除LOW报警信息	无故障记录信息
⑥与ATS核对设备工作状态	自排功能正常,ATS系统图显示设备正常
⑦收尾工作	①填写设备检修记录表
	②信号维护人员确认安全防护撤除,清理作业现场、人员出清
	③销点前,确认设备工作状态和表示灯状态与作业前一致
	④信号维护人员办理销点手续
	⑤召开班后会,填写作业工单

② ESTT机柜年检检修内容及标准如表3-30。

表3-30 ESTT机柜年检检修内容及标准

ESTT机柜年检工艺卡			
作业性质:年检	编号:	设备编号:	
作业项目:ESTT机柜年检工艺卡			
作业条件	①召开班前会,明确施工范围、内容、人员分工以及注意事项		
	②检修工具准备齐全		
	③按规定办理清点手续		
	④按规定做好安全防护		
作业工器具	名称	型号	数量
	万用表	—	1台
	38件套/42件套	—	1套
	通信工具(电台)	—	1台
	手电筒	—	1把
作业材料	名称	型号	数量
	清洁布	—	适量
	手套	—	适量
	绝缘胶带	—	适量
	毛刷	—	1把
安全要点	①信号维护人员与行车人员共同确认已批点、作业区域范围、作业内容和影响范围		
	②防止触动各类开关、按钮、电源等设备		
	③严禁影响设备正常工作状态的操作		

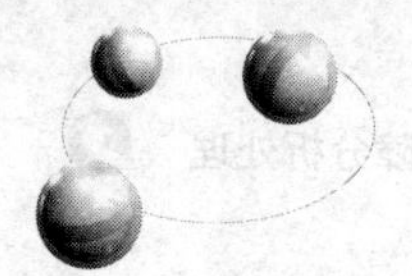

续表

检修项目	检修内容及标准
①设备外观状态检查	①设备外观完好，机柜竖直，无倾斜，无下陷，表面干净，无灰尘
	②防尘网、过滤组件作用良好，并进行清洁
	③检查电缆入口密封性完好
	④检查地线，无机械损伤，接触良好
	⑤检查设备外表卫生、清洁，各部件的面板、印制电路板、插槽、插匙、端口（接口）清洁无灰尘
	⑥检查各模块安装及插卡板插接是否松动，各接口接头是否松动。各部件铭牌标识，安装牢固，接触良好，铭牌标识字迹清晰
	⑦检查电缆及接头、各部件螺钉，电缆及接头无机械损伤，接触良好；各部件的螺钉紧固，无滑丝等（断电检查）
②工作状态检查	①检查电源模块面板状态：电源开关：四个电源开关均在ON位，四个电源的UE和UA（黄）亮
	②检查LISTE的显示状态：CH1的5VVK（绿）亮、5VUK（绿）亮，CH2的L1（黄）亮、5VVK（绿）亮、5VUK（绿）亮，各灯位显示与现场信号点灯状态一致
	③检查WESTE的显示状态：CH1的5VVK（绿）亮、5VUK（绿）亮，CH2的L1（黄）亮、5VVK（绿）亮、5VUK（绿）亮，各灯位显示与现场道岔状态一致
	④检查STEKOP的显示状态：CH1的5VVK（绿）亮、5VUK（绿）亮，CH2的L1（黄）亮、5VVK（绿）亮、5VUK（绿）亮，各灯位显示与采集驱动状态一致
	⑤检查OLM的显示状态：System（绿）亮、ch1/ch2/ch3（黄）亮（在用）
	⑥检查风扇工作状态：LEDon-“绿灯”常亮，LEDalarm-灭；无异响，风扇运转正常
③收尾工作	①填写设备检修记录表
	②信号维护人员确认安全防护撤除，清理作业现场、人员出清
	③销点前，确认设备工作状态和表示灯状态与作业前一致
	④信号维护人员办理销点手续
	⑤召开班后会，填写作业工单

③ LOW工作站年检检修内容及标准如表3-31。

表3-31　LOW工作站年检检修内容及标准

LOW工作站年检工艺卡			
作业性质：年检	编号：		设备编号：
作业项目：LOW工作站年检工艺卡			
作业条件	①召开班前会，明确施工范围、内容、人员分工以及注意事项		
	②检修工具准备齐全		
	③按规定办理清点手续		
	④按规定做好安全防护		
作业工器具	名称	型号	数量
	万用表	—	1台
	38件套/42件套	—	1套
	通信工具（电台）	—	1台
	手电筒	—	1把
作业材料	名称	型号	数量
	清洁布	—	适量
	手套	—	适量
	绝缘胶带	—	适量
	毛刷	—	1把

续表

LOW工作站年检工艺卡	
安全要点	①信号维护人员与行车人员共同确认已批点、作业区域范围、作业内容和影响范围
	②防止触动各类开关、按钮、电源等设备
	③严禁影响设备正常工作状态的操作
检修项目	检修内容及标准
①设备外观状态检查	①登录LOW查看系统工作状态
	②询问操作人员在日常使用过程中是否有异常现象
	③检查工作站的工作环境并清洁整理:温度范围:0～55℃;湿度范围:0%～95%(无凝露)
	④设备运行状态检查:显示器及主机电源正常。风扇转动正常,无异常噪声
②设备内部部件检查	①检查插接件插接牢固且接触良好
	②检查各接口、连接线:各接口的螺钉应紧固,连接线应连接牢固、无断线、无接触不良、无表皮破损,且各电缆线摆放整齐
	③机箱内部卫生检查清洁干净,无灰尘
③设备表面清洁	①用屏幕清洁剂、抹布清洁工作站表面
	②用小毛刷、干抹布清洁键盘、鼠标
④检查键盘、鼠标功能	①检查和清洁键盘的指示灯和按键,键盘上的LED指示灯显示正常,所有按钮的功能正常
	②检查和清洁鼠标的按键,鼠标的移动和按键功能正常
⑤检查显示器	显示图像清晰、色彩鲜艳,明暗度、对比度适中,调整功能正常
⑥检查工作站时间同步	工作站时间与主时钟时间一致
⑦收尾工作	①填写设备检修记录表
	②信号维护人员确认安全防护撤除,清理作业现场、人员出清
	③销点前,确认设备工作状态和表示灯状态与作业前一致
	④信号维护人员办理销点手续
	⑤召开班后会,填写作业工单

二、注意事项

在维护过程中涉及对设备板卡插拔、存储单元更换、设备重启等操作时,会对设备的正常运行有重大影响。

1. 对高集成度的电子设备、板卡作业时

① 信号设备中标注有“ESD”标记的单元和板卡,为静电敏感设备,很容易因过载而导致板卡损坏,作业时必须遵守严格的防静电措施。

② 静电敏感设备应该远离易带电的高绝缘材料及容易造成危险的电子板卡,例如塑料胶卷、绝缘台面、其他易被充电的电子产品等;避免将ESD板卡靠近视频显示单元、显示器和电视机,最小距离为10cm。

③ 须对电子板卡进行相应工作时,维护人员方能接触这类电子板卡。在接触板卡前作业人员必须先自身放电,并做好防静电措施;作业时不要触摸印刷板单元的管脚或导线。

④ 移动容易造成危险的板卡时,要确保操作者、工作的地方和包装等接地良好。

⑤ ESD元件或模块在测试前，测试仪器必须接地良好，或者测试仪器的测试针（笔）要经正确的短时间放电；ESD板卡或模块只能使用接地的焊接仪器进行焊接。

2. 模块操作注意事项

① 从包装或机柜中取出的模块只能放在导体上，或者放在被制成有传导性的地方（例如碳化的泡沫塑料垫）。

② 拿起或放下模块前必须通过触摸存放的位置来进行电荷平衡。

③ 把模块拔出或插入支架或机柜前，必须触摸模块支架来进行电荷平衡。

④ 只能触摸模块的边缘或者前面板。

⑤ 模块只能通过拉本身的把手拔出，如果不能，必须使用合适的拉拔工具。

⑥ 运输和存放没有安装的模块必须使用本身的包装。

⑦ 如果没有包装的模块要传递给另一个人，必须保证两个人的手接触前进行过电荷平衡。

3. 更换模块存储单元注意事项

① 更换元件前必须通过触摸装好的模块表面进行电荷平衡。

② 未装到模块上的元件应放在导体表面。

③ 必须使用专用工具拔取元件。

④ 确认针脚没有损坏或弯折。

⑤ 确认元件安装方向正确（错误的安装会引起不可挽回的损坏）。

⑥ 插入模块时确认针脚良好地引入相应的位置，元件必须用手轻轻按下直至感觉到阻力。

⑦ 确认插入过程没有针脚弯曲，且元件安装完好，在模块开始工作前，必须再次确认元件安装方向正确且安装完好。

4. SICAS重启流程

① 确认SICAS是否正常工作，记录异常情况。

② 关闭SICAS三个通道的电源。

③ 等三个电源的指示灯及各通道模块的指示灯灭灯。

④ 开启SICAS三个通道的电源，尽量同时开启。

⑤ 按压三个通道的PF按钮。

⑥ 等到三个通道各模块的指示灯恢复正常，如图3-90所示。

⑦ 如果重启失败，就从第②步开始再重新启动一遍。

⑧ 如果重启几次都不能成功，则切除故障通道重启其他两个通道，直到两个通道重启成功。

⑨ 在LOW机登录，执行全区逻辑空命令，正常后执行重启解锁命令，注销结束操作。

⑩ 重启结束。

5. SICAS第三通道同步流程

① 关闭要维修的计算机通道对应的电源。（把SVK2102开关开到位置“0”）。

② 把该通道的VESUV3模块上的重启按钮RS开到关闭位置。

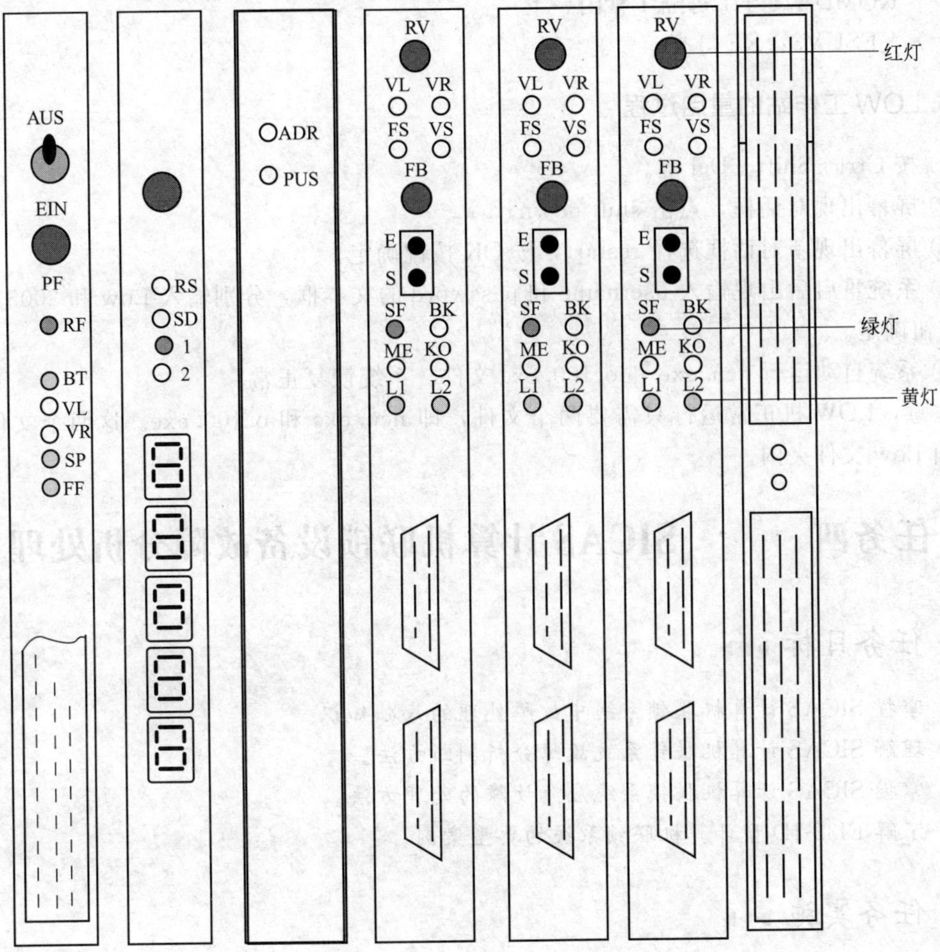

图 3-90 SICAS 计算机通道正常工作时指示灯状态

③ 更换有故障的模块。

④ 把该通道对应的电源开关打开（把 SVK2102 开关开到位置“1”）。

⑤ 把刚刚修复通道的 VESUV3 的重启按钮 RS 开到“ON”的位置。

注意，要等到在线自检程序 SOPP 结束。

=〉VESUS2：LED1 二极管灯会瞬时亮，但是经过大约 2min 后就会熄灭；

=〉KOMDA2：K1 和 K2 也会同时亮；

=〉VENUS2：LED1 二极管灯也会亮一小段时间；

=〉其他不需要维修的通道的 VESUV3 和 BUMA 模块，VL 或 VR 都会亮。

⑥ 按压所有 VESUV3 模块的 PF 键，来释放周边设备。

对于刚刚重启的计算机通道，KOMDA2 模块的安全开关已经释放了。对于其他正在运行的通道，因为先前已经有一个比较错误留在该模块，这时需要按压外设释放按钮 PF（VL 或 VR 就会熄灭）。

⑦ 对于所有其他运行通道的 BUMA 板，按压 RV 键，所有留在该模块的比较错误就会清除。

注意：（所有通道）

=〉KOMDA2：K1 每隔 1 秒闪一下

=〉VESUV3：RF 灯亮

6. LOW 工作站的重启过程

① 按 Ctrl+Shift+Del 键。

② 屏幕出现对话框，点击 shut down。

③ 屏幕出现新对话框选择 restart，按 OK 按键确定。

④ 系统重启后出现输入 username 和 password 的文本框，分别输入 Low 和 2005，单击 OK 按钮确定。

⑤ 系统自动运行 ncu. exe 和 oc100. exe 文件。系统恢复正常。

注意，LOW 机正常运行只需要两个文件，即 ncu. exe 和 oc100. exe。这两个文件存放在桌面 Low 文件夹内。

任务四　SICAS 计算机联锁设备故障分析处理

任务目标

1. 掌握 SICAS 计算机联锁系统中故障处理的基础知识。
2. 理解 SICAS 计算机联锁系统故障分析判断方法。
3. 掌握 SICAS 计算机联锁系统应急故障的处理方法。
4. 了解 EI32-JD 型计算机联锁系统的典型案例。

任务实施

一、故障处理知识准备

所有带 SIMIS 计算机的元件上，故障信息都可以直接显示在前面板上，这些元件包括联锁计算机中的 VENUS2 模块、BUMA 模块、ESTT 模块（LISTE/WESTE/STEKOP）。

通常，可以从前面板读出的故障信息分为两种，引起致命中断（如计算机停机）的系统故障信息和连接故障信息。

1. 系统故障信息读取

系统故障信息基本结构形式包含用户/资源鉴别、进程索引、故障编号、参数。

（1）VENUS2 模块系统故障信息　VENUS2 模块上的系统故障信息以十六进制显示，是通过一个 5 位 7 段式的显示器显示的，显示以 0.5s 的频率循环闪烁，指示在“0”位上的“F”表示这是个“系统故障信息”。故障信息的起始以 0 位的点表示，应该记录下来的故障信息内容显示在 1 位到 4 位，如图 3-91 所示。

如果第一个故障信息，即用户/资源鉴别的内容已经是“F. 0000”，表示是一个硬件故障，联锁计算机的一个模块有故障必须更换，但无法通过 VENUS2 故障输出辨别故障模块。如果是硬件故障，则“进程索引”和“故障编码”显示可以被忽略。

只要出现“用户/资源鉴别”故障，只要不是“F. 0000”，说明设备是非正常运行。一

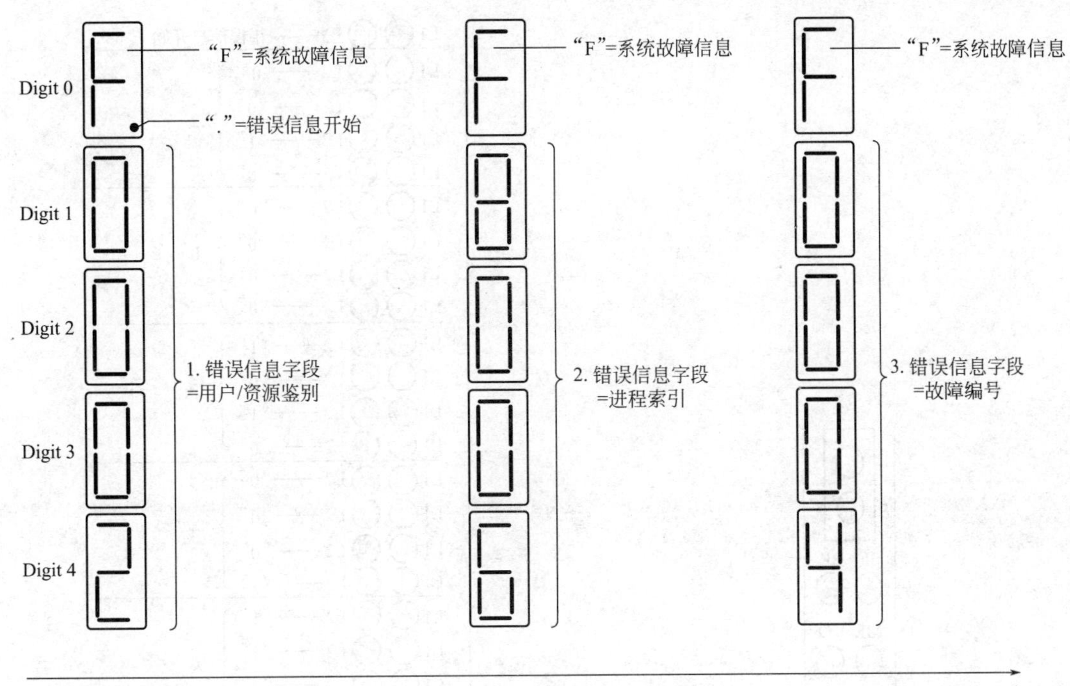

图 3-91 VENUS2 模块上的系统故障信息

旦出现这样的故障，必须记下完整的故障信息。如图 3-91 所示的完整的故障信息是“000280060004”。

读出故障编号后，故障通道可以复位，随后将自动和其他通道同步。

(2) BUMA 模块系统故障信息 BUMA 模块上的系统故障信息是以二进制显示的，由 BUMA 前面板的 LED“L1”和“L2”组成，显示以大约一秒的频率循环闪烁，如图 3-92 所示。

故障信息的起始以 LED“L1”的闪烁表示，LED“L2”闪烁表示参数值“0”，LED“L1”“L2”同时闪烁表示参数值“1”，如图 3-93 所示。

表 3-32 中表示出了每 4 个二进制构成一个十六进制的值，和 VENUS2 相对应，BUMA 上显示也给构成系统故障信息的元素定义了固定的十六进制数位。

表 3-32 BUMA 模块上十六进制数位表

故障信息元素	十六进制数位	故障信息元素	十六进制数位
用户/资源鉴别	1	参数 1(任意)	4
进程索引	2	参数…(任意)	4
故障编号	3	参数 n(任意)	4

BUMA 上的用户/资源鉴别 0 故障表示某个硬件故障，意思是这个 BUMA 或相邻的某个 BUMA，或者连接 BUMA 模块的电缆有故障。

BUMA 上出现的故障信息同样需完整记录。如图 3-95 所示的例子中完整的故障信息是“1，0A，1C”。

读出故障后，故障 BUMA 可以复位，随后将自己主动和其他通道同步。

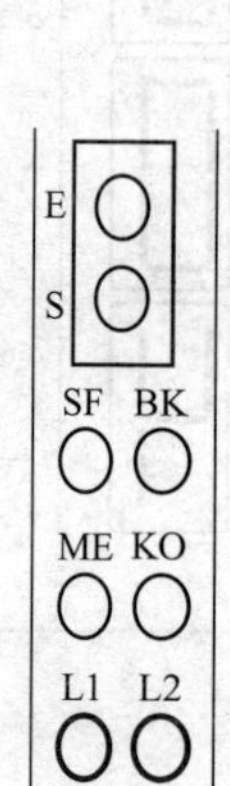

图 3-92 BUMA 模块上 L1/L2 位置

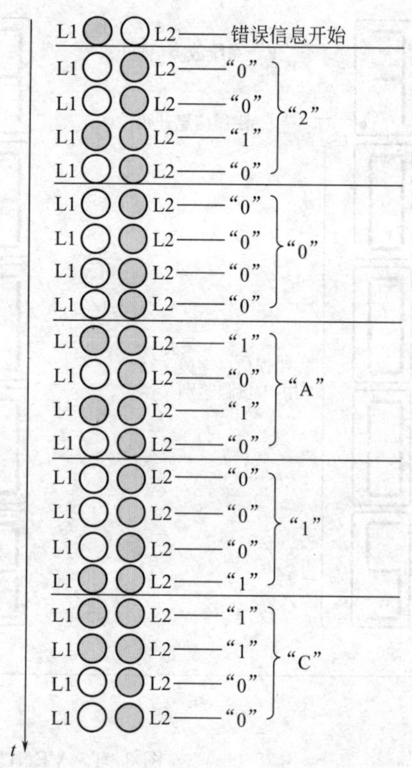

图 3-93 BUMA 模块上系统故障信息示例

2. ESTT 上的系统故障信息

ESTT 上的系统故障信息是以十进制显示的，由通道 1 的 4 个 LED“L1”“L2”“L3”“L4”组成，4 个 LED 显示大约以 1s 的频率循环闪烁，如图 3-94 和图 3-95 所示。

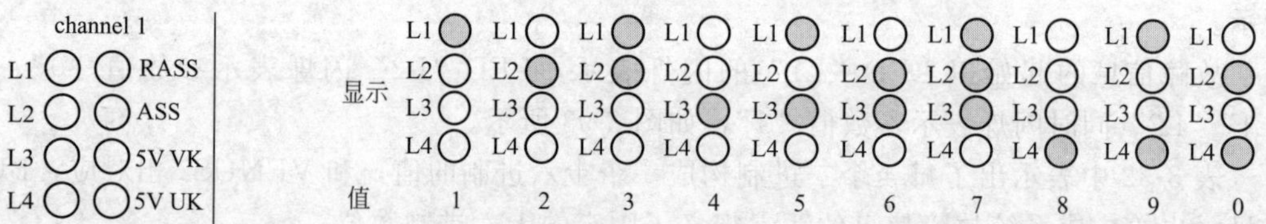

图 3-94 ESTT 面板显示　　图 3-95 ESTT 模块上系统故障信息对应值

故障信息的起始以四个 LED 同时闪烁表示，数值“0”至“9”分别通过 4 个 LED 灯组合表示。和 VEUS2 相对应，ESTT 上显示信息的元素同样定义了固定的数位，如表 3-33。

表 3-33 ESTT 模块上十六进制数位表

故障信息元素	十六进制位数	故障信息元素	十六进制位数
用户/资源鉴别	1	参数 1(任意)	3
进程索引	2	参数…(任意)	3
故障编号	3	参数 n(任意)	3

如图 3-96 所示的举例故障信息，完整的故障信息是“2，65，002”。

ESTT 模块中，当“用户/资源鉴别为 0 时”或“用户/资源鉴别为 3 且故障编号为 000 时”，表示一个 ESTT 故障，对应 ESTT 模块需更换。

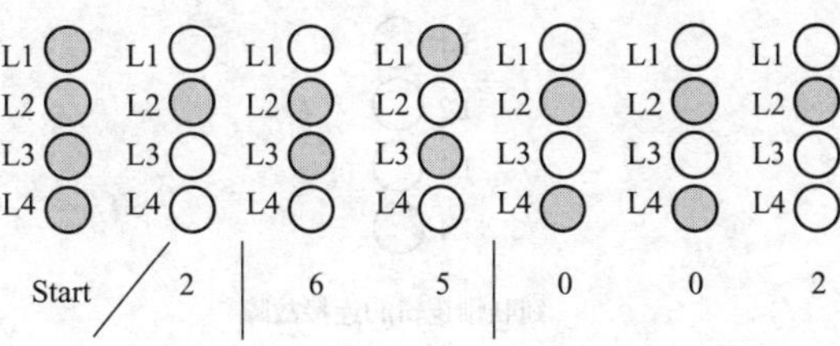

图 3-96　ESTT 模块上系统故障信息示例

3. 连接故障信息读取

连接故障信息是指显示连接故障的计算机仍然在运行，但是同另一个或更多部件不再通信了。

① VENUS2 模块上的连接故障信息。VENUS2 模块上的连接故障信息与系统故障信息同样显示。显示在“0”位上的“A”表示这是个“连接故障信息”。故障信息的起始以 0 位的点表示，故障时应记录下来的故障信息内容显示在 1 位到 4 位。

如图 3-97 所示给出了一个 NENUS2 模块上具体的连接故障信息。该例中一个 ESTT 机柜第一层的 ESTT 连接故障，以及一个 ESTT 机柜第二或三层连接故障。必须注意到联锁计算机到每个 ESTT 有两个连接，一个连接到联锁逻辑，一个连接到操作和表示接口。

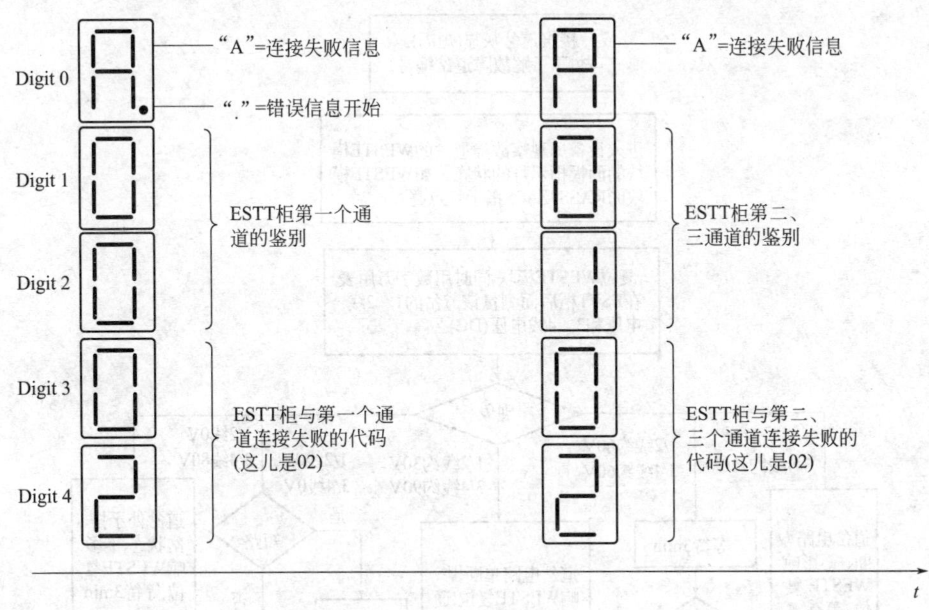

图 3-97　VENUS2 模块上连接故障故障信息示例

通过 VENUS2 模块上的连接故障信息是无法判断出哪一个 ESTT 的连接中断了，但是相关的 ESTT 也会同时在前面板给出连接故障信息。

② BUMA 上不会显示连接故障信息。

③ ESTT 模块连接故障信息。ESTT 上的连接故障信息显示方式与系统故障信息相同，区别在于连接故障信息由 LED“L4”的持续点亮来表示，如图 3-98 所示。物理上一个连接故障有两种可能性，可能是到联锁逻辑的连接故障或到操作和表示接口的连接故障。逻辑连接故障的编码通过 LED“L1”表示。处理完故障后，连接自动重新建立，模块不必复位。

二、故障分析判断

SICAS 联锁系统故障较少，常见的有道岔故障、信号机故障以及轨道电路故障、LOW

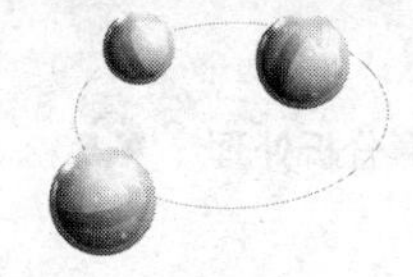

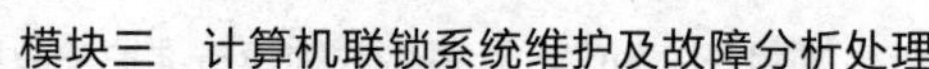

图 3-98　ESTT 模块上的连接故障

灰显、联锁总线受干扰或单通道报警等。主要处理方式有：重启、第三通道跟进、更换故障板卡后重启或第三通道跟进等。重启及第三通道跟进等具体操作方法前文已有描述，这里主要介绍设备发生故障时的判断及处理流程。

1. 故障处理流程

（1）道岔故障处理流程　道岔故障处理流程如图 3-99 所示。图中单断是指道岔表示电源＋60V 或－60V 回路被断开，双断是指道岔表示电源＋60V 和－60V 回路都被断开。

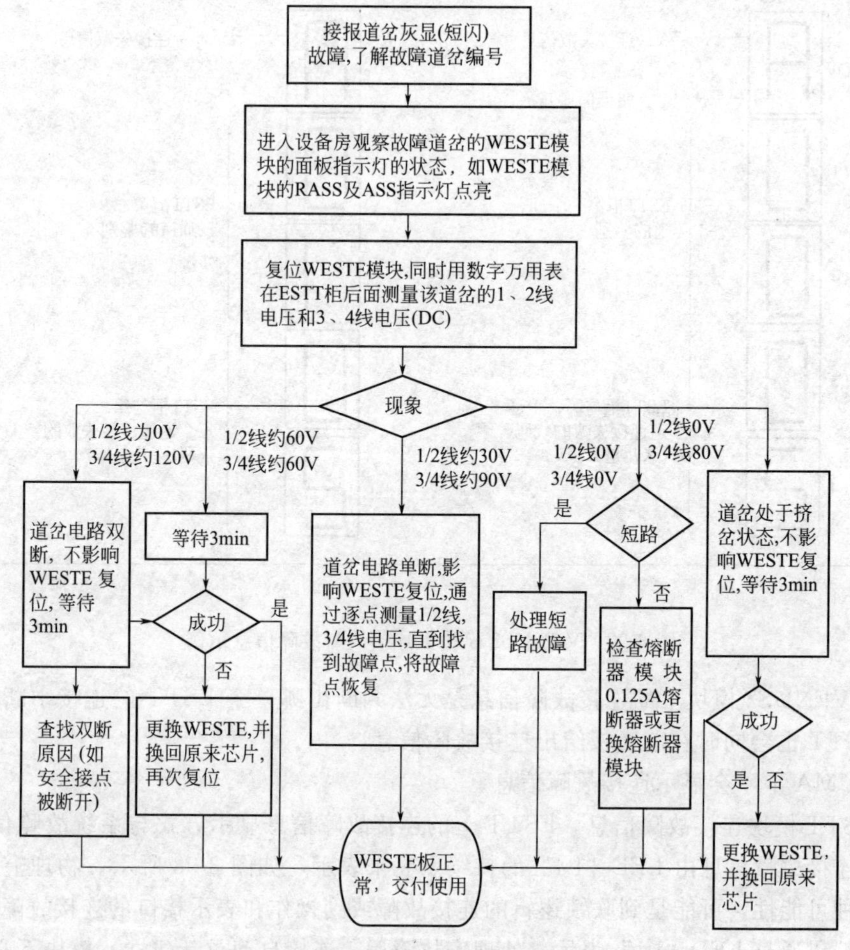

图 3-99　道岔故障处理流程

（2）信号机故障处理流程　信号机故障处理流程如图 3-100 所示。

（3）轨道电路故障处理流程　轨道电路故障处理流程如图 3-101 所示。

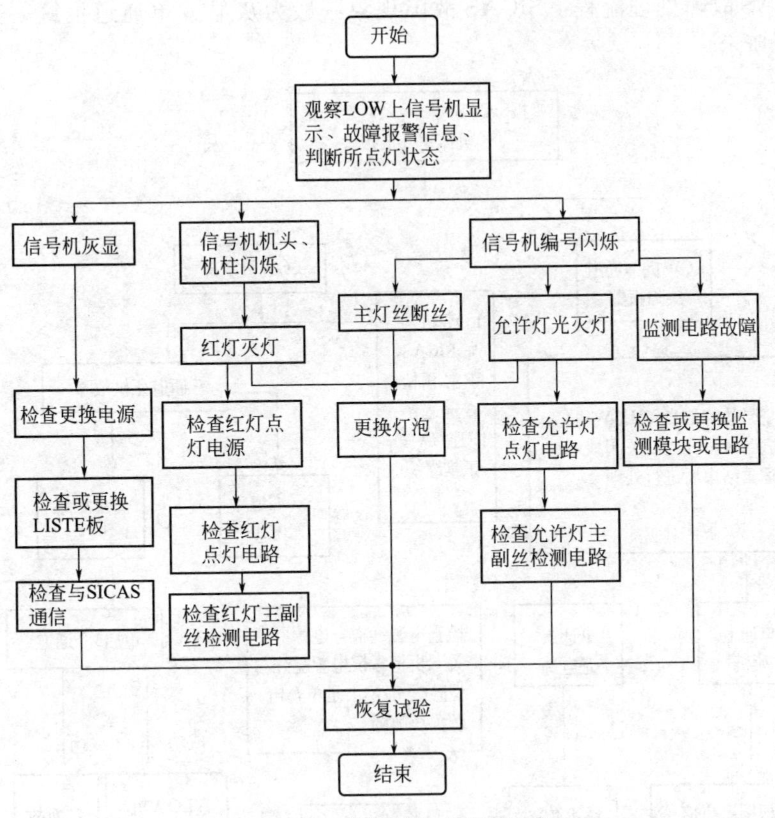

图 3-100　信号机故障处理流程

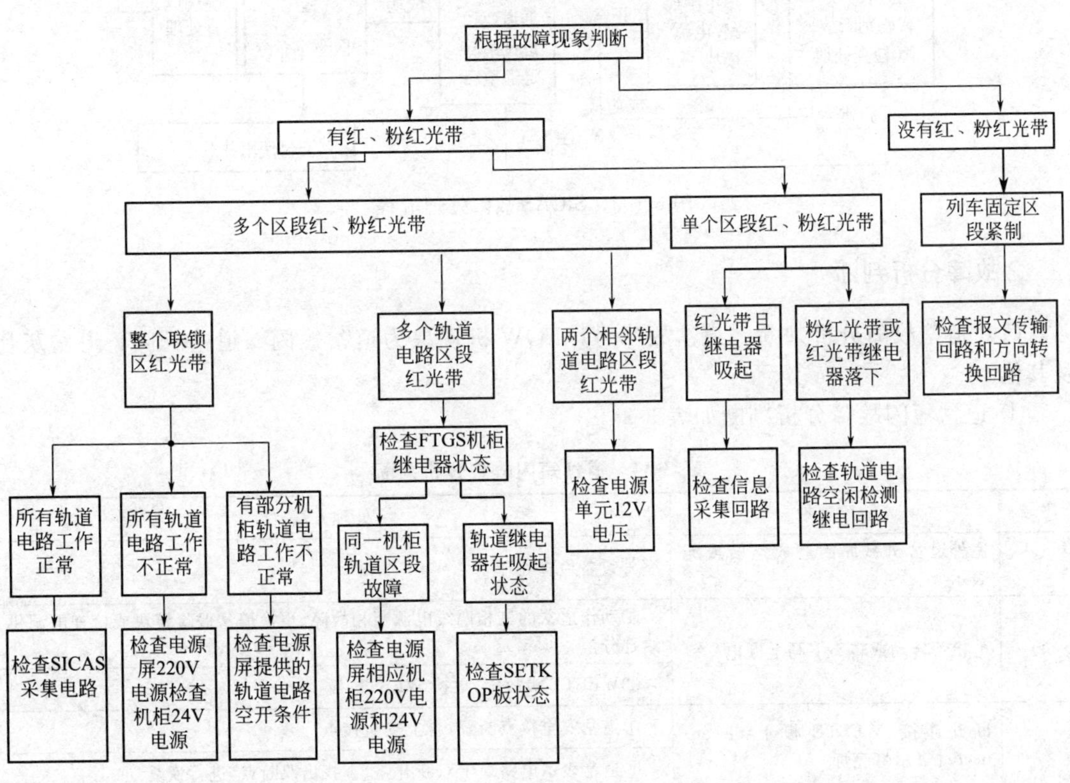

图 3-101　轨道电路故障处理流程

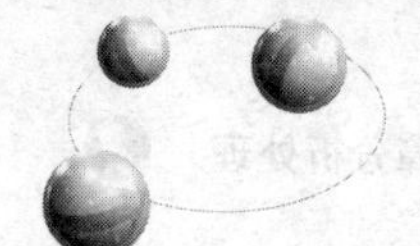

（4）SICAS故障处理流程 SICAS故障现象一般为灰显或单通道报警，其故障处理流程如图3-102所示。

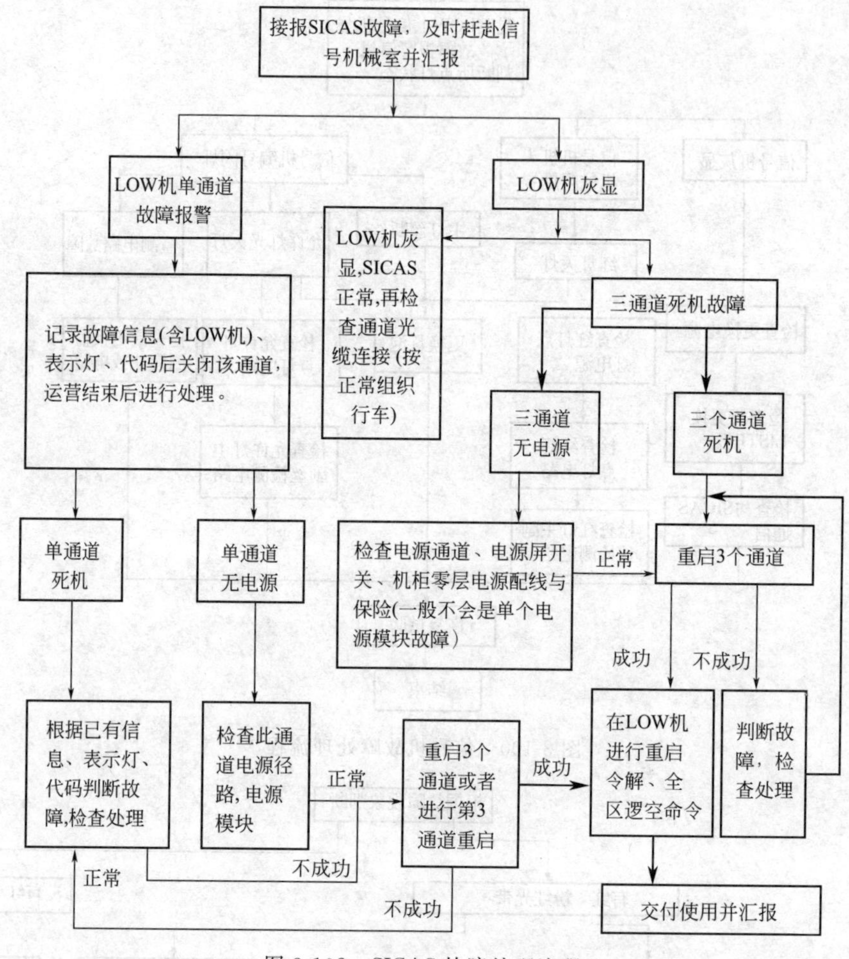

图3-102 SICAS故障处理流程

2.故障分析判断

（1）道岔故障分析判断 道岔故障时，LOW机现象为道岔短闪、道岔长闪、道岔灰显及其他。

① 道岔短闪故障分析判断如表3-34。

表3-34 道岔短闪故障分析判断

序号	故障现象	处理方法
①	室外道岔机械原因造成空转或无表示	室外设备检查处理
②	电机不转动或转一下马上断电	①动作道岔的三相四线电源断相故障、更换道岔保险模块或检查电源供给部分
		②WESTE板故障，更换WESTE板
③	断开连接，WESTE板上disconnected表示灯亮灯	①道岔安全接点断开，合上安全接点
		②道岔表示电路处于双断开路，查找出双断点，进行恢复

② 道岔长闪故障分析判断如表 3-35。

表 3-35 道岔长闪故障分析判断

序号	故障现象	处理方法
①	道岔室外挤岔	组织挤岔抢修，按抢修流程检查室外被挤坏的部分并进行更换
②	其它原因导致的道岔长闪	确定安全后对道岔进行挤岔恢复命令

③ 道岔灰显故障分析判断如表 3-36。

表 3-36 道岔灰显故障分析判断

<table>
<tr><th>序号</th><th>故障现象</th><th>处理方法</th><th>说 明</th></tr>
<tr><td>①</td><td>WESTE 板 ASS、RASS 故障灯亮红灯</td><td>WESTE 板故障，更换 WESTE 板</td><td></td></tr>
<tr><td>②</td><td>WESTE 板 ASS、RASS 故障灯亮红灯</td><td>表示电路单断，查找出单断点，进行恢复</td><td>凡在 WESTE 板后 3、4 端子上测量电压为 30V 或 90V 时为单断</td></tr>
<tr><td rowspan="4">③</td><td rowspan="4">WESTE 板 ASS、RASS 故障灯亮红灯(电源故障)</td><td>① 5V 电源故障，更换 WESTE 板，更换 ESTT 的 2602 电源或其到 WESTE 板连线</td><td>5V 电源表示灯灭灯或异常</td></tr>
<tr><td>② 21VAC 电源故障，检查或更换 SIWE 板 F4 保险、SIWE 板</td><td rowspan="3">WESTE 板的 novoltage 表示灯亮红灯，正常有表示时不会灰显，转换道岔后将出现灰显</td></tr>
<tr><td>③24VDC 电源故障，检查或更换 SIWE 板 F5 保险、SIWE 板</td></tr>
<tr><td>④三相 380V 电源同时故障，检查电源屏输出空开、更换 SIWE 板</td></tr>
<tr><td rowspan="3">④</td><td rowspan="3">WESTE 板 ASS、RASS 故障灯亮红灯(与 SICAS 连接故障)</td><td>①ESTT 连接光模故障，更换光模</td><td>光模通道表示灯异常，影响到整机柜道岔或信号机灰显</td></tr>
<tr><td>② ESTT 连接光纤故障，更换连接光纤</td><td>光模通道表示灯异常，影响到整机柜道岔或信号机灰显</td></tr>
<tr><td>③SICAS 的 BUMA 板(03)故障，更换 BUMA 板</td><td>BUMA 板表示灯异常，影响到整机柜道岔和信号机灰显</td></tr>
</table>

④ 其他故障分析判断如表 3-37。

表 3-37 其他故障分析判断

序号	故障现象	处理方法	说明
①	道岔转换到位后不能断开电源，电机持续空转	复位 WESTE 板或重启 SICAS	出现空转时转动约 10s 后将切断转换电源
②	当道岔灰显复位成功后，道岔不接受任何命令	再次复位 WESTE 板	当复位 WESTE 板后，在内部继电器检测阶段，室外断开安全接点将会出现该现象
③	当道岔灰显复位后，道岔短闪，道岔处于进路征用或侧防征用	取消进路或取消征用状态	取消后道岔即可恢复表示

(2) 信号机故障分析判断 信号机故障分析判断如表 3-38。

(3) 轨道电路故障分析判断 轨道电路故障分析判断如表 3-39。

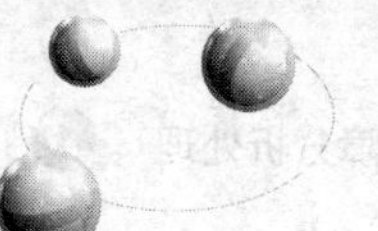
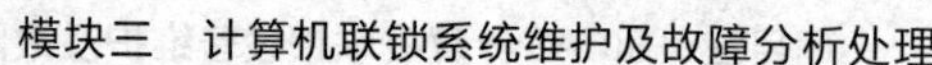

表 3-38 信号机故障分析判断

信号机状态	LOW 显示	报警信号	故障现象	处理方法
信号机点任何灯位时	全部信号机灰显	计算机停机或无信号	LISTE 板电源表示灯灭灯或异常	检查 LISTE 板电源部分
			连接 LIST 板光模表示灯灭灯或异常	检查 LISTE 板与 SICAS 通道通信部分
	共用一块 LISTE 板的两架信号机灰显	计算机停机或无信号	LISTE 板故障表示灯亮红灯	检查复位或更换 LISTE 板
			LISTE 板电源表示灯灭灯或异常	检查 LISTE 板电源部分
	单架信号机灰显	计算机停机或无信号	RASS、ASS 点红灯	检查 SISIG 板块保险
信号机点红灯时	机头机柱闪	红灯灭灯	室外现场红灯灭灯	检查红灯电源、灯泡、点灯电路等
	信号机编号闪	信号机主丝断丝	不影响正常使用	检查或更换红灯灯泡
		信息校核错误——黄灯	红灯正常但不能开放黄灯和引导信号	检查或更换黄灯点灯模块
				检查红灯对黄灯的监测电路
		信息校核错误——绿灯	红灯正常但不能开放绿灯	检查或更换绿灯点灯模块
				检查红灯对绿灯的监测电路
		信息校核错误——电阻	红灯正常但不能开放黄灯但可以开放引导信号	检查或更换电阻点灯模块
				检查红灯对电阻的监测电路
		信息校核错误——黄灯、绿灯、电阻	红灯正常其他信号不能开放	检查或更换红灯点灯模块
				检查红灯对其他模块的监测电路
信号机点黄灯时	开放黄灯编号闪	信号机主灯丝断丝	不影响正常使用	检查或更换黄灯灯泡
	开放黄灯编号闪后改点红灯	黄灯灭灯	红灯正常但不能开放黄灯	检查黄灯灯泡、电源及点灯电路等
		电阻故障	红灯正常但不能开放黄灯	检查电阻、电阻点灯电路等
信号机点绿灯时	开放绿灯信号机编号闪	信号机主灯丝断丝	不影响正常使用	检查或更换绿灯灯泡
	开放绿灯编号闪后改点红灯	绿灯灭灯	红灯正常但不能开放绿灯	检查绿灯灯泡、电源及点灯电路等
信号机点红灯和黄灯时	开放引导信号后机柱和机头闪改点红灯	信息有效性错误	点红灯不正常	参照红灯故障的处理方法
	开放引导信号后，编号闪改点红灯	信息有效性错误	点红灯正常点黄灯不正常	参照黄灯故障的处理方法

(4) SICAS 计算机故障分析判断 SICAS 计算机故障分析判断如表 3-40。

(5) 综合信息显示栏报警信息分析判断 当综合信息显示栏出现红色字体报警信息时应立即报告，通知维修人员赶快处理故障。

表 3-39　轨道电路故障分析判断

故障现象	检查方法	处理措施
单个区段红光带，轨道继电器落下	①观察 STEKOP 板指示灯不亮检查信息采集回路，在终端架借 STEKOP 板提供的＋24V 电压，依次测量信息采集回路； ②LOW 机报警输入通道错误占用	①检查信息采集回路，包括 STEKOP 板、分线架、FTGS 机柜配线、GF1/GF2 继电器； ②拔出放大滤波板进行复位
单个区段粉红光带	继电器吸起，STEKOP 显示正确	对该区段使用逻辑空闲命令进行恢复
多个轨道区段红光带	①同一机柜轨道电路故障，测试该 FTGS 机柜供电回路以及“轨道供电”24V 回路； ②同一 STEKOP 板故障	①检查电源屏 220V 电压以及本机柜 24V 电源模块； ②更换故障 STEKOP 板卡
整个联锁区红光带	①所有轨道继电器落下； ②所有轨道继电器吸起； ③有部分轨道电路机柜不工作	①检查电源屏 220V 电压、“轨道供电”24V 回路； ②检查 SICAS 采集信息回路； ③检查电源屏提供给 STEKOP 板条件

表 3-40　SICAS 计算机故障分析判断

LOW 机现象	故障信息	SICAS 机柜工作现象	处理措施
灰显	无	3 个计算机通道正常工作	①检查 LOW 机后光缆的连接情况； ②检查三通道 BUMA2 的工作情况； ③检查 A5、B5 光模的工作情况； ④检查通道光缆的连接情况
	无	3 个计算机通道死机，（所有同步比较板的 VL、VR 灯亮）	①检查 3 个通道的电源模块； ②检查电源屏到机柜的供电通道电缆； ③检查电源屏供电的空气开关
LOW 机显示正常	有 B、C 类报警：VESUV3 故障	单通道死机（该通道 VESUV3 的 VL、VR 灯亮，其他两个正常通道分别只有一个 VL 或者 VR 点亮）	①检查该通道的电源模块； ②分别检查 VESUV3、VENUS2、VESIN
LOW 机显示正常	有关于 BUMA 板的 B 类报警	单通道死机（其他两个正常通道分别只有一个 VL 或者 VR 点亮）	检查该通道的 BUMA 板

例如，当综合信息显示栏的“电网供电”显示红色，如果不是信息采集电路故障，则表示信号系统电源供电已转为 UPS 蓄电池供电。此时，在故障未修复前，本联锁站设备将在 0.5～1h 内因 UPS 蓄电池供电完毕而停止运作。遇到这种情况，请立即汇报，通知维修人员处理故障。

三、故障应急处理

设备发生故障后，在故障原因未找到、故障未排除时，线路仍处于运营状态、仍需要有效地组织行车，因此，对设备的正确操作显得非常重要。

1. 轨道电路故障应急处理

(1) LOW 显示全区粉红光带故障　在按相关规定确认线路空闲及安全前提下，执行“全区逻空”命令。若操作权限无“全区逻空”功能，则执行“轨区逻空”或“岔区逻空”命令。

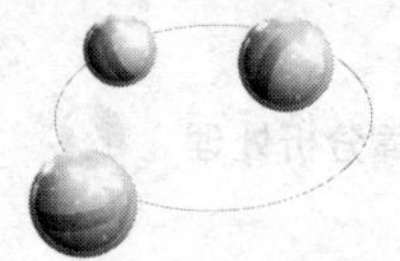

（2）LOW显示全区红光带故障　在按相关规定确认线路空闲及安全前提下，可执行“强行转岔”和“开放引导”命令。

（3）进路的监控区段红光带故障　在按相关规定确认线路空闲及安全前提下，可执行“开放引导”命令。

（4）在LOW上显示轨道区段红光带故障　此时在ATO或SM驾驶模式下，列车会在故障区段前自动停稳。所以，在按相关规定确认线路空闲及安全的前提下，建议司机提前使用RM或URM模式驾驶。

（5）在LOW上显示轨道区段粉红光带故障　在按相关规定确认线路空闲前提下，对本区段执行“轨区逻空”或“岔区逻空”命令。

（6）进路的监控区段（含道岔区段）出现不能正常解锁故障　对故障区段执行“强解区段”或“强解道岔”命令。非监控区段出现不能正常解锁故障时，进路依然可以排列。

2. 道岔故障应急处理

（1）道岔区段左右位长闪（即道岔挤岔故障）　此时通过此道岔排列进路，信号处在非监控层。只有在故障恢复后才能开放信号。值得注意的是。当排列进路时，联锁系统会征用其故障道岔的侧防道岔。

① 判断有无列车变更进路，如有则办理变更进路。

② 在按相关规定确认道岔区段空闲及安全前提下，执行“挤岔恢复”命令。若仍存在长闪故障，则按相关规定人工转换确认道岔组织行车。若改为短闪则按道岔短闪处理。

（2）道岔左位或右位短闪（即道岔无表示故障）　此时通过此道岔排列进路，信号处在非监控层。只有在故障恢复后才能开放信号。值得注意的是。当排列进路时，联锁系统会征用其故障道岔的侧防道岔。

① 判断有无列车变更进路，如有则办理变更进路。

② 执行“转换道岔”命令对道岔进行左/右位转动操作2次后故障仍不能恢复时，只能按相关规定人工转换确认道岔组织行车（若允许，可多操作几个来回）。

（3）道岔连接中断故障现象　在LOW显示相应的道岔区段灰色。通常是WESTE板故障。此时通过此道岔排列进路，信号处在非监控层。只有在故障恢复后才能开放信号。

① 判断有无列车变更进路，如有则办理变更进路。

② 若在允许时间内，故障不能恢复，只能按相关规定人工转换确认道岔组织行车。

（4）道岔编号闪烁　此时通过此道岔排列进路，信号处在引导层，对道岔执行“岔区逻空”命令后，故障恢复后，信号可正常开放信号。

3. 信号机故障应急处理

（1）信号机连接中断故障现象　在LOW显示相应的信号机灰色。通常是两个信号机同时出现故障。

① 若其中一个故障信号机作为始端信号机，另一个故障信号机不属于要排列进路的侧防信号机，进路可建立。只要始端信号机故障恢复后能开放信号。

② 若其中一个故障信号机作为终端信号机，信号只能达到引导层。只要始端信号机正常，可开放引导信号。

（2）始端信号机编号闪　可能是红灯主灯丝故障，绿灯或黄灯灭灯。请查看报警信息内

容确定故障类型。

① 红灯主灯丝故障，不会影响信号的正常开放。

② 绿灯灭灯时，能正常开放通过弯股线路的黄灯信号，列车要通过直股线路，只能凭引导信号通过。

③ 黄灯灭灯时，能正常开放通过直股线路的绿灯信号，但列车要通过弯股线路时，信号不能开放。

(3) 信号机机柱和灯头红闪　可能是信号机红灯灭灯现象。

① 作为始端信号机，进路可建立。信号机显示绿红（闪）红（闪），信号可达到主信号层。只要故障恢复后能开放信号。

② 作为终端信号机，进路可建立。信号只能达到引导层。只要始端信号机正常，可开放引导信号。

四、典型故障案例分析

【案例一】

(1) 故障现象　某站发现 SICAS 计算机 C 通道 BUMA5VL、VR、FS 灯亮红灯，A 通道 VR 灯亮红灯，B 通道 VL 灯亮红灯，C 通道故障代码为 00100100000000000010，A、C 通道故障代码为 00100100000000000001，重启后恢复正常。运行一段时间后，发现 C 通道 BUMA5 再次死机，故障代码与前一致。

(2) 处理过程　第一次将 C 通道的 BUMA5 与 B 通道的 BUMA5 对换，故障转移到 B 通道；第二次将备件的 BUMA 板更换上去后，故障仍然存在；第三次从其他站调拨备品更换后故障消除。

(3) 原因分析　第一次将 C 通道 BUMA5 与 B 通道调换后，B 通道死机，因此可以大体判断单通道死机是由于该 BUMA 板故障造成的，第二次更换 BUMA 板后故障现象仍然存在，经比较，板卡上芯片与原芯片有差异，此时怀疑为芯片异常引起，第三次调拨相同型号芯片的 BUMA 板后，故障消失。故障板卡如图 3-103 和图 3-104 所示，备用板卡如图 3-105所示。

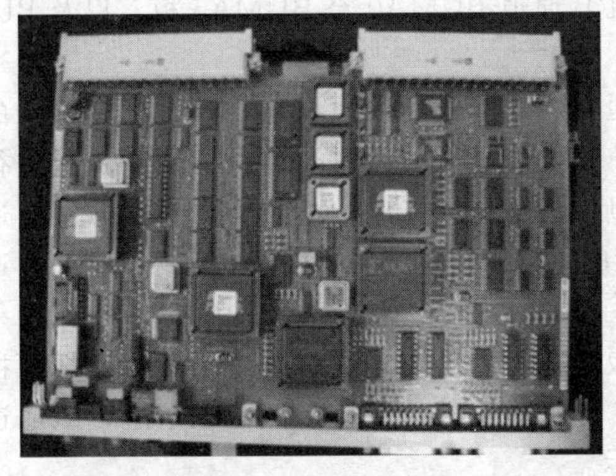

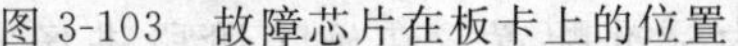

图 3-103　故障芯片在板卡上的位置

图 3-104　故障板卡芯片

该故障在维护方面应注意的问题有以下几方面。

① 开通运用多年来，采购的 BUMA 板可能有多个批次，不同批次的板卡可能芯片不一样，不同批次的芯片用在同一台计算机上就有可能造成死机等故障。因此，建议备用 BUMA 板在更换芯片后使用，或备用相同型号芯片的板卡。

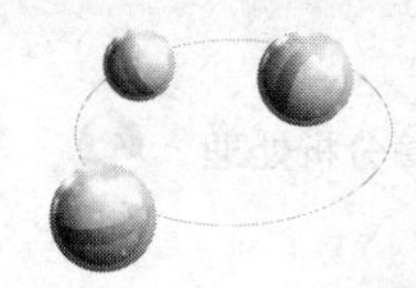

图 3-105 不同批次的备用板卡芯片

② 板卡上故障代码虽然可以读出，但西门子厂商并未提供完整的代码含义，通常在读出代码后交由厂商分析，现场普遍采用替换法处理计算机故障。

③ 联锁计算机在重启后，为保证第二天运用，通常需要做的试验有：跨联锁区的进路排列试验；ATS进路自动排列试验；运营停车点释放等。

④ BUMA板故障在LOW机上无报警信息，必须通过人为巡检，对板卡的灯位进行检查才能发现。

【案例二】

(1) 故障现象 某站SICAS计算机B通道死机，LOW机报警信息为：B类 05.03 16：15 Comp. VENUS E263：computer information U17：通道B受干扰。

(2) 处理过程

① 计算机柜现象为SICAS计算机B通道同步比较板VL/VR亮红灯，处理器板故障代码为：F.0002 F8007 F000d F0A20 F000c，A/C通道运行正常。B通道的前面板和背板如图3-106和图3-107所示，图中浅色方框为故障点所对应的前面板和背板。

② 将处理器板故障代码发至德国工程师进行分析，西门子公司的工程师通过分析处理器板的报警信息，将故障点锁定在SICAS计算机B通道BUMA0至BUMA5板，以及BUMA板前插头及其连接线。

③ 在三通道重启，A/B双通道、B/C双通道重启未能成功的情况下，将B通道板卡的上压条及下压条松开，三通道重启成功，依次将BUMA板进行拔插，摁压BUMA板进行重启试验，存在能够重启成功的情况，大多数重启试验不能成功，未能找到故障的规律；通过更换B通道BUMA5板，进行三通道、双通道的重启试验，排除BUMA板故障导致B通道死机的因素。

④ 西门子公司的工程师打开B通道机笼背板，在对内部跳线进行检查时发现一根短接线处于断开状态，现场用短接线对G101中的d4、z4端子进行绕接，试验三通道，双通道重启均能成功。短接线如图3-108和图3-109所示。

(3) 原因分析 SICAS计算机三通道背部机笼为标准配置，在施工阶段进场安装时，需要根据实际的信号机及道岔来配置BUMA板，由于机笼地址为G101的插槽并未安装BUMA板，因此需使用短接线对G101中的d4、z4端子进行绕接，端子未可靠短接将导致三通道在运行过程中不能通过内部SOPP程序自检，出于安全的因素，系统将自动关闭故障通道。

图 3-106 SICAS 计算机 B 通道机笼背板

图 3-107 SICAS 计算机 B 通道前面板

图 3-108 处于断开状态的短接线

图 3-109 整理后的短接线

类似故障处理需注意的问题如下。

① 西门子未提供 SICAS 联锁机处理器板报警信息及其含义，只提供如何对代码进行读取的方法，本次故障通过西门子公司的工程师对代码的分析，将故障点锁定至 B 通道的 BUMA 板及其连接线，对故障的快速处理起到了重要作用。

② 在故障范围排查到某特定区域后，需采用计算机故障处理的一些常用方法进行处理，如观察法、替代法、对换法等。

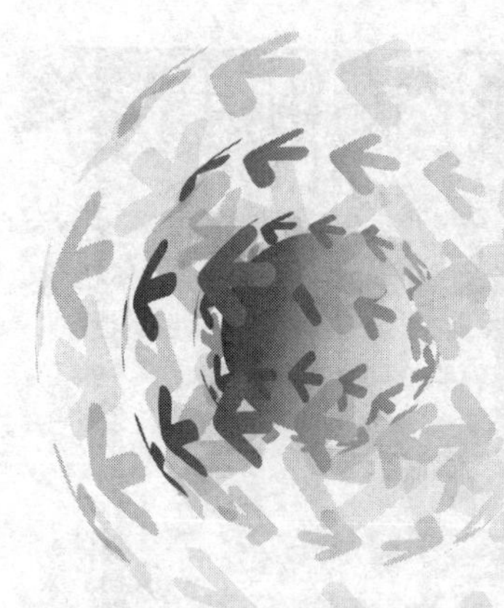

项目四 接口设备维护及故障分析处理

项目导引 ▶▶▶

地铁室外设备的接口电路，包括道岔控制电路、信号机点灯电路以及轨道电路。本项目详细介绍 ZDJ9 道岔控制电路、信号机的点灯电路、计轴电路的识读，检修测试及故障处理。

任务一 ● ● ● ZDJ9型道岔控制电路维护及故障分析处理

任务目标 ▶▶▶

1. 熟悉 ZDJ9 型道岔控制电路的技术要求。
2. 跑通 ZDJ9 型道岔控制电路。
3. 会按照作业标准检修 ZDJ9 型道岔设备。
4. 会测试 ZDJ9 型道岔技术参数。
5. 能够按照故障处理程序，结合控制台表示灯和继电器状态，在 20min 内找出道岔控制电路断线故障点。

任务实施 ▶▶▶

在城市轨道交通中，道岔转换设备有 S700K、ZDJ9、ZYJ4 等类型的转辙机，但控制电路原理一致，都采用五线制的交流道岔控制电路。下面以 ZDJ9 单机牵引控制电路为例，介绍道岔控制电路工作原理以及维护和故障处理知识。

一、道岔技术条件

道岔控制电路分为启动电路和表示电路两部分。道岔启动电路作用是根据操作意图接通电机电路，带动尖轨转换至规定位置；道岔表示电路是在道岔转换完毕并锁闭后给出道岔的实际位置表示。

由于道岔是行车安全的基础，其控制电路需要遵守以下技术条件。

1. 启动电路技术条件

① 道岔区段有车占用时，该区段内的道岔不应转换，即区段锁闭。

② 进路在锁闭状态时，进路上的道岔不能转换，即进路锁闭。

③ 道岔一经启动，就应转换到底，不受车辆进入影响，也不受值班人员的控制。

④ 道岔若未能转换，则自动切断启动电路，防止故障消失后，道岔自行转换。

⑤ 道岔若转换过程中遇阻不能继续转换时，应保证在值班员的操纵下，可以转换回原位，不致停在四开位置。

⑥ 道岔转换完毕，自动断开启动电路电源。

2. 表示电路技术条件

① 用道岔表示继电器的吸起状态和道岔的正确位置相对应，不准用一个继电器的吸起和落下表示道岔的两个位置。

② 电路发生混线或混入其他电源时，必须保证 DBJ 和 FBJ 不错误励磁。

③ 道岔在转换过程中、发生挤岔、停电、断线等故障，DBJ 和 FBJ 应可靠落下。

二、道岔控制电路设备和工作原理分析

1. 道岔控制电路设备认知

道岔控制电路设备按处所分为室内电路和室外电路两部分。

（1）室内电路部分　采用计算机联锁的道岔控制电路室内设备与传统 6502 电气集中联锁系统中的控制电路基本一致，计算机联锁控制的道岔电路取消了总定位继电器、总反位继电器、操纵按钮继电器。

每组道岔的室内设备主要由 1 个 JDZ（交流道岔主组合）、1 个 JDF（交流道岔辅助组合）组成。

① 道岔组合　如图 3-110 所示是某地铁公司现场运用的单机牵引 ZDJ9 交流道岔组合，上层是 JDZ 组合，下层是 JDF 组合。

图 3-110　交流道岔组合

② ZDJ9 道岔组合设备排列及名称规格（表 3-41）。

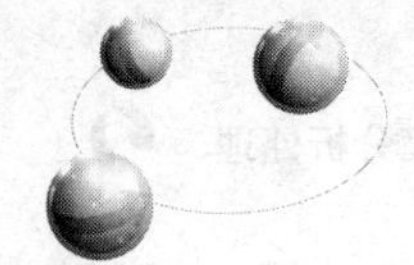

表 3-41 道岔组合排列表

<table>
<tr><th colspan="16">组合架(柜)</th></tr>
<tr><th rowspan="2">层</th><th>设备名称</th><th colspan="4">断路器排列</th><th colspan="10">继电器位置</th></tr>
<tr><th>组合类型</th><th colspan="4">0</th><th>1</th><th>2</th><th>3</th><th>4</th><th>5</th><th>6</th><th>7</th><th>8</th><th>9</th><th>10</th></tr>
<tr><td rowspan="2">1</td><td>P50105</td><td colspan="4"></td><td>SJ</td><td>DCJ</td><td>FCJ</td><td></td><td></td><td></td><td></td><td></td><td></td><td></td></tr>
<tr><td>JDZ</td><td colspan="4"></td><td>JWXC—H340</td><td>JPXC—1000</td><td>JPXC—1000</td><td></td><td></td><td></td><td></td><td></td><td></td><td></td></tr>
<tr><td rowspan="2">2</td><td>P50105</td><td colspan="3">DL1</td><td>DL2</td><td>BB</td><td>1DQJ</td><td>BHJ</td><td>2DQJ</td><td>1DQJF</td><td>DBQ</td><td>DBJ</td><td>FBJ</td><td>TJ</td><td>R1</td></tr>
<tr><td>JDF</td><td>RD1 5A</td><td>RD2 5A</td><td>RD3 5A</td><td>RD4 0.5A</td><td>BD1—7</td><td>JWJXC—125/80</td><td>JWXC—1700</td><td>JYJXC—160/260</td><td>JWJXC—480</td><td></td><td>JPXC—1000</td><td>JPXC—1000</td><td>JSBXC—850</td><td>RXYC—75W 1kΩ</td></tr>
</table>

③ 道岔组合内设备名称（表 3-42）。

表 3-42 道岔组合内设备名称

序号	缩写	名称	序号	缩写	名称
①	1DQJ	第一启动继电器	⑦	BHJ	保护继电器
②	1DQJF	第一启动复示继电器	⑧	DBQ	断相保护器
③	2DQJ	第二启动继电器	⑨	BB	表示变压器
④	DBJ	定位表示继电器	⑩	DCJ	定位操纵继电器
⑤	FBJ	反位表示继电器	⑪	FCJ	反位操纵继电器
⑥	TJ	时间继电器	⑫	SJ	锁闭继电器

（2）室外电路部分　道岔室外电路设备主要有转辙机自动开闭器接点组、安全接点组、接线端子、电缆盒、二极管电阻组合组成。

① 道岔电缆盒　如图 3-111 所示，左边是 ZDJ9 道岔电缆盒，安装有万可端子排，图中椭圆处为二极管电阻组合，内有 2 根引出线，其内部电路板为二极管与电阻串联电路板（图中间），4 个元件为二极管，型号为 IN4007（可以采用性能更高的二极管），图右边的是线绕式电阻，规格 300Ω/25W。

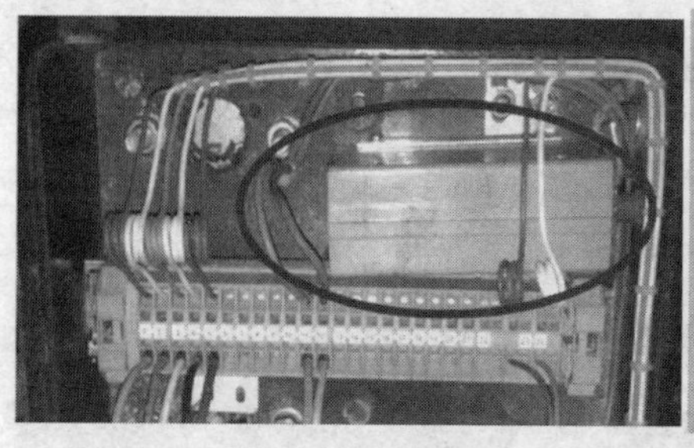

图 3-111　道岔电缆盒和二极管电阻

② 转辙机自动开闭器接点组　转辙机内电路分布如图 3-112 所示。

ZDJ9 转辙机的自动开闭器的接点结构与 ZD6 道岔相同，站在转辙机开盖方向，静接点从左至右为第 1 排、第 2 排、第 3 排、第 4 排，每排静接点编号从下往上排，动接点从左至右为第 1 排、第 2 排。

图 3-112　转辙机内电路分布图

③ 安全接点组　安全接点主要用于维护人员检修作业、行车人员手摇转换道岔时切断道岔启动电路，保障人身安全。

在早期设计的启动电路中，串入启动电路中的安全接点只有 1 组，也就是断单相。通过在现场多组道岔测试：断开安全接点后，当误操道岔时电动机仍然有短时间得电转动，这样对人身安全存在隐患。

为了避免断开单相电路存在的安全隐患，在地铁运用的道岔中，采用了 2 组的安全接点来断开启动电路两相电源，防止断单相存在的电动机短时得电而转动安全问题。即在原有 K01-02 基础上增加 K03-04 接点，为了在断开安全接点后不切断道岔表示，在 K03-04 接点上并联了 150Ω 的电阻。

2. 道岔控制电路识读

道岔控制电路如图 3-113 所示。

(1) 启动电路识读　以定位第一、三排接点闭合，道岔由定位向反位动作为例，为便于理解，将启动电路简化如图 3-114 所示。

道岔启动电路采用分级控制方式控制道岔转换，由第一道岔启动继电器 1DQJ 检查联锁条件，符合要求后才能接通励磁电路，然后由第二道岔启动继电器 2DQJ 控制交流电动机的转换方向，以决定道岔转向定位还是反位。

① 室内继电器工作过程　当进路操纵（或人工单操，单操级别高于进路操纵）道岔由定位向反位转换时，使 1DQJ 吸起，电路为 KZ_{24}-SJ_{11-12}-$1DQJ_{3-4}$-$2DQJ_{141-142}$-FCJ_{11-12}-KF_{24V}。

1DQJ 自闭电路为 KZ_{24}-$1DQJ_{1-2}$-BHJ_{32-31}-TJ_{33-31}-$1DQJ_{31-32}$-KF_{24}。

1DQJ 吸起后，1DQJF 随之吸起，电路为 KZ_{24}-$1DQJF_{1-4}$-TJ_{33-31}-$1DQJ_{31-32}$-KF_{24}。

1DQJF 吸起后接通 2DQJ 转极电路，其电路为 KZ_{24}-$1DQJF_{31-32}$-$2DQJ_{2-1}$-FCJ_{11-12}-KF_{24}。

② 室外电动机得电工作过程　当室内 1DQJ、1DQJF 吸起，2DQJ 转极后构成三相交流电动机电路。U、V、W 三相动作电源经 RD1-RD3 进入保护器 DBQ，及 1DQJ、1DQJF、2DQJ 接点，由 X1、X3、X4 线向室外送电，电动机开始转动，转辙机第三排接点断开，切断定位表示电路，接通第四排接点，其电路如下所示。

U 相—RD_1—DBQ_{11-21}—$1DQJ_{12-11}$—X1—电动机 A 绕组。

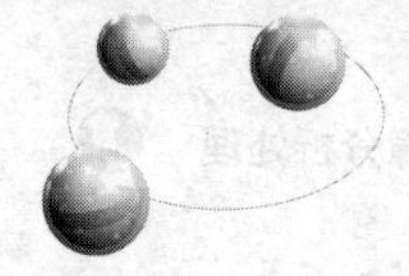

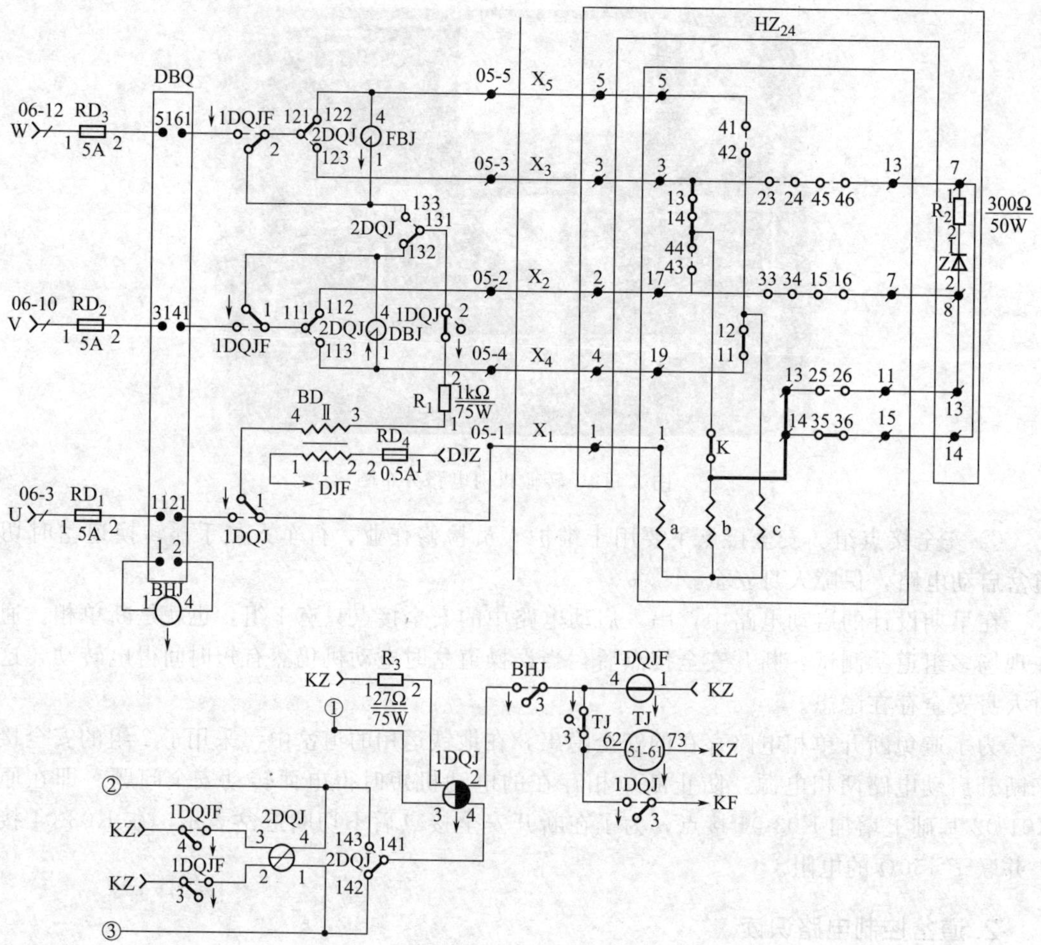

图 3-113　道岔控制电路

注：本图按照转辙机在定位时 1、3 排接点闭合设计，若转辙机在定位时 2、4 排接点闭合需作如下改变：

1. X_1 与 X_2 交叉、X_4 与 X_5 交叉，即 F05-2—电缆盒端子 3；F05-3—电缆盒端子 2；F05-4—电缆盒端子 5；F05-5—电缆盒端子 4；2. 二极管颠倒极性。

其中①、②、③对应联锁机输出驱对 SJ、DCJ、FCJ 电路。

V 相—RD_2—$DBQ_{31\text{-}41}$—$1DQJF_{12\text{-}11}$—$2DQJ_{111\text{-}113}$—X4—转辙机接点 11-12—电动机 C 绕组；

W 相—RD_3—$DBQ_{51\text{-}61}$—$1DQJF_{22\text{-}21}$—$2DQJ_{121\text{-}123}$—X3—转辙机接点 13-14—安全开关 K—电动机 B 绕组；

三相交流电相序为 U、W、V，电动机反转。在检测三相交流电流不缺相后，DBQ 输出直流电使 BHJ 吸起，接通 1DQJ 自闭电路。

由于电动转辙机表示杆的作用，道岔刚启动时，自动开闭器第 2 组的动接点迅速转换将 41—42、43—44 接通，给往回操纵提供了通路；待道岔转至反位时，自动开闭器第 1 组的动接点将 11—12、13—14 断开，接通第 2 排的接点，为接通反位表示做好准备。第 1 排的接点断开后，切断了动作电路，无电流流经 DBQ，使 BHJ 落下，随后 1DQJ↓→1DQJF↓，用 $1DQJ_{13}$ 接点断开三相电源 U 相的输入端，$1DQJF_{13}$ 接点断开三相电源 V 相的输入端，$1DQJF_{23}$ 接点断开三相电源 W 相的输入端同时接通反位表示。

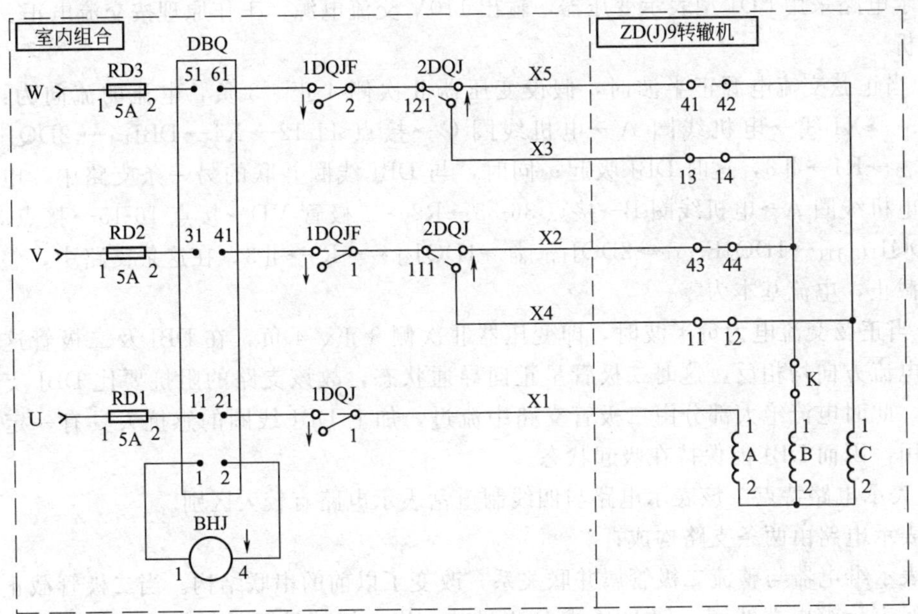

图 3-114　道岔启动电路简化图

道岔由反位向定位转换时原理同上，所不同的是使用 X1、X2、X5 线，构通相序为 U、V、W 的电动机正转电路。

（2）表示电路原理　以定位第一、三排接点闭合为例，电路原理如图 3-113 所示，为便于理解和记忆，表示电路简化图如 3-115 所示。

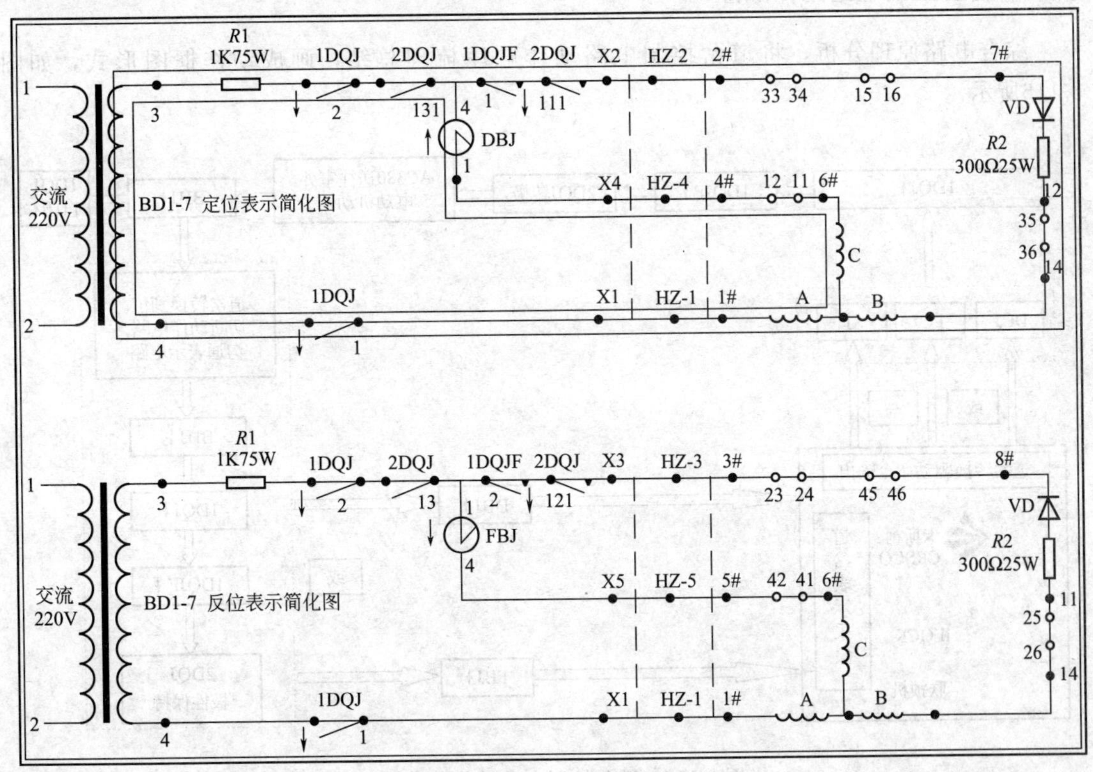

图 3-115　道岔表示电路简化图

表示电路采用BD1型表示变压器，输出110V交流电源，工作原理按交流电正、负半波进行分析。

① 当正弦交流电源正半波时，假设变压器Ⅱ次侧4正、3负，电流的流向为：Ⅱ4→$1DQJ_{13\text{-}11}$→X1线→电机线圈A→电机线圈C→接点11-12→X4→$DBJ_{1\text{-}4}$→$2DQJ_{131\text{-}132}$→$1DQJ_{21\text{-}23}$→R1→Ⅱ3，这时DBJ吸起；同时，与DBJ线圈并联的另一条支路中，电流的流向为：电机线圈A→电机线圈B→接点36-35→R2→二极管VD→接点16-15→接点34-33→X2→$2DQJ_{112\text{-}111}$→$1DQJF_{13\text{-}11}$→$2DQJ_{131\text{-}132}$→$1DQJ_{21\text{-}23}$→R→Ⅱ3，在这条支路中，整流二极管反向截止，电流基本为零。

② 当正弦交流电为负半波时，即变压器Ⅱ次侧3正、4负，在DBJ及二极管这两条支路中，电流方向均相反，这时二极管呈正向导通状态，故该支路的阻抗要比DBJ支路阻抗小得多，此时电流绝大部分由二极管支路中流过，加上DBJ线圈的感抗大具有一定的电流迟缓作用，因而DBJ能保持在吸起状态。

③ 表示电路特点　该表示电路与四线制道岔表示电路有较大区别。

• 表示电路由两条支路构成；

• 表示继电器与整流二极管属并联关系，改变了以前的串联结构。当二极管截止时，半波电流经表示继电器线圈，使DBJ或FBJ吸起，当二极管导通时，表示继电器两端电压接近于零，但线圈产生的自感电流经二极管使继电器保持吸起，这样可以取消在四线制道岔表示电路中表示继电器线圈并联的电容，提高了表示电路的可靠性；

• 电路中串入了电动机线圈，构通表示电路的同时也检查了电动机线圈，可及时发现电动机线圈存在的问题。

3. 道岔控制电路动作顺序

综合电路原理分析，将道岔控制电路动作顺序梳理总结，画成动作框图形式，如图3-116所示。

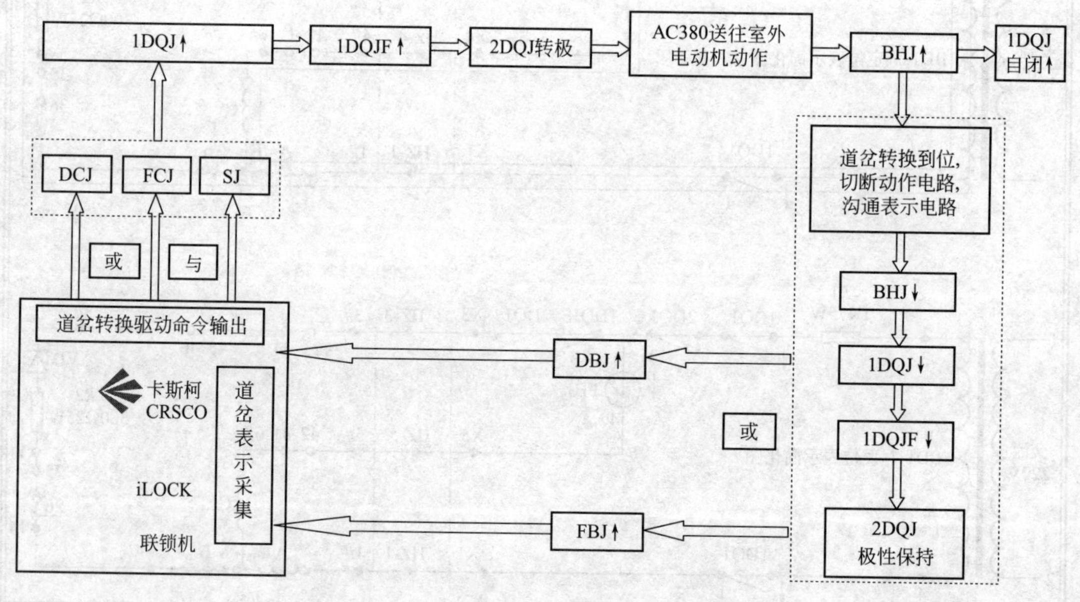

图3-116　道岔控制电路动作顺序框图

4. 道岔控制电路各线及转辙机接点作用分析

① 各线在启动和表示电路中用途（表 3-43）。

表 3-43 道岔控制电路各线用途

线序	启动电路中用途	表示电路中用途
X1	电动机 A 绕组共用线	定反位表示共用线
X2	反—定时接电动机 B 绕组	定表二极管支路
X3	定—反时接电动机 C 绕组	反表二极管支路
X4	定—反时接电动机 B 绕组	定表继电器支路
X5	反—定时接电动机 C 绕组	反表继电器支路

② 启动电路使用线序及转辙机内接点　定位操反位使用 X1-X3-X4，以及转辙机内 11-12、13-14 接点；反位操定位使用 X1-X2-X5，以及转辙机内 41-42、43-44 接点。

③ 表示电路使用线序及转辙机内接点　定位表示使用 X1-X2-X4，以及转辙机内 11-12、15-16、33-34、35-36 接点；反位表示使用 X1-X3-X5，以及转辙机内 41-42、45-46、23-24、25-26 接点。

④ 本书默认定位为转辙机 1、3 排接点闭合，如现场转辙机的定位为 2、4 排接点闭合，则需要进行如下改变。

电缆盒 2＃端子连接转辙机 3＃端子，电缆盒 3＃端子连接转辙机 2＃端子，电缆盒 4＃端子连接转辙机 5＃端子，电缆盒 5＃端子连接转辙机 4＃端子；二极管极性应倒换。进行倒换后必须进行严格的道岔位置室内外一致性核对。

三、道岔控制电路中设备作用分析

（1）DCJ、FCJ 采用 JPXC—1000 偏极继电器　主要作用是，联锁机发出驱动命令时，给后续电路提供动作条件，继电器本身还能对驱动电源极性鉴别。

（2）SJ 采用 JWXC—H340 无极缓放继电器　主要作用是，检查区段空闲，起防护作用。

（3）1DQJF 采用 JWJXC—480 加强无极继电器　主要作用是，1DQJ 接点不够用，复示 1DQJ。

（4）2DQJ 采用 JYJXC—135/220（或 JYJXC—160/260）加强有极继电器　主要作用是，2DQJ 的两组接点的作用主要是区分定、反位动作方向，对 V、W 相电源进行换相，使三相电动机正转或反转；在电路中 DBJ 检查了 2DQJ 的前接点，FBJ 检查了 2DQJ 的后接点，检查了启动电路与表示电路动作的一致性。

（5）TJ 采用 JSBXC—850 时间继电器　主要作用是保护道岔电机空转超过 13s 后，TJ 吸起断开 1DQJ 自闭电路和 1DQJF 励磁电路，使电动机停转。

（6）DBJ、FBJ 采用 JPXC—1000 偏极继电器　主要作用是，给出正确位置的表示；同时检查电动机绕组，起到监督电动机的作用；鉴别极性，确保二极管未接反。

（7）安全开关为保护作业人员的人身安全　在电动机的 V、W 相电路中串入了安全开关 K（安全接点组）。在需要时，可切断动作电路，使 BHJ 不能吸起或由原来的吸起转为落下，使道岔不能电动转换。

（8）$R1$ 的作用　主要是防止室外负载短路时保护电源不被损坏。

（9）$R2$ 的作用　由于 1DQJ 具有缓放作用，在道岔转换到位时，转辙机接点接通瞬间，

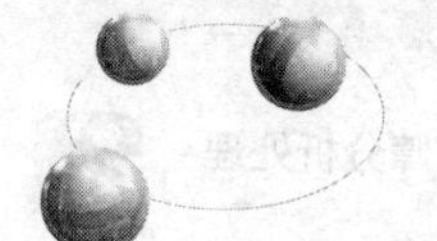

380V 电源将会送至二极管上（反位→定位 X1、X2 线；定位→反位 X1、X3 线），接入 R2 可保护二极管不被击穿。

如 X4、X5 线发生短路，当道岔转换到位后电动机会发生反转（1DQJ 缓放时间内），易使道岔解锁，串入 *R*2 后，电动机 C 绕组电流减小，即三相不平衡，电动机不能转动，BHJ 失磁落下，起到保护作用。

（10）室外二极管　用于表示电路半波整流，与表示继电器各自分担交流的半个周期，且为继电器截止周期提供线圈感应电流续流通路，维持继电器吸起。

（11）自动开闭器及接点　实现对道岔位置的检测，反映尖轨密贴情况。启动过程中构通启动电路及回转电路，转换到位后构通道岔表示电路，道岔尖轨被挤切断道岔表示电路。

四、道岔技术条件实现分析

1. 启动电路部分

① 在 1DQJ 的励磁电路中检查了 SJ↑吸起条件，联锁机在检查区段锁闭、进路锁闭等条件符合后才驱动 SJ 励磁，实现技术条件 1“有车不能转”和 2“锁闭不能转”。

1DQJ 采用 JWJXC—H125/80 加强无极缓放继电器，主要作用是，1DQJ 具有缓放特性，当 2DQJ 转极后，1DQJ 的励磁电路断开，在 BHJ 未吸起之前由自身的缓放特性保持吸起状态，当 BHJ 吸起后沟通 1DQJ 的自闭电路，保持 1DQJ 吸起，1DQJ 自闭后脱离了 SJ 的条件，此时即使有车占用道岔区段也不会停转，而 2DQJ 转极后其有极接点不会变动，使电动机向一个方向转换到底，直到自动开闭器动作切断其电动机电路为止，实现技术条件 3“要转转到底”。

② 采用 DBQ 动作 BHJ，既可防止在三相交流电断相情况下保护三相电动机，也能实现道岔停转断电。

电动机正常工作时，DBQ 输出 24V 给 BHJ 工作，构通 1DQJ 的自闭电路。如启动电路中存在缺相、端子或转辙机接点接触不良等，均会造成 DBQ 无输出，BHJ↓落下，1DQJ 跟随落下切断启动电路，且不会自动接通，实现技术条件 4“不转就断电”。

当道岔转换到位，自动开闭器的 11-12、13-14 或 41-42、43-44 接点断开，使 DBQ 无输出，BHJ↓落下，1DQJ 自闭电路被切断跟随落下，从而切断启动电路，实现技术条件 6“转完断电源”。

③ 道岔启动后，转辙机内自动开闭器接点首先分开并接通向回转的电路，2DQJ 的接点也准备好 1DQJ 的励磁电路；此外单独操纵优于进路操纵，若选进路时道岔因故转不到位，可用单独操纵方式将道岔转回来。这两点实现技术条件 5“遇阻向回转”。

2. 表示电路部分

道岔表示电路采用了独立电源法、位置法、偏极继电器安全防护措施防护。

① 表示电路分别设置了 DBJ 和 FBJ，2DQJ 检查表示继电器与实际位置的一致性才沟通回路，同时联锁机采集道岔表示条件时，使用继电器吸起↑条件表示正确位置，不允许用落下↓表示位置，即 DBJ↑表示道岔在定位状态，FBJ↑表示道岔在反位状态。实现了表示电路技术条件 1。

② 表示电路中在室内采用独立电源法，单独设置变压器隔离，外线混入外电源均构不成回路，防止误动；通过位置法将二极管支路置于室外，当外线混线短路时，偏极继电器中

只有交流电不会吸起；当电源极性不正确、二极管短路或开路时电路中只有交流电，偏极继电器也不会吸起。这两点实现了表示电路技术条件 2。

③ 由于 DBJ、FBJ 均为安全型继电器，当道岔转换或发生挤岔、停电、断线、等故障时，DBJ 或 FBJ 均不会吸起，实现了技术条件 3。

五、与联锁接口电路分析

道岔控制电路与联锁机接口中，SJ、DCJ、FCJ 继电器由联锁机驱动，DBJ、FBJ 是联锁机采集的继电器。现在以采用 iLOCK 联锁机设备车站为例，介绍道岔控制电路与联锁机的接口电路原理。

1. 道岔动作驱动电路

如图 3-117 所示，道岔控制电路与联锁设备接口继电器有 3 个，每个继电器的两个线圈分开使用，A 机输出直接驱动继电器 1-2 线圈，B 机输出直接驱动继电器 3-4 线圈。操纵道岔时，依据操作意图需要 DCJ 或 FCJ 当中一个励磁，SJ 必须励磁，即操纵定位时，需要 SJ 和 DCJ 均励磁，当这些继电器动作后，道岔控制电路才能工作。

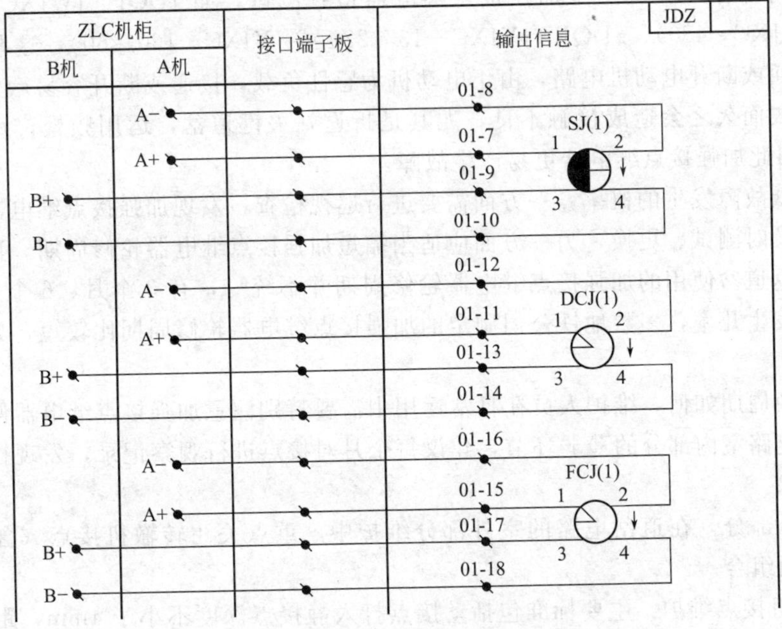

注：ZLC——iLOCK 联锁机

图 3-117 联锁机驱动的道岔组合继电器电路原理图

采用计算机联锁设备后，道岔单操按钮、按钮继电器和相应的实物电路被取消。

2. 道岔表示采集电路

如图 3-118 所示，联锁机双机都采集定表或反表继电器，而且在采集定位表示继电器的前接点时，也采集了反表继电器的后接点，以监督道岔位置的正确性。

六、日常维护及故障处理

道岔控制电路采用了成熟稳定的继电接口，在运用中维护少、故障率低。具体在城轨运

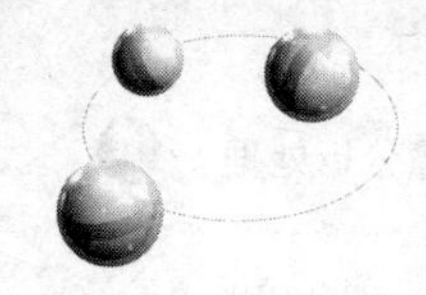

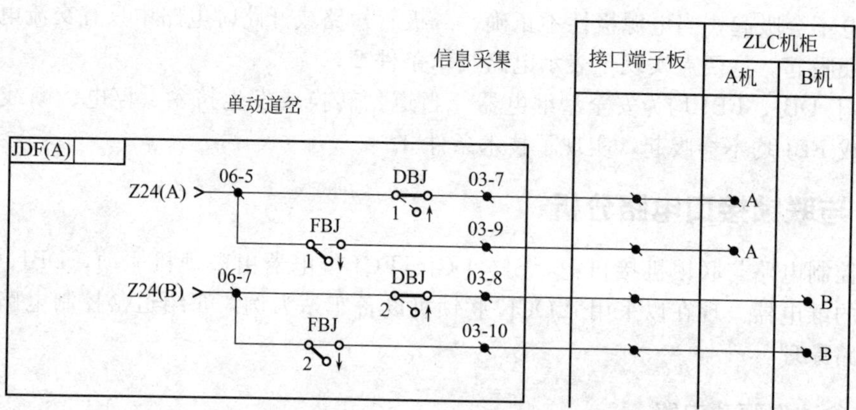

图 3-118 联锁机采集道岔表示原理图

用时，道岔电路维护要点和故障处理方法如下所示。

1. 日常维护要点

(1) 室内部分 关键点是加强接点继电器检查测试，如 1DQJ（JWJXC—H125/80）、1DQJF（JWJXC—480）、2DQJ（JYJXC—135/220 或 JYJXC—160/260），这些继电器加强接点直接接通或断开电动机电路，由于电动机为感性负载，接通或断开容易产生火花或电弧烧损接点，久而久之会造成接触不良，尤其是折返站关键道岔，运用频繁，每天转换超过 300 余次，因此加强接点继电器更易产生故障。

为了降低故障发生的概率，一方面需要进行巡视检查，发现加强接点继电器接点火花或电弧严重时及时测试、更换，另一方面应适当缩短加强接点继电器轮修周期。目前各地铁运营企业对折返道岔使用的加强接点继电器轮修周期并不统一，有 3 个月、6 个月、1 年。为了降低故障发生几率，多数地铁公司制定的加强接点继电器轮修周期比较短，如 6 个月轮修 1 次。

不论轮换周期如何，维护人员在日常运用中需要特别注意加强接点继电器使用状况，它是道岔控制电路室内部分的薄弱环节，建议每个月对接点进行观察记录，发现拉弧较大时应进行检查排除。

(2) 室外部分 在道岔电路的室外部分维护中，重点关注转辙机接点（含安全接点）、二极管和电阻组合。

① 转辙机接点维护 主要标准包括动接点打入静接点深度不小于 4mm，距离静接点座不小于 2mm，用手扳动静接点，其旷动量不大于 3mm；静接点磨耗不大于其厚度的 1/2；动接点环与静接点片间无间隙，呈面接触状态；动接点与静接点无锈蚀或氧化层，清除接点上磨损的金属粉末和油污。折返站道岔由于操纵频繁，动接点与静接点磨耗快，在维护中应加强检查，当出现磨损超标或部分接点接触不良应进行更换。

② 二极管和电阻组合维护 二极管属于易损件。正常情况表示电压为交流 60V 左右、直流 20V 左右（与连接道岔的信号电缆长度有关系）。由于二极管对过电流、过电压敏感（如道岔控制线混线造成动作电源长时间流经二极管、雷电影响等），所以在维护中可做以下工作。

- 测量表示电压，与正常值比较，如有偏差应进一步查找原因直至排除。
- 测量二极管两端压降，正常二极管压降应为 0.6～0.8V，如异常则需进一步测试，确定性能不良后应予更换。

• 对于露天段或是高架段由于容易受雷击，但二极管可能处于半击穿或“软击穿”状态，并不马上表现出故障，所以在维护中可适当缩短检查测试周期，尽早发现隐患。

• 有计算机监测设备的，通过查看曲线和报表数据，判断表示电路工作状态，及时处理不良部件。

2. 故障分析处理

要快速准确处理好道岔控制电路故障，需要熟悉室内外电路的工作原理，设备运用特点（如是否为折返道岔、是否在露天使用等），懂得道岔的机械特性等，掌握正常使用和故障时的现象和参数，才能在故障发生后快速、稳妥、有效地处理好故障。

道岔故障按类型分启动电路故障和表示电路故障，按位置分室内故障和室外故障。在故障分析判断中，不论是启动电路还是表示电路故障，正确判断故障点在室内还是室外至关重要，一旦错误判断，处理时间将大幅延误，尤其是城轨正线折返站关键道岔，对行车影响很大，因此维护人员平时应多思考、多动手练习，并在此过程中不断总结巩固，提高故障分析处理能力。

下面是根据地铁公司现场运用中道岔控制电路设置故障，通过多次模拟优化后总结的处理指南，供学习参考。

（1）道岔启动电路故障分析处理　道岔启动电路故障分析处理分为室内部分故障和室外部分故障。

① 室内部分故障　道岔启动电路室内故障分为 5 种情况，分别进行原因分析、排查要点和处理措施，如表 3-44。

• 道岔操作不动，电流表不动。

• 道岔操作不动，电流表动一下又恢复。

• 道岔操作不动、熔丝报警。

• 道岔操作不动、道岔挤岔报警。

• 道岔操动瞬间即停止、道岔挤岔报警。

② 室外部分故障　道岔启动电路室外故障分为 3 种情况，分别进行原因分析、排查要点和处理措施，见表 3-45。

• 道岔操作不动、道岔挤岔报警。

• 道岔操动瞬间即停止、道岔挤岔报警。

• 道岔操动 13s 后停止、道岔挤岔报警。

（2）道岔表示电路故障分析处理　道岔表示电路故障分析处理分道岔表示电路正常和故障对照、道岔表示电路故障处理。

① 道岔表示电路正常和故障对照。道岔表示电路模拟了 6 种故障，分别与正常情况进行比较，见表 3-46。

• 断表示电源。

• 单纯二极管短路（击穿）。

• 二极管支路开路。

• 继电器支路开路。

• 继电器支路短路。

• 道岔四开（挤岔）。

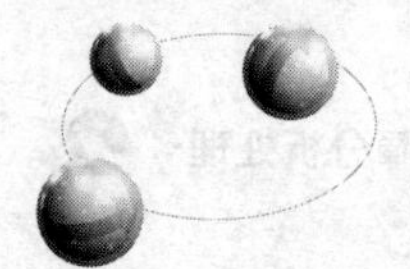

表 3-44　启动电路故障室内部分处理对照表

类别	故障现象	影响	原因	故障排查要点	处理措施
道岔室内启动电路故障	①道岔操作不动，电流表不动	该道岔无法操作到指定位置	①SJ、DCJ 或 FCJ 没有吸起	①SJ、DCJ 或 FCJ 线圈 1-4 端的工作电压是否正常； ②SJ、DCJ 或 FCJ 是否吸起	①检查线圈配电回路； ②更换 SJ、DCJ 或 FCJ
			② 1DQJ 没有吸起；	①1DQJ 线圈 3-4 端是否有直流 24V 工作电压； ②工作电压正常时继电器是否吸起	①检查继电器 3-4 线圈励磁回路； ②更换 1DQJ
			③ 1DQJF 没有吸起；	①1DQJF 线圈 1-4 端是否有直流 24V 工作电压； ②工作电压正常时继电器是否吸起	①检查继电器 1-4 线圈励磁回路； ②更换 1DQJF
			④ 2DQJ 没有转极；	①2DQJ 线圈 1-2(3-4)是否有直流 24V 电压； ②工作电压正常时继电器是否转极	①检查继电器线圈相应回路； ②更换 2DQJ
	②道岔操作不动，电流表动一下又恢复	该道岔无法操作到指定位置	① 1DQJF 没有吸起 ②2DQJ 没有转极	① 观察 1DQJF 是否吸起； ②1DQJF 线圈 1-4 端是否有直流 24V 工作电压； ③2DQJ 线圈 1-2(3-4)是否有直流 24V 电压	①检查 1DQJF 励磁回路； ②更换 1DQJF； ③检查 2DQJ 转极电路； ④更换 2DQJ
	③道岔操作不动、熔丝报警	该道岔无法操作到指定位置，室内断路器跳闸	① 电缆或配线接地； ②电缆或配线混线	①分线盘上甩线用兆欧表测量各线间绝缘； ②用兆欧表测量各线间对地绝缘	①更换备用电缆芯线； ②整理室内配线
	④道岔操作不动、道岔挤岔报警	该道岔无法操作动、无表示，往回操时，道岔不动但表示正常	① 动作电源没有输出； ②室内配线或室外断线	①操动道岔时在分线盘测量动作电压是否正常； ②区分断点在室内还是在室外	①检查道岔动作电源电路； ②整理室内配线； ③根据室外故障处理流程进行室外断点查找
	⑤道岔操动瞬间即停止、道岔挤岔报警	该道岔能瞬间操动、没有表示	①1DQJ 没有自闭 ②DBQ 不工作； ③BHJ 未吸起	①观察 BHJ 是否吸起； ②检查 BHJ 励磁电路； ③1DQJ 线圈 1-2 端是否有直流 24V 工作电压	① 检查 1DQJ 自闭电路； ②更换 DBQ； ③检查 BHJ 励磁电路及其提供给 1DQJ 自闭电路接点是否接触良好

② 道岔表示电路故障处理。表 3-47 中分析了六种造成道岔表示电路故障的原因，列出故障排查的要点以及故障处理的措施。

- 室内 2DQJ 第三组接点接触不良。
- 二极管支路开路。
- 二极管支路击穿。
- 表示继电器支路开路。
- 表示继电器支路短路。
- 表示电源故障。

表 3-45　启动电路故障室外部分处理对照表

类别	故障现象	影响	原因	故障排查要点	处理措施
道岔室外启动电路故障	①道岔操作不动、道岔挤岔报警	该道岔无法操动、无表示，往回操时，道岔不动但表示正常	①室外电缆芯线断线； ②电缆盒及机内配线故障	①在分线盘上确认动作电源已经送出； ②在室外电缆盒或机内万可端子上区分故障点在机内还是机外； ③查找故障点时应与室内操纵道岔进行配合，在断开表示电源的情况下，可以使用万用表电阻挡测量启动电路回路是否正常。	①更换备用电缆芯线； ②整理电缆盒配线； ③整理机内配线； ④如自动开闭器接点组磨损或变形严重，则应予更换
	②道岔操动瞬间即停止、道岔挤岔报警	该道岔能瞬间操动、没有表示	①动作电源缺相； ②电动机故障； ③室外电缆芯线断线	①在分线盘上确认三相动作电源已经送出(电源缺相需要注意继电器接点烧损情况，不能误判)； ②测量电动机 U、V、W 三相电源是否正常； ③查找故障点时应与室内操纵道岔进行配合	①更换备用电缆芯线； ②整理电缆盒和机内配线； ③更换三相电动机
	③道岔操动 13s 后停止、道岔挤岔报警	道岔操动后无表示，再反操时表示正常	①室外尖轨卡异物； ②道岔密贴调整过紧； ③电动机有任两相反接	①取异物时应与室内联络员确认道岔不能操动； ②用 2/4mm 检查道岔的密贴情况； ③参照图样用电压法校核电动机配线(一般在工程阶段或更换转辙机后容易发生)。	①取出异物后试验道岔； ②重新调整道岔密贴； ③在万可端子上调换电动机配线

表 3-46　道岔表示电路正常和故障对照表

表示电路情形	X1～X2 (X1～X3)		X1～X4 (X1～X5)		X2～X4 (X3～X5)		故障点 (室内外)	说　明
	交流/V	直流/V	交流/V	直流/V	交流/V	直流/V		
正常情况	60	20.5	1.8	0	57	20.5	—	—
断表示电源	0	0	0	0	0	0	室内	检查断路器变压器
单纯二极管短路(击穿)	40	0	40	0	40	0	室外	无交流，建议带二极管电阻组合去处理
二极管支路开路	110	指针抖动	0	0	110	指针抖动	室外	MF14 表测试
继电器支路开路	70	36	56	36	0	0	室内	交直流电压偏高
继电器支路短路	0	0	0	0	0	0	室内	需要进一步拔继电器测试确定
道岔四开(挤岔)	0	0	0	0	0	0	室外	如所在区段伴有红光带，需综合其他信息判断是否挤岔。
注：	二极管支路电压		电动机线圈压降		继电器端电压			

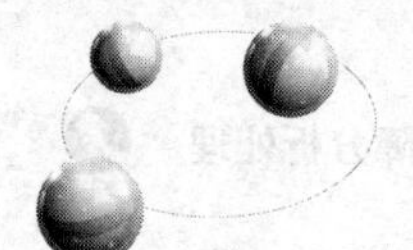

表 3-47 道岔表示电路故障处理对照表

类别	故障现象	影响	原因	故障排查要点	处理措施
道岔表示电路故障	道岔操作到位后、道岔挤岔报警	道岔操动后无表示，再反操时表示正常	①室内 2DQJ 第三组接点接触不良	①在分线盘上测量 X1—X2 或 X1—X3 交直流电压为 0； ②在分线盘上测量 X2—X4 或 X3—X5 交直流电压为 0； ③测量 BD2—7 的 3-4 线圈有交流 110V 电压； ④测量 1DQJ 的 11 与 2DQJ 的 131 是否有 110V 电压	①更换 2DQJ； ②检查整理 2DQJ 配线
			②二极管支路开路	①在分线盘上测量 X1—X2 或 X1—X3 交流电压为 110V； ②在电缆盒上测量 X1—X2 或 X1—X3 交流电压为 110V； ③用交流电压法查找故障点； ④必要时卸下二极管组件进行性能判断	①检查整理机内配线； ②调整自动开闭器接点； ③检查二极管组件是否反装或更换二极管组件(施工中容易发生)
			③二极管支路击穿	①在分线盘上测量 X1—X2 或 X1—X3 交流电压为 40V，直流为 0V； ②测量电缆盒二极管两端交流电压几乎为 0V	①检查二极管两端配线； ②更换二极管组件
			④表示继电器支路开路	①在分线盘上测量 X1—X2 或 X1—X3 交、直流电压均比正常值略高 10V 左右； ②在分线盘上测量 X1—X4 或 X1—X5 交、直流电压均接近正常值	①检查继电器支路配线； ②更换表示继电器
			⑤表示继电器支路短路	①在分线盘上测量 X1—X2 或 X1—X3 交直流电压为 0； ②在分线盘上测量 X2—X4 或 X3—X5 交直流电压为 0； ③测量 BD2—7 的 3-4 线圈无电压，在分线盘上甩开 X1，再测量时有交流 110V； ④必要时拔下表示继电器用电阻挡进行判断	①检查表示继电器配电电路； ②检查表示继电器性能是否完好； ③更换表示继电器
			⑥表示电源故障	①在分线盘上测量 X1—X2 或 X1—X3 交直流电压为 0； ②在分线盘上测量 X2—X4 或 X3—X5 交直流电压为 0； ③测量 BD2—7 的 3-4 线圈无电压，在分线盘上甩开 X1，再测量时还是无电压； ④必要时拔下表示变压器对其进行性能判断	①检查整理表示变压器配线，排除变压器插接片接触不良； ②更换 RD40.5A 熔丝； ③更换 BD1-7 变压器

(三) 典型故障案例

【案例 1】

2010 年 6 月 19 日××车辆段 11＃道岔定反位无表示故障。

(1) 故障现象

19 时 49 分，信号值班人员接到车辆段信号楼行车值班员通知，11＃道岔定、反位无表示。

19 时 53 分，信号值班人员到信号楼查看时，行车值班员已经把 11＃道岔封闭。

19 时 57 分，操动 11＃道岔，定、反动作时间和工作电流表正常，但定反位均无表示。

(2) 故障处理过程

① 20时05分，信号值班人员到达机械室，在分线盘测量11#道岔，定位X1—X2交流电压为48V，直流电压为13.62V。

② 20时09分，支援人员到达机械室查找故障。

③ 20时10分，支援人员在分线盘测得定位X1—X2交流电压为48V，直流为13.62V，反位X2—X4交流为41V，直流为11.2V。

④ 20时12分，支援人员拔下定反位表示继电器，分线盘测量数据仍然是：X1—X2交流电压为48V，直流为13.62V，反位X2—X4交流为41V，直流为11.2V，据此判断故障点在室外的二极管支路。

⑤ 20时23分，支援人员准备好工器具，赶赴室外11#道岔现场进行处理。

⑥ 20时33分，处理人员到达11#道岔现场，测量电缆盒内二极管的11/12端子，测得二极管交流为41V，直流为11.3V。

⑦ 20时38分，更换二极管后，测得电缆盒内的11/12端子为58.9V，直流为20V，机械室内11#道岔定反位表示恢复。

⑧ 20时46分，对11#道岔进行彻底复查以及进行道岔室内外位置和表示一致性试验。

⑨ 20时56分，11#道岔定反位表示正常，试验良好，交付使用。

(3) 故障原因分析

① 故障元件检查。更换下来的二极管和电阻组合电路板如图3-119所示，正面看到的4个是IN4007二极管，为两并两串，观察外观没有烧焦及其他异常现象。

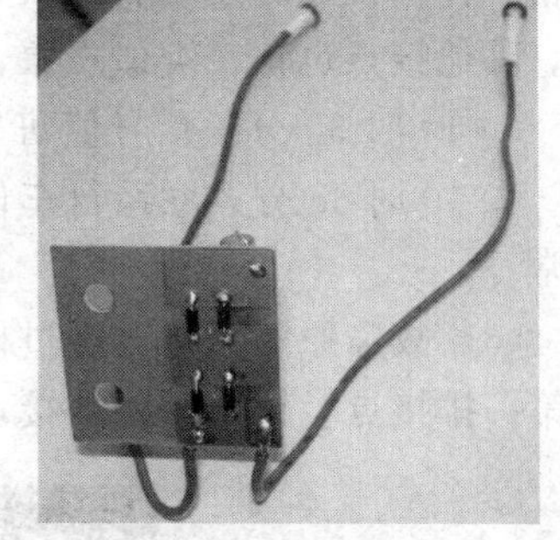

图3-119　故障道岔表示电路二极管组

② 参数分析及原因确定。

• 该道岔正常工作状态下表示电路室内分线盘处的参数(定位和反位相同，以定位为例)：二极管支路X1—X2交流为60V，继电器支路X2—X4直流为20V，道岔电路中表示继电器的工作值为直流16V。

• 本次故障发生时在机械室内分线盘测量的数据是，定位X1—X2交流电压为48V，直流为13.62V，反位X2—X4交流为41V，直流为11.2V，将机械室内拔下继电器后，测得电压仍然是定位X1—X2交流电压48V，直流13.62V，反位X2—X4交流为41V，直流11.2V，此外测试X1—X5电缆芯线对地绝缘均大于50MΩ，据此可判断为室外二极管支路故障。

• 更换下来的二极管组测量结果。用F17B测量电阻为306Ω，阻值正常；用F17B的二极管挡测量，一组PN结压降为0.48V，另一组为0.32V，再使用MF14表的×1k挡测量，两组二极管的正反向电阻为0Ω，用MF14表的×100挡测量，两组二极管的正向电阻为1kΩ，反向电阻为2kΩ，说明二极管性能不良。

• 正常运用时道岔表示电路的电压和电流均较小，远不至于击穿二极管。由于该车辆段为露天，调查两周来天气状况，发现半个月内发生雷电暴雨天气达9天，所以判断11#道岔二极管性能不良原因与近期打雷有关，因为打雷时容易产生较高的感应电压串入室外表示电路，加上道岔电路没有安装防雷元件，致使二极管（IN4007）容易损坏。查阅之前故障记录，发现在2007年5月13日该车辆段的13#道岔也发生过同样故障。

(4) 预防措施

① 采用耐压更高的二极管。

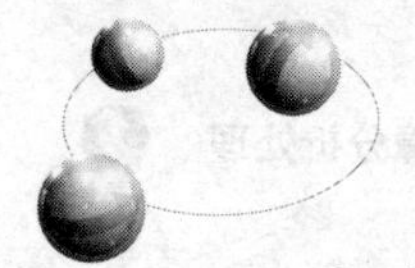
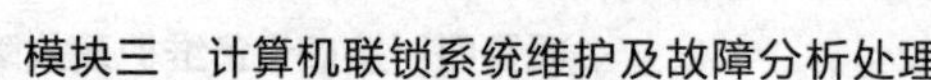

② 定期测试道岔表示交直流电压，数值异常时及时检查排除原因。

③ 注意天气状况，遇雷暴天气后，及时在室内测试表示电压是否存在异常。

【案例 2】

2009 年 8 月 11 日××车辆段 4＃道岔定位闪表示故障。

(1) 故障现象

10 时 13 分，信号值班人员接到车辆段信号楼行车值班员通知，4＃道岔在列车运行时定位表示闪烁，但无挤岔报警。

10 时 16 分，信号值班人员操动 4＃道岔，定、反动作时间和工作电流表正常，但定位表示接通瞬间存在闪烁，在没有列车运行时表示灯稳定指示。

(2) 故障处理过程

① 10 时 18 分，信号值班人员到达机械室，在分线盘测量 4＃道岔定位 X1—X2 交流电压为 55V，直流电压 18V，比平时正常值略低。

② 10 时 20 分，信号值班人员检查与定位表示相关的室内加强接点继电器，未发现接点明显烧损，断电后测量接点电阻正常。

③ 10 时 24 分，信号值班人员联系行车值班员操纵道岔后，测试表示电压，发现存在波动，根据此现象，初步判断道岔室外电路存在接触不良现象。

④ 10 时 29 分，信号值班人员到达故障道岔，检查电缆盒端子和二极管电阻组合未发现异常，打开机盖后发现自动开闭器第一排接点生锈严重，动接点环锈蚀，存在接触不良现象，其他接点也存在类似现象，机壳底部有积水。

⑤ 10 时 30 分，信号值班人员对所有接点锈蚀部分进行清除。

⑥ 10 时 33 分，联系行车值班员操纵道岔试验，定位表示不闪烁，测试表示电压，恢复正常。

(3) 故障原因分析　经过检查测试，造成 4＃道岔定位表示闪烁的直接原因是自动开闭器第一排接点生锈严重，动接点环锈蚀，如图 3-120 所示。

图 3-120　自动开闭器接点生锈

而自动开闭器接点生锈，则是转辙机内进水引起的。进水路径：转辙机动作杆、表示杆伸出、拉入处的防水罩裂纹，由于南方下雨频繁，雨水落在动作杆、表示杆上面，随着道岔频繁操纵，雨水被动作杆、表示杆带入机内，导致了接点生锈。

(4) 预防措施　日常维护需要注意道岔辅助防护设备检查检修，如内外部螺钉防松、防尘防水罩完整状况，发现问题及时整改，避免小问题导致大故障。

任务二 ●●● 信号机点灯接口电路维护及故障分析处理

任务目标 ▶▶▶

1. 熟悉信号机点灯设备。
2. 跑通信号机点灯电路。
3. 会按照作业标准检修信号机点灯设备。
4. 能够处理信号机点灯电路断线故障。

任务实施 ▶▶▶

信号机用来反映前方列车（调车）进路的状态，当地面信号为主体信号时，为司机提供行车凭证。控制信号机灯光显示的电路称为信号机点灯电路，包括进路信号机、调车信号机、阻挡信号机、复示信号机等。

一、信号机点灯设备认知

信号机点灯电路由室内和室外设备两部分组成。

1. 室内设备

室内设备包括继电器组合和灯丝报警仪，如图 3-121 所示。

继电器组合

灯丝报警仪

图 3-121　信号机点灯室内设备

（1）继电器组合　继电器组合应根据信号机功能配置相应的继电器，表 3-48 中列出了进路信号机（不同显示）、阻挡信号机的继电器组合，“●”表示有此项设备，“○”表示无此项设备。DJ 和 2DJ 继电器采用 JZXC—H18 型；LXJ、YXJ、ZXJ 和 DDJ 采用 JWXC—H340 型。

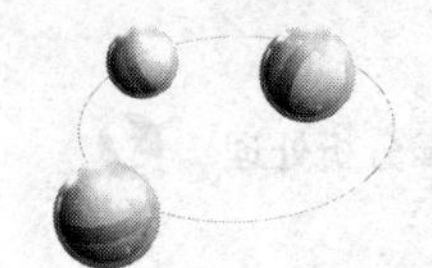

表 3-48 信号机点灯继电器组合

类型	LXJ（列信）	DJ（灯丝）	DDJ（灭灯）	ZXJ（正线）	YXJ（引导信号）	2DJ（2 灯丝）
进路信号机带引导信号	●	●	●	●	●	●
进路信号机(三显)	●	●	●	●	○	○
进路信号机(二显)	●	●	●	○	○	○
间隔信号机	●	●	●	○	○	○
阻挡信号机	○	●	○	○	○	○

（2）灯丝报警仪　灯丝报警仪（HG-BJ-LED-56 型）通过监测信号机点灯电路回路电流变化，反映信号机点灯状态。每台灯丝报警仪可安装 7 块采集板，每块采集板可以采集 8 架（按每架点 3 个灯共 24 个灯位）信号机的点灯电流，如图 3-122 所示。

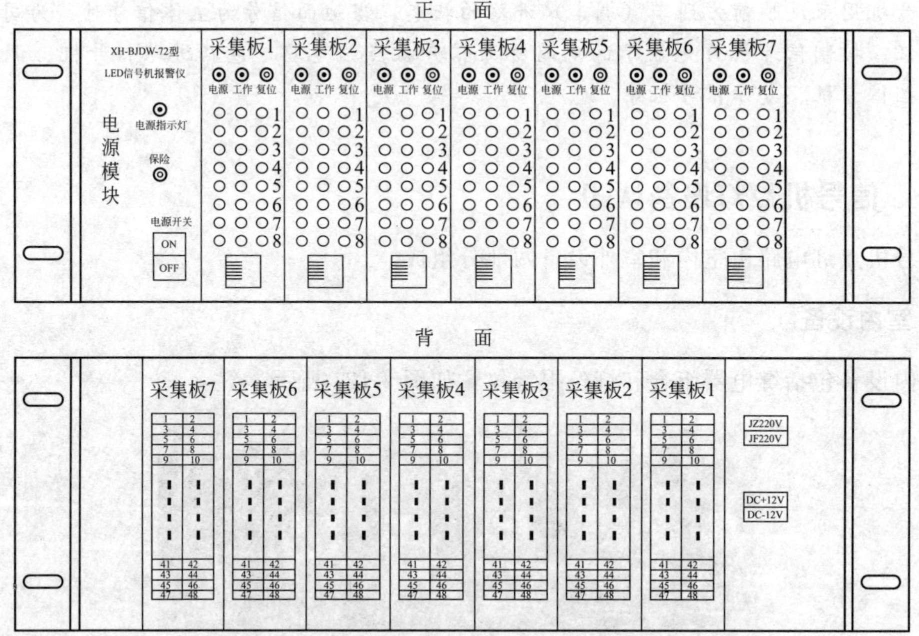

图 3-122　灯丝报警仪

其面板指示灯显示说明，如图 3-123 所示。

2. 室外设备

室外设备包括信号机机构、LED 发光盘和变压器，如图 3-124 所示。

3. 电气特性

（1）灯丝报警仪

① 输入电源：AC180～220V，电流≤1.2A。

② 输出直流电压：DC12V，额定电流 3A。

③ 每块采集板的额定工作电压为 DC12V，额定工作电流为 180mA。

④ 每块采集板接点容量：DC24V/1A 或 AC125V/0.5A。

（2）点灯单元（变压器和 LED 发光盘）

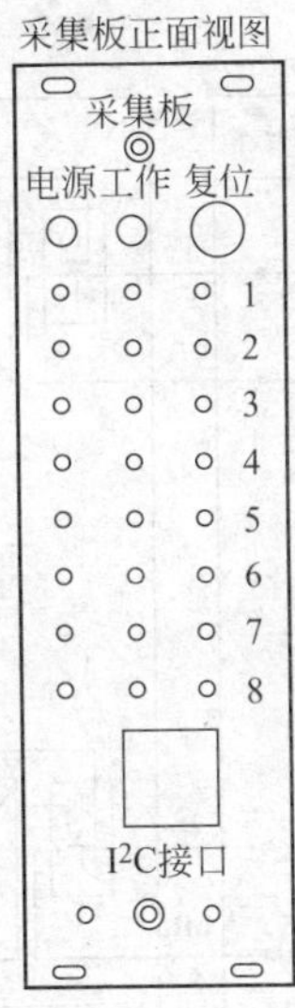

采集板面板说明:

① 工作指示灯: 闪烁时, 表示单片机工作正常。

② 电源指示灯: 亮灯时, 表示采集板工作电源正常。

③ 复位按钮: 当LED信号机发光管部分损坏时, 采集板面板报警指示灯亮, 维护人员修复LED信号机后, 须按复位按钮才能使报警复位。若不按复位按钮, 仍然提示报警。

④ 灯位报警指示灯: 正常时灭灯, 当某架信号机报警时, 相应的灯位指示灯亮, 灯位1、灯位2、灯位3指示灯对应每个信号机灯位的报警提示。

⑤ 网线接口(I^2C接口): 连接报警仪单元控制器用来设定每路是否工作, 每块采集板的地址, 测试每一路的工作电流, 调整设定每路报警电流的上、下限值。

图 3-123　灯丝报警仪面板指示灯

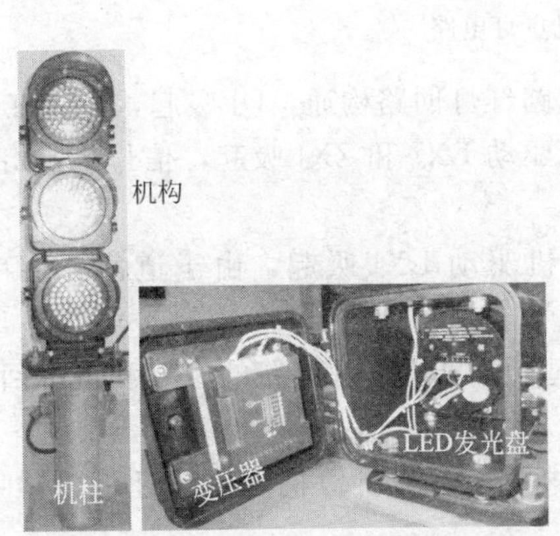

图 3-124　室外设备

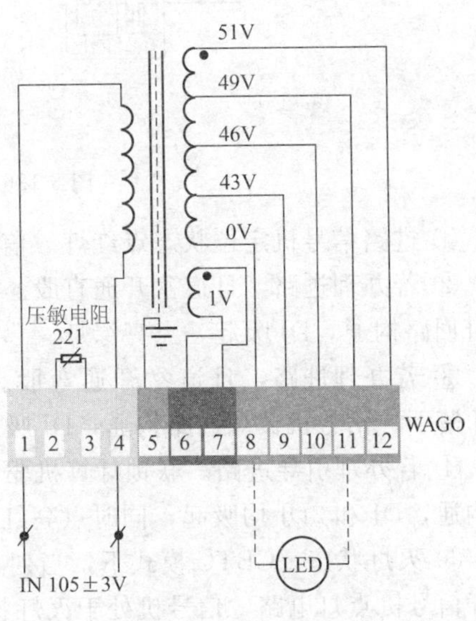

图 3-125　点灯变压器

点灯变压器如图 3-125 所示。

① 输入电源：额定电压为 AC 105±3V，保证灯丝继电器（JZXC-H18 型）可靠吸起。

② LED 发光管额定工作电流为 18～20mA。

③ 门限电压为 65V±5%，当信号机干扰电压小于门限电压时 LED 应灭灯。

④ 在 LED 正常工作时，灯丝继电器电流为 110～150mA。

⑤ LED 光源灭灯时，灯丝继电器回路电流小于 40mA，保证 JZXC-H18 型继电器可靠落下。

二、信号机点灯电路识读

1. 信号机点灯电路识读

以进路信号机带引导信号举例说明，如图 3-126 所示。

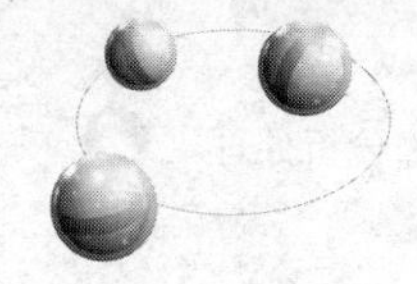

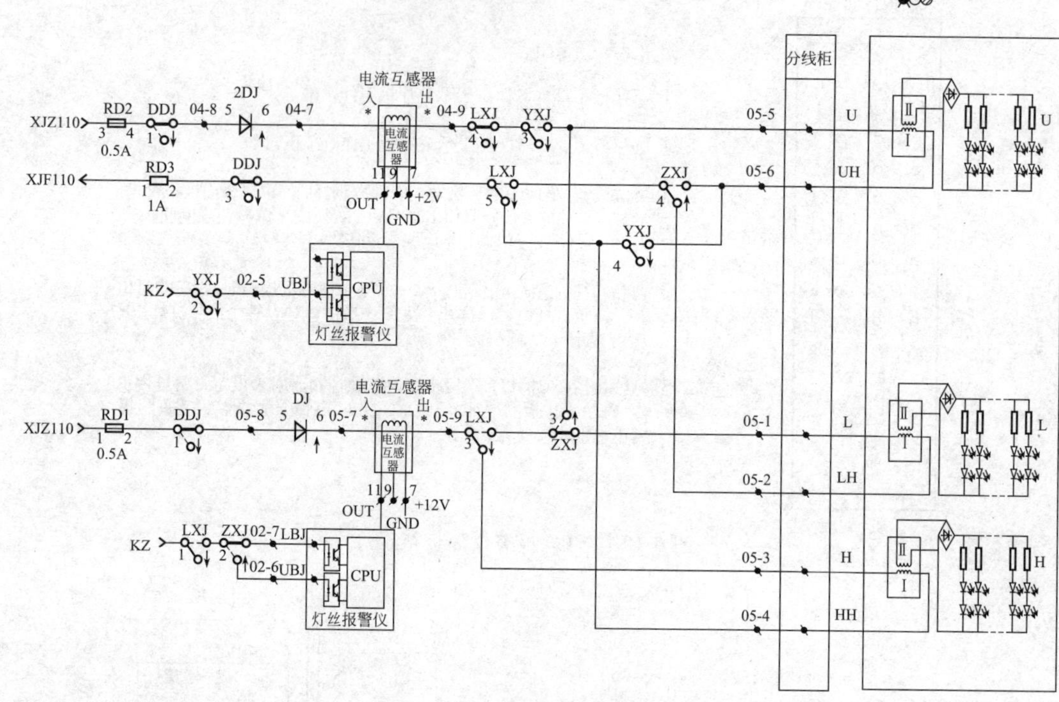

图 3-126　进路信号机点灯电路

① 进路信号机定位状态点红灯。信号机点灯电路红灯回路构通，DJ 吸起，点亮红灯。

② 若办理进路，且道岔开通直股。联锁计算机驱动 LXJ 和 ZXJ 吸起，信号机点灯电路绿灯回路构通，DJ 吸起，点亮绿灯。

③ 若办理进路，且道岔开通弯股。联锁计算机驱动 LXJ 吸起，由于道岔开通弯股，ZXJ 落下。信号机黄灯回路构通，DJ 吸起，点亮黄灯。

④ 若办理引导进路。联锁计算机驱动 YXJ 吸起，信号机点灯电路的红灯和黄灯回路同时构通，DJ 和 2DJ 均吸起，同时点亮红灯和黄灯。

⑤ 灭灯状态。CBTC 模式下，当列车接近信号机时，联锁计算机驱动 DDJ 继电器吸起，断开信号机点灯电路，信号机处于灭灯状态。

2. 灯丝报警电路

灯丝报警电路如图 3-127 所示，在每架信号机点灯电路中，串入电流互感器，互感器的输出供给单片机的采集、比较、运算使用。同时，通过采集电压或继电器接点条件，实现对每架信号机每个灯位的电流检测和报警。

以三灯位显示的信号机为例。电压采集点 U、电压采集点 L、采集电压 GND（如信号机无室内隔离变压器，采集电压回线则可公用）。电压采集点与信号灯分配如下。

信号灯 1（常态）——无电压采集点；

信号灯 2——电压采集点 U1；

信号灯 3——电压采集点 L1。

灯丝报警仪通过采集继电器接点条件来实现每架信号机点灯状态进行监测，如图 3-128 所示。

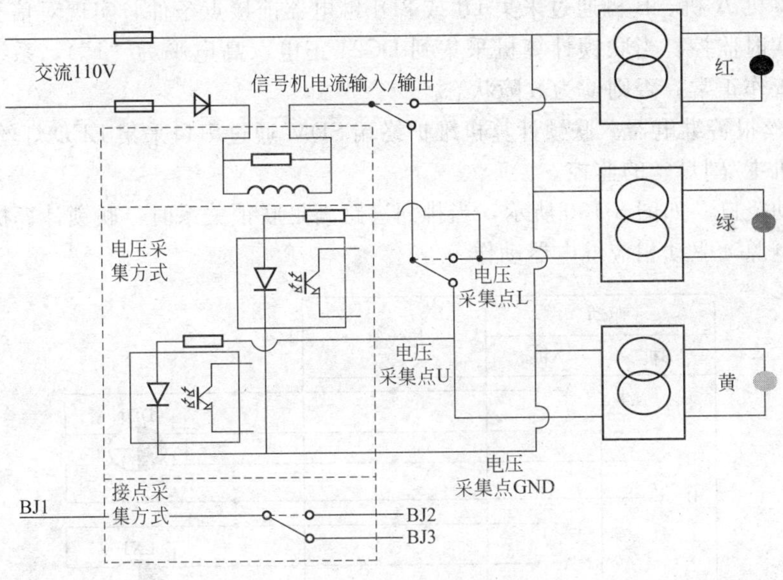

图 3-127　灯丝报警电路图

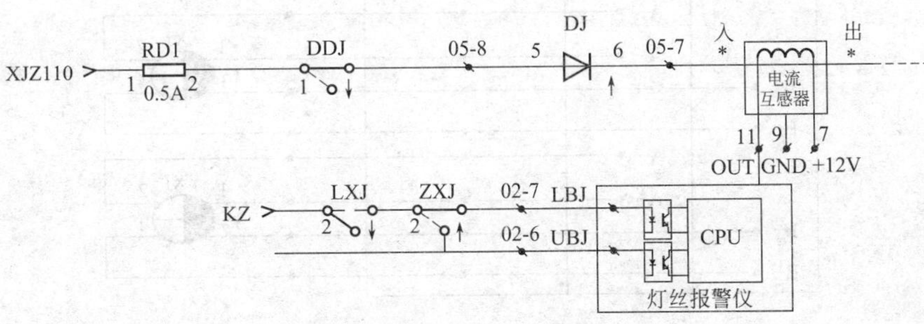

图 3-128　采集继电器接点条件

3. 与联锁系统接口

(1) 采集接口

① 灯丝继电器。灯丝继电器电路如图 3-129 所示。

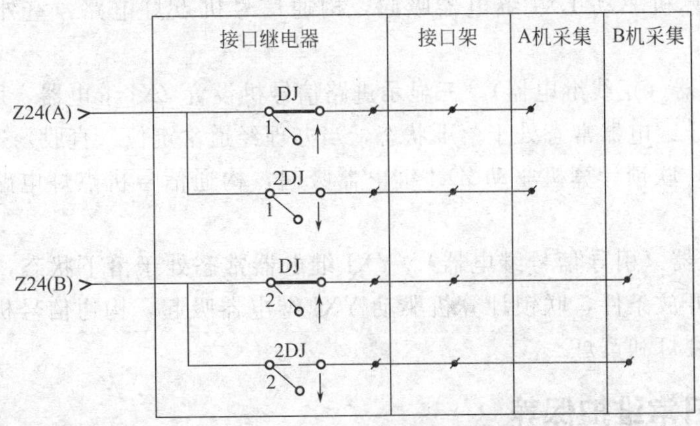

图 3-129　联锁机与信号机采集接口电路原理图

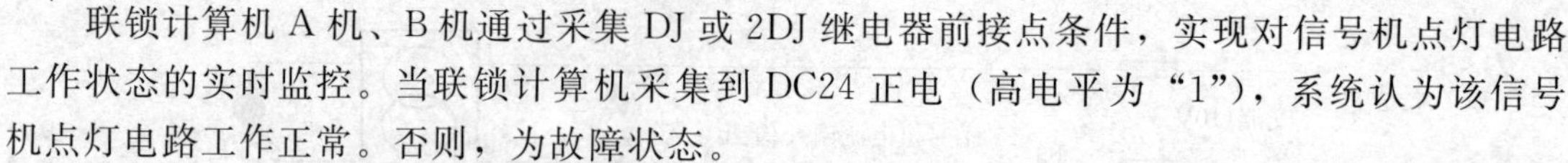

联锁计算机 A 机、B 机通过采集 DJ 或 2DJ 继电器前接点条件，实现对信号机点灯电路工作状态的实时监控。当联锁计算机采集到 DC24 正电（高电平为“1”），系统认为该信号机点灯电路工作正常。否则，为故障状态。

② 主灯丝报警继电器。联锁计算机维护终端 SDM 通过串口采集 LED 灯丝报警仪信息，实现对信号机主/副灯丝的监控。

（2）驱动接口　如图 3-130 所示，当排列进路满足联锁关系时，联锁计算机 A 机、B 机将输出条件电源，驱动相应继电器动作。

图 3-130　联锁机与信号机驱动接口电路原理图

① DDJ 继电器（灭灯继电器）。DDJ 继电器常态处于落下状态，当 CBTC 列车接近信号机时（信息来自轨旁 ZC 计算机），联锁计算机驱动 DDJ 继电器吸起，断开信号机点灯电路，室外信号机处于灭灯状态。

② LXJ 继电器（列信继电器）。LXJ 继电器常态处于落下状态，当办理进路满足信号开放条件，联锁计算机驱动 LXJ 继电器吸起，构通信号机点灯电路，室外信号机点亮允许信号。

③ ZXJ 继电器（正线继电器）。三显示进路信号机设置 ZXJ 继电器，用于区分信号机点绿灯和黄灯。ZXJ 继电器常态处于落下状态，当办理经道岔定位（直股）进路后，且满足信号开放绿灯条件，联锁计算机驱动 ZXJ 继电器吸起，构通信号机点灯电路，室外信号机点亮绿灯。

④ YXJ 继电器（引导信号继电器）。YXJ 继电器常态处于落下状态，当办理引导进路后，且满足信号开放条件，联锁计算机驱动 YXJ 继电器吸起，构通信号机点灯电路，室外信号机同时点亮红灯和黄灯。

三、设备日常维护保养

在日常设备维护中，根据设备特点，结合实际情况，通常划分为巡视、集中检修及状态维修模式。

① 设备巡视，指在不影响设备运行的前提下，对设备进行的检查和养护。

② 集中检修，指在运营结束后，对设备进行的检查和养护，影响设备运行或功能。

③ 状态维修，指设备发生故障或性能发生变化后，对设备进行修复。

1. 检修项目及标准

信号机设备实行集中检修及状态维修模式，设备检修周期为年检，具体检修内容及标准如表 3-49 所示。

表 3-49　信号机年检内容及标准

信号机年检工艺卡			
作业性质：年检	编号：	设备编号：	
作业项目：信号机年检作业			
作业条件	① 召开班前会，明确施工范围、内容、人员分工以及注意事项。		
	② 检修工具准备齐全。		
	③ 按规定办理清点手续。		
	④ 按规定做好安全防护。		
作业工器具	名称	型号	数量
	数字万用表	—	1 块
	扳手	250mm	2 把
	手电筒	—	1 把
	一字螺钉旋具	3×75mm	1 把
	一字螺钉旋具	5×100mm	1 把
	信号机钥匙	—	1 把
	轨旁盒钥匙	—	1 把
	套筒	6～14mm	各 1 把
	红闪灯	—	2 个
	卷尺	5m	1 把
作业材料	名称	型号	数量
	机油	—	适量
	毛刷	—	2 把
	清洁布	—	适量
安全要点	① 施工负责人与行车人员共同确认已批点、作业区域范围及内容		
	② 按规定穿戴防护用品、设置防护设施		
	③ 作业完毕后，必须完全清理现场，严禁遗留任何工具材料在轨行区		
	④ 严禁外接电源和光源替代信号机显示		
检修项目	检修内容及标准		
① 外观检查及清洁	① 检查设备周围隧道壁或顶部有无漏水或积水。标准：不影响设备使用		
	② 检查外透镜面。标准：完好、清洁，干净明亮		
	③ 检查支架、箱盒和机构。标准：无破损，无腐蚀、无裂纹		

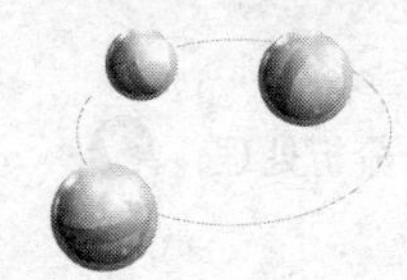

续表

检修项目	检修内容及标准
① 外观检查及清洁	④ 扳动机构盖板,检查耳锁。标准:盖板动作灵活、锁耳完好
	⑤ 检查铭牌标识。标准:齐全、清晰
	⑥ 清洁支柱(支架)、机构、电缆盒安装螺栓。标准:无污垢
② 设备安装紧固、密封、配线检查	① 检查配线。标准:整齐、牢固
	② 紧固过轨金属管、防护胶管安装固定螺栓(防止牵引回流烧坏设备)。标准:紧固;过轨金属与钢轨底部间隙加装防护胶管
	③ 检查电缆盒电缆标识标签。标准:齐全、清晰、正确
	④ 紧固支柱(支架)安装螺栓(4 颗)。标准:齐全、紧固、无滑丝
	⑤ 紧固机构安装螺栓(6 颗)。标准:齐全、紧固、无滑丝
	⑥ 紧固电缆盒安装螺栓(2 颗)。标准:齐全、紧固、无滑丝
	⑦ 紧固过轨钢管和防护胶管安装固定螺栓。标准:紧固
	⑧ 支柱(支架)、机构、电缆盒安装固定螺栓注油。标准:滑润良好(注:黄油)
	⑨ 检查机构和电缆盒密封性。标准:密封性良好,无积水
	⑩ 检查地线。标准:完好、紧固
③ 电气特性测试	① 测量灯端 II 次侧电压。标准:AC32~42V
	② 测量灯端 I 次侧电流。标准:110~150mA
	③ 测量点灯单元 I 次侧电压。标准:AC110V±10%
④ 灯丝断丝报警功能检查	① 测试信号灯灯丝断丝 30%。标准:灯丝报警仪报警功能正常
	② 测试信号灯灯丝断丝 70%。标准:灯丝报警仪报警功能正常
⑤ 设备加封加锁、试验检查	① 检查机构盖板加锁状况。标准:加锁良好
	② 检查锁头状况。标准:动作灵活,注油(注:润滑油)
	③ 试验红灯显示、排列进路开放所有允许信号显示。标准:显示正确
⑥ 收尾工作	① 填写设备检修记录表
	② 信号维护人员确认安全防护撤除,清理作业现场、人员出清
	③ 销点前,确认设备工作状态和表示灯状态与作业前一致
	④ 信号维护人员办理销点手续
	⑤ 召开班后会,填写作业工单

备注：限界测量和显示距离应根据不同的运营线路确定，一般整体道床，设备安装环境较好不进行检查（更换设备除外）。

2. 注意事项

① 检修作业前，信号维护人员与行车人员共同确认检修作业已批准、作业区域范围、作业内容和影响范围。

② 带电设备清洁时，严禁使用湿布或液体清洁剂，防止人身触电或损坏设备。

③ 电气测试前，应确认仪表档位选择正确。

④ 设备紧固检查时，应正确使用工器具，防止损坏设备。

⑤ 严禁外接电源和光源替代信号机显示。

⑥ 严禁擅自拆卸、调整设备。

⑦ 灯丝断丝报警功能和灯端电气特性测试中，应做好防护，防止芯线短路或错接。

四、故障处理

1. 故障处理基础知识

（1）电压测试　以点灯变压器为例：

① 数字万用表选择合适挡位（交流电压挡）。

② 将“正”表笔插入“1”端子，“负”表笔插入“4”端子。

③ 读取数值为变压器输入电压值。

（2）灯端电流测试

① 数字万用表选择合适挡位（交流电流挡）。

② 将变压器Ⅰ次侧“1”端子线拆下，“正”表笔接“1”端子，“负”表笔接拆下的芯线。

③ 读取数值为灯端电流值。

2. 故障分析判断

（1）故障类型　信号机故障类型一般可分为五类。

① 电源故障，指供点灯单元工作的交流 110V 电源、保险管或开关故障。

② 继电器故障，指继电器自身机械或电气特性发生变化引起的故障。

③ 与联锁系统接口故障，指联锁系统驱动相关继电器条件未满足引起的故障。

④ 点灯单元（变压器和发光盘）故障，指点灯单元自身电气特性发生变化引起的故障。

⑤ 线缆故障，指线缆断线或接触不良故障（设备投入运营后，未进行相关的电路修改，一般不会发生混线或错线的故障）。

（2）分析判断　当列车（CBTC 模式）接近信号机时，联锁计算机驱动 DDJ 继电器吸起后，从而断开点灯电路回路，信号机处于灭灯状态。因此，以下分析是基于无列车（CBTC 模式）接近信号机。

① 电源故障。

• 信号机在常态下（点亮红灯）出现灭灯，且开放其他灯位仍处于灭灯状态。

• 检查继电器组合交流 110V 电源。若交流 110V 电源正常，则逐一排除室内电路。

② 继电器故障。信号机某个灯位点灯时处于灭灯状态（DJ 继电器故障除外）。

• 检查信号机在常态下，点红灯无异常。

• 办理信号机开放绿灯的进路，点绿灯正常，说明点绿灯电路及相关部件正常。

• 若无法点亮绿灯，则办理信号机开放黄灯的进路，点黄灯正常，应测试分线架电压（L 和 LH 线），判断室内 ZXJ 继电器或电路故障，还是室外点灯单元或电路故障。

• 若无法点亮黄灯，应测试 LXJ 继电器工作电压，判断是与联锁接口故障，还是 LXJ 继电器或电路故障。

③ 与联锁系统接口故障　通过办理进路开放不同信号显示，初步判断为与联锁系统接口故障。测量相关继电器工作电压，若无电压，则检查联锁计算机维护终端 SDM 或驱动板 VOOB 的指示灯状态，确定是联锁计算机故障还是接口电路故障，逐一排查故障。

④ 点灯单元（变压器和 LED 发光盘）故障。

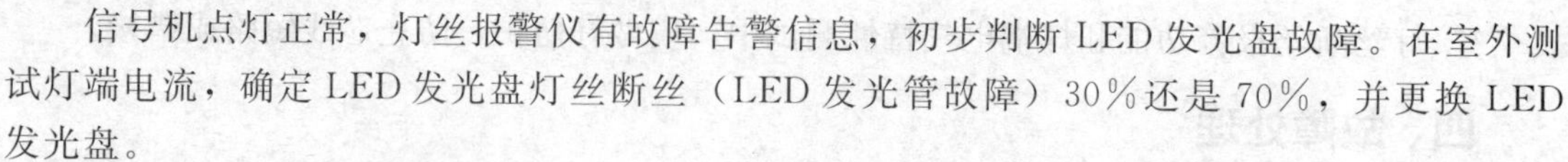

信号机点灯正常，灯丝报警仪有故障告警信息，初步判断 LED 发光盘故障。在室外测试灯端电流，确定 LED 发光盘灯丝断丝（LED 发光管故障）30％还是 70％，并更换 LED 发光盘。

信号机某个灯位点灯时处于灭灯状态，在分线架测试交流 110V 电压正常，初步判断为室外故障。

• 在室外测试变压器输入电压。若正常，则测试输出电压。否则，排查室内至室外线缆。

• 若测试输出电压正常，检查变压器至发光盘电路及部件。否则，更换变压器。

⑤ 线缆故障。线缆故障，可通过上述的分析方法进行排查。

3. 典型故障案例分析

【案例 1】

（1）故障现象　如图 3-131 所示，信号维护人员接报，人工办理 S21213～S21211 进路后，S21213 信号机未开放绿灯。

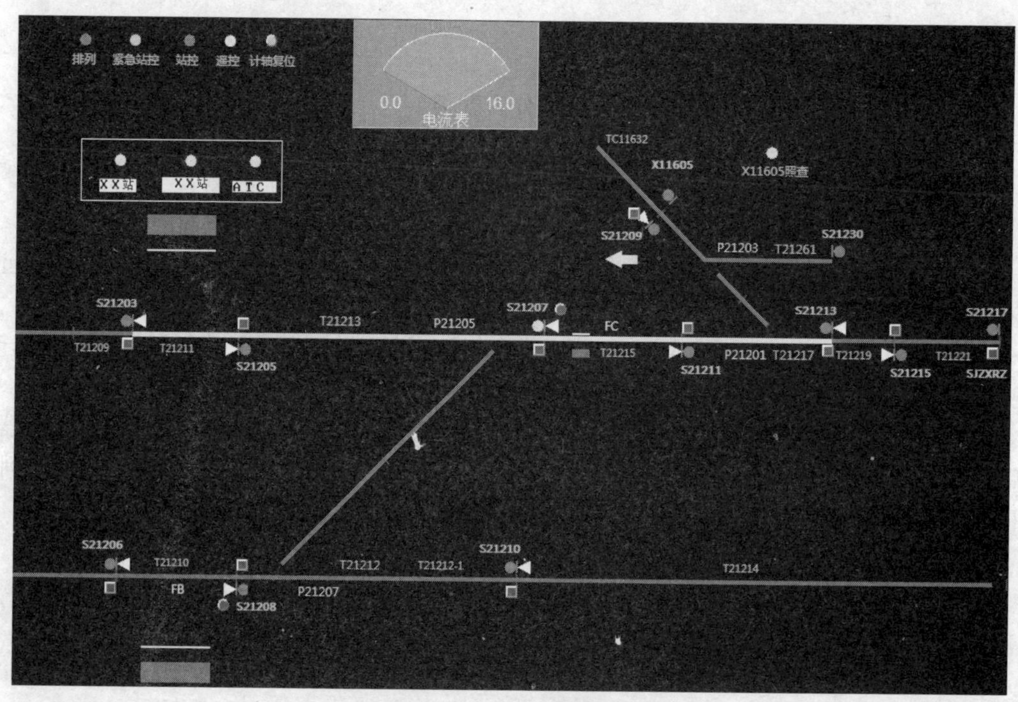

图 3-131　故障现象

（2）故障分析及处理

① 信号维护人员确认故障现象及设备状态。

② 查看继电器组合 LXJ 未吸起。

③ 查看联锁计算机维护终端 SDM，相应的驱动板 VOOB 未输出驱动指令。

④ 查看联锁表“CT4-SIGNALS（信号机开放条件）”，在非 CBTC 模式需“O_S21207”进路建立，且查看联锁表“Overlap（延续防护进路）”，“O_S21207”进路建立条件由“T21301、T21221、T21219、T21217 和 T21215”其中一个计轴区段占用。

⑤ 经上述分析，人工办理 S21213～S21211 进路后，接近区段未占用时，S21213 信号

机不开放允许信号，属于正常功能，无需进行任何处理。

(3) 故障原因　排列进路后信号机未开放原因为接近区段未占用。

【案例 2】

(1) 故障现象　信号维护人员接报，某 CBTC 列车越过 S21207 信号机后，信号机一直处于灭灯状态，且提示灯丝告警信息，如图 3-132 所示。

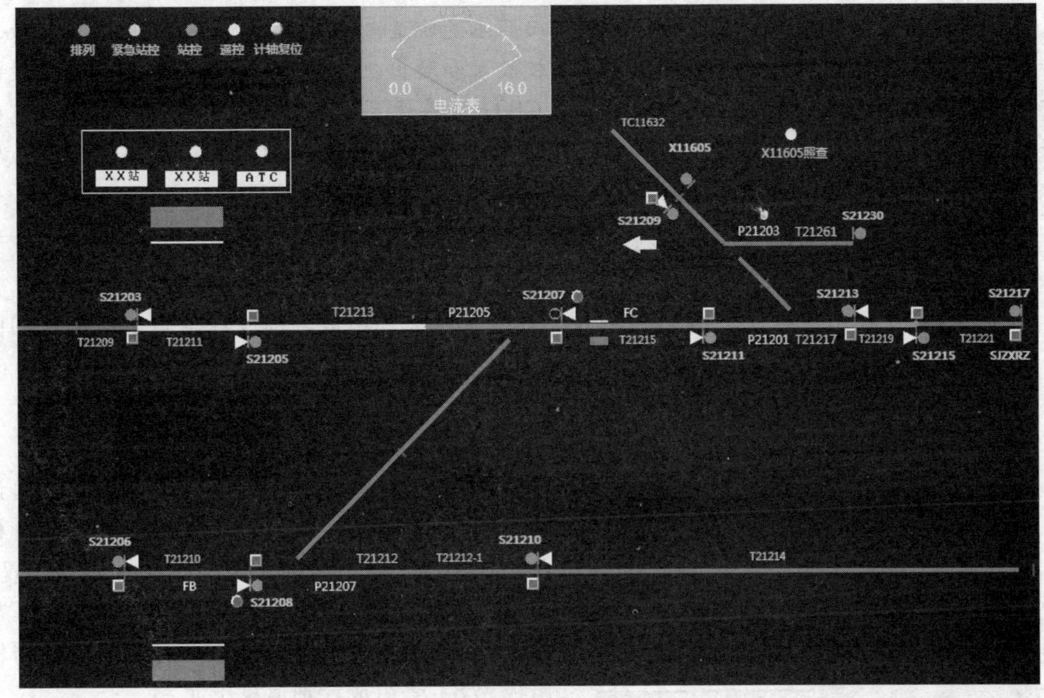

图 3-132　故障现象

(2) 故障分析及处理

① 信号维护人员确认故障现象及设备状态。

② 根据故障现象分析，当列车越过 S21207 信号机瞬间时，信号机应处于灭灯状态，约 3s 后，信号机点亮红灯，但仍处于灭灯状态。初步判断为点灯电路故障。

③ 待运营列车离开 S21207～S21205 进路后，再次办理 S21207～S21205 进路，信号机仍显示灭灯状态（正常应点绿灯）。因此，排除红灯点灯单元故障，初步确定故障点为红灯和绿灯电路的公共部分。

④ 检查发现 DDJ 继电器第 1 组后接点存在交流 110V 电压差，说明接点开路故障。更换 DDJ 继电器，故障排除。

(3) 故障原因

DDJ 继电器第 1 组的后接点故障。

任务三 ●●● 计轴设备维护及故障分析处理

 任务目标 ▸▸▸

1. 熟悉计轴设备及与联锁系统接口；

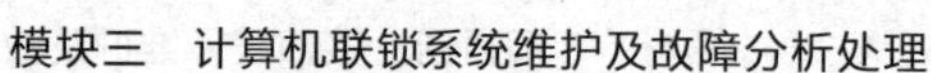

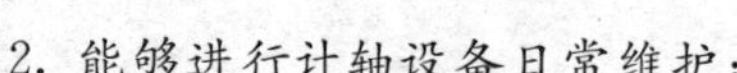

2. 能够进行计轴设备日常维护；

3. 能够处理计轴设备故障。

任务实施 ▶▶▶

计轴器是用于完成计算车辆进出区段的轮轴数，分析计算区段是否有车占用的一种技术装备。它具有检查区段占用与空闲的功能，而且不受轨道电路道床状况的影响。它采用轨道传感器、电子单元和计轴核算器来记录并比较驶入和驶出轨道区段的轴数，作为检查区段的安全设备，其作用和轨道电路等效。在采用 CBTC（基于无线通信的列车运行控制系统）的城轨线路，当无线传输设备发生故障时，可用计轴设备检查列车的位置，构成“降级”信号。下面以德国提芬巴赫 TAZⅡ型计轴设备为例，介绍其维护及故障处理。

一、TAZⅡ型计轴设备认知

计轴设备主要由室内计轴机柜和室外计轴磁头两大部组成，构成计轴轨道电路，如图 3-133 所示。

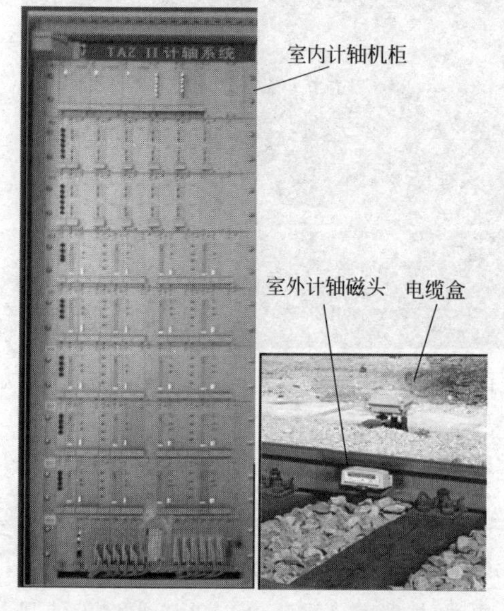

图 3-133　TAZⅡ型计轴设备

（一）电路原理认知

TAZⅡ计轴系统结构如图 3-134 所示，由计轴磁头（传感器）DSS、放大板 BA、计轴板 AC、输出板 WST、复零板 ACR 和电源板 PWR 等部件组成。其中，计轴磁头（传感器）DSS 与放大板 BA 组成车轴检测单元，计轴板 AC 与输出板 WST 等组成计轴运算单元。

电源板输入交流 220V，输出直流 12V 或 24V 电源，为其他板卡的工作提供工作电源。

车轮驶过计轴磁头（传感器）区域时，计轴磁头（传感器）产生轮轴脉冲信号，该信号经放大板进行放大和整形为数字信号，为计轴板的计轴运算提供数据支持。同时，放大板直接将该脉冲信号传送至输出板。

计轴板提供两套独立的计轴运算电路，实现列车轮轴数计入和计出统计，当两套计轴运算电路计算结果完全相同时，才输出空闲信息给输出板，并对列车运行方向进行判断。

输出板实现计轴区段空闲或占用的条件输出，并传递至联锁系统。

计轴预复位时，通过复零板实现对计轴板记录轮轴数的清零，直到下一班次列车完整通过计轴区段后或人工划轴，输出板方可输出区段空闲信息。

1. 计轴磁头(传感器)

如图 3-135 所示，将铜垫装至钢轨轨腰安装孔内，通过两根螺栓等紧固件将计轴磁头（传感器）安装于轨腰处。

计轴磁头（传感器）的内部由两套（磁头 DSS—SⅠ和 DSS—SⅡ）相互独立的高频 LC 有源振荡器和相应的附属电路构成，由室外提供直流恒流源。当列车车轮接近传感器时，车

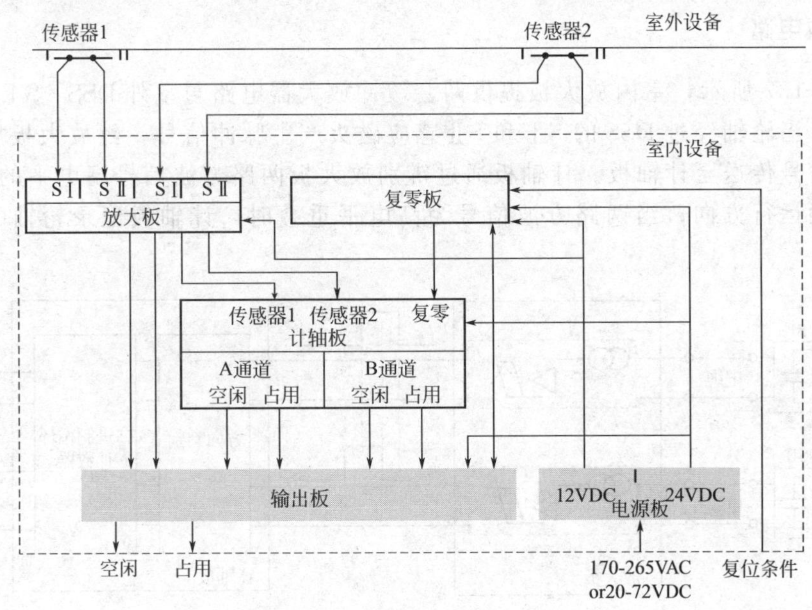

图 3-134　TAZⅡ计轴设备机构图

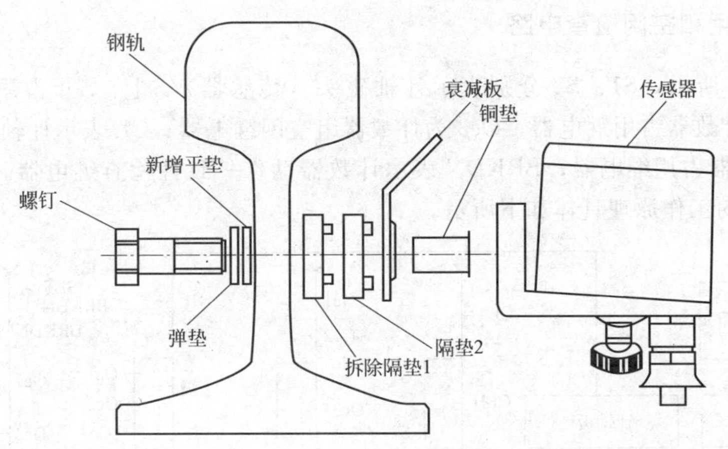

图 3-135　室外 DSS 安装示意图

轮的铁磁介质对内部 LC 电路产生阻尼作用，致使电路的工作状态发生变化，电路输出端的端电压将升高。另外，两路脉冲信号必须满足有先后有重叠的特征，才被认为是有效的车轮信号，系统通过识别两路脉冲信号的相位差来确定车轮的运动方向，如图 3-136 所示。

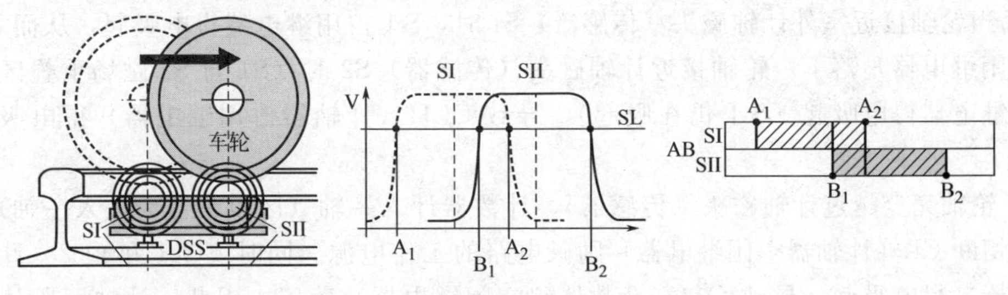

图 3-136　计轴磁头（传感器）示意图

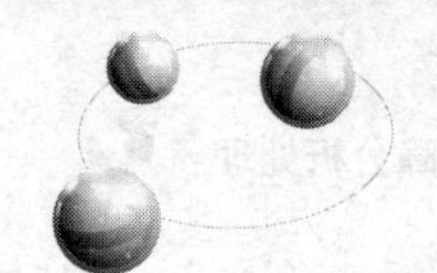

2. 计数电路

如图 3-137 所示，室内放大板提供两套缓冲放大器电路与室外 DSS—SⅠ和 SⅡ感应磁头相连，当轮轴经过 DSS 的 SⅠ和 SⅡ感应磁头产生脉冲信号，经放大板放大，并转换为方波信号传送至计轴板。计轴板通过辨别放大板两路方波信号高电平的先后顺序，以确定轮轴运行方向；当两路方波信号为高电平重叠时，计轴板记录轮轴的轴数。否则，无效。

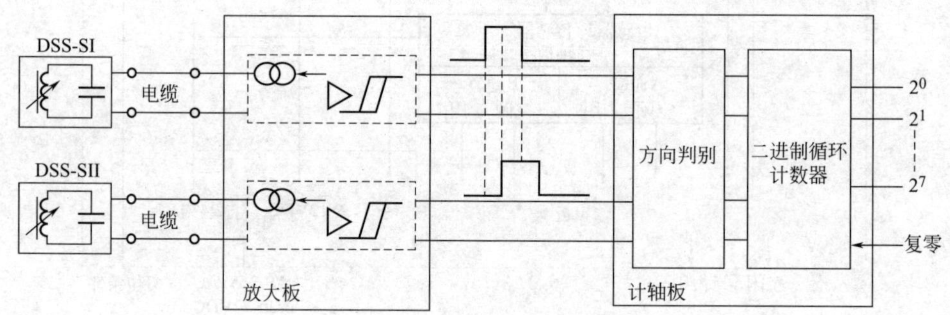

图 3-137　计数电路示意图

3. 区段占用和空闲检查电路

如图 3-138 所示，S1、S2 分别表示计轴磁头（传感器）SⅠ、SⅡ占用继电器；Oc1、Oc2 分别表示计数器占用继电器；Oc3 为计数器组空闲继电器；CL 表示计轴器空闲继电器；CLH 表示计轴器占用继电器；BRKDN 表示计数器动作一致性检查继电器。如列车运行方向由 S1 往 S2 的工作原理具体如下所示。

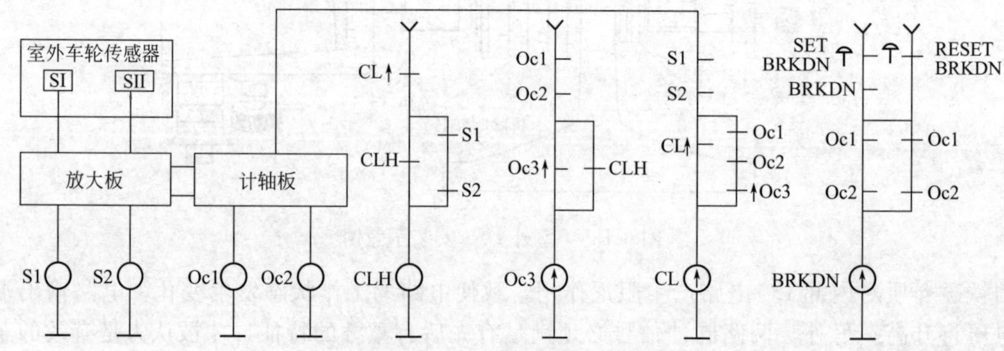

图 3-138　轨道占用和空闲检查电路

① 当轮轴接近室外计轴磁头（传感器）S1 时，SⅠ占用继电器得电吸起，从而 CL（计轴器空闲继电器）落下。轮轴接近计轴磁头（传感器）S2 时（S1 与 S2 磁场重叠区域），SⅡ占用继电器得电吸起（SⅠ仍在吸起），导致 CLH（计轴器占用继电器）得电吸起，并自保。

② 轮轴完全越过计轴磁头（传感器），计数器计入一轴（区段轴数为进入一轴），从而计数器切断 CL（计轴器空闲继电器）励磁电路的工作电源。同时，Oc1 和 Oc2（计数器占用继电器）得电吸起，导致 Oc3（计数器组空闲继电器）落下。因此，计轴区段处于占用状态。

③ 后续轮轴计入和计出过程中，除了计数器不断地计数以外，其他继电器均不动作。

④ 当列车最后一个轮轴完全越过 DSS，计数器计出最后一轴（区段轴数变为零），计数器接通 CL（计轴器空闲继电器）励磁电路的工作电源。同时，Oc1 和 Oc2（计数器占用继电器）失电，延时 50ms 落下，CL（计轴器空闲继电器）得电吸起。

⑤ 当 CLH（计轴器占用继电器）失电落下，同时 Oc3（计数器组空闲继电器）得电吸起。因此计轴区段处于空闲状态。

⑥ BRKDN 计数器动作一致性检查功能，通过监测 Oc1 和 Oc2 继电器接点来检查计数器动作的一致性。当两个计数器动作不一致时，BRKDN 继电器失电落下。因此，BRKDN 继电器可能出现长期处于不动作状态。为了检查 BRKDN 继电器是否失效，可通过操作输出板面板的"SETBRKDN"进行人工检查。

4. 计轴与联锁系统接口

如图 3-139 所示，联锁系统通过直流 24V 无极-1700 型继电器的励磁电路中，串联计轴设备的 Oc3、CL、BRKDN 继电器前接点（得电），CLH 继电器后接点（失电），实现联锁系统实时地监测计轴设备的占用和空闲状态。

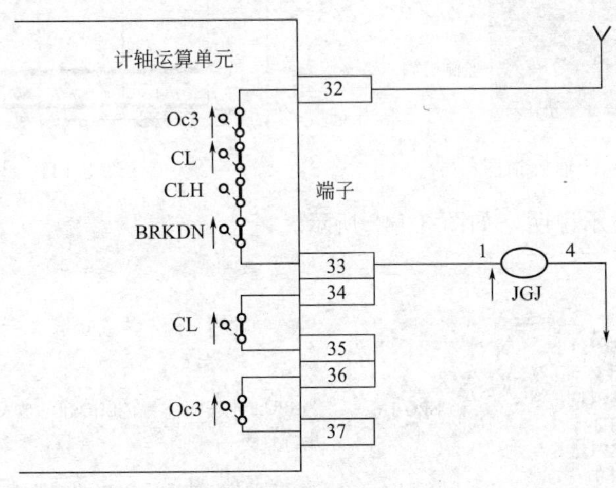

图 3-139　计轴与联锁接口电路

(二) 机柜设备认知

计轴机柜由电源机箱、放大机箱、计轴机箱和监测机箱构成，如图 3-140 所示。

1. 电源机箱

电源机箱将外部 AC220V、50Hz 电源转换为计轴系统内部板件所需的 DC12V 和 DC24V 电源，并且监测放大机箱内各板件的电压状态，如图 3-141 所示。

(1) 电源板　电源板主要功能是将外界输入的 AC220V 电源转换为计轴机箱所需的 DC12V 和 DC24V 电源。

(2) 监视板　监视板主要功能是监测放大板的供电电压状态。

① 监视板的特点。电压监视板 AR32/1612 是由继电器构成的单元，用来监测放大板的电源电压。由于 DSS 的双重使用，在下列情况下，电压监视板可引起与所监测的放大板相关的计轴器的电压切换，并输出轨道占用条件。

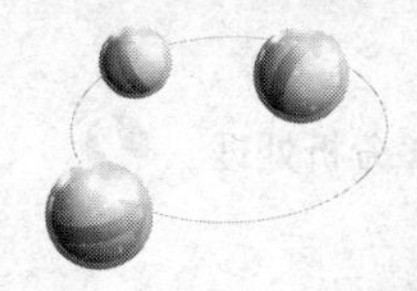

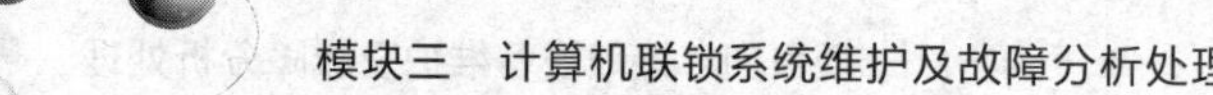

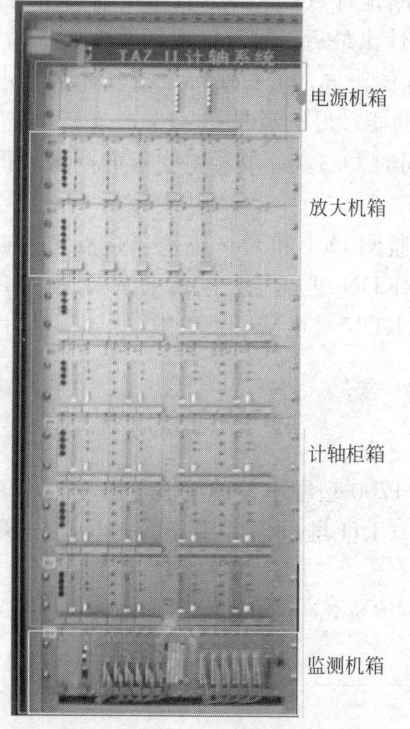

图 3-140　计轴机柜图

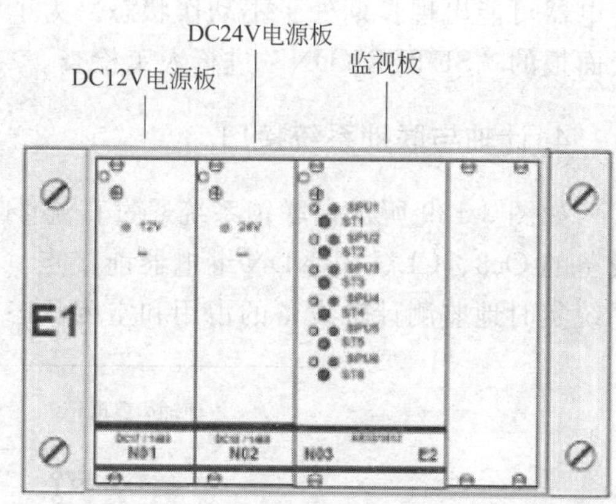

图 3-141　电源机箱

② 面板指示灯显示说明，如图 3-142 所示。

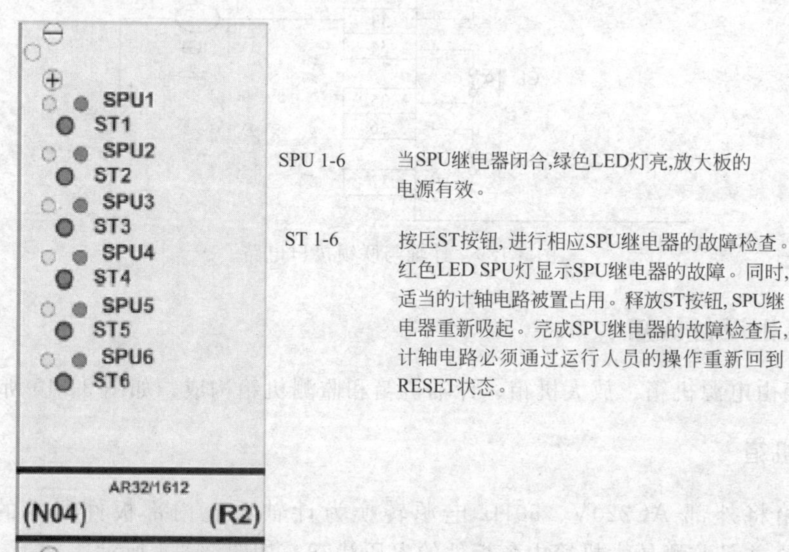

图 3-142　监视板

2. 放大机箱

放大机箱接收计轴磁头（车轮传感器）的车轮检测信息，并将该信息进行处理后传送给计轴机箱和监测机箱内的相关板件，如图 3-143 所示。

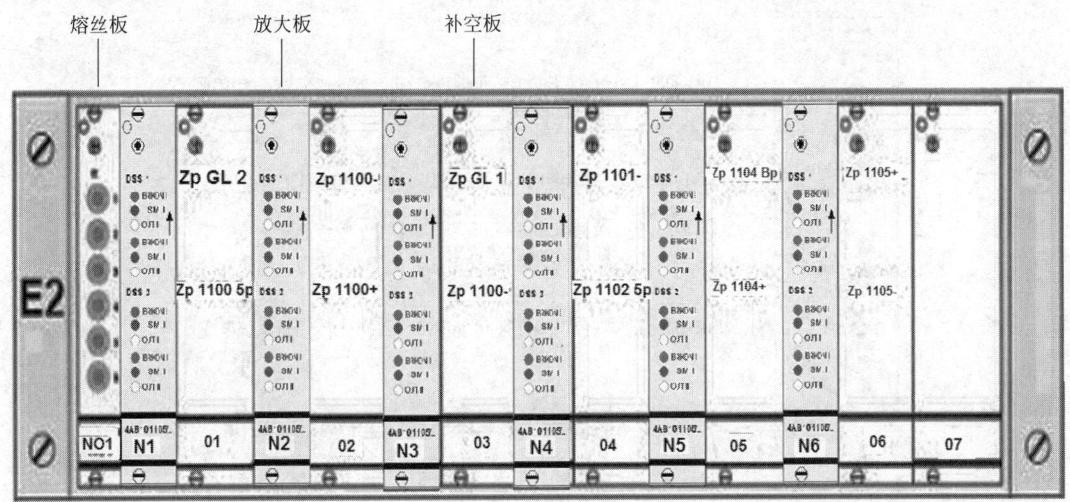

图 3-143　放大机箱

（1）放大板　放大板的主要功能是将计轴磁头（车轮传感器）输入的车轮探测信号格式进行转换，并输入到计轴板和输出板。

① 放大板的特点。每块放大板含有两套缓冲放大器电路，可供两个计轴磁头（车轮传感器）使用。一套缓冲放大器单元有两个输入，供每个计轴磁头（车轮传感器）内部的SⅠ和SⅡ使用。

相邻区段共用DSS（计轴磁头的复用）情况，对应的放大板也要复用，两个区段的计轴单元要同时从复用的放大板中接收DSS脉冲信号。

如图3-144所示，DSS由放大板提供恒定的电流，车轮接近时，依靠阻尼作用，DSS系统的内部阻抗发生变化，跨接恒流源两端的电压升高。根据电压降低的情况，产生轨道占用或空闲输出。

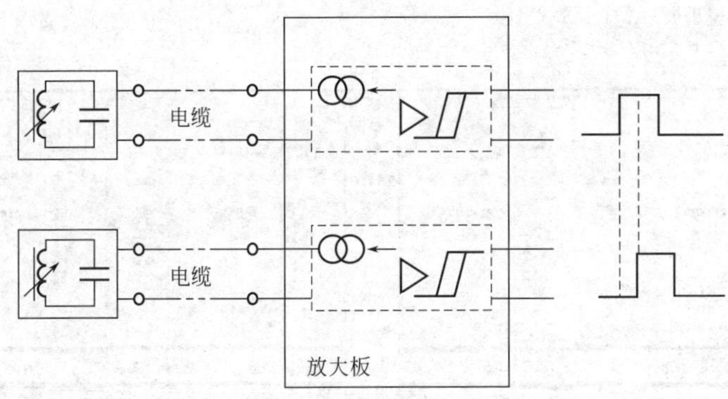

图 3-144　放大板与计轴磁头接口

另外，放大板实现对DSS传感器系统的监测，监测内容包括断线、短路及计轴磁头在钢轨上安装的完整性。通过车轮传感器（DSS）中的一个或两个传感器系统的阻尼作用，形成计轴电路的轨道占用输出。放大板直接工作于输出组件的继电器链路中，而且通过隔离的光电耦合器工作在计轴单元的输入端。放大板与端子板之间通常用预制的连接电缆连接。

② 面板指示灯显示说明，如图3-145所示。

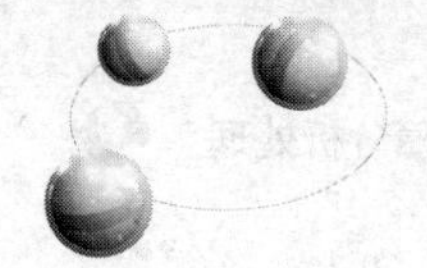

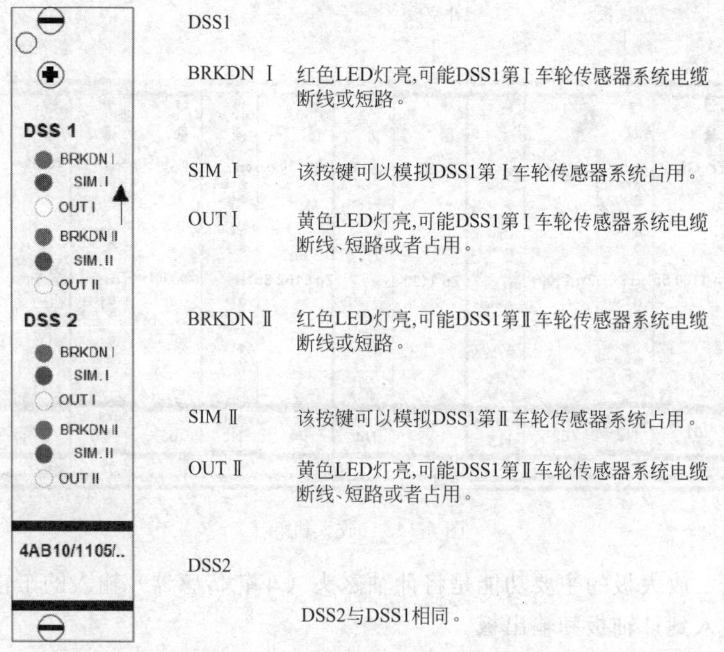

图 3-145　放大板

（2）熔丝板　熔丝板的主要功能是为放大机箱提供过流和过压防护。

3. 计轴机箱

计轴机箱处理放大机箱板件输入的车轮探测信息，进行轴数统计和列车行进方向鉴别，输出轨道空闲或占用状态，如图 3-146 所示。

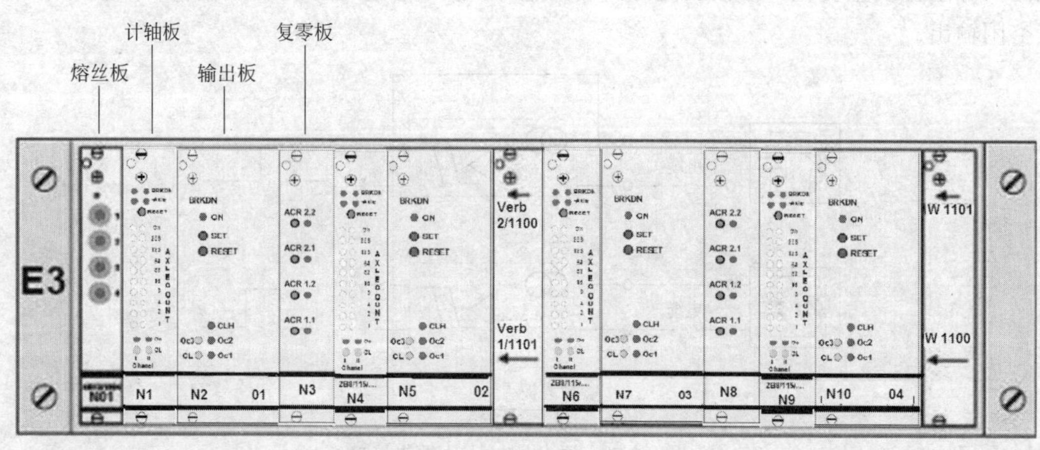

图 3-146　计轴机箱

（1）计轴板　计轴板主要功能是处理放大板输入的车轮探测信号，实现车轮轴数记录和车轮行进方向鉴别。计轴板面板指示灯显示说明，如图 3-147 所示。

（2）输出板　输出板主要用于向与其连接的信号设备输出计轴区段的空闲或占用状态。

① 输出板的特点。由继电器单元来比较计数单元的双通道数据，并使输出置于关联安全的状态——“轨道占用”或“轨道空闲”。当计轴系统出现故障时，在任何情况下，将输

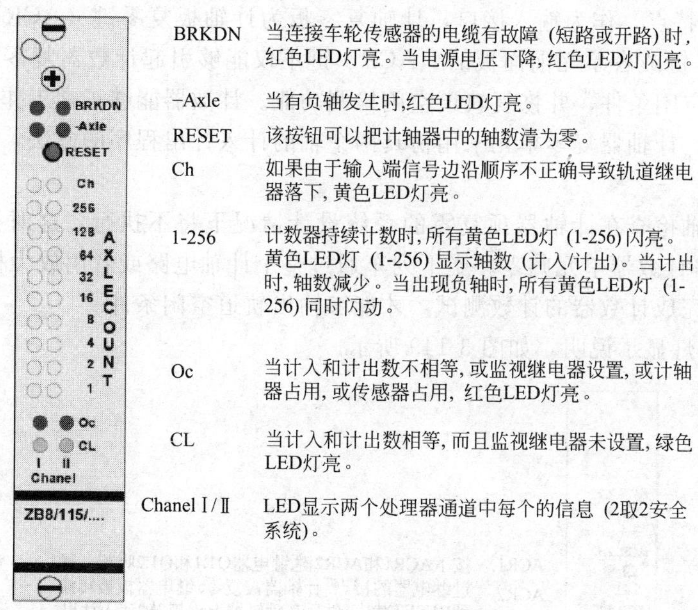

图 3-147 计轴板

出“轨道占用”状态，决不会输出“轨道空闲”状态。

该单元第二种功能是，当计轴系统出现故障时，由计数通道或继电器实施安全关机。它将关断输出，同时强制将轨道占用条件输出到与之连接的上层控制设备中。当电路断电操作后，由相应计轴系统构成的计轴电路将进入“轨道占用”状态，并能够被 ACR 复零。板上继电器接点通过的最大电流 $I_{max}=2A$。

② 面板指示灯显示说明，如图 3-148 所示。

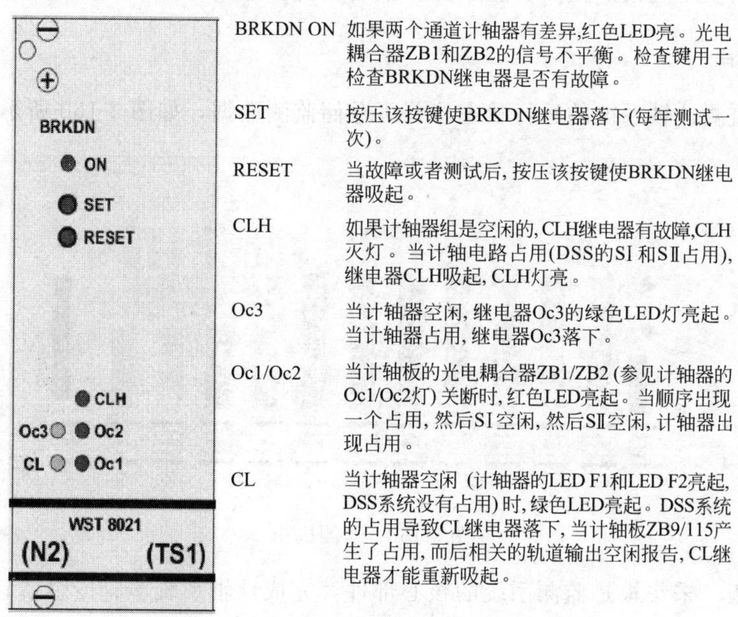

图 3-148 输出板

（3）复零板 复零板的主要功能是用于计轴系统复零使用。

① 复零板的特点。作为输入接口，计轴复零板为计轴板复零键（ACR）提供了安全的输入。外部 ACR 键或者单元前面板的“ACR”键不仅能够引起计数器复零，且同时引起开关复原输出轨道空闲条件，并恢复轨道空闲检测功能。计数器能够正常工作是轨道空闲检测的一个基本条件。计轴器复零单元采用仿真两个轴的计入计出程序的方法，来验证计数器能否正常工作。

计轴板的二轴检查在计轴器预复零的系统设计情况下将不执行，这时按压“ACR”键或外部 ACR 仅将计数器单元归零。当下列车通过整个计轴电路或者用放大板板上的 SIM 键模拟车轴，才能完成计数器的计数测试，才能够输出轨道空闲条件。

② 面板指示灯显示说明，如图 3-149 所示。

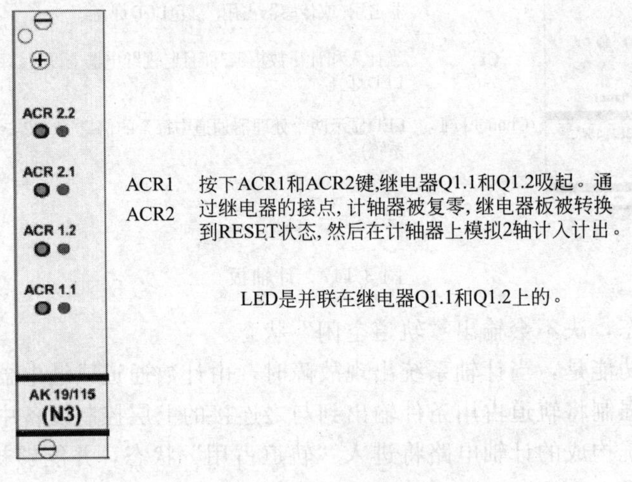

图 3-149　复零板

（4）熔丝板　熔丝板的主要功能是为计轴机箱提供过流和过压防护。

4. 监测机箱

监测机箱监测计轴系统的运行状态，并可存储监测数据，如图 3-150 所示。

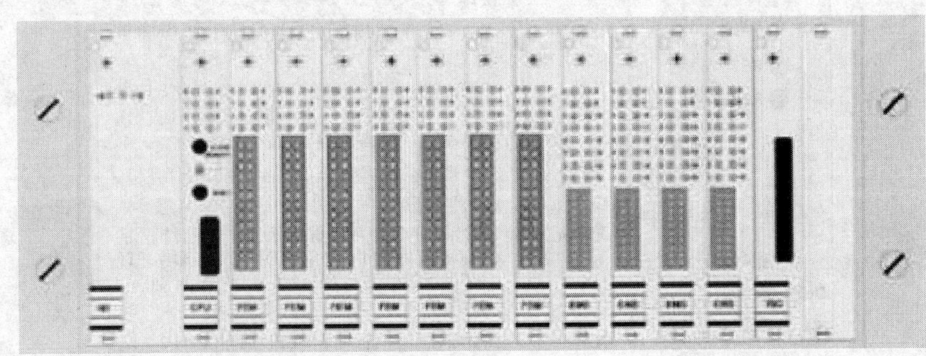

图 3-150　监测机箱

（1）采集板　采集板是监测系统的核心部件，完成计轴系统车轮传感器、计轴板、输出板的状态监测，并将其存储。

（2）信号输入板　信号输入板主要功能是监测车轮传感器工作状态和区间的占用和空闲状态。信号输入板面板指示灯显示说明，如图 3-151 所示。

当连接DSS时，	
0～14	车轮传感器DSS开路、短路、故障等亮黄灯
15	电源指示灯
当连接计轴机箱时，	
0　1	当按下区间复零按钮时,亮黄灯
3　4	当按下区间复零按钮时,亮黄灯
6　7	当按下区间复零按钮时,亮黄灯
9　10	当按下区间复零按钮时,亮黄灯
12　13	当按下区间复零按钮时,亮黄灯
2	当区间空闲时,亮黄灯
5	当区间空闲时,亮黄灯
8	当区间空闲时,亮黄灯
11	当区间空闲时,亮黄灯
14	当区间空闲时,亮黄灯
15	电源指示灯

图 3-151　信号输入板

（3）计数输入板　计数输入板主要功能是监测车轮传感器的工作状态。计数输入板面板指示灯显示说明，如图 3-152 所示。

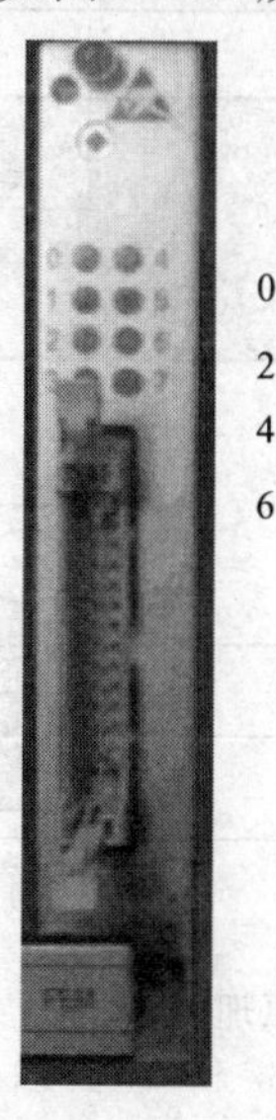

0　1	车轮传感器DSS1开路、短路、故障等亮黄灯
2　3	车轮传感器DSS2开路、短路、故障等亮黄灯
4　5	车轮传感器DSS3开路、短路、故障等亮黄灯
6　7	车轮传感器DSS4开路、短路、故障等亮黄灯

图 3-152　计数输入板

（4）串行接口板　串行接口板主要用途为组成打印存储板与监测终端联机通道。

（5）打印存储板　打印存储板用于将存储在采集板内存内的数据信息，在监测平台上打印出来。

（6）高速以太网传输板　高速以太网传输板用于同一联锁区集中站的多个计轴机柜联网使用。

二、与联锁接口电路分析

1. 采集接口

如图 3-153 所示，联锁计算机 A 机、B 机通过采集 DGJ（轨道继电器）前接点条件，实

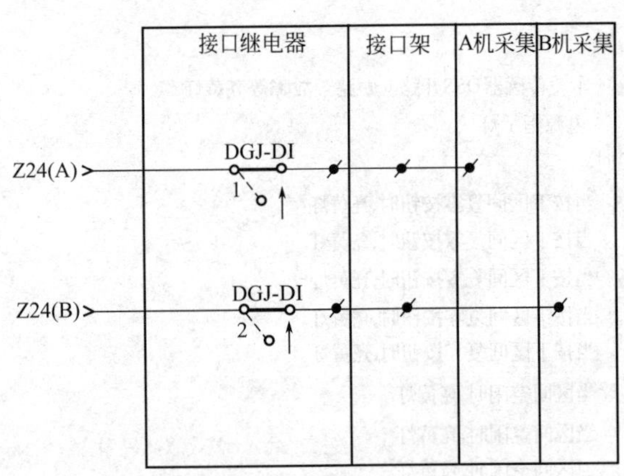

图 3-153　联锁机与计轴采集接口电路原理图

现实时监控计轴区段状态。当联锁计算机采集到 DC24 正电（高电平为“1”），系统认为该计轴区段空闲。否则，为占用或故障状态。

2. 计轴预复位

① 操作人员在 HMI 上取得站控权且正确选择控制区域，操作“功能按钮”，单击“计轴复位”按钮后，联锁计算机驱动（60s 内有效）YFWJ（预复位继电器）吸起。

② 操作人员操作 IBP 盘计轴复位按钮，DC24V 电源经 YFWJ 的前接点使 FLAJ（复零继电器）吸起，从而构通计轴复零板复零电路，实现计轴设备计入或计出轴数清零，如图 3-154 所示。

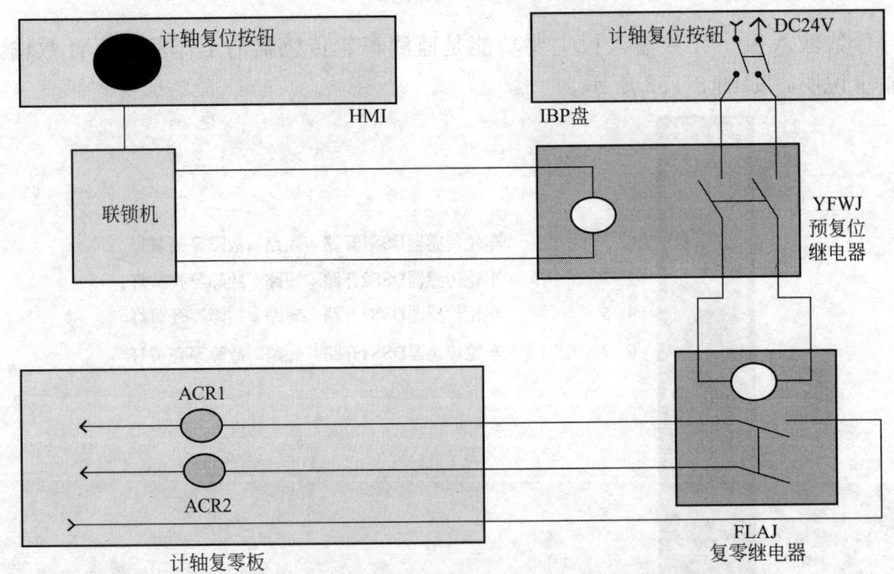

图 3-154　联锁机与计轴复零接口电路原理图

三、设备日常维护保养

在设备日常维护中，根据设备的特点，结合实际情况，通常划分为巡视、集中检修及状态维修模式。

① 设备巡视，指在不影响设备运行的前提下，对设备进行的检查和养护。

② 集中检修，指在运营结束后，对设备进行的检查和养护，影响设备运行或功能。

③ 状态维修，指设备发生故障或性能发生变化后，对设备进行修复。

（一）检修项目及标准

在日常设备维护中，计轴室内设备巡视周期一般实行月检，集中检修周期实行年检；而室外设备实行年检，具体检修内容及标准如下。

1. 设备巡视

计轴室内设备（计轴机柜）月检检修内容及标准如表 3-50 所示。

表 3-50 计轴室内设备检检修内容及标准

计轴室内设备(计轴机柜)月检工艺卡			
作业性质:月检	编号:		设备编号:
作业项目:计轴室内设备(计轴机柜)月检作业			
作业条件	①召开班前会,明确施工范围、内容、人员分工以及注意事项		
	②检修工具准备齐全		
	③按规定办理清点手续		
	④按规定做好安全防护		
作业工器具	名 称	型 号	数 量
	万用表	—	1台
	38件套/42件套	—	1套
	通信工具(电台)	—	1台
	手电筒	—	1把
作业材料	名 称	型 号	数 量
	清洁布	—	适量
	手套	—	适量
	绝缘胶带	—	适量
	毛刷	—	1把
安全要点	①信号维护人员与行车人员共同确认已批点、作业区域范围、作业内容和影响范围		
	②防止触动各类开关、按钮、电源等设备		
	③严禁影响设备正常工作状态的操作		
检修项目	检修内容及标准		
①设备安装环境检查	①检查温度和湿度。标准:根据不同区域确定(一般温度为 20～26℃,湿度为 50%～75%)		
	②检查设备机房孔洞(防鼠防虫)。标准:孔洞封堵完好、标识清晰		
	③检查防静电地板或地面。标准:无塌陷		
	④检查柜体、柜架。标准:无歪斜、固定牢固		
②设备外观检查	①检查柜门。标准:动作灵活、锁头完好		
	②检查线缆、开关标识。标准:标识齐全、完整、清晰		
	③检查机柜密封性。标准:密封良好、孔洞封堵完好		
③检查设备状态	①检查防雷单元。标准:插接良好,指示框显示绿色(红色表示故障状态)		
	②检查机柜温控单元(含风扇)。标准:电源指示灯点亮,风扇工作正常,无异常		
④收尾工作	①填写设备检修记录表		
	②信号维护人员确认安全防护撤除,清理作业现场、人员出清		
	③销点前,确认设备工作状态和表示灯状态与作业前一致		
	④信号维护人员办理销点手续		
	⑤召开班后会,填写作业工单		

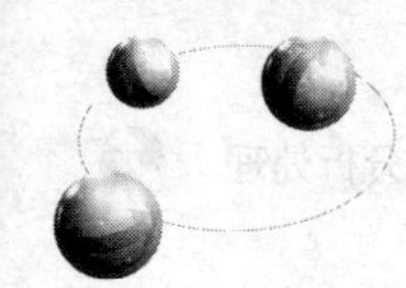

2. 集中检修

(1) 计轴室内设备（计轴机柜） 计轴室内设备（计轴机柜）年检检修内容及标准，同设备巡视，增加功能及电气特性测试项目，具体如表 3-51。

表 3-51 计轴室内设备年检检修内容及标准

计轴室内设备(计轴机柜)年检工艺卡			
作业性质:年检	编号:	设备编号:	
作业项目:计轴室内设备(计轴机柜)年检作业			
作业条件	①召开班前会,明确施工范围、内容、人员分工以及注意事项		
	②检修工具准备齐全		
	③按规定办理清点手续		
	④按规定做好安全防护		
作业工器具	名　称	型　号	数　量
	万用表	—	1台
	38件套/42件套	—	1套
	通信工具(电台)	—	1台
	手电筒	—	1把
作业材料	名　称	型　号	数　量
	清洁布	—	适量
	手套	—	适量
	绝缘胶带	—	适量
	毛刷	—	1把
安全要点	①信号维护人员与行车人员共同确认已批点、作业区域范围、作业内容和影响范围		
	②防止触动各类开关、按钮、电源等设备		
	③严禁影响设备正常工作状态的操作		
检修项目	检修内容及标准		
①紧固检查及清洁	①紧固各板卡。标准:螺栓紧固,无滑丝,无"锈死"		
	②检查线缆、电源和电缆插头。标准:安装牢固,无松动		
	③检查地线。标准:紧固,无断股,无破损		
	④清洁设备(含风扇)及防尘网。标准:由上至下清扫,无积灰		
②电气特性测试	①12V电源板输出电压测试。标准:DC12V±5%		
	②24V电源板输出电压测试。标准:DC24V±5%		
③功能检查	①检查复零板功能。标准:执行计轴预复位操作后,相应计轴区段被复零成功。且计轴预复位按钮计数器数值累加		
	②检查输出板内部BRKDN继电器落下测试。标准:按压面板"SET"按钮,"BRKDNON"灯点亮,再按压"RESET"按钮,"BRKDNON"熄灭		
	③检查特定计轴磁头(DSS)。标准:若超过两个月的计轴磁头没有一轴轧过,需进行人工画轴测试,计轴板计入和计出轴数与室外人工画入和画出轴数一致		
④收尾工作	①填写设备检修记录表		
	②信号维护人员确认安全防护撤除,清理作业现场、人员出清		
	③销点前,确认设备工作状态和表示灯状态与作业前一致		
	④信号维护人员办理销点手续		
	⑤召开班后会,填写作业工单		

（2）计轴室外设备　计轴室外设备年检检修内容及标准如表3-52。

表3-52　计轴室外设备检修项目及标准

计轴室外设备年检工艺卡			
作业性质:年检	编号:		设备编号:
作业项目:计轴室外设备年检作业			
作业条件	①召开班前会,明确施工范围、内容、人员分工以及注意事项		
	②检修工具准备齐全		
	③按规定办理清点手续		
	④按规定做好安全防护(红闪灯)		
作业工器具	名　称	型　号	数　量
	万用表	—	1台
	38件套/42件套	—	1套
	通信工具(电台)	—	1台
	手电筒	—	1把
作业材料	名　称	型　号	数　量
	清洁布	—	适量
	手套	—	适量
	绝缘胶带	—	适量
	毛刷	—	1把
安全要点	①信号维护人员与行车人员共同确认已批点、作业区域范围、作业内容和影响范围		
	②行走时,金属物品勿靠近计轴磁头		
	③按规定穿戴防护用品、并设置好红闪灯后方可进行轨行区作业		
	④作业完毕必须完全清理现场,严禁遗留任何工具材料在轨行区		
	⑤严禁擅自拆卸、调整计轴磁头设备		
	⑥严禁擅自超标调整设备电气和机械参数		
检修项目	检修内容及标准		
①外观检查及清扫	①检查箱盒和计轴磁头(传感器)外观状况。标准:无阻挡物、无破损、无损伤		
	②检查设备周围隧道壁或顶部有无漏水或积水。标准:不影响设备使用		
	③清扫计轴磁头(传感器)。标准:无油垢、周围(20cm)无铁屑等金属物		
	④清洁箱盒(含支架)安装螺栓。标准:无污垢		
	⑤检查计轴磁头(传感器)铭牌标识。标准:齐全,清晰		
②检查设备安装紧固、密封、配线。	①检查配线。标准:整齐,牢固(过线管外露部分小于总长度的1/3)		
	②紧固计轴磁头(传感器)安装螺栓。标准:紧固		
	③检查阻尼板与计轴磁头(传感器)接触紧密。标准:无间隙		
	④检查箱盒密封性。标准:密封性良好,无积水		
	⑤紧固箱盒(含支架)安装螺栓。标准:紧固,注黄油		
	⑥紧固过轨金属管、防护胶管安装固定螺栓(防止牵引回流烧坏设备)。标准:紧固;过轨金属与钢轨底部间隙加装防护胶管		
③标注防松标记	计轴磁头固定螺丝(2颗)防松标记。标准:防松标记应垂直划在螺杆表面、螺杆竖立面与螺母竖立面;标记线的长度在2～4cm,宽度在4～6mm		

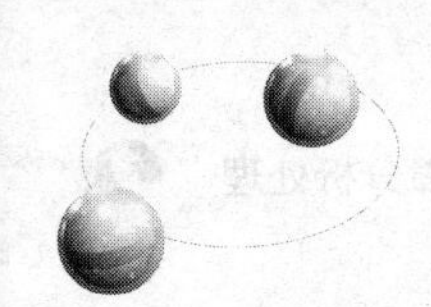

续表

检修项目	检修内容及标准
④电气特性测量	①测试空闲电压。标准:DC5.3～7.35V
	②测试占用电压。标准:大于DC8.7V
⑤机械参数测量	机械参数测量。标准:计轴磁头(传感器)的正常感应高度为37～45±1mm,可调整范围为30～50mm,一般现场应调整为41.5mm
⑥收尾工作	①填写设备检修记录表
	②信号维护人员确认安全防护撤除,清理作业现场、人员出清
	③销点前,确认设备工作状态和表示灯状态与作业前一致
	④信号维护人员办理销点手续
	⑤召开班后会,填写作业工单

（二）注意事项

① 检修作业前，信号维护人员与行车人员共同确认检修作业已批准、作业区域范围、作业内容和影响范围。

② 带电设备清洁时，严禁使用湿布或液体清洁剂，防止人身触电或损坏设备。

③ 检修中，应做好静电防护，防止损坏电子板卡。

④ 电气测试前，应确认仪表档位选择正确。

⑤ 设备紧固检查时，应正确使用工器具，防止损坏设备。

⑥ 严禁通过操作放大板“SIMⅠ”和“SIMⅡ”键，进行人工模拟计轴区段出清（空闲）。

⑦ 严禁擅自拆卸、调整计轴磁头设备。

⑧ 严禁擅自超标调整设备电气和机械参数。

⑨ 检修后，道岔区段和不可清除区段应人工划轴出清（空闲）。

四、故障处理

（一）故障处理基础知识

1. 人工划轴“三步骤”

“一预复位、二划入、三划出”。

(1)“预复位” 是指行车值班员在HMI工作站操作“计轴复位按钮”后，60s内按压IBP盘上对应区段计轴复位按钮。

(2)“划入” 指划轴人员站在故障区段的任意一个计轴磁头位置，以进入该区段的方向划轴。

(3)“划出” 指站在原地点，以离开该区段的方向划轴。

通过上述人工划轴“三步骤”可将粉红光带区段转移到相邻区段。举例说明，如图3-155所示，进行T21212计轴区段人工划轴。

第一步（预复位），行车值班员进行预复位T21212区段。

第二步（划入），在轨行区AC21210处划入“2轴”。

第三步（划出），在轨行区AC21210处进行划出“2轴”。此时T21212区段粉红光带消

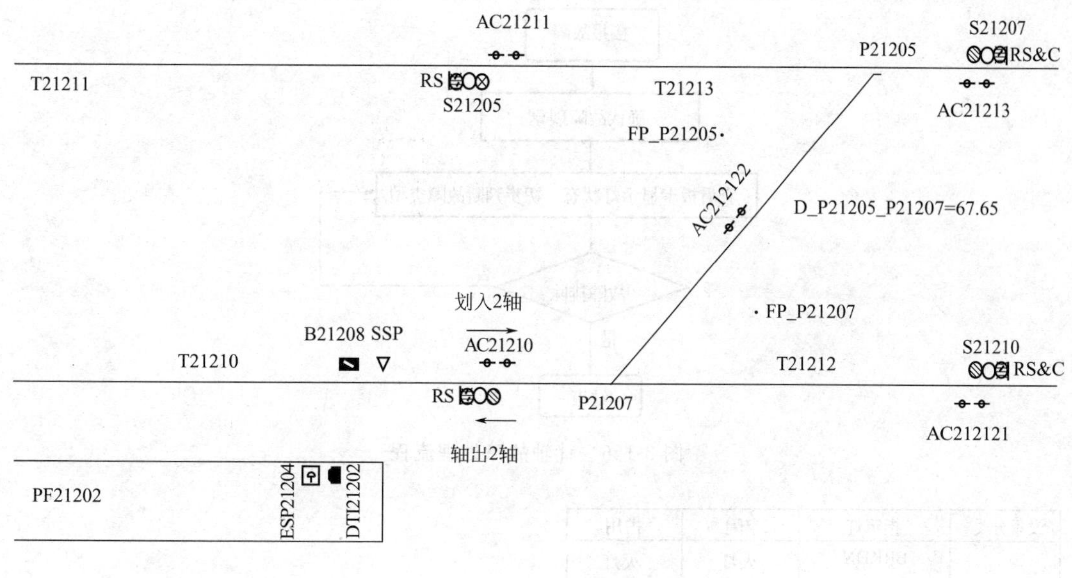

图 3-155 人工划轴

失，T21210 显示粉红光带。

2. 板卡更换步骤

① 佩戴防静电手腕。

② 将故障板卡面板固定螺栓拧松，用手抓住面板把手，轻微用力外拉。

③ 插入板卡前，应将板卡母板上下边缘与机柜内上下卡槽对齐后插入板卡，将板卡推进机笼内。

④ 拧紧板卡面板固定螺栓。

（二）故障分析判断

1. 故障类型

计轴设备故障一般可以分为受干扰、丢（漏）轴、计轴复零、硬件及电源故障五种类型。

(1) 受干扰　指设备在正常工作情况下，受外界干扰出现计轴板双通道计数不一致，导致设备故障。

(2) 丢（漏）轴　指列车经过计轴区段，计出轴数与计入轴数不一致，导致设备故障。

(3) 计轴复零故障　指操作计轴预复位后，计轴板记录的轴数未能清零。

(4) 硬件故障　室外或室内板卡、线缆等部件故障。

(5) 电源故障　指计轴机柜供电设备或与电源屏接口电路故障。

2. 处理流程

计轴设备故障处理流程，如图 3-156 所示。

3. 分析判断

在正常工作状态下，放大板、计轴板和输出板面板指示灯状态，如图 3-157 所示。室外

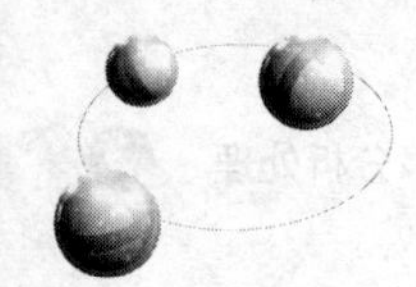
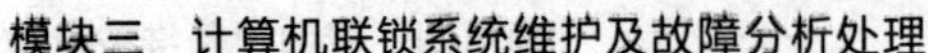

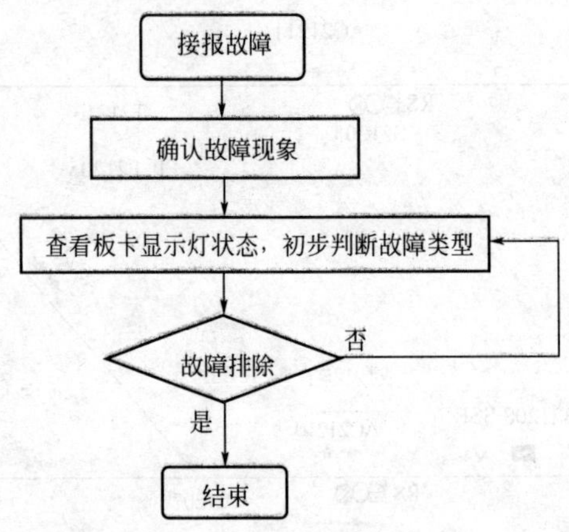

图 3-156　计轴故障处理流程

设备分类	指示灯	空闲	占用
放大板	BRKDN	灭灯	灭灯
	OUT	灭灯	(黄)
计轴板	BRKDN	灭灯	灭灯
	–Axle	灭灯	灭灯
	1-256	灭灯	(黄)
	Oc	灭灯	(红)
	C1	(绿)	灭灯
输出板	ON	灭灯	灭灯
	CLH	灭灯	(红)
	CL	(绿)	灭灯
	OC1/OC2	灭灯	(红)
	OC3	(绿)	灭灯

图 3-157　板卡面板指示灯

序号	计轴磁头状态	电压值(DC)
1	空闲	5.3～7.35V
2	占用	≥8.7V
3	离轨	≤4.25V
4	断线	≥9.5V

图 3-158　磁头电气参数

计轴磁头电气参数，如图 3-158 所示。

（1）受干扰　以单个计轴区段故障为例。

① 表象。

• 中央、车站 HMI 工作站站场图显示该区段为棕光带或粉红光带。

• 输出板面板“Oc3”灭灯，“CL”灯亮绿灯；“CHL”、“OC1”和“OC2”灯灭灯。

• 轨道继电器（GJ）落下状态。

② 分析判断。

• 确认 HMI 工作站站场图显示。

• 查看计轴机柜面板指示灯状态，确定为计轴受干扰。

• 执行计轴预复位操作，确认复零成功。观察列车运行经过该区段或人工划轴后，计轴区段正常出清，故障排除。若故障仍然存在，则逐一排查计轴板、输出板、放大板及室外磁头机械特性。

（2）丢（漏）轴故障　以单个计轴区段故障为例。

① 表象。

• 中央、车站 HMI 工作站站场图显示相邻两个区段为棕光带或粉红光带（联锁区交界区段除外）。

• 一个区段计轴板面板“1-256”指示灯显示轴数不正确（如 6 节编组车辆为 24 轴），另一个区段计轴面板“1-256”指示灯黄闪（负轴，表示计出轴数比计入轴数多）。

• 轨道继电器（GJ）落下状态。

② 分析判断。

• 确认 HMI 工作站站场图显示。

• 查看计轴机柜面板指示灯状态，确定为丢（漏）轴故障。

• 执行计轴预复位操作，确认复零成功。观察列车运行经过该区段或人工划轴后，计轴区段正常出清，故障排除。若故障仍然存在，则逐一排查计轴板、放大板及室外磁头机械特性。

（3）计轴复零故障。

① 如图 3-159 所示，在 HMI 工作站操作计轴复位按钮后，检查预复位继电器状态。若继电器未吸起，则测量继电器的驱动电压，逐一排除预复位继电器与联锁计算机接口功能故障。

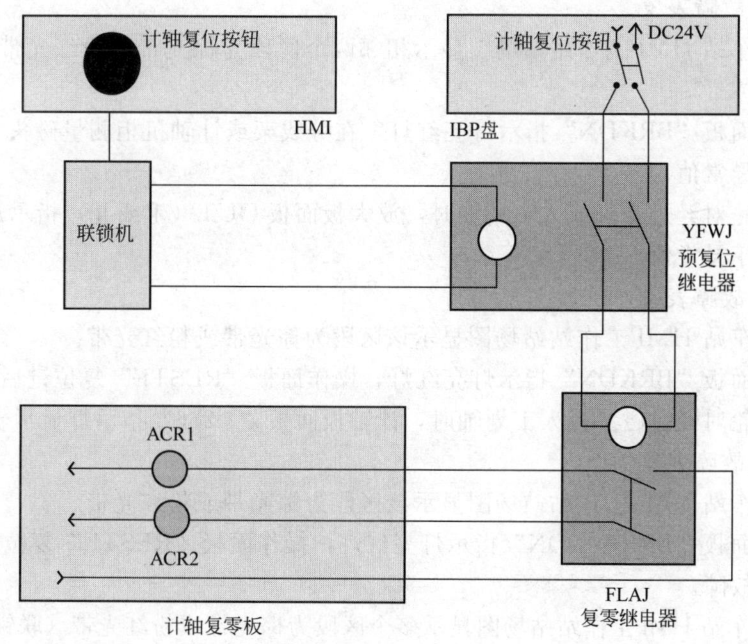

图 3-159　计轴复零接口电路

② 预复位继电器吸起，检查复零继电器。若复零继电器吸起，且其继电器接点为接通状态，则更换计轴复零板。

（4）硬件故障。

① 计轴磁头安装问题（如松脱）或室内外断线表象。

• 中央、车站 HMI 工作站站场图显示相邻两个区段为棕光带或粉红光带（联锁区交界区段除外）。

• 放大板面板“BRKDN”指示灯亮红灯，其他板卡显示占用或故障状态。

• 如图 3-160 所示，在分线架或计轴机柜测量磁头（DSS-SⅠ和 DSS-SⅡ）电压大于 DC9.5V，说明断线；若电压小于 DC4.25V，则说明离轨状态（磁头可能松脱）。

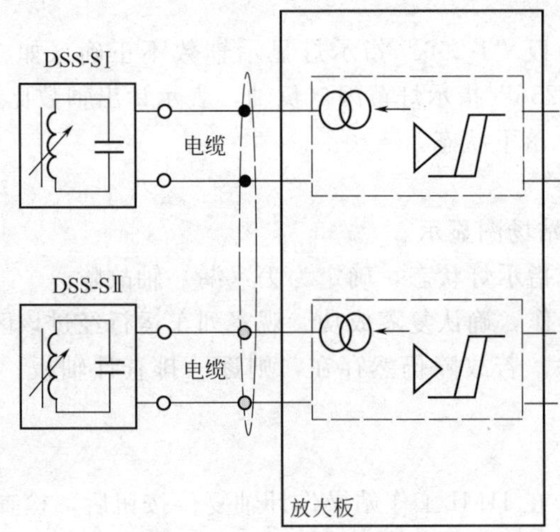

图 3-160　板卡面板指示灯

② 放大板故障表象。

• 中央、车站 HMI 工作站站场图显示相邻两个区段为棕光带或粉红光带（联锁区交界区段除外）。

• 放大板面板“BRKDN”指示灯亮红灯，在分线架或计轴机柜测量磁头（DSS-SⅠ和 SⅡ）电压处于异常值。

• 当列车轮对经过磁头或人工划轴时，放大板面板 OUT（Ⅰ或Ⅱ）指示灯未闪亮状态，且测试电压处于异常值。

③ 计轴板故障表象。

• 中央、车站 HMI 工作站站场图显示该区段为棕光带或粉红光带。

• 计轴板面板“BRKDN”指示灯亮红灯，操作面板“RESTE”复位键后无效。

• 当列车轮对经过磁头或人工划轴时，计轴板面板“1-256”指示灯显示轴数异常。

④ 输出板故障表象。

• 中央、车站 HMI 工作站站场图显示该区段为棕光带或粉红光带。

• 输出板面板“BRKDN ON”指示灯亮红灯，操作面板“RESTE”复位键后无效。

（5）电源故障。

① 中央、车站 HMI 工作站站场图显示多个区段为棕光带或粉红光带（联锁区交界区段除外）

② 查看计轴机柜电源模块面板指示灯状态，若电源模块工作指示灯未点亮，检查机柜电源空开及电源模块本身；若电源模块工作指示灯点亮，检查机柜背面保险管及接线。

（三）典型故障案例分析

案例 1

（1）故障现象　信号维护人员接报，中央和车站 HMI 工作站显示某联锁站大面积计轴区段显示棕光带和粉红光带故障，如图 3-161 所示（棕光带用线……表示，粉红光常用线——表示）。

（2）故障分析及处理

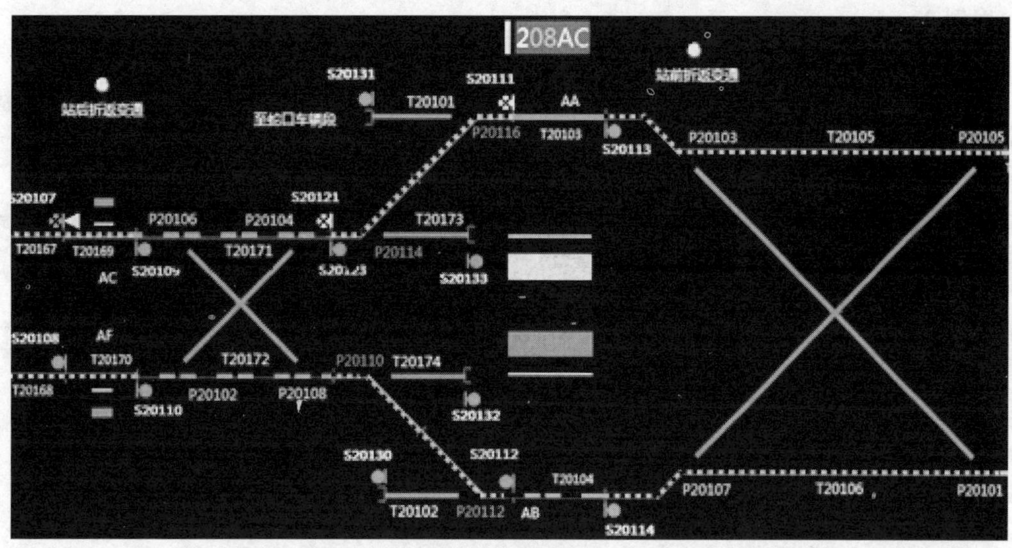

图 3-161　故障现象

① 信号维护人员查看计轴机柜板卡，发现计轴机箱板卡均显示故障状态，且 24V 电源板面板工作指示灯灭灯，初步确定为电源故障，如图 3-162 所示。

② 信号维护人员检查计轴机柜背面电源开关，发现电源总开关跳闸，如图 3-163 所示。测试电源总开关输入端电压为交流 220V，说明输入电源正常。测试电源总开关输出端电阻未出现短路现象。

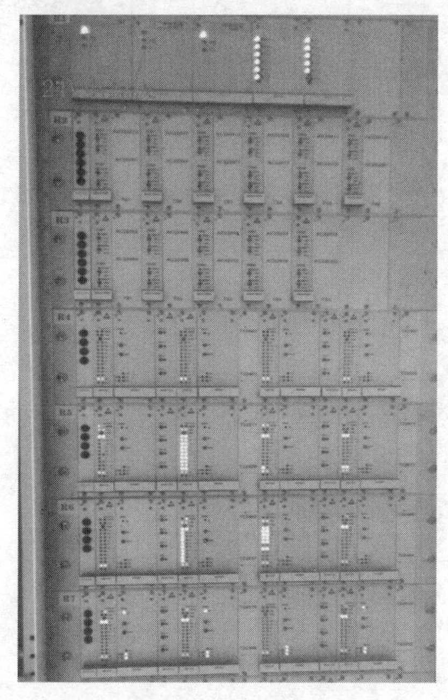

图 3-162　机柜板卡表象

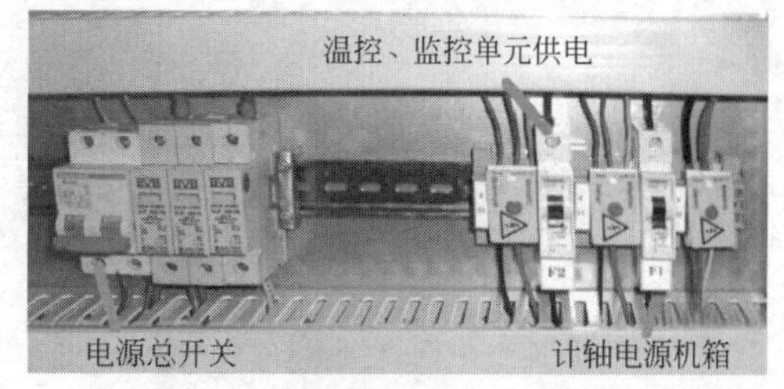

图 3-163　电源开关

③ 信号维护人员对电源总开关进行合闸后，又出现跳闸。因此，更换 24V 电源板后，重新合闸正常。

（3）故障原因　对 24V 电源板进行调查分析，确定为其内部电路故障。

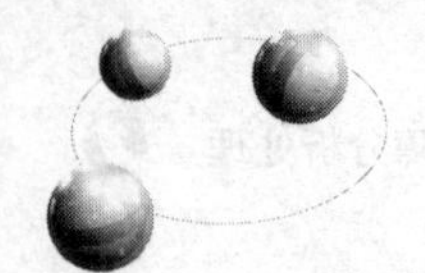

案例 2

（1）故障现象

信号维护人员接报（非运营时间），中央和车站 HMI 工作站显示某道岔计轴区段显示棕光带（相邻两个区段），如图 3-164 中粗线段所示。

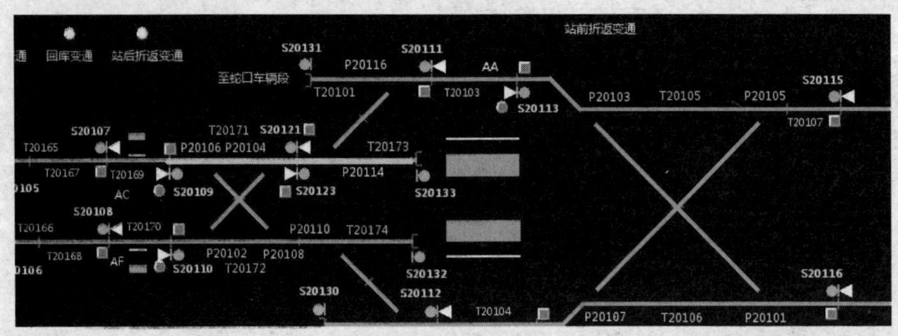

图 3-164 故障现象

（2）故障分析及处理

① 信号维护人员向行车值班员了解，确定该故障区域有其他检修作业。

② 查看计轴机柜板卡，发现计轴机箱左边计轴区段的计轴板显示“负轴”现象，右边计轴区段的计轴板记录轴数为“1 轴”。因此，初步确定故障为室外计轴磁头受干扰。

③ 信号维护人员联系行车值班员组织室外人工划轴，出清道岔区段。

（3）故障原因

计轴区段受外界干扰。

参 考 文 献

[1] 王永信. 车站信号自动控制. 北京：中国铁道出版社，2013.
[2] 何文卿. 6502 电气集中电路. 北京：中国铁道出版社，1997.
[3] 李家庆. 信号联锁故障分析与处理. 北京：中国铁道出版社，2005.
[4] 林瑜筠. 6502 电气集中学习指导. 北京：中国铁道出版社，2006.
[5] 吕永昌，林瑜筠. 计算机联锁. 北京：中国铁道出版社，2007.
[6] 徐洪泽. 车站信号计算机联锁控制系统——原理及应用. 北京：中国铁道出版社，2005.
[7] 郑州铁路局职工教育处. EI32-JD 型计算机联锁系统. 北京：中国铁道出版社，2012.
[8] 林瑜筠. 高速铁路信号技术. 北京：中国铁道出版社，2012.
[9] 铁道部. 高速铁路岗位培训规范. 北京：中国铁道出版社，2012.
[10] 铁道部劳动和卫生司. 高速铁路现场信号设备维修岗位. 北京：中国铁道出版社，2012.
[11] 铁路职工岗位培训教材编审委员会. 信号工（联锁、列控与区间信号设备维修）. 北京：中国铁道出版社，2010.
[12] 中华人民共和国铁道部. 铁路信号维护规则技术标准. 北京：中国铁道出版社，2006.
[13] 何文卿. 6502 电气集中电路. 北京：中国铁道出版社，1982.
[14] 中华人民共和国铁道部. 计算机联锁控制系统技术条件. 北京：中国铁道出版社，2002.
[15] 林瑜筠. 城市轨道交通信号. 北京：中国铁道出版社，2008.
[16] 林瑜筠. 铁路信号基础. 北京：中国铁道出版社，2006.
[17] 贾毓杰. 城市轨道交通通信与信号 [M]. 北京：机械工业出版社，2009.